# VERDI BOITO

Briefwechsel
Herausgegeben und übersetzt
von Hans Busch

S. Fischer Verlag

© 1986 S. Fischer Verlag GmbH, Frankfurt am Main
Lichtsatz: Karl-Marx-Werk Pößneck
Druck und buchbinderische Verarbeitung: Sachsendruck Plauen
Gestaltung: Hans Spörri
Printed in the German Democratic Republic 1986
ISBN 3-10-009616-9

# Inhalt

# Vorwort

Das gemeinsame Wirken von Giuseppe Verdi und Arrigo Boito ist ein Glücksfall in der Geschichte des Musiktheaters, wie er sich nur selten ereignet.

Zum Besonderen dieser schöpferischen Beziehung gehören der eigentümliche Wechsel von Berührung und Entfernung und der endgültige, von Giulio Ricordi gestützte Akkord.

Ich bin dankbar, den uns erhaltenen Briefwechsel des Komponisten und seines bedeutendsten Textdichters zum ersten Mal vollständig in deutscher Sprache darbieten zu können.

Die ›Simon Boccanegra‹, ›Otello‹ und ›Falstaff‹ geltenden Briefe Giuseppe Verdis und Arrigo Boitos legen Vergleiche nahe; man denkt an Mozart und Da Ponte, an Richard Strauss und Hugo von Hofmannsthal. Aber weder Mozart noch Strauss fanden den Dichter, der wie Boito Musiker war und zum Freunde wurde.

Der Tod hatte dem jungen Verdi Frau und Kinder genommen, Boitos Vater seine Frau und seine beiden Söhne verlassen. Überschattet von solcher Tragik, konnte das menschliche Verhältnis zwischen dem Komponisten und seinem fast dreißig Jahre jüngeren Librettisten nach gefährlichen Krisen zu einer Vater-Sohn-Beziehung gedeihen. Ihre gegensätzlichen Naturen zogen einander an, Shakespeare verband sie im Geist des Musikdramas, dem sie dienten. Ihre Werkstattgespräche spiegeln sich zum großen Teil in diesen Briefen wider. Von einem ersten, einzigen aus dem Jahre 1862 abgesehen, umspannen sie einen Zeitraum von einundzwanzig Jahren, fast bis zu Verdis Tod, den Boito nie ganz verwand. Häufige kurze und längere Unterbrechungen dieser Korrespondenz erklären sich in einigen Fällen durch den Verlust von Briefen, meist aber durch mündlichen Austausch. Die Neufassung des ›Simon Boccanegra‹ zu Anfang der Arbeit an ›Otello‹ stellte die beginnende Zusammenarbeit auf eine harte, erfolgreiche Probe. Am Schluß steht die Uraufführung der ›Pezzi Sacri‹ in Paris, mit der Boito dem Maestro noch nach dem ›Falstaff‹ eine unerwartete Freude bereiten wollte; aber der damals bald Fünfundachtzigjährige konnte entgegen seiner Gewohnheit die Einstudierung nicht mehr selbst überwachen. Diesem Umstand verdanken wir acht für die Aufführungspraxis unschätzbare Briefe über diese Stücke, die Giuseppe Verdis großes Lebenswerk beschließen.

Giulio Ricordis kluge und geduldige Vermittlung verband den urwüchsig genialen, kratzbürstigen Bauern von Le Roncole, »eine der männlichsten Erscheinungen der Kunstgeschichte«, mit dem literarisch gebildeten Intellektuellen. Der ungewöhnliche Verleger und wahrhaft Dritte im Bunde hatte Boitos Stärken und Schwächen schon deutlich erkannt, als er die Oper ›Mefistofele‹ seines Freundes nach ihrer gescheiterten Premiere im Jahr 1868 unter anderem mit diesen Worten rezensierte: »Mit aller Offenheit der herzlichen und aufrichtigen Freundschaft, die ich für Boito empfinde, wage ich ihm rundheraus zu sagen: Du wirst Dichter und hervorragender Literat, aber niemals Komponist theatralischer Werke sein.« Diesem Urteil zum Trotz steht Boitos zweite Fassung seines ›Mefistofele‹ heute noch im populären italienischen Repertoire. Ricordi wußte aber auch von Verdis Unzufriedenheit mit den meisten seiner Textdichter und vom Wachsen seiner literarischen Ansprüche. Schon zu Neujahr 1853 hatte Verdi seinem Freund Cesare De Sanctis anvertraut, daß ihm »nichts lieber wäre, als ein gutes Libretto und dann einen guten Dichter zu finden (wir brauchen so einen sehr!); aber ich verhehle Euch nicht, daß ich die Libretti, die mir geschickt werden, nur ungern lese. Für einen anderen Menschen ist es unmöglich oder beinahe unmöglich zu erraten, was ich mir wünsche. Ich wünsche mir Stoffe, die *neu, groß, schön, anders, kühn* . . . und kühn bis zum Äußersten sind, mit *neuen Formen* usw. usw. und zugleich geeignet für Musik.« Als Verdi in späteren Jahren ein reicher und unabhängiger Landbesitzer war, schrieb er Giulio Ricordi, daß ihn nicht die Mühe des Komponierens von der Oper abhalte, sondern »die Schwierigkeit, einen Stoff *nach meinem Gefallen*, einen Dichter *nach meinem Gefallen* und eine Aufführung *nach meinem Gefallen* zu finden!«.

Damals, 1870, beschäftigte Verdi der römische Kaiser Nero, ein

Stoff, mit dem Boito sich sein Leben lang trug. So kam es, daß Ricordi ein Jahr später an Verdi schrieb: »Sie wissen ja, daß ich ein schlimmerer Wiederkäuer bin als ein Ochse!! . . . Nun, Sie haben mir zwei-, dreimal *Nerone* angedeutet . . . und ich sah, daß Ihnen dieses Sujet nicht mißfiel. — Gestern war Boito bei mir, und *bum!* schoß ich die Kanonade ab: Boito bat mich um eine Nacht zum Nachdenken, war heute morgen hier und besprach die Sache ausführlich mit mir. Das Ergebnis ist, daß Boito sich für den *glücklichsten*, den *glückseligsten* Menschen halten würde, wenn er das Libretto des *Nerone* für Sie schreiben könnte; er würde sofort und mit Vergnügen auf die Idee verzichten, die Musik selber zu komponieren. Boito sagte mir offen, daß er gegebenenfalls alle Ihre Forderungen befriedigen möchte, daß er sich noch nie mit solcher Kraft, mit solcher Begeisterung an eine Arbeit gemacht habe, wie er sich an diese machen wolle. Hier bietet sich die *ganz seltene* Verbindung eines Dichters und eines Komponisten, die beide von der Schönheit des Sujets überzeugt sind. Boito behauptet, es habe noch nie ein so großes, schönes und dem Genie Verdis entsprechendes Sujet gegeben wie diesen *Nerone*.«

»Ich brauche Euch nicht zu wiederholen, wie ich dieses Sujet liebe«, antwortete Verdi. »Ich brauche außerdem nicht hinzuzufügen, wie gern ich einen jungen Dichter zum Mitarbeiter hätte, dessen sehr großes Talent ich auch neuerdings in *Amleto* zu bewundern Gelegenheit hatte.«

Hätte Verdi jenen ›Nerone‹-Text komponiert, wozu es weder 1871 inmitten der Arbeit an ›Aida‹ noch später gekommen ist, so wäre Boitos Leben wohl leichter gewesen. Jahrzehntelang hat er um diese Oper gerungen, ohne sie zu vollenden. Davon sprach Arturo Toscanini noch elf Jahre, nachdem er Nachtwache am Sarg des Freundes gehalten hatte: »Der arme Boito hat mir mehrmals, sehr lange vor seinem Tode, den Abschluß des *Nerone* angekündigt und den Wunsch geäußert, ihn unter meiner Leitung an der Scala zu geben; und jedesmal verschob er seine Absicht wegen seiner nun schon legendären Unzufriedenheit, änderte und machte Szenen und Akte von Grund auf neu. Als er starb, fand man die ganze Oper im Klavierauszug entworfen vor, aber unvollständig instrumentiert. Die zahlreichen und präzisen Angaben genügten jedoch, sie zu befolgen und weiterzuführen, um die Instrumentation zu vervollständigen. Das wurde gewissenhaft von mir und Maestro Tommasini getan. Es war merkwürdig, was in dem geplagten Geist des unvergeßlichen Künstlers vor sich ging. Seine Notizen zur Harmonisierung und Instrumentation waren genau, weil die klangliche Intuition ihn fast niemals im Stich ließ; aber wenn er vergegenständlichen und verwirklichen sollte, entfernte er sich von seiner Intuition und erreichte die vorgesehenen und erwünschten Wirkungen nicht. Daher die Empfindungen des Zweifels, die Niedergeschlagenheiten, der Haufen von Papier im Korb und das Verschieben auf unbestimmte Zeit.«

Die Problematik dieses Leidens brachte auch ein Arrigo Boito wohl geistig Verwandter, Ferruccio Busoni, den Boito als Sechzehnjährigen gefördert hatte, in seinem Nachruf in der Neuen Zürcher Zeitung vom 18. Juni 1918 zum Ausdruck:

»Es scheint, daß Boito, nachdem er Verdi zur letzten Tat hingebend verholfen, mit dem eigenen Werk unablässig sich beschäftigt habe, im Ganzen rund 50 Jahre. Nun schied er, ohne seinen ›Nero‹ auf der Bühne erlebt zu haben, und noch auf dem Sterbebette soll er seine Absicht verkündet haben, gewisse Änderungen in der Partitur vorzunehmen. Ein solcher Fall steht in der Musikgeschichte einzig da: es ist anzunehmen, daß unbekannt gebliebene Existenzen ein gleiches Schicksal erfuhren; doch es betraf dann niemand anders als sie selbst, und auch sie selbst in anderer Bedeutung. Bei Boito wird die immer steigende Verantwortlichkeit, sein öffentlich gegebenes Versprechen zu lösen, zu einer ungeheuren Ansammlung rückständiger Zinsen; schon nach den ersten 20 Jahren haben sich Richtung und Geschmack geändert, und namentlich jene, zu denen er selbst den Ton angab, sind überholt. Trotzdem ist das Vertrauen der Nation auf Boito kräftig; sie erwartet von ›Nero‹ die Überholung des Überholten; fast *fordert* sie dergleichen und fordert bereits beträchtlich mehr, als er versprach. Inzwischen reifen berühmte Maestri heran, die Schlag auf Schlag produzieren.

Aus dem Vorauseiler Boito ist langsam ein der Gegenwart abgewandter Rückschauer geworden. Mit sich selbst im Zwiespalt, mit sich selbst fortwährend Abrechnung haltend, ändert er unablässig an dem Werke. Er ist gereift und hat den Boito des ersten Aktes übterstiegen, das Handwerkliche des Beginns genügt ihm nicht mehr; hier sind die Jüngeren ihm zuvorgekommen. Er studiert Johann Sebastian Bach, Beethovens letzte Quartette. Doch möchte er Italiener bleiben, und nicht umsonst stellt er sich in den Dienst des greisen Verdi; denn er wünscht, an der Vollendung der Opera Italiana seinen Teil zu haben; unbewußt wünscht er offenbar, gegen Richard Wagner seine Trümpfe auszuspielen, den ›Jungen‹ ein großes Beispiel entgegenzuhalten, sie ihre Kleinheit fühlen zu lassen. — Er komponiert sein Werk um, und immer wieder, und der Zeitpunkt der Aufführung rückt mit wachsender Wahrscheinlichkeit näher; ein- oder zweimal ist dieses Datum schon öffentlich angekündigt und festgesetzt. — Die alte Spannung ist erweckt, nur aufgeregter, anspruchsvoller; eine ganz neue Generation übernimmt sie vom Hörensagen, denn alle haben sie vom ›Nero‹, der einst kommen soll, gehört. Mit scharfen Augen stellt sich die Jugend in die Vorderreihe und späht. — Es muß Boito wohl so sein, als ob alle Menschen nach ihm mit dem Finger zeigten. Die Situation erschrickt ihn; er will nicht enttäuschen, nicht enttäuscht werden: fällt dieser Augenblick, dann fällt ein ganzes Leben. Im letzten Momente wird die Aufführung abgesagt. Boito nimmt seine Partitur zurück — wenn er sie überhaupt jemals aus der Hand gegeben — und beginnt von neuem ›umzuarbeiten‹. Er rechnet aber doch zuverlässig auf den Sieg des Willens. Er ist sicher, daß das Werk wird; nur wie es jetzt ist, ist es noch nicht das Rechte. Jedesmal, wenn ich ihn im Verlaufe der letzten 15 Jahre aufsuchte, legte er *eben* die letzte Hand an die Partitur. — Aber jetzt: wie könnte man das Außergewöhnliche in dieser Künstlerbiographie begründen, wo ist der erste Anlaß zu dem fast Ungeheuerlichen der Erscheinung?

Ein Fünfundzwanzigjähriger, hatte Boito einen Plan größten Umfanges unternommen und so weit durchgeführt, daß die Durchführung immerhin ein Werk darstellte. Zu dieser Zeit, und in Italien, die Idee zu ergreifen, *den gesamten Goetheschen ›Faust‹ in Musik zu setzen:* diese Tat fordert die Achtung heraus! Boito, schon früh ein trefflicher Dichter (der später zu einem eminenten Kenner der Sprache sich entfaltete), verfaßte unerschrocken die Übersetzung und besorgte zugleich die Umgestaltung des Goetheschen Textes, wie sie die damalige Anschauung über musikalisch-dramatische Formen heischte. Diese Anschauungen — heute veraltet und kindlich — wurden in Boitos Handhabung und Deutung aufrührerisch und unvernünftig: so urteilte das Publikum, das der Erstaufführung 1868 in Mailand eine völlige Niederlage bereitete. Denn der junge Autor hatte nicht nur gegen seine Unbekanntheit, gegen Traditionen, gegen Anti-Wagnerianismus zu kämpfen, sondern überdies noch gegen den schon damals feststehenden typischen *Opern-Faust* des Charles Gounod. — Und unterwegs war der universelle Plan Boitos doch merklich eingeschrumpft; vom *gesamten* Goetheschen ›Faust‹ blieben eigentlich nur Bilder und Schlagworte; und der bedenkliche Kompromiß zwischen Neu-Gewolltem und Alt-Ererbtem wirkte schon beim Entstehen des ›Mefistofele‹ auffällig und schief. — Trotzdem erlebte ›Mefistofele‹ 1875 eine sieghafte Rehabilitation in der Musikstadt Bologna, von wo aus Boitos Oper den Weg und den Erfolg überall hin fand. ›Und jetzt, Kinder, mache ich den *Nerone*!‹. So mag Boito in jener entscheidenden Theaternacht seinen Freunden zugerufen haben . . .«

Am 1. Mai 1924 führte Arturo Toscanini das gewaltige Werk des Freundes an der Scala auf. Es war nur ein Achtungserfolg, und selbst Toscaninis jahrelanger hartnäckiger Einsatz für diese Oper genügte nicht, sie im Spielplan zu halten. Der Mißerfolg des ›Nerone‹ dürfte auch das Interesse an seinem Schöpfer beeinträchtigt haben. Sein zwiespältiges Wesen, Werk und Schicksal sind in Italien recht wenig, in anderen Ländern kaum bekannt. Piero Nardi gab seine sämtlichen Schriften heraus und schrieb eine kenntnisreiche, einfühlsame Biographie. Beide Bücher sind heute in Italien ebenso vergriffen wie Raffaello De Rensis' Ausgabe von Briefen Boitos und die vierbändige Verdi-Korrespondenz, die uns Alessandro Luzio hinterließ. Alle diese Bände sind kaum zu erschöpfende, wenn auch nicht immer zuverlässige Fundgruben, aber bis heute wurde kein einziger vollständig in andere Sprachen übersetzt. Ihnen und anderen entnahm ich wertvolle Auskunft.

»O rare mélange de Latin et de Slave, de précision méridionale et de poésie du Nord«, rief Camille Bellaigue seinem Freund im

Blick auf seine italienisch-polnische Herkunft einmal zu. Im Zeichen solcher Polarität und im Widerstreit seiner Begabung für Musik und Literatur wurden Dante, Bach und Shakespeare Boitos Idole. Zwischen den Kulturen fühlte er sich als in Padua gebürtiger Italiener; wahrer Europäer, war er auch mit dem Norden, mit Frankreich, Polen und Deutschland verbunden. Bewegt von Gedanken und Gefühlen der deutschen Romantik, schrieb er Novellen, für die E.T.A. Hoffmann wohl ferne Vorbilder gegeben hat, übersetzte Webers ›Freischütz‹ und mehrere Werke von Richard Wagner, zu dem sein Verhältnis nicht eindeutig war. Aber wie konnte der junge Dichter und Musiker sich Wagners Zauber entziehen? Sein jugendlicher Enthusiasmus wandelte sich in reiferen Jahren; mehr und mehr neigte er zu jener »précision méridionale«.

Unter dem Einfluß Baudelaires und der ›Scapigliatura‹, der revoltierenden Mailänder Bohème der sechziger Jahre, entstanden Boitos erste Gedichte. ›Dualismo‹, sein allererstes im ›Libro dei Versi‹, spricht vom eigenen Licht und Schatten; die phantastische Fabel ›Re Orso‹ ist voller Witz und Ironie, reich an bizarren Wortspielen und grillenhaften Reimen, die seine Texte für ›Otello‹ und ›Falstaff‹ vorausahnen lassen. »Le génie du mal« fesselte ihn in den Figuren des Mephistopholes, Nero, Jago und dessen Vorgängers Barnaba in seinem Libretto für Ponchiellis ›La Gioconda‹. Das dominierende Motiv seines Schaffens, der Kampf göttlicher und teuflischer Mächte, führte zum Wagnis seines ›Mefistofele‹, zum morbiddekadenten ›Nerone‹ und zu ›Otello‹, der als ›Jago‹ begonnen wurde.

Wie kein anderer verstand Benedetto Croce den Dichter Arrigo Boito und verteidigte ihn gegen verständnislose Kritik:

»Gab es in der sogenannten romantischen Periode der italienischen Romantik wirkliche Romantik? Man kann dies bezweifeln, wenn man Romantik in jener ihrer Bedeutungen versteht, die bestimmt weder die wenigst volkstümliche noch unwichtigste ist: in einem gewissen geistigen Zustand, der unausgewogen, unschlüssig, zerrissen von Antithesen, durch Trugbilder verstört, überall bedrängt vom Gefühl des Mysteriums ist. Ist Manzoni, der alle Gegensätze auflöst und die Seele im christlichen Glauben beruhigt, in die-

sem Sinne wirklich ein Romantiker? Ist Leopardi ein Romantiker,
der in seinen letzten Jahren ein Programm menschlicher Verbrüde-
rung aufstellte, ein Bündnis der Menschen gegen die feindliche Natur? Der eine wie der andere halten sich fern von Zweifel und Erregung und kommen zu einem Schluß. Die italienische Seele neigt natürlich zum Endgültigen und Harmonischen. Eine nordische Kaval-
kade von Gespenstern, sterbenden Jungfrauen, dämonischen Engeln, von verzweifelten und finsteren Lästerern fiel nach 1815 in
Italien ein, lief durchs Land und ließ das Klappern von Skeletten,
Seufzer, Geheul und Schluchzen der Irrsinnigen und Delirien im
Fieberwahn hören. Aber all das war Mode, nicht Poesie. [. . .] So viel
lärmende romantische Literatur und von 1815 bis 1860 nicht ein
einziger Romantiker in Italien! Darum sind das Mißtrauen und die
Verlegenheit, die viele angesichts von Arrigo Boitos Dichtkunst
empfinden, nicht schwer zu erklären. [. . .] Es ist die Stimme eines
Verspäteten außerhalb der Zeit, eines Überlebten. Und man strengt
sich häufig und fleißig an, ihn als Unbeachtlichen auszuschalten;
manche Leute behaupten, Boitos Stärke liege in seiner Musik und
daß der Dichter in ihm belanglos sei, ein Dichter von Kleinigkeiten,
Verspieltheiten und Operntexten; andere wiederum zählen (nicht
ohne einen gewissen Ton von Überlegenheit und Mitleid) den
ganzen romantischen Kram auf, den er noch immer herausbringt:
Erfindungen, Situationen, Charaktere, Fantasmagorien, Gefühle,
Rhythmen, Metren, Phrasen. Aber warum stattdessen nicht die einfache Wahrheit sagen, wenn sie auch einen weitaus simpleren Begriff von der Literaturgeschichte erfordert? Die Romantik als verwirrte, quälende und antithetische Erscheinung des Lebens hat in
Italien bis nach 1860 keinen Dichter gehabt. Dann kam Arrigo Boito. [. . .] Über Boitos Leben ist mir wenig bekannt (gebürtig 1842 in
Padua von einer polnischen Mutter), und ich könnte nicht mit Genauigkeit angeben, unter welchen Einflüssen und durch welche Studien und Erlebnisse er sich entwickelt hat. Aber wie auch immer er
sich im einzelnen entwickelt haben mag, sein Geist steht klar, aufrichtig und packend vor uns. Boito sieht die Realität kosmisch oder
universal. [. . .] Und das Spiel des Lebens erscheint ihm als eine Tragödie, in der die Übermacht zerstörender Gewalten, Leidenschaft,

Sünde, Verbrechen und Tod schwache, gebrochene, vom Orkan
verwehte Blumen treffen, fügsame Desdemonas, Liebe, Güte, Zärt-
lichkeit. [...] Ab und zu überwältigt er das Tragische und Unge-
heuerliche, den Tod und das Übel, die Unterlegenheit alles Guten
durch Lachen; nicht durch Zynik, die Trockenheit des Herzens ist,
sondern mit Humor [...]. Die Mängel in Boitos Diktion sind nicht
Folgen der Nachlässigkeit, sondern einer starken Bemühung, die ihr
Ziel nicht immer erreicht. [...] Der Fehler ist der eines Mannes, der
um den Ausdruck seines Gefühls kämpft, nicht der von einem, der
keines hat und mit traditioneller literarischer Form leichthin über
das Eis seiner Seele gleitet. [...]«

In Boitos ›Libro dei Versi‹ sieht Benedetto Croce das verschie-
dentlich immer wieder erscheinende Todesmotiv. In ›Re Orso‹,
»der einzigen Dichtung ihrer Art in Italien«, findet er »die ganze
theatralische Gesellschaft mit den Requisiten der Romantik:
Zwerge, Mörder, grausame Prinzen, Troubadoure, jüdische Mädchen, Mönche, die Dämonen sind, verzauberte oder gebändigte
Tiere, Schlangen, Würmer, Hyänen und Wölfe, wie auch das ge-
samte Repertoire: Hochzeitsszenen, Gesänge verliebter Poeten unter der Schönen Balkon, Bankette, Gemetzel, Begräbnisse, Gräber
und Gespenster. [...] Aber das ist nicht einfach nur Parodie: der
hauptsächliche Eindruck ist ernst. Was ist ›Re Orso‹ zu guter Letzt?
Das Böse; nicht das bewußte, furchtsame, armselige menschliche
Böse, sondern das Böse als Naturerscheinung, das Böse ausbrechen-
der Vulkane, der Erdbeben, des stürmischen Ozeans und wilder Be-
stien. [...] Das ist Dichtung, die durch den Eindruck, den sie erweckt, an Musik grenzt; man sollte sie sicherlich in Verbindung mit
›Mefistofele‹ und Boitos anderen Kompositionen studieren, was mir
aus Mangel an Kompetenz leider nicht möglich ist. [...] Im Libretto
des ›Otello‹ verliert Jago die unerhörte Einfachheit des Shake-
speareschen Charakters, indem er mephistophelische Züge erhält.
[...] Die Herkunft dieser Charaktere in ›Re Orso‹ wurde richtig
erkannt; und nicht nur Mephistopheles' und Jagos, sondern auch
Barnabas in ›La Gioconda‹, Ariofarnes in ›Ero e Leandro‹ und
selbst Simon Magos in ›Nerone‹. [...] Sein [Boitos] Interesse an
Nero ist weder ein politisches noch moralisches, und nicht einmal

ein psychologisches, das andere Künstler gefunden haben; aber es leitet sich genau vom Wahnsinn eines Mannes ab, dessen Verbrechen den Abgrund menschlicher Existenz zu berühren scheinen.«

Nach dem Fiasko des ›Mefistofele‹ an der Scala verbesserte Boito sein Manuskript der ursprünglichen ungedruckten Partitur, die nicht mehr vorhanden ist. Wir wissen davon nur, daß er — von großen Strichen und anderen Änderungen abgesehen — die Baritonpartie des Faust zur Tenorpartie umschrieb und »Lontano, lontano« von seiner Skizze für ›Ero e Leandro‹ übernahm. Für Venedig fügte er der Neufassung Margheritas letzte Szene, die Arie »Spunta l'aurora pallida«, hinzu.

Boitos Skizzen zu ›Nerone‹ sind im Ricordi-Archiv erhalten, Zeugen der erst im Tode endenden Tortur. Auf seine schonungslose Selbstkritik, seine quälenden Zweifel treffen Verdis Worte an Domenico Morelli zu: »In den Künsten erstickt zu viel (ich sage zu viel) Reflexion die Inspiration.« Aber kein Psychologe könnte Boitos komplizierte Natur feinsinniger beobachtet und verstanden haben als Verdis Frau Giuseppina in ihrem Brief vom 7. November 1879 an Giulio Ricordi. Seiner eigenen Schwächen bewußt, schrieb Boito selbst am 11. Mai 1902 aus Sirmione am Gardasee an Eugenio Tornaghi, den Prokuristen der Firma Ricordi: »Wir haben die Langsamkeit meiner Arbeit nicht zu bedauern und noch weniger zu mißbilligen, denn wenn sie auch langsam ist, so ist sie doch ununterbrochen und ganz auf das Ziel gerichtet, das mein künstlerisches und eigenes Gewissen mir zeigt. Wenn ich sehr viel mehr Talent hätte als ich habe, würde ich weniger studieren und schneller arbeiten; wenn ich ein bißchen mehr Tier wäre, würde ich weniger studieren und schneller arbeiten; aber ich kann nur mit dem Gehirn arbeiten, das Gott mir gegeben hat, und auf die von meinem Gehirn gewollte Art.«

Die gewissenhafte Beharrlichkeit dieses gelehrten Künstlers ist jedoch nicht als Mangel an Emotion und Temperament aufzufassen. Boitos Wutausbruch über die Absage eines Duells in Neapel, nach der er die Möbel seines Hotelzimmers zerschlug, dürfte der schlimmste, wenn auch nicht der einzige seines Lebens gewesen sein. Seinem ungewöhnlich liebenswerten, aristokratischen Wesen, seinem hohen Wuchs entsprachen Haltung und äußere Eleganz. Eleonora Duse, die Rastlose, rastete bei ihm, ihrem »Santo«, der selber ein Zerrissener war. Seine im Dienste Verdis gipfelnde Selbstlosigkeit grenzte an Selbstverleugnung. In seinem ersten Brief an ihn mahnt der sparsame, maßvolle Verdi den damals Zwanzigjährigen prophetisch an den Wert der Zeit, die Boito allzuoft großzügig an Freunde, Kollegen und Frauen verschenkte. Verdi erkannte die Gefahr der Zersplitterung, mit der der Jüngere sein Leben lang kämpfen sollte. Als es achtzehn Jahre später zum Beginn ihrer wahren Arbeitsgemeinschaft kam, hatte Verdi seine eigene schöpferische Laufbahn schon lange für »beendet oder fast beendet« gehalten; aber mit Shakespeares und Boitos Hilfe entfachte Giulio Ricordi noch einmal das bis in Verdis hohes Alter nie verglimmende Feuer.

Shakespeare erschloß sich dem in hohem Maße autodidaktisch belesenen Giuseppe Verdi wohl eher durch Intuition, dem grüblerischen Arrigo Boito mehr auf dem Wege des Intellekts. Seine Unterstreichungen und Anmerkungen in seinen Bänden der französischen Shakespeare-Übersetzung von François-Victor Hugo lassen auf gründlichstes Studium schließen. — Verdi hatte ›Macbeth‹ vertont, und er schätzte diese Arbeit höher als seine neun vorhergegangenen Opern. Jahrelang hatte er sich immer wieder vergeblich bemüht, ›König Lear‹ auf die Opernbühne zu bringen. Boitos erstes Libretto war ein ›Hamlet‹, und er begann noch nach ›Falstaff‹, einen eigenen ›Lear‹ für Verdi zu schreiben. Aber aus Rücksicht auf das hohe Alter ihres Mannes wehrte Giuseppina Verdi Boitos Vorhaben ab. Wie drei vollständige, in St. Agata verwahrte Libretti zu ›Re Lear‹, von denen eines in Verdis eigener Handschrift vorliegt, ist auch Boitos Text nicht zur Musik geworden.

Verdi scheint Shakespeare auf der Bühne erst 1847 kurz nach der in Florenz erfolgten Premiere seines eigenen ›Macbeth‹ auf einer Londoner Bühne erlebt zu haben — in einer Sprache, die er nicht verstand. Shakespeares ›Macbeth‹ wurde in Italien bis 1858 nicht aufgeführt; im Gegensatz zum deutschen Theater, in dem Shakespeare damals heimischer war als in seiner englischen Heimat, gab es dort bis zu Verdis Tod nur spärliche Inszenierungen seiner Werke. Verdi las ihn in italienischen und französischen Übertra-

gungen. Sie waren unter dem Einfluß der großen deutschen Shake-
speare-Tradition Lessings, Wielands, Herders, Goethes, Schillers
und Schlegels zustande gekommen, die ganz Europa in der ersten
Hälfte des neunzehnten Jahrhunderts inspirierte. Die Shakespeare-
Vorträge, die August Wilhelm Schlegel 1808 in Wien hielt, erschienen dort 1809—1811 im Druck — und in italienischer Übersetzung
schon 1817 in Mailand. Bei den erstaunlich umfangreichen literarischen Interessen Verdis ist es sehr wahrscheinlich, daß er mit diesen
Vorträgen gründlich vertraut war. Zwei bedeutende italienische
Shakespeare-Kenner, Giulio Carcano und Andrea Maffei, zählten
von Jugend an zu seinen besten Freunden. Carcano bot ihm 1850
ein ›Hamlet‹-Libretto an und brachte 1875—1882 italienische Vers-
übersetzungen sämtlicher Stücke Shakespeares heraus. Maffei, der
Übersetzer Schillers, nach dessen ›Räubern‹ er den Text zu Verdis
›Masnadieri‹ schrieb, war in München erzogen worden und trug
Verse zu Verdis auf Schillers deutscher Fassung beruhendem ›Macbeth‹ bei. Die erste italienische Prosaübersetzung aller Werke
Shakespeares, von Carlo Rusconi in siebenunddreißig Bänden, erschien 1838, und diese Bücher stehen, vielgelesen wie auch die spä-
teren Übertragungen Carcanos, heute noch in Verdis Bibliothek. In
Anmerkungen zu vierzehn jener siebenunddreißig Bände zitiert
Rusconi aus den Wiener Vorträgen Schlegels. Daß Verdi Shakespeare zweifellos in dieser Überlieferung las, gehört zu den vielen
geistigen Beziehungen, die ihn trotz politischen Antipathien mit
Deutschland verbanden.

Wie nahe er auf dem Umweg über die deutsche Romantik
Shakespeare gekommen war, wenn er ihn auch standhaft falsch
buchstabierte, geht unter manchen anderen Aussprüchen aus seinem Protest gegen eine Pariser Kritik seiner Neufassung des ›Macbeth‹ im Jahre 1865 hervor: »Daß ich Shacpeare nicht kenne, ihn
nicht verstehe und nicht fühle — nein, bei Gott, nein. Er ist einer
meiner liebsten Dichter, dessen Werke ich seit meiner frühen Jugend in Händen gehalten habe und den ich fortwährend lese und
wiederlese.« Er tat es bis in sein hohes Alter.

Die Briefe, die Verdi und Boito dank beneidenswert schnellen
Postverbindungen zwischen St. Agata, Genua, Montecatini, Mailand

und selbst Paris in wenigen Stunden wechseln konnten, zeugen von ihrem gemeinsamen Werk und ihrer treuen Verbundenheit. Als Verdi starb, ging für Boito die Sonne unter. Die siebzehn Jahre, die er ihn bis zum Ende seiner Welt im Dunkel des Krieges überlebte, waren erfüllt von Erinnerungen. Seine Briefe an Camille Bellaigue berichten davon. Einmal schrieb er ihm: »Savoir comprendre, savoir aimer, savoir exprimer, voiçi les grandes joies de l'esprit humain.« Es liest sich wie das Epitaph einer Freundschaft, der wir ›Otello‹ und ›Falstaff‹ verdanken.

Schon zu Beginn meiner Verdi-Studien im Jahre 1970 regte J. Hellmut Freund, Lektor im S. Fischer Verlag, die Publikation des Briefwechsels zwischen Verdi und Boito an. Damals arbeitete ich an einem amerikanischen Buch, das sämtliche — bis dahin großenteils unveröffentlichte — Briefe und Dokumente zur Geschichte der ›Aida‹ enthält, um ihren Schöpfer und seine Mitarbeiter einmal selber zu Worte kommen zu lassen. In der berechtigten Annahme, manche Transkriptionen seien fehlerhaft und irreführend, suchte ich auch die Autographen der Briefe Verdis an Boito. Durch einen glücklichen Zufall wurde ich 1972 in Rom mit der Gräfin Elena Carandini Albertini bekannt, deren verstorbener Vater, Senator Luigi Albertini, als Freund und Erbe Arrigo Boitos die ersehnten Briefe Verdis besaß. Auf die großzügige Frage der Gräfin, welcher italienischen Bibliothek sie und ihr Bruder Leonardo Albertini diese in ihrem Besitz befindlichen Schätze schenken sollten, schlug ich das Istituto di Studi Verdiani in Parma vor. Ein Jahr später erhielt das Institut von ihnen 141 Autographen der Briefe Verdis an Boito und von den Erben Verdis in St. Agata Fotokopien der 123 dort verwahrten Briefe Boitos an Verdi. Als ich diesen Briefwechsel im Sommer 1979 fast vollständig ins Deutsche und Englische übersetzt hatte, publizierte das Verdi-Institut im Selbstverlag den italienischen Originaltext zweibändig in einer vorzüglichen wissenschaftlichen Edition, die meine Arbeit wesentlich erleichtert hat, bedauerlicherweise aber nicht im Buchhandel ist.

Die vorliegende Ausgabe ist dem mit Verdi im Grunde immer noch zu wenig, mit Boito kaum bekannten deutschsprachigen Leser

zugedacht. Sie gliedert sich in vier Kapitel, denen jeweils eine Einführung in dasjenige Werk vorausgeht, das in der entprechenden
Phase der Hauptgegenstand der Korrespondenz Verdis und Boitos
ist. Diese Einteilung empfahl sich als die für den Leser verständlich-
ste Form der deutschen, so viele Anmerkungen erfordernden Ausgabe, mögen auch die Themen der schriftlichen Diskussionen und
Mitteilungen einander überschneiden und sich keineswegs in der jeweiligen gemeinsamen Arbeit erschöpfen.

Angesichts der entscheidenden Rolle Giulio Ricordis in den
Entstehungsgeschichten des verbesserten ›Simon Boccanegra‹ wie
des ›Otello‹ und des ›Falstaff‹ enthalten die Einführungen neben
anderen Briefen Auszüge seiner — zum großen Teil noch immer
unbekannten — Korrespondenz mit Verdi und Boito. Dieser Ge-
dankenaustausch möge für sich sprechen und lange Kommentare
erübrigen.

Im Glauben an den Wert und die unmittelbare Wirkung authen-
tischer Dokumente hoffe ich, dem Leser einen lebendigen Eindruck
von der Genesis dieser Schöpfungen und von den Kämpfen um ihre
Verwirklichung auf Bühne und Podium zu vermitteln.          H.B.

# Zu dieser Ausgabe

Der Briefwechsel zwischen Giuseppe Verdi und Arrigo Boito wird in chronologischer Folge geboten. Er besteht aus 144 Briefen Verdis an Boito und aus 123 Briefen Boitos an Verdi, einschließlich zweier Briefe an dessen Frau.

Im *Verzeichnis des Briefwechsels* mit Sternchen bezeichnet sind 21 die Briefe ergänzende Telegramme und 12 Mitteilungen Verdis an Boito, deren Originale verschwunden sind. Sie stammen aus hand- und maschinenschriftlichen Transkriptionen Piero Nardis im Nachlaß des englischen Verdi-Forschers Frank Walker, jetzt im Besitz des Verdi-Instituts in Parma. Die historischen Zeilen Verdis vom 1. November 1886 sind nur in Form eines Faksimiles vorhanden, das Carlo Gatti in ›Verdi nelle immagini‹ publizierte. Verdis Brief-Autograph vom 14. Februar 1899 liegt in der Biblioteca Angelica in Rom, das seiner undatierten Anweisungen zur Aufführung der ›Pezzi Sacri‹ auf Seite 477 war im Besitz Arturo Toscaninis, der es wahrscheinlich von Boito bekam. Dieses Dokument wird hier zum ersten Mal wiedergegeben wie auch der ebenfalls im Nachlaß Toscaninis befindliche Brief von Verdi an Franco Faccio vom 2. September 1886, dessen in den ›Copialettere‹ [›Briefkopien‹] gegebener Entwurf das Notenbeispiel nicht enthält.

Ein paar Briefe Verdis und Boitos wurden schon früher aus den ›Copialettere‹, den leider vergriffenen ›Carteggi Verdiani‹ [›Verdis Briefwechsel‹] und anderen italienischen Publikationen ins Deutsche übertragen, sind aber oft falsch und unvollständig wiedergegeben. Das *Verzeichnis des Briefwechsels* zwischen Verdi und Boito führt die bekanntesten bisherigen Veröffentlichungen bis auf die Edition des Institutes in Parma mit den im *Quellennachweis* erklärten Abkürzungen an.

247 bis dahin nicht publizierte Briefe Verdis an Ricordi kamen durch meine Vermittlung aus dem Musikantiquariat Hans Schneider in Tutzing am 4. April 1981 in den Besitz der Biblioteca Palatina in Parma, sind aber leider noch unter Verschluß, weil das dortige

Verdi-Institut sich ihre Veröffentlichung vorbehält. Alle anderen in den Einführungen und Anmerkungen zitierten Briefe Verdis und Boitos an Tito und Giulio Ricordi wie auch an deren Prokuristen Eugenio Tornaghi befinden sich — außer Verdis Brief an Tito Ricordi vom 4. Februar 1859, seinem zweiten an Giulio Ricordi vom 15. Dezember 1886 und ein paar undatierten Zeilen auf Seite 181 — im Mailänder Archiv der Firma Ricordi, von der ich dankbar Hunderte von Fotokopien erhielt. Die Briefe der Familie Ricordi und Tornaghis an das Ehepaar Verdi werden in St. Agata aufbewahrt. Dr. Gabriella Carrara Verdi hat sie mir wie viele andere, darunter zahlreiche unveröffentlichte, vertrauensvoll zum Fotokopieren und zur Publikation überlassen. Unzählige weitere in St. Agata befindliche Briefe und Dokumente werden zur Zeit von der amerikanischen Verdi-Forscherin Dr. Mary Jane Matz registriert und die vorliegende Ausgabe hoffentlich eines Tages ergänzen.

Viele der in den Einführungen und Anmerkungen zitierten Briefe, die Verdi und Boito mit Ricordi wie mit Tornaghi gewechselt haben, werden hier zum ersten Mal veröffentlicht. Bisherige, vielseitig verstreute Publikationen sind nicht einwandfrei zu ermitteln. Die Herkunft aller Briefe von anderen Personen wird durch im Quellennachweis erklärte Abkürzungen gekennzeichnet. Im Falle mir bekannter Autographen sehe ich — außer im Verzeichnis des Briefwechsels zwischen Verdi und Boito — von der Erwähnung bestehender Publikationen ab.

Bei der *Übersetzung* aller Briefe war ich um die getreueste Wiedergabe der recht unterschiedlichen Stile ihrer Schreiber bemüht. Die Sprache Verdis, der bis ans Ende seines langen, wahrhaft königlichen Lebens stolz darauf war, ein Bauer von Le Roncole zu sein, darf — so groß die Versuchung auch sein mag — nicht geglättet, der Ton nicht gemildert werden. Beachtenswert scheinen mir die sehr feinen Nuancierungen in der Anrede: »Sie«, »Ihr« und »Du«. Sie spiegeln die Art seiner Beziehungen. In den Briefen an Boito wird das formelle »Sie« nach dem gemeinsamen Genuß der Genueser Ravioli im Januar 1884 zum vertrauteren »Ihr«. Seine Unterschrift »G. Verdi« jedoch bleibt selbst im freundschaftlichen Dialog — als Zeichen von Distanz und absoluter Unabhängigkeit des Schreibenden psychologisch wohl aufschlußreich — immer die gleiche. Fehlt diese Unterschrift, so handelt es sich meist um einen der vielen Briefentwürfe oder um Briefabschriften Verdis in fünf einfachen Heften von etwa 24 cm Länge und 18 cm Breite, die zusammmen mit fünf anderen seiner Frau in St. Agata verwahrt sind. Auf ihnen fußt die Ausgabe der ›Copialettere di Giuseppe Verdi‹ von Gaetano Cesari und Alessandro Luzio, an der auch Boito beteiligt war. Er selber beschreibt sie Bellaigue im Oktober 1912 als auf »fünf schwarz gebundenen Bänden« beruhend, »die vom Jahre 1840 bis zu wenigen Tagen vor seinem Ende zahllose eigenhändige Abschriften der Briefe des Maestro an verschiedene Personen enthalten. So pflegte er in diesen Bänden seine eigenen Briefe zur Aufbewahrung zu kopieren, wenn es ihm nützlich oder notwendig schien. — Wir werden sie nicht alle publizieren (viele handeln von Verträgen und Geschäften), sondern nur die interessantesten, derer es sehr viele gibt.« (Scala) Auch in seinen eigentlichen Briefen kürzte Verdi die Anreden häufig ab; in der Übersetzung wurden sie zur besseren Lesbarkeit ausgeschrieben; die Grußformeln waren in ihren Abkürzungen oft nur zu erraten.

Im Gegensatz zu Verdis manchmal schwer zu entziffernder bietet Boitos deutliche und Giulio Ricordis wie gestochen wirkende Handschrift keinerlei Schwierigkeiten; aber Ricordis oft recht schwülstiger Stil war nicht immer gänzlich wortgetreu zu übertragen. Das häufige Fehlen von *Datierungen* in den Briefen Boitos hingegen erschwert die Festlegung von Ort und Zeit. Falls vorhanden, helfen uns seine, wenn auch nicht immer mit lesbaren Poststempeln versehenen, Briefumschläge, die er meist »Giuseppe Verdi Borgo San Donnino [heute Fidenza] per Busseto a Sant'Agata« oder »Giuseppe Verdi Palazzo Doria Genova« adressierte, während Verdi ihm im allgemeinen nach Mailand in die Via Principe Amedeo 1 schrieb. Auch nach dem Einzug in St. Agata im Frühjahr 1851 datiert Verdi viele, vor allem an Fremde gerichtete Briefe von der etwa drei Kilometer entfernten Landstadt Busseto, in der sich das Postamt befindet. Mit wenigen Ausnahmen dürfte er sie seitdem alle in St. Agata geschrieben haben.

Falsche Datierungen, die sich selbst in sorgfältigen Briefausgaben und Biographien finden, wurden berichtigt. In allen Briefen wurden die Daten, auch wenn sie in den Autographen abgekürzt sind, vollständig wiedergegeben. Ganz oder teilweise erschlossene Datierungen erscheinen in eckigen Klammern, wie hier und da auch der Verständlichkeit halber ein paar in den Briefen fehlende Wörter und alle *Übersetzungen von Zitaten*. Die letzteren wurden ungehobelt wörtlich statt poetisch frei übertragen. Von seltenen Fällen abgesehen, in denen eine allzu wörtliche Übersetzung sinnlos schien, folgt der deutsche Text aller Briefe und Dokumente so genau wie möglich den italienischen und französischen Originalen. Falsch geschriebene Namen, wie etwa »Shaspeare« oder »Schakespeare«, wurden nicht korrigiert. In den Autographen unterstrichene Zitate sind in Anführungsstriche gesetzt, zur Hervorhebung unterstrichene Wörter kursiv.

Wenn Verdi und Boito in ihren ›Otello‹- und ›Falstaff‹-Briefen Shakespeare im Italienischen wörtlich zitieren, wird in den Anmerkungen der ursprüngliche englische Text gegeben. Im Falle von Stellen in Shakespeares ›Othello‹ und ›Falstaff‹, die Boito nicht wörtlich übernahm, wird nur auf die entsprechenden Akte und Szenen bei Shakespeare hingewiesen. Handelt es sich um die französische Übersetzung der italienischen Oper ›Otello‹, so erscheint der französische, dem englischen und deutschen gleichende Titel ›Othello‹. In diesem Zusammenhang sei auch daran erinnert, daß ›Don Carlos‹ der Name der französischen Urfassung von Verdis Oper ist, deren italienische Version ›Don Carlo‹ heißt, obwohl Verdi selbst immer nur »D. Carlos« schreibt.

Die trotz möglichst genauer Angaben seiner Aufenthalte knappe Zusammenstellung der *Lebensdaten* Verdis habe ich nach seiner zum großen Teil unveröffentlichten Korrespondenz und eigenen Forschungen zusammengestellt. Die große, bewegte Laufbahn dieses unermüdlich tätigen Musikers, Theatermanns, Landwirts, Patrioten und Philanthropen ist jedoch bis heute noch immer unvollständig und unzuverlässig belegt. Für die Jahre des Briefwechsels mit Boito verzichtet diese Übersicht auf manche Daten und Ereignisse, die aus den Einführungen, Briefen, Anmerkungen und den Lebensdaten Boitos hervorgehen. Diese wiederum stellen den ersten Versuch eines solchen Überblicks über das Werden und Wirken des weniger Bekannten dar. Sein Leben läßt manche Fragen offen; selbst Piero Nardi konnte über ganze Jahre seiner diskreten und nach dem Tode Verdis sehr zurückgezogenen Existenz nichts in Erfahrung bringen.

Vor langem hatten die Erben Luigi Albertinis Boitos Möbel, seine Bibliothek und wertvolle Dokumente der Stiftung Giorgio Cini in Venedig geschenkt. Unglücklicherweise lagen diese Schätze bis zum Sommer 1982, von drohend steigendem Wasser gefährdet, in einem Keller auf der Isola San Giorgio. Bis auf Boitos in Venedig verbliebenen, von Raul Radice unzulänglich herausgegebenen Briefwechsel mit Eleonora Duse befindet sich sein ganzer Nachlaß jetzt — noch nicht ausgepackt — im Conservatorio Arrigo Boito in Parma. Wenn dort nun unter anderem auch die vollständige Korrespondenz mit seinem Bruder Camillo endlich einmal ans Licht käme, dürfte manches Rätsel zu lösen sein.

Zwölf *biographische Skizzen* berichten von Menschen, die Verdi und Boito nahestanden oder eine besondere Rolle in ihren Briefen spielen. Über andere Persönlichkeiten, deren Lebensdaten nicht in allen Fällen und nicht immer zuverlässig festzustellen waren, erteilen die Anmerkungen kurzen Bescheid. Mit Verdi und Boito direkt oder indirekt verbundene Komponisten werden etwas ausführlicher kommentiert als andere, die als bekannter vorausgesetzt werden dürfen.

Die Namen sind in der Reihenfolge des Textes nur einmal angemerkt; sie alle finden sich im Register.

Die internationale Verdi-Literatur ist nahezu unübersehbar und in ständigem Wachsen begriffen, so daß sich die *Bibliographie* dieser Ausgabe mit einer Auswahl begnügen muß, die sich auf ihren unmittelbaren Themenkomplex bezieht. Auch die bis heute zumeist auf italienische Publikationen beschränkte Boito-Literatur ist hier nur teilweise erwähnt.

Irrtümer, die den meisten bisherigen Verdi-Veröffentlichungen — leider auch den meinen — unterlaufen sind, wurden nach bestem Wissen und Gewissen berichtigt. Angesichts der Fülle vielschichtigen Materials und widerspruchsvoller Überlieferungen kann aůch dieser Band trotz ehrlicher Bemühung keinen Anspruch auf absolute Genauigkeit und Vollständigkeit erheben. Für entsprechende Hinweise bin ich dankbar.

Eine kritische Ausgabe sämtlicher Werke Verdis wird jetzt vom Ricordi Verlag in Mailand gemeinsam mit der University of Chicago erarbeitet, was etwa dreißig Jahre in Anspruch nehmen soll. Der Herausgeber ist Philip Gossett; seine Mitarbeiter sind Julian Budden, Martin Chusid, Francesco Degrada, Ursula Günther und Giorgio Pestelli. Der erste Band, ›Rigoletto‹, ist im Frühjahr 1983 erschienen; ›Simon Boccanegra‹, ›Otello‹, ›Falstaff‹ und die ›Quattro Pezzi Sacri‹ liegen noch nicht vor.

Die in St. Agata verwahrten handschriftlichen *Libretti* von ›Simon Boccanegra‹, ›Otello‹, und ›Falstaff‹ konnten bis heute nicht veröffentlicht werden. Piero Nardi beschreibt jedoch die Autographen der ›Otello‹- und ›Falstaff‹-Libretti und publiziert interessante Teile des ›Otello‹-Librettos mit Boitos ursprünglichem Text (Scritti, 1536—1541). Alessandro Luzio erteilt darüber ebenfalls wertvolle Auskunft (Carteggi II, 96—99).

In mündlichen und transatlantisch-schriftlichen Gesprächen gab J. Hellmut Freund seit Jahren Ermutigung und Rat. Franco und Pia Passigli in Florenz verdanke ich die Verbindung mit Contessa Elena Carandini Albertini, die Verdis Briefe an Boito besaß und mir auch eindrucksvoll von Boito, der Duse und Giacosa, ihrem Großvater, berichtete. Verdis Erbin, Frau Dr. Gabriella Carrara Verdi, erlaubte mir, des öfteren in seiner Bibliothek in St. Agata zu arbeiten, und vertraute mir bereits für mein Buch über ›Aida‹ unschätzbare Dokumente zur ersten Veröffentlichung an. Prof. Corrado Mingardi in Busseto bin ich schon seit langer Zeit für zahlreiche Auskünfte und freundschaftliche Vermittlungen verpflichtet, dem Hause Ricordi in Mailand, besonders Luciana Pestalozza und Mimma Guastoni, aber auch Maestro Fausto Broussard und Carlo Clausetti für die erwähnten Fotokopien und die Erlaubnis zu ihrer Publikation sowie für biographische und bibliographische Informationen. Mein großer Freund Avv. Alfredo Amman, ein Nachfolger Boitos als Präsident der Mailänder ›Società del Quartetto‹, setzte sich mit Enthusiasmus für meine Forschung ein, öffnete manche Tür und war der kundigste Berater in rechtlichen Fragen. Dr. Giampiero Tintori, der Direktor des Museo Teatrale alla Scala in Mailand, und seine Mitarbeiter Adriana Corbella und Lorenzo Siliotto halfen zuvorkommend bei wichtigen Ermittlungen. Den Professoren Walter Kaufmann, Bernhard Heiden und Walter Robert, befreundeten Kollegen an der Indiana University, wie auch dem hochverehrten Prof. Hans Gál in Edinburgh danke ich für Erklärungen musikalischer Fragen. Besonders verbunden bin ich Giovanni Bria für seine Transkriptionen handschriftlicher Notenzitate und seine entsprechenden Kommentare. Prof. Oskar Seidlin, Indiana University, half unter sehr vielem anderem großzügig mit Verbesserungen der Übersetzung. Giuliana Busch bin ich dankbar für Erkundungen in der Library of Congress in Washington, D. C., und für ihre Hilfe zum Verständnis einiger schwieriger Stellen im italienischen Text; Martial und Eta Singher in Santa Barbara, California, erläuterten Ähnliches in französischen Dokumenten. Dr. h. c. Mimi Rudulph in Palm Springs, California, Giovanni Cardelli in Palm Beach, Florida, Prof. Leonhard M. und Corinna Fiedler in Frankfurt am Main, Klaus Schultz in Aachen, Hans Lehr in Tutzing, Georg-Albrecht Eckle in Küsnacht bei Zürich seien meines Dankes für freundschaftlichen Beistand gewiß. Dem neunzigjährigen Pianisten Miecislaw Horszowski, der als polnisches Wunderkind Boito in seinen späten Jahren in Mailand nahestand, danke ich herzlich für die lebendige Schilderung seines verehrten Freundes, dem Architekten Prof. Antonio L. Cravotto in Montevideo für Aufschlüsse über Camillo Boito. Rudolf F. Kallir und Susan T. Sommer erleichterten das Studium der Arturo Toscanini Collection in Microfilmen der New York Public Library; den Erben Arturo Toscaninis bin ich für ihre freundschaftliche Erlaubnis der Publikation unveröffentlichter Dokumente aus seinem Nachlaß verpflichtet. Prof. Martin Chusid und dem American Institute for Verdi Studies in New York ist für Einladungen zu internationalen Verdi-Kongressen zu danken, zum Erfahrungsaustausch mit hervorragenden Forschern. Die amerikanischen Verdi- und Donizetti-Biographen George Martin und William Ashbrook, der Musikantiquar Theodore Front in Beverly Hills, California, Dr. Mary Jane Matz in

New York, Donald Wilson in St. Louis, Dr. John Cullars in Bloomington, Indiana, Prof. David Rosen an der University of Wisconsin und
Prof. A. Giovanni Da Pozzo an der Università di Padova gaben wertvolle Auskünfte. Prof. Walter Ducloux an der University of Texas,
Prof. Hans Jürg Lüthi an der Universität Bern, Mlle Martine Kahane
in der Bibliothèque de l'Opéra und M. Penesco in der Bibliothèque
Nationale in Paris stellten interessantes Material zur Verfügung.

Frau Lilo Schenk und ihre Kollegen im Berliner Henschelverlag
ermöglichten diesen Band in bewundernswert geduldiger Zusammenarbeit mit J. Hellmut Freund im Frankfurter S. Fischer Verlag.

Forschungsstipendien seitens der Indiana University und des
National Endowment for the Humanities in Washington, D. C., die
ich mit Hilfe des ungewöhnlichen Einsatzes von Prof. Eugene
Eoyang in Bloomington, Indiana, erhielt, sind für kommende englische Bücher über ›Simon Boccanegra‹ und ›Otello‹, ›Falstaff‹, das
›Requiem‹ und die ›Quattro Pezzi Sacri‹ bestimmt, haben aber
auch diesen Band in hohem Maße gefördert. Mein Dank gebührt zu
guter Letzt auch den Erfindern der Fotokopiergeräte, ohne die diese
Arbeit kaum denkbar gewesen wäre.                              H. B.


Herbst 1985

# Anfänge des ›Otello‹ und Neufassung des ›Simon Boccanegra‹ 1879–1881

In den weiten Räumen,
in denen bestimmte Menschen sich zu begegnen
und zu verstehen berufen sind.

Giuseppina Verdi an Giulio Ricordi am 7. November 1879

# Einführung

»Wie dieser *Schokoladen*plan entstanden ist, wißt Ihr . . . Ihr aßt mit mir zusammen und ein paar Freunden. Man sprach von Otello, von Sheaspeare, von Boito. Am nächsten Tag kam Faccio mit Boito zu mir ins Hotel. Drei Tage später brachte Boito mir die Skizze zum Otello, die ich las und gut fand. Macht die Dichtung daraus, sagte ich ihm; sie wird immer gut für Euch, für mich, für einen anderen sein.«

Das schrieb Verdi am 4. September 1879 aus St. Agata an Giulio Ricordi, der ihn veranlaßt hatte, in Mailand am 29. Juni zugunsten der Opfer großer Überschwemmungen das ›Requiem‹ zu dirigieren. Zur Zeit jenes Konzertes war es zu dieser bedeutsamen Unterhaltung gekommen. Boito befolgte Verdis Rat, »fabrizierte die Schokolade« auf Ricordis Drängen bereits im Juli und konnte Tornaghi schon am 24. August berichten: »Morgen oder übermorgen mache ich mich an die ersten Verse des letzten Aktes. *Alles wird rechtzeitig fertig sein.*« Verdi wehrte sich gegen so viel Beflissenheit, warnte Giulio schon am 19. Juli: »Giuditta hat Peppina von der Schokolade geschrieben, Ihr schreibt mir von Kakao . . . Achtet wohl . . ich mache Euch nochmals darauf aufmerksam, daß ich nicht die geringste Verpflichtung eingegangen bin noch eingehen will, und daß ich alle meine Freiheit zu behalten wünsche . . . habt Ihr das gut verstanden?« Und als Ricordi ihn mit Boito in St. Agata aufsuchen wollte, argumentierte er in seinem Brief vom 4. September:

»Wenn Ihr jetzt mit Boito hierher kommt, bin ich unausweichlich verpflichtet, das Libretto zu lesen, das er fertig mitbringen wird.

Wenn ich das Libretto vollkommen gut finde, dann bin ich in gewisser Hinsicht gebunden.

Wenn ich es gut finde und Änderungen anrege, die Boito akzeptiert, bin ich noch mehr gebunden.

Wenn es mir aber, auch noch so schön, nicht gefällt, wäre es zu hart, ihm diese Meinung ins Gesicht zu sagen!

Nein, nein . . . Ihr seid schon zu weit gegangen, und man muß haltmachen, ehe es zu Klatsch und Ärger kommt. — Meiner Ansicht nach wäre es das beste (wenn Ihr so denkt und es Boito recht ist), mir die fertige Dichtung zu schicken, damit ich sie lesen und in aller Ruhe meine Meinung äußern kann, ohne daß diese irgendeinen der Beteiligten verpflichte.

Wenn diese recht heiklen Schwierigkeiten einmal überwunden sind, werde ich sehr glücklich sein, Euch mit Boito hier ankommen zu sehen.

Bis dahin Euer getreuer G. Verdi«

Giulio Ricordi antwortete schon am nächsten Tage aus Mailand: »Hochverehrter Maestro, Ich habe Ihren Brief ängstlich geöffnet, und jetzt kann ich Ihnen gar nicht sagen, welche übergroße Freude er mir gebracht hat. [...] Erlauben Sie mir, ein bißchen zu erzählen. Wenn es lang wird ..... Geduld, Maestro.

Seitdem *Aida* in der Scala aufgeführt wurde, ist zwischen mir, Faccio und Boito immer wieder davon die Rede gewesen, wie glücklich Boito gewesen wäre, ein Libretto für Verdi zu schreiben. Leider sind mehrere Jahre darüber vergangen, aber wir sind von der Idee niemals abgekommen!... Und ersehnten umsonst eine günstige Gelegenheit!.... Boito ließ *Mefistofele* aufführen und ging dann an *Nerone*; damals schrieb er mir, daß er für niemand mehr Libretti machen würde...., aber daß er, wenn er ein Libretto für Verdi hätte schreiben können, jedwede Arbeit liegengelassen hätte, um solche Ehre und solches Glück zu haben. — Aber die Gelegenheit bot sich noch nicht!.... Und ich hatte nie den Mut, zu Ihnen davon zu sprechen .... denn wenn ich vor Verdi stehe, fühle ich mich so befangen, daß ich Kopf und Faden verliere!.... Außerdem, um Ihnen die Wahrheit zu sagen, bringt mich dies Nessushemd des Verlegers immer in eine zwiespältige Lage!!... denn aus Taktgefühl fürchte ich immer, Sie könnten denken, daß der *Geschäftemacher* aus mir spricht!!.... Und das stößt mich ab. Gewiß wäre es übertrieben naiv, Ihnen zu sagen, daß eine Oper von Verdi materiell gesprochen nicht ein wirkliches Glück ist!!.... Aber diese Idee wird hundertmal erwogen und sozusagen überschattet von der unermeßlichen, unsagbaren Erregung, in die mich der Gedanke an ein Werk bringt, das Ihren Namen, wenn möglich, immer noch ruhmreicher gestalten und die geliebte italienische Kunst [der Oper] in neuem

Licht erstrahlen lassen wird . . . ., damit sie ewig in der Musikgeschichte verbleibe! Im übrigen teilen Boito und Faccio diese meine
Ideen, und bei ihren täglichen Besuchen versäumen wir nie, im Anblick des Bildes in meinem Studio auszurufen: ›Ja, und der, schreibt
der wirklich nichts mehr? . . .‹ Und da gibt es Gespräche über Gespräche, die mich in immer größere Erregung versetzen und meine
Hoffnung lebendig erhalten. Das möge Ihnen die wirkliche, herzliche, ehrliche Freundschaft erklären, die mich, Boito und Faccio verbindet; und wie sehr es mich schmerzte, daß ein Mann wie Sie, Maestro, die wahre Seite Boitos nicht erkennen konnte. Ich weiß, wenn
mein Gedächtnis mich nicht täuscht, daß Boito Ihnen einmal etwas
Unrechtes antat; aber bei seinem nervösen, sonderbaren Charakter
wette ich, daß er es nicht bewußt beging — — oder es niemals gutzu-
machen verstand. Tatsache ist, daß er von Verdi bei unseren häufigen Zusammenkünften immer mit Verehrung und Begeisterung
sprach; sonst könnte er nicht mein Freund sein; und ich kann Ihnen
aus Erfahrung in vielen privaten und geschäftlichen Dingen sagen,
daß Boito sich mir stets als offener, loyaler, vollkommener nobler
Herr erwiesen hat. Als er nach Genua fuhr, ermutigte ich ihn, sich
bei Ihnen blicken zu lassen; er fürchtete, ungelegen zu kommen
usw. usw.; aber schließlich faßte er Mut und sagte mir, er sei zu
Verdi gegangen und habe versucht, ein Gespräch über das seit
langer Zeit Erdachte zu führen. Tatsächlich schrieb er mir damals
wie folgt:
    ›Ich ging gestern früh zu ihm; ich wagte nicht, das Thema anzu-
schneiden, das uns am Herzen liegt, weil es mir nach so vielen Jahren, die ich ihn nicht mehr gesehen hatte, zu vertraulich erschien,
ihm von Dingen zu reden, von denen er nicht mit mir sprach. Er war
sehr herzlich zu mir; ich bin ihm für die vollkommene Art des Emp-
fanges außerordentlich dankbar und hätte nicht mehr erwarten können. Unter den größten Musikern, die ich kannte (unter diesen sind
Rossini, Meyerbeer, Wagner), ist Verdi derjenige, der mein Interesse am lebhaftesten erregt.‹
    Ihr hunderttausendmal gesegnetes Kommen nach Mailand war
die langersehnte glückliche Gelegenheit. Es erübrigt sich zu sagen,
was daraus entstand; aber Sie haben für alles, was ich Ihnen er-

zählte, einen Beweis darin, daß Boito seit dem Tage Ihrer Abreise jede andere Arbeit abbrach und sich nur mit dem Libretto beschäftigt. Nachdem er sich aus Gesundheitsgründen nach Venedig begeben hatte, schrieb er mir dies:

›Keine Angst, ich habe dieser Tage versucht, die Arbeit wiederaufzunehmen, die Morgenstunden ausnützend, an denen die Neuralgie mich etwas verschont. Selbst ohne große Mühe wird die Arbeit im August fertig werden. Das Schwierigste an der Oper ist, die unermeßliche Erhabenheit des Textes in kurze Dialoge zu fassen. Beim Wiederlesen dessen, was ich in Mailand geschrieben habe, finde ich vieles zu streichen, vieles zu kürzen, vieles in gewandtere Formen zu bringen. Ich weiß, für wen ich schreibe, und will es so gut machen, wie ich kann.‹

Hier ist der letzte Brief Boitos von gestern früh:

›Ich wende für diese Arbeit (im lyrischen Teil) eine ganz besondere rhythmische Konstruktion an; die wird unseren Maestro, glaube ich, lebhaft interessieren, Dich nicht wenig wundern und ein mächtiger Ansporn zur Ausführung dieses Projektes sein, das uns so sehr am Herzen liegt. Aber ich bin erst spät auf diese Idee gekommen, und jetzt habe ich den ganzen lyrischen Teil des 2. und 3. Aktes neu zu machen. Meine Gesundheit ist völlig wiederhergestellt, und ich kann die ganze Arbeit bis zum 9. oder 10. dieses Monats rekonstruiert und beendet haben. Ich glaube eine Form gefunden zu haben, die Shakespeares Text und seinem musikalischen Interpreten wunderbar zu dienen vermag! . . . .‹

Aber, werden Sie mir sagen, mir scheint, daß Ihr alle die Rechnung ohne den Wirt macht!! . . . . Nein, Maestro . . . . . wenn wir untereinander so sprechen und schreiben, ist das so, weil wir von einer Sache sprechen und schreiben, die wir seit Jahren erörtern, und weil wir so dringend erhoffen, die Phantasie zur Wirklichkeit werden zu sehen. Das ist unser Ziel, aber keinem von uns ist es jemals in den Kopf gekommen, Ihre bisherigen Worte für ein Versprechen, eine Verpflichtung zu halten! . . . . Das wäre ein Mangel an Respekt vor Ihnen! . . . . Und als Boito diese Arbeit unternahm, hat er es keineswegs im Gedanken an eine fertige und sichere Sache getan; das ist ihm ganz klar.

Der Maestro wird mich jedoch fragen: warum also diese Eile?.... Und auch hier kann ich Ihnen den Grund dafür sagen. Boito hoffte, bis Anfang August fertig zu werden; aber gesundheitlich indisponiert, begab er sich nach Venedig, und damit kam es zu einer Verzögerung. Die Verschworenen, die nach Busseto gefahren wären, waren drei: Boito, Faccio und ich. Faccio ist für den Herbst in Madrid verpflichtet und reist, glaube ich, am 15. oder 16. dieses Monats ab; auch er hatte den größten Wunsch, vor seiner Abreise nach St. Agata zu kommen, Verdi zu begrüßen und gegebenenfalls getrost mit einer großen und freudigen Neuigkeit abzureisen!! .... Oder zumindest mit der Freude, Sie gesehen zu haben. [...]

Wenn Sie inzwischen Zeit und Gelegenheit finden, mir nur ein paar Worte zu senden: ›Ich erhielt Euren Brief und alles in Ordnung‹, werden Sie mir unendliche Genugtuung und Beruhigung geben; denn sie bedeuten, daß keiner von uns selbst im Traum etwas getan hat, was Ihnen im geringsten mißfallen könnte! . .

Aber inzwischen kann ich Ihnen sagen, daß meine Nerven unter Krämpfen leiden und daß es sehr anstrengend ist, die Maske auf dem Gesicht zu behalten und nicht von all den schönen Hoffnungen zu sprechen, die mir durch den Kopf gehen! [...]«

Am 17. September 1879 teilt Ricordi Verdi aus Mailand mit:

»Boito schreibt mir heute aus Venedig, daß er die Arbeit beendet hat und beim Abschreiben ist, aber mit solcher und so vieler Angst, daß er sie jetzt von Anfang an neu machen möchte! .... Denn der Gedanke, sie Ihnen vorzulegen, läßt ihm keine Ruhe, und er fürchtet, nichts Würdiges zustande zu bringen. Auf jeden Fall wird er nächste Woche selber in Mailand sein und mir sein Manuskript übergeben. Ihren Plänen gemäß werde ich es Ihnen dann senden, damit Sie es zu passender Zeit und in gänzlicher Freiheit prüfen können. Wenn ich das Glück hätte, fromm zu sein, würde ich jetzt Kerzen für die Madonna anzünden und mich vor Gott auf die Knie werfen, damit unsere heißesten Wünsche erhört werden mögen!«

Vier Tage später schreibt Boito aus Venedig an Tornaghi:

»Wenn ich Giulio diese Woche nicht die erwürgte Desdemona liefere, fürchte ich, daß er mich erwürgt.«

Am 29. September schreibt Ricordi aus Mailand an Verdi:

»In Bestätigung meines letzten Briefes teile ich Ihnen mit, daß Boito gestern abend mit der fertigen Arbeit angekommen ist. Wenn ich sie nicht sogleich schicke, dann nur, weil er sie abschreibt und gleichzeitig zwei Szenen neu macht, die ihn nicht gänzlich befriedigen. Wegen einer höchst lästigen Gesichtsneuralgie, die ihn am Arbeiten verhinderte, ist er etwas verspätet. Er hofft, Shakespeares Gedanken treu befolgt und zusammengefaßt zu haben, und schmeichelt sich, Ihre Zustimmung zu erreichen.

Bis dahin befinde ich mich zwischen Himmel und Erde, ungeduldig, sehnsüchtig, zwischen Leben und Tod!!! . . . Machen Sie uns leben, Maestro!!!!«

Der Maestro antwortet dem Überschwenglichen am 4. Oktober:

»Ihr könnt mit dem Libretto machen, was Ihr wollt, weil niemand mir verpflichtet ist, wie auch ich niemandem verpflichtet bin.«

Die nächste Mitteilung Giulio Ricordis an Verdi ist in Mailand am 7. Oktober 1879 datiert:

»Ich telegrafierte Ihnen, daß ich Ihnen Donnerstag das Manuskript schicken würde; aber Boito ist wieder erkrankt, und ich schrieb ihm heute früh zwei Zeilen, um ihm zu sagen, welche Sorge mir diese Verspätung bereitet und wie leid es mir tut, einem Mann wie Verdi gegenüber wortbrüchig zu sein.«

Diesem Brief legte Ricordi den folgenden, vermutlich am 7. Oktober in Mailand geschriebenen Brief Boitos bei:

»Lieber Giulio, Ich bin viel besorgter als Du. Heute bin ich um halb acht Uhr aufgestanden und habe mich an den Schreibtisch gesetzt; ich arbeite, soviel ich kann, aber bis gestern mittag war der Abszeß, der mich plagt, noch nicht aufgegangen, und mit der Hölle im Munde konnte ich nicht arbeiten. Ich hoffe, daß dieser Abszeß der endgültige Abschluß meiner Leiden gewesen sein möge. Ich habe nichts anderes im Sinn, als diese Arbeit gut, so gut und so schnell ich kann, zu beenden. Kein anderes Unternehmen in meinem Leben hat mir die Unruhen, die Aufregungen verursacht, die ich in diesen Monaten geistigen und physischen Kampfes durchgemacht habe.

Glaube nicht etwa, daß das Libretto bis übermorgen fertig sein kann. Der Abszeß hat mich drei Tage gekostet; erst heute bin ich wieder zur Arbeit gekommen, folglich sind bis Donnerstag drei Tage hinzuzufügen. Das Unheil, das sich dieser Arbeit widersetzt, wird besiegt sein.

Im übrigen beende ich diese Arbeit, was auch immer geschehe, auch wenn V. nicht mehr mein Partner sein will, und in der bestmöglichen Weise, damit er einen Beweis habe, daß ich, selbst von physischen Schmerzen betroffen, ihm vier Monate meiner Zeit mit aller Zuneigung, die er mir einflößt, gewidmet habe. Dafür will ich um Himmels willen weder von ihm noch von Dir irgendeine materielle Vergütung beanspruchen, wenn die Sache schiefgeht. Es würde mir genügen, V. einen Beweis zu geben, daß ich ihm sehr viel wahrhaftiger zugeneigt bin, als er glaubt.«

Ende Oktober 1879 war Giulio Ricordi mit einem Photographen zu Aufnahmen des Maestro in St. Agata gewesen; er dankte ihm gefühlvoll in einem Brief vom 30. Oktober und wandte sich am 4. November an die »Gentilissima Signora Peppina«:

»Jetzt zu einer anderen Sache, für die ich Ihren Rat erbitte.

Für heute hatte Boito mir den 3. und 4. Akt versprochen; er kam zu mir und sagt, den 3. beendet zu haben, aber noch nicht den 4., und daß er den einen nicht ohne den anderen senden wolle.

Ich habe Boito nie in einem ähnlich aufgeregten Zustand gesehen, so aufgeregt, daß er mein Mitleid erregte. Er sagt, er kenne sich selber nicht mehr! . . . Ein andermal vertraute er mir: ›ich habe in zwölf Stunden wohl die Arbeit von zwölf Tagen gemacht: der Gedanke, Verdi eine Arbeit vorzulegen, erregt meine Nerven so sehr, daß ich wie stumpfsinnig werde; seit einer Reihe von Nächten bleibe ich bis drei Uhr wach, fast ohne die Feder niederzulegen [. . .] Ich lebe in ständiger Angst, etwas zu machen, was Verdi nicht gefallen könnte, und stattdessen das wegzulassen, was ihm gefallen könnte! [. . .] Hätte ich mit Verdi allgemeine Richtlinien besprechen können, dann wäre ich schnell vorangekommen, denn die Detailfragen sind nicht der Rede wert: man ändert, man streicht, man arrangiert. Aber Shakespeares Tragödie ist unermeßlich; aus dieser Unermeßlichkeit muß ich eine allgemeine Richtlinie schneiden, die mit Verdis Ideen übereinstimmen sollte; wird mir's gelingen? . . . Hier ist das Problem, das mir die Kräfte raubt! . . . Ich hätte den Maestro

um Erlaubnis gebeten, ihn zu sehen; aber auch wenn seine Höflichkeit mir ein Ja gegeben hätte, fühlte ich in mir selber die Furcht,
meine Frage könnte wie ein Druck wirken; und das möchte ich absolut nicht! . . . . . Ich weiß, daß Verdi diese Unschlüssigkeiten für
schlecht halten kann, ich muß auch fürchten, daß seine Geduld rei-
ßen wird! . . . . Aber ich kann mir nicht selber Gewalt antun; einem
Mann wie Verdi will ich etwas schicken, was mein Gewissen beruhigt, selbst wenn es gefehlt wäre.‹

Kurz und gut, es kam mir vor, als hätte ich einen fünfjährigen
Jungen vor mir. [. . .] Jetzt bitte ich Sie um einen Rat: Wenn es gelänge, Boito mit Verdi sprechen zu lassen, glaube ich, daß dies alles
verschwinden würde . . . . . . und das Libretto wäre in ein paar Stunden fertig . . . . . Aber der Maestro sieht darin verständlicherweise
eine moralische Verpflichtung; und andererseits fürchtet Boito verständlicherweise, einen Druck auszuüben. Wir haben also zwei
negative Pole! . . . . Gibt es kein Mittel, den Strom zu ändern und
auf positive zu schalten?«

Darauf gab Signora Verdi am 7. November aus St. Agata die folgende Antwort:

»Ich kenne Boito nur sehr wenig, glaube aber, ihn erraten zu haben. Nervöse, höchst erregbare Natur! Wenn von Bewunderung
überströmt, grenzenloser Begeisterungen fähig und vielleicht
manchmal ›aus Kontrastwirkung‹ auch übermäßiger Antipathien!
Dies alles jedoch in kurzen Anfällen und nur, wenn Kopf und Herz
im Streite sind, oder besser zwischen entgegengesetzten Leidenschaften oder Mächten. Die Loyalität, das Gerechtigkeitsgefühl seines Charakters müssen dann bald vorherrschend werden und alle
seine Eigenschaften wieder ins Gleichgewicht bringen. Fest in der
Freundschaft und gleichzeitig sanft und biegsam wie ein Knabe,
wenn sein Gemüt nicht sozusagen ›gestichelt‹ wird. All das sage ich,
um sie *verstehen* zu lassen, daß ich glaube, *den Mann verstanden* zu
haben; deswegen überrascht mich sein fieberhafter Zustand zur gegenwärtigen Stunde nicht. In der Hoffnung, etwas Ruhe zu bringen,
will ich in Giulios Ohr eine kleine Vertraulichkeit flüstern, vorausgesetzt, daß sie nicht zum Geheimnis Pulcinellas wird.

Um den 20. dieses Novembers herum werden wir ein paar Tage

in Mailand verbringen, und ich wäre der Meinung, diesen Moment abzuwarten, der mir außerordentlich günstig scheint, Boito, ohne aufzufallen und neugierige Aufmerksamkeit zu erwecken, ausführlich und ruhig mit Verdi sprechen zu lassen.

*Inter nos*, was er [Boito] bis jetzt von dem *Afrikaner* geschrieben hat, scheint ihm [Verdi] zu gefallen und sehr gut gemacht zu sein; er ist sicher, daß das Übrige ebenso gut gemacht werden wird. Er möge die Dichtung also in Ruhe beenden und sich seiner Phantasie hingeben (ohne sie zu quälen); sobald er fertig ist, möge er sie ohne Verzögerungen und Hemmungen an Verdi schicken, bevor er nach Mailand kommt, damit er sie in Ruhe lesen und gegebenenfalls im voraus seine Bemerkungen machen kann. Ich wiederhole: der Eindruck ist gut; die Änderungen und die Feile kommen später.

Ich wünsche und vertraue darauf, daß man sagen könne ›Ende gut, alles gut‹, und so möge es gutgehen. Schreiben und sprechen Sie zu Verdi also nicht von Ängsten, Wünschen, Unschlüssigkeiten. Ich füge hinzu: Sagen Sie Verdi nicht einmal, daß ich Ihnen über diese Angelegenheit geschrieben habe. Ich halte das für die beste Art, in Verdis Gemüt nicht die Idee eines noch so fernen Druckes aufkommen zu lassen. Lassen wir den Strom auf geradem Wege ins Meer fließen. Und in den weiten Räumen, in denen bestimmte Menschen sich zu begegnen und zu verstehen berufen sind.«

Signora Verdi dankend, gab ihr Ricordi am nächsten Tag diese Nachricht aus Mailand:

»Um den Maestro nicht unnötig zu belästigen, schreibe ich eine Karte ab, die mir Boito vor kurzem geschickt hat; schade, daß es zwischen mir und ihm keinen Telegraphendraht gibt!! [. . .] ›Gestern habe ich am 4. Akt gearbeitet und bin zufrieden damit. Jetzt gibt's noch das Terzett im 3. Akt, ein Hauptstück, das mich zur Verzweiflung bringt! . . . Ab und zu lasse ich von ihm ab, um mit irgendeiner anderen Szene voranzukommen, dann kehre ich zum Terzett zurück und finde es gröber denn je! . . Aber ich verzweifle nicht, bin sogar sicher, daß ich Dich bald mit der warmen und fertigen Schokolade aufsuchen werde . . . . . . und wie zufrieden werden wir dann sein! . . . .‹ Also die Schokolade kocht, koeht, kocht!! . . . . . Und ich auch!«

Elf Tage später empfing Ricordi die folgenden Zeilen Verdis vom 18. November 1879 aus St. Agata:

»In diesem Augenblick erhalte ich die Schokolade. Ich werde sie heute abend lesen, weil ich den Kopf jetzt voll mit Geschäften habe.«

In den letzten Novembertagen des Jahres 1879 hielt sich das Ehepaar Verdi in Mailand auf. Nach ein paar undatierten Zeilen an Giulio Ricordi aus dem Grand Hôtel et de Milan — »Ich fühle mich nicht sehr wohl und wünsche, das Gespräch mit Boito auf morgen zu verschieben« — traf er Boito und kaufte ihm das Libretto zum ›Otello‹ ab. Drei Wochen danach gab Signora Verdi der gemeinsamen alten Freundin Giuseppina Negroni Prati Morosini diesen Bericht:

»Genua, 18. Dezember 1879 [. . .] Der Zufall ließ eines Tages in Mailand die Unterhaltung auf Shakespeares wunderbares Drama Otello kommen und wie der *Stümper*, der es zum Bühnengebrauch, das heißt ›zur Form eines Opernlibrettos‹ reduzierte, es in keiner poetischen, gar keiner dramatischen und noch viel weniger Shakspearschen Weise getan habe. Die Unterhaltung wurde Boito mitgeteilt, der seine Phantasie erwärmte, zwei Tage später einen Entwurf präsentierte und dann das ganze Libretto in Versen. Verdi las es, und man muß sagen, daß es ihm gefiel, weil er die Rechte dazu erwarb . . . aber er legte es neben den Re Lear von Somma, der seit etwa zwanzig Jahren tief und ungestört in seiner Mappe schläft. Was wird aus diesem Otello werden? Wer weiß! Ich wünschte, daß Verdi ihn wie Re Lear noch zwanzig Jahre schlafen lassen könnte und sich dann stark und mutig genug fühlte, ihn zu vertonen. Selbstverständlich möchte ich dann auch kräftig genug sein, um mich wenigstens zur ersten Aufführung zu schleppen! [. . .]« (Scala)

Signora Giuseppinas Worte an den alten Freund Cesare De Sanctis in Neapel bestätigen ihre vorhergehende Schilderung der Situation, aber der Briefwechsel ihres Mannes mit einem anderen neapolitanischen Freund, dem Maler Domenico Morelli, zeigt, daß ihn ›Otello‹ im stillen beschäftigte, und wie sehr ihm daran lag, die Figur des Jago vor Augen zu haben.

Giuseppina Verdi an Cesare De Sanctis:

»Genua, 5. Januar 1880 [. . .] Zur Zeit jedenfalls ist *Otello* im Kopfe Gottes. Hütet Euch vor dem Glauben an die Zeitungen. Das Einzige, was sich mit Sicherheit sagen läßt, ist die Aufführung eines *Pater noster* und *Ave Maria* im Frühjahr in Mailand. [. . .]« (Carteggi I, 191)

Verdi an Domenico Morelli:

»Genua, 6. Januar 1880 [. . .] Wie schön ist die Skizze von *Re Lear*! Trostlos wie das Sujet! Wie stark im Ausdruck muß wohl die Figur des alten Kent sein.

Warum machst Du nicht das Gegenstück zu dieser Skizze mit einer Szene aus *Otello*?

Z. B. wenn *Otello Desdemona* erwürgt; oder besser noch (das wäre neuer), wenn *Otello* zerrissen von der Eifersucht in Ohnmacht fällt und *Jago* ihn betrachtend mit teuflischem Lächeln sagt: ›Sei wirksam, meine Arznei.‹

Was für eine Figur dieser *Jago*!!!

Nun? Was sagst Du dazu?

Schreib mir, arbeite, was noch besser ist, und gib mir einen starken Händedruck, denn ich umarme Dich mit größter Bewunderung.« (Copialettere, 692—693)

Morelli antwortete postwendend, und dieser Briefwechsel setzte sich fort, aber es gelang Verdi nie, sein Bild des Jago zu bekommen.

»Neapel, 8. Januar 1880 — Mein liebster Maestro, Jago den ohnmächtigen Otello betrachtend — was für eine schöne Situation. Jago mit dem Gesicht des rechtschaffenen Mannes. Ich habe einen Priester gefunden, der genau so scheint wie er — wenn's mir gelingt, schicke ich ihn Euch; nicht den Priester, sondern eine verschmierte Leinwand von mir. Aber! Was für Noten werdet Ihr für diese Situation gefunden haben! Wenn ich daran denke, fühle ich mich ganz, ganz klein und möchte nichts mehr mit Farben zu tun haben, möchte Sänger sein, um ein ganzes Theater schaudern zu machen, auch wenn's voll von dummen Leuten ist. [. . .]« (Carteggi I, 290)

Verdi an Domenico Morelli:

»Genua, 7. Februar 1880 — Lieber Morelli, Gut, sehr gut, bestens, allerallerbestens! Jago mit dem Gesicht des Ehrenmanns!

Du hast's getroffen! Oh, das wußte ich wohl; ich war dessen

sicher. Ich glaube, diesen *Priester* zu sehen, das heißt diesen Jago mit der Miene des Rechtschaffenen! Also schnell; mach vier Pinselstriche und schicke mir diese ›verschmierte Leinwand‹. Los, los .. schnell, schnell .. aus der Inspiration ... Wie es kommt, kommt es .. mach's nicht für die Maler .. mach's für einen Musiker! — —

Spiel mir nicht den Bescheidenen, wenn Du mir sagst, daß Du Dich *ganz, ganz klein* fühlst, denn das ist unnütz, ich glaube Dir's nicht. Wenn ein Mensch getan hat, was Domenico Morelli getan hat, erhebt er seine Stimme nicht und spricht nicht wie ein gewöhnlicher Sterblicher, sondern sieht in sein Inneres und sagt ganz für sich: ›*Ich* bin *ich* und nochmals *ich*.‹ ....

Also her mit dieser ›Schmierage‹!

Schön ist die Szene der knieenden Mönche: *La Vergine degli Angeli* usw., aber das ist ein *Opernstoff*. Dieser Jago ist *Shakespeare*, ist die *Menschheit*, das heißt ein Teil der Menschheit .. der häßliche. [...]« (Faksimile in Levi, 229—232)

»Mailand, 19. April 1880 [...] Denke ein bißchen daran, ein *Jago*-Gesicht zu finden. [...]« (Levi, 236)

»St. Agata, 12. Mai 1880 [...] Und Jago? Hast Du diesen Schurken mit der Miene des Rechtschaffenen gefunden?« (Levi, 236—237)

Inzwischen hatte Verdi an der Pariser Opéra ›Aida‹ dirigiert und Faccio in seiner Gegenwart am 18. April an der Scala das ›Pater noster‹ und ›Ave Maria‹ uraufgeführt. Im Juni war Boito zu seinem ersten ›Mefistofele‹ außerhalb Italiens nach London gefahren, hatte Verdi aber vermutlich im April in Mailand gesehen. Vielleicht ist Verdis Wunsch, das Finale des III. Aktes zu ändern, damals zur Sprache gekommen. Den folgenden Brief Giulio Ricordis erhielt Boito wahrscheinlich in Mailand nach seiner Rückkehr aus London.

[Mailand?] »24. Juli 1880 — Liebster Boito, Um einen Mohren und einen Römer geht mein heutiger Brief! ... und ich fasse mich kurz.

Kapitel I — Über den Mohren.

Es tut not, unseren Verdi ein bißchen zu wecken! ... Erinnere Dich daran, daß ich ihm in Deinem Auftrag schrieb, Du würdest

Dich bei Deiner Rückkehr mit dem bewußten Finale beschäftigen, das Du schon entworfen hattest und in dem nur noch die Verse fehlten! ... Mach kein A...och aus mir!! [...] Mir schwant, daß Verdi den Mohren etwas schlafen gelegt hat!! ... Und ein elektrischer Schlag Deiner Verse würde jetzt schaffen, was Gott geschaffen hat!! ... Tu mir also den heiligsten Gefallen, dieses gebenedeiteste Finale nach Busseto zu schicken. [...]«

Während Giulio Ricordi am Comer See in den Ferien war, schrieb Boito aus Monaco nach Mailand an Eugenio Tornaghi am 3. und vermutlich 4. oder 5. August 1880:

»[...] Das neue Finale des 3. Aktes ging zusammen mit einem Brief von mir nach B. [Busseto] ab, während ich nach Monaco abreiste. Ich gebe Dir diesen Bescheid, um Dich zu beruhigen. [...]«

»[...] Ich habe keinerlei Nachricht aus Busseto, aber der Maestro muß die Szene [Finale III. Akt] vor wenigstens fünf, sechs Tagen erhalten haben. Ich erwartete eine Antwort, die mir aus Mailand an diesen Küstenstrich gesandt werden sollte. [...]«

»Ihre und des Maestros Mitteilung«, die Giulio Ricordi in seinem folgenden Brief an Signora Verdi erwähnt, dürfte sich auf das neue Finale und Boitos Nachricht an Tornaghi vom 3. August 1880 beziehen.

[Cernobbio?] »5. August 1880 [...] Boito nimmt ein paar Bäder zur Erholung im Meer. Ich bin froh zu hören, daß er sein dem Maestro gegebenes Versprechen gleich nach der Rückkehr von London erfüllt hat. Diesmal war er kein Dichter —. Da ich ihm in ein paar Tagen schreiben muß, werde ich mich beehren, ihm Ihre und des Maestros Mitteilung auszurichten, die ihn sehr froh und stolz machen wird. — Nebenbei bemerkt muß ich Ihnen eine Kleinigkeit anvertrauen. Als ich vor Tagen mit Boito von Ihnen, Verdi und Busseto sprach, erinnerte er sich an den Ausflug, der im letzten Jahr dorthin geplant war, und bedauerte, daß verschiedene Umstände ihn ins Wasser fallen ließen. Dieser Unterhaltung entnehme ich also, daß Boitos Wunsch, Ihnen einen Besuch in St. Agata zu machen, noch immer lebendig ist; aber wie ich seinen Charakter und seine Denkweise kenne, glaube ich bestimmt, daß die Angst, sein Kommen könnte für ein Zeichen von taktloser Neugier gehalten werden, ihn von jeder direkten Andeutung abhalten und er sich begnügen wird, mir wie zuvor ein paar Worte darüber zu sagen und mich zu fragen, ob ich keine Gelegenheit habe, nach Busseto zu fahren.

Da jetzt aus besonderen Gründen auch der Maestro einen solchen Besuch mehr oder weniger gern sehen könnte, frage ich Sie vertraulich, ob ich, falls die Rede wieder darauf käme, davon ablassen oder mich anders verhalten sollte [. . .]«

Verdis deutscher Freund Ferdinand Hiller schrieb ihm auf französisch von der Insel Rügen und erhielt auf italienisch Antwort auf seine Frage:

»Saßnitz, 2.September 1880 [. . .] Und Sie, lieber Maestro, sind Sie mit der neuen Oper beschäftigt, von der schon vor ihrem Erscheinen mehr gesprochen wird, als von denen anderer Komponisten nachher? Ich hoffe es; Sie sind wirklich noch zu jung im Kopf, im Herzen und im Körper, um nicht mehr für die Millionen von Menschen zu arbeiten, die sich für Ihre Werke begeistern. [. . .]« (Carteggi II, 337)

»St.Agata, 14.September 1880 [. . .] Was mich angeht, beschäftige ich mich nur mit Bauten und Landwirtschaft. Die Musik ist in meinem Cembalo verschlossen und, da Ihr mich danach fragt, *Otello* schläft ruhig und hat bisher weder Desdemona noch irgendein Publikum umgebracht. Ihr wißt, daß ich das Libretto schon in diesem Frühjahr von Boito, dem Autor des *Mefistofele*, bekam. Ich habe das Libretto gekauft; ich habe es zu meinen Papieren gelegt und nicht eine Note dazu geschrieben. Das ist alles. [. . .]« (Carteggi II, 337)

Inzwischen aber hatte Verdi am 15.August 1880 an Boito geschrieben, und Boito hatte ihm am 4.September durch Signora Verdi geantwortet. Gleichzeitig hatte Boito Giulio Ricordi davon benachrichtigt: »Ich habe getan, was Du wolltest: ich habe in diesem Augenblick an Signora Verdi geschrieben. Es hat den Anschein, daß die Schokolade im Ofen ist.«

Signora Verdi erhielt Boitos Brief vom 4.September und richtete den folgenden an Ricordi:

»St.Agata, 7. September 1880 [. . .] Ich habe lange gezögert, Ihren letzten Brief [vom 5.8.1880] zu beantworten; und diesmal nicht nur wegen der Sünde der Trägheit, sondern weil ich krank war, wie Ihnen Maestro Muzio sagen kann, und weil Ihre Frage mich in größte Verlegenheit bringt! Aber ich muß die Sache *ab ovo* beginnen.

Sie wissen, wie es zu der Geschichte dieses perfiden *Jago* kam. Verdi geriet sozusagen blind und ohne es zu wollen in diese Art von Netz. Eines führte zum anderen, und aus einem *Nichts*, aus einem einfachen, mit dem Glase in der Hand vergnügt hingeworfenen Wort entstand ein *Libretto*. Verdi nahm es an — wenn auch *unverbindlich*, nicht frei von schlechter Laune —, und ich habe ihn mehrfach sagen hören: ›Ich binde mich zu sehr — die Dinge kommen zu weit voran, und ich will absolut nicht gezwungen sein, etwas zu tun, was ich nicht tun will‹ usw. usw.

Sie sehen, daß die Zeitungen, die immer alles an die große Glocke hängen, wenn Sie mit Boito hierher kämen — wie lieb Ihr Besuch uns auch wäre — über diesen (weit entfernten) Jago mit doppelten Glocken plappern würden! Aus all dem entstünde eine noch stärkere Bindung, eine größere Verpflichtung, diesen *Otello* zu machen, von dem Verdi trotz den wunderschönen Versen noch keine ganz deutliche und klare Vorstellung hat. Und ohne eine klare Vorstellung ... jetzt, später und in jedem Fall würde Verdi nie schreiben!

Nach allem, was ich Ihnen schnell mitgeteilt habe, halte ich es offen gesagt zumindest im Augenblick für das Beste, die Dinge so zu lassen, wie sie sind, und über den Mohren das größtmögliche Stillschweigen zu bewahren! Im übrigen sind Verdis Tätigkeiten und Geschäfte zur Zeit von solcher Art und so zahlreich, daß es ihm unmöglich wäre, sich mit ihm abzugeben, selbst wenn ihn alles zum Schreiben triebe.

Boito hat mir einen sehr freundlichen Brief geschrieben, aus dem ich mit Freude ersehe, wie außerordentlich gut die Bäder im Meer seiner Gesundheit getan haben. Die Gesundheit ist ein kostbares Gut für alle und vornehmlich für starke Begabungen, die wie Boito die Welt mit Meisterwerken der Kunst und Literatur bereichern können. Ich bitte Sie, lieber Giulio, ihn meiner Hochachtung zu versichern. [...]«

Nachdem Boito mit Verdi bisher aus offensichtlicher Scheu nur auf Umwegen korrespondiert hatte, schrieb er ihm am 18. Oktober 1880 zum ersten Mal selbst. Aber schon der nächste Brief Verdis an Boito vom 2. Dezember kündigt die gemeinsame Revision des ›Simon Boccanegra‹ an.

Giulio Ricordi hatte seit Jahren vergeblich versucht, Verdi zu einer Revision des ›Simon Boccanegra‹ zu bewegen, dessen Uraufführung im Teatro Fenice in Venedig am 12. März 1857 »ein fast ebenso großes Fiasko wie das der *Traviata*« gewesen war; und Verdi hatte am 2. Mai 1879 wiederum negativ reagiert:

»Gestern bekam ich ein großes Paket, das vermutlich eine Partitur des *Simone* enthält! Wenn Ihr in sechs Monaten, in einem Jahr, in zwei oder drei Jahren usw. nach St. Agata kommt, werdet Ihr es genau so unberührt finden, wie Ihr es mir geschickt habt. Ich habe Euch in Genua gesagt, daß ich nutzlose Dinge verabscheue. Es stimmt, daß ich in meinem Leben nichts anderes getan habe, aber dafür gibt es mildernde Umstände. Nichts würde heutzutage nutzloser für das Theater sein als eine meiner Opern . . . . Und außerdem, und außerdem ist es besser, mit *Aida* und der *Messe* zu enden, als mit einem *arrangement*.«

Ricordi gab diesmal aber nicht nach. Das ›Pater noster‹ und ein ›Ave Maria‹, die Verdi am 18. April 1880 zu wohltätigen Zwecken an der Scala aufführen ließ, waren kein Ersatz für eine Oper, und den ›Otello‹ schien der Maestro liegengelassen zu haben. Giulio Ricordis jahrelanges Geduldsspiel um die Verbindung Verdis mit Boito trug keinen unmittelbaren Gewinn, schien vergeudet. Während er noch immer den ›Otello‹ schürte, schrieb er Verdi am 19. November 1880, die Direktion der Scala verlange nachdrücklich den ›Simon Boccanegra‹ für die kommende Spielzeit. Wieweit dies das Verlangen der Scala, wieweit das des Hauses Ricordi war, bleibe dahingestellt. Wir verdanken ihm jedenfalls, daß Verdi seinen Widerstand aufgab und mit der Neufassung des ›Simon Boccanegra‹ auf dem Wege von ›Aida‹ über das ›Requiem‹ zum ›Otello‹ eines seiner eigenartigsten und edelsten Werke schuf.

Die ursprüngliche Version dieser Oper stand unter keinem guten Stern. Francesco Maria Piave, der den Text verfassen sollte, war damals in Venedig, der Komponist in Paris. Aus einem Vorort, Enghien, schrieb er am 3. September 1856:

»Lieber Piave, Was nützt es, die Geschichte des Simon Boccanegra innerhalb des Monats fertig zu machen? Haben die Polizei und das Präsidium nicht ein hinreichend ausführliches Szenarium? Es ist sogar nicht einmal ein Szenarium, sondern ein total fertiges Drama. Ins Libretto kommt kein [neuer] Gedanke, kein geändertes Wort. Was macht es schon aus, ob es zur Zeit in Prosa oder in Versen ist? Und wie Du ganz richtig bemerkt hast, an diesem Simone ist etwas Originelles. Darum muß der Stil des Librettos, der [einzelnen] Stücke usw. usw. so originell wie möglich sein. Das läßt sich nicht machen, wenn wir nicht zusammen sind; es wäre jetzt also verlorene Zeit. Sag Torniello, dem Freund Torniello, er soll nur still sein und uns machen lassen, denn wir verstehen unser Handwerk recht gut; und wenn er was zu tun haben will, ist anderswo Not am Mann. Er soll an die Dekoration und Kostüme denken. O, die Dekorationen könnten in diesem Simone so schön sein! Besonders in drei Bildern müßte und könnte ein Maler etwas sehr Gutes machen. Aber die Bühnenbilder müßten doppelte und dreifache Prospekte haben und die *Podeste* nicht Schemel, wie im *Guglielmo Tell*, sondern richtige *Podeste* sein. Und was die Kostüme angeht . . . Genug! . . . Genug . . . laß uns zu anderem kommen. [. . .]

P. S. Bereite Dich auf St. Agata vor und disponiere so, daß Du dort bleibst, bis der Boccanegra fertig ist.« (Scala)

Verdi konnte erst Mitte Januar 1857 nach St. Agata heimkehren, und Piave kam nicht zu ihm. Unterdessen sah der Komponist sich gezwungen, einen anderen Helfer zu suchen. Er fand ihn in Giuseppe Montanelli, einem toskanischen Dichter im Pariser Exil. Daraufhin erhielt Piave vermutlich Ende Januar, Anfang Februar 1857 aus St. Agata das folgende undatierte Schreiben:

»Hier hast Du das gekürzte und reduzierte Libretto ungefähr so, wie es sein muß. Wie ich Dir in einem anderen meiner Briefe sagte, sollst Du Deinen Namen dafür geben oder nicht. Wenn Dir mißfällt, was geschehen ist — es mißfällt auch mir, und vielleicht noch mehr als Dir; aber ich kann Dir nichts anderes sagen als ›es war nötig‹!!

Ich schleppe mich so gut wie möglich durch. Dank gutem Willen bin ich zuversichtlich, und die Oper wäre fertig, wenn mein Magen mich arbeiten ließe, wann ich will. In jedem Fall hoffe ich, daß der Simone am 7. herauskommen wird! . . .

Arbeite sorgfältig an den Szenen. Die Angaben sind ziemlich genau, trotzdem erlaube ich mir einige Bemerkungen. In der ersten Szene muß der Fiesco-Palast, wenn er seitlich steht, gut vom ganzen Publikum zu sehen sein, weil alle den Simone sehen müssen, wenn er ins Haus eintritt, wenn er auf den Balkon kommt und die kleine Laterne wegnimmt; ich glaube, eine musikalische Wirkung erzielt zu haben, die ich durch die Bühne nicht verlieren will. Außerdem möchte ich mir vor der Kirche von San Lorenzo eine kleine begehbare Treppe mit 3 oder 4 Stufen und ein paar Säulen wünschen, die dazu dienen würde, sich mal Paolo, mal Fiesco anlehnen und verstecken zu lassen usw. Diese Szene muß einen tiefen Hintergrund haben.

Der Grimaldi-Palast im ersten Akt braucht nicht viel Tiefe zu haben. Statt eines Fensters würde ich mehrere bis zum Erdboden reichende machen, und eine Terrasse. Im Hintergrund würde ich einen zweiten Prospekt mit dem Mond hängen, dessen Strahlen auf das Meer fallen würden, das man vom Publikum aus sehen müßte; das Meer wäre ein funkelnder, schräger Prospekt. Wenn ich Maler wäre, würde ich bestimmt ein schönes, einfaches Bühnenbild von großer Wirkung machen.

Ich lege großen Wert auf die Szene, in welcher der Doge Piero die Balkons zu öffnen befiehlt; da muß man eine reiche, große Beleuchtung sehen, die weiten Raum einnimmt, damit man die Lichter gut sehen kann, die allmählich eins nach dem anderen ausgehen, bis beim Tode des Dogen alles in tiefem Dunkel ist.

Das ist, glaube ich, ein sehr wirkungsvoller Moment, und es wäre ein Jammer, wenn das Bühnenbild nicht gut gemacht wäre. Der erste Prospekt braucht nicht sehr weit entfernt zu hängen, aber der zweite, der Prospekt mit der festlichen Beleuchtung, muß sehr weit hinten sein. Addio, addio. G. Verdi

P. S. Ich hoffe, morgen Deine Briefe zu erhalten; wenn es darin etwas Wichtiges gibt, antworte ich sofort.« (Scala)

Die Verstimmung zwischen den alten Freunden dauerte nicht lang, aber am 12. März 1857 fiel ›Simon Boccanegra‹, wie ›La Traviata‹ vier Jahre vorher, am Teatro Fenice in Venedig durch. Kein Text einer Verdi-Oper wurde feindseliger aufgenommen, und man hielt »die Musik im allgemeinen für so ernst, daß sie nach einem ersten Anhören nicht zu beurteilen war«. Nach wenigen Aufführungen in Reggio Emilia, Neapel und Rom, die nur unter Verdis eigener Leitung erfolgreich waren, erhielt das Werk 1859 einen Gnadenstoß an der Scala und verschwand nach zwölf Vorstellungen gänzlich vom Spielplan.

Damals schrieb Verdi an den Kritiker Filippo Filippi während der Proben zu ›Un Ballo in Maschera‹ am 9. Februar 1859 aus Rom: »Skandale im Theater haben mich nie überrascht und, wie ich an Ricordi schrieb, wußte ich mit 26 Jahren, was das Publikum bedeutet. Seitdem haben mir Erfolge nie das Blut zu Kopfe steigen lassen und Fiaskos mich nie entmutigt. Der Grund, warum ich diese unglückselige Karriere fortgesetzt habe, ist, daß es mit 26 Jahren zu spät war, etwas anderes zu tun, und weil ich körperlich nicht rüstig genug war, zu meinen Feldern zurückzukehren.« (Copialettere, 557—558)

Danach waren ›Un Ballo in Maschera‹, zwei Fassungen von ›La Forza del Destino‹, die Neufassung des ›Macbeth‹, ›Don Carlos‹, ›Aida‹, und das ›Requiem‹ erschienen. Warum griff Verdi den mißglückten ›Simon Boccanegra‹ trotz allem Widerstreben und so vieler Bedenken so spät noch einmal auf? Seine Briefe erteilen manche Antwort. Noch immer schien ihn die Tragik und Größe des Titelhelden zu faszinieren, und auch das Thema der Vater-Tochter-Liebe, das mit Variationen in so vielen seiner Opern erscheint und für ihn aus sehr persönlichen Gründen von Bedeutung gewesen sein muß. Gewiß regten ihn, den stets das Neue, Ungewöhnliche Suchenden, unter manchen uns unbekannten und unerforschlichen Erwägungen die ihn immer wieder beschäftigenden Motive der Ehre und Vaterlandsliebe wie auch die Atmosphäre des Meeres und der Hafenstadt Genua an, in der er zu Hause war.

Die zunächst gegenüber Boito erwähnten geringfügigen Retuschen der Oper gediehen in knapp drei Monaten zur gründlichsten

Revision, der Verdi jemals eines seiner Werke unterzogen hat. Etwa ein Drittel der Partitur komponierte er neu. Wie auch im Fall des ›Macbeth‹, fehlte ihm für einen gänzlich neuen ›Boccanegra‹ aber die Zeit und, mit schon ›Otello‹ im Sinn, vielleicht auch die Lust. Diese Umstände dürften die Mischung verschiedener Stile in der zweiten Fassung erklären, deren Höhepunkte an ›Otello‹ gemahnen. Das Besondere an dieser Arbeit war die Feuerprobe, die der damals achtunddreißigjährige Boito in seiner ersten wirklichen Zusammenarbeit mit dem fast dreißig Jahre älteren Maestro bestand. Beiden bot der ›Boccanegra‹ die unerwartet glückliche Gelegenheit, miteinander vertraut zu werden.

Wie ›El Trovador‹ war ›Simón Boccanegra‹ ein in Italien unbekanntes Schauspiel des Spaniers Antonio García Gutiérrez, der in der Wiege verwechselte Säuglinge, vermummte Gestalten und recht unwahrscheinliche Situationen liebte, die weder Piave noch Boito glaubhafter darzustellen vermochten. Boitos augenscheinlicher Mangel an Enthusiasmus für die dramaturgische Reparatur eines Textes, der nicht der seine und »ein wackelnder Tisch« war, scheint ebenso verständlich wie sein Bestreben, im Dienst des verehrten Maestro, zu dem er sich immer mehr hingezogen fühlte, den ›Otello‹ zu fördern. Seine Briefe und Verdis Antworten erklären ganz deutlich, daß reiner Zeitmangel eine noch gründlichere Revision des ›Boccanegra‹ nicht zuließ. Boitos Mitarbeit aber ist die Vermeidung eines unnötigen Szenenwechsels im I. Akt und die den Tod Boccanegras erklärende Szene am Anfang des II. Aktes zu danken, in der Paolo Gift in den Becher des Dogen mischt. Sein größtes Verdienst ist das neue Finale des I. Aktes im Senat, dem Ratssaal des Dogenpalastes. Die meisten Verse, die er an Verdi sandte, finden sich fast unverändert im endgültigen Libretto. Er verbesserte auch eine Anzahl kümmerlicher Reime im alten Text und spritzte dem Paolo eine gehörige Dosis vom Satansblut Jagos ein.

Die Figur des Fiesco — vom Komponisten und Librettisten auch Fieschi genannt — und Verdis häufige Beziehungen zu Schiller legen den Gedanken an ›Die Verschwörung des Fiesko zu Genua‹ nah. Tatsächlich behauptete Folchetto im Anhang zur italienischen Ausgabe der Verdi-Biographie von Arthur Pougin, die Idee, den

›Boccanegra‹ umzuschreiben, sei Verdi nach einer Aufführung des Schillerschen ›Fiesko‹ in Köln gekommen. Aber Verdi selbst dementierte dies am 1. August 1881: »Was Folchetto über den neuen *Boccanegra* sagt, ist nicht wahr. Ich habe den *Fieschi* tatsächlich in Köln auf deutsch gehört, aber er konnte mir nichts für den Boccanegra suggerieren, der jetzt gerade an der Scala gegeben wurde. Diese Oper ist einem spanischen Drama von Gutiérrez entnommen, und Boito hat die letzten Änderungen gemacht.«

Das ursprüngliche Libretto weicht von Gutiérrez' Schauspiel wesentlich ab; das zweite, von dem hier die Rede ist, verändert es radikal. Die Handlung beruht auf einem Kapitel der turbulenten Geschichte der Renaissance in Italien, in welchem das Volk des Stadtstaates Genua gegen die Exzesse der Patrizier rebellierte. Von 1257 bis 1262 war Genua vorübergehend von einem wohlhabenden Mann aus dem Volk, Guglielmo Boccanegra, regiert worden. Als »primo capitano« versuchte er vergeblich, die Macht der Patrizier zu dämmen. Sie verbannten ihn, und der Kampf zwischen Volk und Patriziern, Guelfen und Ghibellinen ging mit wenigen Unterbrechungen jahrzehntelang weiter. Die adligen Dorias, Spinolas, Grimaldis und Fieschis regierten die Stadt, bis das Volk sie 1339 vertrieb. Nach venezianischem Vorbild führte man das Amt eines Dogen ein, der kein Patrizier sein durfte. Aus den Reihen des Volkes wurde Simon Boccanegra zum ersten Dogen der Republik Genua gewählt. Er war kein Korsar, wie in der Oper, und nicht er, sondern sein Bruder Egidio, mit dem er häufig verwechselt wird, führte abenteuerliche Kämpfe zur See und vernichtete afrikanische Piraten, die Genua bedrohten. In historischer Realität jedoch wie in der Oper erscheint Simon Boccanegra als machtvoller Idealist, der nicht nur Frieden unter seinen Mitbürgern, sondern auch zwischen Genua und allen seinen Nachbarn im Mittelmeer wünschte. Im Geiste Petrarcas erstrebte er das Ende der Bürgerkriege und die Bruderschaft ganz Italiens. Die Intrigen seiner verbannten Gegner führten im Jahre 1344 zu Boccanegras Abdankung und seiner eigenen Verbannung. 1356 kehrte er nach Genua zurück und regierte noch einmal als Doge, bis er im Jahre 1363 (oder 1364) einem Giftmord erlag.

Charakter und Schicksal dieses noblen Patrioten bewegten

Verdi fünf Jahrhunderte später inmitten der Kämpfe um Einigung und Befreiung des gemeinsamen Vaterlandes. Die Neufassung der Oper — in einem Prolog und drei Akten — spielt im 14. Jahrhundert in Genua und Umgebung. Ihre Dramatis Personae sind im Prolog: Simon Boccanegra, Korsar im Dienste Genuas (Bariton); Jacopo Fiesco, Genueser Patrizier (Baß); Paolo Albiani, Genueser Goldschmied (Baß); Pietro, Mann aus dem Genueser Volk (Bariton).

In den *drei Akten* der Oper erscheinen: Simon Boccanegra, Doge der Republik Genua (Bariton); Maria Boccanegra, seine Tochter unter dem Namen Amelia Grimaldi (Sopran); Jacopo Fiesco unter dem Namen Andrea (Baß); Gabriele Adorno, Genueser Patrizier (Tenor); Paolo Albiani, bevorzugter Höfling des Dogen (Baß); Pietro, ein anderer Höfling (Bariton); Hauptmann der Armbrustschützen (Tenor); Dienerin der Amelia (Mezzosopran).

Zwischen dem Prolog und den drei Akten liegen 25 Jahre.

Die Patrizier liegen mit der Volkspartei im Streit. Jacopo Fiesco, Gabriele Adorno und die Grimaldi-Familie sind Patrizier; Paolo Albiani, Pietro und in der Oper auch der Korsar Simon Boccanegra gehören zur Volkspartei.

Prolog: Ein kurzes Orchestervorspiel malt die Stimmung einer nächtlichen Intrige vor dem Palast Fiescos aus. Paolo und Pietro, die Anführer der Volkspartei, planen, durch die Wahl ihres Parteigenossen Simon Boccanegra zum Dogen die verhaßte Regierung Fiescos zu stürzen. Boccanegra liebt Fiescos Tochter Maria und ist der Vater ihres Kindes, aber Fiesco verweigert die Ehe; als Doge hofft Boccanegra, Maria zu heiraten; nur um ihretwillen läßt er sich wählen, nicht ahnend, daß sie in derselben Nacht gestorben ist.

Des Endes seiner Familie und seiner Herrschaft sich bewußt, steht Fiesco im Begriff, Genua für immer zu verlassen. Boccanegra wirft sich ihm zu Füßen, erbittet Vergebung und die Ehe mit der Mutter seines Kindes. Fiesco bleibt unerbittlich, verschweigt dem politischen Gegner und dem Verführer seiner Tochter sogar ihren Tod, verlangt von ihm aber das Kind. Boccanegra muß Fiesco berichten, daß es geraubt worden und unauffindbar ist. Im Fiesco-Palast will er Maria sehen. Während er zum Dogen von Genua ausgerufen wird, erfährt er ihren Tod.

1. AKT, 1. BILD: Im Garten des außerhalb Genuas am Meer gelege-
nen Grimaldi-Palastes erwartet Amelia Grimaldi (alias Maria Boccanegra) bei Tagesanbruch ihren Geliebten, Gabriele Adorno. Der Palast der Grimaldi ist der Sitz der Verschwörung der Patrizier gegen
Boccanegra, den Dogen aus der Volkspartei. Seine bittersten Feinde
sind Fiesco (jetzt unter dem Namen Andrea) und Gabriele Adorno,
der auf Rache für die von Boccanegra befohlene Hinrichtung seines
Vaters sinnt.

Paolo hat ein Auge auf Amelia und ihren Reichtum geworfen;
Boccanegra will sein Fürsprecher sein und läßt seinen Besuch im
Grimaldi-Palast ankündigen. Amelia weiß, warum er kommt, und
bittet Gabriele, seinen Bund mit ihr noch vor Ankunft des Dogen
vom alten Andrea (alias Fiesco) segnen zu lassen. Andrea erklärt
Gabriele, daß die wahre Amelia Grimaldi als Säugling bei Nonnen
in Pisa starb und daß seine Braut ein Findling ist; Gabriele besteht
trotzdem auf seiner Verbindung mit ihr, und Andrea gibt dem Paar
seinen Segen.

Boccanegra erkennt in Amelia seine verloren geglaubte Tochter,
wie ihre Mutter, Maria genannt. Sie gesteht dem Vater ihre Abneigung gegen Paolo, und er befiehlt Paolo ohne Erklärung, auf sie zu
verzichten. Paolo glaubt, Boccanegra wünsche Amelia für sich
selbst, und beschließt mit Pietro, sie zu entführen. Boccanegras Ver-
bündeter wird sein Feind.

1. AKT, 2. BILD: Im Ratssaal des Dogenpalastes spricht Boccanegra auf seinem Thron von einem Brief Petrarcas, der zum Frieden
mit Venedig mahnt. Paolo protestiert, und mit ihm schreit der ganze
Rat nach Krieg. Von draußen dringt der Lärm einer aufgeregten
Menge in den Saal. Boccanegra läßt die Türen öffnen; das Volk
strömt, die Verschwörer Andrea (Fiesco) und Gabriele Adorno mit
sich schleppend, in den Saal. Gabriele berichtet, er habe einen Plebejer beim Versuch, Amelia zu entführen, ertappt und getötet; dieser aber habe vor dem letzten Atemzug gestanden, im Auftrag Paolos gehandelt zu haben. Gabriele greift den Dogen als Paolos vermeintlichen Mittäter an, Amelia wirft sich zwischen ihren Geliebten
und ihren Vater, fleht um Gnade für Gabriele und berichtet von
ihrer vereitelten Entführung. Patrizier und Plebejer beschuldigen

einander; Boccanegra schlichtet machtvoll den Streit, nimmt Andrea und Gabriele in Haft, verflucht den Entführer und zwingt Paolo, Gottes Zorn auf sein eigenes Haupt anzurufen.

II. AKT: Nachts mischt Paolo, vor ganz Genua entehrt, im Zimmer des Dogen Gift in den Becher Boccanegras. Um seiner Rache doppelt sicher zu sein, bietet er Andrea (Fiesco) Freiheit für die Ermordung Boccanegras an. Der stolze Alte lehnt ab und kehrt in seinen Kerker zurück. Paolo gelingt es jedoch, Gabrieles Eifersucht zu erregen, indem er ihn glauben macht, Amelia liebe den Dogen. Sie verneint dies Gabriele gegenüber, klärt ihn aber über ihr wahres Verhältnis zu Boccanegra nicht auf.

Boccanegra tritt ein, Gabriele versteckt sich; Amelia (Maria) bittet ihren Vater um Begnadigung des Geliebten und folgt seinem Wunsch, ihn allein mit seinen Gedanken zu lassen. Er trinkt das Gift und schläft ein. Amelia verhindert, daß Gabriele den Dogen erdolcht. Boccanegra erwacht, gibt sich als ihr Vater zu erkennen und vergibt dem Attentäter. Seine Feinde drohen, den Dogenpalast zu stürmen. Er bittet Gabriele, Friedensbote zu sein, und verspricht ihm die Hand seiner Tochter. ·

III. AKT: Boccanegras Bewaffnete haben den Aufstand der Patrizier niedergeschlagen. Er vergibt seinen Feinden. Paolo allein ist zum Tode verurteilt. Auf dem Wege zum Galgen teilt er Andrea mit, daß auch des vergifteten Boccanegra letzte Stunde gekommen sei. Aus abendlichem Dunkel tritt Andrea an Boccanegra heran, der im Anblick des Meeres in Erinnerungen an glorreiche Vergangenheit versunken ist. Andrea gibt sich ihm als Fiesco, den Großvater Amelias (Marias), zu erkennen und versöhnt sich mit ihm. Sterbend segnet Boccanegra den Bund seiner Tochter mit Gabriele Adorno und erklärt ihn zum neuen Dogen Genuas.

Neben den fünfundzwanzig Briefen, die Verdi und Boito im Laufe ihrer Arbeit am ›Simon Boccanegra‹ wechselten, berichten auch andere von den Sorgen um Werk und Wiedergabe und ihren Erfolg:

»Entweder *die Opern für die Sänger* oder *die Sänger für die Opern* — ein altes Axiom, das kein Impresario jemals zu praktizieren verstand und ohne das man im Theater keinen Erfolg haben kann.« So schreibt Verdi am 20. November 1880 aus Genua an Giulio Ricordi.

»Ihr habt für die Scala eine gute Truppe engagiert, aber sie paßt nicht für Boccanegra. — Euer Bariton scheint jung zu sein. Er wird soviel Stimme, Talent, Gefühl haben, wie Ihr wollt, aber nie die Ruhe, die Gesetztheit und jene gewisse szenische Autorität, die für die Partie des *Simone* unerläßlich ist. Es ist eine anstrengende Partie wie die des Rigoletto, aber tausendmal schwieriger. Beim Rigoletto ist die *Partie gemacht,* und mit ein bißchen Stimme und Temperament kann man da gut davonkommen. Beim Boccanegra sind Stimme und Temperament nicht genug.

Für *Fieschi* sollte man eine tiefe Stimme haben, in den tiefen Tönen wahrnehmbar bis zum F, eine Grabesstimme, in der etwas Unabwendbares, Prophetisches ist: lauter Dinge, welche die etwas leere und zu baritonale Stimme des De Restke nicht hat. Auch die D'Angeri wäre, gerade wegen der Kraft ihrer Stimme und Persönlichkeit, für die Partie eines bescheidenen, verhaltenen Mädchens von der Art einer jungen Nonne nicht am Platz. Ich glaube, daß die D'Angeri selber mit dieser Partie nicht zufrieden wäre.

Außerdem ist die Partitur so nicht möglich, wie sie ist. Sie ist zu traurig, zu trostlos! Im 1. wie im letzten und mit Ausnahme von ein paar Takten hier und da auch im 3. Akt muß nichts geändert werden. Aber der ganze 2. Akt muß neu gemacht werden und Gewicht, Abwechslung und mehr Leben bekommen. — Musikalisch könnte man die Cavatina der Primadonna, das Duett mit dem Tenor und das andere Duett zwischen Vater und Tochter beibehalten, obwohl es da Cabaletten gibt!! *Öffne dich, o Erde!* Ich habe vor den Cabaletten aber keine solche Angst, und wenn morgen ein Junge geboren würde, der mir ein paar ordentliche zu machen wüßte, [...] würde ich sie mit Wonne hören und auf alle die harmonischen Spitzfindigkeiten, auf alle die Künsteleien unserer gelehrten Instrumentationen verzichten ... Oh, der Fortschritt, die Wissenschaft, der Realismus ... Oweh, oweh ... Realist soviel Ihr wollt, aber ... Shaespeare war ein Realist, aber er wußte es nicht. Er war ein Realist aus Inspiration; wir sind Realisten aus Absicht, aus Kalkulation. System hin, System her, es kommt aufs selbe hinaus; besser noch die Cabaletten.

Das Komische ist dabei, daß die Kunst vor lauter Fortschritt zurückgeht. Kunst, der es an Spontaneität, Natürlichkeit und Einfachheit fehlt, ist keine Kunst mehr. — Kommen wir wieder zum 2. Akt. Wer könnte ihn neu machen? Auf welche Art? Was könnte man finden? Ich habe am Anfang gesagt, daß in diesem Akt etwas gefunden werden muß, was in das zu viele Dunkel des Dramas Abwechslung und etwas Schwung bringt. Wie? . Z. B.: Eine Jagd inszenieren? Das wäre nicht theatralisch. Ein Fest? Zu gewöhnlich. Einen Kampf mit den Piraten aus Afrika? Wäre wenig unterhaltsam. Vorbereitungen zum Krieg mit Pisa oder Venedig? . . .

In diesem Zusammenhang fallen mir zwei herrliche Briefe Petrarcas ein, einer an den Dogen Boccanegra, der andere an den Dogen von Venedig geschrieben, um ihnen, die im Begriff standen, einen Bruderkrieg zu unternehmen, zu sagen, daß sie beide Söhne derselben Mutter seien: Italiens usw. usw. Erhabenes Gefühl eines italienischen Vaterlandes in jener Zeit! — All das ist politisch, nicht dramatisch; aber ein Mann von Talent könnte dies Geschehnis gut dramatisieren. Z. B.: . . Boccanegra, von diesem Gedanken getroffen, möchte den Rat des Dichters befolgen: er beruft den Senat ein oder ein privates Konzil und unterbreitet ihm den Brief und sein Gefühl . . . Entsetzen bei allen, Schimpfreden, Zornesausbrüche, der Doge wird sogar des Verrates angeklagt usw. . usw. . Der Streit wird vom Raub Amelias unterbrochen . . Ich sage das nur so dahin . . Ansonsten bin ich bereit, diesen Akt neu zu machen, wenn Ihr den Weg findet, alle die Schwierigkeiten, die ich Euch dargelegt habe, zu begleichen und beizulegen . . .

Überlegt das und antwortet mir.«

Das tat Giulio Ricordi am 24. November 1880 in Mailand:

»Ich glaube, es erübrigt sich, hochverehrter Maestro, Ihnen zu sagen, welche Freude mir Ihre Antwort gebracht hat; und, wie immer, ist Ihr Einfall für die geplante Änderung bestimmt ungemein glücklich. —

Gestern abend habe ich mir erlaubt (lachen Sie nicht!! .), aufmerksam den *Boccanegra* zu lesen! . . Was für schöne Musik . . und

wie schade, daß sie nicht bekannt ist . . . . . Aber ich mußte mich
überzeugen, daß das, was Sie über die d'Angeri sagen, sehr wohl begründet ist. Es stimmt, daß ich sie Wunder vollbringen und *manchmal Likör aus einer Rübe habe pressen* sehen. Vom stimmlichen
Material her gesprochen würde ich keine geeigneter finden als die
d'Angeri; im Ausdruck des Gesanges und der Persönlichkeit wüßte
ich nicht, wie weit man sie bringen kann . . . . und wenn Sie diese
Künstlerin besser kennten, könnten Sie darüber entscheiden. Betreffs Salvati meine ich, daß er Talent und Stimme hat, auch in
schwierigsten Partien wie der im *Simone* zu reüssieren; vor allem
wenn er gut geleitet ist, kann er, glaube ich, jedem Anspruch genügen. Der De Reszke, den Sie seit einiger Zeit wohl nicht gehört haben, hat sehr große stimmliche Fortschritte gemacht und ist auf der
Bühne immer ein prachtvoller Schauspieler.

Als Typ für *Amelia* würde ich nur eine Künstlerin sehen . . . .
die *Borghi-Mamo*: häßlich, trotzdem bewundernswert auf der
Bühne . . . einschmeichelndes Timbre, Talent ersten Ranges! . . . .
Bei all diesen kostbaren Vorzügen . . . . . sitzen wir jedoch in der
Klemme . . . . die allgemeine Tessitur der Oper ist zu hoch für sie.
Wenn Sie glauben, daß sich dem abhelfen ließe, würde bestimmt
*keine besser* imstande sein, Ihre Musik mit den Akkommodationen,
die Sie machen könnten, zu interpretieren.

Und die Patti? . . . . Da gibt es viel *pro und contra*: Zunächst den
Friseur Nicolini! . . . Und was das Ausmaß der Stimme betrifft, haben wir den identischen, wenn nicht noch schlechteren Fall wie bei
der Borghi-Mamo; denn die Patti setzt ihre Stücke in allen Opern
bereits herunter; und obwohl sie in schnellen Passagen hohe Töne
noch immer riskieren kann, vermag sie die in dramatischen und aus-
drucksvollen Phrasen nicht mehr durchzuhalten. Dazu kommt, daß
ihre Ansprüche jetzt auf 15.000 fr.! . . pro Abend!! . . gestiegen
sind, eine für die italienischen Theater absolut unmögliche Summe,
die man keinem Impresario empfehlen kann.

Das sind die Schwierigkeiten, die betreffs der Aufführung zu
überwinden sind . . . . und die mir nicht schwer zu überkommen
scheinen: Denn, wenn Sie die gegenwärtige Truppe der Scala absolut für gänzlich ungeeignet halten, haben wir glücklicherweise im

nächsten Jahr viele gute Gelegenheiten, die Vorstellung im Frühjahr oder im Herbst zu machen; und die Truppe mit Kräften zusammenzustellen, die Sie selber zu Ihrer Zufriedenheit auswählen werden, wird es nicht schwer sein. Dies sage ich in der Annahme, daß Sie es für *absolut unmöglich* erachten, Kräfte zu benutzen, welche die gegenwärtige Truppe der Scala anzubieten hat.

Was das Libretto betrifft, kommt es mir noch leichter vor, zu reüssieren: *das meiste haben Sie schon getan*, ... indem Sie die *Grundidee* fanden, die mir herrlich und interessant scheint. Es fehlt ihr weiter nichts, als die Form; und ausgerechnet vorgestern, gerade nach Erhalt Ihres Briefes, kam Boito in eigener Sache zu mir, und zwischendurch fragte ich ihn, ohne auf Einzelheiten oder Details einzugehen, ob er sich, wenn eine Retusche in einem Libretto Verdis zu machen wäre, ihrer annehmen könne. Er antwortete mir, daß er stets zu allem bereit sei, was Verdi begehren mag. Und bei diesem Thema sprach er mir von einer anderen Angelegenheit. Er verpflichtete mich, von der Angelegenheit kein Wort mehr zu sagen und sie in keinerlei Andeutung zu erwähnen, und ich habe diesen Befehl getreulich ausgeführt!.. Aber in der Schlacht haben auch manche Generäle den Befehl gebrochen und den Kopf riskiert, wenn der Sieg ihre Kühnheit nicht krönte. Ich breche das Versprechen ....., und ich hoffe, Sie werden jedenfalls nicht so grausam sein, meinen Kopf zu verlangen; dies ist wirklich *Rigolettos* Fall: ›*che far di tal testa?*‹ [›was tun mit dem Kopf?‹] ...

Boito fragte mich nach Neuigkeiten von Ihnen, ob Sie in Genua seien usw. usw., und sagte mir: ›Nach meinem letzten Brief habe ich vom Maestro nichts mehr gehört; es täte mir leid, wenn Verdi ein paar meiner Bemerkungen zu einer Änderung nicht gebilligt hätte, die er mir vorschlug, ausführte und gut fand. Auf seine Frage hin glaubte ich ihm meine Ideen offen sagen zu sollen, wozu ich um so mehr ermutigt war, als mir ein paar seiner Worte den Anschein gaben, daß er teilweise mit ihnen übereinstimme. Inzwischen habe ich studiert und glaube etwas anderes gefunden zu haben, was den Ansprüchen des Maestro und der Treue zur Dichtung gerecht werden dürfte.‹ — Aber warum hast Du das dem Maestro nicht geschrieben? ... fragte ich ihn.

Und da sind wir wieder . . . . Boito fürchtet, Ihnen lästig zu fallen . . . . . Beim Weggehen wiederholte er mir noch einmal, daß er stets bereit sei, alles zu tun, zu verwerfen und zu ändern, was Verdi für nötig hält. [. . .]«

Offenbar reagierte Verdi auf diesen Brief am 25. November in Genua mit den folgenden nicht abgesandten Sätzen:

»Zwei Worte in Eile zur Beantwortung Eures Briefes über *Boccanegra*. Es ist nötig:

1. daß ich zufrieden mit Boitos Ausbesserungen bin, die ich übrigens noch nicht erhalten habe.

2. daß ich mit mir selbst betreffs der Arbeit, die ich machen werde, zufrieden bin.

3. daß die Künstler für die Rollen taugen, die sie ausführen müssen. Engagiert Tizio, Caio usw. Die Impresa soll sie debütieren lassen. Ich werde sie vorher hören, und wenn sie mir nicht gefallen, machen wir gar nichts.

Ich werde auch anspruchsvoll in allem anderen sein und nicht so gefällig, wie ich es zu anderen Zeiten war. [. . .]« (Carteggi II, 49)

Allem Anschein nach ist auch Verdis nächster Brief an Giulio Ricordi nur ein Entwurf geblieben. Er bezieht sich auf zwei Mitteilungen Ricordis vom 26. und 27. November, in denen er Verdi bittet, die Brüder Corti, Impresarios der Scala, in Genua zu empfangen, und aufs neue zum ›Boccanegra‹ drängt.

»Corti hat mir Eure Karte gebracht, ich erriet aber rasch, worum es ging. Mit weniger Diplomatie hätten wir etwas festgelegt. So sind wir noch in den Wolken, und aus der Höhe sieht man die niedrigen, prosaischen geschäftlichen Dinge nicht. Ich steige von den Wolken herab und sage Euch:

1. Keine Verpflichtungen gegenüber dem Publikum. Ich bin kein militanter Künstler mehr; ich bin *mehr*: Was ich mache, ist für *mehrere*, was ich machen werde, wird *mehr* sein. Also kein Plakat, keinerlei Verpflichtung meinerseits, keinem Menschen gegenüber. Trotzdem werde ich alle Proben abhalten (und Ihr werdet sehen, mit welcher Strenge). Ich werde mit den Sängern ihre Partien durchgehen, um zu erreichen, daß sie nicht nach ihrer Methode singen, sondern wie ich es will. Wir werden die Oper geben, wenn wir sie

gesund und stark sehen werden, und ich werde weggehen, wenn es mir paßt.

2. Eine Primadonna (über die D'Angeri sind wir uns alle einig), die für die Partie paßt. Ich frage nochmals: was ist diese Monale?

3. De Reztke zu schön, zu schöne Stimme, zu brav, zuviel von allem, wie Ihr wollt, aber findet einen anderen *Fieschi*. Gebt mir ein tiefes *F*, auf die hohen Töne kommt es nicht an — ich nehme sie, falls nötig, alle heraus —, aber ein tiefes *F*.

4. Ich wiederhole nochmals, daß ein junger Künstler die Rolle des *Simone* nicht gut machen kann.

Corti hat mir von Berardi erzählt. Ich glaube an nichts.

Unnötig mir z. B. zu sagen: Tizio, Paolo, Pietro usw. usw. haben ihn gehört. Ich glaube nichts! Sänger beurteilt man nicht im Saal, sondern im Theater; und nicht einmal im Theater, wenn es leer ist, wenn es nicht erleuchtet ist und wenn das Orchester nicht spielt; die Akustik ändert sich. Außerdem würde ich einen Italiener vorziehen.

Das sind die schwierigsten Klippen, die es zu umschiffen gilt.

Was das Libretto angeht, muß eine große Idee von grandioser Form und Farbe für den Text im Finale gefunden werden; ansonsten ist wenig zu tun. Ich sage *Text*, weil die Erzählung der Amelia beizubehalten ist, deren Musik ich zum großen Teil ändern würde; ich würde jedoch viel von der Stretta beibehalten, besonders den Anfang. Es scheint mir nicht angebracht, eines der üblichen Ensembles zu machen, wenn Amelia plötzlich erscheint. Ich würde nur den Dogen vier oder acht Verse sagen lassen, indem er dem Himmel für die Rettung der Tochter vor Entehrung dankt.

Vier Verse, wie Boito sie zu machen weiß, um so gut wie möglich eine ausgedehnte musikalische Phrase darüberzulegen. Diese Phrase würde ich gern mit etwas anderen Worten inmitten der Stretta an der Stelle, wo die Harfen einsetzen, wiederholt sehen.

Damit wäre ein großes Finale gemacht, wenn Boito mir einen schönen Anfang findet, und ich ein paar Noten, die nicht sinnlos sind.« (Carteggi IV, 204)

Im Folgenden beantwortet Verdi ein Schreiben Giulio Ricordis vom 30. November 1880. (Siehe Anmerkungen 1 und 2 zum 2.12.1880.)

»Genua, 2. Dezember 1880 — Lieber Giulio, O weh, o weh! Wenn wir erst anfangen, die Vorzüge dieses oder jenes Sängers zu diskutieren, verlieren wir wertvolle Zeit und bringen nichts fertig. Um nicht zu diskutieren, erkläre ich gleich, daß ich unrecht habe und daß, wenn ich die Dinge unter einem anderen Gesichtspunkt als dem Euren sehe, die Schuld ganz die meine ist. Aber in diesem Fall, wer verpflichtet uns, den Boccanegra zu geben? Welches Interesse hätte ich daran, mich aufs neue mit dieser Oper zu plagen? Mit einer Oper, die man schließlich der *Bequemlichkeit* halber gibt!.. Ich füge auch hinzu, daß diese Oper in Sünde geboren wurde und wir schwerlich Wasser finden werden, sie zu taufen. Ihr werdet Euch erinnern, daß Ihr vor zehn Jahren nach St. Agata kamt und mir vorschlugt, mich für die Scala mit dem Boccanegra zu beschäftigen. *Nein,* antwortete ich, die *Forza del Destino* ist *besser!* . Ich habe mich nicht zu sehr getäuscht. Dem Boccanegra fehlt es an *Theatralik!* In der *Forza* sind die Partien gemacht; im Boccanegra sind sie alle zu machen. Folglich vor allem große Schauspieler. Eine Stimme aus Stahl für *Fieschi.* Eine junge, bescheidene, stille, dünne, zarte Dame für Amelia. Eine leidenschaftliche, höchst feurige, stolze Seele mit äußerlich würdiger, feierlicher Ruhe (sehr schwer darzustellen) für den *Boccanegra.* Die werden wir nicht finden, das weiß ich wohl; aber zumindest etwas, das dem nahekommt. [...]«

Giulio Ricordi erwidert auf diesen Brief:

»Mailand, 4. Dezember 1880 — Hochverehrter Maestro, Um Gottes willen, Maestro, machen Sie mir keine Angst mit den furchtbaren *O weh!*.. *o weh!,* mit denen Ihr so lieber letzter Brief beginnt! [...] Der Boccanegra wurde nicht einmal, sondern 20-, 30-, 100mal verlangt; und ich glaube,... Ihnen öfters ....... auf die Nerven gegangen zu sein [...]

Ich bin ganz Ihrer Meinung über Maurel; aber dieser Künstler hat schon dreimal an der Scala gesungen; er war äußerst beliebt, dem Publikum sympathisch, aber seine Stimme war für die Größe des Theaters immer ungenügend. Glauben Sie jedoch, daß ich mich informieren soll?. [...]

Ich habe Ihren kurzen Brief sogleich an Boito geschickt; ich sah ihn einen Augenblick gestern abend; ich glaube, er wird Ihnen schreiben; ein paar Worten zufolge scheint mir, daß er schon etwas entworfen hat: das Eine entspräche dem, was Sie mir schrieben und was ich ihm mitgeteilt habe; das Andere, stets ohne den ersten und letzten Akt zu berühren, wäre radikaler, würde aber, wie er fürchtet, mehr Arbeit als das Erste bedeuten. Aber darüber wird Ihnen Boito selber berichten. [. . .]«

Verdi antwortet Giulio Ricordi am nächsten Tag aus Genua:

»Für den *Boccanegra* muß man nicht *midi à 14 heures* suchen. Am besten läßt man ihn so, wie er ist, und macht nur das Finale neu. Bestimmt werde ich ein paar Phrasen und ein paar Stücke ändern und hier und da Verse und Strophen benötigen; aber eine radikale Änderung würde mich zu sehr beanspruchen. Dann müßte ich also eine andere Oper schreiben. [. . .]

Es gibt keinen besseren Sänger und Schauspieler als *Maurel.* Aber ich würde nicht wagen, ihn zu verlangen und einer Impresa aufzuzwingen. Er ist verrückt oder besser gesagt derart reizbar, daß er imstande ist, Euch eine Premiere verlieren zu lassen, wie er es bei der Aida in Paris getan hat.

Und der Baß?. .

Ich wiederhole nochmals, die beiden Partien des *Fieschi* und *Boccanegra* sind schwerer darzustellen als irgendeine andere Partie; und wenn diese Partien schwach sind, kann sich die Oper nicht halten. Versuchen wir nicht, die Schwierigkeiten mit *wenn* und *aber* zu vermeiden. Diese Oper ist an sich riskant. Mit zwei guten Darstellern dieser Partien und zwei guten Stimmen für die anderen, kann die Oper gehen; sonst nicht. Besser also überlegen wir das gut, bevor wir uns auf den Tanz begeben.

Macht alles in allem schnell. Addio. G. Verdi [. . .]« (Palatina)

Zwei Briefe Verdis an Giulio Ricordi vom 12. und 26. Dezember sowohl wie vier folgende, deren Daten nicht feststehen, befinden sich in der Biblioteca Palatina in Parma und stehen uns leider noch nicht zur Verfügung. Sie dürften neben Ricordis Antworten Aufschluß über die weitere Entwicklung der Neufassung des ›Simon Boccanegra‹ und ihrer Aufführung an der Scala geben. In mehreren Briefen an Verdi setzte sich Ricordi für Maurel, De Reszke und andere Sänger ein, die trotz Verdis ursprünglicher Ablehnung zum

Erfolg des Werkes wesentlich beitragen sollten. Bis zum Ende des Jahres wagte Giulio aber nur von seiner Hoffnung auf diesen ›Boccanegra‹ zu schreiben und hatte den Zorn des Maestros über die Ankündigungen der Oper in der Presse zu beschwichtigen. Verdis langes Zögern vor Beginn seiner intensiven Arbeit an der Umarbeitung im Januar beweisen auch diese Zeilen an seinen Freund Giuseppe Piroli:

»St. Agata, 18. Dezember 1880 [...] Ich bin seit Sonntag hier, um etwas nach meinen Angelegenheiten zu sehen und alle Anweisungen für die Arbeiten im restlichen Winter zu geben. Die Jahreszeit ist auch hier bis heute gut gewesen. Jetzt regnet es, und morgen kehre ich nach Genua zurück. Im übrigen nichts Neues. Ich arbeite nicht und habe auch keine Lust, später zu arbeiten, obwohl die Idee in der Luft liegt, mich den *Boccanegra* in Mailand wieder auf die Bühne bringen zu lassen. [...]« (Carteggi III, 149)

Am 6. Januar 1881 aber schrieb Verdi seinem besten alten Freund Graf Opprandino Arrivabene aus Genua:

»Ich überanstrenge mich nicht, aber ich arbeite. Ich bin daran, die Beine eines alten *Hundes* aufzurichten, der in Venedig schön geprügelt wurde und *Simon Boccanegra* heißt. Nichts ist jedoch darüber entschieden, erstens, weil ich sicher sein will, die Beine gut in Ordnung gebracht zu haben; zweitens, weil ich auch sicher sein will, daß er in guten Händen und gut geleitet sein wird.« (Alberti, 268–270)

Auch Boito hatte Vorbehalte. Am 21.Januar schrieb er an Giulio Ricordi aus Padua:

»Wenn sich die Impresa der Scala entscheiden wird, den zusätzlichen Theaterzettel mit der Anzeige des Boccanegra zu veröffentlichen, achte darauf, daß weder mein Name noch mein Anagramm aus Versehen oder Indiskretion der Impresa gedruckt wird.

Du weißt, daß ich es übernommen habe, Hand an das Libretto des Boccanegra zu legen, weil mir Verdis Wünsche maßgeblich sind; Du weißt, daß ich immer dagegen war, diese Oper jetzt an der Scala aufzuführen; Du weißt, daß ich dem Flickwerk, das ich an der Arbeit des armen Piave tat, keinerlei künstlerischen oder literarischen Wert beimesse.

Ich bitte Dich also, darüber zu wachen; der neue Boccanegra soll klar und deutlich unter dem Namen F. M. Piave laufen, und der meine soll in keiner Weise hinzugefügt werden.«

Von einer seiner häufigen Krankheiten erholte sich Giulio Ricordi in Begleitung seiner Frau zu Anfang Februar ein paar Tage in Mentone an der Riviera. Auf dieser Reise besuchten Ricordis das Ehepaar Verdi am 4. Februar in Genua. In Giulios Abwesenheit von Mailand wandte sich Verdi an dessen Vater:

»Genua, 6. Februar 1881 — Lieber Tito, Ich habe zwei Telegramme erhalten, von denen eines nicht unterschrieben, aber ich glaube, von der Impresa war — —

Ich sagte Giulio daraufhin, daß ich kommen würde, um die Vorstellung zu hören, und danach entscheiden würde; ich bedauere, daß es vor Mittwoch keinen Ernani mehr gibt. Man verliert Zeit, und wenn es nicht zu spät ist, ihn Dienstag zu geben, gewinnt man einen Tag, was in unserem Fall viel ist. — Ich sagte Giulio auch, daß es nicht allein um *Maurel* geht, sondern daß ich die anderen hören muß, besonders den *De Restke*, den ich trotz allem Guten, was über ihn gesagt wird, für diese Partie nicht geeignet finde. Ich habe von Anfang an gesagt, daß man irgendeinen anderen im Auge behalten müsse, aber nichts ist geschehen. Jetzt ist es spät und keine Zeit mehr zum Finden, und daher werde ich die Oper nicht geben, wenn mir die Besetzung dieser Partien nicht paßt.

Ich habe Giulio auch gesagt, daß der *Paolo*-Bariton vor allem ein Schauspieler zu sein hat. Findet ihn sofort, weil ich ihn unbedingt zu hören wünsche. Wenn sämtliche Partien vor den Proben nicht feststehen, werde ich die Oper nicht geben.

Um zum Schluß zu kommen: Wenn Ihr Ernani gebt, komme ich, ihn zu hören, und wir werden gleich etwas entscheiden. Wenn man sich für Ja entscheidet, dann laßt Ihr mich den *Paolo* hören, und wir legen alles für die Proben fest, für das Kopieren usw. usw... Wenn nicht, reise ich am nächsten Morgen sofort ab ..

Um so und so viel zu vermeiden, soll keiner zum Bahnhof kommen; ich nehme einen Wagen, bringe meine Tasche ins Hotel und bin gegen ein Uhr in Tornaghis Büro.

Gebt Faccio und Boito Bescheid, etwas später in dasselbe Büro zu kommen, gegen zwei, und dann legen wir alles fest, was festgelegt werden kann. .

Ich weiß, daß es unmöglich sein wird, mein Kommen geheimzuhalten, aber sagt niemand davon und bestellt mir eine nicht zu hoch gelegene Loge, in der man gut sehen und hören kann. Ich wünsche *Tornaghi* und einen anderen bei mir zu haben, wenn ich vor dem Theater stehe, weil ich nicht Gegenstand auch nur der geringsten Demonstration sein will, *unter keinen Umständen.*

Ein letztes Wort

*Frage Maurel!!*.. Die wird erledigt sein, wenn *Maurel* die hohen und tiefen Töne hat, wie er sie bis jetzt gehabt hat. Wenn er sich benimmt wie in Paris, dann wird es im Simone Ärger geben — — Und sagt mir, warum hat er neulich Abend zwei oder drei Stücke ausgelassen, während er bei bester Stimme war? — —

Achten wir darauf, keine *Reklame* zu machen. Die Zeitungen haben bereits von Euren archäologischen Forschungen gesprochen, um ›*die Oper in Schwung zu bringen*‹! — — Oh, das ist tatsächlich ein bißchen hart!

›*Die Oper in Schwung bringen!!*‹ — —

Habe ich das wirklich nötig? GV!«

Nach Verdis kurzem Aufenthalt vom 9. bis 10. Februar in Mailand kam Giulio Ricordi auf der Rückreise von Mentone am 14. und 15. Februar in Genua noch einmal zu ihm und berichtete am 19. Februar aus Mailand:

»Alles beginnt nach Ihren Anordnungen zu laufen. Jetzt zu zwei wichtigen Dingen:

*Streit Tamagno—Maurel:* absolut erledigt und vorbei; übrigens hatte ich es erraten! . . . es waren genau ein paar Bemerkungen Maurels, Tamagno eifrig hinterbracht! . . . der Grund des Verdrusses. Jetzt geht alles normal: Tamagno war wirklich erkältet und mußte das Bett hüten; aber er ist schon auf dem Wege der Besserung. Amen! . . .

*Frage des Lichtermeeres:* Große Beratung mit Boito — ich berichte seine Ideen: — Er findet von allem das Beste, was bereits im alten Libretto steht, aber er meint nicht, daß dies ein schönes Lichtermeer ausschließt. Er schlägt die großen Öffnungen im Hinter-

grund, aber von Glastüren geschlossen, vor, durch die das Lichtermeer tadellos zu sehen ist. Folglich ist die szenische Wirkung beim
Aufgehen des Vorhanges da.

Der Doge, der bestimmt der Hochzeit seiner Tochter beigewohnt hat, kann besagtes Lichtermeer nicht gänzlich ignorieren: er
tritt auf, bedrückt, mit Atemnot, und Boito findet wunderschön im
Munde des Dogen selbst:

| | |
|---|---|
| Alle marine | [Den Meeres- |
| Aure il veron dischiudi. | Lüften öffne den Balkon.] ` |

Diese Worte sind nicht nur gut im Munde des alten Korsaren, sondern passen auch sehr schön zu den folgenden:

| | |
|---|---|
| Oh! refrigerio! . la marina | [Oh! Erquickung! . Der See- |
| brezza! . . | wind! . . |
| Il mare! . . il mare! . . . . | Das Meer! . . das Meer! . . . .] |

So ist die Szene logischer, ergreifender. Damit kann Pietro allein ein
einziges großes Fenster in der Mitte öffnen; und es ist natürlich, daß
der Doge sich umwendet und sich dem Fenster nähert, um Atem zu
schöpfen. An dieser Stelle ist es logisch, daß die erleuchtete Stadt
sich ihm in ihrem vollen Glanze zeigt und er überrascht ausruft:
*Qual fulgore* [Welcher Glanz]. Auch der Befehl, das Licht zu
löschen, ist Boito zufolge schöner im Munde Simones als anderer! . .

Von den beiden Versionen, die Sie vorschlugen, schließt Boito
die einer weiteren Szene absolut aus, die er schädlich für das Drama
hält. Er hält die andere für besser, d. h. den Hauptmann auftreten
und den Befehl vom Balkon aus geben zu lassen.«

Verdi drohte Giulio Ricordi am 21. Februar 1881 aus Genua:

»Es hat mich überrascht, durch Euren Brief zu erfahren, daß die
Rollen erst in zwei Tagen verteilt werden. [. . .]

Es hat mich noch mehr überrascht, den *Freitschüz* erst für
Samstag angesetzt zu sehen, und ich habe Euch telegrafiert, daß
keine Zeit mehr für die Proben des Simone bleibt. Ich habe Euch
mündlich gesagt und wiederhole Euch jetzt *formell*, daß ich die
Oper nur unter der Bedingung gebe, eine Reihe von Vorstellungen
davon machen zu können. Nun erfordert der Boccanegra *25* bis

*30* Probentage, ohne die Tage von Krankheiten mitzurechnen; so frage ich Euch, ob da noch Zeit bleibt, wenigstens *8* oder *10* Aufführungen zu machen? —

Ich bin fertig mit dem Finale und könnte es auch morgen mitbringen; aber es hat keinen Sinn, daß ich nach Mailand komme, wenn man sagen muß, daß bis zur jetzigen Stunde noch gar nichts feststeht.

Merkt Euch, daß ich keine Konzessionen mehr machen werde; ich habe genug für diese Oper getan und bereue es. Ich verlange *30* Tage und die Zeit, *8* oder *10* Aufführungen zu machen, wenn das Publikum sie will. [...]

Ich weiß wohl, daß es besser ist, im letzten Akt die Dinge so zu lassen, wie sie sind; und ich weiß, daß das *Lichtermeer* Sache der Inszenierung ist. Aber gerade der traue ich nicht und suchte *ficelles*, um die Schwächen unserer Inszenierung zu verbergen. Ihr seid nicht meiner Meinung, lieber Giulio, aber was wollt Ihr! Ich habe nie das Glück gehabt, eine meiner Opern an der Scala gut inszeniert zu sehen .. Selbst die *Aida* wurde in einer kleinen Provinzstadt, Parma, besser aufgeführt als in Mailand.«

Giulio Ricordi antwortete postwendend am 22. Februar 1881, zwei Tage vor Verdis Eintreffen zu den Proben in Mailand:

»Die Frage des Lichtermeeres werden Sie, glaube ich, Zeit haben, hier zu entscheiden. Ich habe Ihnen nur von Boito mir gegenüber geäußerte Ansichten mitgeteilt, die alles in allem eine schöne Inszenierung und ein *großes Lichtermeer* keineswegs ausschließen. [...]

Ich sprach mit Boito über das Kostüm der adligen Ratsherren und der Ratsherren aus dem Volke: er meint, sie brauchten kein besonderes Kostüm, aber ein Abzeichen, das, glaube ich, wenigstens die Adligen unterscheiden und von den anderen sich abheben ließe. — Auch das muß dringend besprochen und entschieden werden.«

Auf Verdis erster Probe mit den Sängern gab es Krach. Offenbar drohte er abzureisen und die Oper zurückzuziehen. Ein paar Stunden später sandte Giulio Ricordi diese Zeilen in sein Hotel:

»Mailand, 25. Februar 1881 — Maestro! — Sie werden verstehen, daß ich in einem solchen Zustand bin, daß ich nicht mehr weiß, wo mir der Kopf steht! . . . . . Das ist das Scheußlichste, was mir in meinem ganzen Leben zugestoßen ist! . . . . Ich komme später zu Ihnen, wenn mir beruhigtere Nerven erlauben werden, vernünftig zu reden! . . . . . . Jetzt platzt mir inmitten der Wut, der Beschämung, der Verzweiflung das Gehirn. [. . .] Ich verspreche Ihnen, in *wenigen* Stunden ein Ensemble wahrer *Gentlemen* und Künstler zusammenzustellen, die Ihnen nicht nur Ehrerbietung zollen, sondern Ihnen auch die Genugtuung geben werden, alle Wirkungen zu erzielen. [. . .]«

Die Wogen glätteten sich, es blieb bei der geplanten Besetzung, und einen Monat später erhielt Opprandino Arrivabene diesen Brief seines Freundes:

»Mailand, 25. März 1881 — Lieber Arrivabene, Schon vor der Aufführung von gestern abend würde ich Dir, hätte ich Zeit zum Schreiben gehabt, gesagt haben, daß mir die gebrochenen Beine dieses alten *Boccanegra* gut repariert schienen.

Der Erfolg von gestern abend bestätigt mich in dieser Meinung. Also eine sehr gute Aufführung auf allen Seiten; hervorragend der Protagonist; ausgezeichneter Erfolg. [. . .]« (Alberti, 283)

»Dieses Sujet ist traurig, weil es traurig sein muß, aber es interessiert«, meinte Verdi angesichts des Erfolges, zu dem die Mitwirkenden, Maurel im besonderen, Franco Faccio, der Bühnenbildner Girolamo Magnani, die Kostümentwürfe Alfredo Edels und Giulio Ricordis Assistenz in seiner eigenen Inszenierung wesentlich beitrugen. Bei aller ihm innewohnenden, an Pessimismus grenzenden Skepsis überschätzte Verdi jedoch sein Publikum, das die verwirrende Handlung und den düsteren Stoff des ›Simon Boccanegra‹ im Gegensatz zum an populären Melodien und aufreizenden Rhythmen reicheren ›Trovatore‹ nicht liebte. Der verborgenere, ergreifende Zauber dieser Tragödie scheint wie im Fall des ›Macbeth‹ erst Jahrzehnte später an deutschsprachigen Bühnen empfunden worden zu sein. Franz Werfels Übertragung des ›Simone Boccanegra‹ erlebte 1930 in Wien eine Aufführung, die das Werk weltbekannt machte. Johannes Brahms aber sagte schon 1882 nach einer Vorstellung in der Hofoper, »da ist doch überall etwas Talentiertes,

Packendes drin!«. Er gab es allerdings »nach einiger Zeit« auf, »zu erforschen, was das [Textbuch] bedeuten soll«.

Giulio Ricordi publizierte eine ›Disposizione scenica‹, das Regiebuch der Neufassung von ›Simon Boccanegra‹, an der Scala. Wie entsprechende Dokumente der Inszenierungen von ›La Forza del Destino‹, ›Aida‹ und ›Otello‹, sollte man dieses Buch gut studieren, bevor man sich dem Werk auf eigenen heutigen Wegen naht.

Eine Reihe aufschlußreicher Vorträge über ›Simon Boccanegra‹, 1974 auf dem Vierten Internationalen Verdi-Kongreß in Chicago gehalten, harrt noch immer der Veröffentlichung. Das Verständnis der beiden Fassungen in ihrer komplexen Unterschiedlichkeit erfordert ausführliche vergleichende Analysen, wie sie einem holländischen und einem englischen Musikwissenschaftler, Frits Noske und Julian Budden, zu verdanken sind. Diese wiederum halten Wolfgang Osthoffs Studie ›Die beiden »Boccanegra«-Fassungen und der Beginn von Verdis Spätstil‹ für die bisher erschöpfendste ihrer Art. Budden resümiert die Problematik des Werkes:

»Das Sujet, die verflochtene und oft unlogische Handlung, das Übergewicht tiefer Männerstimmen, die relative Seltenheit wirklicher bassi profondi, wie sie Fiesco benötigt, und schließlich auch die hohen Ansprüche an die darstellerischen Fähigkeiten der Sänger (›in der *Forza* sind die Partien gemacht; im *Boccanegra* sind sie alle zu machen‹) — alle diese Faktoren stehen der Popularität [dieser Oper] unvermeidlich im Wege. Aber für den Verdi-Kenner bleibt sie eine Perle von unermeßlichem Wert.«

Dem folgenden Briefwechsel Verdis und Boitos über die Anfänge des ›Otello‹ und die Neufassung des ›Simon Boccanegra‹ geht der einzige frühere Brief — aus dem Jahre 1862 — voran; Verdi hat ihn dem damals zwanzigjährigen »Monsieur Boito, Rue des Halles Nr. 2 Hôtel Britannique« geschrieben.

# Briefe

Paris, 29. März 1862

Dankbar für die schöne Arbeit, die Ihr mir gemacht habt, erlaube
ich mir, Euch zum Zeichen meiner Achtung diese bescheidene Uhr
zu verehren. Nehmt sie von Herzen an, wie ich sie Euch von Herzen
verehre. Möge sie Euch an meinen Namen erinnern und an den
Wert der Zeit.

Grüßt Faccio, und Euch allen beiden Ruhm und Glück!

G. Verdi


St. Agata, 15. August 1880

Lieber Signor Boito,

Giulio wird Ihnen gesagt haben, daß ich vor mehreren Tagen
Ihre Verse erhalten habe, die ich lesen und gut studieren wollte, bevor ich Ihnen antwortete.

Gewiß haben sie mehr Wärme als die ersten, aber meiner Meinung nach fehlt noch immer das szenische Stück; und es fehlt, weil
es dort nicht sein kann. Nachdem Otello Desdemona geschmäht hat,
ist da nichts mehr zu sagen. Höchstens ein Satz, ein Vorwurf, eine
Verfluchung des *Barbaren*, der eine Frau geschmäht hat! Und hier
fällt entweder der Vorhang, oder man kommt mit einem *Einfall*, der
nicht bei Shakspeare ist. Z. B. (ich sage das so dahin) könnte Lodovico nach den Worten *»Demonio, taci«* [Dämon, schweige] mit allem Stolz des Patriziers und der Würde des Gesandten sich energisch an Otello wenden: *Indegno Moro*, tu osi *insultare una Patrizia
Veneta, mia parente, e non temi l'ira del Senato!* [Unwürdiger
Mohr, du wagst eine Venezianische Patrizierin, meine Verwandte,
zu schmähen und fürchtest den Zorn des Senates nicht!] / Strophe
von 4 oder 6 Versen.

*Jago* freut sich über sein Werk / ebenfalls eine Strophe

*Desdemona* klagt / ebenfalls eine Strophe
*Rodrigo* / Strophe
*Emilia* und Chor / Strophe.
*Otello* stumm, regungslos, Schrecken erregend, sagt nichts . . . Plötzlich hört man von fern Trommeln, Trompeten, *Kanonenschüsse*
usw. usw. . . .
*I Turchi! I Turchi!* [Die Türken! Die Türken!] Volk und Soldaten
strömen auf die Bühne. Bestürzung und Entsetzen allerseits! *Otello*
reißt sich zusammen und richtet sich auf wie ein Löwe; er schwingt
das Schwert und wendet sich an Lodovico: *Andiamo vi condurrò di
nuovo alla vittoria. Venezia mi compenserà poi* con una destituzione! [Gehen wir, ich werde euch wieder zum Siege führen, Venedig wird mir's dann mit Absetzung vergelten!] . . . Alle verlassen die
Bühne bis auf Desdemona. Unterdessen werfen sich die Frauen des
Volkes, erschreckt von allen Seiten hereinlaufend, auf die Knie,
während man von draußen her Kriegsgeschrei, Kanonenschüsse,
Trommeln, Trompeten usw., das ganze Toben der Schlacht vernimmt. Desdemona in der Mitte der Bühne, isoliert, regungslos, betet, die Augen zum Himmel gerichtet, für Otello.

Der Vorhang fällt.

Das Musikstück wäre da, und ein Komponist könnte damit zufrieden sein. Der Kritiker hätte viel zu beanstanden. Z. B.: Wenn die
Türken besiegt waren (wie im Anfang gesagt wird), wie können sie
jetzt kämpfen? Dies wäre übrigens keine ernstliche Kritik, weil man
annehmen, sogar mit zwei Worten sagen könnte, daß die Türken
Schaden vom Sturm davongetragen hatten und versprengt, aber
nicht vernichtet wurden. — Da gäbe es einen schwerwiegenderen
Einwand: Otello, gebrochen vom Schmerz, verzehrt von Eifersucht,
niedergeworfen, körperlich und seelisch krank — kann er sich auf
einmal erheben und wieder der Held von vorher sein? Und wenn er
es kann, wenn der Ruhm ihn noch immer verlockt, wenn er Liebe,
Schmerz und Eifersucht vergessen kann — warum Desdemona töten und dann sich selbst?
Sind das Skrupel oder ernsthafte Einwände? Ich wollte Ihnen

sagen, was mir alles im Kopf herumgeht. Wer weiß, ob Sie in diesen
Schnurren nicht einen Samen finden, etwas zu erschaffen!

Denken Sie darüber nach, schreiben Sie mir und glauben Sie an
meine Verbundenheit.

Ergebenst
G. Verdi

P. S. Erlauben Sie, daß ich Ihnen aufrichtigst zum glücklichen Aus-
gang des *Mefistofele* in London gratuliere. —

An Giuseppina Verdi              Monaco (Alpes maritimes)
                                 Hôtel des bains
                                 Samstag [4. September 1880]

Gnädigste Frau,

Ich habe das Gefühl, Ihnen für die sehr lebhafte Freude danken
zu müssen, die mir Ihre liebenswürdigen Worte machten, die Sie
dem Freunde Giulio schrieben und die mich angehen und mir treu-
lich mitgeteilt wurden. Heute habe ich einen höchst interessanten
Brief vom Maestro erhalten, den ich schon zehnmal gelesen und
wiedergelesen und überdacht habe; ich werde mit mir selber nicht
in Frieden leben, bis ich die Idee dieses Schreibens nicht verwirklicht habe. Aber um den Maestro nicht mit eitlen Worten zu langweilen, während er Taten erwartet, behalte ich mir vor, ihm erst zu
antworten, wenn ich ihm die Frucht der Samen, die er in meine Gedanken säte, bieten kann. Und das wird sicherlich bald sein, da mich
dies Jahr glücklicherweise der Dämon der Neuralgien, der Feind jeder Arbeit, nicht quält. Die Bäder im Meer, die man in dieser Bucht
sehr gut nehmen kann, haben meine körperliche Gesundheit neu
belebt, von der, glaube ich, jede gute geistige Verfassung kommt.

Ich bitte Sie, dem Maestro meine Empfehlungen zu geben, und
mit der offenherzigen Höflichkeit, die Ihnen eingeboren ist, das Gefühl meiner verehrungsvollen Freundschaft anzunehmen.

Ihr sehr ergebener
Arrigo Boito

Busseto, 14. Oktober 1880
St. Agata

Lieber Boito,

Heute habe ich das Dritte Finale erhalten; ich habe es gelesen:
Himmlisch gut!.. — Und was denken Sie jetzt von den Skrupeln,
die ich Ihnen in meinem letzten Brief verriet? Was denken Sie vom
Charakter Otellos?..

Schreiben Sie mir ein Wort.

Meine Frau dankt und grüßt Sie; ich drücke Ihnen die Hände
und bitte Sie, so viele Belästigungen zu entschuldigen.

Herzlich
G. Verdi

Mailand, Montag [18. Oktober 1880]
Via Principe Amedeo l.

Lieber Maestro,

Ihr Brief hat mein Herz mit Freude erfüllt. Also das 3. Finale ist
da, also hatte ich das Glück, der Idee, die Sie hegten, annehmbare
Form zu geben. Jetzt erkennen Sie an meiner Hände Werk den Gedanken, den Sie mir diktierten und den ich umsetzte, ohne mich von
einem Zweifel beirren zu lassen, nicht einmal von den Zweifeln, die
Sie selber vorbrachten. Mit diesem Verfahren habe ich Ihnen bewiesen, daß ich dem Gefühl, das Sie sprechen ließ, wesentlich größeren
Wert beimaß als den von diesem Gefühl eingegebenen Argumen-
ten. Aber jetzt verlangen Sie auch über diese Argumente mein Urteil, und das bringt mich in schwere Verlegenheit, nachdem ich, wie
Sie sahen, dem Künstler, dem Komponisten durch die Tat Recht gegeben habe und jetzt mit Worten dem Kritiker Recht geben soll.
Wenn Sie sagen (ich schreibe Ihre Worte aus dem Brief ab, den Sie
mir nach Monaco sandten): »Otello, gebrochen vom Schmerz, verzehrt von Eifersucht, niedergeworfen, körperlich und seelisch
krank — kann er sich auf einmal erheben und wieder der Held von
vorher sein? Und wenn er es kann, wenn der Ruhm ihn noch immer
verlockt, wenn er Liebe, Schmerz und Eifersucht vergessen kann —
warum Desdemona töten und dann sich selbst?« Wenn Sie auf diese

Art argumentieren, finde ich keine Worte mehr, Ihnen zu widerspre-
chen; aber später, wenn Sie mich fragen, sogar sich selber fragen:
»Sind das Skrupel oder ernsthafte Einwände?« dann antworte ich:
*es sind ernsthafte Einwände.* Sie legen den Finger auf die Wunde.
Otello ist wie ein Mann, der sich unter einem Alpdruck bewegt und
unter der tödlichen und wachsenden Herrschaft dieses Alpdrucks
denkt, handelt, leidet und sein furchtbares Verbrechen begeht.
Wenn wir uns nun ein Geschehnis vorstellen, das Otello unwei-
gerlich erregen und ihn von einem so andauernd lastenden Alpdruck ablenken muß, dann zerstören wir den ganzen verhängnisvollen von Schakespeare geschaffenen Zauber und können nicht logisch zur Auflösung der Handlung kommen. Dieser Angriff der Türken macht mir den Eindruck einer Faust, die das Fenster einer
Kammer einschlägt, in der zwei Menschen an Erstickung im Sterben lagen. Die von Schakespeare im Innersten so ausdrücklich ge-
schaffene Todesstimmung ist auf einmal verschwunden. Lebenbrin-
gende Luft weht wieder in unserer Tragödie, und Otello und Desdemona sind gerettet. Um sie zurück auf den Weg des Todes zu
bringen, müssen wir sie dann wieder in die tödliche Kammer sper-
ren, den Albdruck neu konstruieren, Jago geduldig wieder zu seiner
Beute führen — und es bleibt uns nur noch ein einziger Akt, um
diese ganze Tragödie von Anfang an zu wiederholen. Mit anderen
Worten: *wir haben das Ende eines Aktes gefunden, aber auf Kosten
der Wirkung der Katastrophe am Schluß.* Alle Welt weiß, daß der
Otello ein ganz großes Meisterwerk und in seiner Größe *vollkommen* ist. Diese Vollkommenheit rührt (Sie wissen das besser als ich)
von der wunderbaren Harmonie des Ganzen und seiner Teile her,
vom tiefen Eindringen in die Charaktere, von jener äußerst strengen
und *verhängnisvollen* Logik, die alle Ereignisse der Tragödie zur
Entfaltung bringt, von der Art, in der alle Leidenschaften, die darin
wirken, und vor allem die dominierende Leidenschaft beobachtet
und dargestellt werden. Alle diese Vorzüge tragen dazu bei, Otello
zu einem Meisterwerk der Kunst zu machen. Man kann ein Werk
von solcher Schönheit und Weisheit an keinem einzigen Punkt retuschieren, ohne seine Vollkommenheit zu verringern. Wenn wir
diese Vollkommenheit nun sowohl unter dem psychologischen Ge-

sichtspunkt als auch unter dem der Ereignisse und auch unter dem
der Charaktere verringern, ist die Tragödie nicht mehr so logisch, so
vollständig, so harmonisch und so verhängnisvoll, wie Schakespeare
sie wollte. Die Gestalt Otellos erleidet dabei eine Einbuße wie auch
die Gestalt Jagos; die unmittelbare, direkte Aktion, mit der Jago die
Katastrophe herbeiführte, ist mit einem Schlag durch ein Geschehnis unterbrochen, das er nicht herbeiführte, durch *ein*, ein *einziges*
Ereignis außerhalb seines Einflusses: durch einen plötzlichen Angriff der Feinde. Otello handelt nach diesem gänzlich neuen und unerwarteten Geschehnis nicht mehr unter der unablässigen Beherrschung durch Jago und, statt bemitleidenswert unglücklich zu erscheinen, erscheint er grausam.

Wir wollten die *Vollkommenheit* retuschieren und haben sie
zerstört. Dies ist das Urteil des *Kritikers*. Und es stimmt. Aber ein
Melodrama ist kein Drama, unsere Kunst lebt von Elementen, die
der gesprochenen Tragödie unbekannt sind. Eine zerstörte Stimmung kann man wieder von neuem schaffen; acht Takte genügen,
ein Gefühl wieder aufleben zu lassen; ein Rhythmus kann eine Figur wieder herstellen. Die Musik ist die allermächtigste aller Künste,
sie hat eine ihr eigene Logik, eine schnellere und freiere Logik als
die des gesprochenen Gedankens, und eine sehr viel beredtere. Sie,
Maestro, können die schärfsten Argumente der Kritik mit einem Federstrich zum Schweigen bringen. Sie haben gesagt: der 3. Akt »geht
himmlisch«; folglich haben Sie recht, denn dieser Ausruf von
Ihnen ist weiter nichts als ein Zeichen, das mir verrät, wie Sie im
Geiste Ihre ganze Idee sich schon klar und stark entwickeln sehen.

Aber ich habe schon zu viel geschwatzt.

Für Sie, mein lieber Maestro, und für Ihre Gattin meine herzlichste Verehrung. Ich stehe Ihnen immer zu Diensten, bereit, neu
zu machen, zu streichen, hinzuzufügen, erinnern Sie sich daran, immer froh, wenn es mir gelingt, Sie zufriedenzustellen.

Ihr
Arrigo Boito

Genua, 2. Dezember 1880

Lieber Boito,

Gut erfunden das Dritte Finale! Die Ohnmacht Otellos gefällt mir besser in diesem Finale als an der Stelle, wo sie früher war. Nur weder finde noch höre ich das *Ensemble.* Aber man kann es auch ohne das machen. Wir sprechen später davon, weil wir jetzt, wie Giulio Ihnen gesagt haben wird, an anderes denken müssen. — Ich glaubte, in diesem *Boccanegra* gäbe es viel zu tun, und habe gesehen, daß wir, wenn wir einen *schönen Anfang* des Finales finden können, der Mannigfaltigkeit, viel Mannigfaltigkeit in der zu großen Einförmigkeit gibt, die im Drama ist, im übrigen nur hier und da ein paar Verse und ein paar musikalische Phrasen zu ändern haben usw. .

Denken Sie also ein bißchen darüber nach und schreiben Sie mir, sobald Ihnen etwas eingefallen ist.

Einen guten Händedruck in Eile                herzlich von Ihrem
                                                                    G. Verdi


Mittwoch [Mailand, 8. Dezember 1880]

Lieber Maestro,

Eine Idee gebiert die andere, und schon zwei Ideen genügen, den Zweifel zu erregen, welcher der natürliche Feind des Handelns ist. Darum wende ich mich an Sie, damit Sie mir helfen, aus dieser Unschlüssigkeit herauszukommen, und mir den Weg weisen, der einzuschlagen ist. Tatsächlich war der Weg in den Briefen, die Sie an Giulio schrieben, sehr deutlich angezeigt; und das sollte mir genügt haben, an die Arbeit zu gehen, ohne mehr zu verlangen. Aber der Mensch ist nicht immer Herr des eigenen Gehirns.

So also würde ich die Senatsszene entwickeln. Nach historischem Gesichtspunkt wäre dies der genaueste Ablauf:


Ratssaal im Palast der Abiati.

Der Doge. Der Bürgermeister. Die adligen Ratsherren. Die Ratsherren aus dem Volke. Die Konsuln des Meeres. Führer der Milizen.

Ein Türhüter kündigt eine Frau an, die den Dogen dringend zu sprechen bittet. Der Doge befiehlt, dieser Frau Einlaß zu gewähren, aber er wird sie erst nach den Erwägungen über das Schicksal des Vaterlandes sehen. Der Doge meldet dem Rat, daß Toris, König der Tartaren, einen Botschafter mit der Bitte um Frieden an die Genueser entsendet. (Siehe Annalen der Republik Genua von Giustiniani, Band II, Buch IV.) Der ganze Rat bewilligt einstimmig den Frieden. Daraufhin fleht der Doge, den Krieg mit der Republik Venedig zu enden. Zurückweisungen durch den Rat, Aufruhr. Der Doge ruft aus: »Mit den Barbaren, mit den Ungläubigen stimmt ihr für den Frieden und wollt den Krieg mit den Brüdern. Genügen euch eure Triumphe denn nicht? Und hat das Blutvergießen auf den Wassern des Bosporus *euren wilden Zorn noch nicht gelöscht? Ihr habt eure siegreiche Flagge über die Fluten des Tyrrhenischen, des Adriatischen, des Schwarzen, des Ionischen, des Ägäischen Meeres getragen«,* und hier können wir uns der schönsten Stellen des V. Briefes im XIV. Buch der Briefe Petrarcas bedienen. Besonders da, wo er sagt: »*schön ist es, den Gegner kraft des Schwertes zu überwinden; am schönsten ist es, ihn durch Großmut des Herzens zu besiegen«* — und auch, wo er so poetisch von der Pracht der Riviera spricht (solange diese letztere Ablenkung die Szene nicht zu sehr verlängert), denn da sagt er so schön: »*und in seiner Bewunderung des unerwarteten Anblicks entglitt der Hand des Schiffers das Ruder und staunend ließ er das Boot auf halber Fahrt stille stehen«.* Aber die Rede des Dogen muß kraftvoll enden und hier und da von ein paar Rufen aus der Menge unterbrochen sein; das Volk ist für den Frieden, der Adel für den Krieg. Sehr heftiger Streit zwischen Adligen und Plebejern. Tumult am Eingang des Saales, die Verhaftung eines Adligen wird gemeldet, der mit dem Schwert in der Hand in den Ratssaal eindringen wollte. Adel und Volk verlangen ungestüm, daß dieser Adlige hereinkommt. Gabriello Adorno tritt ein und bezichtigt den Dogen, den Raub Amelia Grimaldis veranlaßt zu haben. Überraschung und Zorn unter den Adligen; der Doge ist wie vom Blitz getroffen und befiehlt, man solle die Frau erscheinen lassen, die kurz zuvor um Hilfe und Asyl im Palast gebeten hat. Die Frau wird hereingeführt. Es ist Amelia, die sich dem Dogen zu Füßen wirft und berichtet, daß sie selbst sich gerettet hat. Hier wären ein paar Verse am Platz, in denen der Doge dem Himmel dankt, Amelia gerettet zu haben, und der Akt würde enden wie in der schon bestehenden Oper. —

Kommen wir zur Darlegung der anderen Idee:

Sie beruht auf diesem Konzept: in einem einzigen Akt die Hauptstücke der beiden Zwischenakte zu verschmelzen, unter gänzlicher Auslassung der Szenen X, XI, XII, mit denen der II. Akt jetzt schließt (bzw. der I., eingerechnet den Prolog), und diesen ganzen (umgeschmolzenen) Akt mit dem *Terzett* enden, mit dem der gegenwärtige vorletzte Akt schließt. Dies getan, einen ganz neuen, nicht langen Akt hinzufügen und an die Stelle des ursprünglichen vorletzten Aktes bringen.

Sprechen wir zuallererst davon, wie die Verschmelzung der beiden Zwischenakte zu erreichen ist. Vor allem sollte die Handlung vereinfacht werden. Auf die Entführung Amelias verzichten. Sehen wir mal.

### I. Akt
### Garten der Grimaldis

I. Szene. Amelia allein

II. Szene. Amelia und Gabriele

III., IV., VI., VII. Szenen, wie sie sind. Wir würden es ohne die V. Szene machen, um die VI. auf die IV. ohne Unterbrechung und Veränderung des Ortes und dann das Duett zwischen dem Dogen und Amelia folgen zu lassen. Nach dem Duett entfernt sich Amelia langsam, und darauf folgt schnellstens die VIII. Szene zwischen dem Dogen und Paolo. In dieser Szene muß man eine Drohung Paolos einfügen; er ist die Seele der Volkspartei und wird einen Aufruhr anstiften, wenn der Doge ihm nicht Amelia überläßt. Der unbeugsame Doge nimmt die Herausforderung an und weigert sich, Amelia dem Paolo zu geben. Paolo geht ab. Amelia ist noch nicht weit im Garten entfernt; der Doge ruft sie, um ihr Lebewohl zu sagen und sie in dieser Stunde der Gefahr zu umarmen. Während sich Vater und Tochter umarmen, tritt Gabriele auf und zieht das Schwert gegen den Dogen. Amelia verteidigt den Vater. Das Terzett folgt; der Akt schließt, wie er jetzt ist, mit dem Ruf »zu den Waffen«.

II. Akt (vorletzter)
Das Innere der Kirche von S. Siro, neben den Häusern
der Boccanegras.
(Altes Kloster der Benediktiner.)

Die Kirche ist voll von Bewaffneten, auf den Loggien die Armbrustschützen, vor der Rosette der Fassade wird eine Wurfmaschine gela-
den. Außerhalb Schreie und Tumult der Belagerer, Trompeten; innen am Altar segnet ein Priester die Kämpfer. Gabriele steht beob-
achtend auf der mittleren Loggia neben der Wurfmaschine; Boccanegra gibt Befehle, Kundschafter treten auf; die Fiescos, die D'Orias,
die Grimaldis haben sich mit dem Teil der Volkspartei verbunden,
der die Kirche angreift. Dem Boccanegra sind die Konsuln des
Meeres samt dem ganzen Heer der Marine, den Armbrustschützen
und dem größten Teil des Volkes treu geblieben. Immer wieder verlangt Gabriele, die Wurfmaschine (die alten Genueser nannten die
Wurfmaschinen *trabocchi*) solle schleudern, aber der Doge widersetzt sich. Inzwischen werden die Pforten der Kirche mit gewaltigem
Getöse getroffen, die *große Glocke* läutet Sturm. Ein Kundschafter
tritt auf und berichtet, wie die Angreifer von einer mächtigen Schar
von Armbrustschützen umzingelt wurden, die aus einem Haus der
Boccanegras kamen (die Kundschafter treten durch eine Tür zu Simones Haus auf und ab). Die Kirchentür droht einzubrechen; Boccanegra stellt sich mit einer Gruppe von Armbrustschützen vor die
Tür, die Tür birst, Fiesco geht an der Spitze einer tobenden Schar
von Adligen und Leuten aus dem Volke hinein und verletzt Boccanegras Hand; aber als sie die Kirche plötzlich voll von Bewaffneten
erblicken, die über sie herzufallen drohen, halten die Angreifer ab-
geschreckt inne. Verwundet, zeigt Boccanegra dem Fiesco die über
den Häuptern der Angreifer drohende Wurfmaschine und schwört,
daß er sie nicht schleudern lassen und daß keinerlei Angriff auf die
Aufrührer stattfinden wird, wenn sie in diesem heiligen Asyl, in dem
sie sind, feierlich Frieden versprechen. Ein Augenblick der Stille.
Unterdessen fragt Paolo, der Führer des Aufruhrs, mit leiser Stimme
Pietro, der unter den Verteidigern Boccanegras ist (um ihn zu verraten), ob es für die Aufrührer keine Hoffnung mehr gibt. Pietro antwortet, daß sie von Armbrustschützen umzingelt sind und Bocca-

negra sie in der Falle hat. Daraufhin reißt Paolo den Gurt seines Schwertes ab und, nachdem er auf diesen Gurt ein paar Tropfen aus einem Giftfläschchen gegossen hat, das er aus seinem Überkleid zieht, wirft er das Schwert zu Füßen Boccanegras, kniet vor ihm und bittet ihn, die Wunde seiner blutenden Hand verbinden zu dürfen. Dann stecken alle Angreifer ihre Waffen ein. Boccanegra läßt sich die Hand verbinden, sagt zu Paolo, er möge aufstehen, und vergibt ihm. Da kommt Amelia durch die Tür herein, durch welche die Kundschafter gekommen waren. Gabriele ist von der Loggia heruntergekommen. Boccanegra läßt feierlich Frieden schwören, gibt die Regeln des Schwures und will, daß dieser Friede zwischen Adligen und Plebejern durch die Hochzeit Adornos mit seiner Tochter Amelia geweiht sei. — *Schwur*, der die erforderlichen Ausmaße eines breiten und starken Musikstückes haben wird. So würde der Akt schließen. — Sehen wir jetzt einmal die Vorteile dieses zweiten Projektes an: die Vergiftung des Dogen zu erleben und damit ein Geschehnis, das zur letzten Katastrophe führt und sie darum deutlicher, tragischer macht. Zweiter Vorteil: ein Geschehnis darzustellen (verzeichnet in den Annalen Giustinianis, Buch IV Anno 1356), das dem Drama etwas historische und lokale Farbe verleiht. (Kirchen, die plötzlich zu Schanzen, zu Festungen wurden, finden sich in der Genueser Geschichte.) Dem Publikum den Boccanegra zu zeigen, während er einen bedeutenden Akt der Stärke und Großmut vollzieht und von Paolos Verrat getroffen wird in dem Moment, da er eine großzügige und große Tat vollbringt. Weiterer Vorteil: die Hochzeit logisch aus der Situation abzuleiten, die ihr vorausgeht.

Aber wird der Tenor keine Szene haben, in der er seine Virtuosität zeigen kann? Diese Szene könnte am Anfang des letzten Aktes stehen.

Das wäre es. Ich habe Ihnen alles gesagt, was mir dieser Tage durch den Kopf gegangen ist, während ich in die Lektüre der Genueser Geschichten vertieft war. Ich errate die Kritik, die Sie an der ersten wie auch an der zweiten Idee üben werden.

Die Senatsszene kann kalt scheinen, außer wenn das patriotische und politische Konzept, das sie beseelt, von solcher Wärme erhellt ist, daß sie dramatisch gerät; aber selbst wenn es diesem Konzept gelingt, das erschütternde Drama zu erfassen und den Zuhörer zu interessieren, erwartet uns ein anderes Hindernis: die Ankunft Gabrieles (und dann Amelias) unterbricht dieses Konzept, bevor es ausgeschöpft ist, und die Frage Venedigs, die uns von Anfang an so sehr beeindruckt hat, findet wegen des neuen dazwischentretenden Ereignisses keine Lösung. Und so wird uns dieses neue Ereignis büßen lassen und damit auch das Ende des Aktes. Die Kritik des zweiten Projektes liegt nicht sehr fern; dieser Krieg in der Kirche kann vielleicht als recht neu, die theatralische Wirkung aber kann höchst problematisch erscheinen. Wir haben bereits eine an sich düstere Handlung, und der hinzukommende Akt würde die allgemeine Färbung nicht bessern. Diese befestigte Kirche ist gewiß weder heiter noch fröhlich gestimmt.

Unsere Aufgabe, mein Maestro, ist beschwerlich. Das Drama, das uns beschäftigt, ist verdreht, es erscheint wie ein Tisch, der wakkelt, man weiß nicht, auf welchem Bein; und so sehr man ihn auch aufzurichten sucht, er wackelt noch immer. Ich finde in diesem Drama keine einzige jener Figuren, die uns ausrufen lassen: *»gut getroffen!«* Und kein einziges Geschehnis, das wirklich *verhängnisvoll* ist, das heißt unerläßlich und stark, vom unabwendbar tragischen Schicksal erzeugt.

Ich nehme den Prolog aus, der wirklich schön und stark in seiner gänzlichen Finsternis ist, dicht und dunkel wie ein Stück Basalt. Aber der Prolog (ich spreche lediglich von der Tragödie [im Libretto], denn seit vielen, vielen Jahren habe ich keine Gelegenheit mehr gehabt, die Musik des *Boccanegra* wiederzuhören), der Prolog ist das gerade Bein des Tisches, das einzige, das ihn aufrecht hält; die anderen drei, Sie wissen das besser als ich, hinken alle. Es gibt da viel Intrige und nicht viel Zusammenhang. Alles ist oberflächlich in diesem Drama, alle diese Geschehnisse scheinen auf der Stelle, im Augenblick erfunden zu sein, um plump die Bühne zu füllen; sie haben weder tiefe Wurzeln noch starke Bindungen, sie gehen nicht aus den Figuren hervor, sie sind *äußerliche Erscheinungen der Geschehnisse.* Um ein derartiges Drama zu korrigieren, muß es geändert werden.

Wenn Sie, mein Maestro, meine Gedanken lesen könnten (und warum zurückhalten oder heucheln?), würden Sie darin eine große Abneigung lesen, dieses Drama wieder zur Aufführung anzugreifen, dieses Drama, dem es sowohl an tiefem Gehalt wie an leichten Vorzügen fehlt, dieses Drama (außer dem Prolog), in dem es weder tragische Stärke noch *theatralische Wirkung* gibt.

Trotzdem ist Ihr Wunsch auch der meine und, nachdem ich Ihnen jetzt mein Herz ausgeschüttet habe, erkläre ich Ihnen, daß ich tun werde, was Sie für nötig halten, da bei einer solchen Frage Sie der höchste Schiedsrichter sind, nicht ich.

Ich erwarte also Ihre Entscheidung, um den Senat oder die Kirche von S. Siro oder gar nichts von alldem zu machen.

———

Sie *hören* den Zusammenhang des Ensembles im 3. Akt des *Otello* nicht; ehrlich gesagt, ich höre ihn auch nicht. Wir werden es ohne ihn machen, um so besser; wichtig ist nur, daß uns das Ende des Aktes glücklich erreicht scheint.

Ich werde in diesem Ende ein paar Verse zu ändern haben.

———

Ich will dieses *Faszikel* nicht enden, ohne Ihnen von der herzlichen Dankbarkeit zu sagen, die Sie in mir durch eine gewisse Bemerkung erweckt haben; Sie machten sie im vergangenen Winter in Paris zu Baron Blaze de Bury — eine Bemerkung, die mich sehr hoch ehrt und die ich mit Rührung in einer der letzten musikalischen Chroniken der *Revue des Deux Mondes* las. Ich habe diesen Dank über einen Monat lang unterdrückt, um Sie nicht zu langweilen; aber da sich mir jetzt die Gelegenheit, Ihnen zu schreiben, bietet, lasse ich meiner Dankbarkeit an Sie vollen Lauf.

Viele, viele Grüße an Ihre Frau.

Herzlichst Ihr
Arrigo Boito

Genua, 11. Dezember 1880

Lieber Boito,

*Entweder den Senat . . . oder die Kirche von San Siro . . . oder gar nichts machen . . .*

*Gar nichts machen* wäre das beste; aber Gründe — nicht materielle, sondern sozusagen berufliche — lassen mich die Idee nicht aufgeben, diesen Boccanegra zu reparieren — zumindest nicht, ohne erst einmal versucht zu haben, etwas daraus zu machen. Nebenbei ist es in jedermanns Interesse, daß die *Scala lebt*! Der diesjährige Spielplan, ach, ist beklagenswert! Ausgezeichnet Ponchiellis Oper, aber das übrige? Ewige Götter!!!! Es gäbe die Oper, die beim Publikum großes Interesse finden würde, und ich verstehe nicht, warum Autor und Verleger darauf bestehen, sie zu verweigern. Ich spreche vom Mefistofele. Der Augenblick wäre günstig, und Sie würden der Kunst und aller Welt einen Dienst erweisen.

Der Akt, den sie sich in der Kirche von San Siro vorstellen, ist großartig in jeder Hinsicht. Schön wegen seiner Novität, schön wegen seines historischen Kolorits, schön in szenisch-musikalischer Hinsicht; aber er würde mich zu sehr in Anspruch nehmen, und ich könnte mich so vieler Arbeit nicht unterziehen.

Wenn man auf diesen Akt unglücklicherweise verzichtet, muß man sich an die Szene im Senat halten, die, wenn Sie sie machen, zweifellos nicht kalt lassen kann. Ihre Kritik ist gerechtfertigt, aber inmitten erhabenerer Arbeiten und mit Otello im Sinn streben Sie eine Vollkommenheit an, die hier unmöglich zu erreichen wäre. Ich sehe mehr nach unten und, optimistischer als Sie, verzage ich nicht. Ich gebe zu, daß der Tisch wackelt, aber wenn man ein paar der Beine repariert, wird er sich, glaube ich, halten können. Ich gebe auch zu, daß es da keine (immer recht seltenen!) Figuren gibt, die Euch ausrufen lassen: *»gut getroffen«*; trotzdem scheint mir, daß es in den Gestalten des *Fiesco* und *Simone* etwas gibt, woraus sich etwas Gutes machen läßt.

Versuchen wir's also und machen wir dies Finale mit dem besagten tatarischen Gesandten, mit den Briefen Petrarcas usw. . . usw. . . usw., versuchen wir's, wiederhole ich. Wir sind ja schließlich nicht so unerfahren, daß wir nicht von vornherein verstehen, was im

Theater Erfolg haben kann. — Wenn es Sie nicht belastet und wenn
Sie Zeit haben, gehen Sie gleich an die Arbeit. Ich werde mich in-
zwischen bemühen, hier und da die vielen krummen Beine meiner
Noten geradezustellen und . . . sehen wir mal! .

Mit Zuneigung bin ich                                    Ihr
                                                      G. Verdi


                                        Genua, 28. Dezember 1880
Lieber Boito,
     Wunderschön ist diese Senatsszene, voll von Bewegung und Lo-
kalfarbe mit höchst eleganten und mächtigen Versen, wie Sie sie zu
machen pflegen. Es ist mir recht, die Verse im Anfang des Dritten
Aktes zu ändern, und ausgezeichnet ist die Vergiftung des Dogen
auf diese Art. Aber zu meinem Unglück ist das Stück reichlich lang,
schwer zu komponieren; und ich weiß nicht, ob ich jetzt, wo ich
nicht mehr *dans le mouvement* bin, die Zeit haben werde, mich wieder in den Sattel zu setzen, um dies zu machen und den ganzen Rest
zu korrigieren.
     Erlauben Sie mir nun einige Bemerkungen, einzig zu meiner
Aufklärung.
     1. Halten Sie es für notwendig, im Anfang schon ahnen zu las-
sen, daß Amelia unversehrt ist und *Gerechtigkeit erfleht*?
     2. Halten Sie die Affäre des Tatarenlandes allein für genügend,
den Senat zu vereinen? Könnte man nicht noch eine andere Staats-
affäre hinzugeben, z. B. eine Gefangennahme von Seeräubern; und
womöglich den Krieg Venedigs, den der Dichter verflucht? Dies alles natürlich nur flüchtig in ganz wenigen Versen?
     3. Wenn Adorno sagt *»Ho ucciso Lorenzino perchè mi rapia la
sposa«* [Ich habe Lorenzino getötet, weil er mir die Braut geraubt
hat] und Amelia *»Salva lo sposo mio«* [Rette meinen Bräutigam],
zerstört man die Szene des Dritten Aktes zwischen dem Dogen und
Amelia. An sich ist das keine sehr wichtige Szene, aber sie bereitet
recht gut auf den Schlaf des Dogen und das Terzett vor. Mir scheint,
die Handlung würde nichts verlieren, wenn Gabriele auf die Worte
des Dogen *»Perchè impugni l'acciar?«* [Warum die Faust am

Schwert?] antworten würde »Tu facesti *rapire Amelia Grimaldi . . .*
*Vile Corsaro coronato, muori«* [Du ließest *Amelia Grimaldi rauben*
*. . . Feiger gekrönter Seeräuber, stirb*].

| | |
|---|---|
| D[OGE] | Ferisci . . . |
| G[ABRIELE] | Amelia |
| T[UTTI] | Amelia |
| D[OGE] | Adorno: tu la vergin difendi: t'ammiro, e t'assolvo . . . . |
| | Amelia, dì come tu fosti rapita et. et. |
| [DOGE | Schlag zu . . . |
| GABRIELE | Amelia |
| ALLE | Amelia |
| DOGE | Adorno: du verteidigst die Jungfrau: ich bewundere |
| | dich und vergebe dir . . . |
| | Amelia, sag, wie du geraubt worden bist usw. usw.] |

Das übrige geht ausgezeichnet. Hervorragend von *»Plebe, Patrizi,
Popolo«* [Plebejer, Patrizier, Volk] bis zum Schluß, den wir mit *»Sia
maledetto«* [Er sei verflucht] enden werden.

Antworten Sie mir so schnell wie möglich.

Aufrichtigste Wünsche.                                                  G. Verdi


                                                           Genua, 8. Januar 1881

Lieber Boito,

Machen Sie sich keinen Vorwurf, meine Zeit vergeudet zu haben. Bis jetzt habe ich mich überhaupt noch nicht mit der Musik beschäftigt. Jetzt aber denke ich an sie, habe heute sogar den ganzen
Tag an diesen Boccanegra gedacht und denke, man könnte es folgendermaßen machen.

Ich übergehe den Prolog, in dem ich vielleicht das erste Rezitativ ändern werde und hier und da ein paar Takte im Orchester.

Im ersten Akt würde ich im ersten Stück die Cabaletta heraus-
nehmen, nicht weil sie eine Cabaletta, sondern weil sie scheußlich
ist. Ich würde das Vorspiel ändern, mit dem ich das Cantabile der

Primadonna anders instrumentiert verbinden und daraus ein *einziges Stück* machen würde. Am Ende würde ich einen Teil des Orchestervorspiels wiederholen, zu dem Amelia sagen würde . . . *Spuntò il giorno . . . Ei non vien! . . .* [Der Tag ist angebrochen . . . Er kommt nicht!] oder etwas Ähnliches. Machen Sie mir also ein paar kleine Verse in gebrochenen Phrasen zurecht . . . . Amelias eifersüchtige Worte hätte ich nicht gern!

Die Romanze des Tenors hinter der Bühne würde bleiben, wie sie ist.

Im anschließenden Duett würde ich die Form der Cabaletta ändern, und Sie hätten da nichts zu tun . .

=====

In der Szene V zwischen Fieschi und Gabriele hätte ich gern noch ein paar Worte im Rezitativ nach dem Vers »*A nostre nozze assenti*« [Stimmst du unserer Hochzeit zu]. Wenn dem Publikum das Wort »*Umil*« [Demütig] entgeht, versteht es gar nichts mehr. Wenn er z. B. sagte: »*Ascolta . . . alto segreto*« et. et. [Höre . . . ein großes Geheimnis usw. usw.] — lauter gute Worte, bei denen das Publikum die Ohren spitzen wird. Fügen Sie darum, wenn Sie meinen, ein paar Verse hinzu oder auch nicht, wie Sie wollen. Am meisten liegt mir daran, das Duett zwischen Fieschi und Gab. zu ändern: »*Paventa o Doge*« [Erzittere, Doge]. Es ist zu heftig und sagt nichts. Ich hätte es statt dessen gern, Fieschi, sozusagen als Vater Amelias, das zukünftige junge Brautpaar segnen zu lassen. Das könnte zu einem rührenden Augenblick führen, der ein Lichtstrahl in so viel Dunkel wäre. Um die Stimmung zu erhalten, führen Sie ruhig auch etwas *ergreifende Vaterlandsliebe* ein. Fieschi kann sagen »*. . . ama quell'angelo . . . . Ma dopo Dio . . . . la Patria et. . . .*« [Liebe diesen Engel . . . . Aber nach Gott . . . . das Vaterland usw.] Lauter gute Worte, die Ohren spitzen zu lassen . . . Also acht schöne Verse für Fieschi und ebenso viele für Gabriele, liebevolle, rührende, einfache, um etwas Melodie damit zu machen oder irgend etwas, das wenigstens diesen Anschein hat. Oh, wenn man nur Amelia zurück auf die Bühne bringen und ein kleines Terzett für Solostimmen machen könnte! Für drei Stimmen zu schreiben ist so etwas Schönes! . . . Amelia und Gabriele kniend, Fiesco, der sie segnet, zwischen ihnen, hoch!... Aber ich sehe ein, daß wir, abgesehen von der Schwierigkeit, Amelia auf die Bühne zurückzubringen, im Finale des letzten Aktes fast die gleiche Szene hätten ....

Habe ich mich erklärt? — Ich bin dessen nicht ganz gewiß. Versuchen Sie zu erraten, was ich nicht zu sagen wußte, und schicken Sie mir inzwischen so schnell wie möglich diese wenigen Verse, dann werde ich Ihnen morgen oder später das übrige sagen. Ich fange inzwischen mit der Arbeit am ersten Stück dieses ersten Aktes an, wenn auch nur um mich *dans le mouvement* zu bringen, bevor ich zum Finale komme. Ich möchte alles der Reihe nach machen, als ob es um eine neue Oper ginge.

Ich warte und verbleibe Ihr                                    G. Verdi


Genua, 9. Januar 1881

Lieber Boito,

Ich setze den Brief von vor ein paar Tagen fort ...

Ich weiß nicht, ob ich Ihnen sagte, mir in dem kleinen Duett zwischen *Gabriele* und *Fiesco* keine zu langen Verse zu machen.

In der Szene VI würde ich den Trompeten, die den Dogen ankündigen, einen fernen Jägerchor vorziehen. Was sagen Sie dazu?

Im neuen Finale sind die zwei ersten Verse des Dogen »*Il nuovo dì*...« [Der neue Tag ...] usw. unnötig. Machen Sie den anderen zurecht, der folgt, und lassen wir das Duett zwischen Vater und Tochter, wie es ist. Nur am Ende hätte ich gern, daß Amelia statt der vier Verse

| »*Non di regale orgoglio* | [Nicht königlichen Stolzes |
|---|---|
| *L'effimero splendor* | Vergänglicher Glanz, |
| *Mi cingerà d'aureola* | Der goldene Strahl der |
| *Il raggio dell'amor*« | Liebe wird mich umgeben] |

in vier anderen Versen von gleicher Länge sagte »*Vivrò nel mistero perchè tu non sia bersaglio all'odio dei nemici*« [Ich werde in Heimlichkeit leben, damit du nicht Ziel des Hasses der Feinde seist]. Auf diese Weise würde ich die sogenannte Cabaletta weiter entwickeln und sie nicht wiederholen.

Außerdem möchte ich Sie bitten, mir den Vers oder die Verse des Vaters zu ändern, um das Wort *aureola* zu vermeiden. Ich bin nicht schwierig, was Worte betrifft, aber in einem Cantabile klingt dies *Au. . .eo. . .* nasal, guttural, unsympathisch.

Ganz wenig, sogar fast gar nichts gibt es in den anderen Akten zu tun.

Ich habe mich ernstlich an die Arbeit begeben. — Sehen Sie zu, mir so schnell wie möglich zu schicken, worum ich Sie gestern bat und heute bitte.

In Eile

Ihr G. Verdi

[Mailand, 8.—9. Januar 1881]

VARIANTI PER L'ATTO I°.

### Atto I.
*Prima della romanza del tenore.*

. . . . . . . . . . . . .

S'inalba il ciel, ma l'amoroso canto
Non s'ode ancora . . .
Ei mi terge ogni dí, come l'aurora
La rugiada dei fiori, del ciglio il pianto.

═══════

*Aggiunta al dialogo fra Gabriello e Fiesco Scena V*

. . . . . . . . . .

GAB.   A nostre nozze assenti?

        Alto mistero
ANDREA.   ~~Un cupo arcano~~
        Sulla vergine incombe.

GAB.          E qual?
AND.              Se parlo
        Forse tu piú non l'amerai.

GAB.              Non teme
        Ombra d'arcani l'amor mio! — T'ascolto.

| | |
|---|---|
| AND. | Amelia tua d'umile stirpe nacque ... |
| GAB. | La figlia dei Grimaldi?! |
| AND. | No — la figlia |
| | Dei Grimaldi morí fra consacrate |
| | Vergini in Pisa ecc ecc ecc ... |

---

Atto I

Chiusa della Scena V
dopo i versi sciolti.

. . . . . . . . . . . . . .

| | |
|---|---|
| ANDREA. | Pio guerrier, del tempo antico |
| | L'alta fede in te rampolla; |
| | No, la spada tua non crolla |
| | Per nemico odio crudel. |
| | Vieni a me, |
| (abbrac-ciandolo) | ~~Baldo eroe~~ ti benedico |
| | Nell'amore e nella guerra, |
| | Sii fedele alla tua terra, |
| | L'angiol tuo ti sia fedel. |
| GABR. | Del tuo labbro il sacro detto |
| | Come balsamo raccolsi, |
| | Saldi son pel brando |
| | ~~Forti ho già le vene e~~ i polsi, |
| | M'empie il petto un vasto ardor. |
| | Se da te fui benedetto |
| | L'alma mia piú in me non langue, |
| | Freme e m'agita nel sangue |
| | Odio immenso e immenso amor. |

---

*Variante per la scena del Senato.*

| | |
|---|---|
| SIM. | Messeri il re di Tartaria vi porge |
| | Pegni di pace e ricchi doni e annunzia |
| | Schiuso l'Eusin alle liguri prore |
| | Acconsentite? |
| TUTTI. | Sí. |

| | |
|---|---|
| Sim.<br>(dopo una<br>pausa) | Ma d'altro voto<br>Piú generoso io vi richiedo. |
| Alcuni. | Parla. |
| Sim. | La stessa voce che tuonò su Rienzi<br>Vaticinio di gloria e poi di morte |
| (s'incomincia ad udire un tumulto lontano) | Or su Genova tuona. — Ecco un messaggio<br>Del romito di Sorga, ei per Venezia<br>Supplica pace . . . . |
| Paolo<br>(interrompendo) | Attenda alle sue rime<br>Il cantor della bionda Avignonese. |
| Sim.<br>(con forza) | Messeri! . . . |
| | (il tumulto s'avvicina) |
| Pietro. | Qual clamor?! |
| Alcuni. | D'onde tai grida? |

ecc ecc ecc ecc.

===

*altra Variante alla scena del Senato*
*prima dell'entrata d'Amelia.*

. . . . . . . . . . . . . . .

| | |
|---|---|
| Sim.<br>(a Gabr.) | Perché impugni l'acciar? |
| Gab. | Ho trucidato<br>Lorenzino. |
| Pop. | Assassin. |
| Fieschi. | Ei la Grimaldi<br>Avea rapita. |
| Sim. | (Orror!) |
| Pop. | Menti! |
| Gab. | Quel vile<br>Pria di morir disse che un uom possente<br>Al crimine l'ha spinto. |
| Pietro<br>(a Paolo) | scoperto<br>(Ah! Sei ~~perd~~) |
| Sim.<br>(con agitazione) | E il nome suo? |

GAB.                          T'aqueta! il reo si spense
(fissando il    Pria di svelarlo.
Doge con
tremenda
ironia)

SIM.                     Che vuoi dir?

GAB.                               Pel cielo!!
(terribil-      Uom possente tu sei!
mente)

SIM.                      Ribaldo!
(a Gabriel)

GAB.                               Audace
(al Doge        Rapitor di fanciulle!
slancian-
dosi)

ALCUNI:                    Si disarmi!

GAB:            Empio corsaro incoronato! muori!
(disvinco-
landosi e
correndo
con Fiesco
per ferire
il Doge.)

AMELIA.         Ferisci.
(entrando e
interponen-
dosi fra i
due assalta-
tori e il
Doge.

SIM.        ⎫
FIESCO      ⎬        Amelia!
GABR.       ⎭

TUTTI.                    Amelia! . .

AM.                            O Doge! (o padre!)
                Salva l'Adorno tu.

SIM                       Nessun l'offenda!!

(alle guar-
die che si
sono impos-
sessate di
Gabriello
per disar-
marlo)

Cade l'orgoglio e al suon del suon dolore
Tutta l'anima mia parla d'amore.
Amelia dí come tu fosti rapita
E come ecc ecc ecc ecc.
. . . . . . . . . . . .

Piccolissima variante per mio uso e consumo e pace della mia
*timorata coscienza.*

### Finale Atto I.°

STANZA
DEL
CORO:

Il suo commosso accento
Sa l'ira in noi calmar;
Vol di soave vento
Che rasserena il mar.

(nel primo manoscritto non mi andavano quelle due immagini acca-
tastate dell'*altare* e del *mare* si elidevano l'una coll'altra. Questa variante non è bella, no, ma ha un poco piú di senso comune.)

### VARIANTI PER L'ATTO II°.

Variante alla I e IIª scena dell'Atto 2°.

#### Scena Iª.

*Palazzo degli Abati.*
*Camera del Doge. ecc ecc. Seggiolone, tavola, un alcova.*
*Sul tavolo un anfora e una tazza.*

*Paolo e Pietro.*

PAOLO.     Quei due vedesti?
PIE.                    Sí.
PAO.                          Li traggi tosto
           Dal carcer loro per l'andito ascoso
           Che questa chiave schiuderà.
PIE.                          T'intesi.
                              (esce)

## Scena II[a].

*Paolo solo.*

Me stesso ho maledetto!! . .
E l'anatema
M'insegue ancor . . . e l'aura ancor ne trema!
Vilipeso . . rejetto
Dal Senato e da Genova, qui vibro
L'ultimo stral pria di fuggir, qui libro
La sorte tua, Doge, in quest'ansia estrema.
Tu che m'offendi e che mi devi il trono
Qui t'abbandono
Al tuo destino
In quest'ora fatale.

(estrae un
ampolla, ne
versa il
contenuto
nella tazza)

Qui ti stillo una lenta atra agonía,
Là t'armo un'assassino.
Scelga Morte sua via
Fra il tosco ed il pugnale.


## Atto II°

### Scena III (breve variante)

*Detto, Andrea, Gabriele dalla destra condotti da Pietro.*
m'adduci?

| | |
|---|---|
| FIE. | Prigioniero, in qual loco ~~mi trovo~~ |
| PAO. | Nelle stanze del Doge, e favella |
| | A te Paolo. |
| FIE. | I tuoi sguardi son truci! |
| PAO. | Io so l'odio che celasi in te. |
| | Tu m'ascolta. |
| FIE. | Che brami? |
| PAO. | Al cimento |
| | Preparasti de' Guelfi la schiera |
| | ecc ecc ecc ecc. |

Variante alla scena VIII^a dell'Atto II^o.

*Doge e Gabriele nascosto.*
*Il Doge entra meditabondo, siede.*

| | |
|---|---|
| Doge: | Doge! — Ancor proveran la tua clemenza |
| | I due ribelli? — Di paura segno |
| (versa | Fora il castigo. — M'ardono le fauci .. |
| dall'anfora | Perfin l'onda del fonte è amara al labbro |
| nella tazza | Dell'uom che regna . . . ho l'alma oppressa . . . infrante |
| e beve.) | Dal duol le membra . . . già . . . mi vince il sonno . . . |
| (s'addor- | Oh Amelia . . . ami . . . un nemico . . . |
| menta) | ecc ecc ecc ecc |

VARIANTEN FÜR DEN I. AKT

## Akt I.
### Vor der Romanze des Tenors.

. . . . . . . . . . . . .

Der Himmel erhellt sich, aber das Liebeslied
Ist noch nicht zu vernehmen.
Es trocknet mir täglich, wie die Morgenröte
Den Tau der Blumen, der Wange Tränen.

*Zusatz zum Dialog zwischen Gabriello und Fiesco Szene V*

. . . . . . . . . .

| | |
|---|---|
| GAB. | Willigst du in unsere Hochzeit ein? |
| | Ein großes Geheimnis |
| ANDREA. | ~~Ein dunkles Geheimnis~~ |
| | Lastet auf der Jungfrau. |
| GAB. | Und welches? |
| AND. | Wenn ich spreche, |
| | Wirst du sie vielleicht nicht mehr lieben. |
| GAB. | Nicht fürchtet |
| | meine Liebe der Geheimnisse Schatten! — |
| | Ich höre dich an. |
| AND. | Deine Amelia stammt von niedrigem Geschlecht . . . |

GAB.      Die Tochter der Grimaldis?!

AND.                          Nein — die Tochter
Der Grimaldis starb bei geweihten
Jungfrauen in Pisa usw. usw. usw. . . .

====

## Akt I

Schluß der Szene V
nach den reimlosen Versen.

. . . . . . . . . . . . . .

ANDREA.      Frommer Krieger, der alten Zeiten
Hehre Treue sproßt in dir;
Nein, dein Schwert fällt nicht
Durch feindlich-grausamen Haß.
Komm zu mir,

(ihn um-
armend)      ~~Kühner Held~~ ich segne dich
In der Liebe und im Kriege.
Sei treu deiner Heimat,
Dein Engel bleibe dir treu.

GABR.      Deiner Lippen feierliche Rede
Nahm ich wie Balsam auf,
Fest sind für das Schwert
~~Starke Adern habe ich schon~~ die Pulse,
Ein großes Feuer füllt mir die Brust.
Da ich von dir gesegnet wurde,
Ist meine Seele nicht mehr schwach,
Unendlicher Haß und unendliche Liebe
Erregen und bewegen mein Blut.

====

*Variante für die Senatsszene*

SIM.      Ihr Herren, der König des Tatarenlandes bietet Euch
Pfande des Friedens und reiche Gaben und erklärt
Das Schwarze Meer den ligurischen Schiffen
                         erschlossen.

Stimmt Ihr zu?

ALLE.           Ja.

SIM.                                                 Aber um eine andere
(nach einer    Noch edelmütigere Stimme bitte ich Euch.
Pause)
EINIGE.                                                   Sprich.
SIM.           Dieselbe Stimme, die Rienzi donnernd
               Ruhm und dann Tod prophezeite,
(man be-       Donnert jetzt über Genua. — Hier ist eine Botschaft
ginnt, ent-    Des Einsiedlers von
fernten Auf-
ruhr zu                                der Sorgue, er bittet flehentlich
hören)         Um Frieden für Venedig
PAOLO                           Der Sänger der Blonden von Avignon
(unter-        Möge bei seinen Reimen bleiben.
brechend)
SIM.           Ihr Herren! . . .
(kraftvoll)                                  (der Aufruhr nähert sich)
PIETRO.                      Welcher Lärm?!
EINIGE.                                       Woher solche Schreie?
                        usw. usw. usw. usw.
                            ══════════

*Weitere Variante zur Senatsszene vor dem Auftritt Amelias.*
               . . . . . . . . . . . . . .
SIM.           Warum die Faust am Schwert?
(zu Gabr.)
GAB.                                        Ich habe
               Lorenzino getötet.
VOLK.                          Mörder.
FIESCHI.                                 Er hatte
               Die Grimaldi geraubt.
SIM.                         (Entsetzlich!)
VOLK.                                    Du lügst!
GAB.                                       Bevor er starb,
               Sagte der Feigling, daß ein mächtiger Mann
               Ihn zum Verbrechen getrieben hat.
                                              entdeckt
PIETRO                         (Ha! Du bist ~~verl~~)
(zu Paolo)

SIM.
(aufgeregt)

Und sein Name?

GAB.
(den Blick
fest auf
den Dogen
gerichtet,
mit fürch-
terlicher
Ironie)

Fasse dich! Der Verruchte verschied

Bevor er ihn enthüllte.

SIM.

Was willst du sagen?

GAB.
(mit furcht-
barem Aus-
druck)

Beim Himmel!!

Ein mächtiger Mann bist du!

SIM.
(zu Gabriel)

Schurke!

GAB.
(sich auf
den Dogen
stürzend)

Frecher

Mädchenräuber!

EINIGE:

Entwaffnet ihn!

GAB:
(befreit
sich und
rennt mit
Fiesco zum
Angriff auf
den Dogen.)

Verruchter gekrönter Korsar! Stirb!

AMELIA.
(tritt auf
und stellt
sich zwi-
schen die
beiden An-
greifer und
den Dogen.)

Schlag zu.

SIM.
FIESCO
GABR.

Amelia!

ALLE.                   Amelia!...

AM.                          O Doge! (o Vater!)

Rette du den Adorno.

SIM                   Keiner verletze ihn!!

(zu den     Der Stolz vergeht, und beim Klang ihres Schmerzes

Wachen, die  Spricht mein ganzes Herz von Liebe.

Gabriello     Amelia, sag, wie du geraubt worden bist

überwältigt

haben, um    Und wie usw. usw. usw. usw.

ihn zu ent-

waffnen)     . . . . . . . . . . .

Ganz kleine Variante zu meinem eigenen Gebrauch und den Frieden meines *ängstlichen* Gewissens.

### Finale Akt I.

STANZE DES  Seine bewegende Rede

CHORS:       Vermag unseren Zorn zu beruhigen;

              Ein Flug sanften Windes,

              Der erheitert das Meer.

(im ersten Manuskript gefielen mir die beiden aufgehäuften Bilder des *altare* [Altares] und des *mare* [Meeres] nicht, sie annullierten einander. Diese Variante ist nicht schön, gewiß nicht, aber sie hat ein bißchen mehr Sinn.)

### VARIANTEN FÜR DEN II. AKT.

Variante zur I. und II. Szene des 2. Aktes.

### I. Szene.

*Palast der Abati.*
*Zimmer des Dogen usw. usw. Großer Sessel, Tisch,*
*ein Alkoven. Auf dem Tisch eine Karaffe und ein Becher.*

*Paolo und Pietro*

PAOLO.     Du sahst die beiden?

PIE.                Ja.

PAO.                         Bringe sie gleich
Aus ihrem Kerker durch den verborgenen Gang,
Den dieser Schlüssel öffnen wird.

PIE.                              Ich habe dich verstanden.

*(geht ab)*

## II. Szene

### *Paolo allein.*

Mich selbst hab ich verdammt!! . .
Und der Fluch
Verfolgt mich noch . . . und die Luft erzittert noch von
ihm!
Verachtet . . ausgestoßen
Vom Senat und von Genua, hier schleudre ich
Den letzten Pfeil vor meiner Flucht, hier wäge
Ich Dein Schicksal, Doge, in dieser höchsten Not.
Du, der mich beleidigt und der mir den Thron dankt,
Hier überlasse ich dich
Deinem Schicksal
In dieser tödlichen Stunde.

*(er zieht
ein Fläsch-
chen heraus,
gießt den
Inhalt in
den Becher)*

Hier bereite ich dir einen langsamen schmerzvollen
Todeskampf,
Dort bewaffne ich einen Mörder.
Der Tod wähle seinen Weg
Zwischen dem Gift und dem Dolch.

## II. Akt

### Szene III (kurze Variante)

*Derselbe, Andrea, Gabriele von rechts von Pietro
hereingeführt*

Wohin bringst du

FIE.     ~~Wo befinde ich~~ mich Gefangenen ?

PAO.    In die Zimmer des Dogen, und Paolo
Spricht zu dir.

FIE.                      Dein Blick ist grausam!

| | |
|---|---|
| PAO. | Ich kenne den Haß, der sich in dir birgt. |
| | Höre mich an. |
| FIE. | Was willst du? |
| PAO. | Zum Aufruhr |
| | Hast du die Schar der Guelfen gerüstet |
| | usw. usw. usw. usw. |

### Variante zur VIII. Szene des II. Aktes

*Doge und Gabriele, der sich versteckt hat.*
*Der Doge tritt in Gedanken versunken auf, setzt sich.*

| | |
|---|---|
| DOGE: | Doge! — Noch einmal werden die beiden Rebellen |
| | Deine Gnade erfahren? — Die Strafe wäre ein |
| | Zeichen der Furcht. — Mir brennt die Kehle .. |
| (er gießt | Selbst das Quellwasser ist der Lippe des Mannes |
| aus der | Bitter, der herrscht . . . meine Seele ist bedrückt . . . |
| Karaffe in | gebrochen |
| den Becher | Vom Schmerz die Glieder . . . schon . . . überkommt |
| ein und | mich der Schlaf. |
| trinkt) | |
| (er schläft | O Amelia . . . du liebst . . . einen Feind . . . |
| ein) | usw. usw. usw. usw.] |

Lieber Maestro,

Habe ich's erraten? Ich weiß nicht.— Ich erwarte Ihre Weisungen und beschränke mich für heute darauf, Sie und Ihre Gattin herzlich zu grüßen.

Ihr Arrigo Boito

[Mailand, 8.—9. Januar 1881]

Lieber Maestro,

Sehen Sie mal die Wirkungen der Kurzsichtigkeit verbunden mit denen der Zerstreutheit an: auf meinem Tisch finde ich dieses Blatt, das zu den Varianten des ersten Aktes gehört. Nicht schlimm. Ich hoffe, Sie werden es mit dem übrigen erhalten.

Herzliche Grüße

Arrigo Boito

Genua, 10. Januar 1881

Lieber Boito,

Die beiden eingeschriebenen Briefe mit den Varianten kommen gerade rechtzeitig an. Mit den vier Versen *»S'inalba il Ciel...«* [Der Himmel erhellt sich] usw. ende ich das erste Stück, das sogar als fertig gelten kann.

Gut die paar hinzugefügten Verse in der folgenden Szene zwischen *Andrea und Gab.* – Das kleine Duett, fürchte ich, wird lang und zu stark. Ich würde mir gerade in diesem Augenblick etwas Ruhiges, Feierliches, Religiöses wünschen. Es geht um eine Ehe. Ein Vater segnet seine Adoptivkinder. Ich mache mir nicht viel aus dem Rhythmus des achtsilbigen Verses wegen der verdammten zwei Noten im Auftakt

aber ich werde sie vermeiden und, um keine Zeit zu verlieren, begebe ich mich gleich daran, dies Duett auf die vier Verse Andreas zu machen

*Vieni a me, ti benedico*　　　　　[Komm zu mir, ich segne dich]
. . . . . . . .
. . . . . . . . .
. . . . . . . .

Ich werde inzwischen vier andere Wörter für *Gab.* zusammenpfuschen, um mit der Arbeit voranzukommen, bis Ihre Verse eintreffen. – Vier Verse für jeden genügen. – Um mich besser zu erklären, möchte ich, daß *Gab.* seine Strophe kniend sagen könnte; folglich etwas Religiöses. Davon abgesehen, scheint mir, ist nichts verdorben; diese Ruhe und auch die der folgenden Szenen würde dazu dienen, den Tumult des Finales besser herauszubringen. Sie sagen mir, daß *das kleine Duett nach den ungereimten Versen* anfangen sollte . . Nach allen? Mir scheint, daß das kleine Duett nach *»In terra e in ciel* –« [Auf Erden und im Himmel] anfangen sollte oder noch später nach:

　　　　　»Ma non rallenti amor
　　　　　*La foga in te de' cittadini affetti«*

[Aber die Liebe möge in dir nicht
*Das Feuer des Gefühls für die*
*Mitbürger* schwächen].

Selbstverständlich werden Sie dabei die Reime und Verse gestalten, wie Sie meinen . . . . Wenn's Ihnen dann recht ist, können wir

»*Il doge vien. Partiam*      [Der Doge kommt. Laßt uns gehen]
. . — — — —

*Fiesco in Andrea*«

nach dem Duettino während der Trompetenstöße oder des Jägerchors sagen lassen . .

Alle anderen Varianten ausgezeichnet und wunderschön das *Gift*-Rezitativ. — Vielleicht werden wir in der Inszenierung bei Amelias Worten

»O Doge (o padre)      [O Doge (o Vater)
*Salva l'Adorno tu . . .*«      *Rette du den Adorno*]

etwas in Verlegenheit geraten. Wie wird sie diese Worte sagen? . . . sotto voce zum Dogen? . . das wäre nicht so gut. Aber das sind Kleinigkeiten, die sich durch ein szenisches Arrangement oder durch ein Wort regeln werden.

Mut also, mein lieber Boito, machen Sie mir diese vier achtsilbigen Verse für Gabriele. Nicht mehr als jeweils vier Verse. Die genügen. Schicken Sie sie so schnell wie möglich. Ich arbeite inzwischen . . .

Grüße auch von meiner Frau      G. Verdi


[Telegramm]      Genua, 11. Januar 1881

Machen Sie keinen Jägerchor — ich schreibe      Verdi

*Dienstag 11.* [Genua, 11. Januar 1881]

Lieber Boito,

Ich halte es für unnötig, wie ich im Telegramm sagte, das ich Ihnen heute früh sandte, den Jägerchor zu machen. Er wäre ein weiteres Musikstück, und in diesem Akt (mitgerechnet Vorspiel — Sopranarie — Tenorromanze als ein einziges Stück) hätten wir immer noch sechs Stücke, von denen eines, das Finale, sehr lang ist. Ein *12* oder *16* Takte langes *Trompetengeschmetter* wird für den Auftritt des Dogen genügen.

Gestern abend habe ich das Duett zwischen Andrea und Gabriele gemacht. Die Hinzufügungen haben mich gezwungen, das Rezitativ teilweise neu zu machen, und ich hielt ein bei den Worten *»In terra e in Ciel«* [Auf Erden und im Himmel]. Ich kann jedoch auch hinzufügen

> .. *Ma non rallenti amore*
> *La foga in te de' cittadini affetti.*
> [Aber die Liebe möge in dir nicht
> Das Feuer des Gefühls für die
> Mitbürger schwächen.]

Gestalten Sie das Ende dieses Rezitativs, wie Sie meinen. Für das Cantabile habe ich vier Verse Andreas benutzt

»Vieni a me, ti benedico« ...      [Komm zu mir, ich segne dich]
. . . . . . . . . .
. . . . . . . .
. . . . . . . . . .

und ich habe mir eine weitere Strophe für Gabriele zurechtgemacht, nur um fertig zu werden. Ich brauche lediglich 4 Verse für Andrea (und die vier obengenannten sind brauchbar) und weitere vier Verse für Gabriele, die noch zu machen sind. Das Stück hat stillen, feierlichen, etwas religiösen, etwas altmodischen Charakter .. Ich bitte Sie also um diese Strophe; ich fahre inzwischen fort, um zum Finale zu kommen. Nach Schluß des *Andrea-Gab.*-Duetts werden die Trompeten hinter der Bühne einsetzen, und währenddessen kann man die Verse

> *Il Doge vien . . Partiam* etc.
> [Der Doge kommt . . Laßt uns gehen] usw.

sagen lassen.

Sagen Sie mir, wo ich einhalten soll . .

Ich grüße Sie in Eile                                       G. Verdi


[Mailand,] 14. Januar [1881],
Via Principe Amedeo 1

Mein Maestro,

Ich habe den Brief, den Sie mir mit Ihrem Telegramm ankündigten, abgewartet, bevor ich mich wieder zu den neuen Varianten an
den Schreibtisch setzte. Gestern bekam ich den Brief, und hier ist
das Resultat einer aufmerksamen Lektüre von allem, was Sie mir
dieser Tage geschrieben haben. Mir scheint, das Rezitativ der An-
drea-Gabriele-Szene sollte bis zu den Worten *»In terra e in ciel«*
[Auf Erden und im Himmel] laufen, womit der Vers vollendet wird,
wie ich erklären werde, und der lyrische Teil sogleich beginnt; z. B.:

---

ANDR.  Di lei sei degno!

GABR.                        A me fia dunque unita!

ANDR.  In terra e in ciel.

GABR.                        Ah! mi ridai la vita!
(con
effusione)

ANDREA:  Vieni a me, ti benedico
         Nella pace di quest'ora;
         Lieto vivi e fido adora
         L'angiol tuo, la patria, il ciel.

         (Veda un *oppure* a tergo di questo foglietto)

GABR:    Eco pia del tempo antico
         La tua voce è un casto incanto;
         Serberà ricordo santo
         Di quest'ora il cor fedel.

(squilli di
trombe)

| GABR: | Ecco il Doge — Partiam. Ch'ei non ti scorga. |
| ANDREA: | Ah! presto il dí della vendetta sorga. |

[ANDR. Du bist ihrer würdig!

GABR.                     Mit mir sei sie also vereinigt!

ANDR. Auf Erden und im Himmel.

GABR.                 Ah! Du gibst mir das Leben wieder!
(über-
strömend)

ANDREA: Komm zu mir, ich segne dich
Im Frieden dieser Stunde;
Lebe glücklich und bete treu
Deinen Engel, das Vaterland, den Himmel an.

(Siehe ein *oder auch* auf der Rückseite dieses Blattes)

GABR. Frommes Echo der alten Zeit,
Deine Stimme ist ein keuscher Zauber;
Das treue Herz wird
Diese Stunde in heiliger Erinnerung bewahren.
(Trompeten-
stöße)

GABR: Der Doge kommt — Gehen wir. Er darf dich nicht erblicken.

ANDREA: Ah! bald breche der Tag der Rache an.]

Glauben Sie, das genügt? .. mir scheint es genug; von der Verschwörung der Guelfen sprechen wir, glaube ich, besser nicht; sie würde vielleicht die immer etwas faulen Gemüter des Publikums verwirren und die Klarheit des Finales beeinträchtigen. Wenn Sie jedoch glauben, daß wir darüber sprechen sollten, steht Ihnen nichts im Wege, die sechs Verse des ursprünglichen Librettos, die sofort nach der Fanfare kommen, beizubehalten, wie sie sind.

Eine Bemerkung: Es wäre wünschenswert, einen Szenenwechsel, wenn man diesen Punkt erreicht hat, zu vermeiden. Drei Szenen in einem Akt scheinen mir zuviel, zerstören den Eindruck der für das gut organisierte Leben des Aktes so notwendigen Einheitlichkeit. Bedenken Sie, daß im ganzen Drama dieser Garten die einzige

freundliche Szene ist. Alle anderen sind schwer, feierlich oder dü-
ster. Es gibt viel zu viele *Interieurs*: Ratssaal, Zimmer des Dogen,
herzogliche Halle. Da wir bei diesem Anfang des ersten Aktes im
Freien sind, bleiben wir so lange wie möglich dort. Auf einer Seite
im Hintergrund des Gartens können ein paar Kulissen stehen, die
den Eingang zum Grimaldi-Palast vorstellen. Amelia würde dem
Dogen auf der Schwelle des Palastes begegnen, und die folgende
Szene hätte im Garten einen durchaus natürlichen Platz. Im übrigen
gäbe es im Falle einer Verwandlung keinen Grund, Fiesco und Gabriele von einem Ort zu entfernen, den der Doge, vor dem sie flie-
hen, nicht betreten sollte. Aber verlieren wir keine Zeit.

### Szene VI
#### Doge, Paolo usw. usw.

| | | |
|---|---|---|
| Doge | Paolo | |
| Paolo | | Signor. |
| Doge | | Ci spronano gli eventi. |
| | Di qua partir convien ecc. ecc. | |
| [Doge | Paolo | |
| Paolo | | Herr. |
| Doge | | Die Ereignisse spornen uns an. |
| | Wir müssen fort von hier usw. usw.] | |

*mit dem was folgt.* Damit wäre der Vers des *festlichen Tages gut
und sogar noch besser* geflickt.

### Szene VII

Ich komme zum au. . .eo. . .
Ersetzen wir *aureola* mit *gloria*?

| | |
|---|---|
| Di mia corona il raggio | [Meiner Krone Strahl |
| La gloria tua sarà? | Wird dein Ruhm sein?] |

Und dann sehen wir mal, ob die vier neuen Verse umgeschrieben zu
den alten passen werden, wenn Amelia dem Vater antwortet:

| | |
|---|---|
| Amelia: | Padre, vedrai la vigile |
| | Figlia tua sempre accanto; |
| | Nell'ore melanconiche |

Asciugherò il tuo pianto . . .
Avrem gioie romite
Note soltanto al ciel:
Io la colomba mita
Sarò del regio ostel.
[Vater, du wirst deine wachsame
Tochter stets an deiner Seite sehen;
In schwermütigen Stunden
Werde ich deine Tränen trocknen . . .
Wir werden einsame Freuden haben,
Von denen nur der Himmel weiß:
Ich werde die sanfte Taube
Des Königshauses sein.]

Damit glaube ich meine Aufgabe für heute beendet zu haben, bereit, sie für alles wiederaufzunehmen, was Ihnen nicht gefällt.

Ich teile Ihnen mit, lieber Maestro, daß ich Mailand am Donnerstag verlasse, um nach Padua zu gehen. Ich werde dort eine Woche verbringen, um beim Kochen des *Mefistofele* zu helfen und ihn meinen Mitbürgern warm zu servieren. Bis Mittwoch abend kann ich Ihre Briefe in Mailand erhalten, dann in *Padua, Albergo della Croce d'Oro.* Aber am 29. bin ich wieder zu Hause.

Giulio Ricordi lag tagelang krank zu Bett; er steht noch nicht auf, aber es geht ihm besser.

Viele, viele Grüße                                        Ihr Arrigo Boito

*Oder auch:*     La tua voce un'eco, un canto
                 Quasi par del tempo antico,
                 Serberà ricordo santo
                 De' tuoi detti il cor fedel.
                 [Deine Stimme scheint fast wie ein Echo,
                 Ein Gesang der alten Zeit,
                 Das treue Herz wird Deine Worte
                 In heiliger Erinnerung bewahren.]

Diese verdammten achtsilbigen Verse, Sie haben recht, sind der fadeste Wortschwall unserer Metrik. Ich habe sie aus reiner Verzweiflung gewählt. Ich wollte keine siebensilbigen, weil fast das ganze Libretto in seinem lyrischen Teil aus siebensilbigen besteht; ich wollte keine fünfsilbigen, weil der alte Text an dieser Stelle bereits in fünfsilbigen geschrieben ist, und ich dachte, daß Sie vielleicht ungern auf den alten Rhythmus zurückkommen würden.

Genua, 15. [Januar] 1881

Lieber Boito,

Alles geht gut, und ich bin doppelt glücklich, die erste Szene des Zweiten Aktes nicht ändern zu müssen.—

Sie, lieber Boito, bilden sich ein, fertig zu sein? Keineswegs! Wir werden nach der Generalprobe fertig sein, wenn wir überhaupt soweit kommen. Inzwischen gibt es im Duett zwischen Vater und Tochter etwas, dem mehr Gewicht gegeben werden sollte. Wenn dem Publikum der arme Vers »*Ai non fratelli miei*« [Zu meinen Nicht-Brüdern] entgeht, versteht es überhaupt nichts mehr.

Ich möchte, daß sie z.B. sagten:

D.      *Paolo!*
A.      *Quel vil nomasti!* ... *Ma a te* buono,
         generoso devo dire *il vero*
~~D.~~      ~~Che!~~
A.      *I Grimaldi non soni i miei fratelli*
D.      *Ma e tu?*
A.      *Non sono una Grimaldi*
D.      *E chi sei dunque?.*
[D.      *Paolo!*
A.      *Du nanntest den Verworfenen!* ... *Aber dir,*
         dem Guten, Großzügigen muß ich *die Wahrheit*
         sagen
~~D.~~      ~~Was!~~
A.      *Die Grimaldi sind nicht meine Brüder*
D.      *Aber du?*
A.      *Ich bin keine Grimaldi*
D.      *Und wer bist du denn?.*]

Damit wird Aufmerksamkeit erregt und etwas verstanden . . . . .
Wenn Sie meinen, machen Sie mir drei oder vier ungereimte Verse,
klare und einfache. Sie werden immer schöne Verse machen, aber
hier käme es mir nicht darauf an, wenn es sogar häßliche wären.
Verzeihen Sie die Ketzerei: ich glaube, daß im Theater das Talent,
*s'effacer* zu können, ebenso löblich wie das der Komponisten ist, ab
und zu keine Musik zu machen; darum ist bei den Dichtern das
deutliche und bühnenwirksame Wort manchmal besser als der
schöne Vers. Ich sage das nur für mein Teil.

Noch eine Bemerkung zum Finale. Unter den 2 000 Zuschauern
der Premiere wird es vielleicht noch keine zwanzig geben, die die
beiden Briefe Petrarcas kennen. Wenn man keinerlei Anmerkung
gibt, werden Simones Worte dem Publikum dunkel bleiben. Ich
möchte, daß sozusagen als Kommentar *Alle* nach den Worten

> *Il cantor della bionda Avignonese*
> Guerra a Venezia!
> [*Der Sänger der Blonden von Avignon*
> Krieg gegen Venedig!]

sagten.

| | |
|---|---|
| Doge | È guerra fratricida. Venezia e Genova hanno una patria comune: Italia |
| Tutti | Nostra patria è Genova<br>*Tumulto interno et.* |
| [Doge | Das ist Bruderkrieg. Venedig und Genua haben ein ge-meinsames Vaterland: Italien |
| Alle | Unser Vaterland ist Genua<br>*Aufruhr hinter der Bühne usw.*] |

~~Aber machen Sie es wie Sie meinen~~

Antworten Sie mir bevor Sie abreisen. Inzwischen wünsche ich
gute Reise und viel Glück . . .

Herzlich
G. Verdi

P. S. Giulio tut mir leid. Ich hielt es für weniger schlimm. Ich bin
sehr froh zu hören, daß es ihm besser geht.

Sonntag [Mailand, 16. Januar 1881]

Ich bin mit Ihnen vollständig einverstanden, lieber Maestro, was das Prinzip angeht, den Wohlklang von Vers und Musik, wenn nötig, der Wirksamkeit des dramatischen Akzents und der szenischen Wahrheit zu opfern. Sie wünschten drei oder vier ungereimte, selbst häßliche, aber klare Verse statt jenes:

*dei non fratelli miei*          [meiner Nicht-Brüder]

der wirklich nicht schön ist. Ich habe die vier Verse gemacht (ich wußte nicht drei zu machen), aber ich meinte, sie nicht ungereimt zu machen, weil ich fürchtete, daß der Verzicht auf den Reim für nur vier Verse zwischen den gereimten siebensilbigen Versen, die ihnen vorausgehen, und den achtsilbigen gereimten, die ihnen folgen, schwach wirken würde:

. . . . . . . . . . .

DOGE:          Paolo!

AM:                    Quel vil nomasti . . E poiché tanta
                 Pietà ti move dei destini miei
                 Vo' svelarti il segreto che mi ammanta:

(dopo breve
pausa)          Non sono una Grimaldi.

DOGE:                              O ciel! chi sei?

. . . . . . . . . . .


[DOGE:          Paolo!

AM:                    Du nanntest den Verruchten . . Und da du so viel
                 Mitleid mit meinen Schicksalen fühlst,

(nach kurzer    Will ich dir das Geheimnis enthüllen, das mich umgibt:
Pause)

                 Ich bin keine Grimaldi.

DOGE:                              O Himmel! Wer bist du?

. . . . . . . . . . .

Gehen wir zum Ratssaal über:

. . . . . . . . . .

PAOLO:           . . . . . . . Attenda alle sue rime
(ridendo)       Il cantor della bionda Avignonese.
TUTTI I
CONSIGLIERI: Guerra a Venezia!
(poi Paolo
ferocemente)
DOGE:                          E con quest'urlo atroce
                Frà due liti d'Italia erge Caino
                La sua clava cruenta! — Adria e Liguria
                Hanno patria comune.
TUTTI:                       ·          È nostra patria
                Genova!
PIERO.                  Qual clamor?
ALCUNI:                              D'onde tai grida?
                ecc ec ecc.

. . . . . . . . . .


[PAOLO:          . . . . . . . Bei seinen Reimen bleibe
(lachend)       Der Sänger der Blonden von Avignon.
ALLE RATS-
HERREN:      Krieg gegen Venedig!
(dann Paolo
wild)
DOGE:                            Und mit diesem furchtbaren Schrei
                Zwischen zwei Lagern Italiens erhebt Kain
                Seinen blutigen Keil! — Die Adria und Ligurien
                Haben ein gemeinsames Vaterland.
ALLE:                                    Unser Vaterland ist
                Genua!
PIERO.              Was für ein Lärm?
EINIGE:                              Woher solche Schreie?
                usw. usw. usw.]

Ich habe das Wort *Bruderkrieg*, das in Ihrem Brief steht, vermieden, damit es dem Ausruf *Brudermörder* nicht seine Wirkung nehme, der vor den Versen des Dogen

*Plebe, patrizi!.. ecc.*　　　　　　　[Volk, Patrizier!.. usw.]

ausbricht.

Bestimmt werden nicht mehr als zwanzig hinreichend kultivierte Personen im Theater sein, um den Hinweis des Dogen auf die zwei Briefe zu erkennen, die Petrarca an den Fürsten von Rom adressierte, aber der Himmel bewahre uns vor der Versuchung von Anmerkungen und Kommentaren. Selbst wenn man die 20 Personen zweihundert oder noch mehr sein ließe, genügt es, den Hinweis zu ändern und statt der Briefe (heute wenigen bekannt, während sie den Zeitgenossen Petrarcas höchst bekannt waren) auf das Lied anzuspielen, das alle Welt in der Schule lernt und [den Text] folgendermaßen zu ändern:

　　　　　　　　　　　　　　inneggiò
　　　*La stessa voce che*　~~tuonò~~　*su Roma,*
　　　*Pria che recasse tutta alle sue mani*
　　　*Rienzi protervo la civil possanza,*
　　　*Or su Genova tuona . . .*
　　　　　　　　　　　　　　　　　　pries,
　　　[Die gleiche Stimme, die ~~über~~ Rom ~~donnerte~~
　　　Bevor Rienzi dreist alle bürgerliche
　　　Macht in seine Hände nahm,
　　　Donnert jetzt über Genua . . .]

Aber der Satz wird zu wortreich und zu gewunden für die Notwendigkeit klaren und schnellen musikalischen Ausdrucks.

Andererseits ist die erste Fassung historisch nicht genau; statt

　　　　　*Vaticinio di gloria e poi di morte*
　　　　　[Weissagung des Ruhmes und dann des Todes]

wäre es richtiger zu sagen:

　　　　　*Vaticinio di gloria e poscia d'onta.*
　　　　　[Weissagung des Ruhmes und dann der Schande.]

Aber so wird der Vers häßlich, obwohl das weder Ihnen noch mir etwas ausmacht. Ich überlasse Ihnen die Wahl. Das Publikum ist außerdem ein Vieh, das alles säuft und sich um diese Skrupel nicht kehrt, womit es nicht unrecht hat.

Wenn Sie mehr Tintentropfen meiner Feder brauchen, könnte ich vor meiner Abreise, nach wie vor am Donnerstag, noch einen Brief von Ihnen bekommen.

Viele herzliche Grüße                                                Ihr
                                                          Arrigo Boito


Giulio ging es gestern schlechter, heute weniger schlecht; er hat eine Schwellung in der Lunge, man mußte ihm blasenentwickelnde Pflaster auf die Brust legen. Die Sache alarmiert uns etwas, nicht so sehr für heute wie für die Zukunft.



                                   Montag [Genua, 17. Januar 1881]
Lieber Boito,

Nur ein Wort, um Ihnen zu sagen, daß ich heute früh Ihre Verse erhalten habe und daß sie bestens passen.

Genug für jetzt . . . .

Für später weiß ich noch nicht. —

Herzliche Grüße                                          [unleserlich]
                                                            G. Verdi



                                   Montag [Genua, 24. Januar 1881]
Lieber Boito,

Ich brauche noch einen Tropfen Ihrer Tinte. Ich sage, *noch einen* . . . ich sage nicht, *den letzten!*

Ohne es zu wollen, habe ich ein *Concertato*-Stück im neuen Finale gemacht. Selbstverständlich singt Simone alle seine sechzehn Verse zuerst *allein*.

*Plebe! Patrizi! Popolo!*          [Plebejer! Patrizier! Volk!]
. . . . . . .

Danach kommt dies *Concertato*, das wenig concertato, aber immerhin ein Concertato ist. Ich habe die *für sichs* im allgemeinen nicht
gern, weil sie den Sänger zur Regungslosigkeit zwingen; und ich
möchte, daß wenigstens Amelia sich zu Fieschi wende und ihm na-
helegte »*Pace ... perdono ... oblio .. Sono fratelli nostri! ...*«
[Friede ... Vergebung ... Vergessen .. Es sind unsere Brüder!] Damit würde für mich Amelias kleiner Satz wärmer. Vergessen Sie in
dieser neuen kleinen Strophe das Wort *pace* [Friede] nicht, das mir
sehr gelegen kommt.

In Amelias früherer Erzählung konnte ich nie, noch kann ich,
noch werde ich jemals den Vers »*Non egli è di tanto misfatto il più
reo*« [Nicht er ist der Schuldigste an so großem Verbrechen] gut deklamieren; und so ist es wahr, daß ich in der alten Partitur (Vers und
Reim fehlend) schrieb

> *Die tanto misfatto, il più reo non è*
> [Des großen Verbrechens ist er nicht der Schuldigste]

Um so viel Garstiges zu vermeiden, sehen Sie zu, ob Sie mir den
Vers so einrichten können, daß er sowohl beim ersten wie beim
zweiten *sechssilbigen* zur Ruhe kommt.

Ich bin fertig ... für jetzt! Ich grüße Sie von Herzen

[unleserlich]
G. Verdi


Mailand, 31. Januar [1881]

Mein lieber Maestro,

Ich bekam Ihren Brief in Padua, konnte aber erst heute in Mailand die Variante ausführen, die Sie von mir erwarteten. Der Gedanke beruhigte mich, daß Sie inzwischen an einem anderen Teil
der Oper arbeiteten.

Nach dem, was Sie mir schrieben, verstand ich, daß die Partie
der Amelia nach der des Dogen in diesem Ensemble die musikalisch wichtigste geworden ist, schloß daraus, daß vier Verse allein
vielleicht nicht genügt hätten, und schrieb acht. Sehen Sie mal, ob
sie passen:

| AMELIA<br>(a Fiesco) | Pace! l'altero sangue<br>Doma e l'orgoglio piega!<br>Pace! la patria langue<br>Per l'ira tua crudel.<br>Col labro mio ti prega<br>L'alma fra gli astri assunta<br>Della gentil defunta<br>Che ti contempla in ciel. |
|---|---|
| [AMELIA<br>(zu Fiesco) | Friede! bändige das stolze Blut<br>Und überwinde den Stolz!<br>Friede! Das Vaterland liegt darnieder<br>Durch deinen grausamen Zorn.<br>Durch meinen Mund bittet dich<br>Die Seele der zarten Verstorbenen,<br>Die zu den Sternen erhoben<br>Auf dich vom Himmel herabsieht.] |

Ich hätte der Partie des Gabriele gern etwas Bewegung gegeben, aber das ist mir nicht gelungen, und der Grund ist klar: Wenn der Doge zu allen spricht und Amelia den Fiesco anfleht, hat Gabriele niemand mehr, mit dem er sprechen kann, zumal auch Pietro und Paolo miteinander sprechen, und folglich ist er notwendigerweise zur Unbeweglichkeit verurteilt.

Und nun versuchen Sie, lieber Maestro, anstelle des häßlichen Verses im alten Libretto den folgenden einzusetzen:

| AM: | *V'è un uom più nefando*<br>*Che illeso ancor sta.*<br>[Es gibt einen ruchloseren Mann,<br>Der noch unbestraft ist.] |
|---|---|

Mir fiel auf, daß Sie hier einen gebrochenen Vers brauchen, und ich mußte unter mehreren Versen darüber nach einem gebrochenen Abschluß suchen, um irgendeinen Reim zustande zu bringen.

Jetzt habe ich mein übliches Leben in Mailand wiederaufgenommen und stehe für alles zu Ihrer Verfügung, was Sie benötigen. Herzliche Grüße

von Ihrem
Arrigo Boito

[Genua] 2. Februar 1881

Lieber Boito,

Zu allererst meine aufrichtigen Glückwünsche zum Erfolg des Mefistofele in Padua.

Acht Verse sind zu viel für Amelia. Das Stück ist weiter nichts als ein *großes Solo* des Dogen mit den dazugehörigen anderen Partien. Amelia hat nur eine kleine Phrase. Die ersten vier Verse sind ausgezeichnet für mich, aber vielleicht wollen Sie den zweiten für den Reim ändern.

Der Vers der Erzählung wird gut gehen.

Und jetzt kommen wir zum letzten Akt. — Der erste Chor dieses Aktes hat keinen Sinn mehr, und ich würde bei geschlossenem Vorhang im Orchester die Musik des *Aufstandes* wiederholen, mit der der vorhergehende Akt schließt, mit den Rufen hinter der Bühne: *Vittoria, Vittoria!* Nach dem Aufgehen des Vorhangs würde der Doge beginnen

*Brando guerrier* et. et.          [Das Kriegsschwert usw. usw.]

Die Szene, die zwischen Pietro, Paolo und Paolo—Fieschi folgt, bleibt? — Wenn wir bloß fertig wären! Ich grüße Sie von Herzen

Ihr
G. Verdi


Genua, 5. Februar 1881

Lieber Boito,

Wir sind nicht fertig!!!!

In der ersten Szene des ersten Aktes sollte man nach Gabrieles Strophen hinter der Bühne ein paar Takte im Orchester machen, um ihm Zeit zum Auftritt zu lassen; ich würde eine aufgeregte und kurze Phrase Amelias vorziehen. Ich habe mir sogar vier abgebrochene Verse von abgebrochenen Fünfsilbern fabriziert

*È desso! O Ciel!*          [Er ist es! O Himmel!
*Mi manca il Cor*          Mir bricht das Herz]
. . . . . .
. . . . .

und die Phrase gemacht. Ich bitte Sie um diese vier Verse. Wenn es sechs werden, wird's besser sein, aber nicht mehr als sechs.

Im neuen Finale habe ich in der Szene des *Aufstandes* trotz aufgeregter Bewegung des Orchesters dafür gesorgt, alle Worte gut hören zu lassen; das Orchester tost, aber es tost leise. Am Ende aber muß auch das Orchester seine gewaltige Stimme hören lassen, und darum möchte ich nach den Worten des Dogen *»Ecco le plebi ......«* [Hier sind die Plebejer] ein großes Forte machen. Hier würde das Orchester sich mit aller seiner Kraft entfesseln, und dazu kämen gleich beim Auftritt *Volk, Patrizier, Frauen* usw. usw. . Ich brauche also zwei Verse, um die ganze Welt aufschreien zu lassen. Daß in diesen Versen nur das Wort *»Vendetta!«* nicht fehlt! Für *Paolo* mache ich gerade das schöne Rezitativ, das Sie am Anfang des Zweiten Aktes hinzugefügt haben. Schade! Diese so mächtigen Verse im Munde eines gewöhnlichen Schurken! Ich habe es jedoch so angelegt, daß dieser Paolo einer der weniger schurkenhaften Schurken sei.

Und jetzt sagen Sie mir.

Wäre es eine unverzeihliche Sünde, wenn ich im Schlußchor des Zweiten Aktes *»All'armi, all'armi Liguri«* [Zu den Waffen, zu den Waffen, Ligurier] die Frauen hinzufügte? . .

Wäre es eine weitere Sünde, wenn in der letzten Szene, beim Tod des Dogen, Maria als Frau Gabrieles im Gefolge einiger Hofdamen aufträte? *Einiger,* das hieße der ganze *Frauenchor?*

Danach werden wir vielleicht fertig sein.

Ich verbleibe immer

Ihr

G. Verdi

Samstag — Mailand [5. Februar 1881]

Lieber Maestro,

Ich komme auf mein altes Gleichnis des Tisches zurück; jetzt ist es das vierte Bein, das wackelt. Wir müssen es schweißen und bei dieser Operation viel Vorsicht üben, um zu verhindern, daß die anderen, wenn es befestigt ist, nicht wieder wackeln. Seit zwei Tagen denke ich und denke immer wieder an den vierten Akt. Die Idee

vom Orchestervorspiel bei geschlossenem Vorhang mit den Rufen
hinter der Bühne gefällt mir sehr, ist äußerst nützlich, verbindet das
Ende des dritten Aktes wunderbar mit dem Anfang des vierten, vereint die Geschehnisse der beiden letzten Akte in schneller, geballter,
äußerst dramatischer Zeitfolge. Aber diese Idee genügt nicht. Die
Szene zwischen Fiesco und Paolo kann nicht mehr so bleiben, wie
sie ist.

Ein paar Aspekte der Szene zwischen dem Dogen und Fieschi
werden zu ändern sein. (Fieschi und der Doge sind sich schon zwei
Akte vorher, das heißt im Ensemble, heftig bewegt begegnet.) Von
den ersten Worten des Dogen im vierten Akt an muß man die Katastrophe verspüren lassen. Im alten Libretto ist Simone, wenn er
*brando guerrier* [das Kriegsschwert] sagt, von allzu erfreulicher Gesundheit. Kurz, ich werde Ihnen morgen einen Versuch zur Restaurierung, in Versen, senden, und Sie werden richten.

Ich danke Ihnen, lieber Maestro, für die höflichen Worte, mit
denen Ihr Brief beginnt.

Auf morgen. Einen Gruß vom Herzen.                    Ihr Arrigo Boito


                                    Sonntag [Genua, 6. Februar 1881]

Lieber Boito,

Bringen wir ruhig auch das vierte Bein in Ordnung ... aber Sie
erschrecken mich, wenn Sie sagen, daß die Szene zwischen *Fieschi*
und dem *Dogen* geändert werden muß! Wenn es sich um weniges
handelt, ist's recht; aber wenn da alles neu gemacht werden muß,
gibt es eine Unmöglichkeit: die Zeit. Genug — ich erwarte den mor-
gigen Brief mit Ungeduld.

Und sagen Sie mir: könnte man nicht auf die ganze erste Szene
verzichten? Dann sähe man in diesem Akt den Dogen nur einmal,
wenn er nach seiner Vergiftung auftritt ... *M'ardon le tempia* [Die
Schläfen brennen mir] usw. Der Akt würde mit dem Orchestervorspiel und den *Vittoria*-Rufen hinter der Bühne beginnen ... Beim
Aufgang des Vorhangs würde man hinter der Bühne den *Hochzeits-
chor* hören, und die zwei Allerheiligsten Pietro und Paolo könnten
sagen, daß der Doge gesiegt hat und Gabriele Amelia heiratet ...

Jetzt erwarte ich die vier oder sechs abgebrochenen fünfsilbigen Verse, um die ich Sie gestern bat. Schicken Sie sie schnellstens.

In Eile                                                                    Ihr

G. Verdi

P.S. Sie haben mir nichts über die Strophe Amelias im neuen Finale geschrieben

[Mailand, 7. Februar 1881]

Lieber Maestro,

Diesmal bin ich es, der sagt, daß wir noch nicht fertig sind. Ich habe Ihre drei letzten Briefe auf dem Schreibtisch und studiere sie jeden Augenblick, aber was die ersten Szenen des letzten Aktes angeht, sind meine Ideen noch immer verwirrt. Verschiedene Versuche mißglückten. Doch machen Sie mir heute einen Vorschlag, der mir sehr praktisch scheint: Den Akt mit dem fernen Hochzeitsgesang beginnen (schöner Gegensatz nach der kriegerischen Lebhaftigkeit des Vorspiels), während sich auf der Bühne der ganz schnelle, aber unentbehrliche Dialog Fiescos und *Paolos* abspielt (den anderen Apostel Pietro können wir vergessen, niemand wird das bemerken); und dieser Dialog muß einen anderen Charakter bekommen als den, der im alten Libretto erscheint. Paolo muß aktiv am Aufstand der Guelfen teilgenommen haben, den Dogen zu stürzen; er ist ertappt und gefangen und vom Dogen selbst zum Tode verurteilt worden. Es ist gut, daß der Doge endlich einmal jemand verurteilt; und da wir es mit einem Schuft zu tun haben, der die Volkspartei verraten hat, um sich den Guelfen anzuschließen, und der alle Arten von Schurkenstreichen begangen hat, verurteilen wir ihn zum Galgen und damit genug von ihm. Im Gegensatz dazu wird Fiesco im selben Moment, in dem Paolo zwischen den Wachen zu seiner Hinrichtung geht, auf Befehl des Dogen befreit, und das ist gerecht; er hat an dem Aufstand nicht teilgenommen, es ist wohl nicht anders möglich — er war im Gefängnis; so begegnen sich der Verurteilte und der Befreite, während die Hochzeitshymne sich fortsetzt; in ihrem Zwiegespräch enthüllt Paolo die Geschichte des Giftes, und aus den Worten der beiden erklären sich die Geschehnisse, die zu erklären sind. Etwa fünfzehn Zeilen in Prosa werden genügen. Kommen wir zu der Szene zwischen dem Dogen und Fiesco. Erschrecken Sie nicht, lieber Maestro — ich verstehe die Bedeutung dieser Szene, die unter anderem die schönste des Dramas ist. Ich sagte, daß man einige Aspekte dieses Dialogs ändern müsse; »einige« ist zuviel gesagt, einer genügt, der, welcher in den Worten *risorgon dalle tombe i morti* [stehen die Toten aus den Gräbern auf] enthalten ist. Aber ich verstehe auch die große Bedeutung dieser Worte; ich werde sie nicht wegnehmen, aber vielleicht ein oder zwei Verse hinzufügen, um sie logischer in den Dialog zu bringen, nachdem wir jetzt im ersten Akt Handlungen und Zwietrachten geschaffen haben, die es in der alten Fassung nicht gab. Daraus besteht der Aspekt, der zu ändern ist.

Aber was Fiesco betrifft, bevor ich's vergesse, muß ich Ihnen zwei winzige Änderungen in der Szene zwischen Fiesco und Paolo im vorletzten Akt vorschlagen, und dies aus Liebe zur Klarheit. Statt jenes Wortes, das Paolo sagt: *Stolido, va* [Tölpel, geh], das äußerst grob ist und dem Publikum durch seine Vulgarität (sagen wir ruhig *Verismo*) lächerlich vorkommen kann, würde ich sagen: Fiesco: Osi a Fiesco proporre un misfatto? [Du wagst es, Fiesco ein Verbrechen vorzuschlagen?

PAOLO.    Tu ricusi? (dopo una pausa) Al tuo carcer ten va.

[Du lehnst ab? (nach einer Pause) Geh in deinen Kerker.]

Auf diese Weise erklärt sich diese Handlung: *Fieschi piuttosto che acconsentire ad un tradimento ritorna in carcere.* [Fieschi, statt einem Verrat zuzustimmen, kehrt in den Kerker zurück.] Diese Handlung ist aus tausend Gründen unentbehrlich.

Der alte Text sagte an diesem Punkt: *Fieschi parte dalla destra.* [Fieschi geht rechts ab.] Und rechts abgehend ging er wohin? Ins Gefängnis? Anscheinend nicht. Also nahm er den feigen Pakt Paolos nicht an, wohl aber die Freiheit, die, wie es scheint, der Preis jenes Paktes war. Aber das war nicht Fiescos Art. Es nützt uns, Fiesco keinen aktiven Anteil am Aufstand der Guelfen nehmen zu lassen, um ihn nicht mit einem weiteren Angriff auf den Dogen zu belasten;

und ich wiederhole; die beste Art, dies zu verhindern, ist, ihn hinter Schloß und Riegel zu lassen.

Hier ist inzwischen das bißchen Dichtung, um das Sie mich bitten:

## I. Akt

### I. Szene
(Fünfsilbige gebrochene Verse, nach Gabrieles Gesang
hinter der Bühne)

| | |
|---|---|
| Ei vien!.. l'amor | [Er kommt!... die Liebe |
| M'avvampa in seno. (sen) | Entbrennt in meiner Brust. |
| E spezza il freno | Und den Zügel bricht |
| L'ansante cor. | Das pochende Herz.] |

Ich wette, daß die [Zeilen], die Sie geschrieben haben, sehr viel besser sind, aber diese fünfsilbigen gebrochenen Verse sind Feinde der Feder.

---

Variante beim Eintritt des Chores
in der Senatsszene.

| | |
|---|---|
| DOGE: | Ecco le plebi! |
| LA FOLLA: | Vendetta! Vendetta! |
| | Spargasi il sangue del fiero uccisor! |
| DOGE: | Questa è dunque del popolo la voce?! |
| (ironica- | Da lunghi tuono d'uragan, da presso |
| mente) | Gridìo di donne e di fanciulli ...... |
| | . . . . . . . . . . |
| [DOGE: | Hier sind die Plebejer! |
| DIE | |
| MENGE: | Rache! Rache! |
| | Vergießt das Blut des grausamen Mörders! |
| DOGE: | Das also ist des Volkes Stimme?! |
| (ironisch) | Von weither Donner des Orkans, von |
| | nahe Geschrei von Frauen und Kindern] |

. . . . . . . . . .

Sie sehen, daß Sie nicht nur das Wort *Vendetta* [Rache] wiederholen können, so lange Sie wollen, sondern auch den folgenden elf-
silbigen Vers. So kann sich der instrumentale und chorale Ausbruch
manifestieren, und wenn die kreischenden Noten im hohen Register
der Frauen ihren Platz in diesem Ausbruch finden, ist der Wunsch
Ihres Dichters erhört und die sarkastische Phrase des Dogen erklärt.
Diese Phrase habe ich eingelegt, um der ersten Schwierigkeit, die
uns Sorgen bereitete, mutig entgegenzutreten; nämlich der, die
Frauen in einem Senat erscheinen zu lassen. Wenn wir das Publikum merken lassen, daß die Frauen wirklich da sind, und zwar ganz
munter, wird sich kein Mensch träumen lassen, uns auch nur im geringsten zu rügen. Außerdem ist es eine bekannte Tatsache, daß
Frauen eine Hauptrolle in Volksaufständen spielen, denken Sie nur
an die *Commune* in Paris. Aber wo zum Teufel gerate ich hin? Kommen wir aufs Libretto zurück. Hier sind die vier Zeilen der Amelia
für den Schluß des lyrischen Fragmentes im gleichen Akt:

AMELIA:     Pace! Lo sdegno immenso
(a Fiesco)  Raffrena per pietà!
            Pace! t'ispiri un senso
            Di patria carità.
[AMELIA:    Friede! den gewaltigen Zorn
(zu Fiesco) Zügle um des Himmels willen!
            Friede! dich beseele ein Gefühl
            Der Liebe zum Vaterland.]

Und nun beantworte ich zwei Ihrer halb-ernsthaften Fragen:
    Die obige Bemerkung zeigt Ihnen, daß ich die Hinzufügung der
Frauenstimmen im kriegerischen Chor

> *All'armi! All'armi o liguri*
> [Zu den Waffen! Zu den Waffen, o Ligurier]

nicht für tadelnswert halte.
    Noch zwei Zeilen, und dann bin ich fertig für heute. Amelia
kann im letzten Akt mit den Hofdamen in ihrem Gefolge sein, und
warum nicht? Sie kommt von der Kirche zurück, von der Hochzeit,
mit ihrem Zug von Frauen und, wenn Sie wollen, auch Pagen.

Herzlichste Grüße.

Ich glaube nicht fehlzugehen, wenn ich Ihnen für morgen eine
weitere Unterhaltung verspreche.

Herzlichst Ihr
Arrigo Boito

Genua, 8. Februar 1881

[Telegramm]

Hervorragend — aber knappe Zeit beachten — Tornaghi wird mit
Ihnen sprechen                                             Verdi

Genua, 15. Februar 1881

Lieber Boito,

Wir sind noch immer nicht fertig! Das schöne, wunderschöne
Finale, das Sie mir gemacht haben, hat die Szene des letzten Aktes
zwischen Fieschi und dem Dogen ein wenig beeinträchtigt. Im alten
Libretto hatten sie sich nach dem Prolog nicht mehr getroffen.
25 Jahre sind vergangen, seit Boccanegra 1339 zum Dogen erwählt
wurde, und er starb 1364. — Nun kennt der Doge Fieschi zu gut,
und dieser kann nicht mehr *apparigli come un Fantasima* [ihm wie
ein Gespenst erscheinen]. Ich denke aber, es wird nicht schwer sein,
das alles zu regeln, indem man vermeidet

1. »accanto ad esso combatte il Fiesco« [an seiner Seite kämpft
Fiesco] zu sagen.

2. Fieschi sollte so lange wie er kann in der Verkleidung *Andreas*
verborgen bleiben und weder *Ei la Grimaldi avea rapita* [Er hatte
die Grimaldi geraubt] sagen noch sich auf den Dogen stürzen usw.

3. In der 8. Szene des zweiten Aktes wäre es gut *i Due ribelli* [die
zwei Rebellen] zu vermeiden und ganz allgemein *i traditor* [die Ver-
räter] zu sagen.

4. In der neuen Szene des letzten Aktes würde ich nicht sagen
*Libero il Doge ti proclama!* [Frei erklärt dich der Doge!], sondern . . . Der Doge verzeiht allen: *Tu sei libero!* . [Du bist frei!]

Und lauter andere Kleinigkeiten!

Denken Sie etwas darüber nach, und Sie werden etwas Besseres finden. Schreiben Sie mir sofort. Gegebenenfalls werden wir immer noch Zeit haben, mündlich darüber zu sprechen.

Ich verbleibe                                                    herzlich Ihr
                                                                G. Verdi


                                            Dienstag, 15. [Mailand, 15. Februar 1881]
Lieber Maestro,
*Wir sind nicht fertig!* — Die gleichen Skrupel, die Sie quälten, quälten auch mich. Ich nehme alle Hilfsmittel, die Sie mir vorschlagen, an und heiße sie gut. Wir werden *Accanto ad esso combatte un Guelfo* [An seiner Seite kämpft ein Guelfe] sagen. Oder: *Accanto ad esso pugna un vegliardo.* [An seiner Seite ficht ein alter Mann.] Oder: *Accanto ad esso pugna un patrizio.* [An seiner Seite ficht ein Patrizier.] — Wählen Sie. Die Worte: *Ei la Grimaldi avea rapita* [Er hatte die Grimaldi geraubt] werden wir *Adorno* oder einen Teil des Chores sagen lassen. Statt der *due ribelli* [zwei Rebellen] werden wir *I traditori* [Die Verräter] sagen oder auch *i rivoltosi* [die Aufrührer], wie es Ihnen besser gefällt.

Wir werden nicht mehr sagen: *libero il Doge ti proclama* [frei erklärt dich der Doge], sondern: *Libero sei; ecco la spada,* . . . [Frei bist du; hier den Degen] oder auch: *Libero sei; quest' è il tuo brando* . . . . [Frei bist du; dies ist dein Schwert], und der Offizier überreicht Fiesco das Schwert.

Ich glaube, daß diese kleinen Retuschen genügen, um die Eier im Korb in Ordnung zu bringen.

Als ich in einem meiner letzten Briefe betreffs der Szene zwischen Fiesco und dem Dogen von veränderten Aspekten sprach, spielte ich genau auf die von Ihnen angedeuteten Punkte an; ich schlug sogar Alarm, indem ich vermeinte, einige Stellen der betreffenden Szene ändern zu müssen; aber ich verstand andererseits, daß dieser Entschluß den letzten Akt schädigen konnte. Ich glaubte, zwei Fliegen mit einer Klappe zu schlagen, indem ich Fieschi seinen (immer noch sehr nützlichen) Satz ausrufen ließ:

*alfine*
*È giunta l'ora di trovarci in fronte!*
[endlich
Ist die Stunde gekommen, in der wir uns gegenüber stehen!]

Mit diesem Vers wollte ich erklären, daß, wenn sie sich selbst in einer aufrührerischen Menge in der Szene des *Palastes der Abati* sogar nach den seit der Szene des Prologs verflossenen Jahren erblickt hätten, die zwei Widersacher sich nie *gegenüber* standen, das heißt *von Angesicht zu Angesicht* — als Herren ihrer Handlungen und Worte, isoliert und frei von äußeren Einflüssen, äußeren Episoden; oder um ein Lieblingswort unseres Schakespeare zu gebrauchen, sie hatten sich nie »Bart gegen Bart« getroffen. Und das ist wahr, und der Satz vom Gespenst konnte genaugenommen bleiben *quand même.* Trotzdem sind die kurzen Wortveränderungen, die wir heute beschlossen haben, der Erläuterung unserer Sache höchst dienlich. Nun also, lieber Maestro, bald auf Wiedersehen in Mailand. Einen Gruß vom Herzen

Ihres sehr zugetanen
Arrigo Boito

# ›Otello‹ — Vollendung
## 1881—1894

Das Wahre zu kopieren kann gut sein,
aber *das Wahre zu erfinden* ist besser.

Giuseppe Verdi an Clara Maffei am 20. März 1876

# Einführung

Erst nach der Rehabilitierung von Boitos ›Mefistofele‹ am 25. Mai 1881 an der Scala wird die Arbeit am ›Otello‹ wieder aufgenommen, bricht jedoch, trotz bestem Einverständnis, mit Verdis Brief vom 27. August 1881 für die Dauer eines ganzen Jahres ab. Wie aus einem Brief aus St. Agata vom 29. Oktober 1881 an die Gräfin Maffei hervorgeht, hat Verdi die Lust zum Komponieren verloren und widmet sich statt dessen seinen »Feldern, Gebäuden, Ländereien; und so geht der Tag wohl ohne etwas Nützliches vorbei, indem ich viel Geld ausgebe ... ohne daß mir jemand dafür dankbar ist! ... So läuft die Welt, so ist sie gelaufen, und so wird sie immer laufen; und ich lasse sie laufen ...« (Braidense)

Allgemeine Verhältnisse tragen zu dieser Unlust bei: »Ja, wir haben keine eigene Literatur noch Künste noch Wissenschaften«, schreibt er aus Genua am 8. Dezember 1881 an Opprandino Arrivabene. »Alles ist fremd, und wir sind schon zu zwei Dritteln selbst politisch keine Italiener mehr. Ich empfinde wirkliche Verzweiflung, wenn ich unsere Verhältnisse überdenke; und ein Symptom unserer Dekadenz ist die Gleichgültigkeit, mit der man die Beleidigungen aller Welt erträgt! .. Gehaßt von Frankreich, zur Zeit mißachtet, später gehaßt von Deutschland, von keinem geliebt, was können wir erhoffen?« Im selben Brief gesteht er Arrivabene: »Ich tue nichts, überhaupt nichts (ich sehe viele Jagos, beschäftige mich aber nicht mit dem meinen).« (Alberti, 291–292) Giulio Ricordi schickt das traditionelle Weihnachtsgeschenk seiner Firma, den *panettone*, einen diesmal mit einem kleinen Schokoladenmohr verzierten Mailänder Kuchen, und will bereits die Besetzung für ›Otello‹ aufstellen. Verdi protestiert am 8. Februar 1882: »Um Gottes willen, lassen wir die Schokolade und Desdemona und Jago in Frieden.«

Er mißbilligt die Allianz Italiens mit Deutschland und Österreich, das Überhandnehmen des »germanismo« in Italien, die Armut des Südens im Zuge der Industrialisierung des Nordens, die Not des Bauern — und stiftet anonym ein Krankenhaus in Villanova bei St. Agata. Inzwischen unterzieht er sich der »lästigen und ziemlich langwierigen Arbeit«, den ›Don Carlos‹ auf vier Akte zu reduzieren, und reist deshalb wie auch aus geschäftlichen Gründen im Mai 1882 nach Paris. Daß er trotz allem den ›Otello‹ nicht vergaß, beweisen drei seiner Briefe an Domenico Morelli, der ihm im September 1881 geschrieben hatte: »Wenn Shakespeare ihn [Jago] nicht als Soldaten gemacht hätte oder ihn wenigstens nicht hätte sagen lassen, daß er im Kriege war, wäre ich freier, ihn in seiner Figur oder seinem Gesicht als Jesuiten zu stempeln. [...] Jetzt finde ich eine andere Schwierigkeit: ich hatte mir diese Szene in einem Zimmer der Festung vorgestellt, weil es in der Übersetzung von Michel heißt *un appartement dans le château.* Und mir kam es richtig vor, sehr delikate und geheime Dinge in einem abgesonderten Raum zu besprechen. Das paßt fabelhaft zu meinem Gemälde! Ich hätte nur ein Bild von einem Fußboden gemacht — und auf dem Fußboden Otello hingestreckt; es ist furchtbar, von oben auf einen am Boden liegenden Menschen zu blicken. Auf dem Straßenpflaster kann er auf den ersten Blick getötet, gefallen, betrunken erscheinen; im Zimmer nicht. Und besonders nicht auf dem Fußboden eines herrschaftlichen Zimmers mit farbigen Teppichen, und Otello sollte nicht als Türke gekleidet sein, was ein Irrtum ist. Er möge ruhig etwas Orientalisches haben, aber in venezianischem Stil. Das ist wunderschön mit hellen Farben — die Mohren wählen immer helle und laute Farben, niemals schwarz für ihre Kleidung. Schwarz habe ich Jago gekleidet, der gebeugt über ihm steht, im Begriff, ihm zu helfen, betrübt. Aber . . . . . aber . . . . . Ihr versteht mehr von dem, was ich sage. Nun, im englischen Original habe ich gefunden, daß die Szene *before the castle* spielt — und in Hugos Übersetzung *devant le château.* Was machen wir? Im Theater kommt es nicht darauf an. Das Publikum ist gewöhnt, gewisse Änderungen als notwendig für die Vorstellung in Kauf zu nehmen; aber dieselben Änderungen könnten in der Malerei für bestialisch gelten. [...] Was sagt Ihr dazu?« (Copialettere, 695—696)

»St. Agata, 24. September 1881 — Lieber Morelli, ›Was sagt Ihr dazu?‹ . . . sind die Worte aus Deinem letzten Brief . . . Ich sage, wenn ich Domenico Morelli hieße und eine Szene vom *Otello* machen wollte, und gerade die, wo *Otello* in Ohnmacht fällt, dann würde ich mir keineswegs den Kopf über die Spielanweisung ›vor der Festung‹ zerbrechen. Im Libretto, das Boito für mich gemacht hat, spielt diese Szene *drinnen,* und ich bin damit sehr zufrieden. *Drinnen* oder *draußen* spielt keine Rolle. Darüber muß man sich schon deshalb nicht so viel Skrupel machen, weil die Inszenierung zu Shakespeares Zeiten bekanntlich so war ... wie Gott wollte! — Jago muß schwarz wie seine Seele gekleidet sein, besser geht's nicht; aber ich verstehe nicht, warum Du Otello venezianisch kleiden würdest! Ich weiß recht wohl, daß dieser General namens Otello im Dienst der Serenissima niemand anders als der Venezianer Giacomo Moro war. Aber da Signor William einen *Mohren* haben wollte, laß das seine, Signor Williams, Sorge sein. Otello in türkischer Kleidung wird nicht gut passen, aber warum nicht in äthiopischer Kleidung ohne den üblichen Turban? Beim Typ der Figur Jagos ist die Sache schwieriger. Du möchtest eine kleine Gestalt mit unterentwickelten Gliedern (wie Du sagst) und, wenn ich recht verstanden habe, einen jener schlauen, verschlagenen, sozusagen »messerscharfen« Typen. Wenn Du ihn so empfindest, mach' ihn so. Aber wenn ich Schauspieler wäre und Jago darzustellen hätte, möchte ich ziemlich hager und hoch gewachsen sein, mit schmalen Lippen und kleinen Augen nahe der Nase wie bei den Affen, einer hohen, fliehenden Stirn und mit einem stark entwickelten Hinterkopf; sein Gehaben wäre das eines Zerstreuten, nonchalant, gleichgültig gegen alles, glaubenslos, kaustisch. Er sagt das Gute wie das Böse leichthin mit einer Miene, als dächte er eher an alles andere als an das, was er spricht. Würde ihm jemand den Vorwurf machen: »Was du da sagst, was du vorschlägst, ist eine Gemeinheit«, könnte er antworten: »Wirklich? ... Das glaubte ich nicht .... sprechen wir nicht mehr davon! ...« Eine solche Gestalt kann jeden hintergehen und bis zu einem gewissen Punkt auch die eigene Frau. Eine kleine bösartige Gestalt macht sich bei allen verdächtig und hintergeht niemand! — *Amen.* Lache nur, ich lache ja auch über all dies Geschwätz! ...

Aber ob Jago nun groß oder klein ist und Otello Türke oder Venezianer, mach's, wie Du willst; es wird immer gut gehen. Nur nicht

zu viel nachdenken! Vorwärts, vorwärts, vorwärts ... schnell ...«
(Copialettere, 317–318)

Am 22. Dezember 1881 mahnt Verdi den Freund: »Wäre es
nicht besser gewesen, eine Skizze von einem .... usw. usw. zu
schicken??« (Faksimile in Levi, 256)

Am 5. Januar 1882 fragt er ihn:

»Und Jago? Was hast Du mit ihm getan? Hast Du an ihn gedacht? Ja, Du hast an ihn gedacht, weil Du mir auch von ihm geschrieben hast. Ich antwortete Dir mit dem verschrobensten aller
bisherigen und zukünftigen Briefe! Ich teilte Dir Ideen mit, die bestimmt nicht die Deinen waren; aber ich glaube und hoffe, daß Du
sie nicht beachtet haben und schnurstracks Deinen Weg gegangen
sein wirst. Nur möchte ich wissen, ob Du auf diesem Weg gegangen
bist; und ich möchte auch wissen, wie viele Schritte, nein, wie viele
Meter und wie viele Kilometer Du geschafft hast. Ich habe Angst vor
der Antwort, aber gib sie mir auf jeden Fall.« (Copialettere, 697)

Vom Leben Boitos während der einjährigen Pause seines Briefwechsels mit Verdi ist uns wenig bekannt. Die Vorbereitungen für
die Wiener Premiere des ›Mephistopheles‹ am 18. März 1882 dürften ihn in Anspruch genommen haben, und er war auch mit der
französischen Übersetzung des Werkes beschäftigt. Im übrigen arbeitete er vermutlich — wie immer und immer wieder — an seinem
›Nerone‹. Ein paar undatierten Zeilen an Giulio Ricordi zufolge
scheint er mit Verdi im Januar 1882, wahrscheinlich in Genua, zu
Mittag gegessen zu haben. Einen Teil des Sommers von 1882 verbrachte er in der Villa d'Este am Comer See und schrieb von dort
am 10. August.

Nach Boitos Brief vom 17.–18. August 1882 tritt wiederum eine
größere Pause im Briefwechsel ein; zumindest scheinen bis zum
5. April 1883 weder Briefe noch Telegramme zwischen Verdi und
Boito gewechselt worden zu sein. Unterdessen fuhr Boito zur am
17. Januar 1883 angesetzten Erstaufführung seines ›Méphistophélès‹ in der französischen Fassung im Théâtre de la Monnaie nach
Brüssel, von wo er an Giulio Ricordi berichtete: »Julius — Wenn ich
Dir nicht schrieb, liegt es daran, daß ich wie ein Galeerensklave ge-

arbeitet habe. Ich habe die ganze Partitur von Anfang bis Ende *ummalen* müssen; die Farben, die angegeben waren und für die italienischen Theater genügten, kamen dem Orchester der Monnaie weniger als ungenügend vor. Dupont, der auch ein Dirigent hohen Ranges ist, wollte, daß ich die verschiedenen Inflexionen jedes instrumentalen Einsatzes und jedes kleinste Detail von Akzenten, Bogenstrichen, Phrasierungen, Färbungen in meiner Partitur angebe; er hat mich zu dieser Geduldsprobe verpflichtet, die meiner Natur widerstrebt; und weil er ein höchst tüchtiger Künstler und einer meiner geschätztesten Freunde ist, habe ich ihm gehorcht, und jetzt bin ich zufrieden. — Drei Kopisten arbeiten Tag und Nacht, um in die Stimmen zu übertragen, was ich in der Partitur notierte; und ich legte die Feder nicht vor zwei oder drei Uhr nach Mitternacht nieder. Ich will diese neue Operation benutzen, alle meine *Nuancen* vom Kopisten der Monnaie in die hier befindliche italienische Partitur übertragen zu lassen — natürlich gegen Bezahlung. Die Aufführung in Brüssel wird von wirklicher Perfektion sein, dieses Theater ist wunderbar organisiert.«

Etwa zwölf Tage danach, am 26. Januar 1883, schrieb Boito aus Madrid an Vittoria Cima: »Morgen also wohne ich im Teatro Real der Erstaufführung des ›Mephisto‹ bei; nach dem Theater gehe ich auf den Ball von Fernán Nuñes, komme wahrscheinlich gegen vier nach Hause, schlafe drei Stunden, fahre Montag früh zum Escorial, bleibe den ganzen Tag im Escorial, komme gegen Abend in Madrid an, esse bei Greppi, fahre am nächsten Tag nach Toledo, wo ich übernachte, komme Mittwoch nach Madrid zurück und reise über Bordeaux, Marseilles usw.« (Nardi, 484)

Zur gleichen Zeit schrieb er aus Madrid auch an Giulio Ricordi, der besorgt über den langen Schlaf Otellos gewesen sein muß: »Ich werde Verdi bestimmt in Genua sehen und die Taste anschlagen.« Begeistert von Spanien und den Gemälden des Velázquez im Prado, fuhr Boito zur Erholung nach La Spezia und schrieb am 4. März 1883 aus Nervi an Tornaghi: »In einer Stunde gehe ich nach Genua, um Verdi zu sehen.«

Verdis hatten zu Weihnachten in Genua von Ricordis den üblichen *panettone*, wiederum mit Schokoladenmohr, erhalten. Aber diesmal hatten Ricordis die kleine Otello-Puppe sinnigerweise ohne Beine geschickt, woraufhin Verdi am 25. Dezember 1882 an Giulio schrieb: »Und Ihr glaubt wirklich, daß nur die Beine fehlen? Ich glaube hingegen, daß Beine, Kopf, Brust, Arme, — — alles, alles, alles fehlen. Ihr werdet sehen, daß ich recht habe. Aber wenn ich doch nie Zeit habe! Und jetzt beschäftige ich mich sehr mit diesem gebenedeiten D. Carlos, der ein härterer Knochen ist, als ich dachte.«

Am 13. Februar 1883 starb Richard Wagner in Venedig, und Verdi schrieb zwei Tage später aus Genua an Giulio Ricordi: »Das Notenpapier ist ausgezeichnet, sowohl das erste wie das zweite; vielleicht ist das dünnere R.B. das bessere, aber achtet darauf, daß die Farbe der Notenlinien nicht zu dunkel ist. — Traurig, traurig, traurig! Wagner ist tot! — Als ich gestern die Depesche las, war ich, das kann ich sagen, entsetzt! Diskutieren wir nicht. — Es ist eine große Persönlichkeit, die dahingeht! Ein Name, der in der Geschichte der Kunst einen sehr mächtigen Eindruck hinterläßt!«

Die zwei folgenden Briefe Verdis an Arrivabene und Ricordi bestätigen, wie es zu dieser Zeit um ›Otello‹ stand:

»Genua, 15. März 1883 [. . .] Ich bin beschäftigt gewesen, das ist wahr, und habe mehr geschuftet, als ich geglaubt hätte. Der *Don Carlos* ist jetzt auf 4 Akte verkürzt und wird passender und ich glaube, auch künstlerisch gesprochen, besser sein. Konziser und stärker. Was den anderen [Otello] betrifft . . ., der noch keinen Taufnamen hat, habe ich nicht an ihn gedacht, denke nicht an ihn und weiß nicht, ob ich in Zukunft an ihn denken werde. Aber heutzutage gehen die Theater so schlecht, daß es zwecklos ist, Opern zu schreiben. [. . .]« (Alberti, 300)

»Genua, 24. März 1883 — Lieber Giulio, ich lese heute morgen im Fanfulla: ›Maurel hat uns auch noch erzählt, daß Verdi für die Musikwelt die größten Überraschungen vorbereitet und daß er den jungen Zukunftsmusikern mit seinem *Jago* den Meister zeigen wird‹ usw. usw.

Gott behüte mich davor!

Es ist nie meine Absicht gewesen und wird es nie sein, jemand den Meister zu zeigen. Ich bewundere ohne schulmäßige Vorurteile alles, was mir gefällt; ich mache es, wie ich fühle, und lasse alle anderen machen, was sie wollen.

Übrigens habe ich bis jetzt noch nichts von diesem Jago oder vielmehr Otello niedergeschrieben und weiß nicht, was ich später machen werde.

Immer Euer getreuer G. Verdi

P. S. Verfaßt Ihr in diesem Sinn ein Artikelchen oder veröffentlicht meine eigenen Worte in irgendeiner großen Zeitung, so schnell wie möglich. – G. V. [...]«

In den beiden Briefen, die Boito und Verdi Anfang April 1883 wechselten, ist mit keinem Wort von ›Otello‹ die Rede, und trotz Verdis Aufforderung, ihm »ohne Angst zu schreiben«, verstreichen fast neun Monate bis zur Wiederaufnahme der Korrespondenz. Ob Briefe verlorengegangen sind, steht wiederum nicht einwandfrei fest, aber sie dürften kaum von ›Otello‹ gehandelt haben. In Verbindung mit sechzehn im Ricordi-Archiv befindlichen Briefen Verdis aus dem Jahre 1883 könnten vierzig – in der Biblioteca Palatina noch verschlossene – an seinen Verleger aus demselben Jahr vermutlich wesentliche Auskünfte geben.

Am 16. Februar 1883 hatte Camillo Boito seinem Bruder geschrieben: »Lieber Arrigo, Du bist also in La Spezia, um Dich auf Deinen Lorbeeren auszuruhen. Ich stelle mir vor, daß Du beladen mit Kreuzen und Geschenken zurückgekehrt bist; aber das Beste, was Du aus Brüssel und Madrid mitbringen kannst, ist der Wunsch, von dem Du mir in Deinem Briefe sprichst: nämlich schnell den *Nerone* zu beenden.« (Nardi, 485) Obwohl dieser Wunsch sich nie erfüllen sollte, dürfte Boito für einen großen Teil des Jahres 1883 mit ›Nerone‹ beschäftigt gewesen sein, während Verdi – mit Ausnahme einer Kur in Montecatini vom 26. Juni bis 15. Juli – von April bis November auf seinem Gut arbeitend in St. Agata blieb. Dort beging er am 10. Oktober seinen siebzigsten Geburtstag und schrieb am 27. desselben Monats an Giulio Ricordi: »Ich habe die Reklame nie geliebt; jetzt verabscheue ich sie, und ich verabscheue sie bis zu dem Punkt, an dem mir übel wird.

[...] Wenn ich's nicht versprochen hätte, würde ich weder den Boccanegra in Paris noch den D. Carlos in Mailand versprechen.

Jetzt erkläre ich, daß ich keine neue Instrumentation für die Cabaletta machen werde und die alte nicht mehr habe. Als ich [›Simon Boccanegra‹] umschrieb, strich ich die alten Seiten und warf sie ins Feuer, wahrscheinlich auch die sinnlose Cabaletta.

Was den D. Carlos betrifft, wäre es ein wahrer Trost für mich, wenn er sich nicht machen ließe, und ich würde sozusagen fast ein *Opfer* bringen . . . Jedenfalls übernehme ich keinerlei Verpflichtung für Proben und andere Dinge. Wir werden später sehen, was zu tun ist; bis dahin laßt mich Atem schöpfen, und tut mir den Gefallen, mir nicht mehr von Szenen, Figurinen, D. Carlos und Theatern zu reden . . . Ich halte es wirklich nicht länger aus —«

Am 10. Januar 1884 dirigierte Faccio in Verdis Gegenwart an der Scala den von fünf auf vier Akte reduzierten ›Don Carlos‹. Bei dieser Gelegenheit sahen Verdi und Boito einander wieder. Nach der dritten Vorstellung kehrte der Maestro unzufrieden nach Genua zurück. Dort erreichte ihn Boitos Brief vom 21. Januar aus Nervi.

Die Genueser Ravioli hatten augenscheinlich wieder zu ›Otello‹ und zu noch engerer Freundschaft geführt: Verdis formelles »Sie« weicht dem vertrauteren »Ihr«.

Am 13. Februar 1884 teilte Boito aus Nervi Tornaghi mit, daß er zur Einstudierung der Erstaufführung des ›Mefistofele‹ am Teatro San Carlo »Samstag abend [16. 2.] nach Neapel abreisen« werde, daß »Verdi sich diesmal ernstlich an die Arbeit zu machen scheint« und daß er, Boito, »ein paar Retuschen in einem Teil des 1. Aktes des Mohren ausgeführt« habe.

Am Samstag, dem 23. Februar 1884 schrieb Boito an Tornaghi bereits wieder aus Nervi, wohin er wegen der in Neapel nicht genügend fortschreitenden Proben schnell zurückgekehrt war. »Errare humanum est«, bemerkte er gutgelaunt, erinnerte u. a. an nach Neapel zu sendende Orchesterstimmen und Kostümentwürfe und schickte Tornaghi die Rechnung für die unnötige Reise.

Am 26. Februar 1884 teilte Boito aus Nervi Tornaghi mit: »Ich reise nächsten Montag wieder nach Neapel, um mit den für Mittwoch, den 5. März, angesetzten Proben beginnen zu können.«

Am 28. Februar 1884 schrieb Boito an Tornaghi aus Nervi: »Wie ich Dir sagte, fahre ich am 3. März« und »Heute gehe ich nach

Genua, um unseren Maestro zu sehen, den ich seit meiner Rückkehr aus Neapel nicht mehr gesehen habe.«

Am 6. oder 7. März 1884 schrieb Boito an Tornaghi aus dem Hôtel Roma in Neapel: »Hier bin ich seit drei Tagen. Die Dinge laufen sehr gut an«, äußerte sich begeistert über die Sänger und bat die Firma Ricordi, wie üblich, um eine Überweisung von seinem Konto.

Am 20. März 1884 schrieb Boito nach der neapolitanischen Premiere des ›Mefistofele‹ an Giulio Ricordi: »Wir haben auch diesmal gesiegt ... Aber welche Mühe, zu diesem Resultat zu kommen! Ich bin so müde, daß ich bei den Proben in Florenz nicht werde helfen können. Triumphieren ist schön, aber nicht, dafür zu krepieren ... Jetzt ist es an der Zeit für ein Fiasko, ein Fiasko, das dem in Genua nicht ähnlich sei, wo sie vorgestern zum höchsten Vergnügen der Impresa bei der dreiundzwanzigsten Vorstellung angekommen sind. Ich hoffe, daß Florenz mir dieses Fiasko geben wird. — Am nächsten Dienstag [25. März] werde ich nach Nervi zurückgekehrt sein. Ich habe Dir eine gute Nachricht zu geben, aber um Gottes willen sage niemand davon, sage nicht einmal in Deinem Hause davon, sage sie nicht einmal zu Dir selbst; ich fürchte bereits, eine Indiskretion zu begehen: Der Maestro schreibt, hat sogar schon einen guten Teil vom Anfang des 1. Aktes geschrieben und scheint mir entflammt dafür. Ich sehe ihn in ein paar Tagen.«

Bei seiner Rückkehr nach Nervi sah Boito — vermutlich am Morgen des 25. März 1884 — Verdi nur ein paar Minuten in Genua und übergab ihm die im folgenden Brief Domenico Morellis erwähnte Photographie.

»Studio, Sonntag, 4 p. m. [Neapel, 23. März 1884] — Mein liebster Maestro, Gerade eben ging Boito weg, er blieb ein paar Minuten in meinem Studio, reist morgen ab und wird Euch die Photographie eines Bildes mitbringen, das ich nach Mailand geschickt habe.

Wir redeten von Jago; ich zeigte ihm eine Farbskizze und sprach ihm von der Schwierigkeit, die mich verhindert hat, weiterzumachen. Ihr habt recht, Euch über mich zu beklagen, das heißt über den Maler, weil er das Gepräge der Situation noch immer nicht finden konnte. Vor ein paar Tagen glaubte ich, einen Teil davon er-

faßt zu haben, und wenn es mir gelingt, sie gänzlich zu sehen, mal-
trätiere ich eine Leinwand und schicke sie Euch.

Wenn ich an Euch denke — und ich denke immer, immer an
Euch —, verwandelt sich die Erinnerung an gewisse Noten, gewisse
*Klänge* in Farben; aber diese Farben müssen bestimmte, *materielle*
Dinge ausdrücken, und damit verliere ich die liebe Vision, und es
kommt zu einem Kampf, in dem ich immer verliere. Die Überbleib-
sel kommen auf die Leinwand, ohne Transparenz, ohne daß man sehen kann, was ich im Geiste sah.

Ach, ich wünschte, daß niemand sähe, was ich gemalt habe, und
vor allem nicht Ihr. Ihr macht mir Angst.

Die Vorsehung hat mich verspätet sein lassen, um die Vision,
die Ihr von Otello und Jago habt, mit meiner Malerei nicht zu verderben.

Boito wird Euch sagen, wie ich Desdemona in das Milieu jener
Szene bringe.

Oh, ich hoffe, Euch etwas zu schicken, wenn keine Gefahr mehr
besteht, daß es Euch schaden möge.

Tausend liebe Grüße an die Signora Peppina. Wird auch sie mir
böse sein? Ich werde Euch in Genua besuchen kommen, bleibt Ihr
noch lange dort?

Immer Euer Morelli«. (Carteggi I, 294)

Verdi antwortete aus Genua am 28. März:

»Lieber Morelli, So lange hatte ich keine Nachricht von Dir, daß
ich sehr froh bin, diesen sehr lieben Brief und die Photographie Dei-
nes letzten Bildes zu erhalten, die mir Boito mitgebracht hat. Das
muß ein sehr, sehr schönes Bild sein! Außerordentlich schön und
neu! Trotz meiner großen Bewunderung bin ich jedoch etwas ver-
drossen, weil Du immer Zeit für alle diese schönen Sachen findest
und niemals dafür, mir etwas vom Jago zu geben.

Boito hat sich ein paar Minuten bei mir aufgehalten und mir
nichts oder beinahe nichts von der Skizze erzählt, die Du ihm gezeigt hast. — Ich verstehe nicht, wie Du Desdemona in der Szene
auftreten läßt! Macht nichts, ich werde es später verstehen. Aber mit
oder ohne Desdemona mußt Du es in jedem Fall gut machen; und
Du wirst es stets besser machen, wenn Du nicht zu viel denkst. Das

Zuviel ist immer zuviel! In den Künsten erstickt zu viel (ich sage zu viel) Reflexion die Inspiration. [. . .]« (Scala)

Am vorhergehenden Tage jedoch hatte Verdi diesen Brief an Franco Faccio gerichtet:

»Genua, 27. März 1884 — Lieber Faccio, Zwei Worte, um Euch für Euer gutes Verhalten der Person gegenüber zu danken, die ich Euch empfahl; zwei weitere Worte über eine Sache, die mich persönlich betrifft.

Der *Pungolo* berichtet nach dem *Piccolo* in Neapel folgendes: ›Was den *Jago* angeht, sagt Boito, er habe den Stoff fast wider Willen behandelt; als er aber fertig gewesen sei, habe er bedauert, ihn nicht selbst komponieren zu können. . .‹ Man kann annehmen, daß diese Worte, bei einem Bankett gesprochen, keine große Bedeutung haben, aber unglücklicherweise bieten sie Anlaß zu Kommentaren. Man könnte z. B. sagen, daß ich ihn gezwungen hätte, diesen Stoff zu behandeln. Insofern ist das nicht sehr schlimm; und außerdem wißt Ihr ja, wie es zugegangen ist. — Das Schlimmste ist, daß Boito, *wenn er bedauert,* seinen Text nicht selbst komponieren zu können, natürlich vermuten läßt, er könne nicht hoffen, ihn von mir so komponiert zu sehen, wie er es möchte. Ich gebe das vollkommen zu, gebe es vollständig zu; und darum wende ich mich an Euch, Boitos ältesten, beständigsten Freund, damit Ihr ihm bei seiner Rückkehr nach Mailand mündlich, nicht schriftlich, sagt, daß ich ihm ohne den mindesten Schatten eines Ressentiments, ohne jeden heimlichen Groll sein Manuskript unberührt zurückgebe. Mehr noch — da dies Libretto mein Eigentum ist, biete ich es ihm als Geschenk an, wenn er es zu komponieren beabsichtigt. Wenn er das annimmt, werde ich die freudige Hoffnung hegen, der Kunst, die wir alle lieben, mit diesem Beitrag gedient und genützt zu haben.

Verzeiht die Störung, die ich Euch bereite; aber das ist eine intim zu behandelnde Sache, es gab dafür keinen geeigneteren Menschen als Euch.

Bleibt gesund. Euer getreuer« (Copialettere, 324—325)

Als Verdi dieses Schreiben nach Mailand sandte, war Faccio verreist und antwortete deshalb erst am 4. April 1884: »Wenn Boito von *Bedauern* gesprochen hat, würde ich bei allem, was mir heilig

ist, schwören, daß er darauf anspielte, was er, Ricordi, ich und alle
miteinander, die wir den Ruhm italienischer Kunst lieben und er-
streben, empfinden würden, wenn Sie sich wirklich nicht dazu
brächten, den *Otello* zu schreiben. Halten Sie es tatsächlich für möglich, daß Boito drei Jahre hätte vergehen lassen — denn so viele sind
es, glaube ich, her, seitdem er das Libretto des *Otello* schrieb und
tausendmal mit mir, seinem alten und nächsten Freunde, von Ihnen
und Ihrer ersehnten zukünftigen Musik sprach — ohne jenes sogenannte Bedauern wenigstens anzudeuten, das ich nicht wahrhaben
kann und will, wenn es wirklich ein Bedauern gegeben hätte? Statt
dessen gab es unzählige Male, bei denen er mir von der grenzenlo-
sen und ehrenden Genugtuung sprach, die er empfunden hatte, als
er dieses mächtige und schwierige Sujet, das *allein* Verdi komponieren durfte, nur für Verdi melodramatisch formte.« (Nardi, 492)

Nachdem der Maestro den langen Brief vom 26. April 1884 und
Jagos ›Credo‹ von Boito erhalten hatte, sandte er Faccio am 6. Mai
diese Zeilen:

»Genua, 6. Mai 1884 — Wir reisen in ein paar Minuten nach
St. Agata ab, und ich schreibe Euch noch vorher zwei Worte, Euch
zu danken und mich für den peinlichen Auftrag zu entschuldigen,
den ich Euch gab. Boito hat mir ausführlich geschrieben und erklärt,
wie die Dinge liefen. Wenn die Zeitungen nichts gesagt hätten, wäre
es gewiß besser gewesen: aber *Schwamm drüber.* — Soll ich nun
Eurer Meinung nach diesen *Otello* wirklich beenden? Aber warum? Für wen? Mir ist er egal! Dem Publikum noch mehr.

Und jetzt gratuliere ich Euch aufrichtigst zu Euren Erfolgen als
Dirigent wie als Komponist in Turin und grüße Euch allerherzlichst
auch im Namen Peppinas. Euer  G. Verdi« (Copialettere, 326)

Im Sommer dieses Jahres besuchten Verdis eine große Ausstellung und ein Konzert Faccios in Turin, waren zur Kur wieder in
Montecatini und erfuhren in St. Agata vom Tode des alten Freundes,
des Schriftstellers und Shakespeare-Übersetzers Giulio Carcano am
30. August. »Unerwartet erreicht mich die sehr traurige Nachricht!«,
schrieb Verdi am 2. September 1884 an Clara Maffei. »Die Peppina
wußte schon seit 24 Stunden davon und wollte sie mir vorenthalten;
aber die Post brachte mir gestern Euren Brief und die Anzeige der

Familie im schwarzen Rand! Ohne Phrasen werdet Ihr mir wohl glauben, wie groß mein Kummer über den Verlust unseres Heiligen Freundes ist. Als ich ihn vor wenigen Monaten in Mailand sah, fand ich ihn sehr geschwächt, aber ich hoffte, er würde sich erholen und ich würde ihn wiedersehen. Armer Carcano! Ich erinnere mich seiner letzten Worte. Eines Sonntags ging ich gegen ein Uhr zu ihm und sah ihn, wie er sich auszugehen bemühte . . . ›Macht keine Umstände‹, sagte ich zu ihm. Worauf er mir mit bewundernswerter Schlichtheit antwortete: ›Mein lieber Verdi, ich bin noch einer von denen, die am Sonntag zur Messe gehen.‹ Gut so, gut so, und ich begleitete ihn bis zur Kirchentür. ›Auf Wiedersehen‹ . . . und ich werde ihn nicht mehr sehen!! Leider, leider! Ihr habt ganz recht . . . in unserem Alter angekommen, haben wir täglich eine Leere um uns, und wie resigniert auch immer, hat man nicht immer die Stärke, die gerade dieser unser letzter Heiliger (wirklich der letzte) zum Ertragen hatte, ohne zu murren.« (Braidense)

Boito kämpfte indessen weiter mit jenem »gräßlichen Nerone, der mein Gehirn verbraucht«, wie er, vermutlich Ende Juli 1884, an Giacosa schrieb. (Nardi, 444) Davon erholte er sich im Spätsommer mit Giacosa, der Antonio Fogazzaro am 7. September 1884 berichtete, daß er »mit Boito auf den Scheitel der Alpen gegangen war. Wir haben Grate und Gletscher überschritten, wir haben das Gesicht gebräunt und Schwielen an den Füßen bekommen, und wir sind gestärkt für die Zukunft und todmüde für die Gegenwart zurückgekommen. Eine wundervolle Bergtour, auf der ich Dich einmal mitnehmen möchte, weil das Aosta-Tal das größte, majestätischste, das schönste von allen sich auf den beiden Abhängen der Alpen öffnenden ist. An dem Morgen, als wir zum St. Thedule aufstiegen, sah ich Boito, einzigartig bewegt von dem himmlischen Anblick, schluchzen wie ein Kind.« (Nardi, 446—447)

Den größten Teil des Herbstes 1884 verbrachte Boito als Gast Vittoria Cimas in der Villa d'Este bei Cernobbio am Comer See. Am 29. September kam das seit dem 25. März 1884 anscheinend erste Wiedersehen mit Verdi, wie in seinem Brief vom 25. September vorgeschlagen, zustande. Von diesem Besuch erzählte Giacosa Anfang Mai 1885 in einem Vortrag über ›Die Kunst des Lesens‹

in Triest. Die ›Gazzetta Musicale‹ vom 17. 5. 1885 zitierte daraus u. a. wie folgt:

»Ich erinnere mich, einen der auserlesensten geistigen Genüsse erlebt zu haben, als ich Verdi die Verse des Dramas lesen hörte, das er zur Zeit komponiert. In Gesellschaft Arrigo Boitos hatte ich die sehr hohe Ehre, sein Gast in der Villa von S. Agata zu sein. Es war im letzten Oktober. Der große Maestro besprach in meiner Gegenwart einige Teile des Librettos mit Boito, das dieser ihm, Schritt für Schritt der Szeneneinteilung von Shakespeares *Otello* folgend, geschrieben hatte. Während er mit tiefem dramatischem Scharfsinn diskutierte, begann er mit voller Stimme ganze Szenen des Dramas zu lesen. Boito und ich drückten einander mit wechselnden Blicken das andächtige Gefühl der Bewunderung aus, das uns bewegte. In dieser Lesung hörten wir die Harmonien angedeutet, die über die Erde gehen werden. Die Stimme, die Betonung, die Kadenzen, die Leidenschaften, die Zornausbrüche waren derart, verrieten eine so lebhafte Erschütterung des Gemütes, vergrößerten den Sinn der Worte so unermeßlich, daß uns der Quell der musikalischen Erfindung klar in ihnen erschien. Wir sahen sozusagen mit eigenen Augen den Keim der Melodie und die Worte, zur letzten und höchsten lautlichen Stärke gebracht, sich in die unendlichen Ängste der Menschenseele überflutende Wellen des Klanges verwandeln.«

Unter dem Titel ›Verdi zu Hause‹ berichtete Giuseppe Giacosa in der ›Gazzetta Musicale‹ vom 27. 11. 1889 weiterhin über diesen Besuch:

»Der Maestro verbringt gewöhnlich fünf oder sechs Monate des Jahres in Sant'Agata bei Busseto in arbeitsamer ländlicher Muße. Die geräumige und stille, hinter sehr dichten und hohen Bäumen verborgene Villa verrät die langjährige Gewohnheit jenes gastlichen Wohlstandes, der auf erlesenes Bedürfnis nach Bequemlichkeit deutet, und es befriedigt, ohne den Eindruck zu erwecken, daß man sich zu mühen und dauernd auf der Hut zu sein hat. Kaum eingetreten, spürt Ihr, daß dieses Haus Euch freundlich ist; schon nach einer halben Stunde könntet Ihr als Gast überall in ihm herumgehen, als hättet Ihr seit zehn Jahren darin gewohnt. So sauber und elegant, wie es ist, wirkt es nirgends neu und dürfte selbst in seinen ersten Tagen nie so gewirkt haben. Entworfen und gebaut wurde es vom Maestro. Anfangs gab es vier oder fünf Zimmer, um die herum bei Verdis wachsender und rüstiger Tätigkeit allmählich das übrige Gebäude entstand. Der Maestro bedauert manchmal, diese ersten Räume unverändert behalten zu haben, weil der Rest nur eine Anpassung geworden sei; aber als Besitzer und Erbauer sagt er das, glaube ich, aus Bescheidenheit, denn es gibt keinen Teil des Hauses, der nach Anbau oder Anpassung aussieht; da ist alles einheitlich und scheint wie gleichzeitig erdacht und errichtet. Die Ausstattung ist reich, aber ohne Pomp und auch ohne Sparsamkeit; sie ist reich im Sinne jenes gesetzten und ruhigen Reichtums, der nicht bemüht ist, etwas vorzustellen. Es gibt Bilder von Morelli und Michetti, antike Stiche, Möbel mit Intarsien und Verzierungen, eine schöne Bibliothek, seltene Ausgaben, die originellsten Alben, Sammlungen künstlerischer Erinnerungen; aber alles ist eingerichtet, ins Auge zu fallen, ohne den Blick zu bestürmen. Niemand kommt es in den Sinn, dem Hausherrn die Bewunderungsführung vorzuschlagen, die wie die Eintrittsgebühr in gewissen prunkvollen Villen ist. Während Ihr Euch dort aufhaltet, gemächlich durch ein Zimmer geht, Euch in Erwartung, beim Billard an die Reihe zu kommen, in der Bibliothek zusammenfindet, zur Unterhaltung in einem Salon sitzt, entdeckt Ihr neue Themen künstlerischer Anregung und intellektueller Aktivität.

Der Hausherr ist wie das Haus: gastlich, ohne sich zu bemühen, übertriebenen Aufwand zu machen. Eure natürliche Sorge, ihm zur Last zu fallen, wird vom Ende des ersten Tages an beruhigt, an dem Ihr die Befriedigung empfindet, ihn sein Leben Euretwegen nicht im geringsten ändern zu sehen. Aber am zweiten, am dritten Tag — vorausgesetzt, daß er immer erscheint, wenn Ihr ihn finden wollt — könnt Ihr ihn zu jeder Stunde durch offene Türen konzentriert bei Beschäftigungen sehen, die man ungeniert unterbrechen darf; denn wenn Ihr in das neben dem seinen gelegene Zimmer kommt und er Euch freundschaftlich grüßt, merkt Ihr, wie er dauernd wachsam und umsichtig Höflichkeit übt, Eurer Zurückhaltung bewußt und entschlossen, Euch den Zweifel zu ersparen, daß Ihr ihm ungelegen kommt.

Verdi wird von vielen für einen groben und reizbaren Menschen gehalten. Wer die Größe seines Werkes bedenkt, muß zugeben, daß er einer von den Menschen ist, die am wenigsten Zeit verloren haben. Nun ist eine zu zugängliche Person unermeßlichem Zeitverlust ausgesetzt, und jenen zufolge, die die Patente der Höflichkeit und Liebenswürdigkeit austeilen, muß einer zu zugänglich sein, um es zur Genüge zu sein. Wer den Grad von Berühmtheit erlangt, der Verdi schon in seiner Jugend zugekommen ist, wird zum Ziel von hunderttausend Bittstellern, Neugierigen, Eitlen, Fanatikern, Philanthropen, Schacherern, unverstandenen Genies, eifrigen Ratgebern und Anregern neuer Entdeckungen, neuer Wunder wirkender künstlerischer Methoden. Ein jeder verlangt nicht mehr als zehn Minuten, aber zusammen würden sie zehn Stunden des Tages in Anspruch nehmen. Und sie zu überzeugen, daß man keine Zeit zu verlieren hat, würde ebenso viel Zeit kosten wie sie anzuhören. Rechnet dazu die öffentlichen Ämter und ehrenamtlichen Verpflichtungen, die auf ihn fallen, und die beruflichen Scherereien, die Einladungen und die Briefe, und sagt mir, ob Verdi die Menschheit nicht der Hälfte seiner Meisterwerke beraubt hätte, wenn er auch nur die Hälfte der Leute zufriedenstellen wollte, die ihn so freundlich bedrängen. So viele Gelegenheiten, Zeit unter Vermeidung von Unhöflichkeit zu verlieren, erfordern prinzipielle Maßnahmen: sich zurückzuziehen und den Ruf eines Bären zu erwerben. Wer Verdi aus der Nähe kennt, weiß, daß er sich dieser schmerzlichen Notwendigkeit ungern unterwarf. Der Maestro liebt die Unterhaltung und ist an allen Äußerungen des Menschenwesens interessiert. Er ist anspruchslos und stets zur Hand, nicht aus gekünstelter Bescheidenheit, sondern aus großer Herzensgüte. Aber er ist tief davon überzeugt, daß ein Künstler sich immer und unter allen Umständen seiner Kunst widmen muß.

Die Tafel. — Verdi ist kein Schwelger, aber ein Feinschmecker; seine Tafel ist wahrhaft gastfreundlich, das heißt freigebig und verständig. [...] Verdi fühlt sich wohl bei Tisch wie alle gesunden, verständigen und nüchternen Menschen, aber mehr als alles andere liebt er es, unter seinen Gästen die geistreiche und ehrliche Fröhlichkeit strahlen zu sehen, die zu den schönen und köstlichen Speisen gehört; er ist ein Mann von Disziplin und glaubt als solcher, daß je nach dem Zeitpunkt einer Funktion des Lebens der Vorrang gebührt; er ist ein Künstler und als solcher hält er das Mahl mit Recht für ein Kunstwerk. [...]

Des Abends wird Billard oder Karten gespielt. Eines Abends, gleich nach Tisch, gingen wir in den Hof hinaus. Verdi und seine Gattin saßen auf den Stufen, die ins Haus führen; Signora Stolz, Boito und ich blieben im Freien. Der Mond schien, und sein klares Licht teilte den Hof in strahlendes Silber und tiefes Dunkel. Wer der erste war, weiß ich nicht mehr; sicher ist nur, daß man ein Motiv aus dem *Ernani* hörte; einer übernahm den Gesang des anderen, und mit Hilfe der Dunkelheit, vom Abendessen angeregt, ermutigt von nächtlicher Schwärmerei und von der Atmosphäre des großen Theaterlebens bewegt, führten wir zu dritt mit Gesten und Gesang die Szenen dieser Oper auf. Verdi und die gute Signora Giuseppina lachten und applaudierten.

An einer Stelle schloß ich meine Arie mit einer gewissen tremolierenden Fioritur, die mir das *non plus ultra* des Belcanto schien; woraufhin der Maestro, dem ich am selben Tage, ich weiß nicht warum, meine Geburtsstadt genannt hatte, mit spöttischer Gelassenheit zu mir sagte: ›Das habt Ihr in Ivrea singen gehört.‹ Das war die Schlußrakete, und der Vorhang fiel.«

Sehr wahrscheinlich veranlaßte dieser Besuch Verdi im Oktober 1884 zur Wiederaufnahme der Arbeit am ›Otello‹, aber am 16. November schrieb er aus St. Agata an Clara Maffei: »Dies sind mühselige Tage, unsympathische, ohne Poesie ... Tage mit Geschäften, Zahlen, Abrechnungen mit Bauern und Verwaltern. Prosaische Sachen, höchst prosaische, aber leider ißt man ohne diese Prosa nicht. Arme menschliche Natur! Und wir halten so viel von uns ... erhabenen Geistern. Na ja!! [...] Ich weiß nicht, wann wir nach Genua gehen werden, und kann Euch nicht sagen, ob wir vorher nach Mailand kommen — stets wegen der verdammten oben erwähnten Prosa. Ich will hier mit allem Schluß machen, mit allem, was mir an Gütern bleibt, um nichts mehr damit zu tun zu haben.« (Chiari)

Einem Schreiben Giulio Ricordis vom 25. November 1884 nach St. Agata zufolge fuhren Verdis von dort direkt nach Genua, von wo Boito, vermutlich in Mailand, den Brief des Maestro vom 9. Dezember aus heiterem Himmel empfing. Im Januar und Februar 1885 hielt sich Boito in Nervi auf und dürfte mit Verdi im nahegelegenen Genua mehrere ›Otello‹-Gespräche geführt haben.

Unterdessen erkrankte Giulio Ricordi ernstlicher als sonst; besorgt erkundigte sich Verdi am 16. und 28. Februar bei Tornaghi nach dem Befinden des Freundes. Erfreut über Giulios erste persönliche Nachricht von seiner Besserung, schrieb ihm Verdi am 12. März. In den ersten Maitagen sahen sie sich in Mailand, und wahrscheinlich folgten Ricordis einer sehr herzlichen Einladung Verdis vom 10. Mai nach St. Agata. Inzwischen hatte Giulios Vater, Tito Ricordi, eine — unkorrekte und unvollständige — italienische Übersetzung von Heinrich Heines Essay ›Shakespeares Mädchen und Frauen‹ in einer nicht erwähnten Publikation an Verdi mit der Zuschrift gesandt: »Falls Dir dies nützen oder Dich Deine Desdemona noch mehr lieben lassen kann.«

Aus der neuen Pause im Briefwechsel Verdis und Boitos bis zum 9. September 1885 ist uns über Boito so gut wie gar nichts bekannt. Ein am 3. März 1885 datierter Brief an Tornaghi aus Nervi besagt, daß er am Tag vorher Verdi über Giulio Ricordis noch immer unvollständige Genesung berichtet hat. In einem gänzlich undatierten Brief teilt er Tornaghi mit, er werde »morgen nach Andorno fahren«, und gibt ihm seine dortige Adresse an: *Biella per Andorno/ Nuovo Albergo d'Andorno.*

Verdi hatte indessen am 2. Mai 1885 aus Mailand an Arrivabene geschrieben: »Ich bin mit Peppina hier. . . leider! um mir Zähne ziehen zu lassen, die seit einiger Zeit in einem bedauerlichen Zustand sind! Hier gibt es einen amerikanischen Zahnarzt von großem Ruf, und ich habe mich in seine Hände begeben. Wer weiß, was passieren wird. Mittlerweile hat er mir vor ein paar Tagen fünf und eine Wurzel gezogen! Ich gehe Montag nach St. Agata und komme nach zwei Monaten wegen dieser verdammten Zähne wieder hierher! Ich habe auch das Bändchen von *Ars Nova* erhalten, das Du mir geschickt hast. Ich habe keine Zeit gehabt, es aufmerksam zu lesen, aber soviel mir scheint, ist es eine der üblichen Schriften, die nicht diskutieren, sondern mit unglaublicher Intoleranz ein Urteil aussprechen. Auf der letzten Seite lese ich unter anderen diesen Satz: ›Wenn Du glaubst, daß die Musik der Ausdruck von Gefühlen der

Liebe, des Schmerzes usw. usw. usw. ist, verzichte auf sie . . . sie ist
nichts für dich‹!!!

Und warum könnte ich nicht glauben, daß die Musik Ausdruck
der Liebe, des Schmerzes usw. usw. ist??« (Alberti, 320)

Ob Verdi und Boito sich in diesen Mailänder Tagen sahen, ist
uns nicht bekannt. Am 4. Mai 1885 waren Verdis wieder in
St. Agata. Anfang Juli fuhren sie zur Kur nach Montecatini und
kehrten Mitte Juli nach St. Agata zurück, wo der Maestro den größten Teil der Zeit am ›Otello‹ gearbeitet zu haben scheint.

Über seinen Geburtstag äußert er sich am 9. Oktober 1885 zu
Clara Maffei: »Gerade heute ist der furchtbare Tag! *Ich bin 72!!!!*
Und wie schnell sind die vorbeigegangen, trotz so vieler trauriger
und fröhlicher Begebenheiten und so vieler, vieler Strapazen und
Mühen! Aber lassen wir diese Gedanken, die zu viel Kummer bringen, wenn man sich in sie versenkt . . . bis zur Verzweiflung! Und
wie verbringt Ihr sie, meine liebe Clarina, ohne die Menschen, die
Euch lieb sein müssen und Euch seit so vielen Jahren beistehen? In
unserem Alter hat man das Gefühl, anlehnungsbedürftig zu sein.
Noch vor wenigen Jahren schien ich mir selber genügen zu können
und gar nichts zu brauchen. Eingebildet! . . Jetzt fange ich an, zu
verstehen, daß . . . ich reichlich alt bin!!!!« (Chiari)

Zu Weihnachten erhielt Verdi diesen Brief auf französisch von
Victor Maurel:

»Paris, 22. Dezember 1885 — Lieber und hochverehrter Maestro! In der Musik- und Theaterwelt von Paris gibt es zur Zeit nur
eine große Neuigkeit, die in den Zeitungen steht: VERDI HAT SEINEN
JAGO BEENDET!

Ich bin und werde immer stolz sein, mir die Ehre in Erinnerung
zu rufen, der erste Interpret dieser seltsamen und komplexen Figur
gewesen zu sein, der Ihr mächtiges Genie erhabene musikalische
Gedanken und Wendungen einzuhauchen bestimmt war. Tatsächlich versprachen Sie mir nach einer Probe von *Simon Boccanegra*,
um mir für den Eifer und die Begeisterung zu danken, mit denen ich
meine Rolle interpretierte, eine solche ganz und gar für mich zu
schreiben. Wenn Gott mir Gesundheit gibt, sagten Sie zu mir, werde
ich für Sie JAGO schreiben! Ich glaube der Ehre nicht unwürdig zu

sein, die Sie meinen paar Eigenschaften als anständigem und über-
zeugtem Künstler freundlicherweise zuteil werden ließen. Es freut
mich, Ihnen mitzuteilen — und dies mit künstlerischer Gewissenhaftigkeit, die Sie in mir schätzen konnten —, daß meine stimmlichen
Mittel noch nie so stark und solide wie heute gewesen sind. [. . .] Ich
hoffe, lieber und hochverehrter Maestro, daß Sie mir Ihr Versprechen einhalten werden. [. . .]« (Copialettere, 330)

Verdis Antwort:

»Genua, 30. Dezember 1885 — *Otello* ist nicht vollständig fertig,
wie behauptet worden ist, aber er ist recht weit gediehen. Ich beeile
mich nicht, die Arbeit fertigzumachen, weil ich bisher nicht daran
gedacht habe und auch jetzt nicht daran denke, das Werk aufführen
zu lassen. Die Verhältnisse an unseren Theatern sind so, daß der Impresario, selbst wenn es einen Erfolg gibt, infolge der enormen Kosten für Künstler und Inszenierung fast immer einen Verlust erleiden muß. Ich will also keine Gewissensbisse haben, wenn ich mit
einer meiner Opern irgend jemand Grund gebe, sich zu ruinieren.
So wird denn weiter alles zwischen Himmel und Erde schweben wie
Mohammeds Grab, und ich entschließe mich zu keiner praktischen
Lösung.

Ehe ich den Brief beende, wünsche ich, ein Mißverständnis auf-
zuklären und richtigzustellen. Ich glaube nicht, Ihnen je versprochen zu haben, die Partie des *Jago* für Sie zu schreiben. Es ist nicht
meine Gewohnheit, etwas zu versprechen, was ich nicht mit Sicherheit halten kann. Aber ich könnte Ihnen sehr wohl gesagt haben,
daß die Partie des *Jago* eine von denen sein würde, die vielleicht
niemand besser darstellen könnte als Sie. Wenn ich das gesagt habe,
bekenne ich mich dazu. Das enthält jedoch kein Versprechen; es
wäre nur ein Wunsch, der sich sehr schön verwirklichen ließe, wenn
sich nicht unvorhergesehene Hemmnisse ergeben sollten.

Reden wir jetzt also nicht vom *Otello*. Erlauben Sie mir, mein
lieber Maurel, Ihnen als Ihr aufrichtiger Bewunderer meine Glückwünsche zum neuen Jahr zu übermitteln.« (Copialettere, 331)

Vom Fortschritt des Werkes und Verdis Gedanken darüber
spricht auch ein Neujahrsbrief an Maria Waldmann, nunmehr Herzogin von Ferrara:

»Genua, 1. Januar 1886 [. . .] Ihr werdet mir verzeihen, meine gute Maria, wenn ich heute nicht auf all die schönen Dinge antworte, von denen Ihr in Eurem Brief erzählt. Ich will Euch nur sagen, daß es wirklich wahr ist, daß ich viel am Otello gearbeitet habe; daß die Arbeit weit vorangekommen ist, aber daß ich mich nur sehr, sehr schwer entscheiden werde, ihn aufführen zu lassen. [. . .]« (Bologna)

Giuseppina Verdi bestätigte diesen Stand der Dinge am selben Tag in ein paar Worten an den Patensohn ihres Mannes, den Maler Giuseppe De Sanctis in Neapel: »Verdi hat *Otello* fast beendet und wird ihn beenden, weil ihm diese Arbeit Freude macht, aber ich glaube, er wird ihn wohl niemals hergeben! Folglich sind Zeitpunkt, Theater, Künstler alles Phantasien der Herrn Journalisten!« (Carteggi I, 203)

Nach einem Besuch Giulio Ricordis mit Cesare Corti, dem Impresario der Scala, im Palazzo Doria schrieb Verdi am 18. Januar 1886 aus Genua:

»Lieber Giulio, nach unserem gestrigen Gespräch hatte ich den Wunsch, noch einmal durchzusehen, was ich aus dem Otello gemacht habe . . . und die Tenorpartie erschreckte mich. In vieler Hinsicht würde Tamagno sehr gut passen, aber in sehr vieler anderer nicht! Es gibt da große, lange Legato-Phrasen, die *a mezza voce* zu sprechen sind, was ihm unmöglich ist. Und was schlimmer ist, der erste Akt und (was noch schlimmer ist) der vierte Akt würde kalt zu Ende gehen!! Es gibt da eine kurze, aber große Melodie und noch dazu sehr wichtige Phrasen (nachdem er sich verwundet hat) *a mezza voce* . . . und auf die kann man nicht verzichten! Das macht mir große Sorgen! Wenn ich fertig wäre! und wenn man ihn hören könnte . . . bevor man entscheidet? — — —

Das ist zu überlegen. —

Addio, addio  G. Verdi«

Giulio Ricordi antwortete, postwendend wie üblich, am 19. Januar: »Auch ich habe gedacht, daß die zwei einzig möglichen Tenöre Masini oder Tamagno wären; aber ich tendierte zum letzteren in der Annahme, daß Otello alles in allem genommen zur Kraft und Heftigkeit neigen muß. Aber nach dem, was Sie mir schreiben, ist anderes zu bemerken. Bestimmt übertrifft Masini tausendmal Tamagno im Wohllaut des Gesanges, aber Sie werden sich entsinnen, daß seine *H*s und, wenn man will, auch seine *B*s etwas verschleiert, etwas schwach sind. Ich habe ihn jedoch seit vielen Jahren nicht mehr gehört [. . .] Aber bei Tamagno habe ich eigenartige Unregelmäßigkeiten beobachtet; ein paar Mal gelang es ihm nicht, zu phrasieren, wie Sie in Ihrem Briefe sagen; andere Male tat er es. Da ich Ihnen des Abends schreibe, werde ich Ihnen erst morgen früh zwei Stücke senden, die Sie ansehen können (ich sende sie, weil Sie sie bestimmt nicht haben werden) und die ich von Tamagno sehr gut gesungen gehört habe, stimmlich mühelos und zart: die Romanze aus dem *Profeta* und die aus dem *Figliuol prodigo*.«

Verdi reagierte darauf in Genua am 22. Januar 1886: »Ich glaube gern, daß unser Tenor bei den zwei Stücken, die Ihr mir geschickt habt, gut weggekommen ist. In dem *Mayerbeerschen* gibt es am Schluß die hohen *B*, die so gut für ihn sind. In dem anderen von Ponchielli, das mehr cantabile als das erstere ist, hat er ebenfalls ein paar *Fis* und *Gis* und dazu am Schluß die letzten Noten, die ihm gut liegen . . . So ist es nicht beim Otello. — Nachdem er begriffen hat, daß Desdemona unschuldig getötet wurde, geht Otello der Atem aus; er ist erschöpft, physisch und moralisch erledigt; er kann und darf nur noch mit *halberloschener, verschleierter Stimme* singen . . . aber mit *sicherer*. Das ist eine Eigenschaft, die Tamagno nicht hat. Er muß immer mit *voller Stimme* singen, ohne die sein Ton häßlich, unsicher, unsauber wird . . . Das ist etwas sehr Ernstes, was mir viel zu denken gibt! Lieber will ich die Oper nicht hergeben, wenn diese Stelle der Partitur nicht herauskommt . . . Ach, wenn Ihr 8 Tage eher gekommen wäret, hätte ich selber mit Tamagno sprechen und mich mit ihm verständigen können.«

In seinem Brief an Verdi vom 19. Januar setzte sich Giulio Ricordi auch, wie schon am 11. Januar, für Gemma Bellincioni ein: »Da wir von Künstlern sprechen, erinnere ich Sie daran, daß ich Sie fragte, ob die Partie der *Desdemona* wie die der Aida sei; und daß Sie mir antworteten: weniger dramatisch. Das ermutigt mich, Ihnen nochmals von der Teodorini und der Bellincioni zu sprechen. Es sind zwei ausgezeichnete Schauspielerinnen, aber die letztere übertrifft die erste an Grazie, an *Charme*.«

Am 23. Januar 1886 beantwortete Giulio Ricordi Verdis Brief vom 22. Januar. Verdi antwortete ihm am 24. oder 25. Januar in einem verlorengegangenen, auch in Hans Schneiders Katalog nicht enthaltenen Schreiben, auf das sich ein Brief Giulios vom 26. Januar bezieht, demzufolge er in enger Verbindung mit Tamagno stand. Verdis verlorengegangener Brief an Giulio Ricordi dürfte Tamagno etwas voreilig zum folgenden bewogen haben:

»Mailand, 29. Januar 1886 — Hochverehrter Signor Commendatore, die Dankbarkeit, die ich Ihnen gegenüber hege, ermutigt mich, diese Zeilen zu schreiben, um Ihnen auf gewisse Art die Genugtuung auszudrücken, die ich angesichts der Ehre empfinde, die Hochwohlgeboren geneigt waren, mir zu erweisen, als Sie mich zum Protagonisten *der ersehnten neuen Oper Otello* erwählten, in der ich hoffe, meine Partie so durchführen zu können, wie es eine große Oper erfordert. [. . .]« (Copialettere, 342)

Verdi antwortete dem Tenor:

»Genua, 31. Januar 1886 — Lieber Tamagno, es freut mich zu hören, daß Ihr die Partie des *Otello* zu Eurer Zufriedenheit übernehmen würdet; aber gleichzeitig muß ich mich über die Leute beklagen, die in meinem Namen Versprechungen gemacht haben, die sie nicht machen konnten.

Ich habe die Oper nicht fertiggestellt, und auch wenn sie fertig wäre, bin ich nicht durchaus entschlossen, sie aufführen zu lassen. Ich habe sie allein zu meinem Vergnügen geschrieben, ohne die Absicht, sie zu veröffentlichen; und in diesem Augenblick kann weder ich noch sonst jemand sagen, was damit anzufangen wäre! Eine andere Schwierigkeit kommt hinzu, nämlich geeignete Künstler für die verschiedenen Partien zu finden. Ihr wißt besser als ich, daß ein noch so bedeutender Künstler nicht für alle Partien paßt, und ich will da niemand zum Opfer machen, schon gar nicht Euch! Nun denn, mein lieber Tamagno (und das bleibt ein Geheimnis unter uns), wenn Ihr von Madrid zurückkommt, treffen wir uns in Genua oder sonstwo, und dann sprechen und diskutieren wir frank und frei. Vorerst keine Entscheidung, um so weniger als ich, ich wiederhole das, nicht *fertig* bin und nicht förmlich versprochen habe, die Oper aufführen zu lassen.

Ich danke Euch für den höchst liebenswürdigen Brief, den Ihr mir geschrieben habt, und nehme die Gelegenheit wahr, Euch meiner Hochschätzung und herzlichen Gesinnung zu versichern. [...]« (Copialettere, 343)

Hans Schneiders Katalog zufolge sandte Verdi mit gleicher Post eine eigenhändige Kopie dieses Briefes in einer mit den Worten »Ich lege Euch bei« beginnenden Mitteilung an Giulio Ricordi.

Der folgende Brief des Maestro an seinen Freund und Rechtsberater Giuseppe Piroli gibt ein eindeutiges Bild der damaligen Situation:

»Genua, 29. Januar 1886 [...] Der Impresario der Scala und Giulio Ricordi waren hier und brachten einen Brief mit vielen Unterschriften mit, um *Otello* von mir zu erbitten. Ich antwortete ihnen, daß der *Otello* nicht vollständig beendet ist und ich ihn, *wenn* ich ihn beende, an der *Scala* geben werde, immer vorausgesetzt, daß es dafür passende Kräfte gibt. Keinerlei feste Verpflichtung.

Dem Direktor der Pariser Opéra sagte ich, daß *Otello* in guten italienischen Versen geschrieben ist, die ich so gut, wie ich konnte, hervorzuheben bemüht war. Dieser Vorzug und vielleicht dieser Nachteil würde in einer Übersetzung zu sehr verändert, und darum müsse *Otello*, zum ersten Mal wenigstens, in einem italienischen Theater produziert werden.

Das ist alles, und das ist die ganze, komplette, vollständige Wahrheit. Alles Weitere, was Ihr lesen werdet, ist Phantasie der Journalisten. [...]« (Carteggi III, 175)

Indessen befand sich Emanuele Muzio als Dirigent einer Opernsaison in Nizza, von wo aus er Verdi in Genua besuchte und am 28. Januar 1886 an Giulio Ricordi schrieb:

»Wieviel Schwindel die französischen Zeitungen über *Otello* gedruckt haben! Gailhard hat zu allen gesagt, daß diese Oper nicht die Dimensionen ›*pour une grande salle comme le grand Opéra*‹ hat. Das ist die Fabel vom Fuchs, der, als er die Trauben nicht bekommen konnte, erklärte, er wolle sie nicht, weil sie sauer seien. [...] Der Maestro ist zur Zeit ganz in sich gekehrt und trägt das Quintett mit Chor, das nach Otellos Schmähung der Desdemona in Gegenwart aller kommt, in die Partitur ein; es ist eines der schönsten

Stücke neben dem Chor hinter der Bühne, den Boito hörte, und dem Eifersuchtsduett Otellos und Jagos. Du wirst hören, wieviel Neues es da gibt, wieviel Leidenschaft, Stärke und Tränen. *Salce! Salce! Salce!* im vierten Akt macht einen schaudern und weinen.

Nur Mut, alles wird gut gehen. Paß auf, daß Emilia ein Sopran ist (kein Mezzo, wie Du schriebst); sie erfordert eine kräftige und vor allem *intonierte* Stimme für die Verwünschungen Otellos im vierten Akt.« (Abbiati IV, 277)

»Verdi schreibt mir unter dem gestrigen Datum wieder«, berichtet Muzio am 1. Februar 1886 an Giulio Ricordi, » ›ich werde den Otello geben, falls ich Sänger finde, die mir gefallen‹. [...] Ich glaube, Dein Vater sollte dem Maestro wegen *Otello* schreiben, ohne ihn jetzt nach seinen Bedingungen zu fragen, weil er *genau gesagt* nicht fertig ist; aber er soll ihn prinzipiell fragen — er kann das gut —, ob, wie die erste Oper, auch diese, *die, wie er hofft, nicht die letzte sein wird,* seinem Hause gehören kann. Verdi wird antworten, daß sie nicht fertig ist, daß er Künstler finden will usw. und daß Zeit ist, aber Tito muß darauf beharren.« (Abbiati IV, 277–278)

Daraufhin schrieb Tito Ricordi am 3. Februar 1886:

»Mein lieber Verdi, ein Taktgefühl, das Du schätzen wirst, hat mich bis heute schweigen lassen; aber es bedrückt mich, noch länger zu schweigen.

Von Giulio habe ich Deine Nachrichten und auch die Otello angehenden bekommen. Ich weiß sehr wohl, daß Du Deine Arbeit noch nicht beendet und Dich darum, wie es recht ist, zu nichts endgültig verpflichtet hast. Aber ich hoffe, daß meine heißesten Wünsche bald belohnt sein mögen! . . . . . ich sage bald, weil meine Gesundheit sich verschlechtert und es, bevor ich diese arme Welt verlasse, mein größter Trost ist, noch einmal die Freude zu haben, einem neuen Meisterwerk von Dir zu applaudieren, das übrigens nicht, wie Du sagst, *das letzte* sein wird! . . .

Jetzt bringe ich Dir nur die Hoffnung zum Ausdruck, daß Du, wenn Du den *Otello* beendet hast, meinem Hause die Ehre geben wirst, ihn zum Gefährten Deiner anderen unsterblichen Meisterwerke zu machen, die Du meinem Hause bereits gewährt hast. — Und so wirst Du mir doppelten Trost bei dem Gedanken verleihen, daß meinem Hause und meinen Kindern ein neues, solides Fundament für die Zukunft bleiben wird. —

Aber ich sage Dir nicht mehr und erwarte zuversichtlich ein wohlwollendes, endgültiges Wort von Dir. —

Unterdessen umarme ich Dich von Herzen und stimme allen anderen bei, um Dir unser Theater und unsere Kunst nahezulegen, die Du allein zu Ruhm und Achtung bringst.

Empfiehl mich Deiner vortrefflichen und besten Signora Peppina und sei in Liebe und Dankbarkeit umarmt von Deinem alten Freund Tito Ricordi

P. S. Mein höchster Wunsch wäre, daß Du meinem Hause den *Otello für sämtliche Länder* überließest. — Nochmals herzlichst Dein Tito Ricordi«

Trotz finanziell verlockender französischer Angebote blieb Verdi Ricordi treu.

Am nächsten Tag berichtete Giulio Ricordi Verdi optimistisch über Besetzungsfragen und daß die Bellincioni in Verbindung mit einem Ballett an der Scala in zwei Akten des *Roberto il Diavolo* zu hören sei. Er bekam die folgende Antwort vom 7. Februar:

»Lieber Giulio, Es lohnt sich nicht, die Bellincioni in zwei Akten zu hören. Man muß sie in einer vollständigen Oper hören, um sich einen Begriff von ihren Vorzügen, ihren Schwächen zu machen, und ob sie durchhalten kann. Ich möchte sie nicht in der Traviata beurteilen! Eine Mittelmäßigkeit kann Qualitäten haben, um in dieser Oper hervorzuragen, und ganz schlecht in allen anderen sein. — Wenn Ihr mir *24* Stunden eher geschrieben hättet, wäre ich heute abend nach Mailand gekommen. Das war der günstige Moment. Man hätte nachher zu etwas Praktischem kommen können, und für den Fall, daß mir die Bellincioni nicht paßte, hätte man an irgendeine andere denken können. So hängen wir immer halb in der Luft, man verliert Zeit, und ich arbeite nicht!

Auch bei den Tenören findet Ihr alles leicht, und ich finde es sehr schwierig. Ich, der ich weder für den einen noch den anderen Künstler komponiert habe, finde jetzt beim Anblick der fertigen *Partien* keinen, der mir paßt. — Masini hat mir (auf Cortis Vorschlag) geschrieben ... Ich habe ihm geantwortet, er solle überhaupt nicht an Otello denken. Gestern kam (wiederum auf Cortis Vorschlag) der Bariton Devoyod zu mir . . . Ich habe ihm geantwortet wie Masini. Viele andere haben mir geschrieben, und ich habe nicht geantwortet. Inzwischen kommen wir nicht vorwärts und, was noch schlimmer ist, stört, beunruhigt einen das alles, und man verliert Zeit! Ach, die Zeit, die Zeit! . . . Paßt auf, lieber Giulio, daß sie Euch am Ende nicht fehle! Wenn ich's nicht schaffe, das *Nicht Wenige*, was mir zu tun bleibt, vor dem Sommer fertigzumachen, wird Otello nicht möglich sein.

Teilt diesen Brief Corti mit und hebt ihn auf. Man soll später nicht sagen müssen: ›Wir hofften, wir glaubten‹ usw. usw.

Addio, addio  G. Verdi«

Die etwa dreimonatige Lücke in der Korrespondenz Verdis und Boitos ist vermutlich weniger mit dem Verlust von Briefen als mit Boitos Aufenthalt im April und Mai in Quinto al Mare, einem Vorort Genuas, zu erklären. Offenbar sahen sie sich auch zwischen dem 20. und 22. Februar 1886 in Mailand. Verdi fuhr kurz dorthin, um auf Giulio Ricordis Drängen Gemma Bellincioni persönlich zu hören und zu sehen. Das Ergebnis, das Romilda Pantaleoni wohl von ihrem Freund Faccio erfahren hatte, berichtete sie ihrem Bruder Alceo am 27. Februar 1886 aus Rom: »Heute benachrichtige ich Dich von meinem neuen Vertrag mit der Scala für nächstes Jahr! [. . .] Ricordi [. . .] versuchte, mir den Weg auch diesmal zu versperren, nur weil er eine neue Flamme, die Primadonna Bellincioni, hat, die er selbst *Verdi* aufdrängen wollte. Er hatte es aber mit Verdi selber zu tun (der Ricordi nicht traute und die Bellincioni in der Scala *in persona* anhörte; er hatte es mit den Cortis zu tun, die mich wollten; er hatte es mit der Stolz zu tun, die für die rechte Sache kämpfte, die meine, und mit D'Ormeville und Faccio, die Verdi vereint zu verstehen gaben, mit welcher Ungunst Ricordi *mich ehrte*. — Mehr brauche ich Dir nicht zu sagen, und um Dir weitere Details zu geben, schicke ich Dir die beiden lieben letzten Briefe, die ich von Faccio bekam! Also ich werde Desdemona sein!«

Am 14. März 1886 schrieb Muzio an Giulio Ricordi aus Genua: »Boito trat ins Zimmer des Maestro ein, als er gerade am Klavier saß und mich zum zweiten Mal das Schlußduett des 1. Aktes hören ließ, das einzige Stück, das er [Boito] noch nicht gehört hatte, weil er [Verdi] es erst dieser Tage beendet hat. Nach Tisch und bevor Boito ankam, sprach ich mit dem Maestro über die französische Übersetzung, und er sagte mir, er wäre höchst zufrieden, wenn Boito sie selber machte; und er fügte sogar hinzu, daß er die Autorenrechte nicht beanspruchen werde und sie ihm für die Übersetzung lassen wolle. Er wird es ihm selber zu rechter Zeit und am rechten Orte sagen.« (Abbiati IV, 279)

Am 17. März 1886 teilte Verdi aus Genua Arrivabene mit: »Ich bin im Aufbruch nach Paris!!! Was sagst Du dazu! Du wirst erstaunt sein, aber sicher nicht mehr als ich! [...] Ich gehe also nach Paris und weiß wirklich nicht genau, warum. Ich gehe ein bißchen, um Maurel zu hören, ein bißchen, um zu sehen, ob sie dort noch verrückter sind als zuvor, ein bißchen auch, um mich zu bewegen.

Es wird eine Sache von vierzehn, allerhöchstens zwanzig Tagen sein! Der *Otello* geht langsam, aber er geht! ... Werde ich ihn beenden? Vielleicht ja. Werde ich ihn geben? Die Antwort ist auch für mich schwer! Inzwischen machen wir weiter, und *amen.*« (Alberti, 331—332)

Verdi hatte Widerspruchsvolles über Maurel gehört und war nun »nicht mehr besorgt«, wie Muzio aus Paris an Giulio Ricordi schrieb, sondern »wieder heiter. Er ist bester Laune, spielt und singt und singt von neuem und trägt ein paar Stellen der Partie des Jago vor, die, wie er sagt, wunderbar interpretiert sein werden.« (Abbiati IV, 280)

Aus Paris erhielt auch Giuseppe Piroli eine Mitteilung Verdis vom 4. April: »Uns geht es ebenfalls gut, trotz der Beschwerden unserer Reise und vor allem des Aufenthaltes ... Nie ein Augenblick Ruhe; und ich gehe sogar fast jeden Abend ins Theater. Das ist eine Notwendigkeit!! Ich muß diese jungen Künstler hören, die ich nicht kannte. [...] Wir bleiben die ganze Woche lang hier. Sonntag oder Montag, den 12., reisen wir ab. Wir fahren durch den Gotthard, bleiben zwei Tage in Mailand und sind um den 16. herum in Genua.« (Carteggi III, 176)

Wie Boito am 16. April 1886, am ›Nerone‹ arbeitend, aus Quinto — Genua noch näher als Nervi gelegen — Tornaghi mitteilte, machte er am selben Tag »einen Sprung nach Genua, um den Maestro zu sehen«. Am 24. April 1886 schrieb er an »Julius« aus Quinto: »Ich werde nicht vor Anfang Juni nach Mailand zurückkommen. Hier geht es mir gut und ich arbeite gut (gut heißt nicht schnell) in einem sauberen und stillen Hotel, wie ein Eremit; ich sehe den Maestro oft und habe aus allen diesen Gründen keine Eile, nach Mailand zurückzukommen.«

»Ich habe eine sehr liebe Freundin verloren, die ich seit 44 Jahren kannte!« schrieb Verdi am 23. Juli 1886 aus St. Agata an Maria Waldmann. »Die Gräfin Clara Maffei, die Ihr vielleicht dem Namen nach kanntet! Gut, intelligent, liebevoll . . . und dabei eine Freundin, auf die man zählen konnte! . . Arme Clarina! Und so gehen sie alle einer nach dem anderen dahin! [. . .]

Ach, Otello?!! Glaubt nicht an das, was die Zeitungen erzählt haben. Es ist wahrscheinlich, aber nicht sicher. Ich habe noch gar nichts versprochen . . . und bin recht wenig geneigt, zu versprechen . . . Wir werden sehen!

Gerade eben aus Montecatini zurückgekommen, werden wir uns nicht mehr rühren, bis wir im Winter nach Genua und vielleicht nach Mailand gehen.« (Bologna)

Am 14. August unterrichtete Franco Faccio Giulio Ricordi von einem kürzlichen Besuch in St. Agata. Dort prüfte der Maestro mit ihm »die Partie der Desdemona, die mir der Pantaleoni ebenso zu liegen schien wie allen Sopranistinnen in entsprechenden Partien aller Verdi-Opern. Was die *Art* der Partie betrifft, ist die Pantaleoni ihrer Natur gemäß mehr zu stark dramatischen geneigt; das will aber nicht sagen, daß sie Partien nicht liebe, für die sie sich auf Zartheit und Empfindsamkeit einstellen muß. Ich machte den Maestro auf den ehrlichen und, ich glaube, verdienten Erfolg aufmerksam, den sie in Le Villi erzielte. [. . .] Er zeigte sich empfänglich für die Pläne der Künstlerin und fügte hinzu, daß er im Augenblick zu arbeiten habe, mir aber bald schreiben würde, um die Pantaleoni nach Genua oder St. Agata einzuladen. Dann wird sie von Deinem freundlichen und wertvollen Angebot, sie dorthin zu begleiten, Gebrauch machen können; ich habe die Pantaleoni von Deinem Angebot unterrichtet und übermittle Dir bis dahin im voraus ihren wärmsten

Dank. — Es ist mir nicht möglich, Dir hier von der Musik des Otello zu sprechen, den ich nun fast gänzlich kenne und so bewegt gehört habe, wie Du Dir leicht vorstellen kannst. [. . .] Verdi hatte noch zu arbeiten, wie ich schon schrieb. Aber das ist Arbeit an der Instrumentation, nicht der Komposition. Im Augenblick, in dem ich ihn leider verlassen mußte, blieb ihm nur noch sehr wenig in der Instrumentation des 1. Aktes zu vollenden; aber er hatte fast noch den ganzen 2. und 3. Akt zu instrumentieren. Der letzte, der wunderbare letzte Akt, ist gänzlich beendet und aus Verdis Kopf sozusagen schon fix und fertig instrumentiert gekommen — so genial und aus einem Guß ist die Komposition.« (Ricordi)

Einem Brief an Verdi vom 18. August 1886 zufolge trat auch Giulio Ricordi, wie bereits am 30. Juni des Jahres für die Besetzung der Desdemona mit der Pantaleoni ein. Er verwies auf ihre naive, zärtlich-jugendliche Mädchenrolle in ›Le Villi‹, »deren Erfolg an der Scala, das ist wahr, der Pantaleoni zu danken ist.[. . .] Meinerseits bin ich sicher, daß diese Künstlerin Sie zufriedenstellen wird, weil sie große Intelligenz und musikalische Intuition hat. Außerdem hat sie das Talent, keinen einzigen Vertrag mehr anzunehmen, um an der Scala bei guter Stimme zu sein, und das beweist, wie wohl sie die Wichtigkeit ihrer Verpflichtung versteht.«

Nachdem Giulio Ricordi Romilda Pantaleoni am 29. August persönlich nach St. Agata begleitet hatte, schrieb Verdi den folgenden Brief:

»St. Agata, 2. September 1886 — Lieber Faccio, Signora Pantaleoni ist eben abgereist und hat mir zu hoffen gegeben, daß sie gegen Mitte Oktober wiederkommen wird, wenn ihre Partie gänzlich kopiert, sogar gedruckt sein wird. Ich habe Giulio den vierten Akt übergeben, in dem Desdemona den größten und schwierigsten Teil hat. Das Lied von der Weide bereitet dem Komponisten sowohl wie der ausführenden Künstlerin größte Schwierigkeiten. Sie sollte, wie die Allerheiligste Dreifaltigkeit, mit drei Stimmen singen: mit einer für Desdemona, einer anderen für Barbara (die Magd) und einer dritten für das ›Salce, salce, salce‹. Signora Pantaleonis Stimme wird bei heftigen Stellen scharf, bei hohen Noten etwas zu beißend; sie gibt sozusagen zu viel Metall. Wenn sie sich daran gewöhnen

könnte, mit etwas mehr Kopfstimme zu singen, würde ihr das smor-
zato leichter gelingen, und ihre Stimme wäre auch sicherer und natürlicher — Ich habe ihr geraten, so zu studieren; und Ihr mit Eurem
Einfluß solltet ihr denselben Ratschlag geben. Außerdem ist es nicht
immer wahr, daß ihr D ein so schlechter Ton ist, wie sie sagt. Es gibt
eine Stelle, bei der es ihr bestens gelingt:

Diese Phrase wird dreimal wiederholt. Das letzte Mal gelingt sie ihr
gut, die beiden anderen Male weniger.

Ich habe Euch offen gesagt, was ich denke, und sage Euch nochmals, daß ihr die Partie der Desdemona — obwohl sie sich ihrer
Empfindungsweise und Stimme nicht vollkommen anpaßt — bei
ihrem großen Talent und Bühneninstinkt, gutem Willen und Studium bestens gelingen wird... Beachtet außerdem, daß sie viele,
viele Dinge spielend leicht macht. Addio; ich weiß nicht, was ich
Euch in so großer Eile geschrieben habe. Versucht, es zu verstehen.
Addio, Peppina grüßt Euch  Euer G. Verdi« (Toscanini)

Faccio dankte dem Maestro — vermutlich ein zweites Mal — am
7. September aus Brescia:

»Auf der Durchreise nach Abano konnte die Pantaleoni dem
Wunsche nicht widerstehen, sich in Brescia ein paar Stunden lang
aufzuhalten, um mir alle Einzelheiten ihrer denkwürdigen Reise
nach St. Agata zu erzählen.

Sie strahlte vor Freude und lachte und weinte gleichzeitig, als sie
mir von der liebevollen Aufnahme sprach, mit der sie der große
Maestro beehrte, von den Studien mit dem berühmten Autor, von
seinen wohlwollenden Ermutigungen, seinen wertvollen Ratschlägen zur Korrektur ihrer stimmlichen Fehler — kurz, sie sagte mir
ausführlich, was Sie, hochverehrter Maestro, mit der ganzen Fein-
fühligkeit Ihres Herzens mir gleich so höflich geschrieben haben.«
(Abbiati IV, 292)

Schon vor der Vollendung des Werkes am 1. November 1886
kommt es zu einem besonders regen Briefwechsel zwischen Verdi

und Giulio Ricordi über alle erdenklichen Fragen der Edition und Aufführung. Während der Maestro in St. Agata noch mit der Instrumentation der Oper beschäftigt ist, erhält Ricordi schon die fertigen Teile der Partitur, so daß auch der Klavierauszug sogleich gemacht werden kann. Eine kleine Auswahl aus den nahezu täglichen Briefen möge einen Blick in die Sorgen und Probleme der Beteiligten gewähren:

»*Freitag* [St. Agata, 17. September 1886] — Lieber Giulio, ich schicke Euch den Klavierauszug des 4. Aktes. — Da gab es wenig neu zu machen. Der Verfasser des Klavierauszuges hat sich vielleicht im Tempo geirrt, das nicht ganz so schnell ist, wie er wohl geglaubt hat; und so habe ich zu viel vereinfacht, wenn Desdemona sagt *Cassio non amo* [Cassio liebe ich nicht] usw. und so auch beim *Otello non uccidermi* [Othello, töte mich nicht] usw. usw. . .

Korrigiert in der Partitur ein *Gis* im Solo der Kontrabässe und die *Klarinette*

Morgen gehe in an die Arbeit zurück. —

Addio, addio  G. Verdi

Achtet auf *Rodrigo* und *Emilia*: Ich werde wild und unerbittlich sein! Es wird mir nicht wahr scheinen, eine Ausrede zu finden . . . . Wie es Boito nicht wahr schien, den Otello übersetzen und Nerone verschieben zu müssen.« (Palatina)

»Mailand, 20. September 1886 — Hochverehrter Maestro, nachdem die zwei Korrekturen in der Partitur gemacht waren, habe ich noch heute den Klavierauszug des 4. Aktes mit den von Ihnen bezeichneten Änderungen zum Stechen gegeben. Ich danke Ihnen sehr vielmals dafür und bedauere, daß sie Ihnen Verdruß und Arbeit verursacht haben. — Wie er jetzt ist, scheint mir der Auszug das Orchester glücklich zu übertragen — also nochmals tausend Dank.

Alles arbeitet für *Otello*; und damit Sie die berühmte, mir drohende . . . . *Ausrede* nicht finden mögen, will ich Ihnen sagen, daß wir einen vortrefflichen Rodrigo gefischt haben!! Eine der beiden Ausreden fällt also schon weg. — Jetzt sind wir daran, die Signora Emilia zu fischen, und heute werde ich eine mit Faccio hören. Wir

haben uns mit Cairati über den Chor geeinigt: statt 100 werden wir
104 Stimmen haben, indem wir die Frauen auf 40 statt 36 brachten. − Ich werde Cairati auch die Partitur sehen lassen, damit er die
Stimmen sowohl wie den Knabenchor einteilen kann. −

Edel ist diesmal vernünftig gewesen!!! . . . . wieder ein neues
Wunder Verdis!! . . Von den 58 Kostümentwürfen hat er 53 fertiggemacht; und um ihn mir nicht entfliehen zu lassen, habe ich ihn
mit mir heraus an den [Comer] See genommen und dort eingeschlossen, bis er alles beendet hat. So haben wir gestern eine Sitzung von 3 ein halb Stunden mit Boito gehabt (der minuziös . . . . .
wie ein Benediktiner ist!!); und da auch Giacosa dort draußen war,
haben wir auch ihn zur Ausstellung der Entwürfe eingeladen. Ich
hoffe, Sie werden nichts dagegen haben, nicht wahr? . . . Ich freue
mich, Ihnen zu sagen, daß die Kostüme ungeheuren Erfolg gehabt
haben: Edel hat sich wirklich übertroffen. Wir haben auch das Problem des letzten Kleides der Desdemona gelöst. Edel hat sich ein
paar Bemerkungen Boitos und Giacosas gründlich angehört und arbeitet heute an den nötigen Korrekturen. − Es fehlt nur noch eine
Figurine für Otello, eine für Emilia und 3 für den Chor. Ich hoffe, er
wird in ein paar Tagen fertig sein, und so werden wir Ihnen zu geeigneter Zeit alle Entwürfe für Ihre Billigung vorlegen können. [. . .]«

»Pro Memoria: Angenommen, daß ich fertigmachen kann, was
mir für die Musik des Otello zu tun bleibt, wird es gut sein, daß das
Haus Ricordi schon jetzt die Bedingungen vor allem mit der Impresa der Scala festlegt. −

1. Das Haus Ricordi wird mit der Impresa die Leihgebühr be-
stimmen, von der ich meinen Anteil beziehen werde usw. usw. − −

2. Ich werde an allen den Proben teilnehmen, (die ich für nötig
halten werde); aber ich will mich in keiner Weise dem Publikum gegenüber verpflichten, und folglich wird auf dem Theaterzettel einfach stehen:

Otello

Text von Boito

Musik von Verdi

Kein Mensch, *absolut keiner* zu den Proben, wie üblich − Es ist
meine vollständige Vollmacht, die Proben aufzuheben und die Vor-

stellung selbst nach der Generalprobe zu verhindern, wenn
entweder die Aufführung
oder die Inszenierung
oder *irgend etwas anderes* mir in der Leitung des Theaters nicht zusagen sollte.

Das zum Otello gehörige Personal wird mir direkt unter-
stehen . . . der Dirigent des Orchesters, des Chores, der Spielleiter
usw. usw.

Die erste Aufführung wird ohne meine Autorisation nicht zu
machen sein, und falls man glauben sollte, diese Bedingungen umgehen zu können, wird mir der Ricordi-Verlag hunderttausend
(100.000) Lire Strafe zahlen. — GV
— Ich verlange Normalstimmung in den Theatern.
— Eine Loge Premiere Scala zur Verfügung der Signora Verdi.«

»Cernobbio, Sonntag, 3. Oktober 1886 — Hochverehrter Maestro, ich habe Boito noch hier gefunden, der immer der Mann der
Überraschungen ist! Er geht nicht mehr an den Lago Maggiore, sondern nach Varese, und auch er wird gegen den 12. d.M. in Mailand
sein. So werden Faccio, Boito, Edel, Ferrario zur Zeit Ihres Kommens dort sein — und Sie werden alle Anordnungen geben können,
die Sie wünschen. [. . .]

Ich habe auch die allgemeinen Bedingungen deutlich ausgesprochen . . ., die Corti mit geschlossenen Augen akzeptiert [. . .]

*Danke* für die liebe und warme Gastfreundschaft, die Sie uns gaben [. . .]«

»Mittwoch [St. Agata, 13. Oktober 1886] — Lieber Giulio, Um
mein Telegramm besser zu erklären, sage ich, daß ich morgen nach
fünf Uhr ankommen werde.

Macht keine Umstände, an den Bahnhof zu kommen (es fällt zu
sehr auf), kommt vielmehr zum Essen um sechs.

Benachrichtigt Spatz von meiner Ankunft und sagt ihm, daß ich
allein sein werde; folglich ist es nicht wichtig, ob das übliche Appartement frei ist oder nicht, da es auch nur um wenige Tage geht. Benachrichtigt ihn erst nach zwei Uhr, dann wird er keine Zeit mehr
haben, meinen Namen vor meiner Ankunft in die Zeitungen zu
bringen. Nachher wird er reichlich Zeit dafür haben. Bestellt bei ihm

zwei Abendessen, wenn Ihr mir die Freude macht. Nachher können wir an die Arbeit gehen, wenn sich's um wenig handelt, weil sie mich nach Tisch anstrengt. Vielleicht wird es besser sein, sie bis zum nächsten Tag nach dem Frühstück aufzuschieben. Wir werden Zeit haben!! Bereitet alles vor und benachrichtigt alle — *Malersaal, Technik, Dekorationen, Blitze, Donner, Dichtung, Musik, Cairati, Faccio,* wenn er in Mailand ist, *Boito,* wenn er in Mailand ist.

Addio.  G. Verdi«

»Mailand, 18. Oktober 1886 [. . .] Tun Sie mir den Gefallen, das Original anzusehen und mir genau anzugeben, wie die letzte Phrase Otellos sein muß. Im Bürstenabzug haben Sie sie so korrigiert

In der Kopie der Partitur wäre sie so

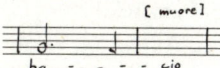

das heißt, als ob die letzte Silbe beinahe verhaucht wäre.

Boito bittet Sie, ihm den Band der französischen Übersetzung von Hugo zu schicken [. . .]«

»Sonntag [St. Agata, 24. Oktober 1886] — Heute verlorener Tag für die Instrumentation des Otello! Wehe mir! Wehe mir!

Ich schicke den Brief Mahillons zurück. Ich glaube, es wird gut gehen, die Trompeten für die zwei höchsten Stimmen *eine Oktave* höher zu machen. —

Es erschreckt mich, zu hören, daß unsere Trompeter nicht einmal mehr das hohe *G* blasen können. Und ich habe die Hörner und Trompeten im Otello an vielen Stellen hoch geschrieben!! Seltsam! Ich erinnere mich, daß ich in meiner Jugend im kleinen Orchester von Busseto (mit den geraden Trompeten in *G*) *D* und *E* in Hülle und Fülle blasen ließ, und manchmal auch *G*, nämlich genau diese Noten

Öffne dich, o Erde! Es ist heutzutage nicht glaubhaft, aber wahr! .
Laßt Faccio einen Blick auf die Trompeten und Hörner im *Otello*
werfen und ihn sich mit dem Musiker beraten usw. [. . .]

Ich lege einen Brief von Muzio bei, den Ihr Boito lesen lassen
werdet. Ich werde nicht so schnell antworten oder mit einem Brief
(die Glocke läutend), der mich noch nicht verpflichtet. Aber es ist
besser, mit Boito festzulegen, was getan werden kann und muß. Ich
sprach ihm letzthin *en passant* davon, aber wir legten nichts fest.
Jetzt, wenn er Muzios Brief gelesen hat, möge er sagen, ob dieses
Ballett gemacht werden *kann* und *muß*. Er soll es Euch sagen oder
mir schreiben. Aber er kann ein paar Tage darüber nachdenken und
dann, wenn er seine Meinung klar und deutlich gesagt hat, werde
ich denen von der Opéra eine endgültige Antwort geben.

Ihr werdet auch den Brief für Ferrario finden! Und dann? — —
Gibt's noch mehr?

Schickt mir Muzios Brief zurück.

Ich glaube, fertig zu sein. Addio  G. Verdi«

»*Dienstag* [St. Agata, 26. Oktober 1886] — Lieber Giulio, habt
Ihr alles erhalten, was ich vorgestern geschickt habe? . . .

Brief Mahillon

Brief Muzio

Brief Ferrario

Brief Requiem

Brief . . . wer weiß was?!

Heute schicke ich 1. Akt gedruckt

Terzett III. Akt im Klavierauszug . . .

Es gibt ein paar Noten in der Partitur hinzuzufügen. Korrigiert inzwischen die Kopie; und macht die roten Zeichen im Original . . .

Ich hoffe, heute ein bißchen instrumentieren zu können. Aber
wer weiß! Was wird mit der Post um *11* und um *5* ankommen? Peppina hat recht: ›Gesegnet sei die Vergangenheit! Zweimal Post in
der Woche.‹ Addio  G. Verdi« (Palatina)

»Dienstag [St. Agata, 26. Oktober 1886] — Verehrter Signor Tornaghi, durch Ihren Brief erfahre ich, daß Giulio nicht wohl ist. Ich
hoffe, es ist nichts Schlimmes und daß er bald wieder tätig sein
kann.

Heute früh habe ich den Klavierauszug von einem Teil des drit-
ten Aktes und die Bürstenabzüge des ersten Aktes geschickt. Im
Duett des Finales habe ich eine Korrektur gemacht, die nicht gut ist.
Bei den Worten der Desdemona

*Ed io vedea fra le tue tempie oscure*
*Splender il genio che in fronte ti sta*
[Und ich sah zwischen den dunklen Schläfen
Den Geist strahlen, der dir auf der Stirn steht]

habe ich ein *C* aus dem *F* gemacht. Sagen Sie dem *Chefkopisten*, das
*F* zu lassen, wie es *vorher war*..

Stets Ihr ergebener  G. Verdi

Sie werden's nicht glauben! Aber ich habe noch keine Zeit
gehabt, das Formular des Vertrages zu lesen, das Sie mir geschickt
haben —«

Nach einem zweiten Studieren in St. Agata schrieb Romilda Pantaleoni am 29. Oktober an ihren Bruder Alceo:

»Gestern abend kehrte ich von Busseto zurück, wo ich zwölf
Tage im Genuß der erhabenen Harmonie des großen Alten verbrachte! Wenn Du die himmlischen Sachen und die Kraft dieses
Künstlers erleben könntest! Es scheint unmöglich, daß dies alles
von einem Mann erschaffen wurde, der über *siebzig* ist! Und welche
Zartheit und Tiefe ist im Blick seines Genies! Er ließ mich täglich
zweimal studieren, morgens und gegen Abend! Und ich versichere
Dir, daß ich mit ihm die unerhörten Schönheiten jener süßen und
gleichzeitig machtvollen Melodien gründlich erforscht habe; ich
glaube wirklich, daß ich mit dieser Oper zum Höhepunkt meines
Ruhmes gelangen werde!«

Am selben Tag benachrichtigte Verdi ihren Freund:

»St. Agata, 29. Oktober 1886 — Lieber Faccio, wie Ihr wißt, ist
Signora Pantaleoni gestern abgereist. Sie beherrscht ihre Partie ausgezeichnet und wird, wenn die *Sterne* und die Schrullen des Publikums der Oper an jenem Abend nicht feindlich sind, wohl überall
Wirkung erzielen. Sehr gute im Quartett, im Duett und Finale des
dritten Aktes und im ganzen vierten. Sie braucht kein Lampenfieber
zu haben. Ihre Töne werden sehr schön sein, wenn sie weniger
scharf und immer mit *Kopfstimme* singt, wie ich ihr übrigens auch

an vielen anderen Stellen zu singen geraten habe. Wenn es etwas auszusetzen gibt, ist es in der Szene des ersten Aktes. Dort ist etwas Leichteres, Duftigeres und, sagen wir ruhig, Sinnlicheres vonnöten, wie es die Situation und die Dichtung erfordern. Ihre *Solo*-Phrasen singt sie ausgezeichnet, aber mit zu viel Ausdruck und zu dramatisch. Wir werden jedoch weitere Proben haben und den rechten Ausdruck schon finden.

Dies bleibe unter uns, aber wenn Ihr mal durch die Partie mit ihr geht, sagt ihr, soviel wie möglich mit Kopfstimme zu singen.

Und jetzt, mein lieber Faccio, bitte ich Euch wärmstens, Tamagno (wenn er eingetroffen ist) seine Partie studieren zu lassen. Er ist im Notenlesen so schlampig, daß mir wirklich daran liegt, ihn die Partie mit einem wahren Musiker studieren zu lassen, der ihm die Noten mit dem richtigen Wert und *in tempo* beibringen kann. Für den Ausdruck des Chors sorgen wir später, wenn ich Euch alle meine Absichten betreffs des Gesanges, der Bühne usw. usw. mitgeteilt haben werde. Und nun grüße ich Euch in Eile von Herzen. Euer  G. Verdi« (Morazzoni, 45)

Faccio dankte dem Maestro:

»Mailand, 31. Oktober 1886 — Ihr Brief erreichte mich, als ich in der Stille meines Zimmerchens über die Wunder der Partitur des 1. Aktes staunte — kühn, überwältigend, einfallsreich in der Sturmszene, funkelnd in den *fuochi di gioia* [Freudefeuern], höchst wirkungsvoll in der Szene des Trinkliedes und des Aufruhrs, paradiesisch im Duett des Finales. [...]

Sie sind also nicht unzufrieden mit der Pantaleoni! Oh! Welche Genugtuung für mich und welches Glück, welche Ehre für die sehr bescheidene Künstlerin! Und wie dankbar sie Ihnen ist! Wenn Sie den Brief lesen, in dem sie mir mit zartester Bewegung von Ihnen und der vortrefflichen Signora Peppina spricht! Ihr werdet hören, sagt sie mir, wie viele Feinheiten der gute, hochverehrte Mann mich gelehrt hat. [...]

Sobald Tamagno eintrifft (in ein paar Tagen), werde ich ihn studieren lassen und vor allem, wie Sie mit Recht wünschen, um die *musikalische Präzision* besorgt sein. [...]« (Abbiati IV, 295)

Und nun bekam Giulio Ricordi die folgende Nachricht:

»St. Agata, 1. November 1886 — Lieber Giulio, aus dem letzten Schreiben Tornaghis, der ›Giulio geht es viel besser‹ sagte, entnehme ich, daß Ihr jetzt vollkommen wiederhergestellt seid; und ich schreibe Euch, um Euch zu sagen, daß Otello vollständig fertig ist!! Wirklich fertig!!!! . . . . Endlich!!!!!!!! Ich wage nicht, ihn per Post zu schicken, weil zu viele neue Seiten darunter sind, und wehe, wenn die verlorengingen! — Arrangieren wir es also wie vorher. Schickt Garignani bis nach Fiorenzuola, (weil es mir jetzt unbequem wäre, zu früh aufzustehen oder zu spät nach Hause zu kommen, um nach Piacenza zu gehen.) Vereinbaren wir es für *Mittwoch*, den *3*. Garignani müßte von Mailand mit dem *Eilzug* von *11:40* abfahren und in Fiorenzuola um *2* Uhr nachmittags eintreffen — Er würde gleich mit dem Zug von *2:36* zurückfahren und wäre um *5:05* . . wieder in Mailand. Ich wäre selber um zwei in Fiorenzuola, und wir hätten eine gute halbe Stunde zu *plaudern*, wenn es nötig sein sollte.

Habe ich mich erklärt?

Wenn's Euch so recht ist, schickt mir gleich ein Telegramm, das ›Einverstanden‹ sagt, und ich werde, ich wiederhole, mit all den Papierchen Mittwoch um zwei Uhr nachmittags in Fiorenzuola sein.

Addio, addio, und laßt es Euch immer gut gehen. G. Verdi«

Dann traf ein letzter Brief in St. Agata ein, in dem der neunundsiebzigjährige Opprandino Arrivabene am 31. Oktober 1886 bedauerte, »den *Otello*, das *große Finale* Deiner künstlerischen Laufbahn wohl nicht mehr zu erleben«. Er erhielt diese Antwort:

»St. Agata, 4. November 1886 — Lieber Arrivabene, was zum Teufel fällt Dir ein . . . und was zum Teufel sagst Du da?!! Verjage alle Melancholie und denke daran, Dich zu erholen. Ich verstehe das Alter, aber schließlich bist Du gesund. Du bist schlank, ohne Launen . . . und außerdem ist es jetzt Mode, 90, 115, 130 Jahre zu leben, wie ich gestern abend von einer Frau dieses Alters las, die zwei Söhne im Alter von 85 und 94 Jahren hinterließ!!

Hinweg also mit der Melancholie, und erhole Dich schnell, denn ich hoffe Dich im nächsten Frühjahr zu umarmen, wenn meine Arbeiten vorbei sind und ich nach Rom kommen kann. —

Ich bin etwas erschöpft, aber es geht mir nicht schlecht. Ich habe den *Otello* vollständig beendigt! Jetzt . . . *à la grâce de Dieu!*

Nur Mut! Ich grüße Dich von Peppina und drücke Dir beide Hände in alter Liebe. Herzlichst G. Verdi« (Alberti, 333—334)

Unter demselben Datum schrieb Verdi aus St. Agata:

»Lieber Giulio, . . . . . Beschäftigen wir uns nun also ernstlich mit der Aufführung und hüten wir uns davor, auf die Nase zu fallen. Hier entsteht eine ernste Frage, ernster, als es auf den ersten Blick scheint: *Die Frage Tamagno* meine ich. —

Die *Pantaleoni* kann ihre Partie auswendig, und wenn wir zu den Klavierproben kommen, werde ich ihr fast nichts mehr über Farben, Betonungen usw. usw. usw. zu sagen haben.

*Maurel* wird, wenn er die Musik mal studiert hat, den Rest erraten, und auch mit ihm wird es wenig oder gar nichts zu tun geben.

Nicht so mit *Tamagno*. Auch wenn er die Musik gut gelernt hat, wird es viel über Interpretation und Ausdruck zu sagen geben. — — Die Bemerkungen, die ich notwendigerweise an ihn mehr als an alle anderen richten muß (an ihn, den Tenor der *5 000* Lire!) könnten (besonders gegenüber Maurel) seine Eigenliebe *blesser* und seine Empfindlichkeit erregen. Auf diese Weise entstehen schlechte Launen, Ärgernisse, *Kränkungen, Streit . . .* und dann *brrrrr . . .* weiß man nicht mehr, wie es endet. Das ist eine Gefahr: eine Gefahr, die um jeden Preis zu vermeiden ist! Was tun?

Wenn die Jahreszeit weniger fortgeschritten wäre, könnte ich ihn bitten, hierher nach St. Agata zu kommen! Aber wie würde er jetzt seinen Tag verbringen? Ich könnte ihn nicht den ganzen Tag singen lassen; und nach ein paar Stunden des Studiums müßte ich mich noch in irgendeiner Weise seiner annehmen, mit Plaudern, Billardspielen, Spazierengehen oder hin und her Laufen. Lauter Dinge, die mich sehr, sehr ermüden würden; und ich habe es in diesem Moment wirklich nicht nötig, mich noch mehr zu ermüden! Es wäre mir unmöglich! —

Ein anderer Plan wäre, ihn zu bitten, nach Genua zu kommen. Wir könnten früher als geplant zwischen dem *15.* und *20.* dieses Monats dort sein. Bis dahin könnte Tamagno die Noten gut mit Faccio studieren und um den 20. herum nach Genua kommen. Er könnte im *Londra* oder *Milano* wohnen — nahegelegene Hotels — und gegen *12* Uhr vormittags zu mir kommen, um ein paar Stunden

zu studieren; dann könnte er einen Spaziergang machen und gegen
*6* wiederkommen, die Suppe mit uns zu essen. Nachher tränke man
einen guten *Kaffee* und rauchte eine gute *Zigarre*, und nach 9 Uhr
könnten wir das Studium des Vormittags wiederholen. — Das wäre
ein ausgezeichneter Plan, aber ich wage nicht, ihn ihm vorzuschlagen. Ich hätte den Mut nicht, ihn etwa ein paar hundert Lire ausgeben zu lassen, nachdem ich ihn mit seinem Töchterchen ausgerechnet von Genua nach Mailand zweiter Klasse fahren sah!

Was sagt Ihr dazu? Was kann man tun? Könntet Ihr, die Ihr
auch ein Städtischer Ratsherr seid . . . einen Rat finden? . .

Überlegt das und überlegt das ernstlich! Bringt Ihr mir diese Sache in Ordnung.

Wie ich Euch schon sagte: *da kann eine Gefahr bestehen.* Versuchen wir, sie zu vermeiden, solange noch Zeit ist. — —

Addio, addio  Euer G. Verdi

In der langen Szene zwischen *Otello* und *Jago* im II. Akt Finale,
sieben Verse vor Jagos Traumerzählung korrigiert Jagos Partie wie
folgt:

Am 5. November 1886 bestätigte Signora Verdi Giuseppe De
Sanctis die Mitteilung ihres Mannes vom 1. dieses Monats an Boito
und Giulio Ricordi:

»Die letzte Note des *Otello* wurde Allerheiligen geschrieben,
und ich bin sehr glücklich, daß diese Oper beendet ist! So stark wie
Verdi trotz seines Alters ist, dient eine körperlich und geistig so
große Arbeit nicht als bestes Rezept zur Erhaltung der Kräfte. Hoffen wir, daß wenigstens die Kunst dabei gewonnen hat!

Morelli weiß, wie logisch Verdi ist, und wird erraten haben, daß
*Otello* keine traditionelle Kleidung, sondern christliche tragen sollte;
und daß er venezianische Rüstung und Rock trage, die für den General im Dienste der Serenissima Republik geschaffen wurde. Sagt
das Morelli und grüßt ihn von uns mit der Sympathie und Bewunderung, die er von aller Welt verdient.« (Carteggi I, 203—204)

In Genua war die Cholera ausgebrochen, und Giulio Ricordi beschwor den Maestro, den winterlichen Umzug in den Palazzo Doria zu verschieben:

»Mailand, 6. November 1886 — Hochverehrter Maestro, ich habe die Ehre, auf Ihre beiden letzten Briefe zu antworten. Auf Grund Ihrer Bemerkungen zu den letzten Edel-Entwürfen werde ich die von Ihnen erwünschten Änderungen ausführen lassen. [...]

Und nun zu Ihrem letzten wichtigen Brief, der Tamagno betrifft. Mir scheint, daß es da keine Schwierigkeit gibt oder geben kann. [...] So meine ich, daß Tamagno genau zwischen dem 15. und 20. d. M. bereit sein wird, sich nach Genua zu begeben, wo er 8 bis 10 Tage bleiben kann. [...]

Aber . . . . . da gibt's ein Aber . . . . Maestro! . . . . . Wenn sich die hygienischen Verhältnisse in Genua bis zum 20. nicht ändern, paßt es Ihnen, an einen infizierten Ort zu ziehen? [...]«

Aus Paris schrieb Emanuele Muzio, der mit Maurel den Jago korrepetierte, am 9. November an Giulio Ricordi:

»Ich bin verzweifelt über diese *première* des *Otello* und meide Bekannte und Freunde wie ein Schuldner seine Gläubiger. Jetzt ist es der berühmte große Clemenceau, der mich um einen Platz bat, dessen ich ihn nicht versichern konnte.

Maurel kann musikalisch schon den ersten Akt und fast das ganze Finale des dritten. Ich habe seine Fehler korrigiert, derer es viele gab. Er hat die Partie und den Charakter Jagos gut verstanden, der mit wenigen Ausnahmen gänzlich ironisch ist. Maurel endet seine Vorstellungen an der Opéra-Comique am 8. Dezember und reist am nächsten Tag mit dem Paris—Rom-Expreß, der über Nizza geht, nach Genua ab. Ich habe mit dem Maestro bereits vereinbart, daß er zwei, drei Tage dort bleiben wird, um den letzten Schliff an seiner Partie zu bekommen. Ich glaube, daß ihm die Impresa keinen Vorwurf machen würde, wenn er in Mailand am 13. oder 14. statt am 12. eintreffen sollte. Die *Aida* hat er dort schon hundertmal auf italienisch gesungen, kann also mit ein, zwei Proben die Vorstellung singen.

Der Maestro schreibt mir betreffs der Übersetzung: ›Ich glaube, daß Boito schon ernstlich mit ihr beschäftigt ist. Später werde ich Euch bitten, auch an Du Locle schreiben zu lassen.‹ [...] Ich glaube, Boito sollte, sobald die ganze Oper gedruckt ist, Du Locle herbeirufen, und dann sollten sie beide arbeiten. Wenn Boito die wörtliche Übersetzung macht, könnte der andere die Verse entwerfen, so daß der Maestro, wenn er nach Mailand kommt, die Übersetzung revidieren könnte.« (Abbiati IV, 296)

Ein weiterer Brief Verdis und Giulio Ricordis Antwort:

»St. Agata, 11. November 1886 — Lieber Giulio, ich schicke den Klavierauszug mit ein paar kleinen Änderungen zurück. Und so lange wie ich mich daran erinnere, sagt Faccio, im Otello-Desdemona-Duett des 3. Aktes Tamagno die allerletzte Phrase zu den Worten ›quella vil cortigiana che è la sposa d'Otello‹ [›jene gemeine Buhlerin, die die Gattin Otellos ist‹] nicht studieren zu lassen . . . . Ich habe diese Phrase zwanzigmal gemacht und kann den richtigen Ton nicht finden . . . und vielleicht finde ich ihn nicht mehr . . . aber wer weiß . . . vielleicht brauche ich Boitos Hilfe . . . In Mailand werden wir weitersehen! Ich bin recht zufrieden mit dem Bericht, den Ihr mir über Tamagnos Studium gebt. Sagt Faccio, er solle nicht ablassen und nicht müde werden . . . . . Trotz dieser Einstudierung werde ich noch viel zur szenisch-musikalischen Interpretation zu sagen haben; und es wäre wirklich nötig, daß ich 3 bis 4 Tage mit ihm [Tamagno] sein kann, aber allein, ohne das Ensemble der anderen Künstler! Aber wo? Und wie? — Die verdammte Cholera!! Aus Genua schreiben sie mir wie von einer ganz leichten, vorübergehenden, nichtigen Sache . . . Ihr seid alarmiert . . . Wir werden sehen! [. . .]

Die Geschichte in Rom ist etwas verwirrend. Ich kenne die Darsteller nicht, die Ihr mir vorschlagt. Soviel ich weiß, sind *Kaschman* und *Battistini* zwei etwas weichliche Sänger, die Phrasen brauchen, die es im Jago nicht gibt. Der eine ist Franzose, und ich mißtraue seiner Aussprache sehr, weil Jago nicht darstellbar und nicht möglich ohne *Maurels* außerordentlich gute Aussprache ist [. . .] In der Partie muß man weder *singen* noch (von wenigen Ausnahmen abgesehen) *die Stimme erheben.* Ich z. B., wenn ich ein singender Schauspieler wäre, würde ich sie ganz flüsternd, mezza voce sagen. [. . .]«

»Mailand, 12. November 1886 — Hochverehrter Maestro, ich erhalte Ihren geehrten Brief von gestern [. . .]

Faccio [. . .] teilt Ihnen mit, daß die Phrase im Duett des 3. Aktes
bereits studiert wurde, und daß sie Tamagno bestens paßt. Das
schließt nicht aus, daß Sie sie ändern können, wie es Ihnen am besten scheint. [. . .] Wir haben über Rom gesprochen [. . .]«

Am 13. und 15. November erwähnte Giulio Ricordi Boitos eif-
rige Arbeit an der französischen Übersetzung und die bevorstehen-
den Abschlüsse des Verlags für die englische und deutsche Übersetzung des Werkes.

»Ich komme entweder Sonntag oder Montag nach Mailand (wie
es Euch besser paßt, je nachdem, ob Ihr Sonntag abwesend sein
wollt)«, schrieb Verdi am 16. November 1886 aus St. Agata an Giulio Ricordi:

»Benachrichtigt Boito betreffs der Übersetzung des vierten Aktes und eines langen Gespräches über das *Ballett*, denn, wenn wir
mal ganz einig sind, werde ich endlich!! den Direktoren der Opéra
antworten.

Benachrichtigt auch Faccio betreffs Tamagno. Und wo werden
wir Tamagno studieren lassen? Im Hotel? Nein, denn da hätten wir
alle Kellner an der Tür und vielleicht auch den blonden Spatz . . .
und dann, was für *reclame*! [. . .] Also wo? Hmmn!!! Entscheidet
Ihr, wo Ihr es für weniger schlecht haltet, und ich werde dorthin gehen. [. . .]

Haltet mein Kommen so geheim wie Ihr könnt . . . . Benachrichtigt später nur den blonden Spatz, und Ihr kommt (wie das letzte
Mal) nicht an den Bahnhof, aber um sechs mit leerem Magen . .«

Verdis Nachricht führte zu diesem Freudenausbruch Giulio
Ricordis:

»Mailand, 18. November 1886 — Hochverehrter Maestro, Als
ich im Begriff war, meinen Brief zu schließen, kam der Ihre an!! . . . .

Pum! pum! . . . baan!! . . .
Das sind Kanonenschüsse, Salven aus Freude über die Nachricht
Ihres Kommens!! [. . .]

Es wäre nun ratsam, Montag zu vereinbaren, weil wir letzten
Sonntag riskiert haben, . . . . Otello zu verlieren. Tamagno machte
eine Fahrt auf sein Gut bei Varese und befand sich in einem Zug,
der um ein Haar mit einem anderen zusammenstieß!! [. . .]

Um 6 Uhr stehe ich zu Befehl, und das heißt mit leerem Bauch!!
Kommt die Signora Peppina mit Ihnen? [...]«

Nach seinem Schock in der Eisenbahn holte sich Tamagno eine
Erkältung, und Verdi verschob sein Kommen nach Mailand auf den
24. November. Nach St. Agata zurückgekehrt, benachrichtigte er
Giulio Ricordi über eine Affäre Maurels in Paris, zu der Giulio postwendend Stellung nahm:

»Mailand, 2. Dezember 1886 — Hochverehrter Maestro, zu
Ihrem geehrten Schreiben von gestern: Ich bedauere sehr, was Sie
mir über Maurel schreiben. Aber ich meine, daß — so ernst die Affäre auch sein mag — Maurel eine andere Wohnung genommen hat,
wo sich kein Zusammenwohnen und folglich kein Konkubinat nach-
weisen läßt. Wenn da nicht irgendeine andere Teufelei dahinter
steckt, sollte er persönlich keinerlei Gefahr laufen. Natürlich werde
ich nichts zu Boito sagen und kein Wort mehr riskieren, da Sie sagen, daß Sie *Otello* in Paris nicht ohne Maurel geben werden. Es
wäre dennoch traurig, ausgerechnet einen großen Künstler getroffen
zu sehen, der auch fern der Bühne ein vollkommener Jago ist! [...]«

Am selben Tag schrieb Verdi aus St. Agata:

»Lieber Giulio, Ich schicke das 3. Heft des gedruckten Klavierauszuges vom III. Akt.

Ich habe in der Otello-Szene eine kleine Änderung gemacht. Ich
glaube nicht, daß in dramatischer Hinsicht etwas gewonnen ist, aber
in musikalischer. *Es läuft besser*, ändert kein Tempo; und es ist gut,
daß die Geigen die Phrase wieder aufnehmen, mit der Otellos Gesang endet; außerdem geht es schneller .. Kurz und gut, sagt Faccio,
er möge dies Stückchen noch einmal mit Tamagno durchgehen, und
wenn es gut geht (es kann nicht schlecht gehen), schickt mir das Heft
zurück, damit ich es *instrumentiere*....

Auf Seite 43 werdet Ihr ein ... è quello! [es ist jener] hinzugefügt finden. Bringt das mit allem übrigen auf dieser Seite in Ordnung. Am Ende des Terzetts (hier hatte Boito recht) setzen die
Trompeten sechs Takte früher ein; und das letzte Wort des Terzetts
fällt auf den ersten Einsatz der Trompete. So bleiben nur 4 Takte
der Erwartung; und das ist die Zeit, die man braucht, um die Szene
etwas umzubauen.

Wir gehen bald nach Genua. Unsere Dienstboten fahren Montag ab und wir *Dienstag* oder Mittwoch. Dies zu Eurer Information, um mir zuerst das Heft zurückzuschicken.

Was gibt's Neues in Mailand? . . Ich habe nichts mehr gehört . . A propos: *Maurel* ist in Paris am *8.* fertig . . . fährt am *9.* abends ab. Wenn er immer noch die Absicht hat, über Genua zu fahren, kann er nicht vor dem 10. dort sein. Am 11. wäre er bei mir, aber in diesem Fall könnte er sich nie bis zum *12.* in Mailand einfinden. Vereinbart Ihr mit Faccio und Corti, ihn ein paar Tage in Genua zu lassen, und ermächtigt mich, ihn zu halten. —

Amen und addio  G. Verdi

Ich schicke Euch sogar drei Hefte des Dritten Aktes; wegen des schlechten Wetters konnte ich nicht ausgehen, und so habe ich den ganzen ersten Teil des Aktes in der Partitur korrigiert.

Fragt Boito.« (Palatina)

Nachdem Verdi Du Locles Mitarbeit an der französischen Übersetzung des ›Otello‹ mit Boito und Giulio Ricordi Ende November in Mailand vereinbart hatte, schrieb Muzio am 2. Dezember 1886 aus Paris:

»Lieber Giulio, heute habe ich an Camille Du Locle, Hôtel de la Poste in Rom, den ersten Akt des *Otello*-Librettos geschickt und ihm mitgeteilt, daß Du ihm die Noten schicken wirst [. . .]. Ich schrieb ihm, wie mir der Maestro auftrug, der Boito später in Nervi oder Mailand treffen wird, daß Boito zur Zufriedenheit *du Maître* die Übersetzung des 4. Aktes beendet hat, jetzt am 3. arbeitet und meint, er werde dann den ersten und zweiten Akt übersetzen.« (Abbiati IV, 297)

In Genua bekam Verdi unter verschiedenen Mitteilungen Giulio Ricordis auch diese über wichtige Details:

»Mailand, 4. Dezember 1886 — Hochverehrter Maestro, ich erhielt einen Teil der Bürstenabzüge des 3. Aktes mit der Variante des *Otello*-Solos; ich schickte es gleich an Faccio, der mir antwortete: es geht ausgezeichnet! [. . .] Faccio ließ mir außerdem sagen, daß Maurel auch bis zum 14. in Genua bleiben kann, ohne die Proben für *Aida* zu behindern. [. . .] Edel hat den Kostümentwurf für *Otello* im 4. Akt neu gemacht. [. . .]

Ferrario hat die 2. Szene fertiggemacht; gestern fing er mit der 4. an. [...]

Ich habe häufige Sitzungen mit Ceprara für die 1. Szene; wir studieren, das *fuoco di gioia* [Freudenfeuer] so gut wie möglich zu machen [...] Heute haben wir den Donner probiert, und auch der scheint mir gut zu klappen. [...]

Morgen früh schicke ich Du Locle die Noten des 1. Aktes als Anhalt für die Übersetzung; ich werde ihm 100 000mal nahelegen, sie niemand zu zeigen; und falls Sie meinen, ihm ebenfalls zwei Worte darüber zu schreiben, wäre es noch besser. Du Locle ist jetzt in Rom — Hôtel de la Poste. [...]

Ich habe nie die Zeit gehabt, den Vertrag mit der Scala aufzusetzen; ich hoffe, es in ein paar Tagen tun zu können — und halte es für sehr nützlich, ihn an Sie zu schicken, bevor ich ihn unterschreibe, um sicher zu sein, daß nichts übersehen wurde.«

Auf dem Wege von Paris nach Mailand studierte Victor Maurel mit Verdi die Partie des Jago in Genua.

»Mailand, 14. Dezember 1886 — Hochverehrter Maestro, ich erhalte Ihren geschätzten Brief, der mir Maurels Eintreffen mitteilt — aber ..... der grausame Maestro Verdi hat etwas ausgestrichen, ..... was mich mit Neugier erfüllt!! ... Jedoch bestätigt der Schweigende wohl, daß Maurel wunderbar ist.

Garegnani steht zu Ihrem Befehl [...] Heute oder morgen schicke ich Ihnen den Vertrag mit der Scala [...] Wir haben den Donner wieder an zwei oder drei Stellen probiert [...] Die Dekorationen kommen gut voran. [...]

P.S. Eingeschrieben schicke ich noch heute den Scala-Vertrag.«

Maurels Studien mit dem Maestro im Palazzo Doria führten zu einem anderen Kommentar:

»Genua, 15. Dezember 1886 — Lieber Giulio, ich befriedige sogleich Eure Neugier und sage, daß die kürzliche Zusammenarbeit mit Maurel mich überzeugt hat, daß keiner (er wird's gut machen) Jago so darstellen und singen wird, wie es sich gehört. Ihr werdet mir in Eurem Optimismus sagen ›aber *Er*, aber *Sie*, aber *Das* ... . Nein, nein, nein!. Keiner!! .. Und mich schmerzt es sehr, diese Partie geschrieben zu haben! ... Und auch ... die Oper!! [...]«

In dieser Depression ließ Verdi sich im selben Brief bitter und ausführlich über Ricordis Entwurf des ›Otello‹-Vertrages mit der Scala, den er ihm zugeleitet hatte, aus. Giulio Ricordi antwortete am 17. Dezember, die Vorwürfe des Maestro Punkt für Punkt rücksichtsvoll widerlegend, und fügte den Vertrag mit Strichen und Korrekturen bei. Auf Verdis nächsten Brief, den Ricordi vermutlich gleichzeitig erhielt, scheint sich ein kurzes Postscriptum bezogen zu haben: »Boito wird Ihnen geschickt haben, was für Jago benötigt wird; er sagte mir, daß die Übersetzung des III. Aktes gut vorwärtskommt.« (Siehe Boitos Brief an Verdi vom 16.—17. 12. 1886.)

»Mittwoch [Genua, 15. Dezember 1886] — Lieber Giulio, *Maurel* ist abgereist und wird zu dieser Stunde in Mailand sein.

Paßt auf, daß er seine Noten bei sich hat! . . Er wird Euch von seinem Streit mit Tamagno erzählen! — Versucht, sie einander näherzubringen, damit sie in künstlerischer Hinsicht auf den Proben gute Kameraden sein mögen. — —

Jetzt bin ich daran, andere Fehler zu verbessern, und Ihr könnt Garignani schicken, wann Ihr wollt. —

Als ich mit *Maurel* durch seine Partie ging, sah ich, daß am Ende des Chores im Zweiten Akt (im Ensemble) etwas fehlt

Jago ist auf der Bühne und sollte etwas sagen. Z. B. etwas in der Art der Verse, die im 1. Akt gestrichen wurden . . .

*Soave accordo* . . [Sanfte Eintracht . .
*Io romperò* et. et. Ich werde brechen usw. usw.]

Nur zwei Verse, die das Metrum der Verse Otellos beibehalten . . . *gebrochene, gerade,* wie er will . . . Ich schreibe nicht direkt an Boito, weil der Brief, wenn er morgens ankommt, ihn für den Rest des Tages zerstreuen und von der Beschäftigung mit der Übersetzung oder anderem ablenken würde. Sprecht Ihr mit ihm über einem *Vermouth* bei Cova davon. —

Noch etwas: Am Ende des *Chores* gibt es die zwei Worte *Eccola!* [Das ist sie!] *Vigilate* [Gebt acht] ..., die anfangs von Jago nach *Può affermare il sospetto* [Kann den Verdacht bestätigen] gesagt wurden. Dort gingen sie gut, hier passen sie nicht mehr zur Musik. Wenn Boito sie nicht lassen will, wie sie ursprünglich waren, wäre es besser, sie ganz wegzulassen, und dann bliebe der Vers ein *siebensilbiger* statt ein *elfsilbiger* ....

Addio, addio  G. Verdi«

Am 18. Dezember 1886 sandte Verdi durch Garegnani die folgenden Zeilen in Beantwortung von Ricordis Brief vom vorigen Tag.

»Samstag — Hier habt Ihr Otello!!!!!! [...]

Sagt Tornaghi, die Verträge nochmals zu machen und mir in Übereinstimmung mit Eurem Vertrag mit Corti zu schicken.

Dankt Boito für die beiden Verse; ich freue mich, daß die Arbeit so gut vorwärtskommt.

Ich schicke den Brief des Bürgermeisters zurück. Von *ihm abgesehen,* hat es zwischen mir und der Direktion nie eine gute ... sagen wir, *Übereinstimmung* gegeben. Auch das letzte Mal beim Boccanegra gab es einen kleinen Vorfall, auf den ich nicht eingehen will ... lassen wir's laufen ... hoffen wir, daß diesmal nichts passiert ... ich könnte es schwerlich dulden.

Addio, addio  G. Verdi«

Giulio Ricordi antwortete dem Maestro am nächsten Tag, dem 19. Dezember, mit einem ausführlichen Brief:

»Zurückgekehrt, übergab mir Garegnani die Partitur vom 2. und 3. Akt und Ihren geehrten Brief mit dem Entwurf des Vertrages. [...] Was Sie mir über die Direktion [der Scala] sagen und Ihr Hinweis auf *Boccanegra* ist mir sehr, sehr schmerzlich; ich weiß nicht, auf welches Geschehnis Sie anspielen wollen, bin aber in jedem Fall an irgendein unfreiwilliges Versehen zu glauben geneigt; ich kenne die Mitglieder der Direktion sehr gut und halte es für unmöglich, daß sie es *scientes* oder *volentes* an Achtung vor Ihnen fehlen lassen konnten. [...]

Bei der ersten Meldung, der Schauspieler Emanuel wolle *Otello* geben, empfand ich Widerwillen . . . . und war im Unrecht. Ich war, glaube ich, seit über 20 Jahren nicht mehr in diesem Drama gewesen; gestern abend war ich drin und bin froh, es gewesen zu sein und daß es aufgeführt wird. — Es ist ein kolossales Stück!! . . . . ein Wunder; auf der Bühne überwiegt es die Lektüre hundertmal. [. . .] Und nun will ich Ihnen meine Eindrücke berichten . . . . . und Verdi möge das dumme Zeug verzeihen, das ich im Begriff zu sagen bin: Boito hat tatsächlich den Lebenskern herausgezogen, um sein Libretto zu formen; glänzend ist die Idee, auf die 2 Akte in Venedig zu verzichten, die schön als Bilder und Einführung der Personen sind, aber den anderen 4 unterlegen, denen das Libretto entspricht. Im Musikdrama mit seinen knappen Dialogen und schneller entwickelten Leidenschaften sind die grandiosen Szenen des Dramas weit überlegen: Der I. und III. Akt sind mit den jeweiligen gesprochenen nicht zu vergleichen. Ich hatte einen sehr großen Eindruck von den wichtigsten Dialogen, indem ich mir Boitos in Erinnerung rief und mit Erstaunen und Zustimmung sah, daß die *Worte*, die das Publikum am meisten trafen, im Libretto treu verblieben sind. Muß ich Ihnen sagen, o *größter* Maestro, was ich dachte, als ich mir die Kraft vorstellte, die jene Worte, jene Szenen von der Musik empfangen werden? . . . . . Ich halte das für unnötig. Alles in allem werden diese Vorstellungen nützlich sein: sie werden eine Einweihung für das Publikum sein, das glaubt oder glauben macht, Shakespeare und *Otello* aus dem Effeff zu kennen, und statt dessen keine Ahnung hat!!! . . . Boito kam nicht, weil er kein Verehrer Emanuels ist; es ärgerte ihn sogar, daß die Künstler der Scala hingingen, weil sie, wie er sagte, Schlechtes lernen würden! . . . Meiner Meinung nach hat er unrecht: Emanuel war in den ersten beiden Akten ganz gut, aber hervorragend in den anderen vier, und hatte wundervolle Momente, besonders in der Szene mit Desdemona und in der anderen mit Jago. Otello ist wesentlich sympathischer im venezianischen Kostüm als in dem sonderbaren türkischen Salvinis. Die von Edel erdachten Kostüme werden sehr gut passen. Gestern abend waren die Pantaleoni in der Vorstellung in einer Loge, Tamagno in einer anderen, Maurel und Edel im Parkett, zufällig in meiner Nähe; sie werden andere Interpretationen finden, aber bestimmt ist dieser Ablauf des Dramas vor ihren Augen sehr nützlich gewesen; für Tamagno (der ganz Auge war!) *außerordentlich nützlich!* . . .

Und auch nützlich für die Pantaleoni; unnütz für Maurel, weil der Darsteller des Jago sehr schlecht war. Aber auch für ihn war es gut, das ganze Drama zu sehen. Es hat uns für gewisse Vergleiche der Kostüme usw. usw. sehr gedient, und heute abend werden wir eine kleine Sitzung mit Edel und Maurel haben, um noch ein paar Dinge in den Kostümen zu studieren.«

Wie Boito (siehe seinen Brief an Verdi vom 21. 12. 1886) konnte Verdi Giulio Ricordis Meinung nicht teilen:

»Die Sänger taten schlecht daran, dem Otello Emanuels beizuwohnen«, schrieb er am 24. Dezember aus Genua an Giulio. »Eine von beiden: Wenn wir, Boito und ich, sie recht *getroffen* haben, braucht man keine andere Interpretation; wenn wir's nicht *getroffen* haben, wäre es ein noch schlimmeres Übel, das Schlechte, das wir gemacht hätten, ändern oder biegen zu wollen. —

Ihr habt Euch also mit *Maurel* über die Kostüme beraten?. Und warum?. . . Für das seine möge es durchgehen, aber für die anderen war es nicht nötig. Wundert Euch nicht, wenn eines Tages im *Figaro* steht, daß *Maurel* die Inszenierung an der Scala erleuchtet hat. —«

Der erste Teil dieses Briefes lautete:

»Lieber Giulio, ich bedaure, Euch zu belästigen, denn leider weiß ich, was Belästigungen sind . . . aber ich kann nicht anders.

Die Waldman schreibt mir sehr eindringlich, daß sie am ersten Abend des *Otello* eine Loge im *ersten* oder *zweiten* Rang haben möchte und sich auch mit einer im *dritten* abfinden würde . . . Könnt Ihr sie besorgen?. . Sprecht darüber mit Corti oder mit wem Ihr glaubt . . . Antwortet mir ausführlich und teilt mir gegebenenfalls den Preis mit.

Stimmt es, daß Ihr verschiedenen Leuten in Busseto Billette geschickt habt und unter anderen an die *Carraras*? Das ist ein Ärger und eine große Mühe für mich, die Ihr mir ersparen mußtet — Um Gottes willen erspart mir jegliche Mühe neben der der Proben. Wenn ich krank werde . . . erlaube ich Otello nicht mehr.«

Am 25. Dezember antwortete Giulio Ricordi auf dieses Schreiben, das er trotz des Feiertages wiederum über Nacht erhielt:

»Sobald ich heute früh Ihren geehrten Brief von gestern erhielt, habe ich mich auf die Suche nach Logen begeben, die schwer im Verkauf zu finden sind, weil sie, wie Sie wissen, Privateigentum sind.

Also: Im  I. Rang = O!—

Im II. Rang sehr schön *eine allein*: letzter Preis für die Premiere von Otello L 1,200—

Im III. Rang sehr gut = L 1,000.—

Aber ich kann nicht garantieren, daß es die morgen oder später noch gibt [. . .]. Ich habe weder eine noch mehrere Eintrittskarten an die Leute in Busseto geschickt, aus mehreren Gründen: *erstens*, weil ich keine habe; und das ist der Grund Arlecchinos; *zweitens*, weil ich, selbst wenn ich welche hätte, nicht wüßte, zu welchem Zweck sie zu senden wären!..; *drittens*, weil ich in Busseto niemand kenne. [. . .] Darum, hochverehrter Maestro, leihen Sie nicht allen falschen Gerüchten Gehör; meinerseits mache ich, *soweit es mir möglich ist*, buchstäblich übermenschliche Anstrengungen, suche in jeder Weise zu verhindern, was immer Ihnen Ärger verursachen könnte. [. . .]

Hinsichtlich der Kostüme und Maurels habe ich mich vielleicht schlecht ausgedrückt: die Sitzung mit ihm und Edel fand für das Kostüm des *Jago* statt; es war unnötig, sich mit Maurel über die anderen Kostüme zu beraten, nachdem sie von Ihnen und Boito gutgeheißen wurden. [. . .] Der Wahrheit die Ehre: Maurel hat in nichts seine Nase gesteckt und überhaupt nichts gesagt. [. . .]

Sie wissen, Maestro, daß ich in vielen Dingen und vielleicht in allem ein *Dummkopf* bin!! . . . Nun wohl, erlauben Sie mir und verzeihen Sie mir auch diesmal, daß ich betreffs des *Otello* mit Emanuel bei meiner Meinung bleibe!! [. . .]

Gestern abend Generalprobe von *Aida*: sehr gute Aufführung und glänzende Inszenierung. Für die Pantaleoni ist dies vielleicht nicht die geeignetste Oper, aber sie hat meine Erwartungen übertroffen und macht vieles ausgezeichnet. Am bemerkenswertesten: sie singt leichter, mehr legato, ihre Intonation ist nicht mehr so unsicher in einigen Noten wie bisher!! . . . Sie sind ein *Zauberer*!! . Maestro! [. . .] Tamagno hat noch mehr Stimme als sonst!! . . .

ein prachtvoller Radames. Prachtvoll Maurel. [. . .] Faccio hat trotz seiner außerordentlichen Tätigkeit schon die ganze Oper mit dem Orchester geprobt. — Ferrario macht die letzten Pinselstriche an der 1. Szene [. . .]. Die 12 Trompeten aus Brüssel sind eingetroffen. [. . .]«

Am 29. Dezember dankte Giulio Ricordi der Signora Verdi für einen »guten, höflichen, freundlichen Brief von vorgestern« und fuhr fort: »Ich weiß, beste Signora, wieviel unser Haus Ihnen schuldig ist und in *ganz besonderer* Weise der Schreiber!! . . . Ich weiß das, ich *vergesse es nie*, und Sie, edelste und vortreffliche Frau, mögen die nötigen Folgen ertragen.«

Der Maestro selbst erhielt am 30. Dezember 1886 einen Brief, in dem Giulio Ricordi ihm über die Dispositionen der Scala zugunsten der ›Otello‹-Proben berichtete und um Erlaubnis bat, »Sie aus vollem Herzen und mit allen Gefühlen der Ehrerbietung, Dankbarkeit und Verehrung umarmen zu dürfen, die Ihnen Ihr ergebenster Giulio Ricordi entgegenbringt«.

Am 2. Januar 1887 bat Signora Verdi Giuseppe De Sanctis »um Entschuldigung, wenn ich nur so kurz antworte. Abgesehen von den vielen Geschäften dieser Tage, an denen alle Leute sich für verpflichtet halten, einem mehr oder weniger ehrlich die schönsten und besten Dinge auf Erden zu sagen, sind wir im Aufbruch nach Mailand. Mit den Vorbereitungen zur Abreise, den Anordnungen für die Zurückbleibenden, Sorgen und Scherereien usw. usw. hängt uns die Zunge heraus!« (Carteggi I, 204)

Unter demselben Datum antwortete Giulio Ricordi Verdi auf einen heute nicht verfügbaren Brief vom 29. Dezember aus St. Agata (Palatina) über den Erfolg der ›Aida‹, Faccios ›Otello‹-Proben, die Auswahl der Stoffe für die Kostüme und die Vorbereitungen für die Ankunft des Ehepaars Verdi im Grand Hôtel et de Milan.

Von dort erhielt Maria Waldmann, die Herzogin von Ferrara, diese Mitteilung ihres väterlichen Freundes vom 7. Januar:

»Ich habe die Proben schon angefangen und hoffe, daß wir Ende des Monats fertig sein werden. Beim Theater läßt sich nichts festlegen, aber ich wiederhole, in den letzten Januar- oder den ersten Februartagen findet die Aufführung statt.

Für die Loge hat Giulio sofort auf meine Rechnung die 1200 Lire bezahlt, weil es klug war, sofort zu bezahlen. Es gibt eine Quittung, auf der für die *erste Vorstellung* von Otello steht. Das Geld schickt Ihr an mich oder Giulio, oder noch besser, bringt es mit, wenn Ihr kommt.« (Bologna)

Am 5. Februar 1887 erlebte die Musikwelt an der Scala das mit so großer Spannung erwartete Werk. In einem leicht vergilbten Textbuch im Archiv des Hauses Ricordi sind Applaus und Ovationen jenes Abends getreulich verzeichnet. Camille Bellaigues enthusiastische Kritik zeugt von höchstem zeitgenössischem Verständnis für die Größe von Verdis und Boitos gemeinsamer Schöpfung.

Mit dieser Premiere endet zwar die Geschichte der Entstehung des Werkes, aber nicht die seines Schicksals; denn bis zum ersten Pariser ›Othello‹ im Herbst 1894 wechselten Verdi, Boito und Ricordi — auch mit anderen Persönlichkeiten — noch manche Briefe, die zum Verständnis dieser Oper und ihrer Wiedergabe unentbehrlich sind.

Am 2. März kehren Verdis nach Genua zurück, von wo der Präsident eines Klubs in Rom diese Zeilen Verdis vom 7. März 1887 erhält:

»Mehrere Zeitungen verkünden, daß Ihr *Internationaler Künstlerklub* eine Adresse auflegt, um mich zu der ersten Aufführung des *Otello* nach Rom einzuladen.

Ich weiß nicht, ob dies wahr ist; aber wenn es so wäre, dann erlauben Sie mir, Herr Präsident, Ihnen mitzuteilen, daß ich aus diesem Anlaß nach Rom weder kommen kann noch darf.

Meine Gegenwart wäre, künstlerisch gesprochen, völlig überflüssig — und warum sollte ich da nach Rom kommen?. . . Um mich zu zeigen? Mich beklatschen zu lassen?

Mich leitet weder Bescheidenheit noch Hochmut; nur ein Gefühl für persönliche Würde, auf die ich nicht imstande wäre zu verzichten.« (Copialettere, 345)

Am 11. März berichtet Ricordi vom »beispiellosen Erfolg« der ›Otello‹-Vorstellungen an der Scala und daß er wegen alter venezianischer Melodien, die Verdi zur Komposition der in Paris erforderlichen Balletteinlage verlangte, nach Venedig geschrieben habe.

# TEATRO ALLA SCALA

17ª rappresentazione

Questa sera, Sabato 5 Febbraio 1887 alle **8 ¼** precise

## PRIMA RAPPRESENTAZIONE

del Dramma lirico in 4 atti, versi di A. Boito:

# OTELLO

## Musica di GIUSEPPE VERDI

(Proprietà Casa Ricordi)

| | | |
|---|---|---|
| OTELLO, moro, generale dell'Armata Veneta | sig. | TAMAGNO FRANCESCO |
| JAGO, alfiere | » | MAUREL VITTORIO |
| CASSIO, capo di squadra | » | PAROLI GIOVANNI |
| RODERIGO, gentiluomo veneziano | » | FORNARI VINCENZO |
| LODOVICO, ambasciatore della Repubblica Veneta | » | NAVARRINI FRANCESCO |
| MONTANO, predecessore d'Otello nel governo dell'isola di Cipro | | |
| Un ARALDO | » | LIMONTA NAPOLEONE |
| DESDEMONA, moglie d'Otello | » | LABORINTI GINEVRA |
| EMILIA, moglie di Jago | sig.ª | PANTALEONI VIRGINIA |
| | » | PETROVICH GINEVRA |

Dopo l'opera si daranno i primi due quadri del ballo di L. Manzotti:

# ROLLA

## Le Sedie e le Poltrone sono esaurite. — Nella Platea non vi sono posti in piedi ed il piccolo atrio è chiuso al Pubblico.

### PREZZI PER QUESTA SERA

Biglietto d'ingresso alle Sedie ed ai Palchi . Lire **5**

»      »      al Loggione . . . . . . . »   **5**

»      »      pei sig. Militari in uniforme »   **2,50**

Il Teatro si apre alle ore **7 ¾**          Il Loggione alle ore **7**

Am 14. März schreibt Verdi aus Genua nach einem Besuch bei Boito und Du Locle, die in Nervi noch immer an der französischen ›Otello‹-Übersetzung arbeiten:

»Montag — Lieber Giulio, als ich gestern mit Boito und Du Locle die große Treppe vom Hotel Eden in Nervi hinunterging, sagte ich ›Hier habt Ihr die Szene vom II. Akt des Otello!‹

Die Vorhalle dieses Hotels ist grandios und wunderschön. Sie hat drei große Fenster; dahinter gibt es einen (noch jungen) Garten, jenseits des Gartens das Meer.

Für Otello also: ein kurzes Bühnenbild fast am Vorhang, und im Prospekt viele große von maurischen oder venezianischen usw. usw. Säulchen getrennte große Fenster. Jenseits der großen Fenster ein großer Park mit einem großen Platz und einem großen Weg und kleineren ihn kreuzenden Wegen . . . . und Pflanzen, Pflanzen, Pflanzen; das Meer je nachdem, wie man will. Die großen Glasfenster aus metallischer, sehr durchsichtiger Leinwand, ohne Angst um die Stimmen! So ließe sich die im Drama erforderliche Handlung darstellen, und das Publikum verstünde, hörte sogar, daß in dem Augenblick gleichzeitig zwei Geschehnisse, zwei Handlungen stattfinden: ein *Fest* für Desdemona, ein *Komplott* zwischen Jago und Otello —

Zuccarellis Bühnenbild mag so schön sein, wie Ihr wollt, aber es ist noch immer verkehrt. Gebt zu, ich wiederhole zum tausendsten Mal, daß meiner Ansicht nach nichts weiter zu machen ist als eine Glaswand. Die großen Paläste in Venedig haben ebenfalls den ganz durchsichtigen Empfangssaal immer mit großen Fenstern. In einem Wort muß dieses Bild dem Zuschauer schließlich zwei deutlich geprägte und verschiedene Räume vorstellen: *einen großen Park für das Fest der Desdemona, einen Salon für Otello und Jago.* Ich habe das schon gesagt.

Bei Gott! Es ist so einfach! Aber ich sehe die *Aber* und *Wenn* voraus — — [. . .]«

In einem langen, sehr persönlichen Brief, in dem Giulio Ricordi den Maestro um quasi väterlichen Rat geschäftlicher Natur ersucht, schreibt er am 15. März aus Mailand:

»Der Bühnenbildner Zuccarelli ist vollständig überzeugt und

wird das Bild so machen, wie es sich gehört. Ich habe auch den *Plan* des letzten Bildes mit den von Ihnen vorgeschlagenen Änderungen gesehen und glaube, sie gehen gut. Auch das III. Bild gefällt mir, das er mir vollständig im Modell gezeigt hat. [. . .]

Heute früh habe ich Boito gesehen, der mir mit großer Freude den 1. und 4. Akt der französischen Fassung vollkommen in Ordnung brachte, so daß ich ihn gleich in Arbeit gab.«

Während der ›Otello‹-Vorstellungen in Mailand erkrankte Romilda Pantaleoni, und die Brüder Corti, Direktoren der Scala, drohten ihr mit einem Prozeß. Ein starker Brief Verdis an Giulio Ricordi vom 15. Mai 1887 (Palatina) scheint ihn verhindert zu haben; aber in Rom, Venedig und auch in Brescia wurde die Pantaleoni durch Adalgisa Gabbi ersetzt.

Inzwischen entwarf Verdi ein undatiertes Schreiben an Romilda Pantaleoni, das er wahrscheinlich nicht abgesandt hat:

»Der traurige Fall, der Euch trifft, betrübt auch mich, und da Ihr mir mit so viel Offenheit von sehr delikaten Dingen sprecht, nehmt mir nicht übel, daß ich Euch mit ebensolcher Offenheit antworte.

Tatsache ist, daß Ihr Euch in Mailand nicht wohl gefühlt habt; von den allerersten Proben an merkte ich das, war zuerst alarmiert, kam aber, nachdem ich alles überdacht und kalkuliert hatte, zu dem Entschluß, ruhig zu bleiben, bei jeder Schwierigkeit soweit ich konnte abzuhelfen und *coûte que coûte* bis ans Ende zu gehen. Dabei habe ich meine Voraussichten, meine Zweifel niemandem mitgeteilt, nicht einmal Faccio.

Das Publikum war höflich, aber laßt Euch von den Freundlichkeiten des letzten Abends nicht täuschen. Der Vergangenheit eingedenk, wollte es würdig und gut erzogen sein; das ist es gewesen, und damit gut.

Aber nach der Erfüllung dieser Verpflichtung mit der Scala wäre es höchst gefährlich, weitere auf sich zu nehmen. Stellt Euch mal eine Mißbilligung in Rom oder noch eher in Venedig vor! Welcher Skandal und welcher Schaden! Ich billige also die getroffene anständige und ehrliche Entscheidung, zu verzichten.

Besser wäre es vielleicht noch gewesen, wenn Ihr an den letzten fünf Abenden, an denen Ihr selbst sagt, Euch nicht wohl gefühlt zu haben, von selber erklärt hättet: ich fühle mich nicht wohl, werde aber bis zum Ende singen, um niemand zu schädigen; und wenn Ihr unbedingte Erholung und die Lösung von Rom und Venedig verlangt hättet.

Eine solche Geste wäre sehr schön gewesen! In jedem Fall ist das Ergebnis dasselbe, und so groß der gegenwärtige Schaden auch sein mag, ist er nur ein momentaner.

Denkt jetzt nur daran, gesund zu werden, und seid auf niemanden böse. *Seid ruhig* und erholt Euch, bis Ihr Euch vollkommen wiederhergestellt fühlt; ich sage *vollkommen*, und laßt Euch von keinen *vielleicht, aber* oder *wenn* verleiten.

Werdet vollständig gesund, dann werdet Ihr, zur Bühne mit einer Eurer Lieblingsopern zurückgekehrt, mit wiederhergestellter Gesundheit und Stimme aufs neue die vortreffliche Künstlerin sein, die Ihr wart.

Verzeiht diese offene Sprache. Anders konnte ich's nicht; jedenfalls glaube ich, Euch mit diesem Brief einen Beweis der Achtung und Freundschaft zu geben, die ich für Euch empfinde.« (Carteggi IV, 86)

Bestimmt erhielt Romilda Pantaleoni die folgende Antwort auf ein Schreiben, das sich bis heute nicht ermitteln ließ:

»Genua, 15. Mai 1887 — Meine Verzeihung?!! Aber liebe Signora Romilda, ich habe nichts zu verzeihen! Wenn Ihr das Opfer eines Prozesses seid, den ich bedauere und den Ihr nicht vermeiden konntet, tragt Ihr keinerlei Schuld. Mehr noch: Auch wenn Ihr selber diesen Prozeß angestrebt hättet, würde ich Euch keinen Vorwurf machen, weil ich in Eurer Lage vielleicht dasselbe getan hätte, wenn auch überzeugt davon, daß es nichts genutzt hätte.

Ich verstehe alles: Ich begreife, wie groß Euer Kummer sein muß; aber Ihr, die Ihr Euch von so viel Demütigung nicht beugen ließet — die, wie Ihr sagt, nicht stärker als Ihr war —, Ihr werdet in Eurer Natur die Kraft finden, gegen diesen Schlag zu kämpfen, der Euch so erbarmungslos trifft. Laßt Euch nicht unterkriegen und sprecht nicht von einem nicht wiedergutzumachenden Sturz. Der Augenblick ist sicherlich schwer, aber niemand kann wissen, was morgen geschieht! Wer weiß! ...

Die sehr dankbare Peppina grüßt Euch allerherzlichst. Wir reisen morgen nach St. Agata ab, wo ich die Ruhe zu finden hoffe, die ich seit über vier Monaten ersehne.

Ich drücke Euch herzlichst die Hände. Euer sehr ergebener  G. Verdi« (Morazzoni, 45)

Zwei besondere Probleme beschäftigten Verdi und Giulio Ricordi in diesen Wochen: Das an der Pariser Opéra erforderliche Ballett und die Besetzung der Desdemona an anderen Bühnen.

»Was das Ballett oder besser *Divertissement* betrifft, warum es drucken?«, schrieb Verdi ihm aus Genua am 25. März 1887. »Es ist eine Konzession (eine *lâcheté*), welche die Autoren zu Unrecht an der Opéra machen; aber künstlerisch gesprochen, ist es eine Monstrosität. Im Ungestüm der Handlung mit einem Ballett unterbrechen!!! Die Oper muß bleiben, wie sie ist, darum ist es unnötig, das Ballett zu drucken. —

Die dürftigen Tänze des *17. Jahrhunderts* nützen mir überhaupt nichts. Aber in etwas größerer Nähe [unserer Zeit] muß es doch etwas geben! . Was waren die *Sarabanden*, die *Gavotten*, die *Gigues* usw.? Könnt Ihr mir welche finden? Es gibt welche bei Corelli, aber die sind zu gut gemacht, zu meisterhaft . . . die haben nie zum Tanzen gedient!! .

Sucht also und addio.  G. Verdi

P.S. Falls Boito in Mailand ist oder wenn er kommt, ersucht ihn, schnell hierher zu kommen. Auch der zweite Akt [der französischen Übersetzung] ist fertig, aber Boito muß die Verse dieses Aktes sehen (und gutheißen). —

Du Locle wünscht abzureisen, ich muß ein paar Tage nach St. Agata gehen, und inzwischen geht Boito zu Diners! Alles endet in Banketten!«

Giulio Ricordi antwortete wiederum postwendend am 26. März aus Mailand:

»Das Ballett wird gemacht werden, wie Sie wünschen, d. h. handschriftlich. — Zu meiner Verhaltungsmaßregel bitte ich Sie um dies: Wenn das Ballett nur für Frankreich dienen soll, verstehe ich, daß Sie es an italienischen Bühnen nicht wollen — und das geht sehr gut. Aber das Kaiserliche *Russische* Opernhaus möchte *Otello* auf russisch mit dem Ballett geben. Glauben Sie, daß man dem zustimmen kann? — Wie Sie wissen, wurde die russische Übersetzung bereits vereinbart. —

Gleich nach Erhalt Ihres Telegramms ging ich auf die Suche nach Boito, fand ihn und telegrafierte Ihnen. — Boito bittet mich, Ihnen zu sagen, daß er nur noch 4, höchstens 5 Tage in Mailand bleiben muß; dann wird er in Genua wieder zu Ihrer Verfügung stehen.«

Eine schriftliche Reaktion Verdis auf diesen Brief ist nicht auffindbar, aber am 2. April schrieb er aus Genua an seinen alten Freund und Verbindungsmann Emanuele Muzio in Paris: »Nach langen und für mich ungewöhnlichen Verhandlungen über *Otello* an der Opéra halte ich es für aller Beteiligten würdig, zu einer Lösung zu kommen. Wenn die Herren Direktoren der Opéra außer so vielen anderen Schwierigkeiten finden, daß Mad. Caron stimmlich verschlechtert ist, im tiefen Register aussetzt, im hohen nachläßt, und dazu auch noch *unrein* singt, kann und darf ich nicht darauf bestehen, eine Künstlerin zu engagieren, die ihre volle Mißbilligung hat.

Ich bestehe nicht mehr darauf; aber da ich im Personal der Opéra keine andere Künstlerin finde, die mir für die Partie der Desdemona zusagen würde, beauftrage ich Euch, die Herren Direktoren der Opéra in meinem Namen ganz formell zu verständigen, daß von jetzt an alle Verhandlungen über *Otello* abgebrochen sind.« (Abbiati IV, 330)

Erst sieben Jahre später wurden diese Verhandlungen wieder aufgenommen, und damit auch das Ballett.

Nachdem Verdi sich standhaft geweigert hatte, der römischen Erstaufführung des ›Otello‹ beizuwohnen, kommt er wiederum auf das nicht enden wollende Problem der Desdemona-Besetzung zurück:

»Genua, 22. April 1887 — Lieber Giulio, vor Brescia sprechen wir von Rom. — Faccio telegrafierte mir nach der 2. über den guten Erfolg, ohne auf Details einzugehen. Andere Briefe sprachen, den Erfolg bestätigend, wenig günstig von der Gabbi, die trotz ihrer frischen Stimme der Pantaleoni weit, aber sehr *weit unterlegen* war. [. . .]

*Terre à terre* beurteilt, scheint der Charakter der Desdemona, die sich mißhandeln, ohrfeigen, selbst erwürgen läßt, vergibt und sich Gott empfiehlt, töricht zu sein! Aber Desdemona ist keine Frau, sie ist ein Typ! Sie ist der Typ der Güte, der Resignation, des Opfers! Das sind für andere geborene Wesen, unbewußt ihres eigenen *Ichs.* Wesen, die es teilweise gibt, und die Shaespeare erdichtet und verhimmlicht hat, als er Desdemona, Cordelia, Julia usw. usw. schuf, Typen, die vielleicht nur mit der Antigone des antiken Theaters vergleichbar sind.«

Ein weiteres Schreiben an Giulio Ricordi datierte Verdi in Genua am 29. April:

»Muzio war hier und fuhr gleich wieder ab. Wir brauchen Muzio nicht, um zu erfahren, was die Gabbi ist. Eine mittelmäßige Desdemona. Weiter nichts ... Alles beweist das.

In dieser letzten Zeit dachte ich nach, ob es möglich sei, eine mir passende Desdemona zu finden, und mir fielen die *Teodorini,* die *Borghi Mamo,* die *Ferni* usw. usw. ein; aber nach gebührenden Auskünften von allen Seiten resultiert Talent *ja;* Stimme *nein.* Alle unmöglich für die Partie der Desdemona. — Wer bleibt? Die Tetrazzini? — Die Cattaneo? Die Damerini? Holzklötze, unmöglich zur Darstellung dieser so poetischen Partie, einer zu poetischen für Fleischklumpen ohne Talent. Es bliebe nur die Gabbi! Sie allein, und mittelmäßig! Und bei so viel Kärglichkeit komme ich trotz allem wieder auf die Pantaleoni zurück. Sie ist nicht mein Ideal für Desdemona, und das habe ich immer gesagt, auch wenn Ihr mir große Töne von ihr redetet; aber schließlich hat sie Qualitäten, welche die anderen nicht haben. Nun glaube ich also (jedoch immer vorausgesetzt, daß sie wieder gesund wird), daß es auch für den Otello zweckmäßig wäre, sie in Brescia zu engagieren. Dort ist alles von bescheidenen Proportionen. Da gibt es keine Kolosse, die einander erdrücken können. *Oxilia, Leehrie, Pantaleoni* bilden ein gut ausgewogenes Ganzes. Die Pantaleoni ist außerdem in Brescia eine Autorität, und es wäre durchaus möglich, daß sie dort ihren ersten Erfolg haben könnte. Ihr sprecht von Unrein-Singen! Aber sie hat immer unrein gesungen; und das hat ihre Erfolge niemals verhindert. Außerdem würde man mit dem Engangement der Pantaleoni für Brescia eine *grausame Maßnahme* reparieren, welche die Umstände womöglich erheischten, die jedoch in jeder Weise eine *grausame Maßnahme* war, die man sich ersparen oder mildern konnte und mußte!

Ihr traut Eurem Urteil, wenn Ihr Stimmen im Zimmer hört?!! Für mein Teil habe ich da niemals etwas kapiert! [. . .]

Ich wünschte, Otello in Neapel fiele ins Wasser. Ihr seid sehr im Irrtum, wenn Ihr glaubt, von jetzt an bis zum Karneval Reformen erreichen zu können. Ich kenne jenen Ort sehr gut. Es gibt dort so viele Hindernisse, daß eine Reform unmöglich ist! Ruft Euch die Aufführungen der *Messa* und des *Mefistofele* ins Gedächtnis zurück! . . Daran waren wirklich die Massen schuld! — Wozu ist es übrigens nötig, Otello in Neapel zu geben? Seht Euch mit den sogenannten ersten Bühnen vor, die viele Ansprüche stellen und ungenügende Mittel haben. Selbst an der Scala war nicht alles gut . . . Falsch verstandene *Dekorationen*, schlecht geregelte *Inszenierung* . . . Das *Freudenfeuer* . . . *Das Schiff*, der Sturm usw. usw. recht, recht kläglich . . . und dann und dann! — Armer Otello! Ich bedauere, daß er zur Welt kam . . . Vom Erfolg? Was mache ich mir daraus! Amen.« (Palatina)

Weitere Bemerkungen über die Darstellung der Desdemona finden sich auch in Verdis folgenden Briefen an Giulio Ricordi.

»Ach, diese Desdemona ist eine recht schwere Partie«, klagt er am 5. Mai 1887 in St. Agata, »und ich träumte von Sängerinnen mit Talent oder zumindest mit Instinkt für diese Partie, und sehe und finde sie nicht! Muzio schreibt mir, daß die Gabbi (stimmlich gut) das Lied von der Weide schlecht singt . . . sie macht die erste Triole zu schnell und hält das letzte *C* zu lang, das auf das *F* folgt. Die üblichen *Provinzialitäten* der Untalentierten.«

Am 11. Mai schreibt er wieder aus Genua: »Aber die Wirkung [des *Ave Maria*] besteht aus den Dämpfern, die das Publikum so berücken, daß es die Mängel der Komposition und Interpretation nicht versteht. [. . .] Kurz und gut, die wahre Desdemona ist noch zu finden. [. . .] Desdemona ist eine Partie, in welcher der Faden, die melodische Linie von der ersten bis zur letzten Note nie endet. Wie Jago nur zu deklamieren und *ricaner* [höhnisch zu lächeln] hat; wie

Otello — jetzt Krieger, jetzt leidenschaftlich Liebender, jetzt gebrochen bis zur Niedertracht, jetzt rasend wie ein Wilder — singen und schreien muß, so muß Desdemona immer, immer singen. So habe ich's gemacht, so würde ich's wieder machen trotz der gelehrten Mahnungen der Kritik. Ich wiederhole: Desdemona singt von der ersten Note des Rezitativs an, das ebenfalls eine melodische Phrase ist, bis zur letzten Note in *Otello non uccidermi* [Otello, töte mich nicht] . . . , das wiederum eine melodische Phrase ist. Folglich wird die vollkommenste Desdemona immer die sein, die am besten singt.«

Zwischen dem 29. April und 2. Mai hatte Verdi für den ersten ›Otello‹ am Teatro Fenice in Venedig das Ende des II. Aktes verändert und Giulio Ricordi am 2. Mai aus Genua geschrieben:

»Heute schicke ich Stretta zweites Finale. — Natürlich wird das erste jetzt besser werden. Seht zu, daß es in Venedig aufgeführt wird; und sagt Faccio, er solle keinem etwas davon sagen, damit es vielleicht keiner bemerken wird. Sonst wird *man schreien*, daß ich *Otello* neugemacht habe!!« (Palatina)

Julian Budden beschreibt diese Änderung und weist auf die seltsame Tatsache hin, daß die ursprüngliche Fassung des Otello-Jago-Duetts in späteren Klavierauszügen noch vorhanden ist. (Vol. III, 370)

Nach den ersten von Faccio dirigierten Aufführungen des ›Otello‹ mit dem Ensemble der Scala — ohne die Pantaleoni — am 16. April in Rom und am 17. Mai 1887 in Venedig, über die Verdi sich von verschiedenen Seiten genau unterrichten ließ, erzürnte er sich wochenlang über geplante Einstudierungen in Brescia, Parma, Neapel, London und anderen Städten: »Ach, dieser *Otello* macht mir viel Ärger! Und fast verfluche ich den Augenblick, in dem ich ihn weggab! Auf meinem Schreibtisch war er ein Trost, und jetzt ist er eine Hölle!« So schrieb er an Giulio Ricordi aus St. Agata am 19. Mai.

Am 14. Juli erwähnte Giulio Ricordi seine Arbeit an einer ›Disposizione scenica‹, einem Regiebuch des ›Otello‹ zu Verdi: »Ich habe die Inszenierung des *Otello* vollständig beendet, und Boito revidierte das Manuskript. Sobald ein korrigierter Abzug davon fertig ist, schicke ich ihn an Sie, damit Sie sehen können, ob es Änderungen zu machen gibt.«

Boito schrieb ein Vorwort, und Verdi äußerte sich darüber in ein paar Zeilen vom 13. August 1887 aus St. Agata an Eugenio Tornaghi: »Ich schicke Ihnen das Vorwort zum Otello zurück. Ausgezeichnet! Es könnte nicht besser sein! Aber . . . jene Herrschaften . . . werden sie es lesen, werden sie es kapieren . . . werden sie den Ratschlägen folgen?

Jedenfalls ist's gut, daß es gemacht worden ist.«

»Durch Freund Muzio schicke ich Ihnen diesen Brief zusammen mit den letzten vollständigen Fahnen [des Regiebuchs]«, schrieb Giulio Ricordi am 24. August an Verdi nach St. Agata. »Haben Sie die Güte, täglich ein bißchen davon zu lesen; und wenn Sie etwas auszusetzen haben, bezeichnen Sie es am Rande. Boito hat es auch korrigiert; jetzt muß nur der *summus judex* einen Blick darauf werfen. Maurel hat ein paar Bemerkungen dazu gemacht; einige fand ich hervorragend; darüber werden Sie von Muzio persönlich hören.«

Am 6. September dankte Ricordi Verdi für wenige, nicht unwesentliche Korrekturen.

Inzwischen hatte Faccio, der am 11. August den ersten ›Otello‹ in Brescia mit Adalgisa Gabbi, dem Tenor Giuseppe Oxilia und dem Bariton Paul Lhérie leitete, diesen Brief des Maestro erhalten:

»St. Agata, 19. August 1887 — Ich danke für das Telegramm und den Brief und bitte um Entschuldigung, daß ich nicht gleich geantwortet habe. Ich bin sehr beschäftigt, auch ohne Opern zu schreiben, um alle meine Sachen in Ordnung zu bringen, meine Geschäfte, um nachher . . . . zur Ruhe zu kommen, wenn ich kann!

Nun denn! *Otello* läuft also auch ohne die ›Schöpfer‹?!! Ich hatte mich so gut daran gewöhnt, den Ruhm jener beiden verkündet zu hören, daß ich fast überzeugt war, die hätten diesen *Otello* gemacht! Ihr ernüchtert mich jetzt, wenn Ihr sagt, daß dieser Mohr auch ohne die Sterne der Bühne geht. Wirklich? Ich muß auch sagen, daß ich restlos getröstet war, als ich erfuhr, daß das Publikum in Brescia, wie vorher in Venedig, am ersten Abend gering war . . .

›Bravo‹ — sagte ich mir —, ›das ist ein fortschrittliches Publikum!‹

Das war eine Geste des Mißtrauens gegen den Komponisten von einst, eine Geste, die höchst löbliches, brennendes Verlangen nach Neuem, nach Schönem bewies. All das war logisch und recht; aber wenn die Leute jetzt ins Theater gehen und klatschen . . . . o weh! da fällt mir das Herz in die Hosen . . . Jetzt bin ich's, der alles Vertrauen verliert! Aber schließlich kann ich mich nur mit Euch freuen, wenn Ihr das sinkende Boot in Gang gebracht habt!

Addio, mein liebster Faccio! Ich grüße Euch von Peppina, der es gut geht, und drücke Euch herzlich die Hände.« (Copialettere, 701)

Ein paar Monate später kam es zur Frage des ›Otello‹ an deutschsprachigen Bühnen, worauf Verdi am 22. Januar 1888 aus Genua an Giulio Ricordi schrieb:

»Und jetzt sprechen wir deutsch! Ich verstehe diese Sprache nicht; trotzdem sind mir in der deutschen Übersetzung des *Otello* ein paar Dinge ins Auge gefallen, die nicht schön sind. Ganz und gar nicht! Im Weidenlied hat die Wiederholung des Wortes keinen Sinn und soll auch keinen haben: es ist eine unbestimmte Stimme, die weder Desdemonas noch Barbaras ist; es ist ein Klang, den man hört, der sich aber sozusagen nicht beugt . . . Und folglich darf man an der Stelle nicht ›Grüne Weide‹ sagen, grün oder gelb! Seht zu, daß man ›Weide, Weide, Weide‹ sage.

Schlimmer noch am Ende, wenn Otello sagt ›*Desdemona, Desdemona . . . ah morta morta morta!*‹. Herzzerreißender und wahrer Ausruf! Der Übersetzer hat daraus eine weder schöne noch wahre Phrase gemacht . . . ›Dolce morta cara‹ [›Mein süßes, totes Liebchen!‹] oder so was Ähnliches. Hier darf es weder eine poetische noch musikalische Phrase geben; ich selbst, sogar ich selbst war klug genug, nur Klänge zu machen, die fast keine Tonart haben! . . . Seht zu, daß der Übersetzer den Vers einrichte, wie er will, aber nur dreimal sage *morta morta morta!*«

Giulio Ricordi antwortete postwendend am 23. Januar, er würde dem deutschen Übersetzer sofort entsprechend schreiben, aber Verdis Wünsche wurden erst von Walter Felsenstein, nicht von Max Kalbeck erfüllt.

Der folgende Briefwechsel Verdis und Giulio Ricordis geht zum großen Teil um unwürdige ›Otello‹-Aufführungen in Mexico und Buenos Aires, Proteste beim argentinischen Konsul in Genua und selbst beim Präsidenten der Argentinischen Republik. Am 15. März 1888 aber schickte Giulio dieses Telegramm nach St. Agata:

»Mit unendlicher Freude teile ich Ihnen stürmischen vollkommenen großen Erfolg Otello Wien mit. — Sieben Vorhänge nach erstem Akt sechs zweitem acht drittem elf viertem — riesiger Eindruck — Herzliche Grüße Giulio.«

Mit Hans Richter am Pult soll dieser erste ›Otello‹ an der Wiener Hofoper am 14. März 1888 die größte Sensation seit der Einführung elektrischer Beleuchtung im vorhergehenden Jahr gewesen sein.

Die erste Wiederaufnahme des ›Otello‹ an der Scala am 19. Februar 1889 verursachte neuen Ärger, beginnend mit diesem Brief:

»Genua, 1. Januar 1889 — Lieber Giulio, Corti war hier, wie Ihr wißt. Der Bürgermeister und Faccio schrieben mir, wie Ihr ebenfalls wißt!

Und warum habt Ihr mir nicht geschrieben?—

Ich habe kein Recht, mich zu widersetzen, und widersetze mich der Aufführung des Otello an der Scala nicht. [...]

Aber da man mir vom Otello spricht, mache ich ein paar Bemerkungen dazu.....

Vor allem überzeugten mich die Bühnenbilder nicht. Sie mögen große Meisterwerke gewesen sein, aber sie dienten der Handlung im Ablauf des Dramas nicht. Zu klein und schmal das erste Bild und folglich verwirrte Aktion. Zu groß das Gartenbild. Ich würde das dritte ändern und zwei daraus machen: einen kleinen Saal für die ersten Szenen zwischen Otello, Desdemona, Jago und Cassio. Dann offene Verwandlung für den Rest. Darüber sollte man sich mit Boito beraten.

Außerdem müßte man etwas Besseres als jenes klägliche Freudenfeuer finden. —

Betreffs der Musik wären in Farben und Tempi keine Korrekturen vonnöten. Die Leute haben gut reden (und reden schlecht), die behaupten, man müsse Rücksicht auf die verschiedenen Eigenschaften stimmlichen Timbres nehmen. Nein: Es gibt nur *eine einzige* Interpretation eines Kunstwerks, und es kann nur *eine einzige* geben.

Das Solo der Kontrabässe ist bisher der Scala unwürdig gewesen; und ich werfe mir vor, dafür keine Abhilfe geschaffen zu haben, die leicht zu finden war. Man mußte den tüchtigsten Musiker beauftragen, die Fingersätze aufzuschreiben und ein paar Einzelproben abzuhalten. Nachdem es jetzt die Fingersätze *Bottesinis* gibt, hat Faccio nichts weiter zu tun, als sie genauso ausführen zu lassen, ohne auf das Geschwätz, die Einwände aller derer zu achten, die nicht gut zu spielen vermögen.

Ich würde noch einen anderen Versuch beim Chor im Garten machen. Ich würde die Soli nur von einer Seite singen lassen:
1. einen guten Jungen für das erste *Solo*
2. einen guten Bariton für das zweite *Solo*
3. einen guten Sopran für das dritte *Solo*
begleitet von einer einzigen Mandoline und einer einzigen Gitarre mit nur 8 Choristen für die Noten der Begleitung, und sogar auch ohne sie! [. . .]«

»Sagt Signor Corti, daß wenn der Otello ›wichtige Änderungen‹ benötigt! . . . . soll er sie selber machen«, heißt es in Verdis nächstem Brief vom 6. Januar auf Grund einer Mailänder Zeitungsnotiz.

»Ich bedaure, mir erlaubt zu haben, Ratschläge zu dieser *Reprise* an der Scala zu geben.

Das Unglück ist geschehen . . . aber es gibt eine Abhilfe: überhaupt keine Notiz von dem Brief zu nehmen, den ich Euch in der Angelegenheit schrieb, und auch nicht von der höchst nutzlosen Unterhaltung, die ich mit Signor Corti hatte.

Ich möchte nun in meiner kleinen Eitelkeit, daß Otello aufgeführt werde wie vorher, sogar mit den unreinen Kontrabässen, der mißlungenen Emilia und mit usw. usw.«

Ebenfalls aus dieser Zeit scheint ein Brief Verdis an Faccio zu stammen, in dem er schreibt:

»Jener dumpfe, tiefe, andauernde Klang kann immer von einer Seite her keine gute Wirkung erzeugen. Wenn die Kontrabässe in einer einzigen Reihe aufgestellt werden könnten, wie in Wien, ausgezeichnet; aber wenn das nicht geht, ist es besser, die Hälfte auf

einer Seite zu lassen, die andere Hälfte auf der anderen. Ihr werdet
sagen, daß sie in einem *Solo* nicht zusammen sind. Das *Solo* Otellos
ist eine Ausnahme, und man muß nicht nur an dieses denken; und
wißt Ihr denn, warum die Kontrabässe in diesem Solo in Mailand
nicht gut gingen?

Vor allem, weil die verschiedenen Musiker wenig taugten, zweitens, weil der Erste Kontrabassist keine Autorität hatte.

So wie es keinen Komponisten gibt, der (mit wenigen Ausnahmen) die eigene Musik nicht für die beste von allen hält, gibt es keinen Orchestermusiker, der sich nicht für einen Beethoven *manqué*
hält. Folglich müssen die Konzertmeister Autorität, Energie und die
Fähigkeit haben, sagen zu können ›So wird's gemacht‹. Ich billige
auch nicht einmal die Teilungen der Bratschen, Celli und Zweiten
Geigen. Diese drei Instrumentalkörper sind genau die, welche die
Harmonie binden und stets gemeinsam begleiten. Bei den Ersten
Geigen ist es unwichtig, ob sie auf der einen oder anderen Seite sind,
wenn sie nur gut spielen.« (Abbiati IV, 354—355)

Diesen Gedanken entspricht auch ein abfälliges Urteil, das
Verdi in einem langen Brief an Giulio Ricordi vom 9. Januar 1889
über die Aufstellung des Orchesters im Genueser Opernhaus Carlo
Felice fällte.

Giulio Ricordi beantwortete alle diese Briefe wiederum so
pünktlich, geduldig und taktvoll, daß der Maestro auch mit dem Folgenden nicht zurückhielt:

»Genua, 3. Februar 1889 — Lieber Giulio, es hat zu viel Geschwätz gegeben und würde zu viel geben, wenn ich auch nur für
24 Stunden nach Mailand käme! —

Wenn Ihr gefunden habt, daß die Wirkung des Chors im 2. Akt
mit weniger Choristen besser ist, nehmt noch weniger, noch und
noch! Ihr könnt ganz sicher sein, daß ein Unisono-Chor von sechs
Personen an der Scala immer leer und, mehr noch, unsympathisch
klingen wird. Entweder hundert Stimmen oder nur eine, wenn sie
sauber ist. Eine Stimme allein bewirkt keine Leere, flößt Stille ein.
Darum glaube ich, daß im Chor eine Stimme für die *Soli* mit acht be-
gleitenden Stimmen, zwei Gitarren, zwei Mandolinen genügen. Alle
dann im *ripieno* [tutti].

Und da wir schon bei diesem Thema sind, möchte ich vorschlagen, im Concertato des Dritten Finales beim 38. Takt in *e-moll*

elf Takte lang auch das Orchester zu verringern; dann nochmals für weitere elf Takte vom *c-moll* ab

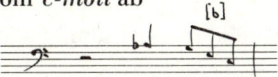

bis zum più mosso ♩–82
mit nur *sechs* Ersten Geigen, *sechs* Zweiten, *vier* Bratschen, *zwei* Celli, *zwei* Kontrabässen. Gleichzeitig würde ich den Chor auf der Bühne gut, sehr isoliert und sehr weit nach hinten gruppieren, so daß Jago dominieren und mit seiner Lebhaftigkeit, seiner Aktion und seinen schändlichen Worten zu Otello und Rodrigo interessieren kann, ohne vom dumpfen Getöse des Orchesters gestört zu werden. Und hier ist wirklich der Fall, *Leere* im Orchester zu schaffen; eine *Leere*, die dramatisch sein sollte. — Ich vermeine alle die *Wenn* und *Aber* der Opposition zu vernehmen, auch wegen der Schwierigkeit des Ensembles mit dem so weit entfernten Chor. Aber ich sage dazu: wenn man statt Proben mit dem Orchester allein zu machen — immer nutzlose, sogar für das Ensemble schädliche — ein, zwei, drei, vier usw. usw. Proben dieser Stellen mit allen zusammen und mit Aktion machte, könnte man vielleicht irgendeine Wirkung erzielen. Man wird mir sagen, daß dieses Finale wie der Chor im 2. Akt wirkungslos ist. Kann sein. — — Ein anderer hätte es besser gemacht, aber ich hätte es nicht gekonnt; und das Schlimmste dabei ist, daß ich unglücklicherweise überzeugt davon bin, daß die Wirkung ausbleibt, weil die Aufführung aus welchem Grund auch immer nie gut war oder die Interpretation zumindest meinen Ideen nicht entsprach. Später habe ich bedauert und bedauere noch immer, von Anfang an nicht strenger und anspruchsvoller gewesen zu sein! Aber was wollt Ihr! Es gab so viele, viele Dinge, die mir nicht behagten, aber mir schien, daß ich mir mit 74 Jahren die Wutausbrüche der *Aida-* und noch mehr der *Forza del Destino*-Jahre nicht

erlauben sollte. Ein einziges Mal in meinem Leben wollte ich mich wie ein großer Mann *benehmen*, und das ist mir nicht gelungen ... Ich kehre dorthin nicht mehr zurück! — —

Zum Abschluß: probt, wie ich's Euch angegeben habe. *Probt*, wiederhole ich, und sagt nicht gleich ... ›Es geht nicht‹ ... und warum? *Probt, probt*, es kann nichts schaden. —

Oh verzeiht, verzeiht! — Armer Giulio! Mit allem, was Ihr zu tun habt, gezwungen zu sein, so viele unnütze Worte zu lesen!!! —

Addio, addio Euer  G. Verdi«

Am 9. Februar wiederholt Verdi Giulio Ricordi seine »bescheidenen Vorschläge« und kommt »nochmals auf das Dritte Finale zurück. Auch da kann es weder szenische Wahrheit noch Wirkung geben, wenn es nicht gelingt, Jago vollständig zu isolieren, so daß die Augen des Publikums auf ihn allein gerichtet seien, daß seine Worte, nicht die Stimme, alles beherrsche und man darunter nur ein undeutliches und, wenn Ihr wollt, selbst *ungenaues* Gemurmel höre! *Ungenau!* Dieses Wort würde einem Musiker die Haare *zu Berge stehen* lassen, aber das macht nichts.

Schlußfolgerung!

Großes und weites Bühnenbild ... Chor weit, sehr weit entfernt. Jago gut sichtbar. Orchester verringert, wie ich Euch sagte, und auch noch mehr.«

Ein Postscriptum Verdis, das im Ricordi-Archiv einem Brief aus St. Agata vom 9. November 1888 zugeschrieben ist, könnte aus dieser Zeit sein:

»Man hat mir gesagt, daß Maurel Euch vorschlagen will, *Otello sitzend* zu präsentieren!! Entsetzlich! ..

Stellt Euch den seelischen Zustand Otellos in diesem Augenblick nach so vielen Leiden, so vielen Zornesausbrüchen, so vielen Schwüren vor; und sagt mir, ob ein Mensch in so einem Zustand *sitzen* kann! Ich würde ihn verstört, verworren verstehen, sogar mit etwas *Veitstanz*, aber sitzend!!! Ooh!!«

Über den Mißerfolg der ersten Reprise von ›Otello‹ an der Scala am 19. Februar, von dem Boito ihm nach einer späteren Aufführung am 13. März 1889 berichtete, äußerte sich Verdi am Tage nach der Generalprobe, der er, wie der Vorstellung, fernblieb:

»Genua, 18. Februar 1889 — Lieber Giulio, ich habe es kommen sehen! Ich habe dieser Reprise von Otello niemals getraut. Man mußte an der Scala die ersten Eindrücke hinterlassen und ihn nach vielen Jahren neu produzieren. Es lohnt sich nicht, von Unglücksfällen, von Krankheiten zu reden! Nein! Nein! — Es kommt auf dasselbe hinaus.

Diese Wiederaufnahme war weder angebracht noch nützlich.

Und was gewinnen Autor und Verleger jetzt? Und was gewinnt selbst Corti dabei? Er kann eines halben Fiaskos gewiß sein . . . . zumindest! [. . .]«

Allen Widrigkeiten zum Trotz entschloß sich Verdi inzwischen zu ›Falstaff‹. Vier Tage danach schrieb er an Faccio:

»Montecatini, 14. Juli 1889 — Durch die Telegramme und Muzio bekam ich Nachricht vom *Otello* in London. Jetzt bestätigt Ihr diese Nachrichten, und das macht mir Freude, obwohl ein Erfolg in meinem Alter und bei den gegenwärtigen Verhältnissen unserer Musik zu nichts taugt. Ihr sprecht vom *›Triumph italienischer Kunst!!‹* Ihr täuscht Euch! Unsere jungen italienischen Komponisten sind keine guten Patrioten. Wenn die Deutschen mit Bach beginnend bei Wagner angekommen sind, machen sie Oper wie gute Deutsche, und damit gut. Aber wir Nachkommen Palestrinas begehen ein musikalisches Verbrechen, indem wir Wagner nachahmen, und tun damit ein nutzloses, sogar schädliches Werk.

Ich höre, daß sehr gut von Boito gesprochen wurde, und das macht mir die größte Freude, denn das dem *Otello* in der Heimat Shakespeares gezollte Lob ist viel wert.« (Copialettere, 702)

Paris drang weiterhin auf ›Otello‹ und Verdi richtete am 27. Oktober 1891 dieses Schreiben auf französisch an Eugène Bertrand, einen der Direktoren der Opéra:

»St. Agata, 27. Oktober 1891 — Sehr geehrt von Ihrer freundlichen Aufforderung, *Otello* an der Opéra herauszubringen, wüßte ich Ihnen zur Zeit keine Antwort zu geben, da ich nicht alle Künstler kenne, die diese Oper aufführen sollten. — Sie sprechen mir von M.lle Melba, die, wie ich weiß, eine Künstlerin ist; aber ich glaube nicht, daß die Rolle der *Desdemona* der Natur ihres Talentes entsprechen würde. Und wer wäre *Otello*? Das ist das Wichtigste.

Außerdem sagen Sie mir, daß ich M. Maurel hier bald einmal sehen könne. Mit ihm könnte ich das also ausführlich besprechen. Ich bin in etwa vierzehn Tagen in Mailand und später in Genua. In einer dieser beiden Städte werde ich leicht zu finden sein. [...]« (Copialettere, 371)

Am 26. Januar 1892 klagte er darüber aus Genua zu Giulio Ricordi:

»Ach, Ihr könnte Euch nicht vorstellen, welchen Ärger mir die Otello-Affäre an der Opéra macht.

Sprechen wir ehrlich *inter nos* unter vier Augen.

Ich bin überzeugt, daß Otello an der Opéra keinen Erfolg hätte, ohne (Bescheidenheit beiseite) daß ich aktiven Anteil an den Proben nähme; und ich fühle mich nicht imstande, mich so großer Mühe zu unterziehen! [...] Ich wiederhole nochmals, daß *Otello an der Opéra* ein Fiasko wäre! Das ist meine wahre, tiefe Überzeugung!«

Vier Tage später gab Verdi diesen Brief zur Post:

»Genua, 31. Januar 1892 — Lieber Giulio, Otello wieder an der Scala?!!! Nach dem Massaker, das beim letzten Mal mit ihm angerichtet wurde, mußte man zehn Jahre vorübergehen lassen, bevor man ihn wieder aufnahm!

Aber Euer Impresario drängt sich auf, gebietet ... und verfügt sogar über Eure Sachen, ohne wenigstens ›hallo‹ zu Euch zu sagen!! Ich hoffe, Ihr werdet ihn zumindest mit der Leihgebühr bestrafen! Wäre ich der Herr des *Otello*, hätte ich für das Leihmaterial L. 100.000, ich sage hunderttausend, verlangt, wenn auch nur, um die unverschämten Worte wahrzumachen, die einer seiner Schergen mir in der Vorhalle des Carlo Felice [Theaters] entgegenwarf: »Dem Maestro Verdi zahlen wir für das Leihmaterial Hunderttausende von Lire, damit er dann die Eintrittskarte für seinen Diener bezahle«; und dies, weil mein Diener sich erlaubt hatte, verstohlen durch die Türfenster des Parketts zu blicken. Das war ein Skandal!

In Mailand wird Euer Impresario ein Geschäft mit zwei Künstlern machen: *Maurel* und *De Negri*. Das übrige wird sein, wie Gott will! Außerdem muß man zugeben, daß Otello an der Scala von Anfang an schlecht aufgeführt worden ist. Die Schuld lag großenteils an mir, weil ich mir vorgenommen hatte, ruhig zu bleiben und Zurückhaltung zu üben bei allem, was mich nicht überzeugte. Weder die Desdemona noch Emilia noch Roderigo überzeugten mich; und sogar noch weniger die Bühnenbilder, die gut entworfen und gemalt gewesen sein mögen, aber der Handlung und dem Drama ganz und gar nicht dienten. Um nur eines zu erwähnen: das Bild des zweiten Aktes war derart disponiert, daß man überhaupt nichts verstehen konnte; man verstand nicht, wie und wo der Dialog zwischen *Cassio* und *Jago* stattfand; und man verstand auch nicht, ob *Otello* und *Jago* in der Serenade getrennt von den anderen oder zusammen mit ihnen waren. So ging es mehr oder weniger in allen Akten. Kurzum, Otello war an der Scala schlecht aufgeführt, und da schlechte Traditionen im Theater verbleiben, verblieb das Übel und hält an. Es scheint auch unmöglich, daß man niemals eine Desdemona fand, die Nutzen aus dem Duett im dritten Akt und aus dem so dramatischen *Solo* des dritten Finales ziehen könnte. Und so wird es auch in dieser Reprise nur eine Art von Konzert mit Duetten und Otellos und Jagos Solos zum Trost Eurer Kritiker geben, die fortfahren werden, weiterhin zu schreien, daß das Musikdrama, das wahre Drama, das erhabene Drama in Deutschland und Frankreich zu suchen ist!! — Also seien wir lustig und amen! [. . .]«

Danach wollte Verdi von dieser zweiten Reprise des ›Otello‹ am 15. Februar 1892 an der Scala nichts mehr wissen. In Gedanken bei ›Falstaff‹, wehrte er sich auch noch lange gegen den ›Othello‹ an der Opéra in Paris, bis er angesichts des ›Falstaff‹ an der Opéra-Comique am 18. April 1894 schließlich nachgab. Die Direktion der Opéra fürchtete die Konkurrenz so sehr, daß Gailhard — mit der bis dahin unumstößlichen Tradition brechend, keine Fremdsprache auf ihrer Bühne zu dulden — den Vorschlag wagte, ›Otello‹ im italienischen Originaltext zu geben. Er erhielt Verdis auf französisch abgefaßte Antwort aus Genua vom 31. Januar 1894:

»*Otello* an der Opéra auf italienisch?!!! Das überrascht und erstaunt mich! Ich bestreite Ihr Recht nicht, an der Opéra Werke auf italienisch zu geben; aber ich kann beim Gedanken an die Opéra, Ihr großes *Théâtre National*, nicht verstehen, wie man in dem Theater ein nicht französisches Werk geben kann! In dieser Mischung liegt etwas Unstimmiges und Schockierendes . . . : *Opéra* und *italienisches Werk.* Es ist durchaus wahr, daß man *Aida* auf italienisch gab, bevor sie auf französisch gegeben wurde; aber das war ein anderer Fall. *Aida* wurde in Paris zum ersten Mal in einem Theater gegeben, das ein ausschließlich italienisches war. Wenn *Otello* jetzt an der Opéra gegeben werden muß, glaube ich, daß er in französischer Übersetzung zu geben ist.« (Copialettere, 388)

Der französische ›Othello‹ wurde an der Opéra für den 12. Oktober des Jahres, 1894, in Boitos und Du Locles Übersetzung angesetzt, aber das Ballett blieb dem Maestro nicht erspart. Wie schon im Frühjahr 1887, suchte er dafür nach alten Motiven.

»Was für eine elende Musik hat Euch Tebaldini geschickt!«, schimpfte er in ein paar Zeilen vom 10. Juli 1894 aus Montecatini an Giulio Ricordi. »Alle diese *savants* scheinen davon nicht mehr zu verstehen als ich! Wozu muß man dann ein *savant* sein?! Es lohnt die Mühe nicht. Schickt mir inzwischen eine hübsche *Furlana* — es muß auch eine *Farandole* von Bizet geben. [. . .]«

Am übernächsten Tag traf diese Nachricht aus Montecatini bei Giulio Ricordi ein:

»Wehe mir! Wehe mir! Ich bin halb verzweifelt! — — Ich habe die *Farandol* und die *Furlana* erhalten! . . Da gibt's nichts für mich und ich verstehe nichts davon! — Aber gibt es wirklich keine venezianischen Volkslieder selbst aus neuerer Zeit? Kurzum, ich brauche etwas *Türkisches*! . . Etwas *Zyprisch-Griechisches*! Etwas *Venezianisches*! Wenn sich's nicht findet, ist es besser, gar nichts zu machen als irgend etwas Bedeutungsloses! Bedenkt auch die Mühe, die es mir bereiten würde: die Hitze der Jahreszeit und, sagen wir's nur, die geringe Lust zum Arbeiten. Ich glaube, die beste Lösung wäre, Gailhard zu schreiben, er solle an etwas anderes denken, auf dieses Ballett verzichten; oder, . . . ich war daran, zu sagen, er solle es machen lassen, von wem er wolle . . . . Nein . . . das nicht!

Überlegen wir's also noch ein bißchen. Helft Ihr mir, etwas zu finden: forscht nach, erkundigt Euch, und wenn's nicht geht . . . . schreiben wir an Gailhard, wie oben gesagt! . . Jedenfalls ist keine Zeit zu verlieren!«

Nur wenige Tage danach bekam Pierre Gailhard in Paris diesen etwas widerspruchsvollen französischen Brief vom 19. Juli aus St. Agata:

»Eben kam ich aus Montecatini an, etwas müde, vor Hitze umkommend und höchst ruhebedürftig. Seit wir uns in Mailand trafen, habe ich mir über die Tänze für *Othello* keine Gedanken gemacht. Sie wissen, daß ich gern etwas Charakteristisches, ganz Kurzes und Erträgliches finden wollte. Weder damals noch zur gegenwärtigen Zeit war ich imstande, etwas zu finden! Aber nach ein paar Ruhetagen werde ich etwas mehr darüber nachdenken, hoffe, etwas zu finden und es rechtzeitig fertigzumachen.« (Abbiati IV, 550—551)

Am 5. August stand auch die Lösung dieses den Komponisten wie seinen Verleger quälenden Problems bevor. Verdi, der keine Partitur von ›Otello‹ in St. Agata hatte, bat Tornaghi, ihm einige Takte daraus zu schicken, um das Ballett einfügen zu können. Diese ausschließlich für Paris komponierte Einlage erschien jetzt nicht mehr, wie ursprünglich beabsichtigt, im II. Akt, sondern am Schluß des »Trompetenkonzerts« vier Takte vor dem Einsatz des Chors im III. Sichtlich erleichtert teilte Verdi am 21. August 1894 Giulio Ricordi aus St. Agata mit:

»Heute noch schicke ich eingeschrieben das Paket des *Balletts* zum Otello für Paris. — Eure Doktoren der Musik wußten mir nichts zu finden ... aber ich habe einen *Griechischen Gesang* von fünftausend Jahren vor Christus gefunden! .... Wenn's da die Welt noch nicht gab, um so schlimmer für die Welt! Dann habe ich *eine Muranese* gefunden, die vor 2 000 Jahren bei einem Krieg zwischen Venedig und Murano komponiert wurde, den die Muraneser gewannen. Gleichgültig, ob es Venedig da noch nicht gab. Mit diesem *Funde* habe ich mein braves Ballett komponiert, mir dabei vorgestellt, wie es ausgeführt werden muß, und Richtlinien dazu geschrieben, die Ihr zusammen mit der Partitur finden werdet.

Mit der Übersendung des Balletts bitte ich Euch, diese Anweisungen und eine große Orchester-Partitur an Gailhard zu senden, damit der Ballettmeister bei den *leisen* Stellen des Orchesters nicht viele Leute tanzen läßt und wenige bei den lauten usw.«

Wichtige Verbesserungen im oft verkürzt wiedergegebenen Fi-

nale des III. Aktes, die Verdi bereits für die Wiederaufnahme des
›Otello‹ an der Scala am 19. Februar 1889 verlangt hatte, erscheinen neben anderen in der französischen Partitur.

Mancherlei Schwierigkeiten gefährdeten den ersten ›Othello‹ in
Frankreich bis zur letzten Reise Verdis und seiner Peppina in ihr ge-
liebtes Paris. Aber drei Tage nach seinem einundachtzigsten Geburtstag sandte er dieses Schreiben an Francesco Crispi, den Mini-
sterpräsidenten des damaligen Königreiches Italien:

»Paris, Grand Hôtel, 13. Oktober 1894 — Exzellenz, gestern
abend bin ich bei der ersten Vorstellung von *Otello* an der *Opéra*
mit dem Großen Kreuz der Ehrenlegion beehrt worden. Der Präsident der Republik, umgeben, glaube ich, von allen Ministern, über-
reichte mir den Orden persönlich. All dies mit großer Wärme und
Herzlichkeit. Das Publikum nahm mit derselben Wärme daran teil.

Nun glaube ich, daß es sehr gut wäre, wenn Ambroise Thomas,
der Autor von *Mignon* und *Hamlet*, dieselbe Klasse im Orden von
S. Maurizio und Lazzaro bekäme, dessen Großoffizier er bereits ist.
Auch wäre mir daran gelegen, daß die beiden Direktoren der *Opéra*,
Gailhard und Bertrand, die es an nichts haben fehlen lassen, zusammen mit dem Dirigenten eine wunderbare Aufführung des *Otello* zu
erzielen, ebenfalls einen Orden bekämen, wie ihn die Direktoren
der *Opéra-Comique* anläßlich des *Falstaff* bekamen; das heißt, für
die beiden Direktoren der Opéra die Klasse des Offiziers, für den
Dirigenten die Klasse des Ritters.

Ich wende mich direkt an Eure Exzellenz, damit Sie in Ihrer All-
macht jegliche Schwierigkeiten beseitigen mögen, falls es überhaupt
welche gäbe. Ich wäre sehr glücklich, meine Dankbarkeit für die erhaltenen Ehrbezeigungen und die vielen, vielen Höflichkeiten beweisen zu können, die mir allerseits zuteil geworden sind.

Ich bleibe noch etwa 8 Tage hier und wäre sehr glücklich, wenn
ich dem hervorragenden Dirigenten und den Direktoren die gute
Nachricht selber geben könnte.

Nehmen Sie meine Entschuldigung an und wollen Eure Exzellenz der tiefsten Verehrung und Bewunderung versichert sein.«
(Carteggi II, 51—52)

# Vorwort von Arrigo Boito

zum Regiebuch für ›Otello‹ von Giulio Ricordi

PERSONEN

Alle Künstler des Theaters, auch die besten, sollten sich die folgenden Worte ins Gedächtnis geprägt haben, die vor drei Jahrhunderten geschrieben wurden und heute noch die vollkommenste und modernste Lektion der Rezitation sind, die je erdacht worden ist.

Dies ist die Lektion:

»Seid so gut und haltet die Rede, wie ich sie euch vorsagte, leicht von der Zunge weg; aber wenn ihr den Mund so voll nehmt, wie viele unsrer Schauspieler, so möchte ich meine Verse eben so gern von dem Ausrufer hören.

Sägt auch nicht zu viel mit den Händen durch die Luft, so — sondern behandelt alles gelinde. Denn mitten in dem Strom, Sturm und, wie ich sagen mag, Wirbelwind eurer Leidenschaft müßt ihr euch eine Mäßigung zu eigen machen, die ihr Geschmeidigkeit gibt. Oh, es ärgert mich in der Seele, wenn solch ein handfester, haarbuschiger Geselle eine Leidenschaft in Fetzen, in rechte Lumpen zerreißt, um den Gründlingen im Parterre in die Ohren zu donnern, die meistens von nichts wissen, als verworrnen, stummen Pantomimen und Lärm. Ich möchte solch einen Kerl für sein Bramarbasieren prügeln lassen: es übertyrannt den Tyrannen. Ich bitte euch, vermeidet das.

Seid auch nicht allzu zahm, sondern laßt euer eignes Urteil euren Meister sein: paßt die Gebärde dem Wort, das Wort der Gebärde an; wobei ihr sonderlich darauf achten müßt, niemals die Bescheidenheit der Natur zu überschreiten. Denn alles, was so übertrieben wird, ist dem Vorhaben des Schauspieles entgegen, dessen Zweck, sowohl anfangs als jetzt, war und ist, der Natur gleichsam den Spiegel vorzuhalten: der Tugend ihre eignen Züge, der Schmach ihr eignes Bild, und dem Jahrhundert und Körper der Zeit den Abdruck seiner Gestalt zu zeigen. Wird dies nun übertrieben oder zu schwach vorgestellt, so kann es zwar den Unwissenden zum Lachen bringen, aber den Einsichtsvollen muß es verdrießen; und der Tadel von einem solchen muß in eurer Schätzung ein ganzes Schauspielhaus voll von andern überwiegen. Oh, es gibt Schauspieler, die ich habe spielen sehen und von andern preisen hören, und das höchlich, die, gelinde zu sprechen, weder den Ton noch den Gang von Christen, Heiden oder Menschen hatten, und so stolzierten und blökten, daß ich glaubte, irgendein Handlanger der Natur hätte Menschen gemacht, und sie wären ihm nicht geraten; so abscheulich ahmten sie die Menschheit nach.«

Diese Worte sind von Shakespeare (*Hamlet*, IX. Szene) [. . .] und wurden zum ersten Mal im Jahre 1588 gesprochen. Wir haben es nützlich gefunden, die Künstler des Theaters an diese Worte zu erinnern, bevor wir in großen und groben Umrissen, um uns dem Leser verständlich zu machen, die hauptsächlichen Züge der Personen im Otello notieren.

Beginnen wir mit dem, welcher der Tragödie ihren Namen gibt.

### Otello

Mohr. General der Republik Venedig. Über vierzig Jahre alt. Starker und loyaler Kriegsmann. Einfach in Haltung und Geste, sein Befehl ist gebieterisch, sein Urteil gelassen; die dem Duell im ersten Akt folgende Szene genüge, diese Eigenschaften seines Wesens zu bemerken. Dieser Akt zeigt ihn auf der Höhe seines Ruhmes, seiner Kraft, seines Glanzes. Seine ersten Worte donnern im Sturm, donnern im Siege; seine letzten Worte verhauchen im Kuß, in der Liebe. Erst sehe man den Helden, dann den Liebenden; und man sehe, wie groß der Held ist, um verstehen zu können, wie würdig er der Liebe und welcher Leidenschaft er fähig ist. Dann wird aus dieser wunderbaren Liebe durch Jagos Ränke die furchtbare Eifersucht entstehen. Verstand und Gerechtigkeit leiten Otellos Handlungen bis zu dem Augenblick, in dem es Jago (der ehrlich scheint und dafür gehalten wird) gelingt, ihn zu beherrschen. Von dem Augenblick an (der Darsteller muß sein ganzes Studium daran wenden) verändert sich der ganze Mensch, und diese Veränderung verschärft sich genau bei Jagos heimtückischsten Worten im zweiten Akt: *S'anco teneste in mano tutta l'anima mia nol sapreste!* [Selbst wenn Ihr meine ganze Seele in der Hand hieltet, würdet Ihr's nicht erfahren] und da schreit Otello auf und Jago fügt hinzu: *Temete, signor, la gelosia.* [Fürchtet, Herr, die Eifersucht.]

*La gelosia!* Das Wort ist gesagt. Jago hat das Herz des Mohren zuerst verwundet, dann den Finger in die Wunde gelegt. Die Qual Otellos hat begonnen. Der Mensch verändert sich. Er war klug und ist außer sich, er war stark und wird schwach, er war gerecht und ehrenwert und wird zum Verbrecher, er war gesund und vergnügt und stöhnt, fällt, wird ohnmächtig wie ein Vergifteter oder ein Epileptiker. Und Jagos Worte sind wahres Gift, in das Blut des Mohren gespritzt. Das verhängnisvolle Fortschreiten dieser moralischen Vergiftung muß in seiner ganzen Grausamkeit ausgedrückt werden. Otello durchmißt eine Phase nach der anderen die furchtbarsten Qualen des Menschenherzens, den Zweifel, die Wut, tödliche Niedergeschlagenheit. Otello ist das große Opfer der Tragödie, das große Opfer Jagos. Wenn die Personifizierung einer abstrakten Idee im Theater nicht kalte, falsche, kindische und verbotene Gesuchtheit wäre, könnte man behaupten, daß Otello die Eifersucht und Jago der Neid ist.

### JAGO

Jago ist der Neid. Jago ist ein Verruchter. Jago ist ein Kritiker. Shakespeare charakterisiert ihn im Personenverzeichnis wie folgt: *Jago, ein Verruchter*, und fügt kein einziges Wort hinzu. Jago definiert sich auf dem Platz von Zypern wie folgt: *I am nothing if not critical. Ich bin nichts weiter als kritisch.* Er ist ein mißgünstiger und böswilliger Kritiker, er sieht das Böse in den Menschen, in sich selbst. *Son scellerato perché son uomo* [Ich bin verrucht, weil ich Mensch bin], er sieht das Böse in der Natur, in Gott. Er tut Schlechtes um des Schlechten willen. Er ist ein Künstler des Truges. Der Grund seines Hasses auf Otello ist nicht sehr ernst, wenn man die Rache bedenkt, die er dafür übt. Otello hat Cassio statt seiner zum Hauptmann erwählt. Aber dieser Grund genügt ihm; wäre er ernster, würde die Ruchlosigkeit geringer sein; der Grund genügt ihm, den Mohren zu hassen, Cassio zu beneiden und zu handeln, wie er es tut. Jago ist der wahre Autor des Dramas, er ersinnt die Fäden, nimmt sie auf, verbindet, verknüpft sie.

Der gröbste Irrtum, der vulgärste Irrtum, in den ein Künstler

verfallen könnte, der sich diese Persönlichkeit zu interpretieren getraut, ist, ihn als eine Art von Menschen-Dämon darzustellen, ihn
eine mephistophelische Fratze schneiden, satanische Augen rollen
zu lassen. Ein solcher Künstler würde zeigen, daß er weder Shakespeare noch die Oper, mit der wir uns beschäftigen, begriffen hat.

Jedes Wort Jagos ist das eines Menschen, eines verruchten
Menschen, aber eines Menschen. Er muß jung und schön sein,
Shakespeare gibt ihm achtundzwanzig Jahre. Cinzio Giraldi, der
Autor der Novelle, der Shakespeare sein Meisterwerk entnahm, sagt
über Jago: *Un alfiero di bellissima presenza, ma della più scellerata
natura che mai fosse uomo del mondo.* [Ein Fähnrich von schönster
Erscheinung, aber von der ruchlosesten Natur, die es je unter Men-
schen der Welt gab.]

Er muß schön sein, jovial, offen und fast gutmütig wirken; er
wird von allen für ehrlich gehalten, außer von seiner Frau, die ihn
gut kennt. Wäre er nicht von großem Charme, von Liebenswürdigkeit und scheinbarer Ehrlichkeit, könnte er im Betrug nicht so
mächtig werden, wie er es ist.

Eine seiner Künste ist seine Fähigkeit, die Miene je nach den
Personen zu ändern, bei denen er sich befindet, um sie besser zu
täuschen und zu beherrschen.

Unbefangen und jovial mit Cassio; mit Roderigo ironisch; mit
Otello erscheint er gutmütig, rücksichtsvoll, ergeben untertänig; mit
Emilia brutal und drohend; ehrerbietig mit Desdemona und Lodo-
vico. Das sind die Grundzüge, das Aussehen, die verschiedenen
Aspekte dieses Menschen.

### Desdemona

Man empfiehlt den Damen, die diese Persönlichkeit darstellen müssen, nicht mit den Augen zu rollen, nicht mit Körper und Armen zu
gestikulieren, nicht mit staketenlangen Schritten zu gehen, nicht sogenannte *Wirkungen* zu suchen. Wenn die Künstlerin intelligent ist
und Respekt vor der Kunst hat, wird sie die Wirkungen finden, ohne
sie zu suchen; wenn sie nicht intelligent ist, wird sie sie suchen, ohne
sie zu finden. Das Antlitz, der Blick, die Betonung — das sind die
drei Quellen des Ausdrucks in der darstellenden Kunst. Von außer-

gewöhnlichen Fällen abgesehen, in denen das Grauen ans Übermaß grenzt, soll das Antlitz ohne Verzerrung, der Blick ohne Verdrehung, die Betonung ohne Überlastung jeden Schmerz und jede Freude ausdrücken können. Ein großes Gefühl der Liebe, der Reinheit, des Adels, der Sanftheit, der Naivität, der Resignation muß in dieser sehr keuschen und harmonischen Figur der Desdemona erscheinen. Je einfacher und sanfter ihre Bewegungen sind, um so mehr wird sie den Zuschauer rühren; die Anmut der Jugend und der Schönheit werden diesen Eindruck ergänzen.

### EMILIA

Frau des Jago. Desdemona ergeben. Haßt den schändlichen Ehemann, fürchtet ihn und erträgt seine Gewalttätigkeiten und Herrschsucht, kennt sein perverses Gemüt. Aber am Ende enthüllt sie seine Niederträchtigkeiten mit aller Kraft und dem Mut eines unterdrückten Wesens, das rebelliert.

### CASSIO

Hauptmann der Republik Venedig. Schön, sehr jung, lustig, brillant, eleganter Eroberer leichter Frauen, schwärmt er ein bißchen von seinen flatterhaften Liebschaften, ist etwas eitel, aber ein kecker Soldat, der sich mit dem Schwert in der Faust beherzt zu wehren weiß. Guter Fechter, wachsamer Hüter der eigenen Ehre.

### RODERIGO

Ist ein junger venezianischer Herr, reich und elegant, hoffnungslos und platonisch in Desdemona verliebt, ohne daß diese es weiß. Er ist ein Schwärmer, ein Einfältiger, ein Träumer, der sich von Jago betören und beherrschen läßt. Jago bedient sich seiner wie eines fügsamen und duldsamen Werkzeuges, um sein Komplott zu vollbringen.

### LODOVICO

Senator der Republik Venedig. Botschafter nach Zypern. Ein ernster Mann, obwohl noch in jungen Jahren. In ihm stellt sich die der hohen Ämter, zu denen er ernannt ist, würdige Persönlichkeit dar. In Erscheinung und Sprache ist er von großer Autorität.

### Montano

Vorgänger Otellos in der Regierung von Zypern. Kriegsmann, pflichttreu, guter Haudegen, kräftiger Soldat, strenger Kommandant.

## Arrigo Boito

# Briefe

Mailand, Donnerstag [31. März 1881]

Lieber Maestro,

Eine delikate Frage stört den Schlaf einiger Biedermänner, deren Schlaf leicht ist. Diese hatten sich bereits an Giulio gewandt, damit er ihnen zu ruhigem Schlaf verhelfe, aber Giulio will nichts damit zu tun haben, sie zufriedenzustellen, und hat sie an mich verwiesen. Ich habe diesen Schlaflosen Chloral, ein hervorragendes Schlafmittel, empfohlen, aber sie wollten es nicht trinken, finden keine Ruhe und rauben sie auch mir. Sehen Sie zu, lieber Maestro, einen Weg zu finden, sie zu besänftigen, da ihr Schicksal ja in Ihren Händen liegt.

Diese Leute haben sich in den Kopf gesetzt, den Namen Verdis in der Liste der Stifter der Statue Bellinis lesen zu müssen, und kosten dies Ereignis mit Rührung schon im voraus aus. Ich weiß nicht, wer ihnen zu hoffen gab, daß ihr Wunsch nach dem Erscheinen des Boccanegra an der Scala, nicht vorher, erfüllt werden würde; nun wachen sie voller Erwartung, magern zusehends ab und wollen das Chloral nicht nehmen, und Giulio wäscht sich die Hände in Unschuld, und sie drängen mich, der nicht gedrängt werden will, mit Ihnen darüber zu sprechen. Gestern habe ich Ja gesagt, indessen aber die Gelegenheit Ihrer Abreise wahrgenommen, um Ihnen nicht davon zu sprechen und Sie in den letzten Stunden Ihres Aufenthaltes in Mailand mit diesem Geschwätz zu belästigen. Heute werde ich sagen, daß Sie abgereist waren, und ich werde hinzufügen, daß ich Ihnen *nicht* schreiben werde; indessen schreibe ich Ihnen, weil es sich schließlich gehört, daß Sie diesen Stand der Dinge nicht ignorieren. Hier ist er also, ohne daß sie (die Schlaflosen) es wissen. Sie sind von dieser Sache durch mich unterrichtet, können ihren Wert beurteilen und die Frage lösen, wie es Ihnen am besten scheint. Es ist recht und billig, daß ich hinzufüge, daß dieser ganze Eifer den Herzen von Personen entspringt, die glühendste Bewunderung für Sie hegen, die Eifer der Liebe ist.

So denke ich. Wann werden wir den bewußten Briefwechsel beginnen? Bleiben Sie mir ein bißchen gut.

Ihr herzlich ergebener
Arrigo Boito

Genua, 2. April 1881

Lieber Boito,

Letztes Jahr reiste ich zu dieser Zeit von Mailand ab, und der Zug hatte sich noch kaum in Bewegung gesetzt, als ich den Irrtum erkannte, den ich und alle Welt mit der Errichtung jener Statue begangen haben usw. usw... Ich versuchte mit Giulio, dem Übel abzuhelfen, aber es gelang mir nicht. Ich hielt es daraufhin für das Beste, mich dieser Angelegenheit in allem und jedem zu enthalten. — Wie die Dinge nun liegen, meinen Sie nicht, lieber Boito, daß man, wenn ich einen Beitrag für die Statue Bellinis böte, glauben oder behaupten könnte, daß ich einen Beitrag für die eine leiste, um die andere zu errichten?

Sie werden antworten, daß die nötige Summe für die erste Statue sofort gesammelt wurde; und so mag es auch sein. Tatsache jedoch ist, daß ich zu den gleichzeitig zu errichtenden Statuen beitragen würde. Wie die Dinge liegen, würde es für viele Leute keinen Unterschied machen, ob der Beitrag für Bellinis Statue, die meine oder alle beide geleistet wurde!

Seit Mai oder Juni letzten Jahres habe ich Ricordi geschrieben, daß ich bereit wäre, einen Betrag von . . . . . anzubieten, wenn man einen Weg gefunden hätte, nicht mehr von den beiden Statuen zu sprechen und das ganze Geld für einen wohltätigen Zweck zu verwenden. Das wäre noch immer das Beste, das Nützlichste und mir das Liebste. Trotzdem bin ich, wenn sich dies nicht machen läßt, bereit und ermächtige Sie, lieber Boito, sogar, der Kommission zu sagen, daß ich *meinen Namen auf die Liste der Stifter der Statue Bellinis* setzen und die noch fehlende Summe anbieten werde, um sie zu errichten; unter der Bedingung jedoch, daß die meine vorläufig nicht errichtet werde und daß man sie auch in Zukunft nicht ohne meine Erlaubnis errichte. —

Antworten Sie mir so schnell wie möglich in dieser Angelegenheit. Ich verbleibe immer                                          herzlich
                                                                   G. Verdi

P.S. Morgen früh fahre ich für ein paar Tage nach St. Agata. Adres-
sieren Sie Ihren Brief gegebenenfalls *nach Busseto.*

                                    Montag [Mailand, 4. April 1881]
Lieber Maestro,
    Ich verstehe die Weise, in der Sie die Frage beurteilen, vollkom-
men, und mit mir haben sie auch andere verstanden. Ich werde bemüht sein, sie dem Komitee ebenso gut zu erklären, wie Sie sie mir
erklärt haben, und Sie werden keinen Verdruß mehr mit den Statuen haben. Das ist abgemacht; aber die beiden Statuen werden errichtet. Niemand kann verhindern, daß dies geschieht; die Sache ist
abgetan. Sie werden errichtet, und Sie persönlich können diesem
Ereignis fernbleiben, ohne daß jetzt noch jemand etwas einwenden
kann.
    Einen herzlichen Gruß von Ihrem Arrigo Boito
Alles Gute für Ihre Frau.

                                    Mittwoch [Mailand, 25. Mai 1881]
Lieber Maestro,
    Glauben Sie nicht, daß ich den Mohren von Venedig vergessen
hätte; ich habe an ihn gedacht, aber bis jetzt fehlte mir die nötige
Ruhe zur Arbeit am Schreibtisch. Diese Ruhe werde ich in ein paar
Tagen wiedergewonnen haben, was auch immer heute abend ge-
schehen mag. [Ich brauche lediglich] die nötige Zeit, mich von den
Freunden zu verabschieden, die aus Turin zu mir gekommen sind.
Dieser Mephisto hat uns schwitzen lassen; wer am meisten von allen
geschwitzt hat, ist Faccio, der erstaunliche Resultate erreicht hat;
aber sowohl Giulio wie ich haben unser Teil an der Mühe gehabt. In

drei Stunden wird das Theater geöffnet; ich nutze diese halbe Muße-
stunde, um Sie zu versichern, daß ich mich in ein paar Tagen tüchtig
mit dem Mohren beschäftigen werde.

Ich weiß nicht, ob der Sekretär des Komitees für den Musikerkongreß das Rundschreiben nach Sant'Agata oder Genua gesandt
hat. Auf jeden Fall überreiche ich es Ihnen; sehen Sie, lieber Maestro, ob Sie einige gute Ratschläge geben wollen; Sie könnten viel
zum guten praktischen Resultat des Kongresses beitragen. Sie haben bis zum vierzehnten Juni Zeit, uns Ihre Ideen mitzuteilen.

Sehen Sie, wie mich die Mephisto-Proben verblödet haben; ich
habe seit geraumer Zeit ein Diplom der Konzertgesellschaft von
Barcelona, das ich Ihnen schicken soll, und finde jetzt erst die Zeit,
das Päckchen zu machen.

Und auf dieser kleinen zusätzlichen Seite lesen Sie, lieber
Maestro, meine herzlichen Grüße.

Ihr
Arrigo Boito

[Telegramm]                                    Busseto, 26.Mai 1881

Hocherfreut über den Erfolg — sende die tiefstempfundenen aufrichtigen Glückwünsche — und bald Nerone            Verdi

1. Via Principe Amedeo, 17.Juni [1881]
Mailand

Lieber Maestro,

Die Belagerung durch die Fremden ist noch nicht vorüber; die
armen Unglücklichen, die zu dieser Zeit der Ausstellung und der
Kongresse in Mailand leben, sind der Tortur der Höflichkeiten und
gesellschaftlicher Schicklichkeiten ausgesetzt — der dümmsten und
grausamsten moralischen Tortur, die sich vorstellen läßt. Ich bin seit
mehr als drei Wochen ein Märtyrer dieser Barbarei, mein Tag geht

in Stücke, und der Abend kommt, ohne daß ich auch nur eine halbe Seite geschrieben hätte.

Doch gestern, aufgebracht gegen dieses läppische Schicksal und in Gedanken an das, was Sie von mir erwarten, habe ich mich (nachdem ich Türen und Fenster geschlossen hatte) an die Arbeit gemacht und versucht, die Ideen zu verwirklichen, die mir schon seit langem über den bewußten Chor des zweiten Akts im Kopf herumgegangen sind. Sehen Sie mal, wo es mir passend schien, diesen Chor einzusetzen:

Gegen Ende des ersten verhängnisvollen Gesprächs zwischen Jago und Otello, wenn Jago die Gedanken des Mohren listig zum Abgrund der Eifersucht drängt, nach den Worten Otellos: *Amore e gelosia vadan dispersi insieme!* [Liebe und Eifersucht mögen zusammen vergehen!] hört das Publikum hinter der Bühne einen anmutigen Chor, der sich langsam nähert, während Jago in seiner teuflischen Rolle fortfährt. Kurz darauf sieht man durch die ziemlich weite Öffnung in der Mitte der Bühne, die zum Garten führt, Desdemona in einer lockeren Gruppe umgeben von Frauen und Kindern, die mit fröhlichem Gesang Blumen und Zweige auf ihren Weg und um sie herum streuen. In jenem verhängnisvollen Moment des Dramas wird dies wie eine keusche und artige Huldigung mit Gesang und Blumen für die schöne und unschuldige Gestalt der Desdemona sein. Es wäre wünschenswert, daß der Chor und Desdemona während dieses ganzen Stücks vom Bogen der mittleren Öffnung umrahmt blieben. Sie erinnern sich an den Grundriß des Bühnenbildes, Maestro: Es ist achteckig und von einem Geländer umgeben:

und es ist ein nicht tiefes Bühnenbild. Der Chor (mit Desdemona) müßte also jenseits der Türe im Blick des Zuschauers stehen und gut gruppiert sein; aber keiner dürfte die Schwelle überschreiten. In diesem Fall könnte der Chor, etwas weit vom Orchester entfernt, von Harfen begleitet werden, die man sehen könnte; in der Dichtung ist auch von Mandolen die Rede; folglich könnte auch die *Mandoline* anzuwenden sein. In diesem Bild, das heißt diesseits der Türe, am Proszenium, stehen Jago und Otello, während die anmutige Huldigung für Desdemona vor sich geht.

Zu Anfang und Ende und in den Ritornellen dieses Chors habe ich einen ungewöhnlich betonten sechsfüßigen Vers versucht, jedoch gleichförmig mit einem starken und einem schwachen Akzent; der Rhythmus des Verses deutet auf einen Dreivierteltakt hin. Aber jetzt ist's an der Zeit, die Strophen abzuschreiben:

Coro:

(interno)
avvicinandosi.

Dove guardi splendono
avvampan cuori,
Raggi, ~~echeggian Cori,~~
Dove passi scendono
Nuvole di fiori.
Qui fra gigli e rose
Come a un casto altar,
Padri, bimbi, spose
Vengono a cantar.

Fanciulli
*(spargendo al suolo fiori di giglio)*

T'offriamo il giglio
Soave stel

Desdemona:

Splende il cielo, danza
L'aura intorno ai fior.
Gioja, Amor, Speranza
Cantan nel mio cor.

Che in man degli angeli
Fu assunto in ciel,
Che abbella il fulgido
Manto e la gonna
Della Madonna,
E il santo vel.

### Donne e Marinari
*(mentre cantano i fanciulli, accompagnando e armonizzando).*
> (Mentre all'aure vola
> Lieta la canzon,
> L'agile mandòla
> Ne accompagna il suon)

### Marinari
*(offrendo a Desdemona dei monili di corallo e di perle)*
> A te le porpore
> Le perle e gli ostri,
> Nella
> ~~Dalla~~ voragine
> Colti del mar.
> Vogliam Desdemona
> Coi doni nostri
> Come un imagine
> Sacra adornar.

### Fanciulli e donne
*(mentre cantano i marinari, accompagnando e armonizzando)*
> (Mentre all'aure vola
> Lieta la canzon,
> L'agile mandòla
> Ne accompagna il suon.)

### Le donne.
*(spargendo rami e fiori)*
> Per te la
> ~~La messe~~ florida
> ~~A te del salice~~
> Messe dai
> ~~Dai nostri~~ grembi
> ~~La molle fronda,~~
> A nembi, a nembi,
> ~~Amor dell'onda~~

Spargiamo al suol.
~~Dei carmi Amor.~~
L'April circonda
La sposa bionda
~~A te il ciclame~~
~~Tua testa bionda~~
~~Dal fragil stame,~~
D'un etra rorida
~~Dal tenue calice~~
Che vibra al sol
~~D'azzurro e d'or.~~

FANCIULLI E MARINARI
OPPURE MARINARI SOLI,
*(mentre le donne cantano accompagnando e armonizzando)*
(Mentre all'aure vola
Lieta la canzon
L'agile mandola
Ne accompagna il suon.)

TUTTI.
Dove guardi splendono
avvampan cuori,
Raggi, ~~echeggian Cori,~~
Dove passi scendono
Nuvole di fiori.
Qui fra gigli e rose,
Come a un casto altar,
Padri, bimbi, spose
Vengono a cantar.

DESDEMONA:
Splende il cielo, danza
L'aura intorno ai fior
Gioja, Amor, Speranza
Cantan nel mio cor.*

*CORO:
Vivi felice! Addio.
Qui regna Amor.

*e, mentre questo Coro dura,*
OTELLO, *fin dal principio, mormora:*
Eccola!

e JAGO:        Vigilate.
(gli mor-
mora e gli
ripete men-
tre canta
il Coro)

e OTELLO:        Quel canto mi conquide:
(soavemente  No, no, s'ella m'inganna, il ciel sé stesso irride.
commosso)

CHOR:

(hinter der Bühne)  Wohin du blickst, erglänzen
sich nähernd           entbrennen Herzen,
Strahlen, ~~widerhallen Chöre,~~
Wo du gehst, sinken
Wolken von Blüten herab.
Hierher zwischen Lilien und Rosen
Wie zu einem reinen Altar,
Kommen Väter, Kinder, Frauen
Zu singen

KINDER
*(Lilien auf den Boden*
*streuend)*
Wir bringen dir der Lilie
DESDEMONA:      Lieblichen Stengel dar,
Der Himmel strahlt, es tanzt  Der in der Hand der Engel
Der Hauch des Windes um die  In den Himmel erhoben wurde,
          Blüten.  Der den glänzenden
Freude, Liebe, Hoffnung  Mantel und das Kleid
Singen in meinem Herzen.  Der Madonna verschönt
                  Und den heiligen Schleier.

FRAUEN UND SEELEUTE
*(während die Kinder begleitend und harmonisierend singen)*
(Während im Hauch des Windes
Fröhlich das Lied schwebt,
Begleitet die leichte Mandore
Seinen Klang.)


SEELEUTE
*(Desdemona Korallen- und Perlengeschmeide darbietend)*
Für dich den Purpur,
Die Perlen und die Austern
In der
~~Aus der~~ Tiefe
Des Meeres gepflückt.
Wir wollen Desdemona
Mit unseren Gaben
Wie ein Heiligenbild
Schmücken.


KINDER UND FRAUEN
*(während die Seeleute begleitend und harmonisierend singen)*
(Während im Hauch des Windes
Fröhlich das Lied schwebt,
Begleitet die leichte Mandore
Seinen Klang.)


DIE FRAUEN
*(Zweige und Blumen streuend)*
Für dich die
~~Die Ernte~~ blühende
~~Für dich der Weide~~
Ernte aus dem
~~Von unseren~~ Schoß der Erde
~~Das nasse Laub,~~
In Wolken, in Wolken,
~~Liebe der Welle~~

Streuen wir auf den Boden.
~~Der Gedichte Liebe.~~
Der Lenz umgibt
Die blonde Gattin
~~Für dich die Zyklame~~
~~Dein blondes Haupt~~
~~Vom schwachen Staubblatt~~
Mit taufeuchter Luft,
~~Vom zarten Kelch~~
Die in der Sonne flimmern[.]
~~Aus blau und gold.~~


KINDER UND SEELEUTE
ODER SEELEUTE ALLEIN,
*(während die Frauen begleitend und harmonisierend singen)*
(Während im Hauch des Windes
Fröhlich das Lied schwebt,
Begleitet die leichte Mandore
Seinen Klang.)


ALLE.
Wohin du blickst, erglänzen
      entbrennen Herzen,
Strahlen, ~~widerhallen Chöre,~~
Wohin du gehst, sinken
Wolken von Blüten herab.
Hierher zwischen Lilien und Rosen,
Wie zu einem reinen Altar,

Kommen Väter, Kinder, Frauen
Zu singen.

DESDEMONA:
Der Himmel strahlt, es tanzt
Der Hauch des Windes um die Blüten.
Freude, Liebe, Hoffnung
Singen in meinem Herzen.*

*CHOR:
Lebe glücklich! Addio.
Hier herrscht Amor.

*und während der Dauer dieses Chores*
*flüstert* OTELLO *von Anfang an:*
                    Da ist sie!
und JAGO:                    Gebt acht.
(flüstert
zu ihm und
wiederholt
ihm, während
der Chor
singt)
und OTELLO:                    Dieser Gesang überwältigt mich:
(zart          Nein, nein, wenn sie mich betrügt, verspottet der
bewegt)                    Himmel sich selbst.]

Am Ende des Chores küßt Desdemona die Stirn einiger Kinder, und
ein paar Frauen küssen den Saum ihres Kleides; sie reicht den See-
leuten eine Börse hin, der Chor entfernt sich, und sie tritt (von Emilia gefolgt) in den Saal und nähert sich Otello, womit die folgende
Szene beginnt:

DESD. *D'un uom che geme sotto il tuo disdegno, la preghiera ti*
*porto* [Ich überbringe dir die Bitte eines Mannes, der unter deinem
Unwillen leidet] . . . usw. usw. usw. Sobald Desdemona den Namen
Cassios ausspricht, enden die Nachklänge des Chores, die Otellos
Herz noch bewegen, und das furchtbare Drama nimmt unerbittlich
seinen weiteren Verlauf.

Jetzt bleibt mir noch, Ihnen zu begründen, warum ich für das Ritornell des Chores den betonten sechsfüßigen Vers in zwei Teile zer-
fallend gewählt habe. Ich habe es keineswegs aus Neuigkeitssucht
getan, sondern weil ich einen Rhythmus suchte, der die einzelnen
fünfsilbigen Stanzen, die sich da einschalten, mit öfters wiederkeh-
renden Noten begleiten könnte. Ich bediene mich eines Beispiels,
weil ich mich nicht besser zu erklären wüßte.

| 3/4 | Mĕntrĕ | all'ăură | vŏlă | lĭetă | lă | cănzōn | ecc. |
|-----|--------|----------|------|-------|-----|--------|------|

| 3/4 | Ā | tē | dēl | sā | lī- | cē | ecc. |
|-----|---|-----|-----|-----|-----|-----|------|

[Während im Hauch des Windes fröhlich das Lied schwebt usw.]

Wenn dieser Chor Ihnen gut scheint, ist der schwierigste Teil der Retuschen des Otello getan; ich werde an die Arbeit für das Ensemble-Stück gehen. Dann werde ich noch ein paar Striche in der Partie des Otello außer den bereits gemachten versuchen. Aber es dürfte fast unerläßlich sein, diesen letzten Punkt gemeinsam im Gespräch zu erörtern.

Ich will Ihnen auch noch für die Depesche danken, die Sie mir nach der ersten Aufführung des Mephisto sandten. Ich werde Ihnen niemals sagen können, welche erhabene Freude mir von Ihren Worten kam.

Der Mephisto an der Scala war wie jene Feuerwerke, die mit großem Knall beginnen und mit einem miserablen Schüßchen zu Ende gehen. Das Publikum im Theater war recht spärlich. Ich hatte eine zu ernste Konkurrenz zu besiegen; damit meine ich die Amazonen des Zirkus Renz. Aber ich bin mit dem Schicksal, das mir zugefallen ist, durchaus zufrieden.

Viele freundschaftliche Grüße an Ihre Frau. Für Sie einen herzlichen Händedruck. Schreiben Sie mir, welchen Eindruck Ihnen der Chor macht, damit ich gegebenenfalls vor meiner Abreise auf das Land ein paar andere Ideen finden kann.

Ihr ergebener
Arrigo Boito

St. Agata, 23. Juni 1881

Lieber Boito,

Werfen Sie keinen Stein auf mich, weil ich bis jetzt auf Ihren sehr lieben und wichtigen Brief nicht geantwortet habe.

Der Chor, den Sie mir geschickt haben, wird, glaube ich, sehr gut gehen. Ich sage, ich glaube, weil ich mir, ohne den zweiten Akt vor Augen zu haben, nicht ganz klar bin, an welcher Stelle dieser Chor stehen soll. Jedenfalls könnte dieser Chor weder anmutiger noch eleganter, noch schöner sein. Und dazu, welcher Lichtstrahl inmitten all der Finsternis! — Beschäftigen Sie sich also nun mit dem Finale, und machen Sie ruhig ein weit ausholendes, ich würde sagen, *großes* Stück. Das Theater verlangt es; aber mehr noch als das Theater will es die kolossale Macht des Dramas. — Die Idee (die mir noch immer gefällt), einen Otello ohne Chöre in Musik zu setzen, war und ist vielleicht eine Verrücktheit!

Was die Striche in der Partie Otellos angeht, ist mir's recht, wenn wir sie gemeinsam machen.

Ich grüße Sie von meiner Frau; und ich drücke Ihnen herzlich die Hände.                                      G. Verdi


Mittwoch [Mailand, 24. August 1881]

Lieber Maestro,

Sie fingen schon an zu glauben, daß ich samt Hut, Schwamm und Bürste auch das große Finale des Otello vergessen hätte. Dem war nicht so. Dieses Finale habe ich in Gedanken gewälzt und gewälzt, und da es ein recht großer Brocken ist, gelang es mir nie, es dem »Blut der Form« anzugleichen, wenn ich mich so ausdrücken darf; und ich habe mir keine geringe Mühe gegeben, das Ergebnis zu erzielen, das Ihnen zu dieser Stunde schon bekannt ist und das mir die Folge aller unserer Unterhaltungen in Sant'Agata zu sein scheint.

Das *Ensemble* hat, wie wir geplant hatten, seinen lyrischen und seinen dramatischen Teil *einander verschmolzen*; das heißt ein lyrisches, melodisches Stück, zu dem sich ein dramatischer Dialog bewegt. Die Hauptfigur der lyrischen Seite ist *Desdemona*, die Hauptfi-

gur der dramatischen Seite ist *Jago.* So fädelt Jago, nachdem er nur
einen Moment lang von einem Ereignis außerhalb seines Machtbe-
reiches verblüfft war (dem Brief, der Otello nach Venedig zurück-
ruft), sogleich mit unvergleichbarer Schnelligkeit und Energie alle
Fäden der Tragödie wieder ein, fährt fort, die Katastrophe *selber*
herbeizuführen, und nutzt sogar das unerwartete Ereignis aus, den
Lauf des endgültigen Unheils mit rasender Geschwindigkeit zu beschleunigen. Das alles war in Shakespeares Kopf, das alles erscheint
deutlich in unserer Arbeit. Jago reicht von Otello an Rodrigo die beiden Werkzeuge weiter, die ihm für seine Missetat bleiben; dann hat
er das letzte Wort und die letzte Geste des Aktes.

Sehen Sie mal, ob Ihnen die beiden Teile, der lyrische und der
dramatische, gut verschmolzen scheinen. Sehen Sie auch, ob die
Länge des einen und des anderen Teils gut bemessen ist. Ich habe
nicht an Versen gespart, weil ich mich an eine Ihrer Mahnungen erinnerte: »Sagen Sie alles, was nützlich zu sagen ist, und lassen Sie alles deutlich sein.« Bei dieser Mahnung haben Sie gespürt, daß der
Dialog zu dem lyrischen Stück erweitert werden mußte, um tragisch
zu sein; Sie haben das sehr gut gesehen, und so habe ich es gemacht.
Falls Ihnen der Dialog zwischen Jago und Rodrigo etwas unvollständig und nicht allzu klar scheinen sollte, sind hier vier Verse, die ihn,
wenn nötig, füllen und enden werden.

| | |
|---|---|
| JAGO: | *A notte folta io la sua traccia vigilo* |
| | *E il varco e l'ora scruto; il resto a te.* |
| | *Sarò tua scolta. A caccia, a caccia! Cingiti* |
| | *L'arco.* |
| RODR: | *Sì. T'ho venduto onore e fè.* |
| [JAGO: | In tiefer Nacht überwache ich seine Spur |
| | Und erforsche den Weg und die Stunde; der Rest steht bei dir. |
| | Ich werde deine Wache sein. Zur Jagd, zur Jagd! Häng' dir |
| | Den Bogen um. |
| RODR: | Ja. Ich habe dir Ehre und Treue verkauft.] |

Eine Sache ist zu beachten: Die Dialoge Jago und Otello, Jago und
Rodrigo folgen einander, jener zuerst, dieser darauf. Während des
Dialoges zwischen Jago und Otello, was tut Rodrigo? Nichts. Aber
seine Stimme könnte am Anfang des melodischen Ensembles eine
weitere *wirkliche Partie* schaffen und die fünfte Partie ausmachen,
bis die Zeit für seinen Dialog mit Jago kommt. Für diesen Fall biete
ich Ihnen vier lyrische Zeilen an, die Rodrigo mit den anderen singen würde, während Otello mit Jago spricht und während das Ensemble beginnt:

> RODRIGO
> *(Per me s'oscura il mondo,*
> *S'annuvola il destin,*
> *L'angelo casto e biondo*
> *Fugge dal mio cammin.)*
> [(Für mich verdunkelt sich die Welt,
> Umwölkt sich das Geschick,
> Der keusche und blonde Engel
> Flieht von meinem Weg.)]

Dagegen könnte man einwenden: Da wir uns mit dem Verhalten
Rodrigos während des *Jago-Otello-Dialoges* beschäftigt haben,
warum sind wir nicht um Otellos Verhalten während des *Jago-Ro-
drigo-Dialoges* besorgt? Nein. Otellos Stillstand ist gegeben, vom
Drama gewollt. Wir haben ihn nach den Worten *A terra! e piangi!*
[Zu Boden! und heule!] ermattet zu seiten des Tisches gesehen; und
so ermattet muß er bleiben, ohne sich, auch wenn er Jago antwortet,
solange das ganze *Ensemble* dauert, zu erheben. Er braucht, während Jago zu Rodrigo spricht, weder zu *sprechen* noch zu *singen*.
Schweigend ist er größer und furchtbarer, plastischer. Er erhebt sich
erst, um *Fuggite!* [Fliehet!] zu schreien, und dann stürzt er zu Boden. So geht es gut. Bis hierher sind wir vollkommen einig, hoffe ich.
Aber vielleicht werden Sie bemerken, daß Desdemona (da sie, wie
ich sagte, *die Hauptfigur des lyrischen Teils dieses Stückes* ist) vier
Zeilen mehr als die anderen haben sollte. Um so mehr als ihre ersten vier Zeilen nicht geeignet sind, von der Musik melodisch entfal-
tet zu werden. Für diesen Fall sind hier vier Zeilen, die Desdemonas

Stanze enden werden; aber um sie zu lesen, muß man, ich merke es, die Seite umwenden — und auch, um sie aufzuschreiben:

DESDEMONA

. . . . . .
. . . . . . .
. . . . . . .
. . . . . . .
. . . . . . .
. . . . . .
. . . . . .
. . . . . .

*Sole sereno e vivido*
*Che allieti il cielo e il mare,*
*Tergi le stille amare*
*Che sparge il mio dolor!*
[Heitere und strahlende Sonne,
Die du den Himmel erfreust und das Meer,
Trockne die bitteren Tränen,
Die mein Schmerz vergießt!]

Wir hatten beschlossen, daß der lyrische Teil des [Ensemble-] Stük-kes ein bestimmtes Metrum haben sollte und der dialogische Teil (der Chor inbegriffen) ein anderes Metrum. Und so habe ich es gemacht. Das Metrum des *Dialoges* ist ein Elfsilber, der sich jedoch brechen läßt, je nachdem, wie Sie wollen; und, wenn man ihn bricht, löst er sich von Anfang bis zu Ende in sehr viele Fünfsilber auf. Sie können also nach Ihrer Wahl die eine oder die andere der beiden Bewegungen [Metren] anwenden; und ich mußte es so machen, weil ein ausgedehnter Elfsilber unter einer lyrischen Wendung, ein Elf-silber aus einem Guß vielleicht zu schwer ausgefallen wäre und der Fünfsilber zu leicht. Die beiden Metren sichtbar zu mischen gefiel mir nicht; ich habe den Kunstgriff vorgezogen, wie Sie sehen; im übrigen scheint mir, daß seine Wirkung eindrucksvoll ist.

Jetzt, glaube ich, bleibt mir nichts mehr zu sagen, außer Ihnen nochmals für den schönen Tag in Sant'Agata zu danken, der mir stets in Erinnerung bleiben wird, lieber Maestro, und der alles Gute, was ich für Sie hege, noch verstärkt hat. Viele Grüße an Signora Giuseppina und die Frau Schwägerin. Morgen reise ich wieder nach *Monticello* ab. Hier ist die Adresse: *Monza per Monticello*, das genügt. Wenn Sie mir schreiben, wird Ihr Brief mich erreichen. Aber in einer Woche werde ich wieder in Mailand sein und dann an den Comer See gehen. Ich bitte Sie, mich nicht zu schonen und mich ruhig arbeiten zu machen; wenn ich für Sie arbeite, bin ich zufrieden.

Herzlichst Ihr

Arrigo Boito


[Mailand, 27. August 1881]

Lieber Boito,

Ich bin in Mailand, und aus Busseto wurden mir Ihre beiden Briefe hierher nachgesandt. — Sehr, sehr, sehr gut das Finale. Welch ein Unterschied zwischen diesem und dem ursprünglichen!

Ich werde die vier Verse für Rodrigo hinzufügen.

Vielleicht werden die vier anderen für Desdemona unnötig sein.

Es ist so wahr, daß Otello stumm größer und furchtbarer ist, daß ich denken würde, ihn während des ganzen Ensembles überhaupt nicht sprechen zu lassen. Mir scheint, daß Jago allein alles das kürzer sagen kann, was zum Verständnis des Zuschauers gesagt werden muß, ohne daß Otello antwortet.

JAG.　　*T'affretta! Il tempo vola! All'opra ergi la tua mira! all'opra sola! Io penso a Cassio . . L'infame anima ria gli svellerò. Lo giuro. Tu avrai le sue novelle a mezza-notte* (wobei die Verse natürlich in Ordnung zu bringen sind)

[Eile dich! Die Zeit fliegt. Auf die Tat richte dein Ziel! Auf die Tat allein! Ich denke an Cassio . . Seine schändliche, verbrecherische Seele werde ich ihm ausreißen. Ich schwöre es. Du wirst seine Nachrichten zur Mitternacht haben.]

Nach dem *Ensemble* und nach den Worten *Tutti fuggite Otello* [Ihr alle, fliehet Otello] kommt es mir vor, als spreche und schreie Otello nicht genug. Er schweigt vier Verse lang, und mir scheint (szenisch gesprochen), daß Otello nach *Che d'ogni senso il priva* [Die ihn aller Sinne beraubt] ein oder zwei Verse schreien sollte … *Fuggite. Io detesto* voi, me, *il mondo intero* . . [Fliehet. Ich hasse euch, mich selbst, die ganze Welt . .]

═══════

Und es scheint mir auch, daß man, wenn Otello und Jago allein bleiben, ein paar Zeilen sparen kann.

Fuggirmi io sol non so . . . . Ah l'idra! .

Signor

Vederli insieme avvinti. Ah maledetto

Pensiero . . Sangue Sangue . .

*un grido e sviene* Il fazzoletto.

Il mio velen lavora

Viva l'eroe di Cipro

Chi può vietar che questa fronte io prema

Col mio tallone

Gloria

Al Leon di Venezia

Ecco il Leone!

[Allein mir selbst entfliehen kann ich nicht . . . . Ah, die Hydra! .

Herr,

sie zusammen umschlungen zu sehen. Ah, verfluchter Gedanke . . Blut Blut . .

*ein Schrei, und er fällt in Ohnmacht* Das Taschentuch.

Mein Gift gedeiht

Es lebe der Held von Zypern

Wer kann verbieten, daß ich diese Stirn

Mit meiner Ferse drücke

Ruhm

Dem Löwen von Venedig

Da ist der Löwe!]

Ein erstickter Schrei bei dem Wort fazzoletto [Taschentuch] scheint mir furchtbarer als ein Schrei bei einem gewöhnlichen Ausruf wie *Oh Satana* [Oh, Satan]. Die Worte *Svenuto . . . Immobil . . muto* [Ohnmächtig . . . Reglos . . stumm] halten die Handlung etwas auf. Man denkt, man überlegt, aber hier muß man sehr schnell enden. Sagen Sie mir Ihre Meinung. —

Ich bin nicht fertig!! Der Chor agiert wenig, sogar überhaupt nicht. Könnte man nicht eine Möglichkeit finden, ihn etwas zu bewegen? Z.B. nach den Worten . . . *In Cipro elegge un successor* [In Zypern wählt er einen Nachfolger] . . . . . . *Cassio!*. Chor von vier Versen, ich sage nicht, der Revolte, sondern des Protestes . . . *Nò nò . . noi vogliam Otello* [Nein, nein . . wir wollen Otello].

Ich weiß wohl, daß Sie mir gleich antworten werden . . »Lieber Signor Maestro, Sie wissen nicht, daß niemand sich nach einem Dekret der Serenissima zu rühren wagte und daß manchmal die bloße Gegenwart des Messer Grande genügte, die Menge zu zerstreuen und einen Aufstand zu unterdrücken?«

Ich würde zu entgegnen wagen, daß die Handlung in Zypern ist, daß die Serenissimi weit fort waren; und darum hatten die Zyprioten vielleicht mehr Mut als die Venezianer.

Falls Sie nach Mailand kommen, hoffe ich, Sie zu sehen. Ich weiß nicht, aber ich glaube, Sie haben die ganze Dichtung des Dritten Aktes . .

In Eile addio, addio

G. Verdi
Hotel Milan —

Villa d'Este (lago di Como)
10. August [1882]

Lieber Maestro,

Schon seit zwei Monaten hat mich der Baron Blaze de Bury durch seine Frau, die ich in London kennenlernte, um etwas gebeten, was hierauf hinausläuft; ich schreibe ab: *Un jour ou l'autre le Jago existera et par conséquent sera donné içi* (in Paris) *sur la scène de l'Opéra* [Früher oder später wird der Jago existieren und folglich hier auf der Bühne der Opéra gegeben werden] usw. . . . . Und um

zum Wesentlichen zu kommen: der Blaze de Bury trägt seiner Frau,
der Baronin, auf, mich zu bitten, daß ich Sie, Maestro. bitte, ihm für
jenen *jour ou l'autre* die französische Übersetzung des Otello übertragen zu wollen.

*Vous trouverez je pense Verdi très favorable à cet arrangement*
*dont Vous pourrez lui parler tout de suite* [Sie werden, denke ich,
Verdi sehr geneigt zu diesem Arrangement finden, von dem Sie sofort mit ihm sprechen können], so fährt die Signora fort, aber das
*tout de suite* war so, daß der Brief am 22. Juni datiert ist und ich den
Auftrag heute (11. August) erledige.

Aus einer Reihe von Gründen habe ich mich nicht beeilt, Blaze
de Burys Wunsch zu erfüllen: vor allem wußte ich zu jener Zeit, Maestro, nicht, wo Sie waren; ich wußte lediglich, daß Sie nicht mehr in
Genua und auch nicht in S. Agata waren, und das schrieb ich ganz
ehrlich an die Baronin, um meine Verspätung zu erklären. Weiterer
Grund: so beachtlich der Vorschlag eines hochkultivierten Mannes
und wahrhaften Künstlers, den ich schätze und für den angesehensten Kritiker Frankreichs halte, auch sein mag, meinte ich, dieser
Vorschlag sei voreilig, und sputete mich deshalb nicht, meinen Auftrag auszuführen. Diese Überlegung vertraute ich jedoch der Baronin nicht an, weil ich mich der Signora gegenüber nicht ermächtigt
fühlte, den Vorschlag günstig oder ungünstig zu beurteilen; der
Richter darüber, Maestro, sind Sie. Aber ein weiterer Brief der Blaze
de Bury kommt auf das Anliegen zurück, und diesmal ..., und diesmal muß ich der Sache auf den Grund gehen, um zu antworten, und
kann nicht mehr sagen, daß ich nicht weiß, wo Verdi sich aufhält.
Ich bitte Sie also, Maestro, mir über diese Frage eine Zeile zu schreiben oder, wenn Sie es vorziehen, sie an Blaze de Bury selber zu
richten, der in Paris *rue Oudinot 20* wohnt. Mir ist es gleich, solange
ein Wort *ja* oder *nein* oder *später* oder *vielleicht* sagt. Ich möchte
nicht, daß dieser hervorragende französische Schriftsteller glaube,
ich hätte in dieser Angelegenheit bösen Willen gezeigt — was ich
wahrhaftig getan habe, aber nicht so, wie er (den ich bewundere) annehmen könnte; wohl aber habe ich *guten Willen* gezeigt, indem ich
Sie, Maestro, nicht belästigt habe; denn ich weiß aus Erfahrung,
daß, wenn eine Oper nicht fertig ist, jedes Wort und jede Tat ver-

drießlich sind, die mit der Absicht zu kommen scheinen, das Denken an die heimliche Arbeit zu verdrängen, das sich selbst zwingt und mißt und von allein seinen Weg und sein Ziel kennt. Und doch sieht man an allen diesen Zeichen, mit welch fieberhaftem Verlangen diese Oper in Frankreich erwartet wird; und wenn das in Frankreich, der hochmütigsten und der unseren am wenigsten befreundeten Nation, so sehr der Fall ist, denken Sie, wie es hier und anderwärts sein muß. Aber genug davon; ich habe schon zuviel gesagt.

Apropos, Sie beklagten sich über einen Vers, in dem das zu gesuchte Wort *arce* [Festung] vorkam. Wenn mein Gedächtnis mich nicht täuscht, hieß die Zeile: E l'*arce* ascesa alla breccia fatal [Und die Festung erstiegen zur tödlichen Bresche]. Ich denke, daß sie durch Veränderung des Wortes *ascesa* in ein Substantiv leicht zu korrigieren ist, z. B.: *E l'aspra ascesa e la breccia fatal* [Und der mühsame Aufstieg und die tödliche Bresche]. Sehen Sie mal, ob die Zeile so mit dem Sinn der vorhergehenden übereinstimmen würde.

Giulio Ricordi ist in Trescorre, um eine Hand zu heilen, die ihm Beschwerden macht.

Ich bleibe bis zum 28. dieses Monats in Villa d'Este. Dann besuche ich einen Benediktinermönch namens Guido d'Arezzo: ich kenne die Toscana noch nicht (sehen Sie mal, welche Schande!), und das wird eine gute Gelegenheit sein, ihre Bekanntschaft zu machen. Alles Herzliche für das Haus von S. Agata und seine lieben Bewohner.

Ihr
Arrigo Boito

Busseto, 16. August 1882
St. Agata

Lieber Boito,

*Un jour ou l'autre* Jago (nicht Jago) existera . . . . Ich bin überrascht von dieser Gewißheit des Barons, weil ich . . . ich in persona nicht weiß, ob er *existera*. Außerdem bin ich höchst überrascht, daß ein Literat vom Rufe Blaze de Burys, der, wie Sie sehr richtig sagen, angesehenste Kritiker Frankreichs, sich zu einer wahren Galeere verurteilen will, indem er eine Oper aus dem Italienischen ins Französische übersetzt — noch schwieriger, als vom Französischen ins Italienische. Wir haben den ungereimten Vers, und sie, an den Reim gebunden und an den männlichen und weiblichen zweizeiligen aufeinanderfolgenden Vers, können den literarischen Sinn mit musikalischer Phrase und Betonung kaum bewahren. In diesem Zusammenhang sagte ich vor ein paar Monaten zu einem Übersetzer einer meiner Opern »Warum reimt Ihr die Verse in den Rezitativen und den dramatischen Momenten?« Aber das Wesen ihrer Poesie erlaubt nicht, oder zumindest wagt keiner, le vers blanc zu machen.

Aber, ich wiederhole, warum jetzt von einer Oper sprechen, die es nicht gibt? Von einer Oper, die italienische Ausmaße haben wird und wer weiß, wie viele andere italienische (öffne dich, o Erde!) Dinge?.. Vielleicht ein paar Melodien.. (wenn man sie finden kann).. Und die Melodie ist immer eine italienische, in hohem Grade italienische, und kann nur eine italienische sein, woher auch immer sie komme. Noch mehr: eine Oper, die keine *mise en scène* haben wird! Und kein Ballett! Stellt Euch eine Oper in der *Opéra* ohne Ballett vor!!! Ich füge noch eine andere Meinung hinzu, meine ganz eigene Meinung, und die ist: ich bin davon überzeugt, höchst überzeugt, daß ein wahrer Erfolg mit einer neuen Musik im gegenwärtigen Theater der *Opéra* unmöglich ist. Der Grund dafür liegt meiner Ansicht nach in der Akustik, der Pracht, der Schönheit jenes Monuments. Täusche ich mich? Das ist möglich, aber solange ich keinen Erfolg sehe, werde ich meine Ansicht nicht ändern.

Nun schreiben Sie dem Baron, wie Sie es für gut halten, und ich verbleibe, froh, nach so langer Zeit von Ihnen gehört zu haben,

herzlich immer Ihr
G. Verdi


Villa d'Este [17.—18. August 1882]

Lieber Maestro,

Es gibt Magnetismen in der Luft: gerade als Ihr willkommener Brief unterwegs in meine Hände war, schrieb ich meinem französischen Übersetzer die gleichen Bemerkungen, die Sie zum Silbenmaß jener nahen Metren machten; und ich schrieb mit den gleichen Worten und sprach vom *vers blanc* im identischen Sinn und von den männlichen und weiblichen Wortendungen, wobei ich zur gleichen Schlußfolgerung kam.

Dasselbe Erstaunen, das der Vorschlag des Barons bei Ihnen hervorrief, empfand auch ich; ich werde ihm noch heute antworten, ohne von diesem Erstaunen zu sprechen, und meine Antwort auf einen reinen und einfachen Satz beschränken, wie eine Tagesordnung unserer löblichen Kammer. Und der Satz wird sein: »Der Maestro schreibt den Otello« (oder Jago, wie auch immer) »besonders auf Italien bezogen, jenes so stark italienische Sujet« .... nein, hier scheitert der Satz; wenn ich Italien noch einmal erwähne, könnten auch die guten Beziehungen zwischen den beiden Ländern scheitern. Ich werde einfach sagen, Sie glaubten nicht, daß die Oper, die Sie schreiben, je die Eigenschaften der Ausmaße und der Form haben wird, die traditionell in der *Opéra* sind. Und damit genug.

Verzeihen Sie die Belästigung, die ich Ihnen bereitet habe. Ich, der ich Ihre Stimmung erriet, habe alles darangesetzt, Sie damit zu verschonen, aber auf die Dauer konnte ich es nicht mehr. Ich tröste mich mit dem Gedanken, daß, wenn diese Belästigung einmal über Sie kam, sie durch drei Briefe dreimal über mich kam, die ich samt des heutigen an die Frau des Barons geschrieben haben werde — gewiß eine höchst intelligente Dame, aber weder jung noch schön. Und für mich ist das Briefeschreiben immer die quälendste Last, außer wenn ich nach S. Agata oder an den Palazzo d'Oria schreibe, oder an meinen Bruder oder ein paar seltene gute und treue Freunde; dann würden die Plaudereien der Feder nie enden und wie jetzt leicht und angenehm dahingleiten.

Grüßen Sie mir Signora Giuseppina vielmals.

Herzlichst Ihr
Arrigo Boito

[Mailand,] 5. April [1883]

Lieber Maestro,

Am 22. März, dem Todestag Manzonis, wird Mailand das Denkmal in der Piazza Manzoni einweihen, und der Rat der Stadt Mailand hätte im Sinn, am selben Abend in der Scala, wenn sich für jenen Zeitpunkt würdige Sänger finden (und es ist sehr zu hoffen, daß man sie findet), Verdis Messe aufführen zu lassen. Wenn ich mich nicht irre, hätten Masini, die Teodorini und Nannetti zu Ende Mai keine Engagements; mit dem Orchester und Chor der Scala als mächtigen Hilfstruppen würde die Messe auch diesmal eine vollkommene Aufführung haben. Der Anlaß ist feierlich. Der 22. Mai des Jahres 83 wird den Namen Alessandro Manzonis verherrlichen; bei dieser Verherrlichung darf die von Ihnen für ihn geschriebene Messe nicht fehlen, und damit am Adel des Festes nichts fehle, sollten Sie, Maestro, *kommen, in persona zu dirigieren.* So denkt der Rat der Stadt, so denke auch ich darüber. Noch weiß niemand etwas davon, nicht einmal Giulio Ricordi weiß, daß ich Ihnen heute schreibe. Unser ausgezeichneter Negri, Assessor im Rathaus (Sie wissen, daß Negri einer der tüchtigsten Männer von Mailand ist), Negri also hat mich gestern gebeten, Sie offiziell darum anzufragen, Sie freundlich darum zu bitten, und ich gehorche aus vollem Herzen. Wenn sich tadellose Sänger finden, werden Sie ja sagen? Ich erwarte zwei Zeilen der Antwort.

Es hat mir so leid getan, San Giuseppe in Ihrem Haus versäumt zu haben; ich stand vor der Abreise, aber der Schnee machte mir Angst, und ich blieb noch vier, fünf Tage in Nervi. Beinahe hätte ich die *Unverfrorenheit* gehabt, als unerwarteter Gast im Palazzo Doria zu erscheinen, aber dann verließ mich diese *Tollheit.* Am nächsten Tag traf ich in Mailand ein, wo wir erst seit drei Tagen Frühling haben. Gestern habe ich den ganzen Abend mit Edmondo De Amicis verbracht, und wir haben viel von Ihnen und Signora Giuseppina gesprochen, der ich Sie mich herzlich zu empfehlen bitte.

Und Sie, Maestro, auch wenn ich Sie ab und zu belästige, mögen mir Ihre gute Freundschaft bewahren.

Ihr
Arrigo Boito

St. Agata, 7. April 1883

Lieber Boito,

Ich erhalte hier Ihren sehr lieben Brief von Genua nachgesandt. Der Anlaß ist gewiß feierlich, aber . . . . es wäre ein Bis — Ich hasse die Bis — Ihr seid ein Künstler, und Ihr werdet mich verstehen. —

Ein bißchen *Tollheit* tut ab und zu gut! Hätte ich mir vorstellen können, daß Sie sich am Tag des San Giuseppe noch in Nervi befänden, wäre ich in persona gekommen, um Sie an den Beinen zu packen. — Fahren Sie nur fort, mir ohne Angst zu schreiben, daß Ihre sehr lieben Briefe mich langweilen.

In aller Freundschaft
Ihr G. Verdi


Nervi, Hôtel Victoria
Montag [21. Januar 1884]

Liebster Maestro,

Die Genueser Ravioli sind vorzüglich, und ich bete sie an und möchte sie nächsten Donnerstag an Ihrem Tisch verzehren. Falls ich den Tag schlecht gewählt habe, haben Sie Zeit, mir zu antworten: nein.

Aber ich denke, daß, wenn es Ravioli zu Tisch gibt, ich zu viel davon essen werde, und auch Sie werden sie essen, und wir werden sie mit Mühe verdauen; ich denke, daß alles, was in die harte Arbeit des Magens geht, nicht in die Arbeit des Gehirns geht, und da fällt mir der Satz ein, den Sie mir bezüglich des *Mohren von Venedig* sagten: »Alles ist eine Frage des Magens.«

Dann also *keine Ravioli*; wir werden Donnerstag zusammen speisen (ich glaube, Sie essen auch in Genua um *sechs*); wir werden speisen, aber ohne die Versuchung der Ravioli; wir werden ein weises und gesundes und gänzlich geistiges kleines Mahl einnehmen.

Also, wenn Sie erlauben (wenn Sie mir nicht antworten, ist's ein Zeichen, daß Sie erlauben), auf Wiedersehen Donnerstag um sechs.

Meine besten Grüße an Signora Giuseppina. Einen herzlichen Händedruck.

Ihr Arrigo Boito

Genua, 7. Februar 1884

Lieber Boito,

Wie schnell Ihr [das gemacht] habt! Könnte ich's ebenso machen. Gut so. Auf Wiedersehen also.

Herzlichst
G. Verdi


Mailand, Samstag [26. April 1884]

Lieber Maestro,

Ich habe einen Abstecher nach Turin gemacht, um die mittelalterliche Burg zu sehen, etwas Wunderbares; und ich bin gestern in Mailand angekommen. Aus vielen Gründen bin ich froh, diesen Ausflug gemacht zu haben; in Turin sah ich meinen Bruder und einige gute Freunde, unter ihnen Giacosa, der mir als Führer diente, und Faccio, der gerade seine Kantate probte, die mir besonders im Anfang und in der Kadenz den großen Eindruck machte, den ich erwartet hatte. Aber der hauptsächliche, unvermutet günstige Grund, der meinen Ausflug noch glücklicher ausfallen ließ, als ich gehofft hatte, war die vertrauliche Mitteilung, die Faccio mir bezüglich eines Briefes machte, den Sie ihm geschrieben hatten. Wäre ich nicht nach Turin gegangen, wer weiß, wie viele Monate später ich erfahren hätte, was Sie mich durch den Mund meines Freundes wollten erfahren lassen.

Danke aus vollem Herzen, mein Maestro, danke; aber es scheint mir schon zu viel, Ihnen allen Ernstes antworten zu müssen, daß ich es nicht annehme, daß ich Ihr großes, nobles Angebot nicht annehme. Diese Journalisten müssen von einer gänzlich anderen Rasse sein als anständige Menschen; ich sage nicht alle, aber die meisten. Hier haben Sie einen, der es fertigbringt, meine Worte so bestialisch mißzuverstehen, um einen Satz zu konstruieren, der genau das Gegenteil meiner Gesinnung ist; und diesen Satz druckt er, und andere Journalisten wiederholen ihn, und so entsteht zwischen Ihnen und mir durch das Werk läppischer, taktloser Personen zu meinem Schaden eine läppische und taktlose Lage, von der ich erst heute befreit bin. Und daß ich von dieser verkehrten Lage befreit bin, ist Ihr Verdienst, Maestro; und mehr noch als für Ihr Angebot selbst danke ich Ihnen wärmstens dafür, weil mein Herz dadurch die Gelegenheit findet, sich Ihnen mit vollem Zutrauen zu öffnen.

Ich las diese alberne Notiz in der *Roma*, einer Zeitung in Neapel, die ich bei mir hatte, als ich nach Genua fuhr. Ich kann Ihnen nicht sagen, wie entrüstet und verstört ich verblieb. Während der ganzen Reise dachte ich nach, wie ich die Eselei des Journalisten reparieren könne. Mein erster Impuls war, selber an den Redakteur der *Roma* zu schreiben; dann ergriff mich der Skrupel, von Ihnen ohne Ihre Zustimmung schreiben zu müssen, und ich entschloß mich, Sie darum zu bitten. Um sie zu erhalten, fiel ich im Palazzo Doria in Genua gleich am Morgen meiner Ankunft ein; ich entschloß mich dazu, weil ich die Ausrede hatte, Ihnen die Photographie Morellis zu bringen. Dann trat sofort Signora Giuseppina in den Saal, und da fehlte mir der Mut, Ihre Gattin mit einer Rede zu langweilen, die auf einer so blöden Geschichte beruhte und die ich nicht hätte halten können, ohne meinem Ärger Luft zu machen. Ein paar Tage gingen vorüber, und ich beruhigte mich bei dem Gedanken, daß die *Roma* eine nur in den neapolitanischen Provinzen bekannte Zeitung ist und daß keine andere Zeitung den Schnitzer publizieren würde; ich dachte, daß Dementis und Briefe an Zeitungen fast immer Eitelkeiten und vergeblich sind, gewann bald meine ganze Ruhe wieder, wie sie meinem Gewissen gemäß war, dachte, daß das Publikum die Notiz der *Roma* mit Gleichgültigkeit gelesen habe, und — das muß wahr sein — hoffte, daß Sie sie nie sehen würden. Aber die menschliche Dummheit hat lange Beine. Der *Piccolo* von Neapel brachte die Notiz wieder (das erfuhr ich vorgestern in Turin), und auch der *Pungolo* brachte sie, und das überrascht mich, weil Fortis mich zu gut kennt, um glauben zu können, was er da druckte; sobald ich ihn sehe, werde ich ihn im Vertrauen fragen, ob er an dem Tage die Fahnen seiner Zeitung gelesen hat; und er wird nein zu mir sagen. Aber das italienische Publikum hat wenig Vertrauen zu den Zeitungen, und darum mache ich mir um den Eindruck auf das Publikum keine Sorgen. Aber ich kann nicht umhin, mich um die Wirkung zu sorgen, die jene Notiz auf Sie machen konnte, Maestro. Der Brief wird lang, verzeihen Sie mir, aber jetzt, da ich begonnen habe, muß ich alles sagen. Hier ist der Ursprung des Mißverständnisses: (Sie Glücklicher, der so berühmt ist und soviel Autorität hat, Soupers absagen zu können! Ich kann mir diesen Luxus nicht leisten, weil ich der Anmaßung beschuldigt würde und weiter nichts.) Beim Souper, das mir ein paar Kollegen nach dem Mefistofele in Neapel gaben, wandte sich ein liebenswürdiger Journalist, ein kultivierter und höflicher Mann, Signor Martino Caffiero, schlankweg mit dieser Bemerkung an mich: der Otello wäre auch ein Sujet für Sie gewesen. (Das beweist, daß auch ein freundlicher Mensch Worte sagen kann, die den, der sie anhört, in Verlegenheit bringen.) Ich antwortete verneinend, fügte hinzu, daß ich an den Otello niemals als für mich selber gedacht habe; aber als ich dann merkte, daß mein Bestehen auf dieser Verneinung ohne weitere Erklärung so gedeutet werden konnte, als ob ich wenig Liebe für das Thema habe, das Verdi komponieren sollte, erklärte ich meine Antwort. Ich sagte, daß ich nie daran gedacht habe, weil ich Schakespeares Meisterwerk in seiner *tragischen* Form zu leidenschaftlich empfände, um es im Rahmen einer *Oper* zu veräußerlichen. (Und das ist teilweise wahr.) Ich fügte hinzu, daß ich es nie für möglich gehalten hätte, Schakespeares Tragödie zu einem guten Libretto umzubilden, bevor ich diese Arbeit für Sie machte, Maestro, und mit Ihnen (und das ist wahr); und daß ich jetzt erst nach vielen Retuschen meine Arbeit, die ich mit großer Angst unternommen habe, zu meiner Genugtuung gelingen sähe, weil sie reich an außerordentlich lyrischen Situationen und vollkommen musizierbaren Formen und in allem und allem geeignet für die Anforderungen des Melodramas sei. Ich sagte diese Worte mit dem Ausdruck tiefer Überzeugung, und Signor Caffiero, der sie richtig verstand, publizierte sie nicht, weil er nicht zu denen gehört, die bei Tisch geführte Unterhaltungen publizieren. Ein anderer, an den ich meine Worte ganz offensichtlich nicht gerichtet hatte und der sie gänzlich verkehrt verstand, publizierte sie auf seine Weise in der *Roma*, vielleicht ohne böse Absicht, aber ihren Sinn verdrehend und mir einen Wunsch unterschiebend, der mich beleidigt und genau das Gegenteil meines großen Wunsches ist, von Ihnen ein Libretto komponiert zu hören, das ich nur der Freude wegen machte, Sie die Feder *auf meine Ver-*

*anlassung* wieder in die Hand nehmen zu sehen, für den Ruhm, Ihr Mitarbeiter zu sein, für die Ehre, meinen Namen mit dem Ihren und die unseren mit Schakespeare verbunden zu sehen; und weil dieses Thema und mein Libretto Ihnen durch das fromme geheiligte Recht der Eroberung übertragen sind. Sie allein können Otello komponieren, das ganze Bühnenwerk, das Sie uns gegeben haben, bestätigt diese Wahrheit; wenn ich die ungeheure Musikträchtigkeit der *Schakespeareschen* Tragödie begreifen lernte, die ich anfänglich nicht empfand, und wenn ich das durch die Tat in meinem Libretto beweisen konnte, dann deshalb, weil ich mich in den Gesichtspunkt der Verdischen Kunst versetzte; es ist so, weil ich beim Schreiben jener Verse hörte, was Sie hören müssen, wenn Sie sie in der anderen tausendmal innigeren und mächtigeren Sprache des Klanges verherrlichen. Und wenn ich dies tat, so deshalb, weil ich eine Gelegenheit wahrnehmen wollte — in der Reife meines Lebens, in jenem Alter, in dem sich kein Glaube mehr ändert —, eine Gelegenheit, Ihnen besser als mit ins Gesicht geschleuderten Lobsprüchen zeigen wollte, wie sehr ich die Kunst liebe und fühle, die Sie uns gegeben haben.

Nun antworten Sie mir, ob Sie die Notiz des Redakteurs der *Roma*, vom *Piccolo* und vom *Pungolo* wiedergegeben, für wahr gehalten haben. Ich hoffe das nicht. Aber die Notiz existierte, und als Sie sie gelesen hatten, empfanden Sie die gleiche Notwendigkeit wie ich, einen verwirrten Knoten, eine delikate Frage zu lösen; und Sie haben sie auf die feinfühligste Weise gelöst, die sich bieten konnte. Sie haben sich vertraulich an den treuesten meiner Freunde gewandt, damit er im Gespräch mit mir mein Gemüt erforsche; und wenn er auch nur die geringste Spur von Wahrheit in der Notiz des Journalisten entdeckt hätte, wären Sie bereit gewesen, mir den Otello zu geben, damit ich ihn komponiere.

Sie haben einen Augenblick lang an mir den Zweifel des Weisen gehabt, der in den Menschen die Schwäche Adams erkennt; aber dieser Zweifel hat sich in Ihnen in ein gütiges und hochherziges Angebot umgesetzt. Maestro, was Sie nicht ahnen können, ist die Ironie, die Ihr Angebot ohne Ihre Schuld für mich zu enthalten schien. Sehen Sie: schon seit vielleicht sieben oder acht Jahren arbeite ich am Nerone (setzen Sie das *vielleicht* dahin, wo Sie wollen, an das Wort *Jahre* oder an das Wort *arbeite* angehängt) und lebe unter diesem Alpdruck; an den Tagen, an denen ich nicht arbeite, verbringe ich die Stunden wie ein Faulpelz, an den Tagen, an denen ich arbeite, wie ein Esel; und so verrinnt das Leben, und ich schlage mich weiter durch, allmählich erstickt von einem Ideal, das zu hoch für mich ist. Zu meinem Unglück habe ich meine Epoche (d.h. die Epoche der Handlung) zu gut studiert und bin in sie furchtbar verliebt, und kein anderes Sujet auf der Welt, nicht einmal Schakespeares Otello, könnte mich von meinem Thema abbringen; das entspricht in allem meiner künstlerischen Veranlagung und dem Bild, das ich mir vom Theater gemacht habe. Ob ich den Nerone zu Ende bringe oder nicht, eines steht fest: daß ich ihn niemals um einer anderen Arbeit willen aufgeben werde, und wenn ich die Kraft nicht haben werde, ihn zu vollenden, werde ich darüber nicht klagen und mein weder trauriges noch fröhliches Leben in Gedanken mit diesem Traum verbringen.

Urteilen Sie nun, ob ich Ihr Angebot angesichts dieser Hartnäkkigkeit annehmen konnte. Aber um Gottes willen geben Sie den Otello nicht auf, geben Sie ihn nicht auf, er ist für Sie bestimmt, machen Sie ihn. Sie hatten schon begonnen, daran zu arbeiten, und ich war schon ganz ermutigt und hoffte schon, ihn an einem nicht fernen Tage beendet zu sehen.

Sie sind gesünder als ich, stärker als ich; wir haben die Probe darauf mit dem Arm gemacht, und der meine beugte sich unter dem Ihren. Ihr Leben ist ruhig und heiter, nehmen Sie die Feder wieder in die Hand und schreiben Sie mir bald: »Lieber Boito, tut mir den Gefallen, diese Verse zu ändern« usw. usw., und ich werde sofort mit Freude ändern und für Sie zu arbeiten wissen, ich, der ich für mich selbst nicht zu arbeiten weiß; denn Sie leben im wahren und wirklichen Leben der Kunst und ich in der Welt der Halluzinationen. Aber ich muß schließen. Viele Grüße an Signora Giuseppina.

Einen herzlichen Händedruck.

Ihr
Arrigo Boito

Genua, 26. April 1884

Lieber Boito,

Da Ihr nicht annehmt, hat der Brief, den ich an Faccio schrieb, nun weder Sinn noch Zweck.

Ich lese die Zeitungen nur flüchtig und glaube ihnen niemals alles. Wenn etwas mich erstaunt, halte ich ein, denke nach und versuche, [der Sache] auf den Grund zu gehen, um klarzusehen. — Die Frage, die Euch schlankweg und auf jene Art bei dem Bankett in Neapel gestellt wurde, war zumindest . . . sonderbar und verbarg sicherlich Absichten, die das Wort nicht aussprach. Ihr konntet vielleicht nicht anders antworten, als Ihr es tatet, das gebe ich zu; aber andererseits ist es wahr, daß jene Unterhaltung im ganzen genommen Anlaß zu den Kommentaren geben konnte, auf die ich in meinem Brief an Faccio hinwies.

Aber es nutzt nichts, jetzt noch länger davon zu reden, nachdem Ihr das Angebot, das ich Euch gemacht habe — und, glaubt mir, ohne einen Schatten von Ironie —, absolut nicht annehmen wollt.

Ihr sagt: »Ich werde Nerone beenden oder nicht beenden!!« . . . Ich wiederhole Eure Worte, was den Otello betrifft. Man hat [schon] zuviel von ihm gesprochen! Zuviel Zeit ist vergangen. Zuviel der Jahre meines Alters! Und zuviel meiner JAHRE IM DIENST!!! Daß das Publikum mir nur nicht allzu deutlich sage: *Genug!*

Das Ergebnis ist, daß dies alles etwas Kaltes auf diesen Otello geschüttet hat und die Hand erstarren ließ, die begonnen hatte, ein paar Takte zu entwerfen! Was wird die Folge sein? Ich weiß es nicht! — Sehr froh über diese Bereinigung zwischen uns, die jedoch besser gleich nach Eurer Rückkehr von Neapel hätte stattfinden sollen, drücke ich Euch unterdessen herzlich die Hände und grüße Euch im Namen Peppinas.

Euer
G. Verdi

[Mailand, Ende April — 2. Mai 1884]

Lieber Maestro,

Ihr Brief, so weise und gütig, wie er ist, hat in mir, ich weiß nicht warum, einen Rest von Unruhe hinterlassen, und ich habe keinen Frieden gefunden, bevor ich nicht wieder an die Arbeit für Sie ging. Ich habe mich erinnert, daß Sie mit einer Szene Jagos im zweiten Akt in doppelten Fünfsilbern nicht zufrieden waren, und daß Sie eine mehr gespaltene, weniger lyrische Form wünschten. Ich schlug Ihnen vor, eine Art *ruchloses Credo* zu machen, und habe versucht, es in einem gebrochenen und unsymmetrischen Metrum zu schreiben. Da fehlte nur die Verbindung zwischen diesem Stück und dem vorhergehenden Rezitativ; aber ich habe das Manuskript nicht vor Augen, und darum konnte ich sie nicht machen; aber diese Lücke wird nur aus zwei, höchstens drei Versen bestehen. Wenn dieser Versuch mir mißglückt ist, geben Sie der Eile und der Aufregung die Schuld; ich werde es dann besser machen, wann Sie wollen. Bis dahin bitte ich Sie, falls Sie es nicht für absolut verkehrt halten, dieses Stück zu den anderen Seiten des Otello zu legen. Ich habe es mir zum Trost und zu meiner persönlichen Genugtuung gemacht, weil ich das Bedürfnis empfand, es zu machen. Legen Sie dieses Bedürfnis aus, wie Sie wollen: als Kinderei, als Sentimentalität, als übertriebene Gewissenhaftigkeit; es tut nichts. Ich bitte Sie lediglich, mir nicht einmal mit einem *danke* zu antworten (denn diese Seite verdient es nicht), sonst beunruhige ich mich wieder von neuem.

Hier schreibe ich Ihnen nun das Credo des Jago ab:

JAGO:

. . . . . . . . . . .

— Credo in un Dio crudel che m'ha creato
   Simile a sé, e che nell'ira io nomo.
   ~~E che nell'ira io nomo.~~
— Dalla viltà d'un germe o d'un atòmo
   Vile son nato;
   Son scellerato
   Perché son uomo,
   E sento il fango originario in me.

 —— Sí! questa è la mia fè!
   Credo con fermo cuor, siccome crede
   La vedovella al Tempio,
   Che il mal ch'io penso e che da me procede
   Per mio destino adempio.
 —— Credo che il giusto è un istrïon beffardo
   E nel viso e nel cuor,
   Che tutto è in lui bugiardo,
   Lagrima, bacio, sguardo,
   Sacrificio ed onor.
       giuoco
 —— E credo l'uom ~~gioco~~ d'iniqua sorte
   Dal germe della culla
   Al verme dell'avel.
 —— Vien dopo tanta irrisïon la Morte!
   E poi? — La Morte è il Nulla,
   E vecchia fola il Ciel.


   [Jago:
 . . . . . . . . . . .
—— Ich glaube an einen grausamen Gott, der mich erschaffen hat
 Gleich ihm, und den ich im Zorn nenne.
 ~~Und den ich im Zorn nenne.~~
—— Aus der Gemeinheit eines Keimes oder eines Atoms
 Bin ich gemein geboren;
 Ich bin verrucht,
 Weil ich Mensch bin
 Und den Schlamm des Ursprungs in mir fühle.
—— Ja! Das ist mein Glaube!
 Ich glaube mit festem Herzen, so wie
 Die junge Witwe im Tempel glaubt,
 Daß ich das Böse, das ich denke und das von mir stammt,
 Durch mein Schicksal erfülle.
—— Ich glaube, daß der Gerechte ein spöttischer Komödiant
 Im Gesicht wie im Herzen ist,
 Daß alles in ihm verlogen ist,

Träne, Kuß, Blick,
Opfer und Ehre.
___ Und ich glaube, der Mensch ist Spiel des tückischen Zufalls
Vom Keim der Wiege
Bis zum Wurm im Grabe
___ Nach so viel Hohn kommt der Tod!
Und dann? — Der Tod ist das Nichts,
Ein altes Märchen ist der Himmel.]

Sehen Sie, wieviel Schurkisches ich ihn habe sagen lassen.
Einen herzlichen Gruß an Sie und Signora Giuseppina

von Ihrem
Arrigo Boito


Genua, 3. Mai 1884

Lieber Boito,
Da Ihr's nicht wollt, werde ich nicht danke sagen, aber bravo.
Wunderbar, dieses Credo; höchst machtvoll und in jeder Hinsicht im Geiste Shaespeares. Natürlich müßt Ihr es durch ein paar Zeilen mit der vorhergehenden Szene zwischen Cassio und Jago verbinden. Aber das könnt Ihr später überlegen. Inzwischen wäre es gut, diesen Otello ein bißchen in Ruhe zu lassen, weil auch er nervös ist, wie wir es sind. Ihr vielleicht mehr als ich.
Wenn Ihr später nach St. Agata kommt, wie Ihr mir zu hoffen gabt, können wir wieder von ihm sprechen, und dann mit der nötigen Ruhe.
Fort also mit jeder Unruhe. Mit Peppinas Grüßen verbleibe ich

Herzlich Euer
G. Verdi

P. S. Ich habe Euch spät geantwortet, weil ich in St. Agata war!

Mailand, 25. [September 1884]

Lieber Maestro,

Wenn Sie uns wollen, kommen Giacosa und ich am 29., d.h. am nächsten Montag, in S. Agata an.

Schon seit drei Monaten bereiten wir diesen Ausflug vor, und endlich hat jeder von uns zu unserer großen Freude zwei freie Tage gefunden, ihn zu verwirklichen.

Giacosa wird von Valle d'Aosta ankommen, wo es keine Cholera gibt, und wird mich in Mailand antreffen, wo die öffentliche Gesundheit Gott sei Dank bestens ist. Also bringen wir auch nicht einmal die kleinste Bakterie mit uns. Wir nehmen den Wagen am unbeflecktesten Hotel von Piacenza und kommen reinstens bei Ihnen an.

Wenn dieser Plan jedoch nicht zu Ihren Obliegenheiten passen und nicht günstig sein sollte, würde ich Sie bitten, mir am selben Tag, an dem Sie diesen Brief erhalten (ich denke, Sie erhalten ihn übermorgen), ein Telegramm nach Mailand zu schicken, damit ich den Ausflug absagen und Giacosa davon benachrichtigen kann.

Herzliche Grüße an Sie und Signora Giuseppina.

Ihr
Arrigo Boito

[Telegramm]                    Busseto, 26. September 1884

Nehmt keinen Wagen in Piacenza — kommt mit Eilzug um 2 nach Fiorenzuola wo Ihr meinen Wagen findet                    Verdi

St. Agata, 26. September 1884

Lieber Boito,

Und ob ich Euch hier mit Giacosa haben will! Ich habe Euch sogleich nach Erhalt Eures Briefes ein Telegramm geschickt, aber ich schreibe Euch auch diese zwei Zeilen, um mich genauer zu erklären.

Es ist unnötig, daß Ihr einen Wagen in Piacenza nehmt. Ihr könnt von Mailand Montag vormittag um 11:40 abfahren und, ohne in Piacenza umzusteigen, kommt Ihr um 2:01 in Fiorenzuola an, wo Ihr meinen Wagen finden werdet. Mein Kutscher kennt Euch. Wenn Giacosa aus Piemont kommt, kommt er ein paar Minuten nach Euch in Piacenza an. Er steigt aus seinem Waggon aus und fährt mit Euch bis Fiorenzuola. Ich wiederhole, um 2:01.

Wir haben hier nicht soviel Angst vor Bakterien! Ihr werdet nicht einmal mit Chlorid oder Karbol verpestet. —

Auf Montag also und addio ... sogar ohne addio      Euer
G. Verdi

Genua, 9. Dezember 1884

Lieber Boito,
In welchem Teil des Erdballs seid Ihr? Dieser Brief wird Euch hoffentlich auf alle Fälle erreichen.

Es scheint unmöglich, aber es ist doch wahr!!! Aber!!!! Ich beschäftige mich und komponiere!! Ich komponiere . . . . weil ich ohne Ziel, ohne Sorgen, ohne Gedanken an das *Nachher* komponiere . . . sogar mit entschiedener Abneigung gegen das *Nachher*.

Hört also: In der Szene der *vier* im zweiten Akt endet der Dialog zwischen Jago und Emilia zu früh. Die musikalische Phrase gehört der Desdemona. Otello deklamiert in den Intervallen, die anderen sprechen fast (Note und Wort); und da diese, wie schon gesagt, zu früh enden, brauchte ich vier Zeilen für jeden *für sich*. Jago froh, das Taschentuch in Händen zu haben; Emilia erschreckt, daß es in seinen Händen ist. Das Metrum ist fünfteilig. Ich schreibe Euch die letzte Strophe ab:

| | |
|---|---|
| Jago | *Ne mi paventi?* |
| Em. | Uomo crudel |
| Jag | A me . . |
| Em. |     Che tenti! |
| Jag | *A me quel vel!* |

ecc. ecc.

[JAGO: *Du fürchtest mich doch nicht?*
EM. Grausamer Mann
JAG Her damit . .
EM. Was versuchst du!
JAG *Mir dieses Tuch!*
usw. usw.]
Das ist alles.

Peppina grüßt Euch, und ich drücke Euch die Hände.

Euer
G. Verdi


[Villa d'Este? nach 9. Dezember 1884]

Mein Maestro,

Ich besitze kein einziges Blatt Briefpapier mehr und benutze die leere Seite Ihres Briefes, um Ihnen zu antworten; aber ich habe einen hübschen Pappdeckel gefunden, auf den ich die Verse übertragen habe, die Sie wünschen. Für den Fall, daß diese nicht genügen sollten, habe ich andere hinzugefügt. Ich mußte mein Gedächtnis anstrengen, um mich an den Zusammenhang der Strophen zwischen Jago und Emilia zu erinnern; ich glaube, mich nicht geirrt zu haben. Die Hinzufügung wird Ihnen vielleicht von Nutzen sein können, weil *Note und Wort* in einem so schnellen Metrum wie dem fünfsilbigen viele Verse fressen. Diese Hinzufügung hat auch das Gute, daß sie in der *Szene der vier* für wenige Takte eine neue, fast scherzende Färbung gibt, welche die letzte heftige Geste Jagos gebührend vorbereitet und eine gewisse Sparsamkeit im Ablauf der Ausführung erlaubt. Sehen Sie also mal, ob es [mit dieser Hinzufügung] gut oder schlecht geht.

Ihr Brief ist eine Freude gewesen, die ich ganz für mich behalten habe, ohne daß sie mich überraschte. Man entgeht seiner Bestimmung nicht, und nach dem Gesetz geistiger Verwandtschaft ist diese Tragödie Shakespeares für Sie vorbestimmt.

In ein paar Wochen werden wir zusammen plaudern. Ich werde für die Weihnachtstage oder spätestens zu Neujahr in Nervi sein.

Der gute Giacosa mußte sich einer ziemlich schweren chirurgi-

schen Operation unterziehen, der Entfernung einer Nasenschleim-
haut; jetzt ist er in Val d'Aosta, und es geht ihm gut. Wie oft habe ich
an die schönen Tage von St. Agata gedacht!

Herzliche Grüße an Signora Giuseppina und an Sie.

Ihr

Arrigo Boito

Wenn die Verse nicht passen, schreiben Sie mir, und ich werde andere machen.

Hier sind die Verse am Schluß, die Sie wünschten:

. . . . . . . . . . . .
A me quel vel!

———

| JAGO:<br>(dopo d'aver<br>carpito il<br>fazzoletto) | (Già la mia brama<br>Conquido, ed ora<br>Su questa trama<br>Jago lavora!) | |
|---|---|---|
| EMILIA: | (Vinse l'orrenda<br>Sua mano impura<br>Dio ci difenda<br>Dalla sventura.) | (Vinser gli artigli<br>Truci e codardi.<br>Dio dai perigli<br>Sempre ci guardi.) |
| JAGO: | (Già il laccio l'agile<br>Pensier trovò) | |
| EMILIA. | (Muta ma vigile<br>Scorta sarò.) | |

[. . . . . . . . . . . .
Mir dieses Tuch!

———

| JAGO:<br>(nachdem er<br>das Taschen-<br>tuch an sich<br>gerissen hat) | (Schon erfülle ich mein<br>Verlangen, und jetzt<br>Arbeitet Jago<br>Mit dieser Kabale!) |
|---|---|

| EMILIA: | ~~(Seine entsetzliche~~ | (Die grausamen und |
| | ~~unreine~~ | gemeinen |
| | ~~Hand siegte.~~ | Klauen siegten. |
| | ~~Gott schütze uns~~ | Gott bewahre uns |
| | ~~Vor dem Unheil.)~~ | Stets vor Gefahren.) |
| JAGO: | ~~(Schon fand der flinke~~ | |
| | ~~Gedanke die Schlinge.)~~ | |
| EMILIA. | ~~(Stumme, aber wachsame~~ | |
| | ~~Begleiterin werde ich~~ | |
| | ~~sein.)~~ | |

E se i versi non bastano ancora ecco un'aggiunta da potersi collocare *nel centro dell'a parte* fra Jago ed Emilia: Dopo la prima volta che Jago dice: *A me quel vel!*

| EM: | No. Tu a colpevole |
| | Mister t'accingi. |
| JAGO: | È un mio fuggevole |
| (quasi | Capriccio. |
| scherzosa- | |
| mente.) | |
| EM: | Fingi. |
| (fissandolo) | |
| JAGO: | Follie! quel morbido |
| | Lino m'adesca |
| EM. | V'è in te d'un torbido |
| | Fervor la tresca. |
| JAGO. | Cedi. |
| (incalzando) | |
| EM. | No. |
| JAGO. | Taci. |
| EM. | Punisce il ciel |
| | L'arti mendaci. |
| JAGO: | A me quel vel! |

Und falls die Verse noch nicht genügen, ist hier ein Zusatz, der in *der Mitte des Teiles* zwischen Jago und Emilia eingefügt werden kann: Nachdem Jago zum ersten Mal sagt: *Mir diesen Schleier!*

EM:                    Nein. Du bereitest ein
                       Sträfliches Geheimnis vor.

JAGO:                  Das ist eine vorübergehende
(fast                  Laune von mir.
scherzend)

EM:
(ihn fest                          Du heuchelst.
anschauend)

JAGO:          Torheiten! Dies weiche
               Leinen lockt mich an.

EM.            In dir ist die Hinterlist
               Einer finsteren Leidenschaft.

JAGO.          Gib her.
(drängend)

EM.                    Nein.

JAGO.                         Schweige.

EM.            Der Himmel straft
               Die lügenhaften Künste.

JAGO:          Mir diesen Schleier!

[Nervi] 7. Februar [1885]

Lieber Maestro,

Ich komme bald nach Genua zurück, aber inzwischen, bevor ich es vergesse, hier den Vers, der dem Publikum jedwedes Mißverständnis der Worte Cassios nehmen soll.

CASSIO:        Io qui credea di ritrovar Desdemona.

OT.            (Ei la nomò)

CASSIO:        Vorrei parlarle ancora
               Per saper se la mia grazia è profferta.

[CASSIO:       Ich glaubte hier Desdemona wiederzufinden.

OT.            (Er nannte sie)

CASSIO:     Ich möchte nochmals mit ihr sprechen,
               um zu erfahren, ob meine Begnadigung gewährt ist.]

Der Reim *stimmt*, ich habe darauf geachtet.
Viele Grüße und bald auf Wiedersehen.           Herzlichst Ihr
                                     Arrigo Boito

                   Mittwoch [Genua, 18. Februar 1885]

Lieber Boito,
    Wenn Ihr nichts dagegen habt, verschieben wir unser kleines
Abendessen von morgen auf Samstag. Peppina ist krank. —
    Addio, addio.                              Euer
                                     G. Verdi

                   Mailand,
                   Ostern. [5. April 1885]

Lieber Maestro,
    Ich habe meine Abreise von Nervi noch um einen weiteren Tag
verschoben; statt Freitag abzureisen, bin ich Samstag abgereist. Ein
paar Stunden nach meiner Ankunft habe ich Giulio gesehen. Der
Eindruck, den er mir machte, war ausgezeichnet; er kam mir nicht
einmal abgemagert vor, aber das ist ein geringer Trost; er könnte
nicht einmal abnehmen, wenn er es wollte. Man hatte mir gesagt,
daß er sehr deprimiert sei, aber davon habe ich nichts gemerkt. Wir
haben den Abend gemeinsam bei den Marionetten von Thomas
Holden verbracht und uns bei diesem wunderbaren Schauspiel
außerordentlich ergötzt. Wenn Holden nach Genua kommt, sehen
Sie ihn sich an; er ist der Liszt der Marionetten, man kann an so viel
Perfektion nicht glauben, ohne sie zu sehen. Nach dem Theater gingen wir ins Café und verließen einander gegen Mitternacht. Heute
wird Giulio den Tag in der Villa d'Este verbringen. Tornaghi und
andere Freunde, die ich um Nachrichten über Giulio gebeten hatte,
bevor ich ihn sah, hatten mir mit einer gewissen Unruhe von sei-

ner Abneigung gegen die Arbeit gesprochen, die man an ihm nach seiner Krankheit festgestellt hatte, aber dann gab Giulio selber mir spontan die Erklärung dieser Abneigung. Er ist noch immer nicht vollständig geheilt, muß Vorsicht beim Essen wie bei seinen Beschäftigungen üben, gestand mir, daß ihm bei einem Versuch zu schreiben, sofort der Arm etwas anschwoll. Es ist also ganz natürlich, daß ihm die Arbeit vorläufig widerstrebt; aber man darf dies Widerstreben nicht in einer krankhaft moralischen und geistigen Verfassung suchen, sondern in seinem noch nicht vollkommen wiederhergestellten physischen Zustand. Ich glaube, daß eine gute Kur im Sommer, gut beraten und gut ausgeführt, ihn gänzlich heilen wird.

Dies ist mein Eindruck, und ich glaube mich nicht zu täuschen.

Herzlichste Grüße an Signora Giuseppina und Ihnen, Maestro, einen herzlichen Händedruck von

Ihrem
Arrigo Boito

Mailand, Mittwoch [9. September 1885]

Lieber Maestro,

Der Wunsch, Sie wiederzusehen, ist groß, aber die Furcht, Sie zu stören, ist ebenso groß. Wenn Sie mir versichern, daß ich Sie nicht belästige, entschließe ich mich, nächsten Sonntag in S. Agata hineinzuplatzen; aber wenn mein Kommen die schöne Ruhe Ihres Hauses oder, was noch schlimmer wäre, den Verlauf Ihrer Arbeiten auch nur im geringsten stören könnte, müßten Sie es mir mit Ihrem Freimut, der mir so sehr gefällt, offen sagen, und ich wäre ebenso froh über Ihr ehrliches Wort wie über Ihre freundliche Gastlichkeit.

Und die gleiche Bitte äußere ich gegenüber Signora Giuseppina.

Herzlichste Grüße an Sie beide

von Ihrem ergebensten
Arrigo Boito

St. Agata, 10. September 1885

Lieber Boito,

Ihr könnt niemals stören! Kommt, und Ihr werdet mir wie auch der Peppina eine große Freude machen. Und habt auch keine Angst, den Verlauf meiner Arbeiten zu unterbrechen, wie Ihr sagt. Wehe mir, wehe mir! . Seitdem ich hier bin (ich erröte, es zu sagen), habe ich nichts getan! Ein bißchen standen mir das Land, die Bäder, die ungewöhnliche Hitze, und . . . sagen wir's nur, meine unvorstellbare Faulheit im Wege.

Also bis Sonntag! Wenn Ihr von Mailand mit dem *Eilzug* um *11:40* vormittags abreist, steigt Ihr in Fiorenzuola (ich sage *Fiorenzuola*) um zwei Uhr nachmittags aus, wo Ihr einen Bukephalos von mir finden werdet, der Euch hierher bringt.

Bald auf Wiedersehen. Peppina grüßt Euch und ich drücke Eure Hände. Addio

Euer
G. Verdi


[St. Agata, September — Oktober 1885?]

Hier ist der 4. Akt.
Vernichtet nichts von dem, was Ihr vorher gemacht hattet.
Gleichzeitig bezahle ich meine kleine Schuld und grüße Euch.

G. Verdi


St. Agata, 5. Oktober 1885

Lieber Boito,

Ich bin mit dem Vierten Akt fertig und atme auf! Es schien mir schwierig, die zu vielen Rezitative zu vermeiden und etwas Rhythmus, einige Phrasen zu so vielen ungereimten und so gespaltenen Versen zu finden. Aber so habt Ihr alles sagen können, was gesagt werden mußte, und ich bin jetzt beruhigt und freue mich wie ein Schneekönig. Als ich die Musik dieser unübertrefflich furchtbaren Szene schrieb, empfand ich die Notwendigkeit, eine Strophe wegzulassen, um deren Hinzufügung ich Euch selbst gebeten hatte, mich [aber] hier und da einiger Verse, einiger Halbverse und vor allem einer sehr schönen Strophe zu bedienen, die zu Unrecht aufgegeben worden war. Folglich gibt es da ein paar unverbundene Verse, die Ihr mit Leichtigkeit *verbinden* könnt. Ihr habt ganz andere Schwierigkeiten überwunden! .

> *E gli occhi suoi piangevano tanto tanto*
> *Da impietosir le rupi! .*
> [Und ihre Augen weinten so sehr,
> Daß sie das Mitleid der Felsen erregte!]

Ist schöner als das Original. Ich schreibe Euch die ganze Szene ab, wie sie jetzt komponiert ist.

Scena III.

. . . . . . . . .
come stà fino all'
. . . . . . . . . .
. . . . . . . .
      Ami Cassio!
D.    No! Sull'anima mia!!
O.         Quel fazzoletto
Ch'io ti donai gli desti
D.        Non è vero!
*Nella sua man lo vidi.*
O.   ~~Io lo vidi nella sua man!~~
       ~~*Insidia!*~~
        ~~*Inganno!*~~
        ~~*Atroce Inganno!*~~
     ~~*Inganno*~~
D.       Fù inganno! .
      *Ah! Tradimento!*
O.   Confessa
D.     Giuro
O.       Bada allo spergiuro!
Pensa che sei sul tuo letto di morte!

D.       Non per morir!

O.               Per morir tosto

D.                         Aita!

Cassio non amo . . Ch'ei qui venga . . ei parli . . .

---

*Muto è per sempre!*

O.       Più nol vedrai . . .

~~Ei più non è!~~

                *Ahime!*

D.                Che dite?

                ~~Che ascolte?~~ . . . . . *Morto?!*

                [?]

O.     . . .                         *Morto!*

---

*Aggiustate come volete questo verso*
*ma evitate una lunga frase come era in prima*
»Chiusa per sempre è la sua bocca«.

D.       Son perduta . . . Ei tradito! .

O.                   E pianger l'osi?

D.       Otello non uccidermi   { Conservate se potete »*Otello non uc-*
                                   *cidermi!*« È straziante!

O.       *Al ciel* [unleserlich]

O.                Giù . . . cadi

       Prostituta

D              Pietà

O               Muori

D                  Ch'io viva

       Questa notte

O              Nò

D             Un'ora

O                Nò

D                  Un istante!

O.       Nò!

D          Sol ch'io dica un ave

O.                  E tardi È ~~tardi~~ . . . *(Pausa lunga)*

|  | *Aprite*<br>*l'avel* | |
|---|---|---|
| O. | Calma . . . come la tomba    *Chi batte?* | |
| EMILIA | *bussa alla porta* Aprite! | *parecchie parole* |
| O. |               Emilia!! | *per Emilia*<br>*pausa terribile* |

~~Aprite~~! . . *Aprite!*

| EMILIA | *entrando* . . Orribile delitto! . . Cassio uccise<br>Rodrigo |
|---|---|

*A me piacerebbe che Emilia dicesse ancora*
*»Aprite! oh qual delitto«*

| O. . |      E Cassio? |
|---|---|
| EM: |         Vive! |
| O. |            Cassio vive?! |

*Forse è troppo dire tre volte »Cassio«*
*ma stà tanto bene in Otello il Cassio vive*

| D. | Ingiustamente uccisa . . . ingiustamente |
|---|---|
| E. | Ciel qual gemito! . orror |
| [D.] |           Muojo innocente . . . |
| E. | Chi fù? chi fù? |
| [D.] |         Nissuno . . . io stessa . . . al mio . . . |

           ~~Emilia~~

al mio Signor . . . mi raccomanda . . . Addio! . . *muore*
                      *va!*

| O. |            Menti- |
|---|---|

                  trice!

Io l'uccisi
         [unleserlich gestrichen]

| E. |      Assassino! |
|---|---|
| O. |        ~~Fù~~ di Cassio |

*Fù*
La druda! A Jago il chiedi! . .

| E . . |       *uno o due*   A Jago? . . |
|---|---|
|  |       *versi spezzati* |
| O . . |          A Jago! |

| | |
|---|---|
| Eᴍ: | Soccorso . . . ajuto, ajuto! . . All'assassino! . |
| | *Entrano Lodovico Cassio Jago e soldati* |
| Tᴜᴛᴛɪ. | Quai grida . . . Cielo! . . Desdemona uccisa! |
| Eᴍɪʟɪᴀ | *a Jago*     *vil manigoldo* |
| *aggiunge* | Jago smentisci quel vile omicida . . . |
| *parte* | Credi la casta |
| | ~~Credesti tu~~ Desdemona infida?. |

*Mi piace poco in questo luogo la parola »casta«*
*Non potreste dire: Hai tu creduto et.*

| | |
|---|---|
| E. | *Parla*    *Hai tu creduto*       *Parla* |
| Jᴀɢᴏ | Tal la credea |
| E. | ~~Tu?~~ |
| J. | ~~Si~~ |

| | |
|---|---|
| Oᴛᴇʟʟᴏ | *interrompendo*       Quel fazzoletto |
| | Che un dì le diedi a Cassio essa don~~d~~ava |
| E. | Oh potenza divina! |
| J. | Taci |
| E. | Nò |
| | Tutto rivelo |
| J. | Taci |
| E. | ~~Maledetto~~ |
| | ~~Scelerato~~ |
| | ~~Dal Cielo~~ |
| J. | ~~Taci~~ |
| E. | No |
| J. | ~~Trema~~ |
| E. | Costui |
| | Dalla mia man quel fazzoletto ~~colse~~ svelse |
| | A viva forza! |
| Cᴀssɪᴏ | E nella mia dimora |
| | Trovai quel velo! |
| Mᴏɴᴛᴀɴᴏ | *entrando grida*  Rodrigo morente  [unleserlich gestrichen] |
| | Svelò di quest'infame opre nefande |

*Questo tratto pare lungo, ma in musica è riescito rapido,*
*e breve più che se fosse recitato.*

| | |
|---|---|
| OTELLO | *a Jago* Ah! Discolpati |
| JAGO | *con ~~opresso~~ un'urlo* Nò! *e fugge* |
| LOD: | S'insegua, e *tratto* |
| | *Al carcer sia!* . |
| OTEL | *con grida* E il Ciel non ha più fulmini!! |
| LOD: | *a Otello* |

---

> Tu sei mio prigionier! .
>
> OT. .    *pausa lunga*          Tutto è finito! . .
>
> La gloria è un lampo, un sogno menzogner!

---

*s'avvicina a Desdemona*

E tù . . . come sei pallida! — e stanca e muta e bella

Pia creatura nata — sotto maligna stella

Fredda, come la casta tua vita e in cielo assorta!

Desdemona, Desdemona! — Ah! . . morta-morta-

morta!!

*Dopo una lunga pausa corre al tavolo ove aveva deposta la spada . . .*
    *lo previene,*
*Cassio ~~impedisce et~~ e toglie la spada. Allora Otello*
        *e dice*
*estrae un pugnale ~~rapidamente e si uccide~~*

Ho un arma ancor

Questo pugnal ~~mi resta~~! . *e si uccide.*

| | |
|---|---|
| TUTTI | *Ah! Fermo.* — — — Ah sciagurato! |
| [OTELLO] | Prima d'ucciderti et etc. . . *come stà* . . |

====

[Szene III.

. . . . . . . . .

wie es steht bis

. . . . . . . . . .

. . . . . . . .

Du liebst Cassio!

D.    Nein! Bei meiner Seele!!

O.                    Jenes Taschentuch,

Das ich dir schenkte, gabst du ihm

D.                        Das ist nicht wahr!

   *In seiner Hand sah ich es.*

O. ~~Ich sah es in seiner Hand!~~

       ~~Hinterlist!~~

        ~~Täuschung!~~

        ~~Furchtbare Täuschung!~~

D.      ~~Täuschung~~

     Das war Täuschung! .

     *Ah! Verrat!*

O. Gestehe ·

D.    Ich schwöre

O.       Hüte dich vor dem Meineid!

Bedenke, daß du auf deinem Totenbett bist!

D. Nicht, um zu sterben!

O.      Um sogleich zu sterben

D.         Hilfe!

Cassio liebe ich nicht . . Er komme her . . er spreche . . .

---

 *Stumm ist er für immer!*

O. Du wirst ihn nicht mehr sehen . . .

 ~~Er ist nicht mehr!~~

     *Wehe mir!*

D.     Was sagt Ihr? . . . . . Tot?!

     ~~Was höre ich?~~

O. . . .    [?]    *Tot!*

---

   *Korrigiert diesen Vers, wie Ihr wollt,*

 *aber vermeidet einen langen Satz, wie er vorher war:*

   »Sein Mund ist für immer geschlossen.«

D. Ich bin verloren . . . Er verraten! .

O.      Und du wagst ihn zu beweinen?

         { Behaltet wenn möglich

D. Otello, tötet mich nicht  { »*Otello, tötet mich nicht!*«

         { Das ist herzzerreißend!

O. *Zum Himmel* [unleserlich]

O.     Hinunter . . . fall

  Dirne

D            Mitleid

O              Stirb

D                 Laßt mich leben

        Diese Nacht

O             Nein

D                Eine Stunde

O                    Nein

D                       Einen Augenblick!

O.      Nein!

D.          Nur damit ich ein Ave sage

O.                Es ist spät Es ist ~~spät~~ . . . *(Lange Pause)*
                 *Öffnet*
           *die Gruft*

O.      Still . . . wie das Grab    *Wer klopft?*

EMILIA    *klopft an die Tür* Öffnet!    { *einige Worte*

O.             Emilia!!    { *für Emilia*
                             { *furchtbare Pause*

~~Öffnet!~~ . . *Öffnet!*

EMILIA    *eintretend* . . Furchtbares Verbrechen! . . Cassio hat
        Rodrigo getötet

         *Mir würde es gefallen, wenn Emilia noch*
         *»Öffnet! oh welches Verbrechen!« sagte*

O. .           Und Cassio?

EM:            Lebt!

O.                Cassio lebt?!

       *Vielleicht ist es zuviel, dreimal »Cassio« zu sagen,*
       *aber daß Cassio lebt, paßt für Otello so gut*

D.      Zu Unrecht getötet . . . zu Unrecht

E.      Himmel, welcher Seufzer! . Grausen

[D.]             Ich sterbe unschuldig . . .

E.      Wer war's? Wer war's?

[D.]         Niemand . . . ich selber . . . meinem . . .

           ~~Emilia~~

meinem Herrn . . . befehle mich . . . Addio! . . *stirbt*

O.                            geh!
                           Lügne-
                              rin!

Ich habe sie getötet

[unleserlich gestrichen]

E.                                 Mörder!

O.                                     ~~Sie war~~ Cassios

*war sie*

Buhlin! Von Jago erfragte ich's! . .

E. .                         *Ein oder zwei* ⎫ Von Jago?. .

O. .                        *gebrochene Verse* ⎭     Von Jago!

Eм:         Beistand . . . Hilfe, Hilfe! . . . Auf den Mörder! .

*Lodovico Cassio Jago und Soldaten* treten ein

ALLE.      Welche Rufe . . . Himmel! . . Desdemona getötet!

EMILIA     *zu Jago*         *feigen Henker*

*Teil*         Jago, strafe diesen feigen Mörder Lügen . . .

*kommt dazu*   Hältst du *die keusche*

~~Hieltest du~~       Desdemona für untreu?.

Mir gefällt an dieser Stelle das Wort »casta« [keusche] *nicht sehr.*
*Könntet Ihr nicht sagen: Hieltest du usw.*

E.         *Sprich    Hast du gehalten*           *Sprich*

JAGO      Dafür hielt ich sie

E.                    ~~Du?~~

J.                        ~~Ja~~

| | |
|---|---|
| OTELLO | *unterbrechend*  Das Taschentuch, |
| | Das ich ihr eines Tages gab, schenkte sie Cassio. |
| E. | Oh Macht des Himmels! |
| J. | Schweige |
| E. | Nein |
| | Alles enthülle ich |
| J. | Schweige |
| E. | ~~Verdammter~~ |
| | ~~Abscheulicher~~ |
| | ~~Des Himmels~~ |
| J. | ~~Schweige~~ |
| E. | Nein |
| J. | ~~Erzittere~~ |
| E. | Dieser da |
| | ~~Riß~~  meiner Hand gewaltsam |
| | *Entriß* |
| | Jenes Taschentuch! |
| CASSIO | Und in meiner Wohnung |
| | Fand ich jenes Tuch! |
| MONTANO | *ruft eintretend* Rodrigo enthüllte [unleserlich gestrichen] |
| | sterbend diese schändlichen, ruchlosen Taten |

*Dieser Teil scheint lang, aber in der Musik*
*kam er schnell heraus, und kürzer,*
*als wäre er rezitiert.*

| | |
|---|---|
| OTELLO | *zu Jago* |
| | Ah! Rechtfertige dich |
| JAGO | *mit einem ~~unterdrückten~~ Schrei* Nein! *und flieht* |
| LOD: | Folgt ihm, und *er werde* |
| | *Zum Kerker gebracht!* . |
| OTEL | *schreiend* Und der Himmel hat keine Blitze mehr!! |

Lod:       *zu Otello*

> Du bist mein Gefangener! .
>
> Ot. .   *lange Pause*           Alles ist zu Ende! . .
>
> Der Ruhm ist ein Wetterleuchten, ein lügnerischer
> Traum!

*nähert sich der Desdemona*

Und du . . . wie bist du blaß! — und müde und stumm
und schön,

Frommes Geschöpf — geboren unter bösem Stern

Kalt wie dein keusches Leben, und zum Himmel
erhoben!

Desdemona, Desdemona! — Ah! . . tot-tot-tot!!

*Nach einer langen Pause eilt er zum Tisch, wo er das*
*kommt ihm zuvor*
*Schwert abgelegt hat . . . Cassio* ~~verhindert usw.~~
*und nimmt das Schwert weg. Daraufhin zieht Otello*
*und sagt*
*schnell einen Dolch* ~~und tötet sich~~

Ich habe eine Waffe noch

Dieser Dolch ~~bleibt mir!~~ . *und tötet sich.*

Alle         *Ah! Halt ein. — — — Ah Unseliger!*

[Otello]   Bevor ich dich tötete usw. usw. . . *wie es steht . .*]

*Amen* und ich grüße Euch von Herzen        Euer
G. Verdi

Villa d'Este
Lago di Como
9. Oktober [1885]

Mein Maestro,

Zu allererst ein Evviva aus tiefstem Herzen. Dann muß ich Ihnen gestehen, daß ich ein unwiderstehliches Verlangen danach habe, zu hören, was Sie auf jener Seite geschrieben haben, die so voll des Entsetzens ist, auf jener Seite, welche die beklemmendste ist, die menschlicher Geist je erfunden hat.

Ich füge hinzu, daß ich die kurze Arbeit, die Sie von mir für die Verbindung in jener Szene erwarten, nicht gut ausführen kann, ohne zuerst die Akzente und Rhythmen zu hören, die Sie aufgeschrieben haben. Wenn diese die ganze Schrecklichkeit der Wahrheit mit jener Macht und Einfachheit gepackt haben, mit denen sie es in den vorhergehenden Szenen taten, dann kann man wirklich Angst bekommen, sie zu hören, und zweifellos wird es so sein.

Ich werde gerade dieser Tage die Gelegenheit haben, mich Ihnen zu nähern. Ich muß am 19. dieses Monats morgens in Rom sein. Auf dem Hin- oder Rückweg kann ich in Fiorenzuola haltmachen und von dort nach S. Agata fahren. In Rom werde ich mich etwa eine Woche lang aufhalten. Wenn unsere *Unterredung* auf dem Hinweg paßt, würde ich von Mailand am Vormittag des 16. abreisen, am 17. in S. Agata bleiben und am Morgen des 18. weiter nach Rom fahren. Wenn es hingegen auf meinem Rückweg paßt, würde unsere Begegnung um den 25. oder 26. herum stattfinden; aber dann würde Freund Giacosa mit mir reisen, und ich hätte nicht das Herz, ihn so nah der Schwelle zu Schakespeares Reich allein in der Eisenbahn sitzen zu lassen. Wählen Sie eine dieser beiden Kombinationen.

Aber es kann sein, daß Sie es vorziehen, unsere Begegnung auf Mailand zu verschieben, wenn Sie sich auch dies Jahr ein paar Tage dort aufhalten, bevor Sie nach Genua gehen. Ich bleibe bis zum 14. den ganzen Tag eingeschlossen, das heißt bis zum ganzen nächsten Mittwoch, in Villa d'Este; dann gehe ich nach Mailand.

Einverstanden.

Ich wiederhole; um das Wenige gut zu tun, das mir zu tun bleibt, muß ich Shakespeares Text vor Augen und Ihre Musik vor der Feder haben. Ich erwarte eine Antwort von Ihnen. Viele herzliche Grüße an Signora Giuseppina. Ihnen, Maestro, einen Händedruck und noch einmal: Evviva!

Herzlichst Ihr
Arrigo Boito

P.S. Falls Sie sich nicht im Datum geirrt haben, habe ich Ihren Brief mit großer Verspätung bekommen.

St. Agata, 11. Oktober 1885

Lieber Boito,
Es ist recht, und ich erwarte Euch am 16. Später wäre es nicht möglich, weil die Peppina wie üblich zu ihrer Schwester gehen muß. Ihr werdet also eines meiner Bukephalosse um 2 Uhr nachmittags am 16. in Fiorenzuola finden. Aber schickt mir am Tag vorher ein Telegramm, das Euer Kommen bestätigt.
Auf Wiedersehen, auf Wiedersehen.

Euer
G. Verdi

Mailand, 23. [Oktober 1885]

Lieber Maestro,
Ich kann mit Aristophanes sagen: *j'ai perdu ma fiole*. Ich habe bei der Abreise von St. Agata den Band des Otello vergessen, und jetzt merke ich beim Ordnen meiner Papiere, daß ich auch die Kopie, die Sie von der letzten Szene machten und die ich in der Villa d'Este erhielt, vergessen habe — jene Kopie, an der wir gemeinsam in den letzten Tagen gearbeitet haben. Ich fürchte, daß Sie dies Manuskript, wenn Sie es auffinden, zerreissen und in den Papierkorb werfen mögen. Aber ich hoffe, noch rechtzeitig zu seiner Rettung zu kommen. Mir ist daran gelegen, es ist eine Erinnerung an unsere Arbeit; es liegt auch ein Brief von Ihnen an mich dabei, also bitte ich sie, es [das Manuskript] nicht zu vernichten und es im Band unserer Tragödie aufzuheben, damit es nicht verlorengeht.

Giulio, dem es gut geht und den ich vorgestern sah, sagte mir, daß die Bezahlung auf das Konto Signora Giuseppinas gemacht sei. Es bleibt mir nichts anderes, als Sie zu grüßen und Ihnen noch einmal für die starken und hohen geistigen Empfindungen zu danken, die ich in S. Agata genossen habe, und für Ihre und Signora Giuseppinas gute und liebe Gastfreundschaft.

Herzlichst Ihr
Arrigo Boito

P.S. Sie brauchen sich nicht zu bemühen, mir den Brief und das Manuskript zu schicken, denn wir treffen uns in Mailand sicher wieder ziemlich bald.

St. Agata, 27. Oktober 1885

Lieber Boito,

Ich habe Euren französischen Shakpeare gefunden und das Heft usw. . Aber was wollt Ihr mit diesem letzteren tun? Mir scheint, man sollte es verbrennen, und ich hätte es verbrannt, wenn Ihr es nicht von mir zurückverlangt hättet. Aber wir machen diese Operation, wenn ich in 15 oder 20 Tagen nach Mailand komme, um mir die Zähne richten zu lassen.

Ich bin noch immer im Vierten Akt, den ich auch in der Instrumentation ganz fertig machen will, um ihn zu versiegeln und nicht mehr davon zu sprechen bis zu ... zu ...

Addio. Gebt mir Eure Nachrichten und sagt mir, ob Euer Dichter den Nerone beendigt hat. —

Euer
G. Verdi

St. Agata, 8. November 1885

Lieber Boito,

Es gibt nicht den geringsten Zweifel. Die Schlußfolgerung Eures Briefes ist perfekt.

Hauptsächliches Ziel: die *Einheit des Diapason*. Nachgeben, wenn es sich nicht vermeiden läßt; aber nicht, ohne offen, vernehmlich und öffentlich den wissenschaftlichen Irrtum der *870* Schwingungen zu erklären. Ihr sprecht klar und deutlich und werdet die Wahrheit leicht zum Ausdruck bringen.

Man könnte mit der Autorität unserer Konservatorien sehr wohl erklären, daß wir das Diapason von 864 beibehalten, weil es richtiger ist; aber diese Gewißheit könnte Eigensinn scheinen, eine Kindlichkeit, die ans Lächerliche grenzt und sofort von Euren Brüdern jenseits der Alpen aufgegriffen würde.

Schlußfolgerung: *Nachgeben*, wiederhole ich, *wenn es sich nicht vermeiden läßt*, und die *Einheit* usw.

Schreibt mir das Ergebnis von allem aus Wien, und mit Peppinas Grüßen wünsche ich Euch gute Reise und sage Euch addio.

Euer
G. Verdi

Genua, 11. Januar 1886

Lieber Boito,

. . . . . . . . .

. . . . *Montano*, der im ersten Akt auf die Bühne kommt, um sich einen guten Hieb zu holen, der im letzten wiederkommt, um Jago anzuklagen — warum erscheint er nicht im Dritten Finale? . . . Das ist eine höchst lästige Frage, denn, wenn Ihr das richtig fändet, würdet Ihr mir acht Verse machen; und ich wäre (jetzt, nachdem das Finale gemacht ist) sehr verwirrt, in dem Stück noch eine *wirkliche* Partie hinzuzufügen, weil ich die Partie eines anderen Basses nicht gern verdoppeln würde. Also was meint nun Ihr? Die acht Zeilen machen oder Montano schlafen lassen? Ich würde ihm wünschen, glücklich zu schlafen, und wäre noch glücklicher als er.

Ich bin nicht fertig!

Es scheint unmöglich! . . aber in dem Teil, der dem *Concertato* vorausgeht, gibt es zwei Verse, die verlängern, ausdehnen und mir hinderlich sind! Hier sind sie . .

> . . . . . .
> *Onestamente nol potrei. Voi stesso*
> *Il suo contegno colla mente arguta*
> *Studiate e giudicate*

Oт.                              *Eccolo è desso*

> *Nell'animo lo scruta*
> . . . . . .

> [Ehrlich könnte ich das nicht. Ihr selbst
> Studiert und beurteilt seine Haltung mit
> scharfem Sinn.

Oт.                              Hier ist er, er ist's.

> Erforsche sein Gemüt.]

Aus diesen vier Versen möchte ich Euch bitten, nur zwei zu machen. Es wäre leicht, sich nur des 1. und 3. zu bedienen, aber es ist gut, daß Otello *lo scruta* [erforsche das] sagt, und es scheint mir leicht, dies einzufügen statt zu studieren —

Wenn Ihr *Roberto* hört, sagt mir in aller Heimlichkeit, ob man aus den beiden Jungen (Sopranen) eine Desdemona fischen kann.

Achtet
auf die Qualität der Stimme,
auf die Intonation und selbstverständlich vor allem auf *Intelligenz und Gefühl.* — Wenn sie auch schlecht singen, das macht nichts! — Im Gegenteil, um so besser. Dann werden sie eher auf meine Art singen . .

Addio, addio                              Herzlich
                                        G. Verdi

Genua, 14. Januar 1886

Lieber Boito,
Dank für die beiden Verse.

. . . . . . . . . . . . . . guerriero

. . . . . . . . . . . . . . . . . . . . .

È quel ch'Egli è

               Palesa il tuo pensiero

JAGO     Meglio è serbar su ciò la lingua muta
OTEL:    Eccolo! È lui. Nell'animo lo scruta.

. . . . . . . . . . . . . . [Krieger

. . . . . . . . . . . . . . . . . . . . .

Er ist der, der er ist.

               Enthülle deinen Gedanken.

JAGO     Besser ist es, darüber Stillschweigen zu bewahren.
OTEL:    Da ist er! Er ist's. Erforsche sein Gemüt.]

## Szene VIII
### Amen

Bin glücklich, überglücklich, daß Ihr Montano nicht erlaubt habt, sein Bett nach der erhaltenen Verwundung zu verlassen. Ich hatte eine Heidenangst, daß Ihr sagen würdet, es wäre gut gewesen, Montano auch im Finale zu sehen! Ich atme auf! Es sind genau 11 volle Partien, den Chor inbegriffen manchmal 12.! Mit Montano wären es . . . . . geworden!

Sprechen wir nicht mehr von der Bendazzi. Erzählt mir etwas von der Bellincioni!

Oh, Ihr werdet sicher nicht in einem Monat den ganzen Otello hören. Mir bleibt im ersten Akt vieles zu retuschieren . . . Einen großen Teil mache ich sogar neu! . .

Es tut mir außerordentlich leid um Ponchielli! Kaum daß ich Euren Brief erhalten hatte, habe ich an Giulio telegrafiert, mir sofort die Nachrichten zu telegrafieren, die ich jeden Moment erwarte. Es möge auch Euch nicht verdrießen, ein paar diesbezügliche Worte in den Briefkasten zu werfen.

Der arme Ponchielli! Er ist noch jung und stark! Hoffen wir!

Aber drei Ärzte!!!! die den Mut nicht haben werden, ihm ein Dutzend Unzen Blut aus den Adern zu zapfen, was ihn sofort erleichtern würde, da es um eine Lungenentzündung geht!—.

Addio, addio.                                                    G. Verdi


                                              Samstag abend 7 Uhr
                                              [Mailand, 16. Januar 1886]


Dem armen Ponchielli geht es seit heute morgen noch schlechter, und heute morgen schon fürchteten die Ärzte, daß er von einer Stunde zur anderen sterben könne. Wenn es morgen eine Besserung gibt, schreibe ich, aber jetzt kann ihn nur noch ein wahres Wunder der Natur retten! Der arme Freund!

                                                    Arrigo Boito


                                              [Mailand, 18. Januar 1886]

Lieber Maestro,

Sie wissen schon, daß der arme Ponchielli gestorben ist: den Frieden, den er wegen der bösen Selbstsucht der Familie seiner Frau im Leben nicht hatte, wird er jetzt auf die eine oder andere Weise haben.

Ich weiß, daß Giulio mit Corti in Genua war, und Giulio, den ich jetzt sah, hat mir ein paar Auszüge der oratorischen Beredsamkeit des Impresarios der Scala wiederholt. Ich habe die Redegabe Cortis bewundert, aber ich habe nicht bewundert, daß er sich in der Hitze der Inspiration meiner Person bediente, ein albernes Märchen zu erfinden, das nicht einmal den Schatten eines Keimes eines Beginnes eines Embryos, eines Fundamentes der Wahrheit hat. Corti sagte ihnen, daß ich ihm Otello als beendigt verkündet und angeregt habe, nach Genua zu fahren. Ich habe das nicht gesagt, weder zu Corti noch zu Ricordi, noch zu irgendeinem, und ich habe nicht die leiseste Andeutung gemacht. Was ich dabei bedaure, ist, daß diese Erfindung mit dem letzten Brief, den Sie mir schrieben, zusammentrifft, und daß sie deshalb in Ihren Augen den Anschein der Wahrheit annehmen kann. Der Zufall ist manchmal ein Schelm, und dies ist ein Schurkenstreich des Zufalls. Aber Corti ist ein frecher Kerl, der verdient, zurechtgewiesen zu werden. Denken Sie sich, daß ich ihn monatelang überhaupt nicht mehr gesehen habe, und wenn ich ihn auf der Straße sehe, stets vermeide, mit ihm zu reden, um mich nicht indiskreten Befragungen auszusetzen. Bestimmt kann nicht ich es sein, der ihn nach Genua drängt, Sie mit unnötigen Worten und hartnäckigen Bitten zu belästigen, die nicht die Kraft haben werden, den Termin Ihrer Arbeit auch nur um eine Stunde zu beschleunigen. Mit Gailhard, der ebenfalls wegen des Otello nach Genua kam, sprach ich in ihn entmutigender Weise, weil ich wußte, daß Sie für die Uraufführung Ihrer Partitur nicht an die *Opéra* dachten. Aber jetzt hat die Jagd auf Otello begonnen, und jedermann versucht, sich der Beute zu bemächtigen. Ich schweige schön still oder sage in dieser Angelegenheit nur die unbestimmtesten und zurückhaltendsten Worte; mein Name kommt im Zusammenhang mit dem Ihren in sensationslüsternes Gerede, und das ärgert mich, ärgert mich, ärgert mich. Es ärgert mich so sehr, daß ich Sie jetzt mit diesem Schreiben ärgere. Ich kann Ihnen nichts über die Bellincioni sagen, ich habe der Vorstellung des Roberto nicht beigewohnt. Wenn er wieder gegeben wird, werde ich sie hören und Ihnen meinen Eindruck schreiben. Herzliche Grüße an Sie, lieber Maestro, und an Signora Giuseppina.

Ihr höchst zugetaner
Arrigo Boito


[Mailand, 20. Januar 1886]

Lieber Maestro,

Gestern habe ich sie gesehen und gehört. Wenn ich zehn Jahre jünger wäre, hätte ich mich schon in sie verliebt. Sie ist so hübsch, sie ist groß, schlank, jung, elegant, dunkel, elastisch; und mit blondem Haar wäre sie vielleicht sogar noch schöner, weil in dem Gesicht viel Zartheit ist und ein ganzer Hauch von Sympathie es umgibt; auch das Publikum spürt jenen Hauch und hat Spaß daran, ihr zu applaudieren, und es applaudiert ihr über Gebühr, denn schließlich ist dies sympathische Mädel noch keine Künstlerin, und ich weiß nicht, ob es je eine sein wird.

Die Stimme ist sympathisch und schlank wie die Person, aber keine wirkliche Bühnenstimme; sie hat ein dünnes Timbre, das durch die Menge geht, ohne zu verharren. Die quasi pastorale Partie der Alice liegt diesem Fräulein ganz gut, ein paar Phrasen singt sie hier und da ganz nett und auch mit einem gewissen Temperament oder vielmehr mit einer gewissen glücklichen Keckheit, die ihr, glaube ich, das Vertrauen in ihre attraktive Erscheinung verleiht. Wirkliches dramatisches Gefühl, wirkliche Spontaneität und Kraft der Akzentuierung scheint sie mir nicht zu besitzen; ihre Gesten sehen aus wie vom Schauspiellehrer beigebracht, und die Phrasierung ihres Gesangs muß die getreue Nachahmung dessen sein, was sie irgendein Lamperti gelehrt hat, und das ist klar zu durchschauen. Alles, was sie auf der Bühne tut, kommt mir wie eine Leihgabe irgendeines anderen vor.

Verzeichnen wir zwei gute Eigenschaften: Aussprache gut (aber nicht sehr gut), und sie sieht sehr wenig auf den Dirigenten. Wenn ich Faccio wäre, würde ich gegen diese gute Eigenschaft protestieren, aber die ist jedenfalls ein Beweis dafür, daß etwas Musikalisches in diesem Mädel steckt. Etwas; aber wirklich künstlerischen Schwung scheint es mir da nicht zu geben.

Ich war in einer Loge nahe der Bühne und also in der Lage, die Kraft ihrer Stimme und die Klarheit ihres Ausdrucks ziemlich günstig zu beurteilen. Am Ende des Abends bemerkte ich, daß ich sie dauernd *singen sah.* Das beweist die Grazie ihres Gesichts und ihrer Person und die Weiße ihrer Zähne, und weiter nichts. Schade! Aber ich glaube nicht, daß die Bellincioni geboren wurde, auf der Insel Zypern erdrosselt zu werden. Schade! Der Bericht ist beendet. Herzliche Grüße

von Ihrem höchst zugetanen
Arrigo Boito

Genua, 21. Januar 1886

Lieber Boito,

Ich danke Euch für den Bericht, ... den ich mir besser gewünscht hätte.

Könnt Ihr mir jetzt etwas über die Teodorini sagen? Erinnert Ihr Euch gut an sie? Sprecht mir allein von der Stimme; wie die Mittellage ist und wie weit sie in der Höhe kommt. —

Das Ergebnis der langen Unterredung mit Corti und Giulio ist dieses: daß ich die Oper noch nicht beendet habe und nicht weiß, *ob ich sie beenden werde*. Wenn ja, werde ich sie hergeben; immer unter der Bedingung, daß es entsprechende Kräfte gibt. Keine, nicht die geringste formelle Verpflichtung. Im Laufe des Gespräches erwähnte ich Maurel, Tamagno, Teodorini; aber dann, als ich nachdachte und die Partitur betrachtete, sah ich, daß Tamagno an vielen Stellen hervorragend wäre, aber das Duett im Finale des 1. Aktes nicht schaffen würde; und noch viel weniger das Ende der Oper; und so würden zwei Akte kalt enden (darüber schrieb ich an Giulio). Ihr kennt das erste Duett nicht, aber Ihr kennt das Finale der Oper. Ich glaube nicht, daß er jene kurze Melodie *»E tu come sei pallida«* [Und du, wie bleich du bist] und noch weniger *»Un bacio, un bacio ancora«* [Einen Kuß, noch einen Kuß] wirkungsvoll ausdrücken könnte .... um so mehr als zwischen diesem zweiten und dem dritten *bacio* 4 Takte des Orchesters allein sind, die mit zarter, erschütternder Darstellung ausgefüllt werden müssen, die ich mir beim Schreiben der Noten vorstellte — leichteste Darstellung für einen wirklichen Schauspieler, aber schwer für ... einen anderen. —

Wie Ihr wißt, war Gailhard hier, und ich bin überrascht, daß er mir nicht sagte, er habe zuerst mit Euch gesprochen. — Ich sagte ihm, daß die Oper nicht fertig sei; daß die Oper auf italienisch und in gutem Italienisch geschrieben sei und daß sie zum ersten Mal auf italienisch aufgeführt werden solle. —

Man spricht und schreibt mir immer von *Jago*!!! Ich kann schön antworten: *Otello, pas Jago, n'est pas fini*!! [Otello, nicht Jago, ist nicht fertig!!] Sie fahren fort, mir *Jago Jago* zu sagen und zu schreiben. Er ist (das ist wahr) der Dämon, der alles bewegt; aber Otello ist

der, der handelt: *Er liebt, ist eifersüchtig, tötet und tötet sich selbst.*
Meinerseits würde es mir heuchlerisch vorkommen, ihn nicht *Otello*
zu nennen. Ich ziehe vor, daß man sage »Er hat mit dem Riesen
kämpfen wollen und ist niedergeworfen worden« statt »er hat sich
hinter dem Titel Jago verbergen wollen«. — Wenn Ihr meiner Ansicht seid, beginnen wir also, ihn *Otello* zu taufen, und sagt das
gleich dem Giulio. —

Und die Petition? Die ist eine Höflichkeit, . . . die mich verpflichtet . . . und auch »nett« ist, wenn Ihr so wollt, aber dennoch eine Auf-
dringlichkeit. — Aber nein: sie verpflichtet mich ganz und gar nicht,
weil ich die Oper nicht hergeben werde, wenn ich nicht überzeugt
bin . . . Und außerdem weiß ich gut, daß alle diejenigen, die unterschrieben haben, mit wenigen Ausnahmen die ersten sein werden,
die den Stein auf mich werfen — in jenem Geist des Herunterrei-
ßens, der unsere Epoche charakterisiert, und um die mir erwiesene
Höflichkeit aufzuwiegen! Ist das nicht wahr? *Amen.*

Addio
G. Verdi


[Mailand, 23. Januar 1886]

Lieber Maestro,

Sie bitten mich, nur von der Stimme, *der Stimme* der Teodorini
zu sprechen; ich gehorche, aber die in dieser Begrenzung gestellte
Frage schlägt recht betrüblich aus. Die Stimme ist nie die hauptsächliche Gabe dieser Künstlerin gewesen, und seit einiger Zeit sagt
man, daß ihre stimmlichen Mittel schlechter geworden sind; und es
wird behauptet, daß der Impresario Ferrari mit ihr nicht zufrieden
war, als er sie nach Amerika brachte. Wenn das stimmt, was man
sagt, wenn diese Sängerin die Sicherheit und das Timbre der wenigen wirkungsvollen Noten, die sie auf die tiefen und die hohen zu besaß, verliert, wird das Instrument fast untauglich geworden sein. Die
Mittellage war ebenfalls schwach, als ich sie in Madrid hörte, und die
höchsten Noten waren ohne Glanz, ohne klangliche Kraft. Sie wollen von mir wissen, wie hoch sie geht; im vierten Akt des Mefistofele
gibt es ein *C*, das nicht lange dauert, sogar nur ganz kurz, und dieses

*C* klang nicht; vor diesem *C* gibt es ein *B*, und das klang nicht gut. Während ich dies schreibe, frage ich mich, um ganz sicher zu sein, ob das Gedächtnis mich nicht im Stich läßt; aber ich lege diesen Skrupel ab bei dem Gedanken, daß man eine schöne Stimme, eine wirkliche Stimme, schöne und kräftige hohe Noten, die man einmal gehört hat, niemals vergißt. Wenn ich von den sonstigen Gaben der Teodorini sprechen sollte, würde das Lob die Kritik verdrängen, weil sie theatralische, dramatische Qualitäten besitzt, und zwar die wahren, und ich ihr viele schöne Abende meiner Oper verdanke.

Aber um dieses neue Thema auszuspinnen, müßte ich eine andere lange Plauderei wiederaufnehmen; folglich halte ich mich an meinen Auftrag und mache Schluß. In einem Monat, lieber Maestro, sehen wir uns wieder, und dann können wir lang und breit alles besprechen. Ich wußte nichts (ich sehe nie einen Menschen) von der Petition des Club dell'Unione und der Mailänder *fashion* an Sie. Das heißt, am Tage, an dem ich Galliard sah, hatte ich sagen hören, daß die Logeninhaber der Scala und die Herren des Club, beunruhigt von der Nachricht vom Besuch des Direktors der *Opéra* in Genua, beabsichtigten, jene Petition an Sie zu richten; aber ich wußte nicht, daß sie eine vollendete Tatsache ist. Ich verstehe, daß diese Tatsache die Entscheidungen nicht beeinflussen darf, die Sie etwa fällen, aber man kann nicht leugnen, daß es ein Akt schöner Höflichkeit und nobler Huldigung ist, der ihnen Ehre macht. Liebevolle Grüße an Sie und Signora Giuseppina.

Ihr
Arrigo Boito


Quinto, 6. Mai [1886]

Liebster Maestro,

Gestern erhielt ich einen Brief von Giulio, in dem er mir mitteilte, daß Edel nächsten Samstag nach Venedig reisen werde und ein paar freie Tage ausnutzen wolle, um Kostümstudien zu beginnen, und daß er mich um Anweisungen bäte. Ich antwortete, daß ich ihm die Liste der Figurinen aus zwei Gründen nicht geben könne: erstens, weil diese Operation in Übereinstimmung mit Ihnen gemacht werden müsse; und dann, weil ich, ohne das Libretto vor Augen zu haben, meinem Gedächtnis nicht traue. Ich lehnte jedoch nicht ab, ihm prinzipielle Anweisungen zu geben, auf die er seine vorläufigen Studien gründen könne. In diesen Anweisungen gibt es einen höchst wichtigen Punkt, den Sie, lieber Maestro, entscheiden müssen: *die Wahl der Epoche.* Sehen Sie, ob meine Beurteilung richtig ist; wenn sie Ihnen nicht richtig scheint, haben wir noch immer Zeit, sie mit einem Telegramm an Giulio oder einem Brief an Edel zu korrigieren. Was ist der Ursprung von Schakespeares Otello? Eine Novelle von Cinzio Giraldi aus den Hekatommithi. Was ist das Datum der Hekatommithi? Die Plünderung Roms im Jahre 1527. Was ist das Datum der betreffenden Novelle? Giraldi sagt es selbst: wenige Jahre vor der Datierung des Ganzen, die sich in der Einleitung zu seinen Novellen findet; also ein Zeitabschnitt, der nicht über 1520—25 hinausgehen kann. Diese Daten haben für uns geschichtlichen Wert, und meiner Ansicht nach werden wir keine wahrscheinlicheren finden können. Ein Gefecht zwischen Venezianern und Türken war in jenen Jahren durchaus möglich: das Königreich Zypern (das heißt die Erbschaft der Caterina Cornaro) war bereits in den Besitz der Venezianischen Republik übergegangen. Dazu ist auch noch eine andere Bemerkung zu machen. Novellisten wie Boccaccio, wie Sacchetti, wie Cinzio Giraldi entnehmen den Stoff ihrer Schriften entweder ihrer Phantasie oder der Geschichte, der Chronik oder volkstümlichen Erzählungen, die oft auf der Geschichte oder der Chronik beruhen. Giraldi also entnahm sein Thema in der Otello-Novelle entweder der eigenen Phantasie oder der Realität. Lassen wir die erste Hypothese gelten, dann ist Giraldis Phantasie uns Gesetz, denn wo größere Gesetze fehlen, entscheiden die kleineren. Lassen wir die zweite Hypothese gelten, müssen wir um so mehr den Daten Giraldis treu bleiben, da wir glauben, daß sie auf Wahrheit beruhen. Ich bin zutiefst davon überzeugt, daß jene Novelle der Wahrheit entspricht, wenn nicht in allen Einzelheiten, so bestimmt in ihrem Ganzen; man könnte sehr viele Argumente anführen, um diese Überzeugung zu rechtfertigen, aber ich weiß schon, daß Sie meine Meinung teilen müssen.

Aber wenn unsere theatralische Handlung auf eines der fünf

Jahre von 1520 bis 1525 beschränkt sein kann, dann muß die malerische Darstellung der *Kostüme* einen sehr viel weiteren Spielraum
haben. Wenn wir heute durch unsere Straßen gehen, finden wir die
*gommeux*


St. Agata, 8. Mai 1886

Lieber Boïto,
    Zu den drei letzthin gemachten Zeilen habe ich das Original
konsultiert . . .
»For sir were I the Moor I would not be Jago«
*Perchè Signor fossi io il Moro io vorrei non esser Jago*
[Denn, Herr, wäre ich der Mohr, ich möchte nicht Jago sein]
So sagt's auch Hugo
*Si j'étais le More je ne voudrais pas être Jago*
[Wenn ich der Mohr wäre, möchte ich nicht Jago sein]
Auch in Maffeis Übersetzung . . . .
*Quand'io potessi trasformarmi nel Moro essere un Jago già non vor-*
*rei . . . .*
[Wenn ich mich in den Mohren verwandeln könnte, möchte ich lie-
ber kein Jago sein]
Und so ist Rusconis Übersetzung nicht genau . . . wenn sie mir auch
nicht mißfiel . . .
*Vedermi non vorrei d'attorno un Jago*
[Ich möchte keinen Jago um mich sehen]
Was beabsichtigt Ihr jetzt also zu tun?
Wollt Ihr die drei Verse lassen?
Wollt Ihr sie neu machen?
Wollt Ihr sie wegnehmen und es so lassen wie bisher?
Ich schreite voran, sehr langsam, aber ich schreite.
    Antwortet mir mit einem Wort nach *Busseto* St. Agata, und
Grüße und Grüße.

Herzlich
G. Verdi

Quinto, 10. Mai [1886]

Lieber Maestro,

Was ich zu schreiben im Begriff bin, scheint eine Ketzerei zu sein: Ich ziehe die Phrase Rusconis vor. Sie drückt Größeres aus als der Text, enthüllt Jagos schlechten Charakter, Otellos redliche Gesinnung, und kündet dem, der zuhört, eine ganze Tragödie von Ränken an. Für uns, die auf die wundervollen Szenen, die in Venedig spielen, wo diese Gedanken angedeutet werden, verzichten mußten, wird der Satz Rusconis höchst nützlich. Meiner Meinung nach sollten wir sie bewahren, wie der Übersetzer sie uns gibt. Das ändert nichts daran, daß Rusconi unrecht hatte, einen Gedanken Schakespeares zu verfälschen. Die Genauigkeit eines Übersetzers muß von peinlicher Gewissenhaftigkeit sein, aber die Genauigkeit dessen, der mit eigener Kunst das Werk einer anderen Kunst erklärt, kann meiner Ansicht nach weniger gewissenhaft sein. Wer übersetzt, hat die Pflicht, den Buchstaben nicht zu ändern; wer erklärt, hat die Aufgabe, den Geist zu interpretieren. Der eine ist Sklave, der andere ist frei. Rusconis Satz ist nicht wortgetreu; das ist ein Unrecht des Übersetzers, aber es stimmt außerordentlich gut mit dem Geist der Tragödie überein, und aus dieser Tugend soll der erklärende Interpret seinen eigenen Vorteil ziehen. Indem wir dieser Erwägung nach vorgehen, kommen wir zu folgendem Resultat: *Wenn wir Rusconis Unrecht benutzen, haben wir recht.* Ich möchte Ihnen vorschlagen, *den Gewissensfall,* den Sie mir in Ihrem heutigen Briefe vorbringen, auf diese Weise zu lösen.

Ich bleibe den ganzen Mai in Quinto. Gleich zu Anfang Juni werde ich in Mailand sein.

Ich werde in Mailand Bescheid erwarten, ob ich nach S. Agata kommen soll. Auf jeden Fall werde ich Ihnen schreiben, wenn ich nach Hause zurückgekehrt bin.

Viele Grüße an Sie, an Signora Giuseppina.

Herzlichst Ihr
Arrigo Boito

St. Agata, 14. Mai 1886

Lieber Boito,

Sehr glücklich, daß Ihr die drei Verse beibehalten habt . . . . .
*d'attorno un Jago.*

Noch eine Kleinigkeit, und ich bin fertig . . das heißt, Ihr werdet
fertig sein! — Ihr wißt, daß der Sturm (musikalisch gesprochen)
während Otellos Auftritt und bis nach dem Chor der sechsfüßigen
Verse anhält. Im *Solo* Otellos sind zu viele Verse, und der Sturm
wird zu lange unterbrochen. Ich glaube, die Szene würde um
4 Verse verkürzt nichts verlieren, und dann könnte ich für Tamagno
eine Phrase machen, vielleicht eine wirkungsvolle. Sie ist sogar
schon gemacht . . so: . . .

|  | et. et. et. |
|---|---|
|  | Forza ai remi |
|  | Alla riva!! |
|  | Ancorate il vascello |
|  | Evviva Evviva! |
| OTELLO | sbarcato in fondo alla scena: sull'alto . . . |
|  | Esultate. L'orgoglio Musulmano |
|  | Sepolto è in mar; nostra e del Cielo è gloria |
|  | Dopo l'armi lo vinse . . . . gano (Entra nel Castello) |
| TUTTI | Evviva Otello! Vittoria vittoria! |

═══════

|  | [Kräftig an die Ruder |
|---|---|
|  | An das Ufer!! |
|  | Ankert das Schiff |
|  | Vivat, Vivat! |
| OTELLO | im Hintergrund der Bühne gelandet: auf der Höhe . . . |
|  | Jubelt. Der muselmanische Stolz |
|  | Ist begraben im Meer; der Ruhm ist unser und des |
|  | Himmels. |
|  | Nach den Waffen besiegte ihn . . . . der Orkan |
| ALLE | Es lebe Otello! Sieg, Sieg!]  (Er tritt in die Burg ein) |

═══════

Antwortet mit einem Wort. Liebe Grüße von Peppina.     Euer

G. Verdi

Quinto, 16. [Mai 1886]

Bravo!!! ich bin mit dem Strich der vier Verse vollkommenst einverstanden, der den Auftritt Otellos zu den anderen drei Versen zu bringen erlaubt, die Sie mir zitieren. Jetzt ist der Auftritt, der uns nicht zufriedenstellte und den wir suchten, gefunden, und er ist prachtvoll. Ein mächtiger Siegesausruf, der in einem Ausbruch des Orkans und einem Schrei des Volkes endet! Bravo, bravo! Hervorragend auch der Einfall, jene Phrase auf einer erhöhten Stelle der Bühne sagen zu lassen!

Edel hat schon auf eigene Faust beginnen wollen, sich auf das Studium der Otello-Kostüme vorzubereiten; er bat mich um die Liste der Figurinen, aber ich habe sie ihm nicht geben wollen, weil wir diese Liste zusammen machen müssen, Sie und ich in S. Agata. Er hat mich um Anweisungen betreffs der geschichtlichen Epoche und der Maler gebeten, die er studieren muß; und diese Anweisungen hielt ich ihm zu geben für richtig, weil ich weiß, daß Edel ebenso faul wie begabt ist und sehr viel Zeit benötigt, eine Arbeit zu vollenden. Er wird sich inzwischen vorbereiten, Forschungen und Skizzen machen und Photographien erwerben. Ich hoffe, diese Vorbereitungsarbeit Edels nach S. Agata mitbringen zu können, und mit diesem Material vor Augen legen wir die Wahl unserer Kostüme fest; danach wird er die Figurinen malen.

Die Epoche (sogar fast das Datum) unserer Tragödie ergibt sich von selbst, ohne daß wir uns den Kopf zerbrechen müssen, sie zu erforschen. Cinzio Giraldi, der, wie Sie wissen, die Quelle der Tragödie Schakespeares ist, setzt uns zwei zeitliche Grenzen, innerhalb derer das Datum der Handlung des Otello steht. Ich reiße eine Seite aus einer schlechten, billigen Ausgabe der Hekatommithi heraus, damit sie Ihnen als Dokument dienen möge. Es ist eine Seite des Vorwortes. Cinzio Giraldi, den Decamerone auch darin nachahmend, fügt die Sammlung seiner *hundert Novellen* in einen geschichtlichen Rahmen. Er gibt vor, daß diese Novellen in Gesellschaft von Flüchtlingen aus der Plünderung Roms 1527 erzählt wurden, genauso wie Boccaccio es im Vorwort zu seinen Novellen tut, die er sich von Flüchtlingen vor der Pest in Florenz erzählt vorstellt.

Also: 1527; hier haben wir nicht nur *ein Datum*, sondern *eine gegebene Tatsache*, die uns dient. Eine andere Tatsache haben Sie zur Hand: öffnen Sie meinen Band Schakespeare, der in S. Agata geblieben ist, suchen Sie die Novelle Giraldis, die da übersetzt ist, und Sie werden in den ersten Zeilen finden, wie sich die grausame Begebenheit mit Otello und Desdemona *kurze Zeit vorher* zugetragen hat. Folglich ist unsere Epoche so von Giraldi festgelegt: *kurze Zeit vor 1527*. Ich glaube, mich nicht geirrt zu haben, als ich Edel 1525 als äußerste Grenze angab. Ein paar Jahre des Spielraums zwischen dem Geschehnis und dem Bericht des Geschehnisses scheinen mir nicht zu viel. Edel soll deshalb nach meinem Dafürhalten das Jahr 1527 in seinen Studien nicht überschreiten, muß aber vor diesem äußersten Datum einen großen Zeitraum zu durchforschen haben. Die Kleidung von damals änderte sich weniger schnell als die von heute. Wo es viele Leute gibt, sehen wir heutzutage an die dreißig Jahre der Mode vertreten; der Mantel all'Italiana, den Sie immer noch tragen, ist ein Beweis dafür, und die hohen Kragen Ihrer Hemden sind ein weiterer Beweis! Dreißig Jahre trennen diese von ihm. Ich habe unserem Edel geraten, die venezianischen Maler der letzten Jahre des 15. Jahrhunderts bis zum ganzen ersten Viertel des XVI. zu studieren. Zu unserem Glück sind die beiden großen Dokumente jener Zeitläufte Carpaccio! und Gentile Bellini! Aus ihren Bildern werden die Gewänder unserer Figuren hervorgehen.

Habe ich's gut gemacht? Habe ich's schlecht gemacht?

Wenn ich's schlecht gemacht habe, finden wir immer noch Zeit, das Übel zu korrigieren.

Herzliche Grüße an Signora Giuseppina. Einen guten Händedruck für Sie.

Ihr<br>Arrigo Boito

[Mailand] 4. Juni [1886]

Lieber Maestro,

Hier bin ich seit gestern abend in Mailand und hoffe, bald eine Zeile von Ihnen zu erhalten, die mir sagt, nach S. Agata zu kommen. Viele Grüße an Signora Giuseppina.

Herzlichst Ihr
Arrigo Boito

St. Agata, 17. Juli 1886

Lieber Boito,

Auch ich bin etwas besorgt um den Druck des Librettos im Finale des Dritten Aktes; weil mir wirklich daran liegt, daß das Publikum im Nu alles sehen und verstehen kann.

Wendet das Blatt um, und Ihr werdet sehen, was ich besser . . . . so viel besser finde und vorschlagen möchte. — —

Come stà et.

— — — — — —

— — — — — — — —

— — —

OTELLO     Noi salperem domani — A terra! e piangi!

*e afferra Desdemona furiosamente e Des. cade.* Emilia *e* Lodovico *la raccolgon e sollevan pietosamente.* Otello *avrà nel suo gesto terribile gettata la pergamena al suolo, e* Jago *l'avrà raccolta e letta* . . .

DESDEMONA

A terra! . . sí . . nel livido

Fango . . percossa . . . io giacio . . .

Piango . . . m'agghiaccia il brivido

Dell'anima che muor.

E un dí sul mio sorriso

Fioría la speme e il bacio

Ed or . . . l'angoscia in viso

E l'agonía nel cor.

Quel sol sereno e vivido

Che allieta il cielo e il mare

Non può asciugar le amare
Stille del mio dolor. —


### EMILIA
[(]Quella innocente un fremito
D'odio non ha ne un gesto[,]
Trattiene in petto il gemito
Con doloroso fren.
La lagrima si frange
Muta sul volto mesto[:]
No chi per Lei non piange
Non ha pietade in sen.[)]


### RODRIGO
(Per me s'oscura il mondo[,]
S'anuvola il destin[;]
L'angiol soave e biondo
Scompar dal mio cammin.)


### CASSIO
(L'ora è fatal[!] Un fulmine
Sul mio cammin l'addita[.]
Già mia sorte il culmine
S'offre all'inerte man[.]
L'ebbra fortuna incalza
La fuga della vita[.]
Questa che al ciel m'innalza
È un'onda d'uragan.[)]


### LODOVICO
[(]Egli la man funerea
Scuote anelando d'ira[,]
Essa la faccia eterea
Volge piangendo al Ciel[.]
Nel contemplar quel pianto
La carità sospira[;]

E un tenero compianto
Stempra del core il gel[.)]

Il Coro

*a gruppi dialogando*
*contemporaneamente ai dialoghi di Jago*

Donne

Pietà!

Cav:

Mistero!

Donne

Ansia mortal[,] bieca[,]
Ne ingombra[,] anime assorte in lungo orror[.]

Cav:

Quell'uomo nero è sepolcrale, e cieca
Un'ombra è in Lui di morte e di terror[.]

Dame

Vista crudel! Strazia coll'ugna l'orrido
Petto!

Cav.

Figge gli sguardi immoti al suol[.]
Poi sfida il Ciel coll'atra pugna l'ispido
Aspetto ergendo ai dardi alti del Sol[.]

Dame

Ei la colpí! Quel viso santo pallido
Blando si china e tace e piange e muor
Piangon cosí nel Ciel lor pianto gli angeli
Quando perduto giace il peccator —

*Jago ad Otello accasciato su una sedia*

[(]Una parola[.]

Otel.                E che?
Jago                        T'affretta! Rapido

          Slancia la tua vendetta! Il tempo vola.

Oͭ.       Ben parli[.]

Jago            È l'ira inutil ciancia. Scuotiti!

          All'opra ergi tua mira! All'opra sola.

          Io penso a Cassio. Ei le sue trame espia[.]

          L'infame aníma ria l'averno inghiotte.

Oͭ:       Chi gliela svelle?

Ja              Io!

Oͭ.                Tu?

Ja.                  Giurai[.]

Oͭ.                     Tal sia

Jag.      Tu avrai le sue novelle questa notte[.)]

            *abbandona Otello e si dirige verso Rodrigo*

          [(]I sogni tuoi saranno in mar domani.

          E tu sull'aspra terra[!]

Roᴅ:               Ahi[,] triste!

Jago                     Ahi[,] stolto!

          Stolto! Se vuoi tu puoi sperar; gli umani

          Arditi orsú riafferra e m'odi[.]

Roᴅ.                  Ascolto.

Jago      Col primo albor salpa il vascello. Or Cassio

          È il Duce. Eppur se avvien che a questi accada

          Sventura . . . Allor qui resta Otello[.]

Roᴅ.                    Lugubre

          Luce d'altro balen[!]

Jago                Mano alla spada!

          A notte folta io la sua traccia seguito[,]

          E il varco e l'ora scruto, il resto a te[.]

          Sarò tua scolta. A caccia a caccia[!] Cingiti

          L'arco[!]

                 venduto

R.          Sí t'ho  ~~donato~~ onore e fè![)]

Jago     (Corri al miraggio! Il fragile tuo senno

a parte   Ha già confuso un sogno menzogner.

          Segui l'astuto ed agile mio cenno[,]

          Amante illuso, io seguo il mio pensier[.)]

Rod.      (Il dado è tratto! Impavido t'attendo
Ultima sorte, occulto mio destin[.]
Mi sprona amor, ma un avido tremendo
Astro di morte infesta il mio cammin[.)]
[Wie es steht usw.

— — — — — —

— — — — — — — —

— — —

Otello    Wir segeln morgen — Zu Boden! und heule!

*und wütend packt er Desdemona, und Des. fällt. Emilia und Lodovico heben sie auf*
*und stützen sie mitleidsvoll. In seinem furchtbaren Ausbruch wird Otello das Perga-*
*ment zu Boden geworfen, und Jago wird es aufgehoben und gelesen haben . . .*


### Desdemona
Zu Boden! . . ja . . in faulen
Schmutz . . geworfen . . . liege ich . . .
Weine ich . . . der Schauder der Seele,
Die stirbt, läßt mich erstarren.
Und einmal blühte in meinem
Lächeln die Hoffnung und der Kuß.
Und jetzt . . . Kummer im Antlitz
Und Todesangst im Herzen.
    Die heitere und strahlende Sonne,
Die den Himmel und das Meer erfreut,
Kann die bitteren Tränen
Meines Schmerzes nicht trocknen. —


### Emilia
(Diese Unschuldige kennt kein Aufwallen
Noch eine Geste des Hasses,
Sie hält die Klage in der Brust
Mit schmerzlicher Beherrschung zurück.
Die Träne bricht sich
Stumm im traurigen Antlitz:
Nein, wer um sie nicht weint,
Fühlt kein Mitleid im Herzen.)

#### RODRIGO

(Für mich verdunkelt sich die Welt
Umwölkt sich das Geschick;
Der sanfte und blonde Engel
Schwindet von meinem Weg.)


#### CASSIO

(Die Stunde ist verhängnisvoll! Ein Blitz
Auf meinem Wege zeigt sie an.
Schon bietet sich meines Schicksals
Gipfel der untätigen Hand.
Das trunkene Los drängt
Die Flucht des Lebens voran.
Diese Woge, die zum Himmel mich hebt,
Ist die eines Orkans.)


#### LODOVICO

(Er schüttelt die grausige Hand
Keuchend vor Wut,
Sie wendet das ätherische Antlitz
Weinend zum Himmel.
Beim Anblick dieser Tränen
Seufzt die Barmherzigkeit,
Und zartes Mitleid
Taut das Eis des Herzens auf.)


#### DER CHOR
*in Gruppen miteinander redend,*
*gleichzeitig mit den Dialogen Jagos*


#### FRAUEN

Mitleid!
#### KAV[ALIERE]:
Geheimnis!

FRAUEN
Dunkle Todesangst
Lähmt uns versunkene Seelen in tiefem Schauder.


KAV:
Dieser schwarze Mann steht dem Grabe nah, und
blinde
Finsternis ist in ihm von Tod und Schrecken.


DAMEN
Grausiger Anblick! Er zerfleischt mit dem Finger-
nagel die entsetzliche
Brust!
KAV.
Er heftet den starren Blick auf den Boden.
Dann trotzt er dem Himmel mit der dunklen Faust,
Die störrige Miene erhebend zu den hohen Strahlen
der Sonne.
DAMEN
Er schlug sie! Dies fromme, bleiche, sanfte Antlitz
Beugt sich und schweigt und weint und stirbt.
So weinen im Himmel ihre Tränen die Engel,
Wenn der Sünder verloren liegt.
*Jago zu Otello, der auf einem Sessel zusammengebrochen ist*
(Ein Wort.

| | | |
|---|---|---|
| OTEL. | Und was? | |
| JAGO | | Eile dich! Schnell |

schleudre deine Rache! Die Zeit fliegt.

| | | |
|---|---|---|
| OT. | Du sprichst gut. | |
| JAGO | | Die Wut ist nutzloser Unsinn. Raffe |

dich auf!
Auf die Tat richte Dein Ziel! Auf die Tat allein.
Ich denke an Cassio. Er büßt seine Ränke.
Die Hölle verschlingt seine schändliche,
verbrecherische Seele.

| | |
|---|---|
| Oт. | Wer reißt sie ihm aus! |
| Ja | Ich! |
| Oт. | Du? |
| Ja. | Ich habe geschworen. |
| Oт. | So sei es |
| Jag. | Du wirst seine Nachrichten in dieser Nacht haben.) |

*er verläßt Otello und geht auf Rodrigo zu*

(Deine Träume werden morgen auf See sein.
Und du auf der rauhen Erde!

| | |
|---|---|
| Rod: | Ach [, wie] traurig! |
| Jago | Ach, du Tor! |

Tor! Wenn du willst, kannst du hoffen; auf denn,
Fasse wieder männlichen Mut und höre mich an.

| | |
|---|---|
| Rod. | Ich höre. |
| Jago | Bei Tagesanbruch segelt das Schiff. Jetzt ist Cassio |

Der Kommandeur. Wenn es aber geschieht, daß ihn ein
Unheil träfe . . . Dann bleibt Otello hier.

| | |
|---|---|
| Rod. | Unheimliches |

Licht eines weiteren Blitzes!

| | |
|---|---|
| Jago | Hand an den Degen! |

In tiefer Nacht folge ich seiner Spur
Und erforsche den Weg und die Stunde, der Rest steht
bei dir. Ich werde deine Wache sein.
Zur Jagd Zur Jagd! Häng dir
Den Bogen um!                                    verkauft

| | |
|---|---|
| R. | Ja, ich habe dir Ehre und Treue ~~gegeben!~~ |
| Jago | (Lauf in das Blendwerk! Dein schwacher Verstand |
| beiseite | Hat einen trügerischen Traum schon verwirrt. |

Du folgst meinem listigen und schnellen Wink
Getäuschter Liebhaber, ich folge meinem Gedanken.)

| | |
|---|---|
| Rod. | (Der Würfel ist gefallen! Unerschrocken erwarte ich |

Letztes Los, mein geheimes Geschick.                    dich
Liebe spornt mich an, aber ein gieriger, furchtbarer
Stern des Todes verheert meinen Weg.)]

Natürlich sollte das ganze Blatt, wo die drei Spalten sind, mitten im Libretto sein, mit den Nähten, wo die *leeren Stellen* sind.

Es ist recht, das Solo der Desdemona am Ende der vorhergehenden Seite zu drucken, damit das Publikum nicht abgelenkt wird, sondern ihr seine ganze Aufmerksamkeit schenkt. Beim Umwenden der Seite hätte man dann den ganzen Wirrwar des *Concertato* vor Augen.

Giulio soll keine Schwierigkeiten wegen des mehr oder weniger schönen [Aussehens] der Ausgabe machen. Das Wichtige ist, verstehen zu machen . . . . . wenn sie verstehen wollen!

Morgen hoffe ich, den Kopf für das zu haben, was getan ist, durchzublättern und zu revidieren . .

Addio, addio.

Euer
G. Verdi

Como per Villa d'Este,
21. Juli [1886]

Lieber Maestro,

Während Sie an die typographischen Fragen des Librettos dachten und sie in der bestmöglichsten Weise lösten, zog ich die Andeutungen in Erwägung, die Sie mir zu der nicht gut vorbereiteten Gegenwart Desdemonas in der *großen Ensemble-Szene* machten.

Zuerst schien mir Ihre Bemerkung ein bißchen kleinlich, dann kam sie mir richtig und erwägenswert vor. Ich habe versucht, jene Unvollkommenheit in der kürzesten und passendsten Weise zu korrigieren, die mir möglich ist. Sehen Sie, ob es mir gelungen ist:

Ich schlage zwei Zusätze vor: den ersten von drei Versen in der Szene zwischen Jago und Otello im III. Akt, den zweiten von zwei Versen in der folgenden Szene.

| | |
|---|---|
| JAGO | . . . . . . . . . . . Mio Duce |
| (s'incammina | Grazie vi rendo. Ecco gli Ambasciatori |
| con Otello | Andiamo ad essi. *Ma . . . credo opportuno* |
| verso la | *(Anche a sviar sospetti o uggiose inchieste)* |
| porta del | *Che Desdemona accolga quei Messeri.* |
| fondo. Ma | |
| ad un tratto | |
| s'arresta.) | |
| O. | *Sí. Qui l'adduci.* |
| (Jago esce | . . . . . . . |
| rapidamente | . . . . . . . . . . . . |
| dalla porta | . . . . . . . . . . . |
| di sinistra [.] | |
| Otello con- | |
| tinua ad | |
| avviarsi | |
| verso il | |
| fondo per | |
| attendere gli | |
| Ambascia- | |
| tori[.]) | |
| LOD. | Madonna, |
| (a Desd[.] che | V'abbia il cielo in sua grazia. |
| sarà entrata | |
| con Jago e | |
| seguita a | |
| breve di- | |
| stanza da | |
| Emilia.) | |
| | |
| DESD. | E il ciel v'ascolti. |
| EM. | *(Come sei mesta.* |
| (a Desd. | |
| a parte) | |
| DESD. | *Emilia! Una gran nube* |
| (a Em. | *Turba il senno d'Otello e il mio destino.)* |
| a parte) | |

| | |
|---|---|
| [JAGO (geht mit Otello auf die Tür im Hintergrund zu, bleibt aber plötzlich stehen.) | ........... Mein Kommandeur, Ich entbiete Euch Dank. Hier sind die Gesandten. Gehen wir zu ihnen. *Aber . . . ich halte es für günstig (auch um von Verdacht oder unangenehmen Nachfragen abzulenken), Daß Desdemona jene Herren empfange.* |
| O. (Jago geht schnell durch die linke Tür ab. Otello geht weiter auf die Tür im Hintergrund zu, um die Gesandten zu erwarten.) | *Ja. Bringe sie her.* ....... ........... ........... |
| LOD. (zu Desd., die mit Jago aufgetreten ist und in kurzem Abstand von Emilia gefolgt wird.) | Madonna, Möge der Himmel Euch gnädig sein. |
| DESD. | Und möge der Himmel Euch hören. |
| EM. (beiseite zu Desd.) | *(Wie traurig du bist.* |
| DESD. (beiseite zu Em.) | *Emilia! Eine große Wolke Trübt Otellos Sinn und mein Geschick.)]* |

Das Weitere, wie es im Manuskript steht.

Jetzt ist das von Giulio abgeschriebene Libretto in den Händen Tornaghis, der es Edel zu lesen geben wird. Ich möchte nicht, daß dieses Heft von anderen Personen gelesen wird. Giulio sagte mir, daß Sie die Instrumentation des I. Aktes schon beinahe beendet haben!! Achten Sie darauf, sich nicht zu sehr zu ermüden. An der Zeit fehlt es Ihnen nicht. Manchmal ist es gut, die Ratschläge der Faulpelze zu befolgen.

Viele Grüße an Signora Giuseppina und an Sie.     Von Herzen

Ihr

Arrigo Boito

P. S. Schreiben Sie mir nur eine Zeile, damit ich weiß, daß dieser Brief in Ihre Hände gelangt ist.

*Donnerstag* [St. Agata, 22. Juli 1886]

Lieber Boito,

Ich habe Ihren letzten Brief erhalten.— Diese Verse passen gut und sollten, glaube ich, gut tun. Sie bringen den Komponisten etwas in Verlegenheit, weil er gezwungen sein wird, das kleine Trompetenkonzert hinter der Bühne usw. zu verschieben oder zu verlängern ... Aber das macht nichts. — Danke und addio. Peppina grüßt Euch.

Euer

G. Verdi

[Como per Villa d'Este] 25. Juli [1886]

Lieber Maestro,

Es ist besser wie folgt, man spart einen Vers:

Ecco gli Ambasciatori

Li accogliete. Ma ad evitar sospetti
Desdemona si mostri a quei Messeri.
Oт. Sí, qui l'adduci.

[Hier sind die Gesandten.
Ihr empfangt sie. Aber um Verdächtigungen zu vermeiden,
Zeige Desdemona sich vor jenen Herren.
Oⴛ. Ja, bringe sie her.]

So kann der Satz ohne den langen Einschnitt von Jago schnellstens
gesagt werden.

.⸗ Ihr
A. Boito

VERDI AN BOITO          [St. Agata, 29. August? 1886]

PRO MEMORIA

1. Was sollen die Frauen im Trinklied des 1. Aktes machen? Sollen
sie auch trinken? . . Und warum nicht? — —.

════════

2. Wenn Ihr nichts dagegen habt, würde ich in der Szene des Dritten
Aktes zwischen Otello und Desdemona vier Verse wiederherstellen,
die gestrichen wurden . .
. . . . . .
*Pur già qui annida il demone gentil del mal consiglio,*
*Che il vago avorio allumina del piccioletto artiglio*
*Mollemente alla prece s'atteggia e al pio fervore*
*Eppur con questa mano, io v'ho donato il core*

════════

*Signor mi raccomanda . . . Emilia . . . Addio*

*[Doch nistet hier schon der höfliche Dämon des bösen Rates,*
*Der das liebliche Elfenbein der kleinen Kralle erleuchtet.*
*Leicht gibt er sich dem Gebet und der frommen Inbrunst hin.*
*Und doch habe ich Euch mit dieser Hand mein Herz geschenkt.*

════════

*Herrn befehle mich . . . Emilia . . . Addio]*

Villa d'Este [6. September 1886]

Lieber Maestro,

Musikalische Erwägung muß meiner Meinung nach die Fragen entscheiden, die Sie mir unterbreiten.

Können die Frauenstimmen der Wirkung des Trinkliedes dienen? Dann fügen wir sie hinzu. Sie werden die Worte der Männer im Ritornell wiederholen. Sind sie nicht dienlich! Dann würden Sie sie aus dem einzigen Grunde hinzufügen, daß sie nicht müßig auf der Bühne bleiben sollen? Dieses Argument kommt mir nicht stark genug vor, ihnen zwei Partitur-Zeilen zu widmen, wenn diese zwei Zeilen ihre musikalische Wirkung nicht erzielen; und noch schlimmer, wenn das weibliche Timbre auch nur im geringsten den männlichen Übermut jenes Stückes verdirbt. Ich wiederhole: wenn Sie die Frauen aus Sorge um die *Regie* hinzufügen wollen, fügen Sie sie nicht hinzu; die werden nicht müßig bleiben. Es gibt fünfundvierzig Frauen an der Scala; nach dem *fuoco gioja* [Freudenfeuer] zerstreuen sich *an die zwanzig und mehr*, ganz allmählich. Die, welche bleiben, teilen wir in zwei Teile: einige gehen im Hintergrund spazieren oder setzen sich zu ihren Liebhabern, andere können Fischnetze auf dem Boden des Festungswalles ausbreiten; die hübschesten und die weniger gesitteten lassen wir bei Tisch mit den Männern sitzen, und das werden *an die zehn oder zwölf* sein, die an nichts anderes denken, als sich kneifen zu lassen, zu trinken und zu essen. Diese und jene, die im Hintergrund geblieben sind, im Ganzen an die zwanzig, schreien die beiden *fuggiam* [fliehen wir] und das *s'uccidono* [sie töten sich] im Moment der Rauferei; und wenn diese nicht genügen, dem Schrei Kraft zu verleihen, können die anderen *zwanzig und mehr*, die sich hinter die Kulissen verstreut hatten, bei dem Lärm kurz vorher hereingelaufen kommen und beim Anblick der gezogenen Degen mit den anderen *fuggiam* schreien. Das ist ungefähr die Regie des Frauenchors für die ganze Zeit, die zwischen dem Chor von fuoco di gioja und dem heftigen Ausfall Otellos liegt.

Wenn Sie die vier schon gestrichenen Verse der *Szene Otello — Desdemona im 3. Akt* musikalisch brauchen können, verwenden Sie sie; ich habe nichts dagegen; und wer kann das besser entscheiden als Sie? Das gleiche gilt für das einsilbige *Vien* [Komm] anstelle des zweisilbigen *Andiam* [Gehen wir] am Ende des ersten Aktes. In diesen Dingen bin ich neutral wie die Schweiz.

Falls Ihnen, während Sie Ihre Oper mit Klangfarben bemalen, irgendein Zweifel oder Gedanke kommen sollte, der meine Gegenwart in S. Agata erforderte, schreiben Sie es mir, und ich komme im Flug.

Liebevolle Grüße an Sie und Signora Giuseppina.　　Ihr

Arrigo Boito

Auch was die letzten Worte Desdemonas betrifft, sind Sie der einzige Arbiter und Richter.

*Donnerstag* [St. Agata, 9. September 1886]

Lieber Boito,

Machen Sie's für das *Kneifen!* So kann ich die Frauen im Trinklied (sie hätten es verdorben) schweigen lassen und werde sie ein paarmal in *fis-moll* für sich aus vollem Halse lachen lassen, entweder über Cassio oder das Kneifen.

Morgen früh schicke ich dem Hause Ricordi vollständig fertig den ganzen Ersten Akt und die ganze VI. Szene des Dritten; und so sind mit dem bereits abgeschickten Vierten vielleicht 3 Fünftel des Mohren fertig. Ich atme ein bißchen auf! .

Ich danke Euch! . . Ich kann Euch jetzt nicht sagen, ob ich Euch weiterhin werde belästigen müssen (es wird nichts Schwerwiegendes sein), weil ich tatsächlich damit rechne, *6* oder *8* Tage lang nichts zu tun. Meine Augen sind etwas ermüdet wegen des verdammten Papieres mit den 32 Zeilen.

———

Ich bin nochmals *Stück* um *Stück* die drei ersten Partien durchgegangen, um zu sehen, ob sie ohne Flicken bequem gekleidet sind, ob sie gerade stehen, und ob sie gut laufen . . . *Sie laufen!!* Und etwas Merkwürdiges! Die ganze Partie des Jago könnte man, abgesehen von ein paar *éclats* mit mezza voce singen! .

Aber . . . all dies hat keinen Sinn, wenn die *Noten* dem respektablen . . . nicht zusagen.

Addio, addio.

Hoffentlich bald auf Wiedersehen.

Euer
G. Verdi

St. Agata, 29. Oktober 1886

Lieber Boito,

Das Ballett im zweiten Akt ist gut getroffen, und sie werden damit zufrieden sein. Selbstverständlich soll das Ballett nur für die Opéra dienen. Für die anderen Orte wird Otello bleiben, wie er jetzt ist, oder besser, wie er morgen sein wird oder später, wenn die letzte Note der Instrumentation hoffentlich fertig sein wird . . .

Denkt jetzt also an die Übersetzung.

Wie Ihr wißt, war Signora Pantaleoni hier und fuhr gestern ab. Sie beherrscht ihre ganze Partie ausgezeichnet und wird, hoffe ich, hervorragende Wirkungen mit ihr erzielen. Nur in der Szene des 1. Aktes fehlt etwas. Nicht, daß sie ihre *Solo*-Stellen nicht gut sänge, aber sie singt sie mit zuviel Betonung und zu dramatisch. Wir werden im übrigen weitere Proben haben, und ich werde nicht locker lassen, bis sie den richtigen Ton für die Situation und die Dichtung findet.

Gestern las ich im Corriere die Beschreibung der Kostüme des Otello und sah zu meiner Überraschung, daß Desdemona im 1. Akt immer ein prächtiges Gewand beibehält; und Otello auch im letzten Akt das kriegerische, wilde Gewand mit den bloßen Armen wie ein Zulukaffer ohne Bauch. Achtet darauf, denn das scheinen mir schwere Fehler zu sein. Und so achtet auch auf das andere Kostüm, das Ihr selber à la *Toreador* getauft habt. .

Addio. Mit Peppinas Grüßen drücke ich Euch herzlich die Hände.

G. Verdi

[St. Agata, 1. November 1886]

Lieber Boito,
Er ist fertig!
Heil uns . . . (und auch *Ihm*!!)
Addio.                                                      G. Verdi


[Mailand, 16.—17. Dezember 1886]

Lieber Maestro,
Verzeihen Sie die Schäbigkeit dieser Stücke Papier. Die Eile entschuldigt mich, ich habe kein anderes zur Hand. Die Bleistift-Seite ist die Antwort auf den Brief, den Sie an Giulio geschrieben haben.

Mir fällt eine Variante zu den hinzugefügten Versen Jagos ein:
*Beltà e letizia in dolce inno concordi*
*I vostri infrangerò soavi accordi.*
[Schönheit und Freude einträchtig in süßer Hymne!
Eure lieblichen Akkorde werde ich zerbrechen.]
oder:
*Beltà ed Amor in dolce inno concordi*
[Schönheit und Liebe einträchtig in süßer Hymne]
ecc. ecc. —

Wir sind mit der Übersetzung bis zum Auftritt Cassios im dritten Akt gekommen. Die Übersetzung des 3. ist besser als die des 2. und ist ebenso schwierig. Ich habe an Du Locle geschrieben und durch Giulio in der Gazzetta musicale eine Mitteilung des Figaro berichtigen lassen, die Du Locle hätte mißfallen können; die Berichtigung wird in der nächsten Nummer der Gazzetta erscheinen.

Herzliche Grüße

Ihr Ihnen sehr zugetaner
Arrigo Boito

Genua, 18. Dezember 1886

Lieber Boito,

Dank für die beiden Verse. Ich habe Garignani soeben die letzten Akte des Otello übergeben! — Armer Otello! Er kehrt hierher nicht mehr zurück!!!

---

Wenn Ihr heute abend Emanuel hört, schreibt mir morgen ein Wort und sagt mir, ob ich mich sehr getäuscht habe! — —

Addio, addio                                             G. Verdi

[Mailand, 21. Dezember 1886]

Mein lieber Maestro,

Der Mohr wird nicht mehr an die Pforte des Palazzo Doria klopfen, aber Sie werden den Mohren in der Scala finden.

Otello ist da. Der große Traum ist Wirklichkeit geworden. Wie schade! Aber trotz der Traurigkeit, die auf die Vollendung der Oper folgt, möchte ich, daß auch die französische Übersetzung bald zur Wirklichkeit werde. Man arbeitet viel und, wenn ich mich nicht täusche, gut. In einer Woche wird das Terzett fertig sein. Wahrscheinlich fahre ich dann nach Nervi, wo ich mich mit Du Locle besprechen und sehen werde, was er gemacht hat, und wo er sehen wird, was ich gemacht habe. Wenn Du Locle gut arbeitet, kann die Übersetzung bis Mitte oder spätestens bis Ende Februar fertig sein.

Unterdessen kann Ricordi den vierten Akt stechen lassen und dann ganz schnell den dritten, der, wie gesagt, schon gut vorangekommen ist; es ist der erste Du Locles, den zweiten schreibt er zuletzt.

Ich bin nicht zu Emanuel gegangen; er ist ein höchst mittelmäßiger Schauspieler, kalt, monoton, unsympathisch. Wenn aus dem Ei einer Henne kein Adler entstehen kann, kann dem Kopf Emanuels keinerlei Art der Darstellung des Otello entspringen. Rossi und Salvini — das sind die zwei Giganten! Von denen hätte Tamagno etwas lernen können, aber von Emanuel hätte er ganz und gar nichts lernen könnnen, und ich hätte ihn dieser Aufführung nicht gern beiwohnen lassen. Die anderen Schauspieler, höre ich, waren sogar noch schlechter als Emanuel!

Von jetzt an besitzt Schakespeares Otello Ihre Deutung, *und die haben Sie gemacht*, und damit genug, und man braucht sich um die Wirkungen der anderen nicht zu kümmern.

Die Eile, in der ich Ihnen meinen letzten Brief schrieb, war so groß, daß ich erst, nachdem er schon in den Briefkasten gefallen war, bemerkte, vergessen zu haben, die Briefmarke aufzukleben. Ich fürchtete, daß Sie ihn nicht erhielten. Das Staatsbudget wird zehn Centesimi an der Strafe verdient haben. Herzliche Grüße an Sie und Signora Peppina.

Herzlichst Ihr
Arrigo Boito

[Telegramm]            Genua, 14. April 1887

Erwartete Euch gestern — werde heute nicht in Genua sein — kommt morgen wenn Ihr könnt           Verdi

[Telegramm]            Genua, 17. April 1887

Und wann für Euch zwei           Verdi

[Telegramm]            Genua, 22. April 1887

Tausend Dank — Peppina immer besser — Grüsse           Verdi

Genua — Dienstag [26. April 1887]

Lieber Boito,

Ich hatte es gestern in den Zeitungen gelesen; und heute erhalte ich einen Brief, der mir den hervorragenden Erfolg Eures Mefistofele in Nantes bestätigt.

Ausgezeichnet.

Nehmt die aufrichtigen Glückwünsche an von Eurem

G. Verdi

Peppina immer besser.


St. Agata, 24. Mai 1887

Lieber Boito,

Du Locle hat seine Hälfte (5 000 fr.) der Summe akzeptiert, die ich Euch und ihm *sur vos droits d'auteur* der Übersetzung des Otello angeboten habe. Wenn Ihr die andere Hälfte akzeptiert, wie ich Euch seinerzeit anbot, wäre ich äußerst froh und, wie schon gesagt, auch *beruhigter*!.. Schreibt mir also ein *ja*, und ich lasse an Euch sofort Eure *5 000* Lire auszahlen!

Peppina geht es immer besser, man kann sogar sagen, daß sie geheilt ist. Ich verbringe meine Zeit, indem ich über dieses schauderhafte Wetter fluchend auf und ab durch die Felder laufe ... aber schließlich bin ich nach vier Monaten der ... ruhig und atme auf.

Ich drücke Euch die Hände und sage Euch addio.

Euer
G. Verdi


Mailand, 26. Mai [1887]

Lieber Maestro,

Da Sie es wünschen und Du Locle akzeptiert hat, antworte ich: *Amen* und Dank.

Wenn ich nicht so antwortete, würde mir scheinen, als zeigte ich mich hochmütig Ihnen gegenüber (was nicht möglich ist) und auch gegenüber meinem Mitarbeiter. Folglich nehme ich das gute und herzliche Angebot, das Sie mir machen, an; ich achte die Skrupel Ihrer Güte, aber ich erkläre sie als Skrupel. Ich nehme unter den Bedingungen an, die auf der Seite festgelegt sind, die Sie in Genua schrieben. Ihr Wille geschehe also in Allem.

Ich freue mich über die guten Nachrichten von Signora Giuseppina, die nicht an meinen Besuch in S. Agata glaubt; aber ich werde sie in ihrem Unglauben staunen machen, bevor der Sommer vorbei ist.

Bis jetzt präsentiert sich der Sommer mit Regen und Kälte.

Otello triumphiert also auch in seiner Wahlheimat vor dem wirklichen Löwen von S. Marco. Sein großer Flug in Raum und Zeit wird weitergehen über die Voraussicht menschlicher Begriffe hinaus.

Mein Maestro, bleiben Sie gesund und stark und vergnügt, und fahren Sie fort, mir etwas gut zu sein.

Ihr herzlichst ergebener<br>
Arrigo Boito

Herzlichste Grüße an Signora Peppina.

Gestern habe ich mit Morelli, dem großen Künstler und sympathischen Menschen, zu Abend gegessen, und das Gesprächsthema war nur eines. Morelli wird mehrere Tage in Mailand bleiben; er ist hier, weil er ein Mitglied der Kommission für die Fassade des Domes ist.

St. Agata, 27. Mai 1887

Lieber Boito,

Ricordi wird Euch auf meine Rechnung fr. *5 000* bezahlen. Ich sage *Francs* bzw. den gleichen Betrag wie *250* Gold-Napoleons.

Ihr habt weiter nichts zu tun als dem Agenten Eurer *Droits d'Auteur* in Paris (ich nehme an, das wird Roger sein) zu erklären, daß, wenn Otello in Frankreich aufgeführt werden wird, Eure *Droits d'Auteur* für die Übersetzung mir bis zu der Summe von *5 000* fr. gehören. — Amen.

Wenn wir zum Ende des Sommers gelangen, werde ich Euch

sagen können, ob Ihr ein Mann seid, der Wort hält. — Sagt Morelli,
dem wirklich großen Künstler, viele, sehr, sehr viele Grüße.

Oh, wenn Er . . .!

Oh, wenn Ihr . . .!

St. Agata! Man trifft in Fiorenzuola um zwei Uhr ein, um 4 in
St. Agata! —

Addio, addio. Grüße von Peppina. Ich drücke Euch die Hände.

G. Verdi


30. Mai [1887]
Mailand

Lieber Maestro,

Also jetzt können Sie ruhig schlafen. Heute hat Tornaghi mir die
250 Zwanzigfrancsstücke übergeben. Wenn Sie, guter und lieber
Maestro, die alle auf dem Buckel hatten, und dazu auch noch die Du
Locles, versichere ich Ihnen, daß es ein schönes Gewicht war. Ein
Gewicht zum Zerplatzen der Taschen, das meine ich ganz materiell
und nicht als Redensart.

Nochmals von ganzem Herzen Dank. Aber jetzt muß dieser
Otello in Frankreich auch wirklich gehen; sonst werde ich Ihr
Schuldner für die ganze Ewigkeit dieser fünftausend Lire sein, und
das Gewicht auf dem Buckel ginge über zu mir. Ich habe begonnen,
Morelli nach S. Agata zu locken, aber bis jetzt widersteht er, leidend
wie sein S. Antonio.

Ich locke ihn weiter.

Ich übersende Ihnen eine Kopie des Briefes, den ich wegen der
*Droits d'Auteur* geschrieben habe. Ich höre, daß Maestro Muzio in
Mailand ist, und habe Tornaghi gesagt, ihn zu bitten, diesen Brief
persönlich dem Adressaten zu übermitteln.

Herzliche Grüße an Sie und Signora Giuseppina.　　Ihr

Arrigo Boito

9. Juni [1887]

Lieber Maestro,

Hier haben Sie einen Brief unseres wackeren englischen Übersetzers Signor Hueffer, des Redakteurs der *Times*, den Sie kennen. Er schlägt vor, den lateinischen Text für den ersten Teil des Ave Maria Desdemonas anzuwenden, dort, wo die Worte auf dem pochenden

geflüstert werden. Daran würde die englische Fassung anknüpfen, wenn das Gebet einen ganz persönlichen Charakter religiöser Hingabe annimmt. Die Idee gefällt mir. Sehen Sie, ob sie Ihnen paßt, und wollen Sie mir bitte Ihre Meinung darüber sagen, damit ich sie dem Übersetzer übermitteln kann.

Der Abstand zwischen dem Lateinischen und dem Englischen würde, glaube ich, dazu beitragen, das dramatische und musikalische Konzept jener Episode hervorzuheben.

Ich habe mit Freude gehört, daß das Credo Jagos am Abend der Opéra nicht gesungen wurde. Es wäre ein großer Irrtum gewesen.

Herzlichste Grüße an die Bewohner Sant'Agatas, unter denen bald auf ein paar Tage auch ich sein werde. Einen herzlichen Händedruck

Ihres
Arrigo Boito

*Sonntag* [St. Agata, 12. Juni 1887]

Lieber Boito,

Ich erwarte Euch. —

Schreibt oder telegrafiert mir, wann Ihr in Fiorenzuola ankommt (Tag und Stunde), damit ich eines meiner Bukephalosse schicken kann, um Euch nach St. Agata zu bringen. —

Addio, addio, addio.

Euer
G. Verdi

St. Agata, 16. September 1887

Lieber Boito,

Bei der Rückkehr von Mailand fand ich hier Euren Brief.

Ihr und Giacosa werdet immer willkommen sein, wenn Ihr Lust habt, Euch nach St. Agata zu stürzen. Sagt mir nur Tag und Stunde.

Bis hierher geht alles gut; aber die Frage nach dem französischen Manuskript des 3. Aktes Otello verwirrt mich sehr. Ich kann mich an dieses Manuskript ganz und gar nicht erinnern! Hier habe ich's nicht; es könnte sein, daß es in Genua ist, aber wer kann das wissen! Vielleicht existiert es nicht mehr! Ihr müßt wissen, daß es in meinem Zimmer in Genua eine halbe Überschwemmung gab. Ein Rohr des großen Nicolai-Wasserbehälters brach und ruinierte Teppiche, Mauern, Möbel, ein Schränkchen mit einem Schreibtisch darunter, antik und sehr schön. In diesen Möbeln gab es eine Reihe von Papieren, und als ich nach Genua kam und die Schubladen aufschließen wollte, war alles dahin: die Intarsien, der Gummi oder Leim, die durchwässerten Papiere stellten nur noch einen nassen, stinkenden Schmutz dar. Es könnte sein, aber ich glaube es nicht, daß sich unter diesen Papieren auch das französische Manuskript befand! Ich glaube es nicht, weil in diesen Möbeln nur Papiere älteren Datums sein sollten! Wißt Ihr, was Ihr tun müßt? Nicht mehr an diese Übersetzung denken, die immer gut gehen wird. Verliert Eure Zeit nicht mit solchen Arbeiten; und verliert keine Zeit, das Unmögliche bei *Caccini, Peri* usw. usw. zu suchen. Ihr habt wesentlich anderes zu tun!

Oh, verzeiht, verzeiht . . . . ich merke, daß ich Euch einen Rat gegeben habe . . . . Ich, der ich Ratschläge und Ratgeber verabscheue!— Verzeiht das Geschwätz. Grüße; auf Wiedersehen.

Euer

G. Verdi

Cernobbio Villa d'Este
Lago di Como, 4. Oktober [1887]

Lieber Maestro,

Vor allem danke ich Ihnen noch einmal für die schönen und geistig bewegten Tage, die ich in S. Agata verbracht habe. — Dann bitte ich Sie um einen Gefallen und schelten Sie mich nicht, daß ich wieder einmal eine Verpflichtung übernommen habe; es wird die letzte sein. — Der Erziehungsminister wünscht sich mit mir über die musikalischen Institute des Königreiches zu beraten. Wir wissen, daß man in Italien Musik heute schlecht studiert; die Einladung des Ministers ist eine gute Gelegenheit, zu versuchen, die Studien in den staatlichen Schulen wieder auf den rechten Weg zu bringen, und darum habe ich dem Wunsche dessen, der sie regiert, zugestimmt. Es wird einen Ausflug nach Rom und ein paar (vielleicht nicht nutzlos) verlorene Tage bedeuten; dann kehre ich zu meiner Arbeit zurück. Ich habe nicht die Absicht, dem Minister eine Reform der Statuten der Musikschulen anzuraten noch die verschiedenen Verfassungen zu vereinigen. Dies sind ebenso große wie nichtige und schwierige Fragen. Sie mögen die Statuten ruhig behalten, die sie haben; die machen keine guten oder schlechten Schüler. Die natürliche Anlage des Schülers zieht höchsten Vorteil aus gutem Studium und kann durch schlechtes Studium entgleisen. Hier ist der springende Punkt: *die Richtung des Studiums.*

Die Gelegenheit bietet sich, jenen Rat in die Tat umzusetzen, den Sie mit wahrhaft antiker Klarheit, Weisheit und Kürze in drei Worte zu fassen wußten: *Tornate all'antico.* Kehren wir also zum Alten zurück, aber die Schulen müssen dorthin zurückzukehren verpflichtet werden; ohne verpflichtet zu sein, werden sie dorthin niemals zurückkehren. In den staatlichen Programmen der Gymnasien und Lyceen ist das Studium des Vergil, Horaz, Lukrez, des Cicero obligatorisch. So glaube ich auch, daß in den Konservatorien das Studium Palestrinas und der anderen größten italienischen Musiker des XVI., XVII. und XVIII. Jahrhunderts *obligatorisch* sein muß. Das ist der rechte Weg, das ist das Studium, das man in den Schulen und den stimmlichen Übungen machen muß. Man muß die vokale Kunst wieder zu Ehren bringen, sie in der vollen Klangwelle der Stimmen Palestrinas aufs neue beleben, und die jungen Studenten, die, kaum geboren, verworrenes Zeug stammeln, *verpflichten,* sich in dieser Welle zu waschen, sich in dieser Reinheit zu waschen. Die Komponisten würden sich besinnen, auch die Sänger würden dabei gewinnen. — Komponisten und Sänger, da ist die Verdorbenheit der heutigen Studien, und da muß Abhilfe geschaffen werden. Instrumentalisten gibt es, selbstverständlich. Gute und kultivierte Pianisten tauchen überall auf; Neapel gab uns hervorragende in den letzten Jahren, auch Mailand; Bologna bringt immer gute Streicher und Neapel gute Holzbläser heraus. Aber das Studium der Komposition geht in Verwesung über. Die jungen Kompositionsstudenten sind voller Anmaßung und Ignoranz.

Man muß sie in der großen Musik der großen italienischen Jahrhunderte unterweisen. Wenn sie unterwiesen sind, werden sie weniger aufgeblasen sein und die Kunst klarer sehen. Man muß sie auch verpflichten, nach gut und einfach geschriebenen Lehrbüchern etwas Geschichte zu studieren, um gleichzeitig die großen Dramen der Menschheit und schönen Sprachstil zu lernen. Man muß sie verpflichten, etwas Prosodie und Deklamation zu studieren, damit sie lernen, den Dialog so menschlich, wie es das Wahre erfordert, zu akzentuieren, weil die Musik nichts anderes ist als der Klang des Gefühls und der Leidenschaft. — Ich habe alle diese Dinge von Ihnen gelernt, der sie verwirklicht hat, und Sie mögen mir sagen, ob ich sie gut gelernt habe. Auch ich möchte sie in meiner Arbeit verwirklichen können und sie dem Leiter des Studiums nahelegen, um dem Studierenden die Möglichkeit zu geben, gut zu studieren.

Hier ist nun der Gefallen, um den ich Sie bitte:

Ich bitte Sie, mir eine kurze Liste zu geben, eine Liste von sechs Namen, nicht mehr, von sechs Namen der Meister, die Sie für die geeignetsten halten, von den Jungen studiert zu werden.

Diese sechs Namen, beginnend mit Palestrina, sollten die sechs strahlendsten Höhepunkte der Gesangskunst des 16., 17., 18. Jahrhunderts darstellen. Ich moechte Sie um diesen Gefallen bitten, weil ich Ihrem Urteil so sehr viel mehr vertraue als dem jedes anderen. Keiner kann besser als Sie diese Liste zusammenstellen, die als Studienplan dienen wird.

St. Agata, 5. Oktober 1887

Lieber Boito,

Wenn Ihr mir versprecht, mir weder Verdienst noch Schuld dafür zu geben, schicke ich Euch einige Namen, die mir zuerst in den Kopf kommen. Es sind mehr als sechs, aber es gibt in jener Epoche so viele gute, daß man nicht weiß, welche wählen.

| 1500 | * Palestrina (in primis et ante omnia) |
| | Victoria |
| | Luca Marenzio (reinster Komponist) |
| | Allegri (der des *Miserere*) |
| | und so viele andere gute Komponisten |
| | jenes Jahrhunderts, außer Monteverde, |
| | der die Stimmen schlecht führte. |

| Im Anfang des 17. | * Carissimi |
| | Cavalli |

| Später | Lotti |
| | * Scarlatti Alessandro |
| | * Marcello |
| | Leo |

| Für das 18. im Anfang | * Pergolesi |
| | Jomelli |

| Später | * Piccini (der erste, glaube ich, |
| | der Quintette und Sextette usw. gemacht |
| | hat. Autor der wahren ersten Buffo-Oper |
| | *Cecchina*.) |

Wenn Ihr wirklich nur sechs wollt, sind die mit * bezeichneten meines Erachtens vorzuziehen.

| Des weiteren haben wir | Paisiello |
| | Cimarosa |
| | Guglielmi Pietro |
| | usw. usw. . . |
| | dann Cherubini usw. |

Ich wünsche Euch gutes Gelingen; und wenn es Euch gelingt, werdet Ihr ein gesegnetes Werk tun; weil (ich spreche nicht von Schulen, die alle gut sein können) die Jungen verkehrt studieren, sogar auf dem Abweg sind; und wenn die Musik ist, und sie ist es, wie Ihr sie definiert, muß man wirklich etwas von Prosodie und Deklamation wissen und genug Kultur haben, zu verstehen, was man verstehen muß. Wenn man gut versteht, was man zu komponieren und [wie] einen Charakter zu bilden oder eine Leidenschaft zu schildern hat, dann fällt es schwerer, sich durch irgendwelche Grillen oder Extravaganzen vokaler oder instrumentaler Art entgleisen zu lassen.

Gebt mir Nachricht von Euch und dem, was Ihr getan und erreicht habt.

In Eile drücke ich Eure Hände und grüße Euch von Peppina.

Euer

G. Verdi


Villa d'Este,

31. Oktober [1887]

Lieber Maestro,

Das Folgende ist geschehen: Die Lehrbücher (16., 17., 18. Jahrhundert) wurden von den wichtigsten Direktoren der Konservatorien des Königreiches einstimmig gewählt. Wir werden sehen, was daraufhin folgen wird. Nach diesem Wahlgang fuhr ich von Rom ab und überließ es den Herren, sich über die Übereinstimmung ihrer Statuten (es gibt noch keine zwei, die sich ähnlich sind) und ihrer Reglements zu einigen.— Selbstverständlich habe ich, wie Sie wünschten, keinen Gebrauch von Ihrem Brief gemacht, obwohl ich ihn bei mir in der Tasche hatte und die Versuchung, ihn zu gebrauchen, mir mehr als einmal kam. In wenigen Tagen werde ich in Narvi sein, und wenn Sie in Genua sind, komme ich, wie üblich, zum Palazzo Doria, um eine Stunde gemeinsam zu verbringen. Herzliche Grüße an Sie und Signora Giuseppina.

Ihr

Arrigo Boito

[Telegramm]                                    Genua, 5. Januar 1888

Danke für die höchst willkommene Nachricht — schicke Telegramm
an Giacosa                                                   Verdi


[Telegramm]                                    Genua, 3. März 1888

Bitte bitte bitte — morgen um sechs                         Verdi


                                   Sonntag [Mailand, 8. April 1888]
Lieber Boito,
    Ich bin für ein paar Tage in Mailand.
Heute gehe ich zum Konzert der Schweizer und werde abends nicht
zu Hause sein.
    Auf Wiedersehen später, entweder ich bei Euch oder Ihr bei
mir.
                                                       G. Verdi


                                   (Ivrea) San Giuseppe,
                                      9. Oktober [1888]
Lieber Maestro,
    Der schöne Plan ist zu Berge gegangen, und auch ich bin zum
Berge zurückgekehrt. Der schöne Plan war, nach S. Agata mit Ricordis zu kommen, aber Giulios Krankheit hat seine Ausführung verhindert.— Es wird im nächsten Jahr sein, aber vorher werden wir
uns bestimmt in Mailand oder Genua wiedersehen.
    Von dem Ort, an dem ich Ihnen schreibe, wird mich die Kälte
nicht vor dem November vertreiben. Inzwischen, lieber Maestro,
habe ich Ihre Schrift auf der kleinen Karte wiedergesehen, die mir
Sig. Mariotti gebracht hat. Ich habe sein freundliches, schmeichel-

haftes und höchst ehrenvolles Angebot nicht annehmen können und weiß, daß Sie meine Ablehnung vorausgesehen hatten.

Wenn ich eines jener höchst beneidenswerten und erwählten Wesen wäre, die sich gleichzeitig mehreren Tätigkeiten zu widmen wissen, hätte ich vielleicht akzeptiert.

Aber um mich etwas auf die Arbeit zurückzuziehen, habe ich mich hier oben isolieren müssen. Wenn Sie diesen Ort sähen, würden Sie ihn bewundern und seinen Frieden genießen. Aber während ich Ihnen schreibe, bläst ein verteufelter Wind, der pfeifend durch die Fensterflügel dringt, und es kommt mir vor, als wohnte ich im Rohr einer Piccoloflöte beim forte des Orchesters.

Ich habe ein so großes Verlangen, Sie wiederzusehen und mich mit Ihnen zu unterhalten, daß ich mich schon beim Schreiben zum Plaudern verleiten lasse. — Genug. Ich wünschte, jene Zeit käme wieder, in der jeder unserer Briefe das Studium eines großen Kunstwerks zum Thema hatte. Mariotti gab mir ausgezeichnete Nachrichten über Ihre Gesundheit, und damit tröstete ich mich. Bitte grüßen Sie mir Signora Giuseppina sehr viele Male. — Eine Umarmung vom Herzen

Ihres
Arrigo Boito

St. Agata, 14. Oktober 1888

Liebster Boito,

O weh, o weh! Eure magere Entschuldigung!

Die Ricordis sind gekommen und schon wieder abgereist . . . und da Ihr Euch inmitten des Piccoloflöten-Orchesters der Berge des Canavese wohl fühlt, schön . . dann wird es im nächsten Jahr sein!

Sig. Mariotti, der vergeblich zu Euch kam, ist dann nach London zu Bottesini gegangen, und anscheinend mit gutem Resultat. Jetzt ist Mariotti sehr beschäftigt, das übrige zu beschaffen. Ich habe verschiedene Namen vorgeschlagen; unter anderen die Mariani, eine gute Musikerin und eine der besten Künstlerinnen. Sie würde gut gehen.

Und nun addio . . Hier weder Neues noch Schönes. Nach zwei herrlichen Tagen heute Regen, Regen, Regen! —

Ich grüße Euch von Peppina, und wenn Ihr *arbeitet*, spreche ich Euch von allen Sünden frei und drücke Euch die Hände.

Herzlichst
G. Verdi

[Telegramm]                                         Busseto, 3. November 1888

Einverstanden und bravo                                              Verdi

Mailand, 6. Dezember [1888]

Liebster Maestro,

Es tat mir so leid, Ihren Gruß versäumt zu haben, daß ich mir nicht verhalten kann, es Ihnen zu sagen. — Ich glaubte Sie seit Montag abgereist, und gestern haben mich tausenderlei Geschäfte gezwungen, den ganzen Tag außer Hauses zu bleiben. Als ich zurückkam, fand ich Ihre freundliche Karte. Ich hoffe, Sie im Januar oft in Genua wiederzusehen. Viele gute Grüße an Sie und Frau Giuseppina von mir und meinem Bruder.

Herzlichst Ihr
Arrigo Boito

Genua, 17. Februar 1889

Lieber Boito,

Ich schreibe auf gut Glück, aber sicher, daß Euch dieser Brief erreichen wird.

Ich bedauere, Euch auch nur ein paar Minuten lang von Euren Arbeiten abzuhalten, aber ich habe das Bedürfnis, Euch von jenem Jubiläum zu sprechen, das ich unnötig finde und ohne die Möglichkeit eines guten Resultates.

Lassen wir mein *Ich*, meine Bescheidenheit, meinen Stolz und alles weitere beiseite .... dann frage ich:

Was werdet Ihr an jenem Abend des 17. Nov. machen? Ein Konzert mit verschiedenen Stücken aus Opern?

Mein Gott! Welche Dürftigkeit!

Oder Vorstellungen einiger Opern?

Aber dann müßte man, um diesen Vorstellungen Bedeutung zu geben, wenigstens drei oder vier davon aufführen. Die *erste*, die *letzte*, und eine andere zwischen diesen beiden. Die Aufführung dieser beiden wäre nicht schwierig, aber schwierig und kostspielig die erste, für die vier erste Partien (die auch singen können müßten), Inszenierung und alle Proben wie für eine neue Oper nötig wären.

Und das Resultat?

Stellt Euch vor, daß unser Publikum, mit so verschiedenen Neigungen als denen vor 50 Jahren, die Geduld haben könnte, die zwei langen Akte des *Oberto* anzuhören! Entweder würde es sich höflich schweigend langweilen (was immer demütigend ist), oder sein Mißfallen manifestieren. In diesem Fall wäre es kein Fest mehr, es wäre ein Skandal.

Betreffs des anderen Projektes, mit einer nationalen Subskription eine fortbestehende Institution zu gründen, frage ich wiederum:

Welche Summe könnte man einnehmen? Eine kleine Summe könnte nur dazu dienen, einen der üblichen Wettbewerbspreise zu geben, die weder für die Kunst noch für den Preisträger vorteilhaft sind. Eine Summe, die wirklich nützlich sein könnte — in diesen so kritischen Zeiten schwer aufzubringen —, müßte ansehlich, sehr ansehlich sein, um ein Kapital zu bilden, dessen Zinsen ausreichend wären, einen Jungen in seinem ersten Experiment im Theater zu unterstützen.

Und wie viele Schwierigkeiten treten dem entgegen!

1. Man müßte dem Impresario den Wert der Oper garantieren.

2. Den Dirigenten für eine gute Aufführung garantieren.

Um das durchzusetzen, gäbe es keinen anderen Weg (einen unsicheren zwar), als eine Kommission zu ernennen ... sogar zwei. Die eine, um die Dichtung zu prüfen. Die andere, um die Musik zu prüfen. Es wäre leicht, die erste zu finden, und ich würde sofort auf

*Boito* und zwei andere deuten. Schwieriger die zweite — wiederum *Boito* . . . und dann!

Darüber hinaus müßten sich diese Kommissionen der undankbaren und schwierigen Aufgabe unterziehen, streng über die Inszenierung und die musikalische und szenische Aufführung zu wachen, so daß der Impresario die Oper nicht wie einen *pis aller* mit dem einzigen Ziel, irgendeine Summe einzustecken, aufführen lassen kann.

Und hier erhebt sich eine andere Frage: Wo wird die Oper aufgeführt werden? In Mailand? — Aber wenn es durch nationale Subskription geschieht, warum könnten die Römer z. B. sie nicht für Rom beanspruchen? Die Neapolitaner für Neapel . . und so immer weiter.

Wie viele Schwierigkeiten!

Ich schließe (atmet auf) und ende damit, Euch zu sagen, was ich Giulio seit Anfang des letzten Nov. gesagt habe: daß dieses Jubiläum, mir höchst unangenehm und zudem weder nützlich noch praktisch ist.

Wenn Ihr meiner Meinung seid, sorgt in der ersten Sitzung, die Ihr halten werdet, als Komponist und Dichter mit größerer Autorität als der der anderen dafür, daß man das alles schön in Schweigen hüllt, ohne Vorwand, darauf zurückzukommen — und Ihr werdet etwas Ausgezeichnetes tun.

Selbstverständlich ist dieser Brief vertraulich. Es steht nichts darin, was ich nicht laut sagen könnte, aber es ist unnötig, daß ich meine Stimme dazu noch einmal hören lasse.

Ich habe Euch etwas Zeit verlieren lassen, und das tut mir leid. Verzeiht.

Addio. Mit Peppinas Grüßen drücke ich Euch die Hände und verbleibe

Herzlich
G. Verdi

San Remo,
20. Februar [1889]
Mittwoch

Lieber Maestro,

In diesem Augenblick erhalte ich Ihren Brief.

Kaum hatte ich in den Zeitungen gelesen, daß ich an der Kommission für das Jubiläum teilnehme, schrieb ich an Giacosa, damit er mir mitteilte, wann die erste Sitzung stattfinden wird. Es liegt mir daran, dabei zu sein, eben gerade, um zu verhüten, daß Vorschläge gutgeheißen werden, die Ihnen mißfallen könnten. Sie sehen, lieber Maestro, daß ich mich schon vor Erhalt Ihres Briefes zu handeln rüstete, als hätte ich ihn schon gelesen.— Vertrauen Sie Giacosa, Negri und mir. Ich kann Ihnen nicht versprechen, daß ich das Jubiläum leerlaufen lassen werde, das Land will es haben.

Aber ich versichere Ihnen, daß wir alles daransetzen werden, weder von Ihnen noch von einem anderen weisen Richter getadelt zu werden.

Wenn eine Depesche Giacosas mich vor Sonntag nicht nach Mailand ruft, werde ich Sonntag in Genua sein und, wenn Sie erlauben, kommen, um an der Vernichtung Ihres Mittagessens mitzuarbeiten. Herzliche Grüße an Sie und Signora Giuseppina. Bald auf Wiedersehen.

Ihr
Arrigo Boito

Genua, 21. Feb. 1889

Lieber Boito,

Wehe mir! Wehe mir!

Ich erhoffte von Euch eine andere Antwort! Ich habe nichts mehr hinzuzufügen nach allem, was ich wiederholt an Giulio und Euch geschrieben habe; ich sage nur noch einmal, daß ich immer gegen die Feier dieses Jubiläums war, bin und sein werde.

Auf Sonntag also zur Suppe mit uns.

Sans adieu

Euer
G. Verdi

Genua, 6. März 1889

Lieber Boito,

Bei der Abreise von Mailand warf ich ein paar Papiere ins Feuer, darunter auch jene unschöne Tonleiter. Ich habe den ersten Teil dieser Tonleiter, aber vom zweiten auf der Stelle gemachten habe ich die Modulationen und die Stimmführung besonders bei diesen drei Noten

vergessen. Wenn Ihr sie nicht verbrannt habt, schickt mir die Akkorde auf dem *Ais* und dem *Gis*.

Ihr werdet sagen, daß es die Mühe nicht lohnt, sich mit derlei Albernheiten zu beschäftigen, und Ihr habt ganz recht. Aber was wollt Ihr! Wenn man alt ist, wird man zum Kinde, sagt man. Diese Albernheiten erinnern mich daran, wie mein Lehrer, als ich achtzehn Jahre alt war, sich damit amüsierte, mir den Kopf mit solchen *Baßmotiven* zu zerbrechen.

Ich glaube auch, daß man aus dieser Tonleiter ein Stück mit Worten machen könnte, z.B.: Ein *Ave Maria*, wobei man jedoch auf der Subdominante im Tenor oder Sopran die gleiche Tonleiter mit anderen Modulationen und Stimmführungen folgen ließe. Es wäre aber schwer, mit Natürlichkeit zur Haupttonart zurückzukommen. Ein weiteres Ave Maria! Es wäre das vierte! So könnte ich hoffen, nach meinem Tode seliggesprochen zu werden.

Immer Euer                                                                     G. Verdi


Mailand, Donnerstag [7. März 1889]

Lieber Maestro,

Ich habe gut daran getan, die beiden kleinen Seiten der zerbrochenen Tonleiter zu kopieren, auf der Sie sich mit soviel Leichtigkeit auf und ab bewegt haben.

Jede ohne Anstrengung überwundene Schwierigkeit ist eine Gnade.

In diesen Kontrapunkten, die singen, ist eine schwermütige Anmut, die das Abendgebet ins Gedächtnis ruft. — Möge dieses vierte Ave Maria kommen.

Ich werde es niemand sagen, vertrauen Sie mir. Es bedarf vieler Ave Marias, damit Sie sich von Seiner Heiligkeit das Credo Jagos vergeben lassen können.— Samstag abend will ich Otello hören gehen.

Ich werde Ihnen davon berichten. Am Cembalo gespielt, gefallen mir jene zwei kleinen Seiten noch besser, als ich sie mir mit dem Ohr der Erinnerung dachte.

Herzliche Grüße

Ihres
Arrigo Boito

P.S. Der Bürgermeister hat meinen Brief an Cambiasi weitergeleitet, aber nachdem dieser ihn gelesen hatte, hält er ihn verborgen, macht ein Geheimnis daraus und teilt ihn der Kommission nicht mit — Ich habe Aldo Noseda gebeten, seine Verlesung in der nächsten Sitzung zu fordern.

Genua, 11. März 1889

Lieber Boito,

Im Gegenteil danke ich Euch, daß Ihr mir bei Herrn Edwards den Boden vorbereitet habt; so wird es mir leichter fallen, eine negative Antwort zu geben.

In der Heimat Shaspeares wird man uns vorwerfen, den Ersten Akt ausgelassen zu haben; aber das Credo Jagos wird man Euch nicht ankreiden. Und à propos: Ihr, Ihr seid der Hauptschuldige, der sich jenes Credo vergeben lassen muß! Jetzt bleibt Euch nichts anderes übrig, als ein katholisches *Credo* vierstimmig à la Palestrina in Musik zu setzen; wohlverstanden nachdem Ihr den gewissen . . . . ., den ich nicht zu nennen wage, beendet habt. —

Was mich betrifft, hoffe ich meine Angelegenheiten mit Seiner Heiligkeit gut geregelt zu haben. Aus den *Ave Marias* sind fünf statt vier geworden!! Und wieso?

Die Tonleiter da genügte nicht für das ganze Gebet; und so dachte ich, im Sopran die gleiche Tonleiter auf der Subdominante hinzuzufügen ... aber unmöglich, später (und das scheint so einfach) mit Geschicklichkeit und Natürlichkeit wieder zum Hauptton zu kommen. Darum habe ich eine weitere Tonleiter für den Alt in *C* hinzugetan; und eine weitere für den Tenor in *F*: und so habe ich die zwei *Ave Marias* gemacht. Seltsam, daß mit dieser kaputten Tonleiter gute Modulationen und gute Stimmführungen herauskommen!! —

Ich stand mit Paolo Ferrari in keiner nahen Verbindung, aber ich habe den Verlust unseres Komödienautors, der wirklich der erste war, mit tiefer Trauer empfunden. —

Addio. Mit Peppinas Grüßen drücke ich Euch herzlich die Hände.

Euer

G. Verdi

Mittwoch [Mailand, 13. März 1889]

Lieber Maestro,

Ich gehe nicht mehr dorthin. Diese Oper, in der jede Note geistigen Gehalt hat, kann nicht von Kretins aufgeführt werden. Man geht da mit Bauchweh hinaus. Dieser Tenor ist ein tollwütiger Hund. Ich habe noch nie einen bestialischeren Missetäter auf der Bühne gesehen. Und dieser Esel hat eine gute Stimme, aber was für ein Esel! Die Primadonna ist ein gut geweidetes und fettes Nichts, eine Null. —

Aber als Maurel erschien, hatte ich den großen künstlerischen Eindruck voll und ganz wieder wie jetzt vor zwei Jahren. — Er kam mir sogar maßvoller als damals vor und noch vollkommener und ebenso stark.

Auch seine Stimme kam mir kräftiger vor. Dieser Mann wird noch gute fünfzehn Jahre singen.

Das Theater war so überfüllt, daß ich um Aufnahme in den Logen bitten mußte. Das Publikum schluckt friedlich den Tenor und die Primadonna, und seine Aufmerksamkeit wird davon nicht berührt.

Um so besser. — Wir sind anspruchsvoller und wollen den aus-
erlesenen Eindruck der Kunst, und unser Unrecht ist unsere
Strafe. — Geduld.

Ich habe ein großes Bedürfnis, das fünfte *Ave Maria* zu sehen.
Das erste Mal, daß wir uns sehen, werde ich Sie bitten, mich zufriedenzustellen. Als ich wieder an die Zeichnung dachte, die Sie mir in
Ihrem Brief skizziert haben, zweifelte ich, daß jene verdrehte Tonleiter, auf den Sopran und die anderen Stimmen übertragen,
menschlich klingen könne. Aber dann, als ich besser darüber nachdachte und die zwei kleinen Seiten anschaute, die mir geblieben
sind, verstand ich, daß die Harmonie, die sie umgibt, und daß die
Färbung, die sie bestimmt, jenen Klecks in eine Linie verwandelt,
die wirklich singt und sich leicht in die Modulation des Ganzen ein-
fügt. Und so lernt man alle Tage etwas.

Ich habe nichts mehr von meinen Engländern gehört; sie kamen
mit einem neuen Angriff wieder zu mir. Sie sind voll guter und ernster Absichten, und sie sind keine vulgären Spekulanten. Aber ihre
Beharrlichkeit kennt keine Grenzen. Nachdem ich zwanzigmal Nein
gesagt hatte, mußte ich, um sie loszuwerden, sagen, daß ich nach
London gehen werde, wenn mir nicht die Zeit dazu fehlt!

Aber ich fügte hinzu, daß die Zeit mir sehr wahrscheinlich fehlen würde. — Und mit dieser Maske eines Versprechens, das einem
Nein gleichkommt, wurde ich sie los.

Noch vier Zeilen, und ich mache Schluß.

Das Ende des 2. Aktes von Otello ist jetzt viel klarer und wirkungsvoller, als es vorher war, so scheint mir, obwohl ich den gewaltigen künstlerischen Eindruck nicht vergessen habe, den ich von
diesem Finale hatte, als ich es in der ersten Skizze sah.

Viele gute Grüße an Signora Giuseppina und Sie.

Herzlichst Ihr
Arrigo Boito

# ›Falstaff‹
# 1889—1894

Une œuvre de vie, de santé,
de lumière et de joie.

Camille Bellaigue
in ›Revue des Deux Mondes‹ 1 V. 1894

# Einführung

»›Die Lustigen Weiber‹ sind eine hübsche Oper, der ›Falstaff‹ aber ist eines der größten Meisterwerke aller Zeiten«, bemerkte Richard Strauss, der die italienische Oper in seiner frühen Jugend nicht geschätzt und ›Aida‹ für »Indianermusik« gehalten hatte. Die Ironie des Schicksals wollte bekanntlich, daß der neunundzwanzigjährige Giuseppe Verdi 1842 den Text Temistocle Soleras zum ›Nabucco‹, seinem ersten großen Erfolg, vertonte, den der spätere Komponist der ›Lustigen Weiber von Windsor‹, Otto Nicolai, abgelehnt hatte.

Verdi soll an eine Komposition der Abenteuer Falstaffs schon seit 1840 gedacht haben, und einer Mailänder Pressenotiz zufolge erwog er zu Anfang des Jahres 1868 die Komposition eines ›Falstaff‹-Librettos von Antonio Ghislanzoni. Ghislanzoni dementierte diese Behauptung in der ›Gazzetta Musicale‹ vom 19. Juli 1868; Opprandino Arrivabene aber wollte die volle Wahrheit erfahren. Daraufhin antwortete ihm Verdi am 28. Juli 1868, er komponiere »weder den *Falstaff* noch andere Opern«. (Alberti, 93)

Komposition und Premiere seiner komischen Jugendoper ›Un Giorno di Regno‹ [›König für einen Tag‹] hatten unter einem Unstern gestanden; in zwei Jahren hatte Verdi seine Familie verloren, er war zu keinem Lustspiel aufgelegt. Daran erinnerte er sich in einem bitteren Brief an Tito Ricordi nach dem Mißerfolg des ›Simon Boccanegra‹ an der Scala:

»[Rom,] 4. Februar 1859 — Das Fiasko des *Boccanegra* in Mailand mußte kommen und ist gekommen. Ein *Boccanegra* ohne *Boccanegra*!! Schneidet einem Menschen den Kopf ab und erkennt ihn dann, wenn Ihr könnt. Du wunderst Dich über das *schlechte Benehmen des Publikums?* Mich überrascht das überhaupt nicht. Es ist immer glücklich, wenn es einen Skandal erleben kann! Als ich 25 Jahre alt war, hatte auch ich Illusionen und glaubte an seine Höflichkeit; ein Jahr später fiel mir die Binde von den Augen, und ich sah, mit wem ich es zu tun hatte. Manche Leute bringen mich zum Lachen, wenn sie mir mit vorwurfsvoller Miene erklären, daß ich die-

sem oder jenem Publikum viel schuldig sei! Es ist wahr: an der
Scala hat es für den *Nabucco* und die *Lombardi* einmal Beifall gegeben; aber ob er der Musik, den Sängern, dem Orchester, dem Chor
oder der Inszenierung galt, Tatsache ist, daß alles zusammen eine
solche Aufführung war, daß sich niemand seines Beifalls zu schä-
men hatte. Kaum mehr als ein Jahr zuvor mißhandelte jedoch dasselbe Publikum das Werk eines armen, kranken jungen Menschen,
der in Bedrängnis von entsetzlichem Unglück gebrochenen Herzens
war! Alles das wußte man, aber es war kein Hemmnis für rohes Benehmen. Seither habe ich den *Giorno di Regno* nicht mehr gesehen,
und es ist sicher eine schlechte Oper, wenn auch wer weiß wie viele
nicht bessere hingenommen und vielleicht sogar mit Applaus bedacht worden sind. Oh, wenn das Publikum die Oper damals, ohne
zu applaudieren, schweigend aufgenommen hätte, ich hätte nicht
Worte genug, ihm zu danken! Aber nachdem es gute Miene zu
Opern gemacht hat, die ihren Weg rund um die Welt genommen haben, ist die Rechnung ausgeglichen. Ich will es nicht verurteilen: es
soll streng sein, soll pfeifen, aber sein Beifall soll mich zu nichts verpflichten. Wir armen Zigeuner, Scharlatane und was Ihr nur wollt,
sind nun einmal gezwungen, unsere Mühen, unsere Gedanken, unseren Wahn für Geld zu verkaufen — das Publikum erwirbt für drei
Lire das Recht, uns auszupfeifen oder zu beklatschen. Unser
Schicksal ist, uns zu fügen: das ist alles! [. . .] Eine traurige Angelegenheit ist das Theater!! [. . .]« (Copialettere, 556—557)

Zwanzig Jahre später machte Verdi seinem Ärger über ein tö-
richtes Vorurteil Luft, das ihn, der das Tragische so tief im eigenen
Herzen erfahren hatte, zum Tragiker stempeln wollte. Ricordis
›Gazzetta Musicale‹ hatte zwei Tage vorher die Besprechung eines
Buches von Giovanni Duprè veröffentlicht, in dem ein Urteil Rossinis zitiert wurde: »Verdi ist ein Komponist von melancholisch-ern-
stem Charakter; seine Farbgebung ist dunkel und traurig, sie quillt
reich und spontan aus seinem Wesen hervor und ist eben darum
äußerst schätzenswert; ich habe die höchste Achtung vor ihm, aber
es steht andererseits außer Zweifel, daß er niemals eine opera semi-
seria wie die *Linda [di Chamounix]* und noch viel weniger eine
buffa wie *Elisir d'amore* [beide von Donizetti] schreiben wird.«

Verdi reagierte darauf in einem Brief aus St. Agata an Giulio Ricordi vom 26. August 1879: »Ich habe in Eurer Gazzetta Duprés
Worte über unsere erste Begegnung und das Urteil von Zeus Rossini (wie ihn Meyerbeer nannte) gelesen.

Aber sieh mal einer an!! ... Zwanzig Jahre lang habe ich ein Libretto für eine Opera buffa gesucht, und jetzt, wo ich's sozusagen gefunden habe, macht Ihr dem Publikum mit diesem Artikel die
größte Lust, die Oper auszupfeifen, bevor sie überhaupt geschrieben wurde, und ruiniert damit meine wie Eure Interessen.

Aber keine Angst.— Falls mein schwacher Geist mich durch Zufall, Pech, Verhängnis trotz des Großen Urteilsspruchs dazu hinrei-
ßen sollte, diese Buffa-Oper zu schreiben, wiederhole ich, nur keine
Angst ... Ich werde einen anderen Verleger ruinieren! —«

Giulio Ricordi entschuldigte sich sogleich in einem ausführlichen Schreiben, in dem er unter anderem fragte: »Ist das wahr, was
Sie mir von dem Libretto sagen?. . . Wissen Sie denn nicht, daß Sie
mir so ganz trocken eine große Nachricht geben?« In einem Postscriptum fügte er hinzu, daß er, wenn er den Artikel von Dupré vor
der Drucklegung gelesen hätte, anschließend das Folgende geschrieben haben würde: »Wie verkehrt dieses Urteil war, hat Verdi in der
*Forza del Destino* bewiesen, wo er mit dem Frater Melitone einen
ganz neuen komischen und nicht-komischen Typ schuf, den er mit
originellster Musik charakterisierte, die kein Gegenstück in irgendeiner anderen Oper hat und uns den Autor so vieler Meisterwerke
unter einem ganz neuen Aspekt zeigt. Dieser Typ des wunderlichen
Klosterbruders, des verschlagenen, neugierigen Brummbären
konnte nicht besser geprägt werden, als Verdi es tat.«

Giulio Ricordi schien nie gewußt oder vergessen zu haben, daß
Verdi auch vor der ›Aida‹ im Frühjahr 1870 eine komische Oper
für Du Locles Pariser Opéra-Comique erwogen hatte. Indessen
schlug der Maestro trotz Ricordis ausführlicher Entschuldigung
nochmals in dieselbe Kerbe:

»St. Agata, 4. September 1879 — Lieber Giulio, das Stück aus
der kleinen Schrift von Dupré konnte in Eurer Gazzetta, meinte ich,
keinen anderen Sinn haben als den, mir zu sagen: Maestro, schreiben Sie ja keine komischen Opern! Und so hielt ich mich für ver-

pflichtet, Euch zu sagen: Ich werde einen anderen Verleger ruinieren. Wenn ich nun diese komische Oper schreibe und Ihr Euch ruinieren lassen wollt — um so schlimmer für das Haus Ricordi. [. . .]«

Elf Jahre danach, am 3. Dezember 1890, konnte er aus Genua
dem Marchese Gino Monaldi berichten: »Seit vierzig Jahren wünsche ich, eine komische Oper zu schreiben, und seit fünfzig kenne
ich *Die Lustigen Weiber von Windsor;* indes . . . . . die üblichen
*Aber,* die es überall gibt, stellten sich jedesmal einer Erfüllung dieses Wunsches entgegen. Nun hat Boito sämtliche *Aber* weggeräumt
und mir eine lyrische Komödie gemacht, die keiner anderen ähnlich
sieht. Es macht mir Spaß, sie zu komponieren; ohne irgendwelche
Pläne, und ich weiß nicht einmal, ob ich fertig werde . . . . Ich wiederhole: es macht mir Spaß . . . .

*Falstaff* ist ein Schelm, der alle möglichen Schlechtigkeiten begeht . . . . . aber auf lustige Art. Er ist ein *Typ*! Es gibt so vielerlei Typen! Die Oper ist vollständig komisch!« (Copialettere, 712)

Woher stammte dieser Typ? Sir John Falstaff alias Oldcastle ist,
wie Boccanegra und Othello, von historischer Herkunft, der Figur
Shakespeares und der Oper aber kaum verwandt. Sir John Oldcastle soll Anno Domini 1400 in Schottland, dann in Wales und
1411 in Frankreich gekämpft haben, am 25. September 1413 der
Ketzerei überführt worden, aus dem Tower geflüchtet und am
14. Dezember 1417 gehenkt worden sein. Außer seiner berüchtig-
ten Prahlerei und der skandalösen Freundschaft mit dem ausschwei-
fenden Prinzen von Wales, dem nachmaligen König Henry V, hat er
mit seiner Rolle in Shakespeares ›Henry IV‹ nichts gemein. Oldcastle war der Held eines pseudoshakespeareschen Dramas ›The fa-
mous Victories of Henry V‹. Unter diesem Namen erschien er noch,
als Shakespeare das Stück für ›Henry IV‹ aufgriff. Als es 1598 zum
Druck kam, wurde er Falstaff genannt, der unverwüstliche Tauge-
nichts, der, noch im Alter unübertrefflich an Laune und Witz, ein
munterer, lärmender Säufer, lüstern und liederlich ist. Die Königin
Elisabeth soll den Dichter persönlich gebeten haben, eine weitere
Rolle für diesen Charakter zu schreiben und Falstaff als Liebhaber
auftreten zu lassen. Angeblich waren Shakespeare nur ganze drei
Wochen zur Vollendung des Stückes gegönnt. In seiner Eile und In-

teresselosigkeit soll er Vorbilder aus beliebten italienischen Komödien benutzt, sogar ein ganzes Stück gestohlen haben. ›Die lustigen Weiber von Windsor‹ gerieten zu einem zweitklassigen Schauspiel, in dem der heitere Ritter, kaum wiederzuerkennen, gefoppt und erniedrigt von ein paar rastlosen Weibern der Kleinstadt, ein alter Narr geworden war. Falstaff war bereits vor Nicolais ›Lustigen Weibern‹ die Hauptfigur verschiedener in Vergessenheit geratener Opern, wie von Dittersdorf (1796), Antonio Salieri (1798), Michael William Balfe (1838), gewesen. 1856 folgte Adolphe Adam. Im ›Songe d'une nuit d'été‹ von Ambroise Thomas erscheint Falstaff als Zeitgenosse Shakespeares und der Königin Elisabeth. Aber erst Boitos Libretto — eine meisterliche Fassung der ›Lustigen Weiber‹, vermischt mit Stücken aus beiden Teilen von ›Heinrich IV.‹ und aus ›Heinrich V.‹ — ermöglichte es Verdi, Falstaff zum Titelhelden einer vollkommenen Oper zu machen.

Anders als bei ›Othello‹, einem Gipfelwerk Shakespeares, hatte Boito hier ein gänzlich neues Stück zu erfinden. Shakespeares schwachem Lustspiel entnahm er nur elf der zwanzig mehr oder weniger agierenden Charaktere. Anne Page wurde zur Nannetta Ford, mit Dr. Cajus und Bardolph wurden andere, gestrichene, Personen vereint. Mistress Quickly, Schankwirtin in ›Heinrich IV.‹ und Pistols Frau in ›Heinrich V.‹, erhielt die zentrale Rolle der vermeintlichen Kupplerin. Auf die Verkleidung Falstaffs in den ›Lustigen Weibern‹ verzichtete Boito, griff die farbigsten und komischsten Stellen in ihnen und den ›Heinrich‹-Dramen jedoch lustig auf und verband sie organisch bis zum Ende des Spiels, seiner ganz eigenen Erfindung.

Wenn Boito seinen Falstaff die versöhnliche Schlußfuge anstimmen, ihn und alle seine Gegenspieler Brüder werden läßt, verleiht er ihm einen Grad menschlicher Größe, den Shakespeare ihm nie geschenkt hat. Zum »Tutto nel mondo è burla« [»Alles ist Spaß auf Erden«], dieser vergnügten Fuge, dürfte Boito von Jacques' Worten »Die ganze Welt ist Bühne« in ›Wie es euch gefällt‹ inspiriert worden sein. Auf Verdis Bühne der Welt aber — die Masken sind gefallen — weicht für einen kurzen, großen Augenblick die ausgelassene Heiterkeit tiefem Ernst.

Vom Zustandekommen dieses einzigartigen Alterswerks erzählen
neben der Korrespondenz des Komponisten und Librettisten zahllose Briefe, wie dieser Giuseppina Verdis vom 28. Dezember 1890
aus Genua an Giuseppe De Sanctis, Verdis Patensohn in Neapel:

»Ich könnte Euch nicht das Geschenk irgendeines Details über
den *Falstaff* machen (wie Ihr sagt). Verdi suchte und ersehnte einen
Stoff für eine komische Oper (keine Posse), um seinen Schaffens-
drang zu befriedigen und Spaß zu haben, und seine Wahl fiel auf
Falstaff. Boito, der Dichterkomponist, dem er das angedeutet hatte,
legte ihm ein Libretto mit den für eine Oper erforderlichen Formen,
Proportionen und Verhältnissen vor, und Verdi steht im Begriff, sie
zu schreiben. Wird er sie beenden, nicht beenden? Wird er sie geben, nicht geben? Das sind Möglichkeiten der Zukunft, aber niemand könnte es sagen, nicht einmal er selbst. Das ist alles. Der
Zweck war, sich zu beschäftigen und Spaß dabei zu haben; Verdi
beschäftigt sich und hat Spaß. Im übrigen geht es ihm trotz seiner
77 Jahre gut, und er ist jünger und schneller als viele junge Leute,
die mit zwanzig, fünfundzwanzig Jahren alt sind!« (Carteggi I, 211)

Drei Tage später, am Neujahrstag von 1891, schrieb Verdi an
Giulio Ricordi:

»Und jetzt kommen wir zum *Falstaff*. Mir scheint wahrhaftig,
daß alle Pläne Narreteien sind, rechte Narreteien. Ich will das erklären. Ich habe den *Falstaff* zu schreiben begonnen, rein zum Zeitvertreib, ohne vorgefaßte Gedanken, ohne Pläne; ich wiederhole, *zum
Zeitvertreib!* Weiter nichts! Jetzt werden das Gerede darüber, die
wenn auch noch so beiläufigen Angebote, die man Euch macht, und
die Worte, die man Euch entlockt, zu Verpflichtungen und Bindungen, die ich keinesfalls übernehmen will. Ich habe Euch gesagt und
wiederhole: ›ich schreibe zum Zeitvertreib‹. Und ich habe Euch gesagt, daß die Musik ungefähr zur Hälfte fertig ist ... aber verstehen
wir uns recht: ›eine Hälfte [ist nur] skizziert‹, und in dieser Hälfte
bleibt die größte Arbeit noch zu tun, das Durcharbeiten und Einrichten der Gesangsensembles, abgesehen von der Instrumentation,
die sehr viel Mühe machen wird. Kurz, und um mit einem Wort alles zu sagen: das ganze Jahr 1891 wird nicht genügen, damit bis
zum Ende zu kommen. — Wozu dann also Pläne machen, Verpflich-

tungen übernehmen, selbst wenn es mit unbestimmten Worten geschieht? Und dann: wenn ich mich irgendwie, und wäre es im Geringsten, gebunden fühlte, wäre ich nicht mehr *à mon aise* und könnte nichts Gutes machen. Als ich jung, wenn auch kränklich, war, konnte ich zehn, ja zwölf Stunden am Schreibtisch bleiben und immerzu arbeiten!! Mehr als einmal war ich von vier Uhr früh bis vier Uhr nachmittags an der Arbeit, nur mit einem Kaffee im Magen ... und immer arbeitend, ohne Atem zu schöpfen. Damals konnte ich meinem Körper und der Zeit befehlen. — Heute kann ich das leider nicht ...

Fassen wir zusammen: Das beste ist, jetzt und späterhin allen, allen zu sagen, daß ich für den *Falstaff* kein Sterbenswort versprechen kann noch will. Wenn er kommt, kommt er; und er kommt, wie er kommt. —«

›Falstaff‹ kam und war trotz mancher Rückschläge und Altersbeschwerden des Komponisten in anderthalb Jahren schon so weit gediehen, daß Verdi am 13. Juni 1892 aus St. Agata an Giulio Ricordi schreiben konnte:

»[...] Falls die vielen, vielen Schwierigkeiten zu überwinden wären, werdet Ihr, ja Ihr, vorübergehend mein Impresario sein (aber paßt auf, es wird diesmal nicht leicht sein), und an Euch werde ich mich in allem und für alles wenden, wobei ich mir das Recht vorbehalte, die Partitur zurückzuziehen, wenn ich mit der musikalischen oder szenischen Aufführung nicht zufrieden sein sollte.

Ihr sprecht mir von Bühnenbildern, von Malern, die man nach London schicken will (wozu?), von Kostümen, Maschinerie und Beleuchtung! Um Theaterdekorationen zu machen, braucht man Theatermaler: Maler, die nicht die Eitelkeit haben, vor allem ihr Talent zur Schau zu stellen, sondern die dem Drama dienen. Um Gottes willen, machen wir's nicht so wie beim *Otello*, für den man es zu gut machen wollte und des Guten *zu viel tat*. Laßt Euch vielmehr aus London (mit Downings Hilfe) die Kostümentwürfe zu den ›Lustigen Weibern‹ kommen, wie sie in London aufgeführt werden. Auch ich habe — ich weiß nicht, von wem — Photographien von deutschen Zeichnungen erhalten; ein paar sind sehr schön, werden aber von keinerlei Nutzen sein.

Für die Maschinerie gibt es wenig zu tun, abgesehen von der *Korbszene,* die weiter keine Schwierigkeit bietet, solange man sie nicht unnötig kompliziert.

Beleuchtungseffekte sind nicht notwendig, bis auf etwas *Dunkelheit* in der Parkszene. Aber, verstehen wir uns recht, eine *Dunkelheit,* die die Gesichter der Künstler sehen läßt. Keine Beleuchtungseffekte wie der im letzten Akt der ›Wally‹. Der war wunderschön, wenn Ihr so wollt, hat aber die dramatische Wirkung vollständig ruiniert, so daß die Oper kalt zu Ende ging!

Was das Orchester betrifft, *ist etwas faul im Staate Dänemark.* Man sieht, daß die Impresa, wie anderwärts, auch in die Scala ihre Spießgesellen gesetzt hat, die nichts taugen. Auch in den Ersten Geigen ist Leere, weil nicht alle spielen. Von den Zweiten sprechen wir gar nicht erst!! Die Holzbläser taugen nicht viel, außer den beiden alten Musikern, die besser sind als alle anderen. Das Blech hat keinen Glanz, es hat keine Präzision . . . und was für *Ansätze*!! Die Hörner nicht gut; die Trompeten haben keinen *Ansatz*; besser die Posaunen, wenn sie leise spielen könnten . . . Aber das alles muß Mascheroni in Ordnung bringen, weil es so nicht geht. —

Kommen wir jetzt zum Ernstesten. Ach! Die Schwierigkeiten wachsen, wachsen und erwürgen mich!

Die Fabbri kann mit ihrer schönen, leichten Stimme gesangliche Erfolge wie in der ›Cenerentola‹ usw. usw. haben. Aber die Partie der *Quickly* ist etwas anderes. Die erfordert Gesang und Aktion, viel Unbefangenheit auf der Bühne und den richtigen Akzent in der Diktion. Sie hat diese Eigenschaften nicht, wir laufen Gefahr, eine Partie zu opfern, die die charakteristischste und originellste von allen vieren ist.

Die Partie der Alice erfordert die gleichen Eigenschaften samt noch größerer Lebhaftigkeit. Sie muß den Teufel im Leibe haben. *Sie kocht die Polenta.*

Die Guerrini paßt gut für die Partie der *Meg,* aber es tut mir leid, daß die Partie nicht bedeutender ist.

*Nannetta* muß sehr jung sein, wunderschön singen und die brillanteste Schauspielerin sein, vor allem in den beiden Duettchen mit dem Tenor und besonders in dem sehr lebhaften und komischen.

Seht Ihr, daß nicht leicht zu finden sein wird, was man da braucht! Haben die Calennese und die Brambilla diese Eigenschaften? ... Und wie könnte man sie hören?

Für die männliche Partie gibt's nichts Besseres als Masini, aber ich fürchte seine Launen, wenn er auf den Proben merken wird, daß die Partien des *Falstaff*, der *Alice*, der *Quickly*, des Ford sehr viel bedeutender sind als die seine. — Valero nicht; der ist zu weinerlich! Wie ist dieser Moretti? —

Pessina ist ein guter Künstler, aber mehr Sänger als Schauspieler und etwas schwer für die Partie des Ford, der wutschnaubend vor Eifersucht brüllt, schreit, herumspringt usw. ... Ohne das ginge die Wirkung des Finales vom Zweiten Akt verloren. Alle Aufmerksamkeit ist auf ihn gerichtet und ab und zu auf Falstaff, wenn der sein Gesicht aus dem Korb steckt. Für diese Partie wäre Pini Corsi am besten, wenn man seine Beine ändern könnte.

*Paroli* gut für Cajus. *Cesari* ist zu viel für die Partie des Pistola. Aber wenn er mit ihr zufrieden ist, kann man sie erweitern, indem man ihm ein paar Passagen des Bardolfo gibt; und davon sprechen wir mit Boito. Auch Bardolfo erfordert einen sehr unbefangenen Schauspieler, der seine Nase gut zu tragen weiß ...

Ihr seht also, wie schwierig es sein wird, alles zu finden, was notwendig ist. Ich füge hinzu, daß die Klavier- und Bühnenproben lang sein werden, weil es nicht sehr leicht sein wird, [diese Oper] so aufzuführen, wie ich es wünsche — und ich werde sehr anspruchsvoll sein; und nicht wie bei *Otello*, bei dem ich aus Rücksicht auf den einen oder anderen und um als ernster, gewichtiger und ehrwürdiger Mann zu gelten, alles ertragen habe. Nein, nein: ich werde wieder der Bär von früher sein, und wir alle werden dabei gewinnen ... Die Musik ist nicht schwer, muß aber anders als in modernen komischen Opern und in den alten Buffa-Opern gesungen werden. Ich möchte nicht, daß man so sänge wie z.B. die *Carmen* und auch nicht wie man den *Don Pasquale* oder den *Crispino* singt. Es gilt zu studieren, und das wird Zeit kosten. Unsere Sänger können im allgemeinen nur mit großer Stimme singen; sie haben weder stimmliche Elastizität noch klare und leichte Diktion, und es fehlen ihnen Akzente und Atem ... *Excusez du* [unleserlich]

Was für ein Erguß! — Ich habe in allem und über alles sehr schlecht geschrieben . . . aber verzeiht mir . . . es würde zuviel Zeit kosten, noch einmal zu schreiben . . .

Addio, addio. G. Verdi«

Victor Maurel verursachte unter anderen unerfreulichen die zwei folgenden Briefe.

»St. Agata, 30. August 1892 — Lieber Giulio, im Telegramm von heute früh habe ich Euch gesagt ›Sagt alles ab!‹ Ich wiederhole noch einmal das gleiche: ›Sagt alles ab . . . nicht einmal, sondern zwanzigmal! —

Das Kommen von Monsieur Maurel hat mich erschreckt, und ich habe etwas Ungewöhnliches erwartet, aber ich hatte nicht geglaubt, daß er ankäme, um (vom übrigen abgesehen) den Anspruch zu erheben, der einzige *erste Interpret in bestimmten erstrangigen Theatern* zu sein, und sozusagen unsere Oper in Besitz zu nehmen. Und wir? . . . Wer sind wir? . . . Und er! Wer ist er? . . . In 50 Jahren Theaterwirtschaft ist mir nie etwas ähnliches passiert! Das ist eine Forderung, für die es kein Beiwort gibt und die keine Diskussion erlaubt!

In schwierigen Situationen ist das Zögern das Schlimmste! Hier darf man nicht schwanken und muß die Ansprüche Maurels sofort publik machen, und [auch] mein Telegramm, und hinzufügen: *darum kann man Falstaff nicht* aufführen.

Ihr werdet das etwas stark finden! . . . Es ist das einzige Vorgehen, meine ich, das in der gegenwärtigen Lage nützen kann. *Eins führt zum anderen*, und wer weiß . . . vielleicht kann eine solche Unverschämtheit zu anderen Ideen, anderen Kombinationen führen.

Habt keine Angst. Besprecht Euch mit Boito und geht auf diese Weise vor . . .

Die Karten auf den Tisch — Kein Entgegenkommen! Wenn etwas so weit gekommen ist, muß man auch noch die Scherben zerschlagen!

Addio, addio  Euer G. Verdi«

»St. Agata, 1. September 1892 — Lieber Giulio, wir verlieren unsere Zeit mit Briefen und Telegrammen!!

Erlaubt mir Euch zu sagen, daß Ihr alle ein bißchen verrückt und aus dem Häuschen seid. Ich fühle mich zu Hause und kann nicht erlauben, daß mich jemand meines Eigentums beraube; darum wiederhole ich nochmals:

1. keine Verpflichtung, *Falstaff* aufzuführen, wo es anderen paßt;
2. Keine übermäßigen Honorare für die Künstler;
3. Keine bezahlten Proben.

Zu 1. Angenommen, daß ich es nach den Aufführungen an der Scala für gut hielte, ein paar Änderungen zu machen, könnte ich gestatten, daß ein Künstler daherkäme und mir sagte, »Ich habe keine Zeit zu warten und *will* die Oper in Madrid, in London machen«? Bei Gott, das wäre etwas stark!!

Zu 2. Ich will nicht, daß die Impresa trotz eines Erfolgs durch eine meiner *neuen* Opern Geld verliert!

Zu 3. Das wäre ein verhängnisvoller Präzedenzfall! — Ein besonders für die Proben des *Falstaff* geschaffener Präzedenzfall!!

Ich sagte Euch von Anfang an, daß Ihr alle verrückt seid, und sage jetzt, daß auch Maurel verrückt ist. Sieht er nicht ein, daß er, wenn das Libretto des *Falstaff* gut und die Musik erträglich ist, und wenn er diese Rolle derart überlegen gibt, ohnehin benötigt wird, ohne daß er andere vor den Kopf stoßen müßte?

Madame Maurel, die so intelligent und jetzt nur ein bißchen irritiert und nervös ist, wird mir nicht recht geben; nach einem Monat wird sie sagen: *Le Maître avait raison!.*

Bringen wir die Dinge in Ordnung.

Ich verlange einfach, Herr meiner Sachen zu sein und niemand zu schädigen.

Wenn man mir die Wahl stellen könnte:
Entweder Ihr akzeptiert diese Bedingungen
oder Ihr verbrennt die Partitur,
dann würde ich sogleich das Feuer anzünden und selber den *Falstaff* auf den Scheiterhaufen legen samt seinem Bauch —

Addio, addio  Euer G. Verdi

P.S. Erlaubt mir Euch zu sagen, daß Ihr in dieser Angelegenheit etwas zu sehr mit *Samthandschuhen* vorgegangen seid. Man hätte sofort, sofort *casser les vitres* und die Verhandlungen abbrechen müssen. Dann wäre es leichter gewesen, ein Mittel zu finden. Jetzt

bin ich, in der Annahme, daß die Dinge beizulegen sind, sehr beunruhigt für die Proben ... Ich will nicht sagen, daß ich kein Vertrauen habe, halte es aber für angezeigt, alle Maßnahmen zu ergreifen, um mich vor irgendeinem [unleserlich] zu schützen.«

Aus dem Füllhorn seiner schriftlichen Aussagen geschüttelt, geben auch diese Einblick in die Werkstatt des Musikers und Theater-
fachmanns als Interpreten seiner selbst:

»St. Agata, 18. September 1892 — Lieber Giulio, ich schicke
den Klavierauszug mit einigen Bemerkungen zurück und auch das
Libretto. Es sind ein paar Fehler in der Partitur, die ich zu bezeichnen bitte, damit sie korrigiert werden können.

Das Libretto scheint sogar noch schöner, jetzt da es gedruckt ist.
Auf Seite 20 fehlt der Vers *Giungi in buon punto*... [Du kommst
zur rechten Zeit], und er steht im Klavierauszug! Auf Seite 21 haben
sie das Wort *t'offro* [ich biete dir] gestrichen ... vielleicht weil ich es
zu schreiben vergaß, aber es muß da stehen. Sagt es dem Boito.

Ihr stellt einige Fragen über *Auftritt* und *Abgang* der Schauspieler. Nichts ist leichter und einfacher als diese Inszenierung, wenn
der Maler ein Bühnenbild macht, wie ich es vor mir sah, als ich die
Musik machte. Nichts weiter als ein großer, richtiger Garten mit Wegen und hier und da Gruppen von Büschen und Pflanzen, so daß
man nach Belieben sich verstecken, auftauchen und verschwinden
kann, wenn das Spiel und die Musik es verlangen. Z. B. [vgl. Zeichnung S. 335]

Auf diese Art hätten die Männer ihren abgesonderten Platz und
könnten später auch den der Frauen einnehmen, wenn diese nicht
mehr auf der Bühne sind. Dann könnten die Frauen am Ende des
Aktes den Platz besetzen, auf dem die Männer gestanden haben.
Sagt niemand etwas von meinen Klecksereien (nicht einmal Boito),
aber achtet darauf, ob Hohensteins Ideen mehr oder weniger mit
meinen übereinstimmen.

Tito sagte mir, Hohenstein habe vorgeschlagen, den Wandschirm ganz an die Seite der Bühne zu stellen, weil es natürlich und
logisch ist, daß ein Wandschirm an die Wand gelehnt ist. — Durchaus nicht. — Hier handelt es sich um einen Wandschirm, der sozusagen mitspielt, und er muß dorthin gestellt werden, wo das Spiel es

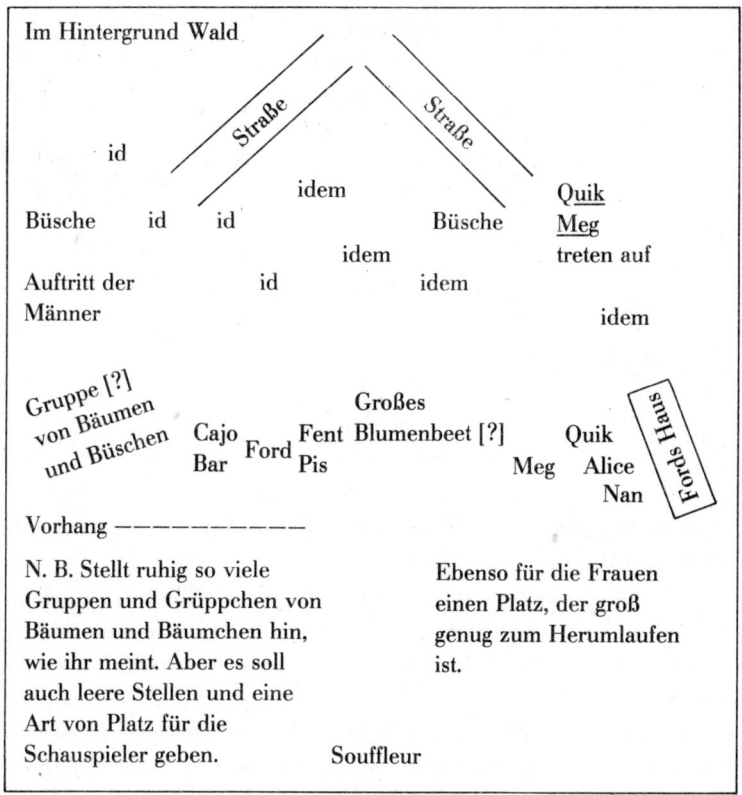

verlangt; um so mehr, als Alice an einer bestimmten Stelle sagt, *più in quà, più in là, più aperto ancora* [mehr hierher, mehr dorthin, noch offener] usw. usw.

Das Bühnenbild des zweiten Finales müßte fast völlig frei sein, damit man sich bewegen kann und die Hauptgruppen deutlich sichtbar werden: die am *Wandschirm*, die am *Korb*, die am großen Fenster. [Vgl. Zeichnung S. 336]

Ich wiederhole: sagt niemand etwas davon, weil ich mich niemandem aufdrängen will und wünschte, daß andere etwas Besseres fänden . . . Aber andererseits werde ich nichts zulassen, was mich nicht ganz und gar überzeugt.

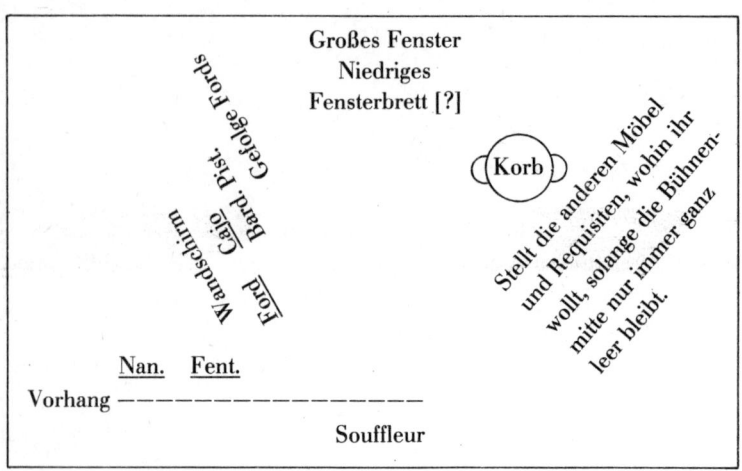

»18. September — Ich war im Begriff, dies zur Post zu geben, als ich Euren Brief vom 17. bekam.

Ich bin wirklich traurig, und Peppina mit mir, über das Unglück in Eurem Haus, und wir nehmen Anteil an Eurem Kummer und an dem Eurer Giuditta. Man kann da nichts anderes sagen, als Geduld und Mut zu haben.

Was den *Falstaff* betrifft, will ich mich niemand gegenüber binden, aber *ich verspreche dem Verleger Ricordi, Falstaff* während der Karnevalsspielzeit 1892—93 an der Scala aufführen zu lassen, sofern das vereinbarte Ensemble vollständig ist. Der *Falstaff* kann in den ersten Februartagen herauskommen, wenn ich das Theater am 2. Januar 1893 vollkommen zu meiner Verfügung habe.

Was die Proben betrifft, wird man es halten, wie es sonst immer gehalten wurde. Nur die Generalprobe muß anders gemacht werden als sonst. Nie habe ich an der Scala eine Generalprobe bekommen können, wie sie sich in diesem Theater gehörte. Diesmal werde ich unerbittlich sein. Ich werde mich nicht beschweren, aber sowie etwas nicht stimmt, werde ich das Theater verlassen, und Ihr müßt dann die Partitur zurückziehen.

Lassen wir Paroli an seinem Platz. Die Partie des Bardolfo ist vielleicht wichtiger als die des Cajus.

Bei der Flöte handelt es sich um eine Kleinigkeit: *Des* mit *Es* [Triller]. Seht in der Partitur bei der Szene der *Ehre* nach.

Die Baßklarinette in *A* kam auch im *Otello* vor. Sie ist im *Falstaff* besonders im dritten Akt nötig, wenn die Frauen diese Art Litanei singen:

*Domine fallo casto* [Herr, mach ihn keusch] usw.

Auch ein *Corno da caccia* [Jagdhorn] ist nötig, ein richtiges altes Jagdhorn ohne Ventil im tiefen *As.* Das Instrument sollte einigen Umfang haben; dann wird es leichter zu spielen sein. —

Und das ist für jetzt genug.

Ist die Pasqua verpflichtet? — Und wie steht es mit Cesari? Soweit ich weiß, kommt er dieses Jahr nicht an die Scala. Gebt mir Bescheid.

Addio, addio  Euer G. Verdi

Ich schicke dies zusammen mit dem Klavierauszug des ersten Aktes mit wenigen Änderungen. Ich bitte Euch, die in der Originalpartitur vorhandenen Fehler zu bezeichnen, damit ich sie korrigieren kann.«

»Genua, 27. November 1892 — Lieber Giulio, gestern hatte ich keine Zeit, den Brief zu beenden, so beende ich ihn heute.

*Colombo, Borgia, Rigoletto.* Zu viele Eisen im Feuer! So wird's damit enden, daß man weder das eine noch das andere gut macht. Tut es jedoch, wie Ihr meint; aber ich mache nochmals darauf aufmerksam,

1. ... daß Falstaff viel schwieriger ist, als es beim Lesen der Partitur erscheint; und die Schwierigkeiten werden mit den Bühnenproben zunehmen.

2. ... daß Garbin hier im Theater zu viel singt und keine Zeit hat, die Studien zu machen, die er braucht. Die Erlaubnis, hier weitere Vorstellungen zu singen, war ein Irrtum! ... Er wird müde und studiert nicht. — Und wenn er's nicht schaffte, die Partie zu lernen?

Wie würde man dann Maurels Vorstellungen machen? Bedenkt das! ... Ich wiederhole nochmals, macht, was Ihr wollt; aber ich erkläre nochmals, daß ich, und wenn die Welt unterginge, keine Aufführung freigebe, solange die Oper nicht *auf meine Weise aufgeführt wird.*

'Und etwas anderes:
Ein enormes, dummes, unverzeihliches Versehen. Ein Komponist, der so etwas verbricht, sollte erschossen werden.

In der vorletzten Szene des dritten Akts, nachdem Falstaff gesagt hat

*Incomincio ad accorgermi*    [Ich beginne zu bemerken,
*D'essere stato un somaro*     Daß ich ein Esel gewesen bin]

habe ich von allen ausrufen lassen *E un cervo, un bue e un mostro raro* [Und ein Hirsch, ein Ochse und ein seltenes Ungeheuer], ohne zu bedenken, daß Nannetta, Fenton, Bardolfo und Cajus nicht mehr auf der Bühne sind! . . . Ich habe die Solo- und Chorstimmen korrigiert. Orchester und Klavier bleiben, wie sie sind. — Ich bedaure es wegen der Platte, die neu gemacht werden muß! Ich wiederhole . . . *Erschießt mich!*

Schickt mir diese Partitur zurück, sobald Ihr die Stimmen in Ordnung gebracht und die Korrekturen gemacht habt, weil ich keine andere habe . . . und gerade diese, von mir selbst korrigierte, haben möchte . . . Addio, addio. [. . .]«

Solche Briefe setzten sich bis zu Verdis Abreise in Begleitung Peppinas und Boitos zu den Proben in Mailand am 2. Januar fort, und Giulio Ricordi antwortete feinsinniger, verständnisvoller, ehrfurchtsvoller denn je.

Publikum und Presse der ganzen Musikwelt strömten am Premierenabend zur Scala, der Jubel war grenzenlos. Aber Verdi blieb unbestechlich der strengste Kritiker des eigenen Werkes. Selbst nach der Premiere hatte Ricordi wichtige Korrekturen zu drucken. Daß der Maestro mit seinen ersten Niederschriften der späteren Partituren nie zufrieden war, beweist auch ein Schatz, den Guglielmo Barblan nach dem zweiten Weltkrieg in den Trümmern des Mailänder Konservatoriums fand: der Bürstenabzug vom ersten Klavierauszug des ›Falstaff‹, den Verdi Edoardo Mascheroni geschenkt hatte, von dem ihn wiederum das Konservatorium erhielt. In diesen Klavierauszug trug Verdi auf den Proben im Januar 1893 alle möglichen musikalischen Verbesserungen, wichtige Bemerkungen zur Regie und vieles andere ein, was ihm bei der lebendigen Gestal-

MILANO

# TEATRO ALLA SCALA

Impresa PIONTELLI e C.

5.Recita, 18 d'abbonamento.                                      Sera pari.

## Giovedì 9 Febbraio 1893, alle ore 8 1¼ pom.

## PRIMA RAPPRESENTAZIONE
della commedia lirica in 3 atti di ARRIGO BOITO

# FALSTAFF

## Musica di GIUSEPPE VERDI.

PERSONAGGI

| | |
|---|---|
| Sir JOHN FALSTAFF | Maurel Vittorio |
| FORD marito d'Alice | Pini Corsi Antonio |
| FENTON | Garbin Edoardo |
| Dr. CAJUS | Paroli Giovanni |
| BARDOLFO } seguaci di Falstaff | Pelagalli R. Paolo |
| PISTOLA } | Arimondi Vittorio |
| Mrs. ALICE FORD | Zilli Emma |
| NANNETTA figlia d'Alice | Stehle Adelina |
| Mrs. QUICKLY | Pasqua Giuseppina |
| Mrs. MEG PAGE | Guerrini Virginia |
| L'oste della Giarrettiera | Pelizzoni Attilio |
| Robin paggio di Falstaff | N N |
| Un paggetto di Ford | N N |

Borghesi e Popolani - Servi di Ford - Mascherata di folletti, di fate, di streghe, ec.
Scena: Windsor - Epoca: Regno di Enrico IV d'Inghilterra.
Commedia e tolta dalle ALLEGRI COMARI DI WINDSOR e da parecchi passi dell'ENRICO IV riguardante il
personaggio di Falstaff

Maestro concertatore e direttore d'orchestra EDOARDO MASCHERONI

### Farà seguito

# DIE PUPPENFEE

Ballo comico in un atto di G. HASSREITER E GAUL. Musica di G. BAYER
riprodotto dal Coreografo CESARE SMERALDI

Biglietto per accedere ai Palchi L. 3 - Al loggione L. 5.

In platea non vi sono posti in più di ed il prezzo di altro e chiuso al pubblico
Alle opere libere della galleria de V tila non potranno accedere che le persone munite di tessera o di biglietto speciale
dell'impresa
Ad evitare spiacevoli inconvenienti i signori abbonati sono pregati di munirsi delle rispettive bollette d'abbonamento
Il Teatro si apre alle ore 7 1¼    Il loggione alle

tung des Werkes auffiel und uns einen seltenen Einblick in die
Werkstatt des Meisters gewährt. Barblan gibt Beispiele solcher Änderungen, wie in Fentons Gesang im III. Akt, der so leicht und spontan erfunden scheint, in der Korrektur aber laut Barblan »Frucht
der sorgfältigen Mühe eines Notenstechers und scharfsinniger melo-
discher und harmonischer Forschung war. Das ist eine unerwartete
Enthüllung, weil Verdi im Autograph (das heute im Handel befindliche Faksimile ist leicht zu konsultieren) keine Spur dieser Änderungen hinterließ. Er radierte die Zeichen der ersten Fassung sorgfältig aus, die das vergessene Dokument uns zufällig wiedergegeben
hat«:

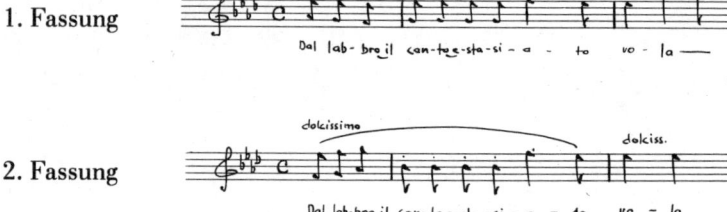

1. Fassung

2. Fassung

Zum Thema »Musik und Drama«, dem problematischsten und reiz-
vollsten der ganzen Operngeschichte, trägt ein Dialog in Briefen zwischen Verdi und Giulio Ricordi nach der Uraufführung des ›Falstaff‹ an der Scala bei. »Prima la musica, poi le parole?« Kommt die
Musik oder kommen die Worte, das Drama zuerst? Welcher der
beiden Künste gebührt in der Oper der Vorrang? Auch den Musiker
und Dramatiker Giuseppe Verdi plagte diese uralte Frage. Davon
zeugen jener Klavierauszug im Mailänder Konservatorium wie die
im folgenden zitierten, eine Studie von Hans Gál bestätigenden
Briefe. Sie handeln vor allem vom Finale des II. Aktes, in dem Ford
und sein Gefolge den dicken Schürzenjäger, der im Waschkorb zu
ersticken droht, ertappen und ihn verprügeln wollen, während Nannetta und Fenton friedlich hinter dem Wandschirm schäkern. Dem
Dramatiker Verdi dauerte der Stillstand der Handlung nach dem
Kuß des Pärchens in den Proben und ersten Mailänder Aufführungen zu lang; in seiner Ungeduld opferte er dem Drama sechzehn

Takte (1. Beispiel), vernichtete sie in der Partitur und ersetzte sie durch sechs neue Takte (2. Beispiel). »Diese sechs Takte«, schreibt Hans Gál, der gelehrte Musiker und Autor einer bedeutenden Verdi-Monographie, »haben, so meisterlich und fein wie sie sind, einen definitiven Defekt: sie passen nicht zum folgenden melodischen Anhang (Takte 17–21 im 1. Beispiel). Die neue Erfindung beginnt vielversprechend; eine ausgedehnte Melodie scheint ihre Flügel zu entfalten (Takte 1–4). Aber sie erhebt sich nicht; die zwei folgenden Takte kehren zur Tonika zurück, als lohnte es der Mühe nicht. Das Ergebnis ist eine kurzatmige, unvollständige Melodie. Ihren Mangel verrät jener bezaubernde kleine Anhang, der denselben harmonischen Sinn hat, sich um die Tonika als melodische Kadenz, eine typische *codetta*, zu bewegen. Eine solche *codetta* hat nach dem weiten Ausmaß von Harmonie, den die ursprüngliche Melodie umspannte, eine organische, notwendige Funktion; aber nach der sie ersetzenden kurzatmigen Periode ist sie gänzlich falsch am Platz. Unvollkommenheiten solcher Art sind in der Opernmusik nicht selten, da die Oper im neunzehnten Jahrhundert den formalen und ästhetischen Postulaten absoluter Musik mehr oder weniger entwuchs. Aber wenn die Musik in einer Oper die Führung übernimmt – und das ist bei jeder Entwicklung einer lyrischen Erfindung deutlich der Fall –, sind die Forderungen musikalischer Architektur unbarmherzig anspruchsvoll und exponieren das Flickwerk. Jeder Musiker mit scharfem Ohr und Sinn für Proportion dürfte, denke ich, fühlen, daß hier etwas nicht stimmt.«

Arrigo Boito dachte ebenso, wie aus Giulio Ricordis Reaktion auf die beiden folgenden Briefe Verdis hervorgeht:

»Genua, 7. März 1893 [. . .] Nochmals zum Falstaff.

Ich weiß nicht, ob Ihr wißt, daß ich die Oper bei einer Orchesterprobe im Parkett anhörte. Ich war so unzufrieden mit dem Concertato finale, daß ich allen Sängern zusammen sagte: ›Dieses Stück geht so nicht; entweder Ihr singt es leiser, ganz sotto voce und in voneinander getrennten Gruppen, oder es muß gestrichen oder geändert werden!‹ Keiner muckste, aber diese Worte hinterließen keinen guten Eindruck, wie sie Euch sagen können. Am nächsten Abend sangen sie besser, und man sprach nicht mehr davon! Aber in den Aufführungen sah ich, daß dieses Stück auf der Bühne lang ist und zu viel von einem Concertato hat. Ich wollte es in Mailand ändern, habe aber nie eine Stunde völliger Ruhe gehabt. Ich sage, es ändern, weil ich ein Feind von Strichen bin. Ein gestrichenes Stück ist wie ein Arm, der Bauch, die Beine usw. usw., die man von einem Körper amputiert. In zu breit konzipierten Stücken kommt der Strich notwendigerweise vor, aber er ist immer etwas Scheußliches, ein Körper ohne Kopf oder Bauch, ohne Gesicht oder Beine.

Beim Concertato des Falstaff war es leicht, zu streichen und gleich auf *Dolci richiami d'amor* [Süße Rufe der Liebe] zu springen; aber das Stück Musik blieb nicht mehr, der Bauch war weg. Ich habe 6 Takte neu gemacht und das Stück ist um 10 Takte kürzer geworden. Ich schicke es Euch morgen ... Ich möchte, daß es aufgeführt wird, bevor die Vorstellungen an der Scala zu Ende gehen ... Und bekommt Ihr es rechtzeitig für die zweite Edition?

Es ist ganz leicht zu lernen. Eine kleine Versammlung der Sänger von einer halben Stunde (statt spazierenzugehen) genügt, und wenn das Orchester zu einer anderen Probe zusammenkommt, 5 Minuten. — Man kann's ohne Maurel machen ... Das heißt, falls auch er kommt, kann durch die parlandi gegangen werden, die nicht mehr a tempo sind [...].«

»[Genua, 8. März 1893] — Hier ist das Stück vom Finale, wie ich Euch gestern schrieb. — Es ist kein Strich, aber ein Stück, das sich gut mit

dol - ci richiami d'a

verbindet. Man spart zehn lange Takte. Und das ist viel!

Für die Bühne ist dies besser, für die Musik weiß ich nicht ... außer daß die Wiederholung der Phrase der Weiber

Parliam sotto voce Guardando il Messer

gut ist. [Unentzifferbar] Dem Stück fehlen weder Bauch noch Beine. — Macht's damit, wie Ihr meint. — Schaut's Euch mit Mascheroni und Boito an; vielleicht muß Boito sogar ein paar Verse zurechtmachen. — Die Sänger wissen, daß ich mit dem Stück nicht zufrieden war, und so werden sie nichts dagegen haben, für eine halbe Stunde ins *Foyer* zu kommen. Ich werde ebenfalls dort sein, denn eine halbe Stunde vorher benachrichtigt, komme ich so schnell wie ein Blitz.

Wenn Ihr Euch zur Aufführung entschließt, schickt mir das ursprüngliche Stück zur Reparatur.

Amen. Grüße an alle. Addio  G. Verdi«

Giulio Ricordi antwortet postwendend:

»Mailand, 9. März 1893 — Hochverehrter Maestro, eben war Boito lange hier: er sagt, daß Sie recht haben, was den Verlauf der Szene betrifft, aber daß er es höchst bedauerlich findet, Takte von bezaubernder Musik wegzulassen. Jedenfalls macht diese neue Variante den Eindruck, als ginge sie am Schluß zu schnell zum Einsatz von *Dolci richiami d'amor* und daß ein Takt fehlt; und dies, meint Boito, nicht aus Pedanterie um der 8 Takte willen, sondern weil das Ohr sie in einem Stück, in dem die Eurhythmie sich als so wunderbar erweist, wirklich als nötig empfindet. Es hat den Anschein, daß die 2 letzten neuen Takte fordern, zu 3 entwickelt zu werden. — Boito hat mir aufgetragen, Ihnen das sofort zu schreiben, um Ihnen diesen seinen Eindruck zu unterbreiten, bevor es zur Probe kommt; und ich führe den Auftrag aus. Um keine Zeit zu verlieren und damit Sie die ganze Sache vor Augen haben mögen, schicke ich Ihnen das Stück und die entsprechende Umarbeitung zurück, die ich schon vorbereitet habe, um die Stimmen auszuschreiben. — Fragen Sie mich nicht, was ich davon denke, denn mein Urteil ist gleich Null, und außerdem habe ich das Ensemblestück zu sehr im Ohr; aber auch ich habe den Wunsch nach einem weiteren Takt empfunden. — Unterdessen habe ich Mascheroni verständigt, der nicht kommen konnte, weil er Probe hatte; aber sobald die paar neuen Takte fertig und geprüft sind, werde ich Ihnen telegrafieren und zuerst die Probe mit den Sängern, dann mit dem Orchester ansetzen. So können Sie in einer halben Stunde alles in Ordnung haben. Für mein Teil . . . . . . . sage ich nur: Evviva!

Immer Ihr ergebenster  Giulio Ricordi«

Verdis Antwort: »Genua, Freitag [10. März 1893] — Lieber Giulio, da ich andere Bemerkungen erwartet hatte, war ich überrascht, daß ich dem Stück, das ich Euch sandte, einen Takt anfügen sollte. —

Reden wir weder von Pedanterien noch von 8 Takten ... aber hier scheint mir wirklich, daß die Periode durch die Hinzufügung eines Taktes hinken würde. Die musikalische Phrase geht von zwei auf zwei Takte:

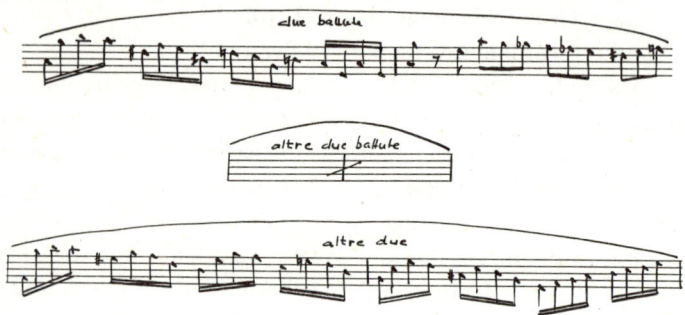

So stimmt die zwei-mal-zwei Periode. Wenn man sie verlängern wollte, müßte man nicht einen, sondern zwei Takte anfügen, und es würde kalt.

Aber vielleicht gibt es einen Grund, der Euch und Boito recht gibt. Die kleine Cantilene des Soprans und des Tenors über den Bässen erfordert in den zwei letzten Takten eine größere Entwicklung; und wenn man diese Phrase verkürzt, kann es gut gehen. So:

Probiert es jedenfalls mit den Sängern; und wenn Ihr, nachdem Ihr es mal gut probiertet, immer noch den Eindruck habt, daß ein Takt fehlt, dann sprechen wir nicht mehr davon und lassen die Dinge, wie sie bis jetzt gegangen sind. Addio. G. Verdi«

Giulio Ricordi telegrafiert am 11. März: »Ich atme auf — Erhalten — Disponiere — Aber Ihre Anwesenheit wird sobald fertig unerläßlich sein.«

Verdi reagiert am selben Tag:

»Genua, Samstag [11. März 1893] — ›Meine Anwesenheit unerläßlich!!‹ Zum Teufel! Für so eine Kleinigkeit??— Es wäre wirklich lächerlich von mir, nach Mailand zu kommen, um eine Probe von *sechs* Takten zu machen!!!! O Giulio, Giulio . . . was habt Ihr da gesagt!!

Wenn es hiermit auch nur (was soll ich sagen?) die kleinste Kontroverse, Hindernisse usw. usw. gibt, dann laßt die Dinge, wie sie sind! [. . .]«

Die folgenden Briefe sprechen für sich:

»Mailand, 13. März 1893 — Hochverehrter Maestro, gestern abend fünfzehnter *Falstaff:* ausverkauftes Haus, vollkommener Erfolg! —

Ich habe den Sängern ihren kleinen Part übergeben lassen, und morgen wird eine Probe gemacht. — Aber . . . . . wie können Sie erwarten, daß Boito, Mascheroni und der ergebene Schreiber dieser Zeilen sich die Freiheit erlauben und auch die Verantwortung übernehmen, zu entscheiden, ob die Variante ausgeführt werden soll oder nicht? . . .

Maestro, glauben Sie mir, daß dies unmöglich ist und daß es zu sehr auf der Hand liegt, daß Sie der einzige Richter und ein absolut notwendiger Richter sind! — Und da gibt es noch mehr: ich habe den Druck sowohl der Ausgabe wie der Orchesterstimmen aufgeschoben, um Ihre Entscheidung abzuwarten; besonders für die Orchesterstimmen ist diese Entscheidung nicht nur wichtig, sondern auch ziemlich dringend.

Im übrigen nehme ich Sie nur beim Wort, weil Sie in Ihrem ersten Brief [vom 8. März], den Sie dem neuen Stück beilegten, wirklich sagten, daß Sie nötigenfalls einen Sprung nach Mailand machen würden! [. . .] Ich werde Ihnen den Tag telegrafieren, an dem eine vollständige Probe angesetzt ist. Ist das recht? [. . .]«

»Genua, 14. März 1893 — Lieber Giulio, Wie ich Euch telegrafiert habe, wenn Ihr glaubt, es gäbe da zu viel Verantwortung für Euch alle (was ich nicht glaube), dann sprechen wir nicht mehr davon. — Da Ihr die Singstimmen ausgeschrieben habt, macht trotzdem eine Probe mit den Sängern allein, gegebenenfalls ohne Maurel, und Ihr werdet das Ergebnis sehen. Achtet aber darauf, daß diese kleine Probe auf der Bühne mit dem *Wandschirm* und dem *Korb* gemacht werden muß, damit Ihr urteilen könnt. Die Bühnenprobe, nachdem sie die Noten gelernt haben werden. — Mit ein bißchen guter Laune und gutem Willen werdet Ihr's schnell machen, und gut ... In jedem Fall gibt's da immer ein letztes Mittel: das Alte beizubehalten.

Addio, addio. Euer G. Verdi«

»Mailand, 15. März 1893 — Hochverehrter Maestro, Ihr Brief von heute früh .... bringt mich zur Verzweiflung! — und nach der Hoffnung, die Sie mir in einem anderen Brief gaben, kann ich mich über das, was Sie schreiben, wirklich nicht beruhigen.

Aber nun zu den Fakten.

Mascheroni hat heute morgen die Variante probiert; ich konnte nicht zur Probe gehen, da ich eine schon vorher vereinbarte Sitzung hatte. Die Sänger gehen in Ordnung und Freitag um 12 1/2 Probe auf der Bühne, um 1 mit Orchester. Ich werde mit Boito hingehen. Mascheroni sagte mir, daß es klappt; natürlich wird man es auf der Bühne besser beurteilen können. [...]

Aber .... ich bin ein Dummkopf ..... und komme darauf zurück, Maestro, daß ich für mein Teil niemals wagen würde, zu entscheiden; und ich weiß nicht, ob Mascheroni und selbst Boito eine solche Verantwortung auf sich nehmen wollen! Aber könnten Sie denn nicht am Freitag morgen auf einen Sprung hierher kommen, der Probe beiwohnen und Samstag früh wieder abreisen? [...]

Nun, ich wollte, ich hätte die überzeugende Beredsamkeit Ciceros; aber da ich sie nicht habe .... mache ich Schluß, indem ich mich der himmlischen Vorsehung empfehle, damit sie mich ein Telegramm erhalten lasse: Einverstanden. Ich komme —

Immer Ihr dankbarster und ergebenster Giulio Ricordi

Gestern abend prachtvolles Haus — knallvoll. Immer *vollkommenster* Erfolg.«

Die für Freitag, den 17. März angesetzten Proben wurden abgesagt, aber Verdi fand und gestattete keine Ruhe:

»Genua, 16. März 1893 — Lieber Giulio, beim Anschauen und Wiederanschauen dieses Stücks im Finale habe ich andere Takte gesehen, die zu retuschieren wären. Außerdem hat mir das Stück Mazurka nie gefallen, das den ersten Teil des Dritten Aktes schließt . . . . und da hatte ich ein Motiv in der Hand (*avrò con me dei putti* [ich werde Knäblein bei mir haben]), das gut gespielt und gut moduliert von besserer Wirkung gewesen wäre; und es wäre auch passender und musikalischer gewesen. Es war die Fortsetzung des Plans der Maskerade . . .

*che fingerán folletti* [die Wichtelmännchen vortäuschen werden]
*Spiritelli* [Geisterchen]
*Farfarelli* [Kobolde] usw. usw.

Es war so leicht zu machen! . . Ach, was haben wir für arme Köpfe!!! . Es wäre besser, sie an die Wand zu werfen . . . und gute Nacht . . .

Ich habe Eure beiden Telegramme erhalten. Wenn Ihr die Proben abgesagt habt, was für ein Glück für die Darsteller . . . aber vielleicht nicht für die *Weiber*. O nein! Ich bin sicher, daß sie gern bereit gewesen wären. Ihr werdet mir das sagen können . . und grüßt sie. Addio. Euer G. Verdi

P. S. *Torno all'assalto* [Ich kehre zum Angriff zurück] . . . Für jetzt machen wir keine Änderungen im Falstaff . . . Später, wer weiß . . . Vielleicht bei einer Wiederaufnahme . . [. . .]«

Ernste Schwierigkeiten mit Gino Monaldis Impresa und dem Orchester des Teatro Costanzi in Rom, wo Verdi während eines Gastspiels des Mailänder ›Falstaff‹-Ensembles am 15. April in der Königsloge geehrt werden sollte, betrifft sein weiterer Briefwechsel mit Giulio Ricordi im März. Dann kommt er auf das Problem des Finales im II. Akt zurück:

»[Genua], 1. April 1893 − Lieber Giulio, seit langem, schon seit den ersten Orchesterproben in Mailand, hatte ich zwei Änderungen vor. Die vielen Scherereien hielten mich ab; heute früh machte ich mich, verärgert über die letzten Begebenheiten, ans Schreiben.

Ich schicke Euch das Stück (ich weiß nicht, wie es ist); laßt die kleinen Gesangsstimmen sofort kopieren, dann werde ich es hier mit den Sängern probieren; nicht, um es im Theater aufführen zu lassen, weder hier noch woanders, zumindest nicht jetzt; aber für meine künstlerische Genugtuung . . Addio. G. Verdi«

»*Dienstag* [Genua, 4. April 1893] — Lieber Giulio, ich hoffte, heute früh die aus dem kleinen Stück

ausgeschriebenen Stimmen zu erhalten; vielleicht bringt sie Mascheroni heute abend mit . . .

Schickt mir auch schnellstens die paar neugemachten Takte im Finale des Zweiten Aktes. [. . .]«

»Mittwoch [Genua, 5. April 1893] — Lieber Giulio, ich erhielt Euren Brief, den ich im Moment nicht beantworten kann.

Danach erhielt ich die Stimmen des geänderten Stücks . . . .

Wenn Ihr morgen abend kommt, bringt das Bündel des Originalklavierauszuges mit, in dem ich die Änderung des Finales gemacht habe, damit ich sie instrumentieren kann.

Addio. G. Verdi«

Zehn Tage später wurde ›Falstaff‹ in Rom mit den Varianten im Finale des II. Aktes und am Ende der ersten Szene des III. gegeben. Nach Genua zurückgekehrt, schrieb Verdi dann am 30. April trotz allem Erfolg:

»Lieber Giulio, dem Himmel sei Lob! Das Elend von Rom ist vorüber! [. . .]

Es ist mir recht, die Stücke in der Originalpartitur zu machen; aber ich werde diese kleine Arbeit in St. Agata machen. [. . .]«

Und aus St. Agata am 23. Mai:

»Lieber Giulio, heute morgen habe ich Euch die letzten Noten vom Falstaff geschickt! Er ruhe in Frieden!«

Dieser Friede dauerte nicht lang, aber viel Heiterkeit des weisen, ganz und gar nicht greisen Verdi spricht aus den Worten an einen jungen Freund, den Dirigenten Edoardo Mascheroni, dem er den Spitznamen »Farfarello«, eines Kobolds im Park von Windsor, verlieh:

»St. Agata, 15. Mai 1893 — Lieber Mascheroni, ich gratuliere, gratuliere und gratuliere Euch noch einmal, dem *dritten* Autor des *Falstaff!* Wer wird der *vierte* sein? Vielleicht Pini Corsi. Und der fünfte? Die [Lustigen] Weiber.

Was die betrifft, erhielt ich einen sehr reizenden und vor allem guten Brief von der Zilli. Dankt und sagt ihr, daß ich später antworten werde, weil ich jetzt furchtbar viel damit zu tun habe, eine Oper in 12 Akten fertigzumachen, samt einem Prolog und einer Sinfonie, die so lang ist wie alle neun Sinfonien Beethovens zusammengenommen; dann noch ein Vorspiel zu jedem Akt, in dem alle Geigen, Bratschen, Celli und Kontrabässe in Oktaven spielen werden, aber keine Melodie wie in *Traviata, Rigoletto* usw., sondern eine von den wunderschönen modernen, die weder Anfang noch Ende haben und in der Luft hängen wie Mohammeds Grab.

Ich habe keine Zeit mehr, Euch zu erklären, wie die Sänger die Begleitung machen sollen, aber ich hoffe auf eine Inspiration, um mit den Sängern und Sängerinnen das *tschack, tschack* der Becken nachahmen zu können ... Ich sag's Euch ein andermal. Addio. Euer G. Verdi« (Harvard)

»Busseto-St.Agata, 16.August 1893 — Auch das wäre geschafft, sagte der Kerl, der seinen Vater ermordet hatte!! Wir haben niemand ermordet; vielmehr haben wir dem guten Publikum ein bißchen das Fell über die Ohren gezogen; aber solange es sich darüber nicht beschwert, ist's nicht schlimm! ... Aber, aber Ihr werdet mir nach der fünften oder sechsten Vorstellung [in Brescia] etwas über die Kasse sagen. Mein Kompliment jedenfalls für alle, meine ... was soll ich sagen? Nun, ich werde allen Sängerinnen und Sängern bravo, bravissimo zurufen und Euch: *zehn Punkte!! Amen!*

Ich grüße Euch von Peppina und drücke Euch die Hand.

P. S. Ach, ich vergaß, Euch zu sagen, daß ich hocherfreut bin, mich im Protagonisten getäuscht zu haben, das heißt hocherfreut über seinen Erfolg! Ich höre jedoch, daß er abscheulich *geschminkt* war! Ach, die italienischen Künstler!! In ihrer blöden Aufgeblasenheit lassen sie sich zu diesen Albernheiten herab und machen ihre Sache lieber schlecht als so wie die anderen! [. . .]« (Harvard)

Die drei folgenden Briefe betreffen die französische Erstaufführung des ›Falstaff‹ am 18.April 1894 an der Opéra Comique in Paris und was dort nach Verdis Abreise geschah:

»Genua, 12.März 1894 — Lieber Giulio, [. . .] Und jetzt nach Paris!! ... sagt Ihr im Telegramm! Wehe mir! Wehe mir! Sei's drum!

Aber wozu soll ich dahin gehen?! [Das wäre] eher schlecht als gut! Und dann . . . mit meinen fast einundachtzig Jahren auf dem Buckel eine lange und mühsame Reise antreten! Daß ich vor einem Jahr (seitdem ist ein Jahr vergangen) die Anstrengungen des *Falstaff* und die Reise nach Rom aushielt, ist leicht gesagt! Aber ich habe sie gespürt und spüre sie noch immer so sehr, daß meine Beine mich nicht mehr tragen wie vorher und ich jetzt nur noch langsam und stockend gehen kann. Noch dazu, in das Land zu gehen, wo man uns so wenig liebt! Und wo es im Künstlerischen so wenig gegenseitige Sympathien gibt! — Außerdem kenne ich in Paris keine Seele mehr und wäre verloren wie in einer Wüste! Dazu ist es, wie Ihr alle sagt, auch nicht mehr möglich, in meinem alten Hotel zu wohnen, in dem ich mich wie zu Hause fühlte, und man müßte in das Grand Hôtel ziehen, das mir unsympathisch ist! Lauter Kleinigkeiten, werdet Ihr sagen! Das stimmt; aber Kleinigkeiten, die einem das Leben vergiften! Ist es wirklich nötig, sie auf mich zu nehmen, wenn ich überzeugt bin, daß ich von keinerlei Nutzen sein kann! Nehmt an, daß mir das Ensemble in der bereits ausgewählten troupe nicht paßt und ich es nicht geeignet für diese Oper finde. Dann müßte ich es entweder ertragen (was immer sehr schwer für mich ist) oder deutlich meine Meinung sagen und schlechte Laune, Spott und Zorn in alle und alles bringen.

Man soll *Falstaff* ruhig geben, wenn man will; aber, ich wiederhole noch einmal, ich bin überzeugt, daß es besser für mich, für die Oper, für alle ist, wenn man sie ohne meine Anwesenheit gibt.

Addio, addio  Euer G. Verdi«

»Paris, 27. Mai 1894 — Lieber und großer Meister, es ist Sonntag; es regnet, es stürmt; draußen ist's schwarz und traurig, drinnen aber rosig und heiter, weil wir in dem Ihnen bekannten Studio *Falstaff* spielen.

Vorgestern haben wir alle beide Ihr anbetungswürdiges Meisterwerk zum fünften Mal gehört [. . .]. Ich möchte noch mehr über *Falstaff* schreiben, Seiten über Seiten . . . oder besser nicht, ich will gar nichts mehr schreiben, bereue sogar, geschrieben zu haben. Das Schöne muß man verehren und dabei schweigen. Von ihm zu reden ist fast eine Entweihung; die wahre Liebe redet nicht. Und trotzdem! . . Nun gut, ich rede nicht mehr darüber; aber ich werde ihn spielen und fortwährend wieder spielen, und in ein paar Tagen werde ich, werden wir ihn wieder hören gehen. Und Maurel wird mir hassenswerter sein denn je. Neulich hat er die 2. Reprise von *Quando ero paggio* massakriert. Am liebsten hätte ich ihm mein Opernglas ins Gesicht geworfen. Und bei der dritten Reprise wünschte ich ihm zur Rache einen Schlaganfall, aber der trat nicht ein, und der Elende setzte sein verfluchtes Werk fort. Ich denke, das nächste Mal wird er mit einem Handstand singen; nächstes Jahr wird er zu Pferde singen und dabei durch Papierrollen springen — ganz abgesehen davon, daß der ganze Monolog neulich ausfiel: kein klagendes Nachsinnen über die »niederträchtige Welt«, keine Triller, nichts mehr; aber kaum daß der Vorhang auf ist, tritt Quickly mit *Révérence* auf. Das ist traurig, und die Wirkung dieses Auftritts ist sogleich zerstört. Haben Sie diesen widerwärtigen Strich erlaubt? [. . .] Camille Bellaigue« (St. Agata)

»Mailand, 1. Juni 1894 — Lieber Giulio, ich erhalte einen Brief aus Paris, in dem man mir schreibt, Maurel habe sich erlaubt, hier und da im *Falstaff* Striche zu machen!! Und was noch schlimmer ist, er nimmt einmal hier, einmal da ein Stück heraus je nach Laune, wie als Experiment und um zu beurteilen, welche Stellen wert sind, geduldet zu werden, und welche zu vergessen sind! Und dann spricht man von Kunst . . . von Großer Kunst!! . . . *Was für ein Witz!!* Auf diese Art werden die Opern nichts weiter als Etüden, um Stimme, Gesang oder Geste (selbstverständlich eine manierierte) irgendeines Künstlers zur Geltung zu bringen.

Man fragt mich weiterhin, ob ich diese Striche autorisiert habe! O nein! O nein!! Ich bin einverstanden, und ohne Bedauern, wenn meine Opern nicht aufgeführt werden; aber wenn sie aufgeführt werden, verlange ich, daß es so sei, wie ich sie mir vorgestellt habe.

Deshalb wende ich mich an Euch, meinen Verleger, und berufe mich auf den Vertrag, der zwischen uns in dieser Angelegenheit existiert. Erklärt der Direktion der Opéra-Comique also in meinem Namen, daß *Falstaff* vollständig aufgeführt werden muß, wie am Abend der ersten Aufführung.

Immer Euer getreuer  G. Verdi«

Nach einer der ersten Berliner Aufführungen des Werkes im selben Jahr entwarf Ferruccio Busoni einen Brief an Giuseppe Verdi, in dem er von einer für sein künstlerisches Leben epochemachenden »Revolution des Geistes und des Gefühls« sprach, die der ›Falstaff‹ in ihm hervorgerufen habe. Uns aber mögen Verdis eigene Worte, die Arturo Toscanini auf einem Blatt in der Partitur entdeckte, Worte des Abschieds, zu den Briefen der Schöpfer führen:

> Die letzten Noten des Falstaff
> Alles ist vorbei!
> Geh, geh, alter John . . .
> Zieh hin auf deinem Weg,
> solange du kannst . . . .
> Ergötzlicher Typ des Schelms;
> ewig wahr, hinter
> verschiedenen Masken, zu jeder
> Zeit, an jedem Ort!!
> Geh . . . . Geh . . . .
> Lauf     Lauf . .
> Addio!!!

Le ultime note del Falstaff

— tutto è finito!

Va, va, vecchio John...

Cammina per la tua via,

finché tu puoi...

Divertente tipo di briccone;

Eternamente vero, sotto

maschera diversa, in ogni

tempo, in ogni luogo!!

Va...Va....

Cammina Cammina...

Addio!!!

# Briefe

Lieber Boito,

Wunderbar! Wunderbar!

Bevor ich Eure Skizze las, wollte ich die Lustigen Weiber, die beiden Teile Heinrich IV. und Heinrich V. wieder lesen; und ich kann nur wiederholen: *wunderbar*, weil man nichts Besseres machen konnte, als was Ihr gemacht habt.

Schade, daß sich das Interesse (nicht durch Eure Schuld) nicht bis zum Ende steigert. Der Höhepunkt liegt im Finale des zweiten Aktes; und ein wirklich komischer Einfall ist die Erscheinung von Falstaffs Gesicht unter der Wäsche usw.

Ich fürchte auch, daß der letzte Akt trotz dem etwas Phantastischen mit allen den kleinen Stücken, Canzonen, Arietten usw. usw. klein ausfallen wird: Ihr laßt *Bardolfo* wieder erscheinen! Und warum wollt Ihr nicht auch *Pistol* wieder erscheinen lassen und alle beide, um irgendeinen kleinen oder großen Streich zu spielen? —

Von den Hochzeiten macht Ihr nur zwei! Um so besser, weil sie mit der Hauptintrige nur wenig verbunden sind.

Die Wasserprobe und die Feuerprobe genügen beide, Falstaff tüchtig zu bestrafen; trotzdem hätte ich ihn gern auch gut verprügelt gesehen.

Ich sage das so dahin . . . und achtet nicht auf das, was ich sage. Jetzt haben wir einander ganz andere Dinge mitzuteilen, damit dieser *Falstaff* oder die *Weiber*, die vor zwei Tagen noch in der Welt der Träume waren, nun Gestalt anzunehmen beginnen und Wirklichkeit werden können! Wann? Wie? . . . Wer weiß!! Ich werde Euch morgen oder später darüber schreiben.

Grüße von Peppina. Addio.

Herzlich
G. Verdi

Montecatini, 7. Juli 1889

Lieber Boito,

Gestern sagte ich Euch, daß ich Euch heute schreiben würde, und ich halte mein Wort auf die Gefahr hin, Euch zu langweilen.

Solange man sich in der Welt der Ideen ergeht, lächelt einem alles zu, aber wenn man einen Fuß auf die Erde setzt, entstehen beim praktischen Handeln die Zweifel, das Verzagen.

Habt Ihr beim Entwurf des *Falstaff* je an die enorme Zahl meiner Jahre gedacht? Ich weiß wohl, Ihr werdet mir antworten, indem Ihr meinen guten, hervorragenden, robusten Gesundheitszustand übertreibt . . . Und so mag er auch sein. Trotzdem werdet Ihr mir zugeben, daß ich großer Kühnheit beschuldigt werden könnte, wollte ich eine so große Aufgabe übernehmen! — Und wenn ich der Schwäche nicht Herr würde?! — Wenn ich mit der Musik nicht zu Ende käme? —

Dann hättet Ihr Zeit und Mühe vergeblich verschwendet! Um alles Gold der Welt möchte ich das nicht haben. Diese Idee ist mir unerträglich. Um so weniger erträglich, wenn Ihr, indem Ihr den Falstaff schreibt, Euren Nerone liegenlassen oder doch vernachlässigen oder den Zeitpunkt der Aufführung verschieben müßtet. Man würde mir die Schuld an dieser Verschiebung geben, und die Blitze öffentlicher Bosheit würden meine Schultern treffen.

Nun, wie diese Hindernisse überwinden? . . Habt Ihr meinen Gründen einen guten entgegenzuhalten?. Ich wünsche es, aber ich glaube es nicht. Denken wir jedoch darüber nach (und achtet darauf, nichts zu tun, was Eurer Karriere schaden könnte), und wenn Ihr *einen* Grund fändet, und ich wüßte, wie ich mir ein Jahrzehnt von den Schultern heben könnte, dann . . . . Welche Freude, zum Publikum sagen zu können:

> *» Wir sind noch da!!*
> *Bahn frei für uns!!«*

Addio, addio.
Herzlich G. Verdi

*1.Brief* [Mailand] 7.Juli [1889]

Lieber Maestro,

Kein Zweifel: der dritte Akt ist der kälteste. Und das ist im Theater von Schaden. — Unglücklicherweise ist dies ein allgemeines Gesetz des komischen Theaters. Das tragische hat das entgegengesetzte Gesetz. Das Herannahen der Katastrophe in einer Tragödie (ob sie vorherzusehen ist wie im Otello oder unvorhergesehen wie im Hamlet) erhöht das Interesse in seltsamer Weise, weil das Ende furchtbar ist. — Daher sind die letzten Akte der Tragödien immer die schönsten. —

In der Komödie läßt das Interesse immer nach, wenn der Knoten sich zu lösen beginnt, weil das Ende lustig ist.

Sie haben neuerdings Goldoni wiedergelesen und werden sich erinnern, wie die Handlung in den letzten Szenen, obwohl das ganze prächtige Gefüge des Dialogs und der Figuren zu bewundern bleibt, fast immer abfällt und mit ihr das Interesse. — In den *Lustigen Weibern* hat sich nicht einmal Shakespeare bei aller Kraft, die er hatte, diesem allgemeinen Gesetz entziehen können. — Und so Molière, und so Beaumarchais und so Rossini. Die letzte Szene des Barbiere ist mir immer weniger bewundernswert vorgekommen als das übrige. — Wenn ich mich täusche, korrigieren Sie mich.

In der Komödie gibt es einen Punkt, an dem man im Parkett *es ist aus* sagt, und dennoch ist es auf der Bühne noch nicht aus.

Ein Knoten kann nicht gelöst werden, ohne vorher gelockert zu werden, und wenn er gelockert wird, sieht man voraus, wie er gelöst werden wird, und das Interesse ist vor dem Knoten gelöst.

Die Komödie löst den Knoten, die Tragödie zerreist oder zerschneidet ihn. — Folglich ist der dritte Akt des Falstaff bestimmt der kälteste. Aber wie allgemein das Gesetz auch sei, der Schaden ist weniger schlimm, als man glauben sollte. Aber man wird darauf achten, ihn zu wärmen und ihn flinker und weniger gebrochen zu machen. Vor allem muß man soviel wie möglich aus der letzten Szene herausholen, die Vorteile hat. Die phantastische Atmosphäre, die in der übrigen Oper nie berührt wurde, kann dienlich sein; sie gibt einen frischen, leichten und neuen Ton. Außerdem haben wir drei recht gute komische Momente: 1. den Monolog Falstaffs mit den Hörnern. 2. Das Verhör (das werden wir von Bardolfo und Pistola machen lassen, zum Klang der Hiebe auf den Bauch Falstaffs, der auf der Erde liegt und mit jedem Hieb eine Sünde bekennt). 3. den Segen der beiden Hochzeiten in Masken. —

Wir werden das Duettchen Fentones und Nannettas dem ersten Teil desselben Aktes zuschlagen, während es Abend wird.

Dieses Liebesspiel zwischen Nannetta und Fentone muß in sehr häufigen Sprüngen erscheinen; in allen ihren Szenen schnäbeln sie in Winkeln verborgen, schlau, verwegen, ohne sich entdecken zu lassen, mit frischen kleinen Phrasen und kurzen winzigen, sehr schnellen und verschmitzten Dialogen von Anfang bis Ende der Komödie; es wird die heiterste Liebe sein, eine stets gestörte und unterbrochene, und stets bereit, wieder neu zu beginnen. — Wir dürfen diese Farbe nicht vergessen, die mir gut scheint. Bestimmt ist Fentons Lied angeklebt, um dem Tenor ein Solo zu geben, und das ist schlecht. Wollen wir es weglassen?

Die Korrespondenz ist wieder aufgenommen. Ich erwarte den Brief, den Sie mir ankündigen.

Viele herzliche Grüße an Signora Peppina und an Sie, lieber Maestro — Und gute Erholung.

Ihr
Arrigo Boito

*2. Brief*                                                    [Mailand] 9. Juli [1889]

Lieber Maestro, Sie sehen hier zwei Briefe; ich habe den ersten nicht zur Post gegeben, weil ich dachte, daß ich den erwarten solle, den Sie mir ankündigten. Außerdem wollte ich auch noch mit der Antwort auf Ihre Zweifel warten. Nach 24 Stunden antworte ich Ihnen; mein Gedanke ist reif. Tatsache ist, daß ich niemals an Ihr Alter denke, weder wenn ich mit Ihnen spreche noch wenn ich Ihnen schreibe, noch wenn ich für Sie arbeite.

Die Schuld liegt bei Ihnen.

Ich weiß, daß der Otello wenig mehr als zwei Jahre alt ist und, während ich Ihnen schreibe, von den Landsleuten Shakespeares begriffen wird, wie es sich gehört. Aber es gibt noch eine stärkere Erwägung, die nichts mit dem Alter zu tun hat, und diese ist: Man hat von Ihnen nach dem Otello gesagt: »Es ist unmöglich, besser zu enden!«

Das ist eine große Wahrheit, die ein großes und sehr seltenes Lob in sich schließt. Dies ist das einzig schwerwiegende Argument. Schwerwiegend für die Zeitgenossen, nicht für die Geschichte, die vor allem den wesentlichen Wert der Menschen schätzen will. — Aber es ist äußerst selten, ein Leben in der Kunst mit einem Welterfolg abgeschlossen zu sehen. Der Otello ist dieser Erfolg. Alle die anderen Argumente: *Alter, Kraft, Ihre Mühe, meine Mühe* usw. usw. zählen nicht und stehen einer neuen Arbeit nicht im Wege. — Da Sie mich zwingen, Ihnen von mir zu sprechen, will ich Ihnen sagen, daß ich trotz der Verpflichtung, die ich mit dem Falstaff übernehmen würde, meine Arbeit zum versprochenen Termin beenden kann. Dessen bin ich gewiß. — Kommen wir zu den anderen Zweifeln.

Das Schreiben einer komischen Oper würde Sie, glaube ich, nicht ermüden.

Die Tragödie *macht* den, der sie schreibt, *wirklich leiden;* der Geist erduldet eine schmerzliche Suggestion, die die Nerven krankhaft überspannt.

Aber der Scherz und das Lachen der Komödie erheitern Körper und Geist. —

> »Un sorriso aggiunge un filo
> alla trama della vita«
>
> [Ein Lächeln trägt einen Faden
> Zum Gespinst des Lebens bei.«]

Ich weiß nicht, ob das der genaue Satz Foscolos ist, aber es ist sicher wahr.

Sie haben große Lust zu arbeiten; das ist ein zweifelloser Beweis von Gesundheit und Kraft. Die *Ave Marias* genügen Ihnen nicht, Sie brauchen etwas anderes.

Sie haben sich Ihr ganzes Leben lang ein schönes Thema für eine komische Oper gewünscht; das ist ein Zeichen dafür, daß die Ader der vornehm lustigen Kunst tatsächlich in Ihrem Gehirn existiert; der Instinkt ist ein guter Ratgeber. Es gibt nur einen Weg, besser als mit dem *Otello* zu enden, und das ist der, siegreich mit dem *Falstaff* zu enden. Nachdem Sie alle Schmerzensrufe und Klagen des menschlichen Herzens haben ertönen lassen, mit einem mächtigen Ausbruch der Heiterkeit enden! Das wird in höchstes Erstaunen versetzen!

Sehen Sie also zu, lieber Maestro, wieder an das Thema zu denken, das ich Ihnen skizziert habe; prüfen Sie, ob Sie den Keim des neuen Meisterwerks darin finden. Wenn es diesen Keim gibt, ist das Wunder geschehen. Und bis dahin versprechen wir einander das peinlichste Schweigen.

Ich habe es *niemand* gesagt. Wenn wir heimlich arbeiten, arbeiten wir in Frieden. Ich erwarte Ihre Entscheidung, die, wie üblich, frei und entschlossen sein wird. Ich darf Sie nicht beeinflussen, Ihre Entscheidung wird in jedem Falle weise und kraftvoll sein, ob Sie nun *genug* oder *noch einmal* sagen werden.

Herzlichst Ihr
Arrigo Boito


Montecatini, 10. Juli 1889

Lieber Boito,

Amen; und so sei es!

Machen wir also Falstaff! Denken wir im Augenblick nicht an die Hindernisse, das Alter, die Krankheiten!

Auch ich wünsche, das tiefste *Geheimnis* zu bewahren; ein Wort, das auch ich dreimal unterstreiche, um Euch zu sagen, daß niemand etwas davon wissen darf! ... Aber langsam ... Peppina wußte es, glaube ich, vor uns! ... Zweifelt nicht: Sie wird das Geheimnis wahren. — — Wenn Frauen diese Eigenschaft haben, dann haben sie sie in höherem Grade als wir.

Ich halte mich an Euren Satz *»trotz der Verpflichtung, die ich* *mit dem Falstaff übernehmen würde, kann ich meine Arbeit zum versprochenen Termin beenden«.*

Und jetzt ein letztes Wort, ein höchst prosaisches Wort, trotzdem gerade für mich notwendig und angebracht. Aber nein, nein . . . Heute habe ich zu viel Falstaff im Kopf, um Euch von anderem zu sprechen. Ich spreche Euch morgen vom *anderen*.

Inzwischen fangt, wenn Euch danach zumute ist, ruhig zu schreiben an. In den ersten beiden Akten gibt es nichts zu ändern, außer vielleicht dem Monolog des eifersüchtigen Gatten, der besser am Ende des ersten Teils stünde als am Anfang des zweiten. Er hätte mehr Feuer und Kraft.

Auf morgen. Mit Peppinas Grüßen sage ich Euch addio, addio.

Herzlich
G. Verdi

[Mailand,] 11. Juli [1889]

Lieber Maestro,

Evviva!!!

Schnell wird's getan sein. Ich werde Ihnen zweifellos wenigstens die ersten beiden Akte im Oktober nach S. Agata bringen.

Ich brauche den Rest des Juli, um ein paar Details meiner Arbeit in Ordnung zu bringen.

In den allerersten Tagen des August werde ich mit der unseren beginnen. Signora Giuseppina wußte es schon vor uns! Das ist das Wunder der weiblichen Intuition.

Jetzt ist es an Ihnen, lieber Maestro, dem anderen Wunder! — Viele Grüße an Signora Giuseppina, die Prophetin.

Eine Umarmung

Ihres
herzlich ergebenen
Arrigo Boito

Montecatini, 11. Juli 1889

Lieber Boito,

.... Ich setze den Brief von gestern fort. — Nach Beendigung Eurer Arbeit würdet Ihr mir das Eigentum davon für die Vergütung von ... (festzulegen) überlassen. Und für den Fall, daß ich entweder des Alters oder Gebrechens wegen oder aus irgendeinem anderen Grund die Musik nicht beenden könnte, würdet Ihr Euren Falstaff wiederbekommen: ein Eigentum, das ich selber Euch zu meinem Andenken anbiete, und das Ihr nach Belieben benutzen wollt.

====

Vollkommen einig mit Euch betreffs der Erfordernisse und Eigenarten der Tragödie und der Komödie; und die Beispiele, die Ihr zitiert, bestätigen, was Ihr sagt. Aber wenn es in der Komödie (wie Ihr sagt) einen Punkt gibt, an dem man im Parkett »zu Ende« sagt und sie auf der Bühne noch nicht »zu Ende« ist, dann muß man etwas finden, was die Aufmerksamkeit entweder von der komischen oder von der musikalischen Seite her stark fesseln kann.

Ihr habt diesen Dritten Akt schon verbessert.

Das Duettchen *Fenton-Nannetta* ist besser im ersten Teil.

Gut der phantastische Teil mit dem Lied der Feen.

Gut der Monolog Falstaffs. Und gut das Verhör zum Klang der Schläge usw. ... Aber danach unterbrechen die Hochzeiten die Aufmerksamkeit, die ganz auf Falstaff bezogen sein sollte, und die Handlung wird kalt. An diesem Punkt gäbe es ein fix und fertiges Musikstück bei Shaespeare.

| | |
|---|---|
| Mis P. | Non spingiamo piú oltre la burla. |
| Fals | E queste son le Fate? |
| Mis Ford | E credete Voi che volendo peccare avressimo scelto un'uomo come Voi?! |
| Ford | Una balena! |
| Fals: | Bene! ... |
| Altro | Un uomo di crema! |
| Fals. | Bene! |
| Altro | Un vecchio appassito |

| | |
|---|---|
| FALS | Molto bene |
| ALTRO | Maledico come Satana |
| FAL | Sempre bene |
| ALTRI | Povero come Giobbe |
| [FALS.] | Benissimo |
| TUTTI | E dedito alle fornicazioni alle taverne, al vino, alle cra-<br>pule, giurando, spergiurando e bestemmiando Dio . . . |
| FALS. | Amen . . . e cosí sia |
| MIS | Ed ora Sir Giovanni, come amate le donne di Vindsor? |
| FALS | Or incomincio a credere che sono un'asino |
| TUTTI | Bravo! Ben detto! ben detto! Viva Viva Viva! . . . |
| | *Battono le mani e Cala il Sipario* |

| | |
|---|---|
| [MIS P. | Treiben wir's nicht weiter über den Spaß hinaus. |
| FALS | Und dies sind die Feen? |
| MIS FORD | Und glaubt Ihr, daß wir, wenn wir sündigen wollten,<br>einen Mann wie Euch gewählt hätten?! |
| FORD | Einen Walfisch! |
| FALS: | Gut! . . . |
| EIN |  |
| ANDERER | Einen Mann in Blüte! |
| FALS. | Gut! |
| EIN |  |
| ANDERER | Einen alten Verwelkten |
| FALS | Sehr gut |
| EIN |  |
| ANDERER | Ich fluche wie Satan |
| FAL | Immer gut |
| ANDERE | Arm wie Hiob |
| (FALS.) | Ausgezeichnet |
| ALLE | Und den Hurereien, den Wirtshäusern, dem Wein,<br>den Schlemmereien ergeben, schwörend, Meineid lei-<br>stend und Gott lästernd . . . |
| FALS. | Amen . . . und so sei's |
| MIS | Und jetzt, Sir John, wie liebt Ihr die Weiber von Wind-<br>sor? |

| FALS | Jetzt beginne ich zu glauben, daß ich ein Esel bin |
|------|-----|
| ALLE | Bravo! Gut gesagt! Er lebe, er lebe, er lebe! . . . |

*Sie klatschen in die Hände, und der Vorhang fällt*]

Und was machen wir mit den Hochzeiten, werdet Ihr sagen? . Ich weiß es nicht! Aber Ihr, der Ihr solches Glück mit dem *Einfall* im Zweiten Akt, der Erscheinung von Falstaffs Gesicht unter der Wäsche, hattet, werdet schon irgendeine andere Teufelei erfinden.
Addio für jetzt.

Herzlichst
G. Verdi

[Mailand,] 12. Juli [1889]

Lieber Maestro,

Alles, was Sie denken, ist gut. Ich danke Ihnen aus vollem Herzen, und der Pakt ist geschlossen. In vierzehn Tagen gehe ich an die Arbeit an unserer Komödie. Das Fragment des von Ihnen zitierten Dialogs war bereits zur Einfügung angestrichen. Aber die Hochzeiten müssen sein, ohne Eheschließung gibt's keine Zufriedenheit (sagen Sie das nicht der Signora Giuseppina, sie würde wieder anfangen, mir von Ehe zu sprechen!), und Fenton und Nannetta müssen heiraten.

Die Liebe der beiden gefällt mir, sie dient dazu, die ganze Komödie frischer und fester zu machen. Diese Liebe da muß alles und jedes beleben und immer in einer Weise, daß ich das Duett der beiden Verliebten beinahe weglassen möchte.

In jeder Ensemble-Szene ist diese Liebe auf ihre Art gegenwärtig.

Sie ist im II. Teil des 1. Aktes gegenwärtig.

Im II. Teil des 2. Aktes.

Im I. und II. Teil des dritten.

Es ist darum unnötig, sie zusammen in einem wirklichen Duett singen zu lassen. Ihre Partie, auch ohne das Duett, wird höchst wirkungsvoll sein; sie wird sogar noch wirksamer ohne sein. Ich kann mich nicht erklären; ich möchte, wie man eine Torte mit Zucker bestreut, mit dieser heiteren Liebe die ganze Komödie bestreuen, ohne ihn auf einem Punkt anzuhäufen.

Herzliche Grüße an Sie und Signora Giuseppina.      Ihr
Arrigo Boito


Ivrea per S. Giuseppe,
1. August [1889]

Lieber Maestro,

Ich bin bereit. Bitte schicken Sie mir den Entwurf des Falstaff; wenn ich ihn wieder lese und wieder darüber nachdenke, werde ich leichter arbeiten.

Herzliche Grüße                                    Ihres
Arrigo Boito


St. Agata, 2. August 1889

Lieber Boito,

Bravo, bravo, dreimal bravo! Wie pünktlich Ihr wart!!!

Hier ist die Skizze des . . . . . und an die Arbeit . . . Evviva — es kommt mir vor wie ein Traum! —

Addio                                              Euer
G. Verdi


St. Agata, 18. August 1889

Lieber Boito,

Helft mir, ein gutes Werk zu tun. — Ihr wißt, daß die Stellung des Direktors vom Konservatorium in Parma vakant ist. Ich habe an Faccio gedacht. Er würde ein Gehalt von L. *6 000* und dazu L. *1 000* für die Wohnung bekommen (in Parma würde er die Hälfte für eine bequeme Wohnung ausgeben). Außerdem wäre der Magistrat bereit, 4 000 Lire für den Dirigenten der Vorstellungen im Theater zu bieten. Und selbst wenn es dem Magistrat ein paar Spielzeiten lang nicht paßte, Vorstellungen zu geben, würde die Bezahlung in gleicher Weise weitergehen. Da das Konservatorium jetzt staatlich ist, würde er Anrecht auf Pension haben, und auch seine Dienstjahre am Konservatorium in Mailand würden ihm angerechnet.— Ich habe Faccio geschrieben, daß ich, wenn ich in seiner Haut steckte, akzeptieren würde, bevor er *meinen Brief zu Ende gelesen habe;* daß die Angebote, die man ihm anderwärts machen kann, unsicher sind; daß selbst seine Stellung an der Scala unsicher ist usw. usw. . .

Nehmt an, daß in den musikalischen Umwälzungen, die uns bevorstehen, irgendein *Piontelli* Impresario der Scala würde; dann hätte man einen Cimino zum Dirigenten. Außerdem sollte Faccio verstehen, daß die Luft für ihn in Mailand heute nicht mehr so rein ist wie vor zehn Jahren! Ein Unglück für ihn sind auch die Meistersinger. Wenn sie gut gehen, wird man ihm sehr wenig Verdienst daran zuschreiben; wenn sie schlecht gehen, wird es seine Schuld sein. Faccio wird Giulio vertrauen, und das ist recht; aber Giulio hat seine eigenen Interessen und muß seinen Aktionären, deren Interessen denen Faccios entgegengesetzt sein könnten, Rechenschaft über sein Unternehmen geben. — Er will sich mit mir besprechen! Aber ich habe ihm nichts mehr zu sagen. — Er zögert wie meistens, und wie meistens wird er eine Dummheit begehen! —

Ihr, der älteste und liebste seiner Freunde, schreibt ihm, wenn Ihr meiner Meinung seid, daß er annehmen soll; und wenn Ihr nicht an ihn schreiben wollt, schreibt etwas kräftig an mich, und ich werde ihm den Brief zeigen, und wer weiß!! . . Amen, amen. —

Ihr arbeitet, hoffe ich? Das Seltsamste ist, daß auch ich arbeite! . . . Ich amüsiere mich damit, Fugen zu machen! . . Jawohl, mein Herr: eine Fuge . . . und zwar eine *komische Fuge* . . die gut im Falstaff stehen könnte! . . . Aber wieso eine komische Fuge? Warum komisch, werdet Ihr sagen? . . . Ich weiß nicht *wie* noch *warum,* aber es ist eine *komische Fuge!*

Wie ich auf die Idee kam, werde ich Euch in einem anderen Brief erzählen! —

Bis dahin Grüße und von Herzen addio.

Herzlich
G. Verdi

S. Giuseppe (Ivrea),
20. August [1889]

Lieber Maestro,

Ich lese Ihren Brief und antworte sofort.

Auch ich, wenn ich in Faccios Haut steckte, würde die Stellung, die sich ihm in Parma bietet, ohne Zögern akzeptieren.

Aber Faccio wird zögern. Die sentimentale Eigenart seines Charakters verleitet ihn, jedes Mal zu zögern, wenn er gezwungen ist, Mailand aufzugeben, um seine Lebensverhältnisse verbessert zu sehen. Und nachdem er gezögert hat, lehnt er ab.

Wenn diese höchst fatale Sentimentalität sich diesmal wieder in ihm regte, würde ich für unseren Freund keine Sicherheit und keinen Frieden mehr sehen. Nach dreißig Jahren Arbeit (oder kaum wenigeren) findet er sich heute mit viel Lobpreisungen und wenig Ersparnissen auf einem wenig beneidenswerten, aber sehr beneideten Posten, einem zwar glanzvollen, aber auch prekären. In jener Stadt, die er liebt, ist unablässiger Kampf, belebt von Hinterlist und Neid. Der Posten, den er heute innehat, ungewiß, ob er ihn noch lange innehaben wird, war stets geschmälert vom Haß; keiner ist dort länger fest geblieben als er, aber diese Festigkeit deutet schon auf Erschütterung hin. Und dieses Zeichen wäre ein großes Glück für ihn, wenn er sich entscheiden könnte, jenen Posten rechtzeitig zugunsten des anderen aufzugeben, der sich ihm bietet, so ehrenvoll und sicher, ruhig und vorteilhaft.

Sie schreiben mir, daß die Direktion des Konservatoriums in Parma mit 6 000 Lire samt 1 000 für die Wohnung dotiert ist; 7 000 Lire in Parma sind wie 12 000 in Mailand, ohne das Theater mitzurechnen, welches das Gehalt um 4 000 erhöhen würde, und ohne damit zu rechnen, daß Faccio in den Monaten der Ferien vielleicht ein paar beachtenswerte Engagements annehmen könnte. Ich bin überzeugt, daß Faccio ein hervorragender Direktor des Konservatoriums werden würde.

Sie wissen aus Theorie und Praxis durch gründlichste Erfahrung, was der Direktor eines Konservatoriums alles wissen muß. Und die Unentschlossenheit behält er für sich, für seine eigenen Angelegenheiten, wie eine feine Perle, aber er teilt sie nicht anderen

mit. Daraus folgt, daß er auch lärmende und rohe Massen komman-
dieren kann und sich bei ihnen strengen Gehorsam zu verschaffen
weiß, weil er Ordnung und Gerechtigkeit intuitiv sehr klar erfaßt.
Darum wird er sich mit größter Leichtigkeit Gehorsam bei den
Schülern eines kaum reformierten Konservatoriums zu verschaffen
wissen, das keine verdorbenen Traditionen und eingewurzelten
Mängel hat wie die in Neapel, Florenz oder Palermo. Parma wird
seine Ruhe und sein Glück sein, solange er allein dahin geht, ohne
Familie und häusliche Sorgen.

Lieber Maestro, Sie sollten darauf beharren, den Freund zu er-
mutigen, und wenn Sie meinen, daß meine Worte ihn beeinflussen
könnten, bitte ich Sie, ihn diesen Brief lesen zu lassen, der der frei-
mütige Ausdruck meiner Gedanken ist.

Viele herzliche Grüße an Sie und Signora Giuseppina.

Ihr

Arrigo Boito

Und diese Seite, lieber Maestro, ist für Sie.

Eine burleske Fuge ist just das, was wir brauchen; am Platz
wird's nicht fehlen, sie unterzubringen.

Die Spiele der Kunst sind für die spielende Kunst da.

Ich lebe mit dem gewaltigen *Sir John*, mit dem Schmerbauch,
mit dem Bettendurchbrecher, mit dem Sesselzersprenger, mit dem
Maultiertreiber, mit dem Schlauch süßen Weins, mit dem lebendigen Schmeichler, zwischen den Fässern des Xeres und den Festen
jener warmen Küche im Wirtshaus zum Hosenbande.

Im Monat Oktober werden auch Sie dort leben.

In den ersten Tagen war ich verzweifelt. Die Typen mit wenigen
Zügen skizzieren, die Intrige bewegen, den ganzen Zucker aus jener
enormen Apfelsine Shakespeares pressen, ohne daß im kleinen
Glas überflüssige Kerne plätschern, farbig, klar und kurz schreiben,
den musikalischen Grundriß der Szene umreißen, damit eine organische Einheit entstehe, die ein *Musikstück* sei und auch wieder
nicht sei, die lustige Komödie von Anfang bis Ende leben machen,
sie mit natürlicher und verständlicher Lustigkeit zum Leben zu

bringen ist schwer, schwer, schwer; aber es muß leicht, leicht, leicht erscheinen. —

Mut und vorwärts.

Ich bin noch im ersten Akt. Im September der zweite. Im Oktober der dritte.

Das ist das Programm. Vorwärts.

Nochmals einen guten und starken Händedruck, um wieder Mut zu gewinnen.

Ihr
Arrigo Boito

Mittwoch, 30. [Oktober 1889]
Mailand

Lieber Maestro,

Ich komme am nächsten Montag (4. November) an, und wenn der 2. Akt noch nicht fertig ist, werde ich ihn in der Woche, die ich in Sant'Agata bleiben werde, fertigmachen. Dieser Akt hat den Teufel im Leibe und verbrennt einen, wenn man ihn anfaßt.

Das Thema der Szene Alices, wie wir es in Mailand geplant hatten, stellt mich nicht mehr zufrieden. Es hat einen Nachteil, und das ist dieser: wenn Alice sich auf die Einzelheiten des Spaßes einläßt, verliert der Spaß an Interesse.

Ich habe die *Korbszene* entworfen, und mir scheint, sie stellt Gutes in Aussicht.

Aber es gibt noch sehr viel zu tun.

Nun auf Wiedersehen am Montag. Ich werde in Fiorenzuola zur üblichen Ankunftsstunde aussteigen.

Viele gute Grüße an Signora Giuseppina und an Sie.

Alles Herzliche für Maestro Muzio.

Auf Wiedersehen.

Ihr herzlichst ergebener
Arrigo Boito

Montag [St. Agata, 11. November 1889]

Gestern abend kam hier ein Brief für Euch an. Ich habe ihn sofort nach Mailand weitergeschickt; aber ich fürchte, mich in der Adresse geirrt zu haben ... Principe *Umberto* statt Amedeo.

Der Brief wird Euch auf jeden Fall erreichen ... aber ich hielt es für gut, ihm zuvorzukommen.                                    GV.

Dienstag [Mailand, 12. November 1889]

Lieber Maestro,

Dankeschön; ich habe den Brief, den Sie die Güte hatten, mir zu senden, richtig erhalten.

Die Adresse war nicht verkehrt.

Die Abstimmung für die Wahlen, die mich das gemütliche Leben von S. Agata aufgeben ließ, kündigt sich mit guten Versprechungen für die Mittelpartei an. Morgen werden wir die endgültigen Nachrichten haben.

Ich habe die Arbeit wieder aufgenommen.

Ich habe niemand gesehen, außer Giacosa; folglich hat niemand mir von der Notiz im Figaro gesprochen.

Ich bitte Sie, lieber Maestro, Signora Giuseppina sehr von mir zu grüßen.

Auf Wiedersehen in Mailand, bald.

Einen guten Händedruck von Ihrem                    herzlichst ergebenen
                                                       Arrigo Boito

Genua, 6. Januar 1890

Liebster Boito,

Mein Diener ist entlassen. Ein gewisser *Vittorio Falsetti* (häßliches Wort, würde Ford sagen) hat sich da vorgestellt, der jahrelang im Dienst des Marquis Gropallo war. Wenn der Marquis Euch vertraulich etwas über ihn sagen wollte ... und außerdem, ob er aus

irgendeinem etwas trüben Grund entlassen wurde, würde er mir
einen wirklichen Gefallen tun. Falsetti kennt auch D. Marco Sala.
Versteht Ihr? Ich erwarte also eine Antwort von Euch; und sie sollte
bis Mittwoch bei mir eintreffen.

Verzeiht.

Unsere herzlichen Grüße.

G. Verdi

Samstag [Genua, 15. Februar 1890]

Lieber Boito,

Habt Ihr nähere Nachrichten über Faccio? Lest diesen kleinen
Artikel im Pungolo! Was soll man von diesen wenigen Zeilen
halten? Da gibt es bestimmt irgend etwas, was ich nicht defi-
nieren will. —

Addio, auf Wiedersehen.

Euer
G. Verdi

[Nervi] 1. März [1890]

Lieber Maestro,

Hier sind die letzten Nachrichten über Faccio. Sie sind gut, und
ich beeile mich, sie Ihnen mitzuteilen.

Der Brief des guten Fortis hat mich in diesem Moment erreicht.

In drei oder spätestens vier Tagen werde ich den Falstaff beendet haben. Der dritte Akt ist weniger kurz geworden, als ich hoffte,
aber er ist der abwechslungsreichste von allen.

Viele herzliche Grüße an Signora Giuseppina und an Sie.

Auf Wiedersehen Dienstag oder Mittwoch.

Ihr herzlich ergebener
Arrigo

Genua, 2. März 1890

Lieber Boito,

Danke für die besseren Nachrichten, die Ihr mir über die Gesundheit des Armen gebt. Ich werde glücklich sein, wenn ich hören werde, daß er gänzlich geheilt ist, wie ich von ganzem Herzen wünsche.

Der Schmerbauch ist also fast fertig! Evviva!.. Ich fürchte die Länge nicht, weil ich sicher bin, daß es da nichts Überflüssiges geben wird.

Ihr sagtet, Ihr kämet Mittwoch nach Genua. Verschiebt das um ein paar Tage. Ich reise morgen früh nach St. Agata ab und komme erst Samstag zurück. — Sobald ich angekommen bin, werde ich Euch telegrafieren.

Grüße von Peppina. Ich drücke Euch die Hände.    Herzlichst
G. Verdi


[Telegramm]                          Genua, 8. März 1890

Bin zurückgekommen — Grüße                  Verdi


Genua, 8. März 1890

Lieber Boito,

Nehmt an . . . . . nicht als Entgelt, sondern zum Zeichen der Dankbarkeit, daß Ihr diesen prachtvollen Falstaff für mich geschrieben habt.

Wenn ich nicht dazu käme, seine Musik zu beenden, bleibt die Dichtung des Falstaff Euer Eigentum.

Ich drücke Euch die Hände —
Nochmals Dank. Addio.                      Herzlichst
G. Verdi

9. März [18]90
Genua

Lieber Maestro,

Dank aus vollem Herzen und mit aller Erkenntlichkeit. Der Entgelt, den Sie mir geben, ist zu groß; um ihn annehmen zu können und zu fühlen, daß ich ihn verdiene, muß ich denken, daß ich für Sie nur aus Liebe, die ich Ihnen entgegenbringe, gearbeitet habe; und daß der splendide Entgelt, den Sie mir schenken, von Ihrer Anerkennung dieser Liebe stammt.

Jetzt, Maestro, verschaffen Sie im Namen Shakespeares der Kunst und dem Vaterland einen weiteren, ganz neuen Sieg.

Eine Umarmung.                                      Ihr
Arrigo Boito

Donnerstag, [13. März 1890]
Mailand

Lieber Maestro,

Ich habe Faccio noch nicht sehen können. Ich bin zweimal in seinem Hause gewesen, und zweimal hat mich die Hausmeisterin nicht eingelassen. Um ihm anstrengende Unterhaltungen zu ersparen und jedwede Aufregung von ihm fernzuhalten, ist es der Befehl der Ärzte, daß ihn niemand sehen darf. — Ich habe beharrlich versucht, diese Obhut zu umgehen; aber dann verstand ich, daß das Verbot sehr streng war, und beschränkte mich darauf, meinen Namen auf die Besucherliste zu schreiben.

Im übrigen sind die Nachrichten der Hausmeisterin gut; dem Freund geht es besser, aber er muß völlige geistige Ruhe haben. Dr. Levis hofft weiterhin. —

Also hoffen wir mit ihm.

Denken Sie daran, lieber Maestro, daß ich jedesmal, wenn Sie im Libretto des Falstaff etwas umzuwandeln oder zu modifizieren fänden, immer höchst bereit bin, auf Sie zu horchen und die Variante sogleich auszuführen. Ich bin sehr langsam im Machen, aber sehr schnell im Korrigieren des schon Gemachten. Wenn ein Kunst-

werk im Ganzen gut ist, ist es sehr leicht, die Einzelheiten zu ver-
vollkommnen.

Ich habe Giulio noch nicht gesehen.

Liebevollste Grüße                                        Ihr
                                                      Arrigo Boito

Viele herzliche Grüße an Signora Giuseppina.


                                    Sonntag [Mailand, 16. März 1890]

Lieber Maestro,

Ich habe F. zweimal gesehen; ich habe ihn vor einer halben
Stunde im Hause einer Freundin von uns gelassen, wohin wir ihn zu
bringen geplant haben, um mit ihm in Ruhe über seine Angelegenheiten ohne die Anwesenheit jenes Schwagers sprechen zu können.

Ich habe F. sehr viel besser gefunden, als ich erwartet hatte, sogar sehr viel besser, als wie ich ihn vor nun vier Monaten sah. Die
Kur, der er sich unterzieht, tut ihm gut.

Einer der Gründe seiner Krankheit ist eine Infektion des Blutes,
die mit Quecksilber-Injektionen behandelt wird. Es steht zu hoffen,
daß seine Gesundheit nach der Bewältigung dieser Infektion sich
sehr verbessern wird oder vollständig wieder hergestellt werden
kann. Er bedauert nicht mehr, die Sache in Parma angenommen zu
haben, und wenn er etwas zu bedauern sucht, geschieht es mehr aus
alter sentimentaler Gewohnheit als aus schmerzlicher Verfassung
seines Gemütes. Das ist so wahr, daß ich ihn gerade heute, als er
wieder zu jammern anfing, auslachte und selber mit solcher Lust
zum Lachen brachte, daß ein gesunder Mann nicht mehr und besser
gelacht hätte als er.

Aber seine Sprache ist schwerfällig (übrigens ist sie das immer
gewesen), verstehen Sie mich; im Gespräch sucht er ein bißchen
nach dem Wort, findet es aber genauestens; ich habe ihn niemals
eines mit einem anderen verwechseln gehört.

Die Modulation der Stimme und der Aussprache ist seine natürliche Modulation. Die Augen sind gerade, und ihr Blick ist gut. — So

hoffe ich denn. Er wird bald nach Gratz gehen, wo es eine äußerst wirksame Kur für diese Art von Krankheiten gibt. Er wird mit seinem Schwager dorthin gehen.

Ich, der ich darüber informiert war, wollte, bevor ich ihn abreisen ließ, etwas Positives im Hinblick auf die Sicherheit seiner Ersparnisse erfahren.

Seine Ersparnisse sind ganz sicher, sie sind in der Cassa di Risparmio in Form von auf seinen Namen lautenden Wertpapieren in Verwahrung eines Beamten desselben Institutes deponiert, der von makelloser Rechtschaffenheit ist und sie ihm seit vielen Jahren verwahrt. Die auf seinen Namen lautenden Wertpapiere sind automatisch geschützt. Also ist nicht zu befürchten, daß man sie ihm wegnimmt. Wenn die Krankheit statt zum Guten sich zum Schlechten wenden sollte und F.s Ersparnisse in irgendeiner Weise durch Einspruch einer Person, die das legale Recht dazu hätte, bedroht sein könnten, würde ich den Advokaten Dina konsultieren, um seinen Rat zu erbitten. Aber ich hoffe, aber ich glaube, daß wir mit Gottes Hilfe nicht zu diesem Äußersten schreiten werden.

Im übrigen hat dieser arme Freund furchtbare Bitternisse durchmachen müssen, die Abscheu erregen, wenn man an sie denkt.

Herzliche Grüße an Sie, lieber Maestro, und an Signora Giuseppina.

Herzlichst Ihr
Arrigo Boito


Genua, 17. März 1890

Lieber Boito,

Hoffen wir nur . . . aber diese so strenge Abgeschlossenheit alarmiert mich! Als ich in Mailand war, traf ich ihn außer Hause, und wenige Tage später begleitete er die Pantaleoni zur Bahn. Und jetzt? . . Hoffen wir, hoffen wir. Sagt mir etwas darüber, wenn Ihr könnt.

Der erste Akt ist fertig ohne jede Änderung in der Dichtung, so wie Ihr sie mir gegeben habt. Ich glaube, das gleiche wird im zweiten Akt der Fall sein, bis auf ein paar Striche im Concertato, wie Ihr selber sagtet. Sprechen wir jetzt nicht vom Dritten; aber ich glaube, daß es nicht einmal in diesem viel zu tun geben wird.

Und Ihr? .. Ich sage es sottovoce: *Arbeitet.* Und ich sage das außer im Interesse der Kunst auch etwas in meinem eigenen, weil, wenn man früher oder später erfährt, daß Ihr Falstaff für mich geschrieben habt, man über mich herfallen wird, weil ich Euch Zeit geraubt habe. Natürlich werden wir sie schreien lassen, aber wenn Ihr sie »an der Kehle packt« (wie Otello sagt) und die Schreie erwürgt, wird's besser sein.

Bei dem Wort *Falstaff* wollt Ihr die Betonung auf der ersten oder der zweiten Silbe? Für den Vers ist's egal, aber was ist besser?

Ich grüße Euch von Peppina und drücke Euch die Hände.

Herzlich
G. Verdi

Donnerstag. Mailand [20. März 1890]

Lieber Maestro,

Ich habe den S. Giuseppe vorbeigehen lassen wollen, ohne Ihnen zu schreiben, um den Hunderten von Briefen, die Sie gestern lesen mußten, nicht noch einen weiteren hinzuzufügen. Und ich antworte.

Zu allererst ein erstes *Evviva* zu der Nachricht, die Sie mir geben, daß Sie den I. Akt des Fàlstaff beendet haben.

Fàlstaff wird wie alle zweisilbigen englischen Namen auf der ersten Silbe betont. Fragen Sie Signora Giuseppina, ob ich recht oder unrecht habe. In meinem Gedächtnis finde ich keinen englischen Zunamen, der mehr als eine Silbe hat und die Betonung auf der letzten trägt. Nur die Franzosen, die die unverbesserlichen Verfälscher von fremden Zunamen sind, sagen Falstàff.

Auch ich glaube, daß die Korb- und Wandschirm-Episoden gekürzt werden müssen. Ich überlasse Ihnen, lieber Maestro, die Schere. Schneiden Sie, wo es Ihnen nötig scheint und gefällt. Ich habe absichtlich im Überfluß geschrieben, damit Sie in der Fülle des

Materials das Stück auf Ihre Weise und mit mehr Muße zurecht-
schneiden können. In den Entwicklungen des Ensembles kann man
die Forderungen der Musik nicht voraussehen; darum ist es besser,
reichlich viele Verse zu haben.

Machen Sie sich keine Gedanken um mich. Ich arbeite. Heute
suchten mich die Cortis auf, und ich habe ihnen das Versprechen
erneut, das ich in diesem Sommer gegeben hatte, sicher, es ein-
zuhalten.

Sie haben ihre Neugier unterdrückt und mir keine indiskreten
Fragen nach der Arbeit im Palazzo Doria gestellt.

Gestern habe ich wieder Faccio gesehen; ich hatte in seiner
Wohnung und in seiner Gegenwart eine Verabredung mit seinem
geschäftlichen Berater, der höchst achtenswert ist. Das Geld unseres
Freundes ist von allen Seiten gesichert. — Ich weiß, daß Sie zu
S. Giuseppe einen Brief von ihm bekommen sollten, und auch dieses
freute mich. Ich wiederhole meinen Eindruck: das ist ein müdes Gehirn, aber kein Geist, der erlischt. Das Ausruhen wird ihn gesünder
machen, als er bisher war.

Empfehlen Sie mich herzlich der Signora Giuseppina.

Einen liebevollen Gruß

von Ihrem
Arrigo Boito

25. März [1890]
Mailand

Lieber Maestro,

Unser armer Freund ist gestern abend nach Gratz abgereist. Ich
habe viel Mühe damit gehabt, daß er seine Abreise um ein paar
Tage verschob. Es wäre unmöglich gewesen, ihn davon abzuhalten
— nicht wegen des Widerstandes, den der Schwager geleistet hätte,
sondern wegen der verzweifelten Aufregung, die ich in dem Kranken selbst hervorgerufen und die seine Krankheit verschlimmert
hätte. F. hat grenzenloses Vertrauen zu der Kur in Gratz und eilt
dorthin mit der Ungeduld eines Menschen, der sicher ist, Heilung
zu finden.

Ich habe ihn gezwungen, die Abreise zu verschieben, weil ich wollte, daß Todeschini ihn besuche, und so war es auch. Ich habe selbst ein Ärztekonsil zustandegebracht, und das fand gestern statt.

Bevor ich ihn abreisen ließ, wollte ich über den physischen Zustand des Freundes genauestens unterrichtet sein. Unser Todeschini hat bei dieser Gelegenheit wieder einmal bewiesen, wie sehr die Noblesse seines Herzens seiner Fähigkeit gleicht. Das Konsil fand gestern in meiner Gegenwart in seiner Wohnung statt, nachdem er am Tage vorher den Kranken mit unermüdlich liebevoller Aufmerksamkeit untersucht hatte. Zugegen waren Todeschini, Levis (der behandelnde Arzt) und De-Vincenti, Spezialist für Krankheiten des Gehirns.

Das Ergebnis ist dieses: *Es gibt ernste Gründe, eine Paralyse des Gehirns zu vermuten.*

Es empfiehlt sich, daß die Öffentlichkeit den Namen der drohenden Krankheit nicht erfahre.

Wenn unser Freund in vier oder fünf Monaten ständige Besserung durch die Kur in Gratz spüren kann, ist er gerettet; wenn nicht, ist es schlimmer für ihn als der Tod. Solange diese Zeit nicht verstrichen ist, werde ich einen Weg finden, Parma hinzuhalten; die Ärzte selbst haben mir das geraten.

Ein Hoffnungsschimmer besteht, aber ein recht schwacher.

Die Ärzte haben mich mit diesen Worten verabschiedet: »Hoffen wir«; aber der Ton war nicht der wahrer Hoffnung. — Todeschini und Levis haben ein bißchen mehr Zuversicht als De-Vincenti, der äußerst wenig Zuversicht hat. Tatsache ist, daß es in der ganzen Welt keine geeignetere Kur gibt als die in Gratz.

De-Vincenti, der jenes Sanatorium kennt, weil er es gesehen und studiert hat, sprach mit wahrem Enthusiasmus von Dr. Kraft-Ebing, der es leitet, und er nimmt keinen Anstand, diesen Gelehrten als Charcot ebenbürtig zu erklären.

Derselbe Dr. De-Vincenti hat mir versprochen, an Kraft-Ebing, den er persönlich kennt, zu schreiben, um häufige Nachrichten über den Freund zu erhalten.

Zwischen Mailand und Triest, zwischen Mailand und Gratz fehlt es an Mitteln der Überwachung nicht. Der Bruder der Pantaleoni hat einen Freund, der jeden Monat nach Gratz fährt, und der wird sich um das Wesentliche kümmern. Ich selbst kann eine kleine Reise dorthin machen, wenn es nötig sein wird.

Traurige Tage, lieber Maestro. — Die ersten Eindrücke, die ich von dem Kranken erhielt, waren gut, weil ich ihn an jenen Tagen immer in den Nachmittagsstunden gesehen hatte. Aber als ich ihn dann in den Vormittags- und Abendstunden sah, war ich erschrocken. Ich hätte mir eine ähnliche Veränderung niemals vorgestellt.

Gestern war der letzte Abend. Ich fand in seiner Wohnung nur zwei Freunde: *Orsi* und *Alcèo Pantaleoni*, der immer zweimal täglich kam. An den anderen Tagen traf ich die *Gräfin Dandolo* und eine intime Freundin der *Pantaleoni* an — leider erinnere ich mich nicht an ihren Namen. Ich begleitete ihn nicht zum Bahnhof, um ihm eine akutere Erschütterung zu ersparen; ich verabschiedete mich eine Stunde vor seiner Abreise gestern abend um zehn.

Er war so gut und so wahrhaft ehrlich.

Wir hatten zusammen studiert.

Lieber Maestro

Einen Händedruck

Ihr
Arrigo Boito

Genua, 31. März 1890

Lieber Boito,

Danke für die Nachrichten, die Ihr mir über den Gesundheitszustand unseres armen Freundes gebt! Sie sind nicht, wie ich sie gewünscht hätte, aber ich weiß, daß sie leider die Wahrheit wiedergeben. Ich habe natürlich zu ihm nie so nahe Beziehungen gehabt wie Ihr; trotzdem schmerzt mich das Unglück dieses so hervorragenden Künstlers, dieses so ehrlichen Menschen tief! Merkwürdige Dinge! Und in der Scala werden sie es später erfahren.

Hoffen wir, hoffen wir; und möge es Euch nicht gereuen, mir ab und zu ein Wort darüber zu sagen.

Ihr spracht von Parma! Wenn Ihr schon geschrieben habt, macht es nichts aus; aber nicht zu schreiben ist vielleicht besser. —

Der Pantaleoni, die der gleichen Meinung war, sagte ich, sie könne besser als wir freundschaftlich entweder dem Grafen Sanvitale oder dem Bürgermeister schreiben. Ich glaube, daß sie es getan hat.

Ich grüße Euch im Namen Peppinas und drücke Euch herzlich die Hände.

Euer
G. Verdi

Montag [7. April 1890]
Mailand

Lieber Maestro,

Ich hätte Ihnen so vieles zu sagen, aber die Zeit drängt, und der Brief wird kurz sein. — Der arme Faccio kommt morgen früh nach Mailand zurück. Der Doktor in Gratz hat ihn nicht in sein Sanatorium aufnehmen wollen und geraten, ihn nach Mailand zurückzubringen und in eine Anstalt zu überführen. — In diesen letzten Tagen hat sich sein Zustand verschlechtert.

Hier bin ich nun wieder auf der *via crucis* für ihn, mit Ärzten und Advokaten. Trotzdem bin ich froh, daß er zu uns zurückkommt. Es ist ganz und gar nicht wahr, daß seine Schwester nach Mailand gekommen ist. Im Hause Faccios wurde mir versichert, daß sie nicht einmal eine Stunde lang gesehen worden ist. Das Haus ist heute genauso wie es war, als er abreiste. Um so besser. Unser Verdacht war übertrieben. Dina, mit dem ich gestern sprach, bietet mir seine volle Unterstützung an. Was die materiellen Interessen betrifft, ist nichts mehr zu befürchten.

Sprechen wir von etwas anderem. — Gestern abend habe ich den D. Pasquale gehört. — Ordentlich. Mir scheint, einen guten Ford und ein gutes lustiges Weib in der [Sängerin], die die Partie der Norina hatte, erkannt zu haben. Die Stimme des Basses ist schön, ist richtig, gesund und jung. Die Persönlichkeit kommt mir intelligent vor; er wird sich von den alten Traditionen der italienischen *Buffos* frei machen müssen, die zum D. Pasquale gut passen, aber beim Ford ein schwerer Irrtum wären. —

Und jetzt bitte ich Sie um einen Gefallen: Heute oder morgen wird ein gewisser Herr Rouillé-Déstranges in Genua eintreffen — ein Franzose, aber einer von den guten —, der mir Beweise der uneigennützigsten Herzlichkeit gab, als der Mefistofele in Nantes gegeben wurde; ich kenne ihn nicht persönlich, sondern nur brieflich, und bin durch seine Briefe der Vorzüge des Mannes inne geworden. Dieser Herr hat den brennenden Wunsch, Sie kennenzulernen, das heißt für ein paar Minuten zum Salon des Palazzo Doria zugelassen zu werden.

Es dürften bis jetzt hundert Menschen sein, die mich um diesen Gefallen gebeten haben, den ich allen verweigerte. Aber ich habe nicht das Herz, ihn diesem guten Franzosen zu verweigern. Er hat nichts zu erbitten, will nur seine Ehrfurcht bekunden; ich weiß nicht, ob er Musiker ist, aber ich weiß, daß er Künstlerisches gründlich und reichlich versteht. — Bitte sagen Sie mir durch eine Depesche oder ein Billet, ob Sie erlauben, daß ich Signor Rouillé-Destranges mitteile, daß ihm der erbetene Gefallen gewährt wird. — In diesem Fall würde ich an das Hôtel de la Ville (wo er heute oder morgen absteigen wird) die gute Nachricht telegrafieren. Ich glaube, daß er ein paar Tage in Genua bleibt. —

Viele gute Grüße an Signora Giuseppina.

Einen herzlichen Händedruck               Arrigo Boito

Genua, 8. März 1889
[8. April 1890]

Lieber Boito,

Leider haben meine Ahnungen mich nicht getrogen! Die Ablehnung in Gratz wiegt, glaube ich, schwer! Das ist eine Verurteilung! . .

Armer Freund! So tüchtig und ehrlich! . . .

Schickt den Franzosen ruhig, wann Ihr wollt.

Addio, addio                    Herzlich
                               G. Verdi

[Telegramm]                                    Genua, 10. April 1890

Glaube Euch verständigen zu sollen daß ich Samstag für drei oder
vier Tage nach S. Agata reise                                    Verdi


                                        [Mailand] 15. April [1890]

Lieber Maestro,

Der arme Freund ist verloren. Es gibt keine Hoffnung mehr, ihn
zu retten. Es ist besser, er stirbt.

Ich erspare Ihnen die Einzelheiten seines Zustandes, um den
Schmerz, indem ich davon spreche, nicht zu erneuern.

Die Zeitungen haben in ihrer ungeduldigen Unverschämtheit das ganze Unglück erzählt, obwohl ich sie angefleht hatte, zu
schweigen.

In ein paar Tagen werden wir ihn in ein Landhaus, ein recht gut
gewähltes, isoliertes und ruhiges, bei Monza transportieren. Wir hoffen, daß er dort bis ans Ende bleiben und daß das Ende bald eintreffen möge. Er wird von seinem guten und braven Dienstmädchen,
von einem braven Mann, der ihm auch jetzt bestens beisteht, und
von einem ehrlichen und sehr tüchtigen Krankenwärter sehr gut ge-
pflegt werden.

Gestern kam der Verwalter des Konservatoriums von Parma
zum Hause des Kranken, um mich zu sprechen. Ich habe ihm die
Wahrheit nicht verhehlt. Mittlerweile wächst sein Gehalt in Parma
an, und um es beziehen zu können, muß er ein Papier unterschreiben. Ich weiß nicht, ob er imstande sein wird, es zu unterschreiben.
Ich erwarte die Rückkehr des Advokaten Dina, der abwesend ist,
um einen Familienrat zusammenzurufen, den nun unvermeidlichen
Akt der Entmündigung einzuleiten und einen Vormund für ihn zu
wählen.

Der arme Freund hat seine zweihunderttausend Lire sicher angelegt, die unverletzliche Frucht lebenslanger rastloser Arbeit und
vortrefflichen Sparsinns! — Die Ironie menschlicher Vorsicht!

————

Ich danke Ihnen, lieber Maestro, für die Depesche, die Sie mir sandten, um mir Ihre Abreise nach S. Agata mitzuteilen. Ich denke, daß dieser Brief Sie wieder in Genua finden wird. Ich danke Ihnen auch, daß Sie den von mir Empfohlenen freundlich empfangen haben.

Viele gute liebevollste Grüße an Sie und die gute Signora Giuseppina.

Herzlichst Ihr
Arrigo Boito

Donnerstag [Genua, 17. April 1890]
Lieber Boito,

Gestern abend angekommen, fand ich Euren Brief.

Leider ist jetzt jedes Wort umsonst.

Besser ist es, er stirbt!

Über die Parma-Angelegenheit ist, scheint mir, etwas zu sagen. Das ist eine höchst delikate Sache. Wir sprechen mündlich darüber, wenn ich bald nach Mailand komme. —

Addio. Ich grüße Euch von Peppina und drücke Euch die Hände.

Herzlich
G. Verdi

Freitag [Mailand, 18. April 1890]
Lieber Maestro,

Im Namen Faccios und für Faccio habe ich vom Verwalter des Konservatoriums in Parma nur den Teil seines Gehaltes angenommen, der aus dem Stipendium des Ministeriums besteht, und habe den anderen abgewiesen, der aus dem städtischen Stipendium von Parma besteht. Ich habe das getan, nachdem ich mich erneut davon überzeugt hatte, daß dieses Geld, das ich für den Freund annahm, ihm rechtmäßig zustand; und ich wurde von der Beharrlichkeit des Verwalters des Konservatoriums selbst gedrängt, es anzunehmen.

Es ist ein Vierteljahresgehalt, das heißt anderthalbtausend Lire, die sich aus der Kasse des Ministeriums in der des Konservatoriums angesammelt haben. Habe ich es gut oder schlecht gemacht? Wenn ich es schlecht gemacht habe, geben Sie mir Bescheid; es ist noch Zeit, das zu reparieren.

Herzliche Grüße

Ihres ergebensten
Arrigo

P. S. Ich höre, daß die *Lombardia* einer Zeitung in Parma eine Antwort von mir an den Verwalter des Konservatoriums entnommen hat, die ein Wort der Hoffnung für die Gesundheit des Freundes enthält. Ich möchte Sie darauf aufmerksam machen, daß diese meine Antwort offiziellen Charakter hat, und darum glaubte ich, darin nicht die ganze Wahrheit mitteilen zu sollen.

Die ganze Wahrheit habe ich dem Verwalter selber gesagt, als ich ihn sah und ihm auch vorschlug, zu Dr. De-Vincenti zu gehen, um sich über Faccios Krankheit durch Erkundigung beim behandelnden Arzt noch genauer zu informieren.

Herzlichst Ihr
Arrigo

Genua, 20. April 1890

Lieber Boito,

Es ist eine Ansicht von mir! Weiter nichts . . . — Für mein Gefühl steht dem armen Faccio das Gehalt von Parma nicht mehr zu. Solange die Ärzte das furchtbare Urteil nicht ausgesprochen hatten, konnte er es als ernannter, wenn auch noch nicht amtierender Direktor *fordern;* aber jetzt glaube ich nicht. Ich spreche nicht von Rechten: es ist eine Frage der Noblesse und desweiteren, wiederhole ich, nur eine Ansicht von mir.

Ich habe Euren Brief gesehen! Aber, mein lieber Boito, sprecht in Zukunft in Eurem Namen und laßt die Familie beiseite, die hauptsächliche, wenn auch nicht einzige Ursache des großen Unglücks. —

Gestern abend bin ich im Orpheus gewesen. Die Har... (Orpheus) hat Talent: verdrehte Stimme mit zwanzig Registern; und ohne Charme. Der zweite Akt ist wirklich schön. Als ich ihn hörte, konnte ich mir nur bestätigen, daß die Deutschen Deutsche bleiben müssen und die Italiener Italiener. Auch damals, als man im Theater nur Melodien machte oder, besser gesagt, melodische Phrasen, schuf der Deutsche Besseres im Instrumentalen, trotz der Spärlichkeit der damaligen Orchester. Gerade in diesem zweiten Akt sind der Chor der Dämonen und die Ballette stark; aber die Noten, die Orpheus sich zur Leier begleitend singt, sind mangelhaft. Er hat keine ruhige, breite und gefühlvolle Melodie finden können, wie es erforderlich war. Statt dessen kalte, von Modulationen (damaligen Modulationen) gepeinigte Phrasen....

Auf Wiedersehen bald in Mailand und unsere Grüße.

Addio, addio
G. Verdi

Ich bin nicht fertig.

Ich sprach Euch von meiner Unterredung mit Maurel! Nun, er hat keine Zeit verloren; er hat sich an *Coquelin* gewandt, der ihm sofortigst den Entwurf einer Oper nach... *Shaspeare* schickte! Als ich in dem Brief diesen Namen las, überkam mich ein Schaudern! — Glücklicherweise handelte es sich nicht um Falstaff.... Der sehr ausführliche Entwurf ist *Der Widerspenstigen Zähmung* entnommen. Er ist nicht schlecht gemacht; sie haben den Prolog ausgelassen und *Katharine* und *Petrucchio*, das heißt der Gezähmten und dem Zähmer, wichtige Partien gegeben. — Es kann nicht an Falstaff heran, nicht einmal im Traum.

Entschuldigt den langen Brief.

[Mailand] 21. Mai [1890]

Lieber Maestro,

Vorgestern ist mir wie ein Dachziegel zwischen Kopf und Kragen ein Brief von Commendatore Mariotti angekommen, der mir meine (vom König bereits unterschriebene) Ernennung zum Ehrendirektor des Konservatoriums in Parma ankündigt. Wer hatte so etwas erwartet? — Ich habe den Kopf unter dem Schlag des Ziegelsteins gebeugt. Wer den Kopf beugt, sagt ja. Ich habe akzeptiert. In seinem Brief erklärt Mariotti mir, wie die Sache verlief. — Dieser hervorragende und höchst liebenswürdige Mariotti ist ein Sturzbach, er ist kein Mensch, und sein Ungestüm gewinnt überall. — Nun, die unvermutete Geschichte kam folgendermaßen zustande:

Es hat den Anschein, daß der Druck wieder rege wurde, in Parma jenen Ihnen bekannten neapolitanischen Maestro zu ernennen. Beim ersten Anzeichen dieser Drohung reiste Mariotti nach Rom und überredete den Minister, die Statuten des Konservatoriums in Parma um einen Paragraphen zu erweitern, in dem die Rede von einem Ehrendirektor sei; er nannte meinen Namen, ließ die Verfügungen aufsetzen und benachrichtigte mich, als dies getan war. — Außerdem hatte ich schon geplant, dem besagten Institut gewissenhaft einen Besuch abzustatten; aber ich verstehe, daß diese Ernennung mich zu mehr als einem verpflichten wird, um so in gewisser Weise ab und zu den armen Faccio zu ersetzen, dem (und auch bei diesem Punkt ist der gute Mariotti ungestüm und schwerhörig gewesen) das Gehalt verlängert werden wird. — Inzwischen hat sich die Gefahr des neapolitanischen Maestro verzogen.

Ich werde Montag in Parma sein; und vor Ende der folgenden Woche (d. h. der nächsten Woche) möchte ich auf dem Rückweg von meinem Konservatoriumsbesuch einen Tag in S. Agata verbringen.

Also bald auf Wiedersehen, lieber Maestro; bereiten Sie mir etwas Neues zum Anhören vor, etwas Neues von dem enormen Schmerbauch!

Apropos, da fehlt noch die nötige Variante bei der Fuge am Schluß. Sehen Sie mal, ob die, die ich Ihnen auf der Rückseite dieses Briefes aufschreibe, gehen kann.

> Tutto nel mondo è burla
> L'uom è nato burlone.
> Nel suo cervello ciurla
> Sempre la sua ragione.

Tutti gabbati! Irride
L'un l'altro ogni mortal,
Ma ride ben chi ride
La risata final.
[Alles in der Welt ist Spaß
Der Mensch ist als Spaßvogel geboren.
In seinem Hirn wackelt
Immer sein Verstand.
Alle gefoppt! Alle Sterblichen
Verspotten einander,
Aber gut lacht, wer das
Letzte Lachen lacht.]

Liebevolle Grüße an Signora Giuseppina und an Sie. Auf Wiedersehen, ich werde Ihnen den Tag meiner Ankunft telegrafieren. Wo soll
ich aussteigen: In Fiorenzuola? In Alseno?

Herzlichst Ihr
Arrigo Boito

P.S. Sehen Sie mal das dumme Zeug der Zeitungen an: die *Tribuna*
in Rom behauptet, *Sie* hätten mir wiederholt die Direktion des Konservatoriums in Parma angeboten und ich hätte abgelehnt.

Diese Journalisten können nichts Richtiges schreiben.

Aber die Perseveranza, die eine wohlerzogene Zeitung ist, hat
mir jetzt (in diesem Augenblick) die bereits druckfertige Notiz der
Tribuna geschickt, damit ich sie korrigiere; und ich habe den Irrtum
in den Druckfahnen gestrichen. Nochmals

Herzlichst Ihr
Arrigo Boito

St. Agata, 23. Mai 1890

Lieber Boito,

Ihr habt das ausgezeichnet gemacht! Ihr werdet der Kunst und
dem armen Kranken von Nutzen sein und habt Schaden von dem
Institut abgewendet. Über Eure ursprüngliche Ablehnung läßt die

Zeitungen so viel dummes Zeug sagen, wie sie wollen. Das ist ihre Sache und außerdem ohne Wichtigkeit.

Was den Schmerbauch angeht, ach wehe, ach wehe! Ich habe gar nichts gemacht!! ... *»L'uom è nato poltrone«* [Der Mensch ist als Faulpelz geboren] außer ein paar hinzugefügten oder geänderten Punkten und Kommas in dem, was schon gemacht war. Aber wir sprechen von allem persönlich in St. Agata.

Die bequemste Verbindung von Parma ist die, die um *12* abgeht und in Alseno um 12.56 ankommt. Die Reise ist ein bißchen länger in der Eisenbahn, aber Ihr spart fast eine halbe Stunde im Wagen. Schreibt oder telegrafiert mir von Parma am Tag vor Eurem Kommen nach St. Agata, dann findet Ihr den Wagen um 1.56 am Bahnhof von Alseno. —

Addio, addio ... Nein, nein *sans adieu.*

Auf Wiedersehen!                    Herzlich
                                    G. Verdi

Soeben tritt Peppina ein. Sie will, daß ich Euch grüße. Amen.


                                    3. Oktober [1890]
                                    Mailand

Lieber Maestro,

Seit einem Jahrhundert habe ich keine Nachrichten mehr von Ihnen noch von Signora Giuseppina und auch keine Nachrichten vom Schmerbauch. In ein paar Wochen hole ich sie mir selbst. Ich werde am 18. dieses Monats in Sant'Agata sein; ich treffe *von Parma* mit dem Zug ein, der in Alseno um *ein Uhr 59 Minuten* eintrifft, wie ich es das letzte Mal tat.

Jetzt bleibe ich ein paar Tage in Mailand wegen des armen Faccio, dem es immer schlechter geht. Übermorgen kehre ich nach *Ivrea* (San Giuseppe) zurück, wo ich bis zum zwölften dieses Monats bleiben werde. Dann muß ich mich nach Parma begeben, und von Parma werde ich, wie gesagt, einen Sprung nach Sant'Agata machen, um ein bißchen Luft und heitere Kunst zu atmen.

Diese Welt ist ein Haufen von Traurigkeiten; der Zustand unseres Freundes wird immer fataler; der alte Vater liegt im Sterben, ist furchtbar krank.

Sehen wir zu, soweit wie möglich gesund zu bleiben, lieber Maestro, und in der Arbeit das Leben zu vergessen.

Auf Wiedersehen am Achtzehnten.

Ich sende Ihnen zur Bestätigung eine Depesche aus Parma.

Herzliche Grüße an Signora Giuseppina und an Sie.

Herzlichst Ihr
Arrigo Boito

St. Agata, 6. Oktober 1890

Lieber Boito,

Himmlisch! Auf Wiedersehen denn am 18., und dann werden wir von so vielem sprechen!

Ich habe wenig gearbeitet, aber einiges habe ich getan.

Mich quälte das Sonett im Dritten Akt, und um diesen Nagel im Kopf loszuwerden, habe ich den Zweiten Akt beiseite gelassen und bin, angefangen mit dem Sonett, eine Note nach der anderen niederschreibend, bis zum Ende gediehen — —

Es ist nur ein Entwurf! Und wer weiß, wieviel es neu zu machen geben wird! Später werden wir sehen.

> *Mondo ladro. Mondo rubaldo*
> *Reo mondo!* . . . Sagt Er!
> [Hundewelt. Diebeswelt
> Böse Welt! . . .]

Ich weiß das, und leider weiß ich das dreißig Jahre länger als Ihr.

Dieser arme Faccio! Es ist noch kein Jahr her, daß er hierher kam; und als wir abends im Garten spazierengingen, sagte ich offene, aufrichtige und vielleicht auch etwas harte Worte zu ihm, die ich mir jetzt vorwerfe . .

*Mondo ladro!* . . . .

Bald auf Wiedersehen.

Ich grüße Euch von Peppina und drücke Euch herzlich die Hände.

Euer
G. Verdi

Dienstag. Mailand [9. Dezember 1890]

Lieber Maestro,

Ich erkenne diesen Namen wieder. Das ist meine Lily, meine alte Lily, die auch ich für einen Mann hielt, als sie mir das erste Mal schrieb, zehn Jahre sind das her, um mich um einen Platz für die erste Aufführung des Nerone zu bitten!!!

Dieser Name einer englischen Hündin ist mir im Gedächtnis geblieben. Lily, Korrespondentin der *Daily News*, Tochter eines Wolfes von der Rasse Israels, wohnte auch damals in Neapel.

Ich antwortete *Monsieur Lily* (!), indem ich ihm den Platz gewährte, der in solcher Eile von mir erbeten war. Daraufhin schrieb Lily mir ein zweites Mal, mir zu danken und ihr Geschlecht, ihr Alter (ein reifes) und ihre Verhältnisse zu enthüllen. Es schien, als wolle sie mit mir eine Korrespondenz bis zum Tode in Angriff nehmen.

Ich sagte: *Genug* und habe nicht mehr geantwortet.

Das beste ist, nicht zu antworten.

Man wendet sich an Sie, lieber Maestro, und protzt mit Ihrem Namen, um sich seine Reklame und die Reklame der Zeitung zu verschaffen, für die man schreibt.

*Mondo ladro! Reo mondo!*

Ich gebe Ihnen Lilys Brief wieder zurück.

Ich werde meine kleine Reise nach Nervi später machen, werde sie bis gegen Mitte Januar verschieben. Zu diesem Zeitpunkt verspreche ich mir ein großes Vergnügen, das aus dem Anhören des ganzen I. Teils vom 2. Akt des Schmerbauchs bestehen wird.

Herzliche Grüße an Signora Giuseppina und an Sie.

Ihr
Arrigo Boito

[Mailand,] 31. Dezember 18[90]

Lieber Maestro,

Man muß das Jahr lächelnd beginnen, und darum sende ich Ihnen einen Brief des guten Zorzi aus Vicenza, den ich heute früh erhielt und in dem er mir verkündet, daß der historische Spazierstock schon bestellt ist.

Gute und fröhliche Wünsche für Sie und Signora Giuseppina.

Herzlichst Ihr
Arrigo Boito

Genua, 1. Januar 1891

Lieber Boito,

Lachen wir nur!

Dieser arme Zorzi ist bestimmt verrückt! Er hält den Schmerbauch für etwas Fertiges, was er auf seinen sonderbaren Stock stecken kann, der jetzt vollkommen von Maden durchsetzt sein muß!

Für Euch auch (mit Peppina) gute und fröhliche Wünsche, und ich setze ein einziges Wort hinzu . . . .

*Fertigmachen!*

Der Schmerbauch kommt nicht vorwärts. Ich bin verwirrt und zerstreut . . die sehr traurigen vergangenen Monate, die jetzige Kälte, die Feste usw. usw. haben mich aus dem Gleichgewicht gebracht.

Herzlich Euer
G. Verdi

[Mailand,] 19. März [1891]

Liebe Signora Giuseppina,

Meine besten Wünsche zu diesem Tag für Sie und den Maestro, für den Maestro und Sie, gleichmäßigst verteilt.

Ich erhielt Ihre Nachrichten von den Ricordis und erfuhr, daß Sie sich bei der Ankunft in Genua nicht in einer Sänfte tragen lassen wollten, und über diese Nachricht habe ich mich nicht gewundert. Ich höre, daß Ihre Abneigung gegen die Ärzte Sie verhindert hat, einen zu konsultieren; und auch über diese Nachricht habe ich mich nicht gewundert.

Heute schreibe ich Ihnen aus zwei Gründen: zuallererst, weil es mir Freude macht, Ihnen zu schreiben, und dann, um den Maestro nicht mit einem weiteren Brief zu belasten; aber ich bitte Sie, ich bitte Sie ernstlich, mir nicht zu antworten; anderenfalls, wenn es für Sie eine Mühe bedeutet, würde meine Vorsicht einen neuen Irrtum begehen.

Ich habe das Aquarell gesehen, das zu dieser Stunde in Genua eingetroffen sein wird. Es schien mir meisterlich ausgeführt, der Typ des Falstaff kommt dem sehr nahe, was ich mir vorgestellt habe, außer daß ich ihn noch mächtiger und weniger weißbärtig und weißhaarig möchte. Ich weiß nicht, ob der Maestro der gleichen Ansicht ist. Bitte grüßen Sie ihn freundlichst, wie ich Sie von ganzem Herzen grüße.

Ihr ergebenster
Arrigo Boito

Genua, 21. März 1891

Lieber Boito,

Danke für die Glückwünsche, und ich danke Euch auch für Peppina, falls sie Euch nicht antworten sollte; Ihr habt ihr die Erlaubnis dazu gegeben.

Ich habe Falstaff (das Aquarell) erhalten. Es ist schön, es ist typisch, aber Ihr sagt ganz richtig, daß er etwas dicker (nicht viel) sein und weniger weißen Bart und Haare haben sollte. Ich füge hinzu, daß er mir mit jenen so schläfrigen Augen den Eindruck eines verdorbenen Trunkenboldes gibt. Falstaff, der immer soviel Geist hat, darf kein fettleibiger Säufer sein. Außerdem sind auch die Unterweste und die Hosen keine drei Jahrhunderte alt; sie sind zu modern. Aber jetzt sind diese Bemerkungen unnütz; wir werden gut Zeit haben, darüber zu sprechen. Leider werden wir Zeit haben! Wieviel habe ich davon verloren! Ich habe die Maschine noch immer nicht wieder erwärmen können!

Sagt mir inzwischen, ob Ihr bei dem Wort *Vindsor* die Betonung auf der ersten oder der zweiten [Silbe] wollt!
Z. B. in der Zeile

> *C'è a Vindsor una donna ...*
> [In Windsor ist eine Frau ...]

scheint die Betonung auf der ersten [zu liegen].
In dieser anderen Zeile

> *Gaje Comari di Vindsor! È l'ora!*
> [Lustige Weiber von Windsor! Die Stunde ist da!]

scheint die Betonung auf der zweiten; außer Ihr wollt keinen Elfsilber mit der Betonung auf der siebenten.
Entscheidet Ihr, wie Ihr wollt.
Addio. Immer herzlich

Euer<br>G. Verdi

Sonntag [Mailand, 22. März 1891]

Lieber Maestro,
Wìndsor. So:

> . *Gàje comàri di Wìndsor è l'ora* usw.
> [Lustige Weiber von Windsor, die Stunde ist da]

Es ist genau, wie Sie sagen, ein Elfsilber mit der Betonung auf der siebenten, und das Wort Windsor ist auf diese Weise korrekt betont. Ich glaube nicht, daß es in der ganzen englischen Sprache ein Wort gibt, dessen Betonung auf die letzte Silbe fiele; fragen Sie mal Signora Giuseppina, ob man diese Regel aufstellen kann, die ich in keiner Grammatik verzeichnet gesehen habe, aber für richtig halte.

Und hier muß ich gestehen, daß ich diese Regel in Ihrem Libretto einmal übertreten habe, nur ein einziges Mal, und zwar in einem Vers, der nicht weit von dem zitierten ist, dort, wo Falstaff sagt:

quand'ero paggio
Del Duca di Norfolk ero sottile
usw. usw.
[Als ich Page
des Herzogs von Norfolk war, war ich dünn]

Der Charakter dieses Verses ließe die Betonung auf die sechste fallen, während das Wort Nòrfolk auf der ersten Silbe betont wird, wie Wìndsor und Fàlstaff usw.

Ich habe diesen Vers mehrfach zu korrigieren versucht, aber wenn ich die Betonung änderte, verdarb ich den Vers, und so zog ich zwischen den beiden Übeln vor, die Betonung des Wortes zu fälschen.

Unterdessen stelle ich fest, daß Sie mit der Musik schon bei der Zeile *Gaje comari di Windsor è l'ora* angekommen sind, und das ermutigt mich in der Vorstellung, daß die Maschine sich schon wieder zu erwärmen beginnt; ein paar Seiten danach werden Sie sehen, daß die Maschine schon am Kochen ist, und dann: Vorwärts! *à toute vapeur!* und dann werden die vier verlorenen Monate in einer Woche wiedergewonnen sein. Dessen bin ich ganz gewiß.

Ihre Bemerkungen zum Aquarell stimmen vollständig mit den meinen überein.

Herzlichste Grüße an Signora Giuseppina; ich hoffe, daß die Ruhe die beste Kur für ihre Knie sein wird.

Für Sie, lieber Maestro, einen guten Händedruck

Ihres
Arrigo Boito

P.S. Hier haben wir den leibhaftigen Teufel Chiarina Faccios wegen gehabt, die den Vater nach Triest bringen wollte. Wir haben das verhindert.

Samstag. Mailand [25. April 1891]

Lieber Maestro,

Wenn Sie sich auf dem Wege nach St. Agata einen Tag in Mailand aufhielten, würde an dem Tag der Dirigent der Scala geboren, und unser schönes Theater wäre gerettet. Ich würde den Freund Bazzini zum Hôtel Milan begleiten, und unter uns dreien würde in vollkommen übereinstimmendem Gespräch die Frage gelöst werden, die so sehr dringlich und die wichtigste von allen ist, die die Neuorganisation der Scala betreffen.

Die Städtische Kommission ist so überzeugt von der höchsten Wichtigkeit dieses Problems, daß sie es in der bestmöglichen Weise gelöst sehen möchte.

Die bestmögliche Weise ist diese, die ich Ihnen vorschlage: ein gewissenhaftes Gespräch zwischen Ihnen, Bazzini und mir. —

Negri, der tüchtige Mann, von dem Sie wissen, hat sehr darauf bestanden, daß ich Ihnen in diesem Sinne schriebe.

Jede andere Kombination wäre unzulänglich.

Wenn man einen *Wettbewerb* ausschriebe, würden nur die Mittelmäßigen konkurrieren.

Wenn man die Wahl des Dirigenten der Impresa überließe, wäre das ein törichter Beschluß und schlimmer als töricht.

Die Theater-Kommission hat die nötige künstlerische Kompetenz nicht, eine so schwerwiegende Frage zu beraten.

Der Stadtverordnetenausschuß ist in der gleichen Lage. — Die Verleger dürfen da nicht hereinkommen. Wer also?

Und das ist der zwingende Grund, aus dem ich Ihnen diesen Brief geschrieben habe.

Die liebevollsten Grüße an Sie und alles Gute für Signora Giuseppina.

Herzlichst Ihr
Arrigo Boito

Genua, 26. April 1891

Lieber Boito,

Ich muß sofort in meinen Angelegenheiten nach St. Agata gehen und könnte jetzt auch nicht nach Mailand kommen. Wir sind mitten im Packen; morgen früh reisen die Dienstboten ab und übermorgen um 7 Uhr früh reisen wir, um gegen 3 Uhr nachmittags in St. Agata zu sein.

Im übrigen könnte ich Euch bei der Wahl eines Dirigenten an der Scala nicht sehr nützlich sein. Da ich wenig ins Theater gehe, kenne ich die besten Dirigenten nicht ... weder die beiden Mancinellis noch Mascheroni. In keinem Falle wäre ich je der Meinung, einen Wettbewerb zu machen. Einen Dirigenten beurteilt man am *Pult.*

Ich schreibe Euch morgen wieder, wenn ich etwas Zeit habe, sonst gleich nach der Ankunft in St. Agata. — — —

Ich grüße Euch von Peppina und drücke Euch liebevoll die Hände. Addio.

Herzlich
G. Verdi

[Genua,] 27. April 1891

.... Also, wie ich Euch gestern schrieb, da ich die besten Dirigenten nicht kenne, kann ich mich nicht über sie äußern. Den größten Ruf haben die beiden Mancinellis und Mascheroni.

Ich glaube, man muß auf Luigi verzichten ..... Von den beiden anderen würde ich Mascheroni wählen, der, wie man mir sagt, unter anderen die Eigenschaft hat, ein großer Arbeiter zu sein (unerläßliche Eigenschaft an der Scala), ein gewissenhafter Mann ohne Sympathien und, noch besser, ohne Antipathien.

Man muß den Dirigenten gänzlich unabhängig von der Impresa walten lassen und ihm vor der Kommission, der Impresa und dem Publikum alle musikalische Verantwortung geben. Ihm steht die Wahl des Chordirigenten zu, der nicht nur mit der musikalischen, sondern auch mit der szenischen Einstudierung betraut sein muß. Außerdem ist dieser oder der ihm untergebene Maestro zu verpflichten, sich bei den Aufführungen ein Kostüm anzuziehen und im Chor mitzusingen.

Die Scala muß unbedingt einen Spielleiter von großer Fähigkeit haben. Den hat es in diesem Theater nie gegeben, aber die szenischen Erfordernisse von heute verlangen dringlichst nach ihm.

Schließlich ist ein klares, entschiedenes Programm der Vorstellungen zu gestalten, und die Opern dürfen nicht per Zufall gewählt werden, wie es in diesen letzten Jahren geschah, und auch nicht der erste beste unter den Sängern. — Entweder Sänger für die Opern oder die Opern für die Sänger — Feste vollständige Truppen für die ganze Spielzeit; und zwei Opern für die Eröffnung ausstatten usw. So würde man die Mißstimmungen des Publikums vermeiden — Mißstimmungen, die dann die ganze Spielzeit lang dauern.

Alles würde gut gehen, aber . . . da ist immer das *aber* . . . Alles liegt daran, den MANN zu finden!

Macht keine große Geschichte aus dem, was ich Euch gesagt habe, weil ich es hauptsächlich Euch gesagt habe. —

Schreibt mir nach St. Agata, wo ich morgen um drei Uhr sein werde.

Addio, addio.

Herzlich
G. Verdi


29. April [1891]
Mailand

Lieber Maestro,

Da Sie der Kommission nicht beitreten können, die den Dirigenten der Scala wählen wird, wird es sich gebühren, die Autorität, die ihr wegen Ihrer Abwesenheit fehlt, durch die Zahl zu ergänzen.

Die Kommission wird aus fünf Maestri bestehen: Bazzini, Martucci, Catalani, Gomez und mir.

Ich werde mein Möglichstes tun, Mascheroni die Wahl gewinnen zu lassen, aber ich kann das Ergebnis (einer gegen vier, wenn die anderen vier nicht mit mir stimmen), ich kann das Ergebnis der Wahl nicht garantieren.

Es wäre nötig, daß Sie mir die Erlaubnis gäben, der Kommission die folgenden Worte Ihres Briefes vorzulesen:

»ich würde Mascheroni wählen, der, wie man mir sagt, unter anderen die Eigenschaft hat, ein großer Arbeiter zu sein (unerläßliche Eigenschaft an der Scala), ein gewissenhafter Mann ohne Sympathien und, noch besser, ohne Antipathien.«

Diese Worte, die ich aus Ihrem Brief abgeschrieben habe, können, zur rechten Zeit gelesen, die Waage auf die Seite Mascheronis neigen.

Aber wenn Sie mir die Erlaubnis nicht geben, sie auszusprechen, werde ich sie nicht aussprechen, doch dann wird mir eine sehr starke Waffe fehlen, um zu siegen.

Ich will, daß der Schmerbauch die Scala so gut wie möglich organisiert finden wird.

Die reorganisierende Kommission hat gut gearbeitet, und unser Wirken stimmt vollkommen mit den Ideen Ihres Briefes überein.

Die Abschaffung der Logen des 5. Ranges ist ein ausgezeichneter Beschluß.

Man befreit das Theater von einer zerstreuten, gelangweilten und lärmenden Fraktion des Publikums alter Tradition und ersetzt sie mit einer großen Galerie bürgerlicher Zuschauer, die wenig bezahlen und sich bei passender Gelegenheit köstlich amüsieren werden.

Das Publikum der Galerie ist heute das beste Publikum der Scala, und dieses Publikum wird von jetzt an, wenn die Logen des 5. Ranges eingerissen werden, doppelt so groß sein. — Ich erwarte noch ein Wort von Ihnen.

Ich stelle mir vor, daß der Schmerbauch in der Ruhe des Landes sehr dick werden muß. Herzliche Grüße

Ihr
Arrigo Boito

St. Agata, 1. Mai 1891

Lieber Boito,

Es ist gar nichts Schlimmes daran, der Kommission meine vier Zeilen vorzulesen, wobei nur immer vorauszuschicken ist, daß ich diese Dirigenten weder persönlich noch namentlich kenne und daß ich darum kein Urteil zu geben bereit bin. Ich wiederhole nochmals, daß, da man Luigi Mancinelli nicht haben kann, der beste unter den beiden anderen, insbesondere für die Scala, Mascheroni ist.

Ausgezeichnet der Beschluß, den 5. Rang abzuschaffen. Das Publikum der Galerie, das heißt dasjenige, das sich beeindrucken läßt und seine Eindrücke mit Ehrlichkeit kundgibt, ist das wahre Publikum. Das andere *blasé* aus Pose, das den *savant* spielt, urteilt und von der Zukunft, von Modernität, vom Idealismus des Verismus, vom Klassischen, vom usw. usw. usw. spricht. Oh, um Himmels willen!

Und nun auch noch Programm-Musik?!.. Aber alle Musik muß ein Programm haben, d. h. soll Empfindungen in den Menschen, die sie hören, hervorrufen, je nach der Höhe der Zeit, nach der Nationalität (und darin liegt die wahre Macht der Musik).

Musik, die dieses Programm nicht hat, ist schlecht; aber Musik, die ein Programm *aufzwingt,* ist noch schlechter! — Oh, wieviel Geschwätz!!

Der Schmerbauch? Der arme Kerl! Nach jener viermonatigen Krankheit ist er mager, mager! Hoffen wir, einen guten Kapaun zu finden, um ihm den Bauch aufzublähen!.. Alles hängt vom Arzte ab!.. Wer weiß! Wer weiß!. Grüße und Grüße.

Herzlich
G. Verdi


[Mailand,] 2. Mai [1891]

Lieber Maestro,

Danke für die Erlaubnis, die Sie mir gewähren; ich werde den günstigsten Gebrauch davon machen, und er wird nützen.

Und um auf das zu antworten, was Sie weiterhin in Ihrem Brief sagen, füge ich hinzu, daß diejenigen, die der Musik ein Programm aufzwingen, das göttliche Wesen dieser Kunst verkennen.

Um die Mitte des Monats herum werde ich nach Parma gehen; dann werde ich, wie üblich, einen Sprung nach S. Agata machen, und das wird gegen den Zwanzigsten sein, aber wahrscheinlicher wird es der Einundzwanzigste sein.

Wenn das Wetter gut ist und Sie Lust dazu haben, machen wir einen Ausflug zu dem schönen alten Kloster, von dem mir Mariotti erzählte.

Nun bald auf Wiedersehen und viele gute Grüße an Signora Giuseppina und einen herzlichen Händedruck für Sie.

Herzlichst Ihr
Arrigo Boito

St. Agata, 5. Mai 1891

Lieber Boito,

Ausgezeichnet! und auf Wiedersehen am 21. — Ihr sagt mir noch, ob ich Euch in *Borgo, Alseno* oder *Fiorenzuola* abholen lassen soll. Grüße von Peppina und einen Händedruck von Eurem zugetanen                                              G. Verdi

[Mailand,] 28. Mai [1891]

Ich bin bei dem *terrybile* Mr. Terry gewesen, der mir versprochen hat, alle Gelehrsamkeit seiner äußerst zarten Hände der Signora Giuseppina und Ihnen zu widmen. Ich mache Sie jedoch darauf aufmerksam, daß die Anmeldungen für die Behandlungen des berühmten Zahnarztes mehrere Tage vorher zu machen sind; ich z. B. mußte mich gestern für nächsten Dienstag wie für ein Rubinstein-Konzert anmelden.

Der Impresario der Scala ist Piontelli, ich hätte die Cortis vorgezogen.

Der Dirigent wird Mascheroni, für ein Jahr engagiert. Wenn er sich, wie man hofft, gut bewährt, wird das Engagement verlängert werden. Ich habe Ihnen keine andere Nachricht zu geben.

Ich hoffe, daß der Teufel in Sant'Agata auf einem Geigenbogen reitet und daß Sie, lieber Maestro, sehr geschäftig um den Wäschekorb herum sind.

Endlich verspricht heute die Sonne zu bleiben; das läßt mich hoffen, daß Signora Barberina wieder gesund werden und in den Garten hinuntergehen kann; bitte grüßen Sie sie mir freundschaftlich und grüßen Sie mir auch Signora Giuseppina sehr. Für Sie, lieber Maestro, einen guten Händedruck und bald auf Wiedersehen.

Herzlichst Ihr
Arrigo Boito


[Mailand,] 29. Mai [1891]

Lieber Maestro,

Heute schreibe ich Ihnen, um Ihnen zu sagen, daß ich von dem guten Vellani einen Brief voll der wärmsten Dankbarkeit für das Autograph erhalten habe, das Sie der Bibliothek des Liceo Musicale in Bologna geschenkt haben. Vellani, der eine treuherzige und sehr einfache Seele ist, bringt den Mut nicht auf, Ihnen direkt zu danken; er hat Angst, Sie durch die Verpflichtung, den Ausdruck seiner Dankbarkeit zu lesen, zu belästigen, und trägt mir auf, seine Rolle zu spielen, die ich mit dem allergrößten Vergnügen übernehme. Aber den Dankesbezeugungen Vellanis füge ich auch die meinen hinzu, weil Sie meiner Fürsprache so schnell willfahrten, daß ich nicht anders kann, als Ihnen zu danken.

Ich schrieb Ihnen auch gestern einen Brief, der, wie dieser heutige, keine Antwort erwartet.

Sie dürfen nicht unnötige Zeit mit Korrespondenzen verlieren, Sie haben sich um die Wäsche zu kümmern.

Lieber Maestro, bald auf Wiedersehen und herzliche Grüße an alle.

Ihr Arrigo Boito

[Mailand,] 9. Juni [1891]

Lieber Maestro,

Gestern abend habe ich eine wirkliche Altstimme im Dal Verme in der *Cenerentola* gehört, eine gewisse Guerrina Fabbri, Schülerin der Galletti. Umfangreiche, sauber intonierende, mühelos klangvolle und in den mittleren Noten so schöne Stimme, daß sie die Erinnerung an die der Alboni wachruft.

Nicht ungeschickte und, wenn angebracht, lebhafte *comédienne;* musikalische Phrasierung nicht schlecht; Aussprache nicht schlecht. Man muß diese Sängerin nicht in der Cenerentola beurteilen, weil sie vom Rossini-Stil nichts zu wissen, überhaupt nichts zu wissen scheint. Aber ich glaube, sie könnte eine sehr gute Quickly werden. Wenn Sie nach Mailand kommen, werden Sie hören und urteilen und vielleicht in dieser Truppe des Dal Verme noch ein paar nicht unbeachtliche Kräfte finden.

Giulio hat mir gestern ein Stück von einem Ihrer Briefe gezeigt, und ich habe die lebhafteste Freude damit gehabt. Wenn ich in Fragen der Kunst und des Lebens Ihre Zustimmung habe, lieber Maestro, bin ich sicher, nicht fehlzugehen, und verlange keine andere Auszeichnung mehr.

Camillo ist nach Rom abgereist, ohne daß ich Zeit gehabt hätte, ihm das Libretto vorzulesen, weil ich es ihm schön und kopiert vorlesen wollte und mit den beiden Strichen, die Sie mir raten. Der Strich im 2. Akt paßt gut, er ist gemacht und ist äußerst nützlich. Ich bin dabei, den vierten etwas zu kürzen.

St. Agata, 12. Juni 1891

Lieber Boito,

Wenn Ihr eine gute Quickly entdeckt habt, bin ich der glücklichste Mensch auf Erden. Diese Rolle machte mir viel zu schaffen, weil die Musik, vom szenischen Interesse abgesehen, eine sehr tiefe Tessitura hat. Ich habe es nicht anders machen können. Da es vier Frauenrollen gibt, mußte wenigstens eine unbedingt tief sein.

Der Schmerbauch ist auf dem Wege, der zur Verrücktheit führt.

Es gibt Tage, an denen er sich nicht rührt, schläft und schlechter Laune ist; zu anderen Malen schreit, läuft und springt er wie der leibhaftige Teufel ... Ich lasse ihn ein bißchen sein Mütchen kühlen, aber wenn er so weitermacht, werde ich ihm einen Maulkorb und eine Zwangsjacke anlegen.

Barberina geht es besser, sie steht auf und ißt seit drei, vier Tagen mit uns.

Peppina grüßt Euch und ich umarme Euch herzlich.     Euer
G. Verdi


[Mailand,] 14. Juni [1891]

Lieber Maestro,

Evviva! Lassen Sie ihn nur machen, lassen Sie ihn laufen, er wird alle Scheiben und alle Möbel in Ihrem Zimmer zertrümmern; das macht nichts, Sie werden andere kaufen; er wird das Klavier zerschmettern, das macht nichts. Sie werden ein anderes kaufen, lassen Sie alles drunter und drüber gehen! aber die *große Szene* wird gemacht sein! Evviva!

Los! Los! Los! Los! Vorwärts! Was für ein Pandämonium!!!

Aber ein Pandämonium klar wie die Sonne und Schwindel erregend wie ein Irrenhaus!!

Ich weiß schon, was Sie machen werden. Evviva!

Ich garantiere Ihnen Quickly. Bis zum *tiefen G* ist ihre Stimme ausgezeichnet, und die *Mittellage* ist wunderschön.

Es macht mir große, große Freude zu hören, daß es Signora Barberina besser geht; grüßen Sie mir sie sehr, zusammen mit Signora Giuseppina.

Einen guten Händedruck               Ihres herzlichst ergebenen
Arrigo Boito

Montecatini, 5. Juli 1891

Lieber Boito,

Ich schicke Euch *le Rêve* zurück und danke Euch. — Es gibt
gute Absichten darin . . . aber mit guten Absichten, sagt man, ist die
Hölle gepflastert!

Es gibt in dieser Oper weder das gesprochene Rezitativ noch
Wortwiederholungen, noch *Couplets*, noch Wiederkehr von Motiven, noch viele andere Formeln, die besonders in der *Opéra-Comique* so gebräuchlich sind! All das geht gut; aber es geht nicht so gut,
wenn die ganze Handlung im Kreise von drei oder vier, ich würde
nicht sagen, Motiven, sondern orchestralen Phrasen eingeschlossen
und erdrosselt wird, die durch die ganze Oper laufen und wieder
laufen, ohne durch eine kleine gesangliche Stelle aufgelockert zu
werden. Und in dem Drama, das vielleicht nicht gänzlich für Musik
geeignet ist, fehlten die Momente nicht, das zu tun. Auf Seite 28 gibt
es sechs vom Bischof gesprochene Verse . . *Heureuse heureuse enfant* usw. usw. und später in einer Szene zwischen dem Bischof und
Angelique . . . und in einer anderen zwischen dem Bischof und
ihrem Sohn; und auch in anderen, zu denen man empfindungsrei-
che, dramatische, einfache Musik ohne so viele orchestrale Mätz-
chen machen konnte, die nicht schön und, schlimmer noch, unnötig
sind. Dazu gibt es in der ganzen Oper einen fortwährenden Gebrauch von Legato-Noten, deren Wirkung reichlich monoton sein
muß. Außerdem einen gräßlichen Mißbrauch von Dissonanzen,
die Euch wie Falstaff nach *»un breve spiraglio«* [einem kurzen
Verschnaufen] auf einem vollkommenen Akkord schreien lassen
wollen.

Hier geht alles gut. Der *orage* von gestern hat die Luft erfrischt,
und heute lebt sich's gut . . .

Peppina grüßt Euch, und ich drücke Euch die Hand.

Herzlichst
G. Verdi

St. Agata, 23. Juli 1891

Lieber Boito,

Auch er ist gegangen! Armer Faccio!

Gestern bei der Ankunft in St. Agata waren wir alle schmerzlich ergriffen von der traurigen Nachricht, die sich im Corriere fand!

Wie sehr auch immer seine künstlerische Intelligenz verschwunden sein mag, und mit ihr die anderen Eigenschaften seines guten Geistes, ich stelle mir die Beklemmung im Herzen vor, die Ihr bei diesem Verlust empfinden mußtet!

Der arme Faccio war Euer Mitschüler, Kamerad und Freund in den stürmischen und fröhlichen Zeiten Eurer Jugend ... (Und er hatte Euch so lieb!) In dem großen Unglück, das ihn traf, standet Ihr ihm bei und gabt ihm hohe, bewundernswerte Beweise Eurer tätigen Freundschaft. Ihr müßt mit Euch selbst zufrieden sein und habt auch jedes Lob rechtschaffener Menschen verdient.

Armer, sehr unglücklicher Faccio! So vortrefflich! So gut!
Addio.

Herzlichst
G. Verdi


24. Juli [1891]
Mailand

Lieber Maestro,

Alles ist zu Ende. Der Freund ruht in Frieden und ist in das ewige Gesetz der Seelen und der Dinge zurückgekehrt. Nur der Tod konnte ihn heilen, und der Tod hat ihn wirklich geheilt. Auf diesem Antlitz erschien nach dem Leben wieder der edle Ausdruck menschlicher Vernunft.

Ich telegrafierte Ihnen die Trauernachricht nach Montecatini am Morgen des 22., aber von dem dortigen Telegrafenamt bekam ich abends den Bescheid, daß Sie abgereist waren.

Heute kommt Ihr so guter Brief, mich zu trösten; danke, lieber Maestro, danke. Und heute wiederhole ich Ihnen, was ich Ihnen im Frühjahr des vergangenen Jahres schrieb: *besser so.*

Noch einmal vielen Dank, und grüßen Sie mir Signora Giuseppina herzlich.

Für Sie einen dankbaren Händedruck Ihres

herzlichst ergebenen
Arrigo Boito

3. September [1891]
Mailand

Lieber Maestro,

Es ist ein Jahrhundert her, daß ich die Freude hatte, Ihnen zu schreiben.

Gallignani bietet mir jetzt die Gelegenheit; er möchte von einem Brief von mir nach Sant'Agata begleitet werden. Hier ist er. Mariotti bot mir vor einem Monat die Direktion des Konservatoriums in Parma an; ich nahm nicht an, aber er gab sich nicht geschlagen.

Er kam vor zehn, zwölf Tagen zurück, um mir das Angebot nochmals zu machen; ich nahm nicht an, aber Mariotti gab sich nicht geschlagen. Er ging nach Rom mit einem Plan, von dem Ihnen Maestro Gallignani erzählen wird, und gibt sich nicht geschlagen.

Indessen kann diese Weigerung Mariottis, sich meiner Ablehnung zu fügen, die Aktion unter anderen Einflüssen begünstigen, die Mariotti selbst ungemein fürchtet, und das wäre ein Unheil. Um diesem Unheil vorzubeugen, muß man Maestro Gallignani helfen, Direktor des Konservatoriums in Parma zu werden.

Gallignani wird Sie, lieber Maestro, um einen Brief an Commendatore Mariotti bitten; ich werde ihm einen anderen schreiben, in dem ich meine Ablehnung mit einem letzten und sehr festen Schlag bekräftigen werde; so wird Maestro Gallignani hoffentlich zum Direktor ernannt.

Viele, viele Grüße an Signora Giuseppina und Sie, lieber Maestro, und auf Wiedersehen im Oktober.

Herzlichst Ihr
Arrigo Boito

St. Agata, 5. September 1891

Lieber Boito,

Gallignani hat, wie Ihr wissen werdet, Mariotti nicht in Parma getroffen. Er hat nicht erfahren können, wo er sich befindet. Er hat meinen Brief hinterlassen, damit er ihm übergeben werde, wenn er zurückkommt.

Jetzt bittet Gallignani mich um einen Brief an den Minister. Das wäre meiner Ansicht nach ein falscher Schritt! Man würde Mariotti damit übergehen; und das wäre schlecht. Andererseits bin ich überzeugt, daß Mariotti, wenn er es endlich hinnimmt, daß Ihr diesen Direktionsposten nicht akzeptiert, sich unserem (Eurem und meinem) Vorschlag nicht widersetzen wird. – Schließlich wird Mariotti mir dann schreiben, und wir werden sehen.

Aus dem Brief, den Gallignani mir gestern abend schrieb, ersehe ich, daß er sehr aufgeregt und nervös ist. Versucht Ihn zu beruhigen, und sagt ihm, daß es in dieser Geschichte bis jetzt nichts Alarmierendes gibt.

Viele, viele Grüße von Peppina und mir. Auf später . . . und dann auf Wiedersehen im Oktober.

Herzlich
G. Verdi


8. September [1891]
Mailand

Lieber Maestro,

Was für aufgeregte und ungestüme Leute!! Mariotti ist ein Wirbelsturm und Gallignani ein Erdbeben. Ich finde mich inmitten dieser zwei von der Natur entfesselten Furien und weiß nicht, wie mich retten.

Ich habe dem Erdbeben den Brief vorlesen wollen, den Sie mir schrieben, und er hat mir versprochen, sich zu besänftigen und die Entwicklung der Dinge ruhig abzuwarten. Im Falle äußerster Gefahr werden Sie gebeten werden, an den Minister zu schreiben — nur im Falle äußerster Gefahr.

Kein Mensch weiß, wo Mariotti steckt; Gallignani ist in der Wohnung des Kanonikus des Domes, wo er *ruhig* in jeder Minute und innerlich fiebernd Nachricht aus Rom erwartet.

Wir werden ja sehen.

Unterdessen habe ich sagen hören, daß der Falstaff fertig ist. Evviva! Ich kann den Oktober nicht abwarten, ihm auf den Bauch zu klopfen.

Auf Wiedersehen also in nicht allzu vielen Tagen.

Viele Grüße an Signora Giuseppina und Signora Barberina. Einen herzlichen Händedruck.

Ihr
Arrigo Boito

St. Agata, 10. September 1891

Liebster Boito,

Ein Wort nur:

Ich berichtige:

Es ist nicht wahr, daß ich den Falstaff beendet habe. Ich arbeite daran, alles, was ich gemacht habe, in Partitur zu setzen, weil ich fürchte, einige Stellen und Mischungen der Instrumente zu vergessen. Danach werde ich den ersten Teil des Dritten Aktes machen ... und damit Amen! Dieser Teil ist kürzer und weniger schwierig als die anderen ... Aber Falstaffs erstes Rezitativ und die Stelle, an der die Weiber abgehen, müssen sorgfältig ausgearbeitet werden ... Hier sollte man .. ich muß sagen, ein *Motiv* haben, das immer leiser werden und sich in einem pp verlieren sollte, am liebsten mit einer einzigen Geige an der Decke der Bühne. Warum nicht? — Wenn man heutzutage die Orchester in den Keller steckt, warum könnte man eine Geige nicht auf den Dachboden stecken!!?.. Wenn ich ein Prophet wäre, würden meine Apostel sagen .. »O die prächtige Idee!«.. Ha ha ha ha! Wie schön ist die Welt!!.

Peppina und Barberina danken und grüßen. Ich

St. Agata, Dienstag . . .
[15. September 1891]

ьieber Boito,

Hier habt Ihr den Brief Mariottis, den Ihr mir, nachdem Ihr ihn dem *Erdbeben* vorgelesen habt, zurückschicken wollt.

Ihr werdet schon wissen, daß Giuditta, Giulio und Tito Ricordi hier sind. Giulio hat mich gebeten, ihn das Libretto des Falstaff lesen zu lassen. Ich habe es ihm gegeben, und in seinem Zimmer haben es, glaube ich, alle drei gelesen . . Gar nicht schlimm. Der Eindruck war hervorragend . . .

. . . Auf Wiedersehen.

Euer
G. Verdi

16. September [1891]
Mailand

Lieber Maestro,

Ich habe Gallignani schon den Brief Mariottis gebracht. Gallignani hat ihn gelesen, ist nun beruhigt und trägt mir auf, Ihnen seinen lebhaftesten Dank zu übermitteln.

Ich wußte, daß die Familie Ricordi in S. Agata war, und ich dachte mir schon, daß sie darum bitten würden, das Libretto des Falstaff zu lesen; es freut mich, daß diese Lektüre einen guten Eindruck gezeitigt hat.

Ich bin hier, noch immer Sklave der Geschäfte, die der arme Faccio auf meinen Schultern hinterlassen hat.

In ein paar Tagen muß ein neuer Familienrat für die Vormundschaft des Vaters gebildet werden, dann muß man zu einem neuen Inventar und anderen legalen Formalitäten schreiten.

Wegen dieser Angelegenheiten habe ich dieses Jahr nicht aufs Land gehen können, und wenn es mir gelingt (wie ich hoffe, wie ich will und glaube), mich nach S. Agata zu flüchten, wird es nicht für den langen Aufenthalt sein, den ich mir vorgenommen hatte. Aber ich werde die Dinge in jedem Falle so planen, daß ich in den allerersten Oktobertagen ein bißchen Freiheit genießen kann. Sobald ich das Datum meiner Ankunft festlegen kann, werde ich Ihnen telegrafieren.

Von jetzt an verstehe ich mich besser auf Tribunale, Amtsgerichte und gestempeltes Papier als auf Geigen, Klarinetten und Trompeten.

Viele gute Grüße an alle Einwohner von S. Agata.

Einen guten Händedruck　　　　　　　Ihres herzlichst ergebenen
Arrigo Boito


3. Oktober [1891]
Rom

Lieber Maestro,

Gallignani ist endlich zum Direktor des Konservatoriums in Parma ernannt worden. Das war anstrengend!

Der Minister hat den Musikrat einberufen, um diese und andere Fragen zu erwägen; und darum bin ich hier, nach Rom geschleudert vom Gallignanischen Erdbeben.

Aber endlich ist es vorbei!

Ich hoffe, morgen wieder abreisen zu können, wenn wir die anderen Fragen gelöst haben werden, die Villari uns vorgelegt hat. Ich werde Ihnen dann mündlich alles berichten.

Inzwischen hat es mich amüsiert, gestern die komischste Jagd auf die Pilger zu sehen.

Heute herrscht Ruhe in der ganzen Stadt, und es regnet.

Vorläufig kehre ich nach Mailand zurück, wohin mich die Interessen von Faccios Vater rufen. Ich hoffe, mich bald auch von dieser verdrießlichen Geschichte zu befreien, und dann, wenn Gott will, werde ich einige Tage mit Freund Falstaff in St. Agata verbringen und Spaß mit ihm haben.

Ich teile Ihnen meine Ankunft von Mailand aus mit.

Viele gute Grüße an Sie, lieber Maestro, und an Signora Giuseppina.

Herzlichst Ihr
Arrigo Boito

P.S. Der Rat hat Gallignani *einstimmig* ernannt, ohne den Kandidaten überhaupt zu diskutieren, die Wahl *einzig und allein* auf Grund des Briefes gestützt, den Sie, Maestro, an Mariotti schrieben. So gehörte es sich. Maestro Marchetti (der ein Mann von Verstand ist) nahm als erster das Wort, und er verlieh der Wahl diese Richtung.


1. Januar 1892

Lieber Maestro,

Ich will, daß diese ersten Worte, die ich heute schreibe, an Sie gerichtet seien, lieber Maestro, mit einem herzlichen Glückwunsch für Sie und Signora Giuseppina.

Gute Gesundheit und gute Arbeit.

Herzlichst Ihr<br>Arrigo Boito

Auf Wiedersehen im Februar.


Genua, 2. Januar 1892

Lieber Boito,

Danke für Eure freundlichen Worte.

Wir sind ein bißchen *marott* (wie sie in Genua sagen). Peppina liegt mit Katarrh und Übelkeit im Bett; ich schlage mich mit einem starken Husten herum, der mir den Magen verdirbt. — Hoffen wir auf später!

Wenn Ihr das Jahr gut angefangen habt, macht so weiter bis zum Schluß. Gemeinsam mit Peppina wünsche ich es Euch von ganzem Herzen.

Herzlich<br>G. Verdi

Genua, 23. Januar 1892

Also auch Ihr wart krank!. . Ach, diese verfluchte Grippe! — Giulio sagt mir aber, daß es Euch besser geht und daß nur noch etwas Husten übrigbleibt. Aber paßt auf, denn diese trockenen tollen Husten dauern lang. Wir wissen das aus Erfahrung. Wir waren seit den letzten Dezembertagen fast immer zu Bett im Hause verrammelt. Peppina ist erst vor zwei, drei Tagen aufgestanden; und ich bin erst vor drei, vier Tagen im Wagen ausgefahren! Nehmt Euch mit dem Husten also sehr, sehr in acht! —

Aber was für ein häßliches Jahr! Wie schlecht hat es begonnen! Fast zwei Monate Zeit verloren! Und zu denken, daß ich in Mailand mit Vergnügen und Nutzen gearbeitet habe! Ich hoffte, auch hier so weiterzumachen! . . Aber nein!!

Werdet nun bald gesund und wechselt die Luft, sobald Ihr könnt — —          Addio, addio.

Herzlich
G. Verdi

[Mailand, 23. Januar 1892]

Lieber Maestro,

Die guten Nachrichten über Signora Giuseppina beginnen einzutreffen, und ich freue mich darüber und wünsche von ganzem Herzen, daß sie immer besser werden mögen.

Ich höre, daß Sie, lieber Maestro, seit mehreren Tagen auf den Beinen sind und ausgehen.

Das Unwetter ist vorüber. Auch ich war an der Grippe erkrankt. Eine Woche zu Bett und eine Woche im Hause verkorkt. Camillo war noch kränker als ich, aber ist schon vollkommen geheilt, und auch er geht aus. Ich gehe seit drei Tagen aus und fühle mich so rüstig, daß ich in ein paar Stunden nach Turin fahre, die Walküre zu hören.

Ich bin gespannt auf den Eindruck, den ich davon haben werde, und wie weit eine szenische Aufführung eine künstlerische Monströsität von einem Manne großen Geistes korrigieren oder schön erscheinen lassen kann. Wir werden sehen. In vierzehn Tagen gehe ich nach Nervi und komme in Genua vorbei, und wir werden viel plaudern.

Meine besten Grüße an Signora Giuseppina und an Sie.

Herzlichst Ihr
Arrigo Boito

Mittwoch Mailand, 10. Februar 1892

Lieber Maestro,

Die letzte Karte, die Sie an Giulio schrieben, erwähnt die Gesundheit nicht; ich will glauben, daß dies ein gutes Zeichen sei, daß aus ihrem Hause jede Spur dieser höchst lästigen *Grippe* verschwunden sein mag und daß Signora Giuseppina keine Seekrankheit mehr zu erleiden habe, die das schlimmste aller Übel ist.

Ich habe meine Ankunft an der Riviera verschoben, weil ich den mir von Villari erteilten Auftrag, das Konservatorium von Palermo zu inspizieren, nicht ablehnen konnte (wie ich mich auch wehrte). So werde ich meinen Ausflug nach Sizilien meinem Aufenthalt an der Riviera im März folgen lassen. Aber vorher, lieber Maestro, scheint es, daß wir uns in Mailand sehen müssen; um so besser.

Gestern abend, als ich in der *Megère apprivoisée* war, stieß ich auf Morel; er ist dicker geworden, wunderbar! Und man sagt mir, er sei noch nie bei so guter Stimme gewesen wie dieses Jahr. Ich sagte, daß ich in der *Megère apprivoisée* war, und füge hinzu, daß ich mich köstlich amüsierte, obwohl Shakespeares fabelhaft lebendiges Bild in jenem plumpen Pariser Flickwerk von einem furchtbar manierierten *Boulevardier*-Maler affektiert und dumm nachgemalt worden ist. Im ersten Akt gibt es *sechs* Geistesblitze im Text (ich habe sie gezählt), der ganze Rest ist vom Bearbeiter. Sechs Geistesblitze sind wenig, und doch genügen sie, um jenen wundervollen Typ des Petrucchio zu schaffen, der von Cocquelin herrlich dargestellt wurde.

In den folgenden Akten ist der Teil des [Original-]Textes größer, und die unglücklichen Hinzufügungen des französischen Restaurators genügen nicht, ihn zu verderben. Im ganzen genommen ist die Bearbeitung von gutem Schnitt, und wenn der Bearbeiter den Dialog respektiert hätte, wäre wenig einzuwenden.

Grüßen Sie mir Signora Giuseppina, die ich wieder vollständig gesundet zu wissen erhoffe, vielvielmals.

Auf baldiges Wiedersehen.

Herzlichst Ihr
Arrigo Boito

Genua, 12. Februar 1892

Lieber Boito,

Giulio schreibt mir ganz niedergeschlagen vom unerwarteten Tode Dinas! Sicher verliert Giulio einen Freund, einen intelligenten Menschen und einen Ehrenmann. Ich selber habe seine Ratschläge öfters benötigt und weiß, wie tüchtig und loyal er war. Armer Dina!

Wir haben nicht mehr von der *Grippe* gesprochen, das ist wahr, aber wir spüren sie immer noch: ich durch sehr große Schwäche, die mich an jedweder Arbeit verhindert, die mehr als eine halbe Stunde dauert; und Peppina durch absoluten Mangel an Appetit. Ich kann es nicht abwarten, die Luft zu wechseln, auch in rauherem Klima, wenn ich nur diesen verfluchten Wind loswerden kann, der mir das Gehirn spaltet und Dornen in die Kehle steckt.

Nun, Ihr habt Mégère ganz gut geschnitten gefunden? Im *Brouillon*, den sie mir schickten, war die Unzulänglichkeit des Dialoges weniger zu erkennen. Aber ich weiß dabei, was die Franzosen gewöhnlich tun. *In diebus illis* habe ich in Paris *8* oder *10* der mächtigsten Dramen *Shaespeares* gehört. Alle abscheulich verändert. Beim Dialog kam es mir vor, einer Unterhaltung auf den *Boulevards* oder in der *Passage* der alten Opéra beizuwohnen. Das sogar in der Bearbeitung des Hamlet von Dumas père! Das spricht Bände!

Für die Franzosen existiert das Schöne nur in ihren eigenen Werken:

> *Cela ne va pas . . .*
> *Ce n'est pas pour nous . . .*
> *Ce n'est pas de bon gout.*

*Bon gout.* Das sind ihre feierlichen Worte. Und mit diesem ihrem *Bon gout* erlauben sie sich, alles zu ändern und den Aufführungen in anderen Ländern Charakter und Originalität zu nehmen!

Also Ihr geht nach Palermo? — Tut was Gutes, wenn Ihr könnt. — Auf Wiedersehen hoffentlich bald. Peppina grüßt Euch und dankt Euch für Eure Besorgtheit. — Ich drücke Euch die Hände.                                                                                    Addio, addio.

Herzlich G. Verdi


Genua, 15. April 1892

Lieber Boito,

Ich habe Bulow geantwortet . . . und habe heute noch Bulows Brief und eine Kopie meiner Antwort an Giulio geschickt; falls Bulow diese Briefe auf deutsch veröffentlichen sollte, dann wäre es gut, wenn Giulio die beiden Briefe im italienischen Original veröffentlichte. Auch ich habe an Roger geschrieben.

— —

Diese singenden Berühmtheiten stören mich ein bißchen! . Für Nannetti gäbe es nur die Partie des Bardolfo, wenn sie nicht etwas zu tief ist. Aber das ist nicht so schlimm . . . Wenn wir auf den Proben sind, was wird er dann sagen, wenn er hört, daß fast alle eine bessere Partie haben? Daher die Mißstimmungen, und dann und dann . . . Wir werden sehen! . .

Und bevor ich jetzt den ersten Akt vollständig instrumentiert abschließe, sagt mir, ob es bei diesen beiden Versen bleibt:

Bel costrutto! — L'onore lo può sentir chi è morto?
No. Vive sol coi vivi? — Neppure, perchè a torto        et . .
[Dummes Zeug! — Die Ehre, kann sie fühlen, wer tot ist?
Nein. Lebt sie nur mit den Lebenden? — Auch nicht, weil zu
Unrecht usw.]

Ich grüße Euch von Peppina und drücke Euch herzlich die Hände.

Euer G. Verdi

[Mailand,] Ostern [17. April 1892]

Lieber Maestro,

*Bel costrutto! L'onore lo può sentir chi è morto?*
*No. — Vive sol coi vivi? — Neppure, perché a torto*
Lo *lodan le lusinghe,* lo *corrompe l'orgoglio,*
Lo *ammorban le calunnie. — E per me non voglio!!*
[Dummes Zeug! Die Ehre, kann sie fühlen, wer tot ist?
Nein. — Lebt sie nur mit den Lebenden? — Auch nicht,
weil zu Unrecht
Die Schmeicheleien sie loben, der Stolz sie besticht,
Die Verleumdungen sie verderben. — Und für mich will ich nicht!!]

So geht es, glaube ich, besser und ist textgetreuer. Ich habe die weiblichen Artikel in männliche verändert, weil das Subjekt männlich geworden ist. So hören wir auf, das Bild zu verlängern, das von dem
Wort *aria* [Luft] stammte, und kehren zu dem Wort *onore* [Ehre] zurück, wodurch die Schlußfolgerung schlichter und stärker wird. Ich
habe mich deshalb genötigt gefunden, ein Wort im vorletzten Verse
zu ändern, und habe geschrieben:

*a torto*
*Lo* lodan le lusinghe. —

Sie können den I. Akt abschließen und an den II. gehen. Ich habe
die Antwort an Bülow gelesen, Giulio hat sie mir gezeigt. Bravo,
Maestro. Sie ist sehr vornehm und sehr schön.

Sie besitzen das Geheimnis *der rechten Note im rechten Mo-*
*ment,* was das große Geheimnis der Kunst und des Lebens ist.

Alles Gute für Signora Giuseppina.

Herzlichst Ihr
Arrigo Boito

[Mailand] 9. Mai [1892]

Lieber Maestro,

Giulio sollte, als er nach Genua kam, etwas bestellen, was ich ihm für Signora Giuseppina aufgetragen hatte; ich weiß nicht, ob er es bestellt hat. Er sollte ihr sagen, daß der Preis des *Lexikons der alten und modernen Terminologie der ärztlichen Wissenschaften* dreißig Lire ist. Wenn er es nicht gesagt hat, habe ich es jetzt gesagt.

Der Maler Hohenstein ist an der Arbeit für die Figurinen und die szenischen Entwürfe des Falstaff; ich habe ihm die Auskünfte gegeben, die ich im Kopfe hatte, aber es wäre gut für ihn, die szenischen Beschreibungen zu haben, wie sie im Libretto stehen; und darum wäre es nützlich, daß Sie sich die Mühe machten, sie abzuschreiben, weil ich die Kopie meines Manuskripts nicht besitze.

Aus London wurden Kupferstiche, Illustrationen der Figur des Falstaff, gesandt; einige davon kann man brauchen, andere nicht; es ist absolut notwendig, daß Sie sie sehen; wenn Giulio nach Mailand zurückkommt, werde ich sie durch ihn schicken lassen. In den Kostümen unserer Figuren wird man das *zu Schöne* vermeiden müssen, weil das *zu Schöne* allzu selten mit dem *Malerischen* verwandt ist. Pistola und Bardolfo müssen Kleidung tragen, die abgenutzt scheint; wir wollen endlich einmal etwas auf der Bühne sehen, was man nie zu zeigen wagt, d. h. *wirkliche Lumpen*, malerische Lumpen im Ton und Schnitt, die aus Pistola und Bardolfo zwei Figuren aus einem Gemälde machen; wenn Murillo uns die seinen leihen könnte, wäre es das Ideal!

Die Kostüme der Weibchen — von einfachem, aber elegantestem Schnitt — werden sich vielleicht in den Stichen finden, die aus London gesandt wurden.

Es ist gut, daß der Maler an der Arbeit ist, so wird es mehr Zeit zum Korrigieren, zum Nachdenken und zum Gutmachen geben.

Viele Grüße an Signora Giuseppina; für Sie, lieber Maestro, gute Arbeit und einen guten Händedruck.

Herzlichst Ihr
Arrigo Boito

St. Agata, 11. Mai 1892

Lieber Boito,

Wir sind seit fast acht Tagen hier, noch immer halb krank wegen der scheußlichen Reise von Genua. Stellt Euch vor: — Ein Aufenthalt von fast 3 Stunden (ich sage DREI STUNDEN!!) in Voghera!

Bei der Kälte!

Bei dem Wind!

Und in dem Lokal!!

Giulio nannte Peppina, die Euch dankt, den Preis des Lexikons.

Zu früh, zu früh, an Kostüme und Bühnenbilder für Falstaff zu denken. Zu allererst:

Wird er gegeben werden?

Wo wird er gegeben werden?

Wer werden die Sänger sein?

Welches Theater?

Welcher Impresario?

Und dann ... Werde ich fertigmachen, was mir zu tun bleibt?.. In diesem Augenblick fühle ich mich so müde, so überdrüssig, daß es mir unmöglich scheint, bis ans Ende der Arbeit zu kommen, die noch zu tun bleibt! Wenn Giulio zurückkommt, sprechen wir davon! ... Also! — Ein bißchen Ruhe für jetzt, dann werden wir sehen — —.

Peppina grüßt Euch, und ich drücke Eure Hände.    Herzlich

G. Verdi

St. Agata, 6. August 1892

Lieber Boito,

Ich glaube nicht, jemals zu den ganz Indiskreten gehört zu haben, die Euch zu oft vom Nerone sprechen. —

Aber nach dem Artikel im Secolo XIX in Genua, den ich Euch schicke, halte ich es für meine Pflicht, Euch im Namen der Freundschaft und der Achtung, die ich für Euch habe, zu sagen, daß Ihr jetzt nicht länger zögern dürft. Ihr müßt, wenn nötig, Tag und Nacht arbeiten und zusehen, daß Nerone für das nächste Jahr fertig wird —

man müßte sogar schon von jetzt an veröffentlichen lassen: »Dies Jahr an der Scala Falstaff, nächstes Jahr Nerone . . . .« Dies wird Euch wie eine Antwort auf die aus der Genueser Zeitung zitierten Unverschämtheiten vorkommen. Das ist wahr! Aber es gibt kein [anderes] Mittel, und meiner Ansicht nach gibt's da nichts anderes zu tun. — Wenn ich's nicht gut gesagt habe, wenn ich zuviel gesagt habe . . . soll's nicht gesagt sein! . . Ihr wißt, daß alte Leute *Bavards* und Brummbären sind. —

Addio, addio.

Herzlich
G. Verdi


Dienstag [9. August 1892]
Mailand

Mein lieber Maestro,
Ich versichere Ihnen, daß der Artikel des Secolo XIXº mich weder warm noch kalt gemacht hat und daß ich die Beendigung der Oper seinetwegen nicht um einen Tag beschleunigen möchte; aber der gute und starke Brief, der ihn begleitet, hat mich dermaßen aufgerüttelt, daß, wenn ich mich jetzt nicht ans Laufen mache, ich nie mehr laufen werde.

Ich verspreche Ihnen im Namen der großen Verehrung, die ich für Sie empfinde, daß ich alles daransetzen werde, die Arbeit rechtzeitig zu beenden, um sie im Jahr nach dem Falstaff aufführen zu können. Ich werde alles daransetzen, das verspreche ich Ihnen. Ein Versprechen, das man Ihnen gibt, gilt, das weiß ich. Es ist gegeben.

Wenn es mir gelingt, werde ich diese ungeheure Gabe Ihnen zu danken haben. Ihr Brief ist wie ein fester Händedruck gewesen, der mich wieder auf die Beine gebracht hat; er erreichte mich in einem sehr schmerzlichen Augenblick meiner Existenz. Genug. Unter Männern sagt man nicht mehr.

Ich danke Ihnen mit der tiefsten Zuneigung.

Viele gute Grüße an Signora Giuseppina.

Eine Umarmung

Ihres
Arrigo Boito

St. Agata, 22. August 1892

Lieber Boito,

Mündlich sagtet Ihr mir in Mailand, daß Ihr im August hierher kommen würdet ... Der August geht zu Ende .... aber das macht nichts! . Kommt, wann Ihr wollt, und Ihr werdet immer willkommen sein!

Ich schreibe und arbeite wie ein Hund, aber ich werde nie fertig —

Grüße von Peppina.

Auf Wiedersehen.

Herzlich
G. Verdi


23. August [1892]
Mailand

Lieber Maestro,

Das Regime der Arbeit, dem ich mich unterworfen habe, würde mich zu einem höchst unbequemen Gast machen, und darum habe ich zur Zeit auf die Freude, nach Sant'Agata zu kommen, verzichten müssen. Wenn ich im September soweit sein werde, von meinem störrischen Gehirn das zu erhalten, was ich mir vorgenommen habe, komme ich zu Ihnen, lieber Maestro, um eine Woche auszuruhen.

Mailand ist zur Arbeit in dieser Jahreszeit recht günstig; alles ist in den Ferien, das Haus, in dem ich wohne, ist ganz leer; ich kann spielen, singen und tanzen, ohne irgend jemand zu ärgern, kann die Nacht zum Tage machen und muß weder zum Schlafen noch zum Essen die gewohnten Stunden einhalten. Alle diese Vorteile binden mich an die Stadt. Wenn mir nur vier oder fünf Arbeitsstunden genügen könnten, käme ich sogleich nach Sant'Agata, aber Sie haben mich auf diese beschleunigte Fahrt getrieben (es waren Sie), und das Beste, was ich tun kann, ist, die Lage, in der ich mich befinde, vorläufig nicht zu verändern.

Ich stelle mir vor, daß die Instrumentation des Falstaff, wenn nicht beendet, bei den letzten Tintentropfen angekommen sein wird.

Sie Glücklicher! Ich grüße Sie mit herzlicher Zuneigung, zusammen mit Signora Giuseppina.
Ihr
Arrigo Boito

P. S. Falls Sie, wenn die Arbeit fertig ist, noch ein paar Verse oder Retuschen für nötig halten, schreiben Sie mir, und es wird augenblicklich getan sein. Für Sie weiß ich schnell zu arbeiten. Nun verbleibe ich in der Hoffnung, Sie im September wiederzusehen.


11. September [1892]
Mailand

Lieber Maestro,

Gestern habe ich aus Rom einen Brief für Sie erhalten und habe ihn an Sie geschickt.

Es ist ein Brief von dem gewissen Jemand, der vom Präsidium der Columbus-Ausstellung in Chicago gesandt nach S. Agata kommen wollte. Ich habe Sie vor dem Besuch gerettet, aber vor dem Brief konnte ich Sie nicht retten.

Maurel ist noch in Mailand, um die Knoten seines Vertrages zu schürzen. Hoffen wir, daß diese Affäre bald erledigt und keine Rede mehr von ihr sei.

Für heute habe ich Ihnen nichts anderes zu sagen, außer daß ich Sie zusammen mit Signora Giuseppina mit herzlicher Zuneigung grüße.

Ihr
Arrigo Boito

St. Agata, 20. September 1892

Lieber Boito,

Es ist kaum zu glauben, daß mir Tito Ricordi schon am letzten Donnerstag ein Paketchen mit 25 Lire darin gab, die mir Euer Bruder für die Miete eines Grundstücks sandte . . . und ich habe nie geschrieben noch die Quittung geschickt! . . Schauderhaft!!

Ich habe Tito den Dritten Akt des Falstaff übergeben. Gestern habe ich das Libretto und den Klavierauszug des Ersten Aktes mit ein paar wenig wichtigen Bemerkungen zur Inszenierung und zum Klavierauszug zurückgeschickt. Jetzt bin ich dabei, den Zweiten Akt genauestens zu prüfen, aber sosehr ich auch aufpasse, werden mir immer ein paar falsche Noten und viele $\#$ und $\#$ bb entgehen. Daran werden der Arrangeur und Giulio denken. — —

Addio nun und auf Wiedersehen, wer weiß wann. Grüße von Peppina.

Herzlich
G. Verdi


Sonntag [25. September 1892] Mailand

Lieber Maestro,

Wann wir uns wiedersehen? Ich acht oder höchstens zehn Tagen. Wir werden in Sant'Agata hereinplatzen, Giulio und ich, mit dem Theaterchen im Handkoffer, um Ihnen alle *maquettes* für Falstaff zu zeigen, mit allen *Versatzstücken* und *Podesten* am Platz. Auf diese Weise werden wir jedes kleinste szenische Detail sehen und genau beurteilen können; und so werden wir bei den Proben auf der Bühne keinerlei unerfreuliche Überraschung mehr haben.

Heute noch werde ich die Druckfahnen des dritten Aktes (Libretto) durchsehen, und nach meiner Korrektur werden wir sie Ihnen schicken.

Viele gute Grüße an Signora Giuseppina, Signora Barberina und an Sie.

Bald auf Wiedersehen.

Herzlichst Ihr
Arrigo Boito

27. September [1892]
Mailand

Lieber Maestro,

Ich schlage die folgenden Varianten im III. Akt vor: Statt Meg
sagen zu lassen:

Ho nascosto i folletti *dietro al* fosso
[Ich habe die Kobolde *hinter dem* Graben versteckt]
sie     Ho nascosto i folletti *lungo* il fosso
[Ich habe die Kobolde *längs* dem Graben versteckt]
sagen lassen.

————

Statt Falstaff sagen zu lassen:

Sono le Fate. Chi le *guarda* è morto
[Es sind die Feen. Wer sie *ansieht,* ist tot]
ihn     Sono le Fate. Chi le *guarda* è morto.
sagen lassen.

Nach dem Vers:

*L'arguzia mia crea l'arguzia degli altri*
*[Mein Witz erschafft den Witz der anderen]*
rufen alle aus *mò bravo!* [nun bravo!]. Dieses *mò* ist eine Dialekt-
form, die mir nicht gefällt. Ich schlage vor, sie mit den zwei Wörtern
*Ben detto!* [Gut gesagt!] zu ersetzen.

————

Und schließlich schlage ich vor, den dritten und vierten Vers der
Fuge auf diese Weise zu ändern:

Tutto nel mondo è burla.
L'uom è nato burlone;
*La fè nel cor gli ciurla,*
*Gli ciurla la ragione.*
[Alles in der Welt ist Spaß.
Der Mensch ist als Spaßvogel geboren.
*Die Treu im Herzen wackelt ihm.*
*Es wackelt sein Verstand.*]

Oder auch:     La fede in cor gli ciurla,
Gli ciurla la ragione.

Sehen Sie's an, wählen Sie.

Die ursprünglichen Verse sind:

*Nel suo cervello ciurla*
*Sempre la sua ragione.*

Die musikalischen Akzente würden, glaube ich, durch die Annahme dieser Version nicht gestört:

»La fede in cor gli ciurla«,
»Ciurla la sua ragione.«

und die beiden Verse würden, glaube ich, besser wirken.

Ich erwarte Ihre Meinungsäußerung und grüße Sie mit herzlicher Zuneigung, indem ich mir verspreche, Sie bald in Sant'Agata wiederzusehen.

Alles Gute für Signora Giuseppina.

Ihr
Arrigo Boito

[Verdi an Boito]                    [Mailand, Januar—Februar 1893?]

Wenn Ihr könnt, kommt heute Abend um 6 die Suppe mit uns essen. Möglichst ein paar Minuten vorher, um ein bißchen falstaffische Unterhaltung zu haben.

Hotel Milan — Montag
[Mailand, Januar—Februar 1893?]

Lieber Boito,

Ich habe gelesen, wiedergelesen und studiert ... den *Schmerbauch-Korb*.

Mir sind Bedenken aufgestiegen, die ich Euch gestehen werde, wenn Ihr beim Verlassen Eures Hauses nach 4 zu mir kommen könnt ... und auch nachher hier bleiben von sechs bis sieben usw.

G. Verdi

Montag [Mailand, Januar—Februar 1893?]

Lieber Boito,

Wenn Ihr heute abend nach 8 ins Theater kommt, werdet Ihr das berühmte Duett hören, zu dem viel zu sagen ist, ich weiß nicht, ob im guten oder im schlechten. Wir werden es diskutieren, und ausführlich.

Herzlichst
G. Verdi

Mailand — Mittwoch

Lieber Boito,

Wenn Ihr am Hotel Milano vorbeikommt, steigt bitte die Treppen herauf . . .

Lest dieses Artikelchen, das ich Euch schicke. Das soll Euch nur sagen, Vorsicht zu üben, wenn Ihr mit dem Herrn sprecht, mit dem Ihr mich bekannt gemacht habt.

Unnötig, Euch zu sagen, daß in dem Artikel alles verkehrt ist.

. . . *[Unleserlich]* schreibt mir, ich solle antworten! Nicht einmal im Traum . . .

Euer
G. Verdi

[Mailand,] 19. März [1893]

Lieber Maestro,

Gute Wünsche für Sie und Signora Giuseppina, für Signora Giuseppina und Sie.

Unsere guten Mailänder sind jetzt alle Bürger von Windsor geworden und verbringen ihr Leben im Gasthaus zum Hosenbande, im Hause Fords und im Park. Ich erinnere mich an keine Oper und glaube, daß man noch nie eine Oper gesehen hat, die wie diese in Geist und Blut einer Bevölkerung eingedrungen wäre. Aus dieser Transfusion der Freude, der Kraft, der Wahrheit, des Lichtes, der geistigen Gesundheit muß sich für die Kunst und das Publikum sehr viel Gutes ergeben.

Man muß darauf sehen, daß diese regenerierende Kur sich auch anderwärts ausbreite und besonders unter den höchst degenerierten Römern von Rom. Giulio und ich sind überzeugt, daß Ihre Gegenwart in der Hauptstadt diesmal aus vielen Gründen höchst angebracht wäre. Giulio bittet mich, Ihnen diese unsere Ansicht zum Ausdruck zu bringen, und ich lasse mich nicht lange bitten und bringe sie Ihnen zum Ausdruck. Eine so ganz neue Form der Kunst, wie sie dieser Falstaff ist, darf vom Autor nach einem ersten Experiment, so wunderbar seine Resultate auch waren, nicht fallengelassen werden. Sie sind heute nicht nur der Maestro, Sie sind der Arzt (sagen Sie das Signora Peppina nicht), der Arzt der Kunst. Heute ist Mailand gänzlich gereinigt von jedem Qualm von jenseits der Berge.

Aber nach der Heilung Mailands muß man zur Heilung der Hauptstadt schreiten, und damit die Arznei vollkommen wirkte, ist die Anwesenheit des Arztes unentbehrlich.

Der Falstaff wird sich in Rom in einem neuen Milieu, mit einem neuen Orchester und mit zwei höchst wichtigen, noch zu arrangierenden Varianten präsentieren.

Glauben Sie mir, Maestro, Ihre Anwesenheit tut not.

Ich habe dies nicht beim Otello gesagt, aber ich sage es heute, weil die Offenbarung des Falstaff noch wesentlich größer ist als die des Otello; sie ist eine wahre Enthüllung, und man darf das Publikum in Rom nicht vernachlässigen und es vor diesem so umwälzend neuen Kunstwerk nicht allein lassen. Und dann überzeugen mich noch viele andere Überlegungen, Ihre Anwesenheit in der Hauptstadt brennend zu wünschen, — Überlegungen, die ich hier nicht nenne, aber deren richtige und wesentliche Bedeutung ich in Gedanken empfinde.

Das Geschwätz ist zu Ende.

Die Übersetzung kommt gut voran, viel besser als im ersten Akt.

Meine herzlichen Grüße an Sie und Signora Giuseppina.

Ihr
Arrigo Boito

4. September [1893]
Mailand

Lieber Maestro,

Wir müssen daran denken, eine andere Arbeit zusammen zu machen, weil wir, die wir müßige Briefe nicht leiden können, sonst damit enden werden, uns beim Tode jedes Bischofs zu schreiben. —

Inzwischen ist die französische Übersetzung bis zu ihrer letzten Seite gediehen; es fehlen nur noch vierzehn Zeilen, die an zwei Arbeitsabenden gemacht sein werden.

Ich komme diesen Samstag mit der fertigen Übersetzung in Sant'Agata an; ich nehme den üblichen Zug, der in Fiorenzuola zur üblichen Stunde hält.

Wir werden zusammen an der Revision der Übersetzung arbeiten, dann gehe ich nach Mailand zurück, um alles an Giulio zu übergeben. Aber im Oktober, meinem Lieblingsmonat, komme ich für einen längeren Aufenthalt nach Sant'Agata zurück.

Liebe Grüße an Signora Giuseppina und an Sie.

Herzlichst Ihr
Arrigo Boito

P. S. Der Verleger Gilder in New York schrieb mir, er möchte von Ihnen einen Artikel über Palestrina oder wenigstens eines Ihrer Gespräche über dasselbe Thema *stenographiert* erhalten!! Ich habe ihm geantwortet, daß mir diese Angelegenheit schwer zu bewerkstelligen scheint.

Auf Wiedersehen Samstag.

[Telegramm]                                    Busseto, 6. September 1893

Einverstanden — Samstag findet Ihr Wagen in Fiorenzuola nach drei                                                                Verdi

St. Agata, 15. September 1893

Lieber Boito,

Ich hoffe, daß Ihr heil und ganz in Mailand angekommen seid; daß Ihr jetzt ausgeruht von den tollen Freuden St. Agatas seid; daß Ihr Giulio die schöne Übersetzung mitgebracht habt; und daß Ihr auch meine Uhr zum Uhrmacher gegeben habt . . . . woran mir außerordentlich viel liegt!

Peppina klopft sich an die Brust wegen eines Wortes, das ihr, ganz im Gegensatz zu ihren Wünschen, im Augenblick Eurer Abreise entfuhr! . . *»Jenes Wort soll als nicht gesagt gelten.«* Dies hat sie mir aufgetragen, Euch zu schreiben.

Ich grüße Euch für sie und drücke Euch die Hände für mich. —

Euer G. Verdi

Barberina ist abgereist!

Sonntag [17. September 1893]
Mailand

Lieber Maestro,

Die Uhr ist in den Händen Signor Milanis, des Uhrmachers der Brera-Sternwarte, der (nicht die Sternwarte, sondern der Uhrmacher) mir sagte, daß die Uhr mir in ein paar Wochen (oder wenig später) in perfektem Zustand wiedergegeben wird; ich selbst werde sie in den ersten Oktobertagen nach Sant'Agata zurückbringen, und dies, um zu beweisen, daß ich, bevor Sie mich mit Ihrer skrupulösen Güte darauf aufmerksam machten, Signora Giuseppinas Verabschiedung ganz von selber als ungewollt interpretierte, und »ich will, daß mir der Gürtel platze, wenn ich lüge«. Und dies ist der längste Satz, den ich geschrieben habe, seit ich auf Erden bin. —

Also ich danke Ihnen vielmals, lieber Maestro, für Ihren guten Brief; und Signora Peppina möge sich nicht an die Brust klopfen. Wir sind geboren, uns alle drei sehr gut zu verstehen, auch wenn das Wort unseren Gedanken entstellt.

Auf Wiedersehen im Oktober.

Für Signora Peppina und Sie meine herzlichen Grüße.

Ihr Arrigo Boito

1. November [1893]
Mailand

Lieber Maestro,

Camillo ist noch nicht zurückgekommen, und ich weiß nicht, wo er ist; die Menschen, die mir ausführlichen Bescheid über die Luoghi Pii hätten geben können, sind alle noch auf dem Land, und aus diesem Grund schreibe ich Ihnen mit Verspätung. Aber hier ist eine dünne Pappe, die mehr wert ist als jede mündliche Auskunft: es ist die Abrechnung der Ausgaben des *Luogo Pio Trivulzio*, wo die armen Alten untergebracht sind, und noch von zwei anderen Wohltätigkeitsinstituten. Der Durchschnitt für jeden im Luogo Pio Trivulzio Beherbergten ist, glaube ich, wenig verschieden von dem des *Albergo dei poveri di Genova;* er kommt auf jährlich 345 Lire für jeden gesunden Beherbergten. —

Viele gute Grüße an Signora Giuseppina und an Sie.

Ich hoffe, daß es Signora Maria immer besser gehen möge.

Giulio ist nach Paris abgereist.

Bald auf Wiedersehen.

Herzlichst Ihr
Arrigo Boito


St. Agata, 3. November 1893

Lieber Boito,

Tausend Dank! Macht Euch nicht die Mühe, weitere Auskünfte zu bekommen. Mir genügen die, die ich habe; später werden wir Zeit haben, darüber zu sprechen.

Maria geht es immer besser ...

Wir werden St. Agata bald verlassen ...

Grüße von Peppina und mir.

Auf Wiedersehen.

Herzlich
G. Verdi

[Mailand, 21. Dezember 1893]

Lieber Maestro,

Ich habe das Telegramm erhalten, danke.

Ja, *nur die Ruhe;* ich habe sie wiedergefunden.

Ich muß eine Änderung in meinem schönen Plan machen, einen Tag in Genua zu verbringen: Dieser Tag wird nicht der Weihnachtsabend sein, hingegen der letzte des Jahres.

Also *auf Wiedersehen am 31. Dezember.*

Gestern abend erfuhr ich von Origoni, daß Sie — ich weiß nicht, von wem von meiner Durchreise durch Genua und meiner Absicht, bei Ihnen zu Hause zu essen, benachrichtigt (ich hatte niemand diesen Auftrag gegeben) — schon am Tag vorher zum Bahnhof gegangen waren und Ihre Mahlzeit zu Hause verschieben mußten. Es tut mir außerordentlich leid, daß diese Mißlichkeit passierte, die wie ein letzter Wurf des Maestro Cowen ist. Meine Absicht war, Sie zu überraschen, nicht, Sie von meiner Durchreise zu verständigen, um so mehr, als der Tag meiner Abreise ungewiß war.

Viele gute Grüße an Sie und Signora Giuseppina.

Herzlichst Ihr
Arrigo Boito

[Mailand] 31. Dezember [1893]

Lieber Maestro,

Der Dirigent der Walkiri in Turin ist Vanzo gewesen; jetzt dirigiert er in Triest.

Die Mailänder Presse hat sich wie ein tollwütiger Hund auf Mascheroni gestürzt und ihn für die unendliche Langeweile, die diese Oper erzeugt hat, verantwortlich gemacht, und das ist ungerecht.

Den hauptsächlichen Grund dafür, daß die Oper nicht gefiel, muß man in der Oper selbst und in dem von Wagner angewandten System suchen. Ein weiterer Grund ist die Größe der Bühne, welche die ganze Struktur des Dramas erbärmlich erscheinen läßt. Eine abgeschmackte Handlung, die langsamer geht als ein Bummelzug, der an jedem Bahnhof hält und eine endlose Reihe von Duetten durchquert, während derer die Szene kläglich leer und die Personen blödsinnig regungslos bleiben. Alles das ist nicht dazu angetan zu unterhalten.

Der Ritt der Walkiri und das flehentliche Bitten [Brünhildes] an sie, zwei Stücke, die mir in Turin einen sehr großen Eindruck machten, ließen mich in der Scala kalt. Und das erklärt sich: in unserem riesengroßen Theater wären nicht neun, sondern an die dreißig Walkiri vonnöten, und dann wäre die in Turin erzielte Wirkung erreicht.

Ich habe den Brief an S. Campes übergeben, der gerührt war und Ihnen von ganzem Herzen dankt.

Glückwünsche, gute Wünsche für Sie, lieber Maestro, und Signora Giuseppina.

Und einen guten Händedruck          Ihres herzlichst ergebenen
                                                            Arrigo Boito


Mailand [18. Januar 1894]

Lieber Maestro,

Die Frage der Otello-Übersetzung drohte sich endlos hinzuziehen und wurde so verwickelt, daß ich glaubte, sie beseitigen zu müssen, indem ich gestern an Gailhard einen Brief schrieb, von dem ich eine Kopie aufhebe, die ich Ihnen abschreibe:

*Cher Monsieur. Je n'ai eu connaissance de votre à Verdi qu'avanthier par M<sup>r</sup> Ricordi; ceci vous explique le retard de ma reponse. Les pourparlers sur la traduction d'Otello ne doivent-pas, à mon avis, se prolonger davantage. Si toutes les personnes intéressées dans cette affaire devaient se consulter à tout propos il faudrait établir un réseau télefonique entre Paris, Gênes, l'île de Capri, et Milan. Pour mon compte je profite d'une circonstance qui me permet de simplifier la question. Le passage incriminé (recit et chanson du saule) se trouve dans mon domaine, le 3<sup>ème</sup> et le 4<sup>ème</sup> acte étant traduit par moi; je puis donc sans envahir l'œuvre de mon collaborateur M<sup>r</sup> Du Locle et sans froisser les convenances faire bon marché de ce fragment. Je viens de le relire, il est détestable. Je serais dési-*

reux de le refaire, mais puisque vous paraissez satisfait de celui que vous lui avez substitué je Vous autorise à le présenter au Maître, son approbation sera la mienne.

Recevez, cher Monsieur, l'expression de mes condoléances pour l'incendie des magazins de l'*opéra*. Agrééz ecc ecc. ecc. ecc.

Damit ist die Konzession in dem am meisten betroffenen Punkt gemacht; es bleiben andere kleine Einzelheiten von weniger Bedeutung, über die man sich leicht einigen wird. Gailhards Brief an mich spricht von *légères critiques;* folglich handelt es sich nicht um eine neue Übersetzung der ganzen Oper.

Gailhards Beweggrund ist, glaube ich, ehrlich.

Das Rezitativ und das Lied von der Weide sind wirklich *scheußlich* (sie waren die ersten Verse, die ersten Versuche einer Zusammenarbeit mit Solanges) und müssen neu gemacht werden. Ich möchte gern gerecht sein. Das Interesse des Kunstwerks muß an erster Stelle stehen. Wenn die Variante, die Gailhard anbietet, gut ist, um so besser; wenn sie schlecht ist, werden Solanges und ich wieder eine andere machen und nochmals sagen: *Um so besser.*

Ich habe jetzt einen Brief von Du Locle erhalten, in dem er mich fragt, ob er zwecks Auskünften an Nuitter schreiben soll; ich würde ihm antworten, er solle ihn fragen. So werden wir alles haargenau wissen; ich bin überzeugt, daß in allen diesen Verhandlungen unseren eigenen Interessen keinerlei Gefahr droht und daß die Direktoren der Opéra vollkommen vertrauenswürdig handeln.

Ich lege ein Blättchen bei, auf dem der neue Auftritt der Feen im III. Akt des Falstaff steht.

Herzliche Grüße an Sie und Signora Giuseppina.    Ihr

Arrigo Boito

Genua, 19. Januar 1894

Lieber Boito,

Erlaubt mir Euch zu sagen, daß Ihr in Eurer an Gailhard gesandten Antwort zu entgegenkommend und zu optimistisch gewesen seid! Ich glaube, es war unnötig, ihm zu sagen, daß Ihr der Übersetzer des 3. und 4. Aktes seid und Du Locle der des übrigen. Außerdem hätte ich keinem Menschen das Recht zugebilligt, auch nur ein Wort zu ändern; und dazu erkläre ich Euch sogar, daß ich niemals die Verantwortung übernehmen werde, diese Änderung als erster zu billigen! Diese Änderungen müssen mir von den von mir anerkannten Übersetzern *Boito* und *Du Locle* vorgelegt werden .. Von keinen anderen! — Ich bin dann auch weniger optimistisch als Ihr ... *»überzeugt«*, sagt Ihr, *»daß in allen diesen Verhandlungen unseren eigenen Interessen keinerlei Gefahr droht«* ... Ich weiß von nichts!! — Aber ich frage mich: »wieso haben die sich unterstanden, eine Übersetzung zu machen, ohne Euch um Erlaubnis dafür zu bitten?« . . . . . Ich denke, diese wenigen Verse werden sehr gut auf französisch gehen. Übersetzt sie nun ins Italienische, selbstverständlich ohne etwas hinzuzufügen usw. usw.

Grüße und auch Grüße von Peppina, und glaubt mir, daß ich immer bin Euer

G. Verdi

Genua, 14. März 1894

Lieber Boito,

Soll ich Euch schreiben? Oder soll ich Euch nicht schreiben? Ja oder nein? ... Nein oder ja?

Lest, wenn Ihr Zeit habt; wenn nicht, werft's in den Papierkorb, weil ich Euch nicht viel Wesentliches zu sagen habe.

Morgen abend wird Franchettis Oper gegeben. — In Mailand sprach man mir so schlecht von dem Libretto, daß ich es, nachdem ich es gelesen hatte, weniger schlecht fand, als man mir gesagt hatte. Gewiß ist das Sujet reichlich naiv; die Verse sind, wie sie sind; trotz allem kann man da gute Musik machen, und es würde mich nicht überraschen, wenn Franchetti unter vorübergehender Aufgabe seines aufgeblähten und dicken Stils etwas Gutes *einfiele*. Wenn Ihr ins Theater geht, sagt mir ein Wort darüber. Euch vertraue ich; und zweifelt nicht, daß es wie mit Eurem Engländer gehen wird; Gott möge ihm dies Talent erhalten und diesen Takt!

Mir geht es gut und ich langweile mich. Ich tue gar nichts; und bin müde . . . d.h., ich habe dieser Tage für die drei *Schmerbäuche* in *Lissabon, Berlin* und *Neapel* gearbeitet! . . Schöne Dinge, aber auch etwas mühsame! Es gab jedoch auch bei diesen Mühen eine lustige Note. Nach der Premiere in Berlin erhielt ich, wie Ihr wißt, ein Telegramm vom Intendanten des Theaters und war etwas erstaunt, es drei Stunden später gedruckt im Corriere zu sehen! Nicht so schlimm! Aber meine Überraschung war groß, als ich am Tag danach wiederum im Corriere »Falstaff in Berlin« lese! Zum Teufel! Was ist los? Ich lese, und als ich zum Schluß komme, lese ich mehr oder weniger diese Worte »Es freut uns, von einem wahren Erfolg des Falstaff ohne die Wiederholung des *quand'ero paggio* [als ich Page war] zu berichten«. Missovulgo ah! Ah! Ah! Ah! Dann barst ich fünf Minuten lang vor Lachen . . . *Voilà le fin mot!* Das alles, um zu sagen, daß ihm die Stelle nicht gefällt! Als der erste Moment der Heiterkeit vorbei war, dachte ich mir jedoch . . . »Was wollen diese Zukunftskerle, diese . . .« Und warum kann man in einer komischen Oper nicht etwas Leichtes und Brillantes machen? Womit verstößt dies kleine Stück gegen die Ästhetik? Ich lasse das musikalische Motiv ganz beiseite, aber es liegt in der Situation. Falstaff, verspottet wegen seines dicken Bauches, sagt *quando ero paggio ero sottile* [als ich Page war, war ich dünn] . . . Das ist gut für die Stimme geschrieben; es ist leicht instrumentiert, läßt alle Worte hören, ungestört von den üblichen *(ungezogenen)* orchestralen Kontrapunkten, welche die eigentliche Rede unterbrechen; korrekt harmonisiert . . . . Was ist also Schlimmes daran, wenn es populär geworden ist?!! . . . Und so macht man Kritik! Gut für mich, daß ich's hinter mir habe, ich achte ja sowieso nicht darauf, wie ich darauf nie geachtet habe. Aber es ist schlecht für die Jungen, die sich leicht dahin schleppen lassen, etwas zu machen, was sie nicht fühlen. Tatsächlich fehlt es aller Musik, die heute bei uns wie auch in allen anderen Ländern gemacht wird, an Natürlichkeit, und sie ist nicht ehrlich — —

O mein Gott, was für ein langer Brief! . Was zum Teufel habe ich getan! Verzeiht, verzeiht!

Grüße. Addio, addio.

Herzlich
G. Verdi

[Mailand,] 16. März [1894]

Lieber Maestro,

Gestern abend war das Publikum in drei Parteien geteilt: die, welche sich langweilten und still blieben, die, welche sich langweilten und klatschten, die, welche sich langweilten und zischten. Ich langweilte mich und blieb still. Die Langeweile ist eine Ansicht, und gestern abend war es die meine.

Diese *Alpenblume* ist eine zerfahrene Schwachköpfigkeit geworden, und es lohnt den Preis der Tinte nicht, lange darüber zu schreiben. Franchetti, der mit Cristoforo Colombo gut navigierte, ist in einem Wasserglas ertrunken oder, besser gesagt, wollte einen Sturm im Wasserglas machen und hat Schiffbruch erlitten.

Viele leiden so Schiffbruch wegen der Sucht, *des Guten zuviel zu tun* und in ihren Themen zu suchen, was nicht da ist und nicht da sein kann, *midi a quatorze heures,* wie die Franzosen sagen, die Franzosen, die wir in etwa zehn Tagen *alle* aufsuchen werden, *ich sage alle,* das heißt Sie, Signora Peppina, Giulio und ich. Es ist von allergrößter Wichtigkeit, daß Sie mitkommen.

Ich höre (mir hat es Solanges gesagt, der es von jemand weiß, der den Proben beigewohnt hat) — ich höre, daß die Einstudierung des Falstaff in musikalischer, rein musikalischer Hinsicht sehr gut vorangeht, aber daß die Darstellung der Komödie überhaupt nicht existiert. Und man versteht, daß es so sein muß.

Dieses Theater hat höchst korrekte, elegante und sentimentale akademische Traditionen, die kein Mensch zu verletzen wagt. William Shakespeare muß unter diesen Herrschaften die Wirkung eines entfesselten Löwen in einem Laden mit Meißener Figuren hervorrufen. *Retten wir das Porzellan!* Dies wird das instinktive Gefühl dieser Herrschaften sein; und um es zu retten, werden sie gezwungen sein, unseren Löwen zur Impotenz zu reduzieren.

Sie werden alles verweichlichen, die Akzente, die Modulationen, die Bewegungen, die Worte, die Küsse, die Prügel, das Gelächter, die Lustigkeit, die Lebendigkeit, die Kraft, die Macht, die Jugend, die Verrücktheit, das Sprudeln dieser ganzen Oper; und das Publikum wird einer Vorstellung beiwohnen, die sehr verschieden von dem ist, was Shakespeare im Sinne hatte, was Sie verwirklicht 'haben, was wir alle haben wollen. Shakespeare wartet noch immer darauf, in Frankreich eingeführt zu werden; er wartet auf eine starke Hand, welche die Kraft und die Sicherheit hat, ihn erkennen zu lassen und zu zeigen, wer er ist.

Diese Hand, Maestro, kann keine andere als die Ihre sein; die Mission ist erhaben und Ihrer würdig. Also: *»kein Wort mehr, denn wir vergeuden hier das Sonnenlicht.«*

Am besten wäre es, wenn wir alle zusammen am 28. abreisen könnten. Wir treffen uns in Turin. Giulio wird an alles denken, er wird daran denken, uns ein *coupé salon* zu finden, er wird daran denken, uns während der Reise so wohlig schlafen zu lassen wie zu Hause, er wird daran denken, uns essen und trinken zu lassen. Wir werden plaudern und lachen, und es wird ein höchst ergötzlicher Ausflug sein. *Es ist entschieden.* Aber die Zeit drängt, und man muß sich einig werden, um an das *Hôtel* zu telegrafieren.

Alles Gute für Signora Peppina.

Herzliche Grüße                                              Ihres
                                                             Arrigo

Auf Wiedersehen mit allen auf der Reise.


[Telegramm]                                    Busseto, 8.Mai 1894

Bin sehr erkältet und kann nicht sprechen — verschiebt Eure Ankunft ein paar Tage — werde telegrafieren                Verdi


                                                 11.Mai [1894]
                                                    Mailand

Lieber Maestro,

Gestern habe ich im *Figaro* gelesen, daß die *tausendste* Vorstellung von *Mignon* in der *Matinée* am Sonntag, d.h. übermorgen stattfinden wird. In der Annahme, daß Sie vielleicht von diesem Datum nichts wußten, habe ich es Ihnen sagen wollen für den Fall, daß eine

Depesche von Sant'Agata an das Konservatorium in Paris adressiert abgehen sollte.

Und jetzt apropos Paris handelt es sich um das folgende: Gailhard und Bertrand haben den außerordentlichen Wunsch, Otello in der *Opéra* zu geben; ihr Wunsch ist so brennend, daß sie die Partitur *im Monat Oktober* inszenieren wollen, um die Möglichkeit zu haben, während des ganzen Theaterjahres eine große Zahl von Vorstellungen davon zu machen. Um dies Resultat zu erreichen, muß die Einstudierung der Oper bald beginnen, und um diese Einstudierung zu beginnen, sind folgende Dinge unerläßlich:

I. daß Sie die Idee gutheißen, Otello im Oktober statt im April zu inszenieren.

II. daß Sie die Übersetzung ansehen, wie sie jetzt ist.

III. daß Sie bereit sind, Mme Caron anzuhören, die extra nach Italien kommen würde, um sich vor Ihnen im vierten Akt hören zu lassen.

Ich bin einen Tag länger in Paris geblieben (nachdem ich die Varianten in der Übersetzung beendigt hatte), um die Caron wieder bei Stimme in der Salambó zu hören, und sie gefiel mir außerordentlich gut. Ich bin dabei, die Übersetzung in einer schönen Kopie abzuschreiben; wenn wir sie gemeinsam begutachtet haben, werde ich sie an Du Locle schicken; er wird seine Bemerkungen vom literarischen Standpunkt aus machen und einige Lücken im I. und II. Akt füllen, die ich absichtlich übrig gelassen habe, um auch ihm ein paar Probleme zu lösen zu geben. Ich werde ihm schreiben, daß diese Überarbeitung der Übersetzung, die der ganzen Arbeit äußerst zugute kommt, die Integrität unserer Autorenrechte (und das ist wahr) nicht im geringsten berühren wird. Im übrigen ist der ganze lyrische Teil, von wenigen Ausnahmen abgesehen, geblieben, wie er war.

Ich hoffe, lieber Maestro, daß Ihre Erkältung im Abflauen ist. Jetzt wissen Sie alles, was ich sagen wollte. Wenn Sie wieder vollständig gesund sind, komme ich mit der abgeschriebenen Übersetzung, und wir sehen sie dann zusammen aufmerksam an.

Viele gute Grüße an Sie und Signora Giuseppina.

Herzlichst Ihr
Arrigo Boito

St. Agata, 12. Mai 1894

Lieber Boito,

Mir ist die Stimme ein bißchen wiedergekommen, aber die ganze Stadt Paris liegt mir noch immer im Magen und in den Beinen. Kommt also her, wann Ihr wollt.

Paßt auf, daß der *Eilzug*, der in Fiorenzuola hält, um 13:30 von Mailand abgeht und um 15:27 ankommt.

Auf Wiedersehen. Grüße an alle.

Herzlich
G. Verdi

*Montag*, 14. Mai [1894]
Mailand

Lieber Maestro,

Ich komme *Donnerstag* in S. Agata an; ich werde mit dem Zug, den Sie erwähnen, in Fiorenzuola sein. Ich hoffe, daß Sie bis Donnerstag nicht nur werden sprechen, sondern auch singen können; und ich hoffe, daß auch ich singen und sprechen kann, denn seit drei Tagen bin auch ich im Kopf, in der Kehle und in der Brust erkältet.

Also auf Wiedersehen diesen Donnerstag. Sicherheitshalber werde ich meine Ankunft mit einer Depesche am Tage vorher bestätigen.

Viele gute Grüße

Ihres herzlich ergebenen
Arrigo Boito

St. Agata, 16. Mai 1894

Lieber Boito,

Ich habe das Libretto des Otello in Genua gelassen, und zwar genau das, in dem die geänderten Verse im dritten Finale handgeschrieben waren. — Wenn Ihr morgen kommt, wie ich durch das Telegramm erfahren werde, das ich später erhalte, bringt also ein italienisches Libretto des Otello mit.

Auf Wiedersehen. Addio.

Addio.
G. Verdi

St. Agata, 25. Mai [1894]

Lieber Boito,

Ich habe soeben den Direktoren der Opéra per Telegramm geantwortet . . . *»Vous pouvez engager Maurel pour la première
d'Othello en octobre . . . . . Si Madame Caron est encore dans l'in-
tention de venir en Italie je dois aller Lundi ou Mardi à Milan hôtel
Milan où nous pourrions nous rencontrer«* [»Sie können Maurel für
die Premiere von Othello im Oktober engagieren . . . . . Wenn Madame Caron noch die Absicht hat, nach Italien zu kommen, muß ich
Montag oder Dienstag nach Mailand Hotel Milan gehen, wo wir uns
treffen könnten«] . . . usw. usw. In dieser Angelegenheit brauche ich
Eure Hilfe, und Ihr solltet sofort nach Paris telegrafieren. Die Sache
ist, um die Wahrheit zu sagen, sehr delikat, und wenn ich Mad.ᵉ Caron wäre, würde ich nicht nach Mailand kommen, um mich beurteilen zu lassen . . . Andererseits will ich eine quasi Gewißheit von der
Stimme der Caron haben. Alles in allem ist die Geschichte schwerwiegender als sie scheint. Wenn Caron bei guter Stimme ist, geht alles *comme sur des roulettes,* aber wenn sie es nicht wäre . . . . . dann
würde es von meiner Seite zu ernsten Unannehmlichkeiten kommen . . . Vermeiden wir also diese Skandale und telegrafiert nach
Paris, um alles zu ordnen . . . .

Addio, addio in Eile.

Herzlich
G. Verdi


Samstag [St. Agata, 26. Mai 1894]

Lieber Boito,

Ich erhalte Euer Telegramm. Auf *keinen Fall die Lösung den
Ereignissen überlassen!!* Nein! Es wäre eine Feigheit meinerseits,
zumal Gailhard selber vorgeschlagen hatte, Caron nach Italien kommen zu lassen. Ich habe in der Sache an die Direktoren telegrafiert . . . . Ich fürchte, die Affäre verwickelt sich. Du Locle ist krank.
Wir werden in ein paar Tagen in Mailand alles in Ordnung bringen
oder verderben.

Addio. G. Verdi

St. Agata, 12. Juni 1894

Lieber Boito,

Ich hoffe, dieser Brief wird Euch vor Eurer Abreise erreichen . . .

Ihr solltet wissen, daß das Theater der *Opéra* früher insbesondere fremden Autoren sogenannte *Primes* für die Unkosten der Reise und Unterkunft zahlte. Rossini bekam sie; ich glaube auch Mayerber; und ich selber bei allen meinen Opern außer Aida, bei der ich als GRAND SEIGNEUR verzichtete.

Im Fall des Otello geht es nicht um *Primes*, sondern darum, alle unsere Rechte zu garantieren und vor allem zu verhindern, daß die Oper entstellt und verstümmelt nach der Laune eines Künstlers werde, wie es jetzt bei Falstaff mit Maurel passiert (ich bin höchst irritiert wegen dieser Geschichte . . . auch über Giulio, der sich nicht bewährt hat).

Ich füge noch hinzu, daß es außer den gesetzlich festgesetzten *Droits d'Auteur* [Autorenrechten] auch die sogenannten *Billets d'Auteur* gibt, die zu ordnen sind. Roger wird Euch alle notwendigen Anweisungen geben können, um

1. Unsere *Droits d'Auteur*
2. *Billets d'Auteur*
3. *Unentstellte Aufführung* der Oper

zu garantieren. Bittet ihn auch in meinem Namen; ich hoffe, er wird sich dieser für uns wichtigen Angelegenheit annehmen.

Gute Reise und viel Vergnügen.

Grüße von Peppina und von mir.

Herzlich
G. Verdi

P. S. Geht Ihr wieder ins *Grand Hotel Capucines?*

Mittwoch, [13. Juni 1894]
Mailand

Lieber Maestro,

Ich reise morgen früh. Ich werde Roger alles das sagen, was Sie mir für ihn auftragen.

Ich habe die Arbeit, die ich mit Gailhard machen muß, so gut vorbereitet, wie ich konnte.

Ich weiß noch nicht, in welchem Hotel ich absteigen werde. Nicht im Grand Hotel. Ich schreibe Ihnen von Paris.

Ich fürchte, die Hotels wegen des *grand prix*, der am Sonntag stattfindet, sehr voll anzutreffen, aber irgendeinen Schlupfwinkel werde ich schon entdecken. Ich bedauere, Bellaigue nicht in Paris zu sehen; er ist schon in die Schweiz abgereist.

Im letzten Brief, den er mir schrieb (immer enthusiastischer über den Falstaff) trägt er mir viele Grüße an Sie und Signora Peppina auf, denen ich meine herzlichsten anfüge.

Ihr
Arrigo Boito

St. Agata, 23.[22.] Juni 1894

Lieber Boito,

Da ich Eure Adresse nicht habe, bitte ich Giulio, Euch diese zwei Zeilen zu schicken.

Falls Ihr die Arbeit mit Gailhard beendet haben solltet, kommt schnell nach Mailand. Ich gehe morgen dorthin und werde bis zum Augenblick, in dem ich nach Montecatini gehe, bis 1. Juli abends, bleiben. Wenn Ihr gegen den 27. Juni in Mailand sein könntet, hätten wir noch Zeit, die Noten in der Übersetzung zu prüfen, und alles wäre erledigt.

Grüße und Grüße.

Herzlichst
G. Verdi

Wenn Euch irgendein zyprisch-griechischer Tanz vorkommt! ...
Forscht nach —

[Telegramm]                                    Genua, 19.September 1894

Verstehe nicht gut was Voreinstudierung beendet bedeuten soll —
Wenn ich nach Paris komme wünsche ich ein paar Akzente und
Färbungen zu ändern die Serenade und anderes zu ordnen — Das
kann man nur mit Proben am Cembalo ungefähr wie es an der
Opera comique gemacht wurde — Wenn zu weit fortgeschrittene
Proben das nicht erlauben ist es unnötig daß ich nach Paris
komme — Telegrafiert mir darüber — gegebenenfalls könnte ich vor
Dienstag oder Mittwoch nicht in Paris sein                    Verdi


                                    2.November [2.Dezember 1894]
                                    Mailand

Lieber Maestro,
    Wenn ich an Paris zurückdenke, kommt es mir vor, als sei schon
unendliche Zeit seit jenen freudigen Tagen vergangen! Ich hatte
Nachrichten von Ihnen durch Giulio; während Ihrer Durchreise
durch Mailand haben wir uns nicht gesehen, weil Sie mich noch am
Comer See vermeinten, wo ich eine Woche verbrachte; und ich, der
schon zurück war, wußte nichts von Ihrer Anwesenheit.
    Ich hoffe, Ihr winterlicher Besuch bei uns lasse nicht lange auf
seine Verwirklichung warten, dann werde ich mich für unsere
schiefgegangene Begegnung entschädigen.
    Ich bin endlich in Parma gewesen, wo ich gute Aufführungen
von Palestrina hörte: die Messe für Papst Marcello und einige Madrigale; aber solange ich keine vollkommen ideale Aufführung dieser Musik höre — in der durch perfekte Verschmelzung aller Teile
jetzt hier, jetzt da diese oder jene sehr lieblich singende Stimme
leicht hervortritt —, ziehe ich es vor, diese Klänge im Kopf zu hören
und in der Partitur mit den Augen zu verfolgen.
    Einen vollständigen und tiefen künstlerischen Eindruck machte
mir in Parma diesmal Coreggio. Eines Abends hat man mir in der
Kirche von S. Giovanni die elektrisch beleuchtete Kuppel gezeigt.
Die Kirchenschiffe waren in Dunkel gehüllt. Wir waren zu dritt in

der Kirche: Mariotti, Corrado Ricci und ich; auf einmal erhellt sich das ganze Gemälde der inneren Kuppel im Widerschein von Hunderten im Hauptgesims verborgenen Edison-Lampen, und jenes prächtige Meisterwerk erscheint wie von der Sonne beleuchtet. Ein wahres Wunder. Noch nie hat die Malerei eine größere Erschütterung in mir erregt, nicht einmal Velasquez. Da habe ich die Bewunderung verstanden, die Sie für Coreggio haben. Sie müssen diese Kuppel in diesen Lichtverhältnissen unbedingt sehen. Bald werden sie auch die noch wunderbarere des Domes erleuchten. Wir werden alle dahin gehen; ich möchte, daß auch Camillo mitkommt.

---

Ich habe den reizenden Massenet gesehen, der mir von seinem Besuch im Palazzo Doria erzählte. Ich weiß nicht, wie der Werter gestern abend ging, ich bin nicht in der Vorstellung gewesen.

Viele gute Grüße an Signora Giuseppina, an Sie und an Signor De Amicis. Auf Wiedersehen hoffentlich bald.

Herzlichst Ihr
Arrigo Boito

# ›Quattro Pezzi Sacri‹
# und Ausklang
# 1886—1900

In te, Domine, speravi ...

# Einführung

Am 7. Januar 1880 schrieb Verdi seinem Altersfreund Ferdinand Hiller, dem Gründer und Direktor des Kölner Konservatoriums, dem Freunde von Felix Mendelssohn, Robert und Clara Schumann und Johannes Brahms:

»Mein *Pater noster* wird zur Fastenzeit in Mailand bei einem Wohltätigkeitskonzert mit etwa 300 Stimmen aufgeführt werden. Es ist fünfstimmig ohne Begleitung im Stil Palestrinas geschrieben — wohlverstanden, mit modernen Modulationen und Harmonien, vielleicht sogar mit zu vielen Modulationen am Anfang. Es ist aber nicht schwer.« (Carteggi II, 333)

Vom 3. Mai desselben Jahres stammt der folgende Brief aus Genua an Hiller in Köln:

»Ihr wißt also, daß *Pater* und *Ave* in Mailand aufgeführt worden sind. Ein schöner Chor von mehr als 350 Stimmen hat die paar Noten des *Pater* emporgehoben, und gute Streicher mit Dämpfern haben das *Ave* zur Wirkung gebracht. Ich schicke Euch das eine wie das andere. Falls es Euch passen sollte, das *Ave* aufzuführen, wie Ihr sagt, könntet Ihr die Orchesterstimmen von Ricordi verlangen, dem ich das Eigentum überlassen habe. Ihr könnt alle Eure Streicher spielen lassen, wie groß ihre Zahl auch sei, denn sie werden den Gesang nie übertönen können. In Mailand gab es 24 Erste Geigen, 20 Zweite, 16 Bratschen, 16 Celli. Achtet auch darauf, daß die Celli in drei geteilt sind und daß die letzten, welche das *H* spielen, stärker als die anderen besetzt werden müssen. Aber ich sage Euch Dinge, die Ihr besser wißt als ich, tausendmal.« (Carteggi II, 335—336)

Der ›Pater Noster‹ und das ›Ave Maria‹ für Sopran und Streicher, von denen Verdi hier berichtet, waren 1879 und 1880 vor ›Otello‹ entstanden — Vorläufer der ›Quattro Pezzi Sacri‹, der vier geistlichen Stücke, mit denen sie nicht zu verwechseln sind.

Schon als er das ›Requiem‹ komponierte, hatte Verdi — am 28. Februar 1874 — an Camille Du Locle geschrieben: »Mir scheint, daß ich ein ernster Mensch geworden und nicht mehr der Bajazzo des Publikums bin.« (Opéra) Wir wissen, was für »ein ernster Mensch« er von Jugend auf war; das Altern hatte ihn nur noch ernster gemacht. »Er war nicht im orthodoxen Sinn religiös«, sagt Hans Gál; »in dieser Hinsicht hatte er manchmal Meinungsverschiedenheiten mit der kirchengläubigen Peppina. Aber die Kirchenmusik gehörte zu der alten Tradition eines italienischen Opernkomponisten, und es ist sinnig, daß er mit Musik für die Kirche seine Laufbahn schloß, die er als Zwölfjähriger an der Dorfkirche in Roncole begonnen hatte.«

Im Geist Palestrinas, den Verdi seit früher Jugend verehrte, schuf er den »Epilog zu seinem Lebenswerk« — die ›Quattro Pezzi Sacri‹, die er sich indessen nie zusammenhängend vorgestellt hatte. Sie bestehen aus einem lateinischen ›Ave Maria‹ für vierstimmigen A-cappella-Chor, den ›Laudi alla Vergine Maria‹ [Lobgesänge auf die Jungfrau Maria] mit italienischem Text nach Dante für ein unbegleitetes Quartett von zwei Sopranistinnen und zwei Altistinnen, aus einem ›Te Deum‹ für Doppelchor und Orchester und einem ›Stabat Mater‹ für Chor und Orchester. Das ›Ave Maria‹ der ›Quattro Pezzi‹ schrieb Verdi im Jahre 1889 — zehn Jahre nach seinem ›Ave Maria‹ für Sopran und Streicher — und korrigierte es später. Angeblich hat er die ›Laudi alla Vergine Maria‹ im Jahre 1886 komponiert, während sein ›Stabat Mater‹ und ›Te Deum‹ bestimmt erst nach dem ›Falstaff‹ entstanden. Allem Anschein nach schuf er diese kurzen Stücke sporadisch ganz für sich und Peppina, und anfangs maß er ihnen keinerlei Bedeutung für die Öffentlichkeit bei. Seine schriftlichen Aussagen in den etwa zehn Jahren höchster menschlicher Reife, in denen sie ihn mit großen Unterbrechungen zunehmend beschäftigten, vermögen nach der rein chronologischen Reihenfolge kein so klares Bild mehr zu geben, wie dies bei seinen mehr oder weniger an Termine gebundenen Opern der Fall ist. Wir müssen uns an den Gegenstand halten.

»Eines ist in diesem ehrwürdigen Alterswerk unverkennbar: die Einsamkeit eines Menschen, der nach einem langen, in positivster Weise der Welt zugewandten Leben zur ruhigen Selbstbesinnung gelangt ist. Diese Stücke sind ein einziger, fortgesetzter Monolog. [...] Alles in den ›Quattro Pezzi Sacri‹ ist auf das Wesentlichste konzentriert. Selbst das im Stil durchaus monumentale ›Te Deum‹ ist von lakonischer Knappheit. Man wird in den vier Stücken nicht einen entbehrlichen Takt finden. Sie sind persönlichste Aussage und so nach innen gekehrt, daß eine konzentrierte Einfühlung dazu gehört, ihre Mitteilung zu empfangen.« (Gál)

Ave Maria

Wie es zum ›*Ave Maria*‹ der ›Pezzi Sacri‹, Verdis viertem, kam, erzählt der Briefwechsel mit Boito im März 1889. Diesmal experimentierte er mit einer »scala enigmatica«, einer Tonleiter chromatisch-künstlich veränderter Intervalle. »In letzter Zeit habe ich ein paar Noten auf einen *kaputten Baß* gesetzt, den ich in der *Gazzetta Musicale* fand. Die Sache ist nicht der Rede wert«, schrieb er am 1. April 1890 aus Genua an Aldo Noseda (Copialettere, 355—356); und fünf Jahre später, am 19. Juli 1895, aus Montecatini an Giulio Ricordi: »Es war ein Scherz und ist fast eine rein scholastische Übung. Wenn es etwas Gutes darin geben könnte, wäre es in der Disposition der Stimmen; aber heutzutage bewundert, ich würde sogar sagen, versteht man [so etwas] nicht!« Sein Widerstreben, dieses ›Ave Maria‹ aufführen zu lassen, geht auch aus dem zweiten Teil eines Briefes vom 31. Januar 1895 aus Mailand an Giuseppe Gallignani hervor, dem er das Manuskript geschenkt hatte: »Und was habt Ihr mit dem kaputten Baß getan, auf den ich jene Noten zum *Ave Maria* gesetzt habe . . . .? Schickt sie mir bitte, weil ich vielleicht auf eigene Rechnung 8 bis 10 Exemplare in ganz beschränkter Auflage davon drucken lassen und Euch eines schicken werde.« (Copialettere, 411—412[n])

Zu dem geplanten Druck kam es wohl nicht, aber Ricordi gab dieses ›Ave Maria‹, das Verdi inzwischen umgearbeitet hatte, 1898 zusammen mit den drei ›Pezzi Sacri‹ heraus. Die Veröffentlichung des nur etwa fünf Minuten langen eigenartig faszinierenden Werks ist jedoch nicht allein Giulio Ricordis Beharrlichkeit, sondern auch einer wohlwollenden Intrige Gallignanis zu danken: Bevor er das Manuskript an Verdi zurücksandte, ließ er es offensichtlich abschreiben und führte das Stück als Direktor des Konservatoriums in Parma am 28. Juni 1895 unter Ausschluß der Presse nur für Studenten, Professoren und ein paar andere Musiker auf. Das Echo dieses Konzerts half Giulio Ricordi in einem seiner letzten Kämpfe gegen die Hartnäckigkeit des Maestro, den er mit der Publikation des Werkes im Jahre 1898 trotz den folgenden Zeilen vom 4. Juni 1897 aus St. Agata schließlich gewann.

»Ich konnte diese sogenannte *Scharade* nicht finden, die womöglich in Genua geblieben ist; aber ich schreibe sie um, habe sie sogar schon fast wieder umgeschrieben und werde sicher hier und da ein paar Takte geändert haben, weil ich mich an die erste gar nicht erinnern konnte. Aber das macht nichts; im Gegenteil glaube ich, daß diese in den Modulationen und Dispositionen der Stimmen korrekter sein wird. Das ist alles, was sich auf dieser seltsamen Tonleiter machen läßt . . . . das heißt, *alles, was ich* machen kann; irgendein anderer würde etwas ganz anderes machen. Sobald sie fertig ist, schicke ich sie Euch: 1. um nur in Eurer Gazzetta Musicale gedruckt zu werden. 2. ohne Namen des Autors. 3. *Scharade* ist kein schöner Titel über zwei *Ave Marias*. Sagen wir nur *Tonleiter [unentzifferbar]* vierstimmig harmonisiert.«

Zur ersten Aufführung aller vier ›Pezzi Sacri‹ kam es erst am 13. November 1898 in Wien. Bis dahin stand das ›Ave Maria‹ mit der verdrehten Tonleiter auf keinem Programm.

## LAUDI ALLA VERGINE MARIA

soll 1886 auf Worte Dantes (Paradiso XXXIII) komponiert worden sein, aber dieser Zeitpunkt ist zweifelhaft und scheint bisher in keiner Weise dokumentiert. Angesichts seiner äußerst anstrengenden Arbeit in diesem letzten Jahr vor der Uraufführung des ›Otello‹ fragt man sich, wann Verdi Muße für dieses kostbarste der ›Quattro Pezzi Sacri‹, »ein Stück von unbeschreiblicher Innigkeit und Entrücktheit«, gefunden hatte. Welchen Umständen auch immer solche Gnade zu verdanken sein mag, die ›Laudi‹ stehen in sinnvollem Gegensatz zur Chromatik der »enigmatischen Tonleiter« im ›Ave Maria‹ und zu den beiden anderen Werken mit Chor und Orchester. Wie er Boito Ende Januar 1898 schriftlich mitteilte, wollte Verdi dieses Gebet von vier Solostimmen, zwei Sopranistinnen und zwei Altistinnen, gesungen hören. Heute wird es aus praktischen Grün-

den und wohl auch wegen seines Platzes zwischen Stücken für großes Orchester leider meistens mit Chor statt in dieser intimen Besetzung aufgeführt.

## Te Deum

Am 21. April 1895 schrieb Verdi aus Genua an seinen jungen Dirigenten Edoardo Mascheroni, den »Farfarello« des ›Falstaff‹, der im
Palazzo Doria zu Besuch gewesen war: »Ihr sagt, daß Euch auf meinem Schreibtisch ein paar Partiturseiten aufgefallen seien! ... Vielleicht ist's wahr! Ich wollte ein *Te Deum* machen!! Ein *Dankgebet*
nicht für mich, sondern das Publikum — dafür, daß es nach so
viel Jahren keine neuen Opern mehr von mir zu hören braucht!!«
(Harvard)

Erst zehn Monate später fand Verdi, wie er Boito am 18. Februar
1896 mitteilte, den passenden Text. Der Direktor der Capella Antoniana in Padua, Giovanni Tebaldini, den er am selben Tag um Auskunft gebeten hatte, äußerte sich abfällig über das ›Te Deum‹ des
Padre Vallotti und erhielt diese Antwort aus Genua vom 1. März:

»Sie sprechen in einem Ihrer Bücher ausführlich von P. Vallotti,
dessen Verehrer ich bin ..., dem ich sogar dankbar für einige Studien, in meiner Jugend, zu seinen Themen bin. Ich sehe gerade, daß
Sie ein *Te Deum* von P. Vallotti erwähnen! Das war eine rechte
Überraschung für mich, der ich seit so langer Zeit nach einer Komposition dieses Gedichts suchte, ohne sie außer bei einigen Zeitgenossen Palestrinas zu finden. Andere *Te Deum*, die gelegentlich zu
Ende des vergangenen Jahrhunderts oder zu Anfang des jetzigen geschrieben wurden, bedeuten mir wenig; aber das von Vallotti würde
ich außerordentlich gern kennenlernen .... was immer sein Wert
sein mag.

Ich kenne einige alte Kompositionen des *Te Deum* und habe ein
paar andere moderne gehört. Aber die Interpretationen dieses Gedichts haben mich (abgesehen von ihrem musikalischen Wert) nie
überzeugt. Es wird gewöhnlich bei großen, feierlichen, lauten Festen anläßlich von Siegen oder Krönungen usw. gesungen. Der Anfang eignet sich dazu, indem Himmel und Erde *Sanctus sanctus
Deus Sabaoth* jubeln, aber in der Mitte ändern sich Farbe und Aus-

druck. *Tu ad liberandum* ist der Christus, der von der Jungfrau geboren wird und der Menschheit *Regnum coelorum* öffnet. Die
Menschheit glaubt an den *Judex venturus*, fleht ihn an *Salvum fac*
und endet mit einem ergreifenden Gebet *Dignare Domine die isto*,
das einem Angst machen kann!

All das hat nichts mit Siegen und Anrufungen zu tun; und
darum wollte ich wissen, ob Vallotti, der in einer Epoche lebte, in
der er über ziemlich reiche Orchester und Harmonien verfügen
konnte, andere Farben und Arten des Ausdrucks fand und andere
Absichten als viele seiner Vorgänger hatte.« (Copialettere, 412ⁿ)

Der Oper weniger verwandt und kirchlicher als das ›Requiem‹,
im Chorsatz an Palestrina gemahnend, entstand das ›Te Deum‹ für
doppelten Chor und Orchester im Sinn dieses Briefes. Es endet
ganz leise mit einer einzigen Sopranstimme: »In te speravi« [Auf
dich habe ich gehofft]. Die Handschrift des Werkes soll Verdi auf
seinen Wunsch ins Grab gelegt worden sein.

### STABAT MATER

Als Boito und Verdi im November 1896 vom ›*Stabat Mater*‹ sprachen, beschäftigte sie auch die ›h-Moll-Messe‹ Bachs. Aber die
Sorge um Giuseppinas seit Jahren unbeständige Gesundheit und
der alljährliche Umzug nach Genua scheinen die Komposition des
›Stabat‹ verzögert zu haben.

Nach der Pariser Uraufführung der ›Trois pièces religieuses‹
schrieb Verdis Verehrer und Freund Camille Bellaigue über dieses
›Stabat‹: »Von den ersten Worten an, schon nach der ersten Silbe
des ersten in harter Dissonanz auf einem rauhen Akkord des Orchesters geprägten Wortes erkennt man Verdis erhabene Phantasie. Mit
nur drei bis vier Noten schafft er das Bild. Von Anfang bis Ende des
Werkes, das ohne jegliche Wiederholung von Noten oder Worten,
fast ohne Strophe und ohne Rücksicht auf Übereinstimmung oder
Symmetrie verläuft, erhalten wir höchst lebhafte, rasche Eindrücke
tönender Malerei. Bald erleiden wir die Gewalt. Der Vers: *Pro pec-
catis suae gentis, Vidit Jesum in tormentis* wird einen Augenblick
lang Aufruhr im Gerichtssaal hervorrufen und das Gebrüll der
Menge bis zum Zischen der Peitschen hören lassen. Daraufhin

(siehe den Vers: *Tui nati vulnerati*) gießen die Sängerinnen, vor allem die Altistinnen, in weichen Kantilenen, Gebeten von unendlicher Zartheit, ihr Herz aus; dabei wirkt diese Zartheit aber immer stark, nobel-mütterlich. Im Laufe dieser musikalischen Prosa — vielmehr dieser Musik in Prosa — [. . .] hören wir in klanglichen Kontrasten auch Schreie des Schreckens und in Erwartung des Jüngsten Gerichts jene ganze Klüfte überspringenden Stimmen, die das *Tremens factus sum* im *Requiem* für Manzoni so tragisch gestalten.«

Ein paar Tage nach seinen drei Zeilen an Boito vom 6. Januar 1897 erlitt Verdi in Genua einen Schlaganfall, der streng geheimgehalten wurde. Mascheroni, der zur selben Zeit in Genua dirigierte, erfuhr aber davon und verständigte Boito in Mailand, der ihn am 15. Januar dringend um weitere Nachrichten bat. Verdi erholte sich bald und dürfte auch selber von Boito gehört haben; vermutlich ist in der Aufregung jener Tage ein Brief verlorengegangen. Die langen Pausen in der Korrespondenz mit ihm dürften sich in Verdis letzten Jahren aber weniger durch solche Verluste als durch ihr häufiges Zusammensein erklären. Sie trafen sich vor allem während der vielen Reisen des Ehepaares Verdi zum Bau der ›Casa di Riposo per Musicisti‹, des Altersheims für Musiker in Mailand, den Verdi seit 1888 geplant und den er Arrigo Boitos Bruder Camillo anvertraut hatte.

Im Sommer 1897 verbrachte Verdi mit seiner nun schon zweiundachtzigjährigen Frau wiederum ein paar Wochen zur Kur in Montecatini. Während des Herbstes verschlechterte sich ihr Gesundheitszustand; sie mußte in St. Agata das Bett hüten und stand nicht mehr auf. Im Schatten des Todes vollendete Verdi, als hätte er ein Versprechen erfüllen, ihr noch eine letzte Freude bereiten wollen, das ›Stabat Mater‹ und revidierte auch die drei anderen ›Pezzi Sacri‹.

Wahrscheinlich trug auch Boitos Besuch in St. Agata dazu bei, daß Verdi am 21. Oktober an Giulio Ricordi schreiben konnte:

»Heute noch schicke ich zwei Stücke: die *Scala Enigmatica* und *Te Deum*. In ein paar Tagen schicke ich die *Preghiera del Paradiso* [das Gebet des Paradieses, d. h. die ›Laudi‹] und das *Stabat*.

Die beiden kleinen Stücke für Stimmen allein haben dieselben Dimensionen. Das *Stabat* ist kürzer als *10* oder *12* Partiturseiten; außerdem hat es nur *einen Chor* und weder *Englischhorn noch Baßklarinette noch Harfe*, folglich acht Systeme weniger. Dies zu Eurer Information. Ich habe diese Stücke noch nicht geschickt, weil ich einen letzten Blick auf sie werfen wollte.«

Dieser Mitteilung folgten weitere am 25. und 26. Oktober 1897:

»Lieber Giulio, Ich sende Euch, wehe mir, auch diese beiden anderen Stücke, *La Preghiera del Paradiso* und das *Stabat* . . . mit unermeßlichem Kummer!

Solange sie auf meinem Schreibtisch lagen, schaute ich sie manchmal wohlgefällig an, und sie kamen mir wie etwas mir Gehörendes vor! Jetzt gehören sie mir nicht mehr!!

Sie sind noch nicht veröffentlicht, werdet Ihr sagen. Das ist wahr; aber sie sind nicht mehr ausschließlich für mich da, und ich sehe sie nicht mehr *auf meinem Schreibtisch!!* Das ist ein wahrer Kummer! Gebt mir Bescheid, wenn sie angekommen sein werden.

Der Peppina geht es nicht besser! Ach, das ist furchtbar traurig!

Addio, addio.                              Herzlichst G. Verdi«

»Ich hoffe, Ihr werdet heute das *Stabat* und die *Preghiera* erhalten haben. Jetzt könnte ich mir den Kopf zerbrechen, weil ich kein Gedächtnis mehr habe! Ich finde die paar Zeilen nicht mehr, die mir Campanari betreffs der Krypta auf dem Monumentale usw. und dem Friedhof aufsetzte.«

Verdi sah das Ende voraus und hatte alle Dispositionen für die Gräber in Mailand getroffen. Am 14. November starb Peppina. Boito, der in Paris mit Taffanel vermutlich ohne Verdis Wissen die Uraufführung der ›Pezzi Sacri‹ vereinbart hatte, eilte zu ihrem Begräbnis nach Mailand und fuhr am Heiligabend nach St. Agata. Am 29. Dezember beruhigte er den gemeinsamen Freund Camille Bellaigue in einem französischen Brief:

»Der Maestro sendet Euch sowohl wie Madame Gabrielle seine sehr herzlichen Glückwünsche, und ich füge die meinen hinzu. Es geht ihm besser, seine Gesundheit hat nicht gelitten, und täglich findet er sein seelisches Gleichgewicht etwas mehr wieder [. . .].

Wir werden zu Neujahr nach Mailand abreisen, das heißt, ich

reise am 1. Januar, und der Maestro wird mir zwei oder drei Tage später folgen.

Ich schaue durchs Fenster den hellgrauen Himmel an; der große Garten, den Sie kennen, die Felder, die großen Pappeln und Weiden, sie sind alle von Reif bedeckt; das macht, daß die Landschaft aus mattem Silber von äußerster Feinheit, wie Filigran aus Genua scheint. Sie würden den Ort nicht wiedererkennen.

Salute, affetto, pace e lavoro.« (Scala)

Während seines Aufenthalts in Mailand vom 6. Januar bis 15. März 1898 schrieb Verdi auf dem Papier des Grand Hôtel de Milan an Boito in die Via Principe Amedeo die zwei undatierten, auf den Seiten 475–478 wiedergegebenen Briefe. Ein durch Krankheit Taffanels verspätetes Schreiben vom 21. Januar (Copialettere, 411–412) beantwortete Verdi auf französisch am 24. Januar:

»Ich habe Ihren Brief vom 21. erhalten, und die Daten des 7. und 8. April sind ausgezeichnet. Monsieur Ricordi läßt die Noten drucken und die *Stimmen für Orchester und Chöre* anfertigen. Sagen Sie mir, zu welchem Zeitpunkt sie nach Paris geschickt werden sollten.

Ich bin heute in großer Eile, werde Ihnen aber in ein paar Tagen über die Stücke, die benötigten Chöre und die Länge der Stücke schreiben.

Wenn es meine 84 Jahre und meine Gesundheit erlauben, werde ich Sie gegen Ende März in Paris bewundern.« (Copialettere, 413)

Der zweite Mailänder Brief Verdis an Boito bezieht sich auf einen nicht mehr vorhandenen Taffanels. Dieses für die Aufführungspraxis besonders wichtige, leider nicht gänzlich zu entziffernde Schreiben mit dem Diagramm befindet sich im Nachlaß Arturo Toscaninis, der es von Boito erhalten haben dürfte.

Barberina Strepponi, Verdis Schwägerin in Cremona, erhielt ein paar Zeilen vom 4. Februar 1898 aus dem Grand Hôtel: »Mir geht es weder besser noch schlechter. Ich esse wenig und nehme nicht zu. Ein paar Nächte schlafe ich gut, aber diese Nächte sind nicht häufig. Ich mache große Droschkenfahrten, weil das Wetter wunderschön und nicht kalt ist. Ich habe immer diesen oder jenen zum Mittagessen, und abends kommen verschiedene Freunde. So gehe ich ziemlich spät zu Bett, nicht vor 12, und so wird die Nacht kürzer.«

Am 20. März aber schrieb er aus Genua an Giulio Ricordi: »Wehe mir, wehe mir! Es ist mir unmöglich, nach Paris zu gehen! Das hat der Arzt gesagt . . *Ich kann das nicht unterschreiben!* — Und jetzt, was tun? Wenn wir noch Zeit hätten, wäre es das Beste, alles zu verbrennen!! Ist das möglich? Sagt Ihr mir, was man tun kann, weil ich keinen Kopf mehr dafür habe! Meine Gesundheit war gestern besser! Heute so so! [. . .] P. S. Schickt mir irgendein Telegramm zu meiner Beruhigung!«

Am nächsten Tag beantwortet Verdi das Telegramm: »Nach Eurem Beschluß bin ich jetzt beruhigter, und so wird Boito statt meiner nach Paris gehen. — Selbstverständlich werdet Ihr ihm auf meine Rechnung die Reise- und Aufenthaltskosten bezahlen. Wenn er durch Genua kommt, wäre es gut, die drei Partituren mitzubringen, oder wenigstens die gedruckten Klavierauszüge der drei Stücke, damit ich mit einem Rotstift alle Zeichen und Anmerkungen machen kann, die ihm dienen können. —«

Boito kam am 27. März nach Genua und reiste am 29. weiter nach Paris. Von dann ab erfahren wir Verdis Wünsche aus acht Mitteilungen an Boito vom 29. März bis 6. April. Nach der Pariser Uraufführung der ›Trois pièces religieuses‹ mit dem Orchester des Konservatoriums unter Paul Taffanel am 7. April 1898 wandte sich der Impresario des Teatro Regio in Turin, Giuseppe Depanis, an Verdi mit der Bitte um Erlaubnis, die drei ›Pezzi Sacri‹ im Konzertsaal eines dortigen Ausstellungsgebäudes aufzuführen. Er bat ihn auch, dem jungen Maestro Toscanini und dem Chordirektor Aristide Venturi persönliche Anweisungen zu geben, und erhielt diesen Bescheid vom 18. April aus Genua:

»Ermüdet und nicht bei bester Gesundheit, bitte ich um Entschuldigung, wenn ich mich mit der Antwort kurz fasse.

Die Maestri Toscanini und Venturi können kommen, wann sie wollen. Nach zwölf Uhr mittags bin ich immer zu Hause. —

Ein Chor von 200 ist meiner Meinung nach zu viel. Diese großen Massen haben immer eine grobe, aufgeblasene Farbe und (ich würde sagen) einen zu *profanen* Klang. Hier würde das nicht passen, und auch bei der Zweiteilung des Chors würden 120 Stimmen mit ein paar mehr Bässen genügen.

Wir besprechen das besser mündlich.« (Depanis II, 236–237)

Depanis begleitete Toscanini und Venturi ein paar Tage später in den Palazzo Doria und berichtete von ihrem Empfang: »[. . .] Am Klavier saß Toscanini, und der alte Maestro und der junge Dirigent verstanden sich sogleich. Verdi war erstaunt über die schnelle Auffassungsgabe Toscaninis. Meinerseits bewunderte ich den fünfundachtzigjährigen Greis, der am Klavier die alte Energie wiederfand. Die zuerst verschleierte Stimme wurde wieder klar und gebieterisch, die Augen glänzten, keine Einzelheit der Ausführung entging ihm. Er erklärte seine eigenen Absichten in kurzen, präzisen, farbigen Sätzen, die sehr viel mehr sagten als ein langer Kommentar. Ein Satz bleibt mir unvergeßlich, der uns alle lächeln machte, den Maestro inbegriffen. Gegen das Ende des *Te Deum*, das dem Chor zugeteilt ist, erfleht eine einzige Frauenstimme plötzlich Mitleid. Dieses Solo von ein paar Takten in einem hauptsächlich choralen Stück wirkt etwas überraschend. Um den Eindruck zu betonen, schlug Verdi vor, die Sängerin so weit wie möglich dem Publikum verborgen aufzustellen, sozusagen als eine Stimme vom Jenseits, eine Stimme bestürzter, inständig flehender Bitte. »Das ist die Menschheit, die Angst vor der Hölle hat«, sagte er am Schluß, um die Idee am besten zu erklären, wobei er das u in den Worten *umanità* und *paura* wie ein französisches *ü* aussprach, wie auch unsere alten Leute in Piemont. [. . .]« (Depanis II, 239)

Nach dieser Begegnung traf Verdi am 26. April in Mailand ein, von wo Boito an einem Montag, vermutlich dem 2. Mai 1898, Toscanini schrieb:

»Ich höre, daß Sie sich nach Genua begaben, um sich mit dem Maestro über die Aufführung der drei *pezzi sacri* zu besprechen, und daß die künstlerische Verständigung vollkommenst gelang. Darüber freue ich mich mit freundlichen Grüßen. Ihr Arrigo Boito« (Toscanini)

Dann schrieb Boito an Toscanini nach Turin am 15. und vermutlich am 17. Mai aus Mailand:

»Ich habe das riesige Bedürfnis, eine gute Probe der drei *pezzi* des Maestro zu hören; sagt mir bitte, an welchem Tag und zu welcher Stunde ich diesen Wunsch erfüllen könnte.« (Toscanini)

»Allerbesten Dank für die Auskünfte, die Ihr mir gebt und die ich dem Maestro mitgeteilt habe; danke für die freundliche, zuvorkommende Depesche, danke! Aber wir haben ein Fiasko gehabt!

Ihr seid zu *intuitiv*, nicht zu erraten, daß meine Bitte, einer Eurer Proben beizuwohnen, die Absicht verbarg, den Maestro mit mir nach Turin zu schleppen, ihn Euch zu bringen, ohne daß irgend jemand davon wisse (um ihm eine Demonstration zu ersparen), um ihm die große geistige Freude Eurer Interpretation zu verschaffen, Euch sein großes Lob und mir diese doppelte Genugtuung.

Aber meine ganze Strategie ist schiefgegangen.

Der Maestro ist unbeweglich, widersteht allen dringenden Bitten von Giulio Ricordis und meiner Seite und gibt nicht nach. Vielleicht fürchtet er, sich einer starken seelischen Erschütterung auszusetzen. Sein Wille geschehe.« (Toscanini)

Am 28. Mai 1898 hörte Boito an ihrem zweiten Abend die italienische Erstaufführung der drei ›Pezzi Sacri‹ unter Toscanini in Turin. Verdi selbst hat seine letzten Werke nie gehört. Toscanini trug die Fackel weit in unser zwanzigstes Jahrhundert hinein.

# Briefe

Genua, 3. Dezember 1894

Lieber Boito,

Glücklich Ihr, die Ihr etwas Palestrina gehört habt. Ich verstehe sehr wohl, daß die Aufführung Euer Ideal nicht erreicht haben wird, aber ich möchte in jedem Fall, daß solche Feierlichkeiten in allen Städten [stattfänden], wenn auch nur zu dem Zweck, unsere armen, vom Exzeß der Dissonanzen zerrissenen Ohren ein bißchen in Ordnung zu bringen! Das Schlimme dabei ist, daß alle diese erfundenen Dissonanzen und Orchesterfarben fast immer sinnlos angebracht sind!

Und *Coreggio*?!?
Ein wunderbarer und verführerischer Maler! So schön, einfach, natürlich, daß ich mir, wenn ich ihn sehe, vorstelle, er habe niemals Lehrer gehabt! Grandios manchmal wie Michelangelo, mit dem Unterschied, daß ich die Propheten und Apostel Coreggios liebe, während mir Michelangelos Angst machen! Und nun ein wohltätiges Werk! (Siehe Erdbeben Càlabria *einzige Nummer*)

Bringe mir bitte zwei Verse in Ordnung und macht sie mir neu:

> *Pietà Signor della miseria mia!*
> *Ci salva tu . . . . . . . e ria!*
> [Erbarmen, Herr, mit meiner Not:
> Rette du uns . . . . . . . und schuldig!]

Ich habe eine Phrase zu diesen Worten gemacht, folglich brauche ich diese Akzente; und in der zweiten Zeile auch den Akzent auf der zweiten. Auch wenn Ihr die zweite Zeile nicht reimen wollt, macht es auch nichts aus; es genügt, daß der Vers glatt ist . .

Danke für Peppina, die Euch vielmals grüßt.

Addio und auf Wiedersehen. Hoffentlich bald

Herzlich
G. Verdi

Dienstag, [Mailand, 4. Dezember 1894]

Lieber Maestro,

Hier ist es; sehen Sie zu, ob es zur musikalischen Phrase paßt; der erste Vers ist von Ihnen und der zweite von Dante Alighieri:

> *di me*
> *Pietà, pieta, della miseria mia*
> *Agnèl di Dio che le peccata levi.*
> Purg. Canto XVI.
> [Erbarmen mit mir, mit meiner Not
> Lamm Gottes du, das die Sünden nimmt.]

Alles zusammen ist eine Paraphrase des *Agnus Dei*.

Oder auch, wenn Sie die Wirkung des Reimes vorziehen, hier zwei andere Verse:

> *Pietà di noi, del nostro duol profondo,*
> *O Agnèl di Dio che levi il mal dal mondo.*
> [Erbarmen mit uns, mit unserem tiefen Schmerz,
> O Lamm Gottes du, das das Übel von der Welt nimmt.]

Die Paraphrase dieses zweiten Verses ist vollständiger:

> *Agnus Dei qui tollis peccata mundi.*

Der erste Vers dieser zweiten Variante stünde vielleicht besser so:

> *Pietà di noi, del nostro* error *profondo.*
> [Erbarmen mit uns, mit unserem tiefen Irrtum.]

Wählen Sie, und wenn es nicht gut geht, schreiben Sie mir, und ich werde versuchen, es besser zu machen.

Gestern bekam ich aus Paris ein Stück roten Bandes; Sie mußten etwas davon wissen, ich habe sogar schwere Bedenken, ich glaube nämlich fest, daß der Hauptanführer der Verschwörung Sie gewesen sind. O Maestro!

Auf jeden Fall danke ich Ihnen —

Herzliche Grüße

Ihres
Arrigo Boito

Genua, 5. Dezember 1894

Lieber Boito,

Wie schön wären die beiden Verse

*Pietà di Noi, del nostro error profondo*
*O agnèl di Dio che levi il mal dal mondo*

aber das Wort *Agnèl* klingt schlecht zu den vorhandenen Noten . . .
und außerdem muß ich in der zweiten Zeile nach der 4. Silbe einhalten. Ich schreibe Euch die vorhandene Phrase ab, um mich besser
verständlich zu machen, und setze die Worte so ein, wie sie mir gut
zu passen scheinen . . . wohlverstanden, daß Ihr sie besser einrichten werdet. —

Antwortet mir bald, weil sie in Rom warten. Der Schuldige ist *Ressman*. Addio, addio.

Herzlich
G. Verdi

[Mailand,] 6. Dezember [1894]

Lieber Maestro,

> *Pietà Signor del nostro error profondo*
> *Tu solo puoi levare il Mal dal mondo.*
> [Erbarmen, Herr, mit unserer tiefen Sünde,
> Du allein kannst das Übel von der Welt nehmen.]

So, scheint mir, kann es ganz gut den schönen Noten dienen. Ein paar Worte müssen wiederholt werden, wie schon im ersten Vers wiederholt wird — kaum schlimm auf einer Seite, die den Charakter eines Bittgebetes hat. Herzliche Grüße

Arrigo Boito

St. Agata, 9. Juni 1895

Lieber Boito,
　Ihr habt hinterlassen:
　4 Taschentücher
　1 Unterhemd
　1 Etui
　1 Knopf.
Der Diener hat sie mir übergeben, und ich habe alles in meinem Zimmer. Wollt Ihr, daß ich sie Euch schicke? Oder wollt Ihr, daß ich sie Euch in 7 oder 8 Tagen mitbringe?

Addio
G. Verdi

12. Juni [1895]
Mailand

Lieber Maestro,
　Man muß schon sagen, daß ich noch halb verschlafen war, als ich vorgestern früh die Vorbereitungen zur Abreise traf.
　Ich lachte beim Lesen der Liste von den in S. Agata vergessenen

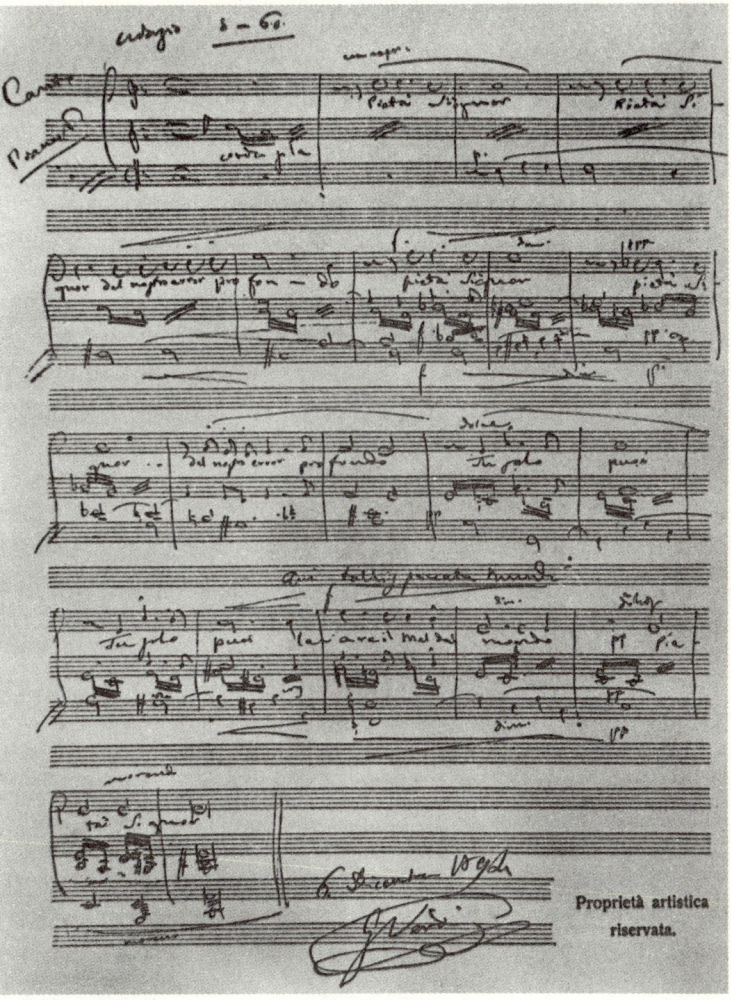

Gegenständen; machen Sie sich nicht die Mühe, sie mir zu schicken oder mitzubringen; ich werde sie in diesem Herbst selber abholen.

Grüße über Grüße an Sie, an Signora Giuseppina, an Signora Barberina.

Auf Wiedersehen in wenigen Tagen.

Herzlichst Ihr
Arrigo Boito


9. Oktober [1895]
Mailand

Lieber Maestro,

Ein heißester Wunsch: daß Sie immer gesund und zufrieden sein mögen. Noch ein heißester Wunsch: daß man wieder gemeinsam arbeiten möge.

———————

Ich reise am 14. nach Vezia ab; am 15. werde ich mit dem Herzen Kosciuszkos reisen und am 17. wieder zurück in Mailand sein, von wo ich Ihnen den Tag meiner Ankunft in Sant'Agata mitteilen werde, die, nehme ich an, nicht später als am zwanzigsten sein wird.

Camillo und Madonnina erinnern sich oft an die mit Ihnen und Signora Giuseppina verbrachten Tage.

Man hat mir Nachricht von der neuen Yvette gegeben, die ich mit Vergnügen kennenlernen werde, nachdem ich die Bekanntschaft der anderen von den *Folies Bergères* nicht habe machen können.

Nun, lieber Maestro, bald auf Wiedersehen; es kommt mir vor wie ein Jahrhundert, daß ich Sie nicht wiedergesehen habe.

Viele gute Grüße an Signora Giuseppina.

Herzlichst Ihr
Arrigo Boito

Freitag [Mailand, 8. November 1895]

Lieber Maestro,

Kaum nach Mailand zurückgekehrt, bin ich zu Giulio gegangen; ich habe ihn ganz ruhig und fester denn je in seinem Entschluß gefunden. Er wird die Druckerei verkaufen und in der Provinz drukken lassen; schon jetzt haben ihm Verlagsdruckereien kleiner benachbarter Städte sehr günstige Vorschläge gemacht. Der erste Monat wird etwas Geduld erfordern, aber dann, wenn der neue Betrieb in Gang gekommen ist, wird das Haus aus dieser neuen Ordnung der Dinge wirklichen Nutzen ziehen.

Ich bin vollkommen überzeugt, daß Giulio sich in diesem Vorhaben nicht irrt. Seine Sozien sind alle einverstanden mit ihm und billigen es vollständig. Er, wiederhole ich, ist gänzlich ruhig und heiter.

Ich habe mich beeilt, Ihnen diese Nachrichten zu geben, weil ich weiß, daß sie Ihnen Freude machen werden. Giulio grüßt Sie herzlich.

Hier habe ich das Haus immer noch leer gefunden, niemand ist zurückgekommen.

Im Geiste empfinde ich noch immer den großen und lieben Frieden von S. Agata.

Ich hoffe, daß Signora Peppina sehr bald geheilt sein wird. Wenn sie noch von dem flüssigen Teer zu sich nimmt, rate ich ihr, ihn mit Wasser einzunehmen; allein ist er etwas irritierend. Grüßen Sie sie wieder vielmals, und für Sie, lieber Maestro, alles Liebe.

Ihr

Arrigo Boito

[Mailand,] 20. Dezember [1895]

Lieber Maestro,

Gestern habe ich der Generalprobe einer wirklich neuen Oper beigewohnt, der aller, allerneuesten aller Opern, und ich habe mich den ganzen Abend lang ergötzt, abgesehen von ein paar Flüchen, die ich wegen der Sänger ganz für mich vom Hintergrund des Parketts ausgestoßen habe. Es sind alles Hunde, aber das macht nichts, alles geht ausgezeichnet.

Maestro Mugnone hat die ganze Partitur mit großer Einfühlsamkeit begriffen, und das Orchester begriff ihn; er hat verstanden und hat sich verständlich gemacht.

Die Partitur rettet alles und ist ein seltener Fall (ziemlich selten auch für Sie, Maestro) eines Opernschauspiels, in dem die Musik sich vor sich allein rettet.

Ein anderer, der seine Sache gut gemacht hat, ist unser Tito Ricordi in der Gruppierung der Bewegungen der Inszenierung.

Dieser Falstaff wird von neuem die Freude der Mailänder sein.

Wir stehen vor den Weihnachtsfesten, und mir kommt eine Idee. Wenn Sie einen Platz an Ihrem Tische haben und wenn Sie mich haben wollen, würde ich kommen, den Heiligabend in Genua zu verbringen — der Heiligabend ist Dienstag. Bitte lassen Sie mich wissen, ob diese Idee ausführbar ist, denn wenn sie es nicht wäre, schicke ich Ihnen meine herzlichen Wünsche schon jetzt für Sie und Signora Peppina.

Ihr Arrigo Boito

Genua, 21. Dezember 1895

Lieber Boito,

Unter Euren vielen guten Ideen ist dies die beste. Auf Wiedersehen zum Heiligabend und zu Weihnachten, wenn Ihr wollt, und so lange Ihr wollt. Wir werden allein mit den De Amicis sein.

Ich habe auch zwei Telegramme über die Falstaff-Probe erhalten. Aber wenn die Sänger so sind, wie Ihr sagt, wird sich die Wirkung bei der Vorstellung ändern. Wenn das Theater fast leer ist, werden die wenigen, die da sind, hauptsächlich vom Orchester angezogen, von der Musik, von Details usw. usw. All das verschwindet beim großen Publikum, dessen Aufmerksamkeit fast gänzlich den Agierenden zugewandt ist! . . Und dann?

Sei dem, wie ihm sei! Gott im Himmel! Wie viele Opern an der Scala! Und sind alle gut?

Es scheint, daß auch hier das *Carlo Felice* sich öffnen wird. Aber alle Welt ist auf das Haus Ricordi böse, weil es *Lohengrin* und *Hugenotten* abgelehnt hat, um Radcliff zu geben. Aber in Gottes Namen, welchen Schaden hätte selbst ein Riesenfiasko dem Hause Ricordi und dem Ruf dieser Opern bringen können?! Mit dieser kleinlichen, unsympathischen Ablehnung macht sich das Haus nicht beliebt.

Grüße, Grüße, Grüße. Auf Wiedersehen.

Herzlich<br>G. Verdi

Genua, 18. Februar 1896

Lieber Boito,

*Eureka!*

Ich habe ein Te Deum gefunden! Nichts weniger! . . Der Autor P. Vallotti, den ich, wie Ihr wißt, sehr hoch schätze. Ich habe an Tebaldini geschrieben, damit er für mich eine Kopie davon ziehen lasse.

Ich sage Euch dies alles, damit Ihr Euch erinnern möget, daß Ihr am Tage des 14. Februar 1896 ein *Te Deum* von mir gesehen habt, falls man mich angreifen sollte . . . Aber nein, nein, da ist keine Gefahr, weil ich es nicht veröffentlichen werde.

Ich höre, daß Gallignani in Mailand ist. Grüßt ihn.

Hier geht's uns wie üblich.

*L'Eclair* bittet mich um ein Urteil über den armen *Thomas* . . . Ich antworte überhaupt nicht . . . und Ihr antwortet nicht hierauf.

Addio, addio.

G. Verdi

19. Februar [1896] Mailand

Lieber Maestro,

Ich bin neugierig zu erfahren, ob es Ihnen geschehen wird, im *Te Deum* von Vallotti die gleiche musikalische Ausdeutung wiederzufinden, die Sie in den letzten Bibelsprüchen bekräftigt haben; die einzige wirklich natürliche und richtige Ausdeutung. Im übrigen brauchen Sie sich nicht mit Beispielen aus der Vergangenheit zu trösten, um Ihr Konzept bestätigt zu finden, so logisch und klar, wie es ist. Es genügt, lesen und verstehen zu können, was man liest, um es gutzuheißen.

Ich habe Gallignani gesehen, der schon wieder nach Parma gefahren ist, wo er endlich alle Angelegenheiten des Konservatoriums auf seine Weise ordnen konnte; er ist zufrieden und ruhig und verlangt nach nichts mehr.

Auch ich antworte nicht auf die Anfrage des *Eclair*.

Ich werde zur Einweihung des Galliera-Denkmals in Genua sein, und dies, um das Gedenken an Monteverde wieder aufzufrischen oder zu erwärmen.

Herzliche Grüße an Sie und Signora Peppina.            Ihr
                                                   Arrigo Boito

Genua, 6. April 1896

Lieber Boito,
Einweihung 12. April um 2 Uhr nachmittags.
                        Also?

Auf Wiedersehen.                                    Herzlich
                                                   G. Verdi

9. Juni [1896]
Mailand

Lieber Maestro,

Wir haben uns alle gefreut, von Giulio zu hören, daß Sie bei Ihrer Rückkehr nach S. Agata Signora Giuseppina aufgestanden und in vergnügter Stimmung fanden. Hoffen wir, daß die Besserung so weiterschreite, um ihr die übliche Kur in Montecatini zu erlauben.

Tebaldini teilt mir mit, er habe ein *Te Deum* von Vittoria entdeckt, mit zwei alternierenden Chören und Orgel, das in der Bibliothek des Liceo von Bologna existiert. Wenn Sie es wünschen, ist Tebaldini erbötig, in Bologna einen Kopisten ausfindig zu machen, der eine Kopie für Sie machen könnte.

Ein weiteres Te Deum existiert von Purcell, leicht erhältlich für den, der es haben will, weil es in der großen Ausgabe von Novello in London veröffentlicht ist, die auch in einzelnen Bänden verkauft wird. Aber Tebaldini schließt seinen Brief mit dem Ausdruck des Wunsches, im November in Padua die *Ave Marias von Verdi* aufzuführen, um mit diesen den Konzertsaal einzuweihen.

Er bittet bei dieser Absicht um einen Vermittler, und der werde gerade ich sein, aber mit sehr wenig Hoffnung, diese Vergünstigung zu erlangen, weil ich weiß, wie Sie über die Aufführung dieses Stükkes denken.

Viele Grüße an Signora Giuseppina und an Sie, lieber Maestro. Auf Wiedersehen in S. Agata, aber vorher hoffentlich in Mailand.

Herzlichst Ihr
Arrigo Boito

S. Agata, 11. Juni 1896

Lieber Boito,

Die Peppina ist auf, es geht ihr nicht schlecht, aber sie ißt nicht; die Kräfte kehren folglich nur sehr mühsam zurück.

Was Montecatini betrifft, ist das eine Sache, von der man jetzt nicht sprechen kann; aber wenn diese Reise sich ausführen läßt, werden wir uns vorher in Mailand sehen.

Dankt Tebaldini vielmals für seine Bemühungen um das *Te Deum*; aber nun ist getan, was getan ist; und ich könnte diesen Lobgesang auch nicht anders interpretieren, selbst wenn mir die Lektüre der *Te Deum* von Purcell und Vittoria zeigen sollte, daß ich's schlecht gemacht habe. Wenn ich mal fertig bin, wenn nur noch wenige Stellen der Instrumentation fehlen, werde ich es zu den *Ave Marias* tun, und sie werden gemeinsam schlafen, ohne je das Sonnenlicht zu sehen. *Amen.*

Auf Wiedersehen also?

Wann?

Vielleicht in Mailand! . . aber bestimmt in St. Agata.

Ich danke für Peppina und grüße Euch von ihr. Ich drücke Euch herzlich die Hände.

Euer

G. Verdi

St. Agata, 9. Oktober 1986 [1896]

Lieber Boito,

Vor zwei Tagen ist hier ein Brief für Euch angekommen, den ich, da ich Euch nicht sehe, für gut halte, Euch nach Mailand zu schicken —

Nun? Was macht Ihr?

Ich muß Euch außerdem darauf aufmerksam machen, daß übermorgen, *Sonntag*, niemand mehr in St. Agata sein wird, aber daß die Peppina ihre Schwester aufsuchen und bis gegen den fünfzehnten in Cremona bleiben wird . .

Richtet Euch ein und addio, addio.

Herzlich

G. Verdi

St. Agata, 11. Oktober 1896

Lieber Boito,

Ich habe Euren Brief am 9. erhalten und verstehe, daß Ihr den meinen nicht erhalten habt, den ich Euch am 8. schrieb!

Ich sagte Euch darin, daß gegen den *elften* niemand mehr in St. Agata sein würde, und daß die Peppina am 14. für zwei, drei Tage nach Cremona gehen würde, um ihre Schwester aufzusuchen.

Jetzt sagt Ihr mir, daß Ihr an dem Tag (14.) nach St. Agata kommen werdet!! — Ich werde mit Peppina am selben Tag mit Peppina nach Cremona gehen, aber am selben Abend nach St. Agata zurückkommen. Also wenn Ihr statt von Fiorenzuola zu kommen, über Cremona fahren wolltet, kämen wir zusammen nach Hause.

Ihr könnt in Cremona ungefähr um 13 Uhr ankommen, und wir könnten um 15 Uhr nach St. Agata abfahren.

Wenn Euch diese Kombination nicht recht ist, dann kommt also von Fiorenzuola her, aber nicht am Mittwoch, sondern am *Donnerstag*, wo ich den Wagen schicken würde.

Schreibt mir sofort deswegen.

Addio, addio und

Herzlich
G. Verdi

P.S. Ich mache Euch darauf aufmerksam, daß es in Cremona das Albergo del Capello nicht mehr gibt. Steigt in den Omnibus des *Albergo d'Italia,* wo Ihr mich finden werdet.

9. November [1896]
Mailand

Lieber Maestro,

Kaum in Mailand angekommen, machte ich mich daran, meine Bücher zu ordnen und in so guter Ordnung, daß ich bis heute die Partitur der *h-Moll Messe* von Bach nicht wiederfinden konnte. Jetzt finde ich sie endlich und finde auch *den Nagel* genau wie im Klavierauszug: Die beiden Flöten spielen: die I. ein *Ais* und die zweite ein *F,* während der Baß ein *D* hat; aber dies ist ein weicher

Nagel, weil das *Ais* sich regelmäßig in ein *H* auflöst. Der wahre Nagel steht im folgenden Akkord:

Die wahre Nagelspitze steht in der Partie der Altstimme: *F—Dis.*
Wenn dieser Schmerzenslaut gewollt ist (wie ich nicht bezweifle), ist
er wirklich ein Schmerzenslaut, aber wenn er das nicht wäre, hätte
Bach ihn nicht gewollt; das Ohr mag dabei leiden, muß sogar dabei
leiden, aber unser Verstand kann es billigen. Und um jetzt zu einem
heitereren Thema zu kommen, schreibe ich Ihnen die Stanzen des
*Stabat Mater di letizia* ab; auch dieses ist wie das andere von Jacopone da Todi, aber dieses sehr wenig bekannt und vielleicht schöner
als das erste:

Stabat Mater speciosa
Juxta foenum gaudiosa,
Dum jacebat parvulus.

Quae gaudebat et ridebat
Exultabat cum videbat
Nati partum inclyti.

Fac me vere congaudere,
*Jesulino* cohaerere
Donec ego vixero.

[Es stand die Mutter in ihrer Schönheit
Neben dem Heu voller Freude,
Während da lag das Knäblein.

Die sich freute und lachte,
Frohlockte, als sie sah
Die Geburt ihres erhabenen Sohnes.

Mache mich wahrlich mitfreuen,
Dem *Jesulein* anhängen,
Solange ich leben werde.]

Dieses *Jesulino* ist von der Anmut Peruginos.

Beim S. Francesco von Sabatier, von dem ich das abschreibe,
fehlen die anderen Stanzen, aber man kann sie im V. Band der
Werke Ozanams entdecken; und wenn dies kleine Muster Ihnen
Lust dazu macht, sagen Sie es, und ich werde es für Sie finden.

P. S. Camillo muß Ihnen heute geschrieben haben. Viele gute
Grüße und Ihnen, lieber Maestro, und der lieben Signora Peppina
Dank für die Gastfreundschaft von S. Agata.

Herzlichst Ihr
Arrigo Boito

Genua, 6. Januar 1897

Lieber Boito,
*Ich antworte nicht!*
Ich freue mich . . .
Ich grüße.

G. Verdi


Genua, 15. April 1897

Lieber Boito,

Nun denn?
Freuen wir uns und
*Amen.*

Ich erhalte diesen Brief, den Ihr mir zurückschicken wollt, von Roger.

Mir ist das neu, weil ich nie gewußt habe, daß Ricordi *Droits d'Auteur* verlangt! Wer hat sie ihm überlassen?

Im übrigen besprecht das mit Giulio und arrangiert gemeinsam, was Ihr machen wollt, und antwortet Roger gemeinsam . . .

Ach, diese gebenedeiten Droits d'Auteur!

Addio, addio.

Herzlich
G. Verdi


Genua, 17. April 1897

Lieber Boito,

Einverstanden, Roger zum Schiedsrichter der Frage zu wählen. Ich werde Roger noch heute antworten, daß Ihr und Giulio ihm darüber schreibt.

Ich habe nicht mehr an das *Stabat* gedacht, dessen Orchestrierung beim *status quo* ist. Ich habe nicht mehr daran gedacht und denke auch nicht mehr daran! Und wenn ich daran denke, ist es mir zuwider, mich dem Publikum nochmals preiszugeben. Tatsächlich, warum sollte ich Urteile, nutzloses Geschwätz, Kritiken, Lob, Haß, Liebe auf mich häufen, an die ich nicht glaube? . . Jetzt könnte ich

Euch wirklich nicht sagen, was ich tun möchte! Alles, was ich tun würde, kommt mir unnütz vor! Jetzt ist mir nicht danach zumute, etwas zu entscheiden! — Falls ich mit dem Instrumentieren fertig werden sollte, schreibe ich's Euch!

Danke für alles und addio.

Herzlich
G. Verdi

St. Agata, 10. Oktober 1897

Lieber Boito,

Ihr pflegt nach St. Agata zu kommen, wenn keiner mehr da ist! Jetzt sind wir allein; und wenn Ihr kommt, werdet Ihr St. Agata noch langweiliger als üblich finden.

Peppina war krank, ein paar Wochen lang zum Bett verurteilt. Jetzt ist der Husten fast verschwunden, aber sie nimmt nichts zu sich und ist äußerst schwach; sie ist nicht vergnügt, spricht sehr wenig, und fast plagt es uns, sie sprechen zu hören.— Ich schleppe mich, ohne richtig krank zu sein, mit tausend Gebrechen. Die Beine tragen mich nur mühevoll, und ich gehe fast überhaupt nicht mehr; die Augen werden schwach, und ich kann nicht mehr lange lesen; dazu bin ich auch ein bißchen schwerhörig. Kurz und gut, tausend Gebrechen! Ihr werdet also verstehen, daß St. Agata, wenn es früher langweilig war, heute sehr traurig ist! Wenn Ihr kommt und den Mut habt, so viele Gebrechen in Kauf zu nehmen, werdet Ihr stets willkommen sein und ein Werk der Barmherzigkeit tun . . .

6. *Die Kranken besuchen.*
Addio, addio.

Herzlich Euer
G. Verdi

Falls Ihr herkämet, müßt Ihr mir vorher Bescheid geben, weil die Peppina sich auch dies Jahr für 24 oder 48 Stunden zu ihrer Schwester nach Cremona schleppen will —

[Telegramm]                                    Busseto, 13. Oktober 1897

Es bleibt also dabei, daß Ihr Samstag zur gewohnten Stunde meinen
Wagen in Fiorenzuola findet — Peppina geht morgen nach Cremona, kommt aber Sonntag oder Montag zurück          Verdi


St. Agata, 6. Dezember 1897

Lieber Boito,
    Die Hand zittert, und ich schreibe Euch mit Mühe, um Euch
viel vielmals für Euren sehr lieben und sehr guten Brief zu danken.
Ihr habt gut reden . . . aber ich, der halb taub, halb blind ist, der ich
mit Mühe spreche und der ich mich in keiner Weise beschäftigen
kann. Dazu auch andere Verdrießlichkeiten, von denen Ihr wißt. Es
ist noch nichts wegen Mailand entschieden, und ich kann mich nicht
entscheiden! . .
    Grüßt Giulio und Euren Bruder und die Signora Madonina.
Und ich grüße Euch von Signora Stolz, Maria und Peppina, die
untröstlich sind, Euch nicht mehr hier zu sehen . . . Ich noch mehr
als sie!
    Ich drücke Euch mit tausend Herzen die Hand und weiß, daß
ich sie einem vortrefflichen Manne drücke im vollen Ausmaß dieses
Begriffs.
                                                        Euer
                                                        G. Verdi


St. Agata, Samstag [18. Dezember 1897]
Lieber Boito,
                        Bravo!
Ich erwarte Euch also 3:37 nachmittags am Heiligen Abend. Ihr fin-
det einen Wagen in Fiorenzuola —
    Danke, danke und Grüße an alle.
                                                        Herzlich
                                                        G. Verdi

[Telegramm]                                    Busseto, 24. Dezember 1897

Abgemacht — Ihr findet Wagen in Fiorenzuola um 2:37        Verdi




[Mailand, Ende Januar 1898]

Ich erwartete Antwort von Taffanel auf einen Brief von mir, in dem
ich fragte, wann das Haus Ricordi die Stimmen der Solisten,
des Chores und dann die Orchesterstimmen nach Paris schicken
muß —
    Man müßte ihm auch sagen, daß die aufzuführenden Stücke
nicht mehr vier, sondern drei sein würden:
    Ein *Stabat Mater* Vierstimmiger Chor und großes Orchester

Ein Gebet auf *italienisch* zu den ersten Strophen des letzten Gesanges des Paradieses von Dante für vier weiße [unbegleitete] Stimmen

        Ein Sopran
        Zweiter Sopran
        Ein Alt
        Ein weiterer Alt

Ein *Te Deum* für zwei Chöre und großes Orchester — Angenommen, der Chor besteht z. B. aus hundert Personen, müßte man ihn in
fünfzig auf einer Seite und fünfzig auf der anderen teilen.

Die Verteilung jedes Chores

> 12 Soprane
> 12 Alte
> 12 Tenöre
> 14 Bässe

Totalsumme    50

*Idem* beim anderen Chor —

Für das Gebet werden vier *Solistinnen* benötigt, wenn es auch ein kleines Stück ohne *Soli* ist — An der *Opéra* wird es nicht schwer sein, die Solistinnen zu finden, die ich wünsche. Mein *rêve* wäre z. B.:

|                     |              |                      |
|---------------------|--------------|----------------------|
|                     | I. Sopran    | Caron                |
|                     | II. Sopran   | . . . . .            |
|                     | Erster Alt   | . . . . .            |
|                     | Weiterer Alt | Eglon . .            |
| Die Dauer der Stücke | *Te Deum*    | weniger als 12 Minuten |
|                     | *Stabat Mat* | weniger als 10 . . . . |
|                     | *Gebet*      | weniger als 5 . . . . |

Die Konzertgesellschaft könnte im ersten Teil [des Programms] zwei oder drei instrumentale Stücke aufführen.

Im zweiten Teil    1. Stabat
2. Gebet für Stimmen allein
3. Te Deum —

Kommt Ihr heute hier um 6 den *Brei* essen?                    GV.

[Mailand, 24. Januar 1898]

Wenn Ihr aus dem Haus geht, kommt bitte die Treppen im Hotel Milan herauf. Ich habe einen Brief von Taffanel.                    Verdi

[Mailand, vermutlich Ende Januar—Anfang Februar 1898]

»[. . .] Ich bin sehr froh, daß Taffanel die paar Noten *[unentziffer-bar]* beim Solo des *In te Domine speravi* usw. beachtet hat. Das beweist sein geistiges Verständnis dafür, daß diese Noten etwas bedeuten wollten, und *[unentzifferbar]* darüber hinaus sein künstlerisches Gewissen, etwas zu bemerken, was offenbar gar nicht auffallend ist. Das macht mir große Freude.

Wenn man das *Ave Maria* gibt *[unentzifferbar]*, das ist nur eine *tour de force*, eine Scharade, eine verdrehte Tonleiter, und es lohnt sich nicht, sie dem Publikum zu präsentieren, wie Taffanel selber verstehen wird, wenn er sie durchsieht.

Jetzt erlaube ich mir, ein paar Bemerkungen zur Aufstellung des Orchesters und des Chors zu machen. Diese ganze Bewegung, dies *Hin und Her*, diese Verschiebung des Chors lenkt ab und nimmt die Aufmerksamkeit des Publikums zu sehr in Anspruch. Meinerseits ziehe ich vor, daß zu Beginn des zweiten Teils alles am Platz ist und daß sich bis zum Schluß des Konzerts keiner mehr rührt. Es macht auch im *Stabat* nichts, wenn der Chor getrennt steht. Im Gegenteil glaube ich, daß der Chor an den Stellen, wo er ohne Orchester singt, leiser, größer, umfangreicher klingen wird.

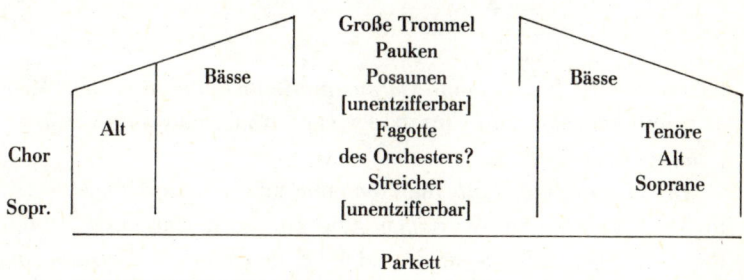

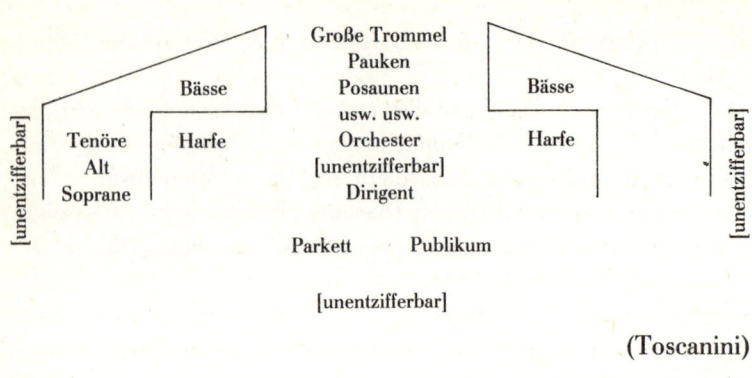

(Toscanini)

Genua, 29. März 1898

Lieber Boito,

Zu dieser Stunde werdet Ihr seit einigen Stunden in der Hauptstadt sein, und vielleicht habt Ihr Euch mit *Taffanel* und *Gailhard* besprochen und werdet mir sagen, was Ihr vereinbart habt.

Ihr habt Euch mit soviel Intelligenz und soviel Liebe dieser armen drei Musikstücke angenommen, daß ich Euch gar nichts mehr sagen kann, nur wiederholen, daß die Dinge, welche die größte Zartheit erfordern, im *Stabat* am Ende vorkommen, wo die 4 Hörner in *D*

usw. und der Chor *Quando Corpus morietur außerordentlich leise* [sein müssen], um zum Einsatz der Harfen morendo und piano zu kommen usw. usw. . . .

In den *Laudi di Dante* muß man nur auf die Färbungen wie z.B. im 31. Takt bei dem Wort *pace* und ebenso bei anderen achten usw. . . . Und die Phrase im 3. und 4. bei den Worten *»La tua benignitade«* sollte schön dolce und cantabile sein.

———

Im *Te Deum* sind die wesentlichsten Punkte

Der Beginn der Hymne bis zum *Sanctus* der Soprane, die sich in einem morendo verlieren, das mit den *Flageolettnoten* der Geigen endet.

Ein anderer Punkt ist, die Bewegung bei der Phrase der Trompeten

ein bißchen zu dehnen, aber so, daß man keine Veränderung des Tempos merkt. —

Zum 1. Tempo bei *Salvum fac* zurückkommen und mit aller Kraft.

Noch wichtiger ist das Unisono des *Dignare Domine*, das sehr ausdrucksvoll feierlich und ohne Akzente sein und pianissimo schließen muß.

Wichtig noch das pianissimo der Soprane

Noch wichtiger ist das pp des *Fiat misericordia*, obwohl mit vollem Chor.

Paßt auf die Trompete auf, damit sie schon in den ersten zwei Takten so klingt, daß man sie nicht für ein Englischhorn oder eine Klarinette usw. hält; und die Note der Trompete soll zwei Takte lang sein, wie geschrieben.

Ich weise nochmals auf die Aufstellung der Chöre und des Orchesters hin. Die Geigen dürfen von den Chören und dem Orchester nicht erdrückt werden, und die Chöre sollen recht entfernt vom Orchester sein, und die beiden Chöre entschieden getrennt. Es wäre irrtümlich und schrecklich, wenn die Chöre sitzend sängen.

Aufrichtige Grüße an Gailhard und an Taffanel und *à la grace de Dieu*.

Meine Gesundheit *idem* —

Alle hier im Hause grüßen Euch mit größter Zuneigung. Addio, addio.

G. Verdi

Freitag, [Genua, 1. April 1898]

Lieber Boito,

In der Tonleiter [Notenbeispiel] sollte es eigentlich ein *C* sein, aber ich ziehe das *Ces* vor, weil es größeren Ausdruck hat, leichter zu singen ist und die Auflösung nach Ges-Dur besser vorbereitet. Jedenfalls wird es eine weitere Freiheit sein wie im vorletzten Takt des *Stabat*, wo *Es* im Orchester *Fis* sein sollte und wo ich ein *F* geschrieben habe!

Ich bin hocherfreut über die Nachrichten und danke Taffanel vielvielmals, bei dem Ihr darauf beharren müßt, daß der Chor stehend singt.

Ich konnte mir nichts Besseres wünschen als die vier Solistinnen, welche die Laudi Laudi Dantes auf italienisch singen werden.

Empfehlt mich ihnen und dankt ihnen hochachtungsvoll.

———

Betreffs meiner Gesundheit sagt der Arzt nichts Schlechtes, aber ich fühle, daß ich nicht wohl bin ... Im übrigen singt man ja auch, daß *la bugia pietosa ai medici è concessa* [die barmherzige Lüge den Ärzten erlaubt ist] ...

Zu Euch sage ich kein Wort, weil die Dankbarkeit, die ich empfinde, zu groß ist ... Schreibt mir oft.

Addio, addio.

Herzlich
G. Verdi

P. S. Herzliche Grüße von meiner Nichte und ihrer Tochter und Signora Stolz.

Noch einmal addio.

[Telegramm]                                    Genua, 2. April 1898

Meiner Meinung nach Baßpedal E in Oktave nicht so forte aber lang — wenn Ihr das gefunden habt um so besser — ich schreibe

Verdi

Genua, 2. April 1898

Lieber Boito,

Alle sprachen so gut von diesen Aufführungen an der Opéra, daß ich ein paar Wirkungen für meine beiden Stücke erhoffte! Jetzt habe ich wenig Hoffnung! Aber wir sind beim Tanz, und da muß man tanzen ...

Wie ich Euch im Telegramm sagte, würde ich die Intonation auf der Orgel im Te Deum mit dem Pedal in dieser Lage

geben, zusammen mit den Streicherbässen, die Note schön lang haltend, damit sie gut ins Ohr dringt. Und im Anfang des *Te Deum* würde ich nur acht gute Stimmen für jeden Chor verwenden (aber tonsichere Stimmen) bis zum *Sanctus*, wo beim großen Forte der ganze Chor mit dem Orchester einzusetzen hat.

Ich hoffte, daß dieser Anfang bis zu den *Flageolettnoten* der Geigen eine gewisse Wirkung haben könne; aber ich sehe, daß wir sie mit diesen Stimmen nicht erzielen werden. —

Andere wichtige Punkte außer dem liturgischen Gesang im Forte

gibt es im Unisono *»Dignare Domine«* usw., ohne Harmoniebegleitung, mit schmerzlichem Ausdruck und verschleiertem, farblosem Stimmklang. Die sorgfältig und exakt ausgeführte Note sollte genügen.

Weiterhin gebt gut acht auf die *Voce sola*, die danach kommt. Man müßte eine saubere Stimme haben, die aus dem Chorsopran käme, ohne daß man die Person sähe. Eine Solostimme, nicht der Chor. Die *Gran Jean*, die eine gute Musikerin ist und in der Opéra-Comique *bon enfant* war, könnte sich dazu eignen. Gegebenenfalls soll sie sich verborgen unter die Soprane und weit entfernt vom Publikum stellen. Aber wehe mir, wenn die Chöre nicht gut sind, was wird im *Stabat* geschehen? Noch schwieriger wegen der exponierten Ensemblestellen —

Im Anfang bei der ersten Phrase *Stabat Mater* usw. möchte ich bei allen einen leidenden, unterdrückten, resonanzlosen mf-Klang haben . . . Aber wenn die Intonation unsicher wird, machen wir es ruhig mit offener Stimme, es genügt, wenn sie die Phrase nur *diminuendo morendo* enden, und hier mögen sie sogar unrein sein.

Im Cantabile der Baritone

usw. . . . würden gegebenenfalls auch sechs Stimmen allein, aber sichere, genügen . . Auch hier erhoffe ich eine Wirkung mit einem Chor von etwa 24 oder 30 Stimmen zu jenem akuten Lamento der Geigen . . . . woran es fehlen wird . . .

Und schlimmer noch wird's beim Quartett der Solostimmen sein, das so bequem und leicht für die Stimmen liegt!!!! Vielleicht wird die Phrase der Altstimmen besser sein . . . aber danach! Das Ensemble? . .

Ich lege Euch nochmals den Schluß ans Herz, der mit der Note *Fis* der vier Hörner beginnt

mit dem pianissimo der Bässe, dann dem Vokalquartett usw. usw.
         *À la grace de Dieu.*
Ich sage Euch kein Wort mehr, weil ich weiß, mit welchem Eifer Ihr bei der Sache seid.

———

Betreffs der Reise nach Paris sagt allen, wie glücklich ich wäre, wenn ich sie machen könnte. Aber ich kann Euch nur wiederholen, was ich Euch im letzten Brief darüber geschrieben habe —

Addio, addio. Danke. — Schreibt mir immer, auch kurz. Addio, addio.

Herzlich
G. Verdi

Ich komme auf den Anfang des *Te Deum* zurück. — Eure Idee einer Verstärkung ist völlig richtig und notwendig. — Man muß alles Mögliche tun, sie durchzusetzen, wenn es auch nur für das Te Deum wäre, vielleicht nur für die ersten Takte . . . .

Addio, addio.

Schreibt mir.

Und es bleibt auch bei Eurer Idee, das Solo-*E* der Orgel hören zu lassen: nicht scharf, aber lang

dies ist der richtige Klang

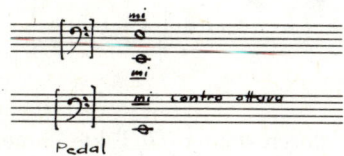

Sonntag [Genua, 3. April 1898]
8 *Uhr* morgens

Um den Beginn des *Te Deum* anzustimmen, ist Gailhards Idee vielleicht besser.

Ein längeres Pedal-*E* würde dem Publikum die Unzulänglichkeit der Intonation zu sehr enthüllen. —

Statt dessen scheint ein Präludium mit forte-organo pleno zum Stück zu gehören. Ein Präludium von *12* oder *16* Takten, auf Pedalen der *Tonika* und *Dominante* basierend, um den Choristen die Tonart *e-Moll* gut einzuprägen. —

Ich gebe dies um *8* zur Post. Addio                    G. Verdi

Palmsonntag [Genua, 3. April 1898]

Lieber Boito,

Ich habe Euch heute früh um 8 geschrieben; ich schreibe Euch wieder um 5 über den Beginn des *Te Deum;* ich bin nach wie vor der Ansicht, daß, wenn die Choristen Unterstützung brauchen, ein klares Präludium *organo pleno* das geringere Übel ist. Laßt von der Orgel außerdem auch die ersten Noten des Liturgischen Gesangs im voraus hören; so:

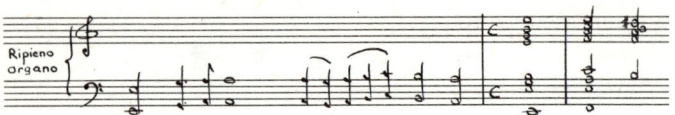

Das Präludium soll durch *8* oder *10* Takte immer auf der *Tonika* und *Dominante* fortgesetzt werden und folgendermaßen enden

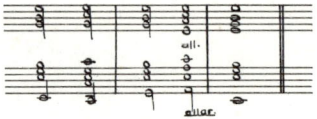

um auch die *Subdominante* des Tones hören zu lassen.         Addio
G. Verdi

Genua, 4. April 1898

Lieber Boito,

Um so besser! So stellen sich alle meine Bemerkungen als unnötig heraus. Um so besser, um so besser! — Ich lege Euch jedoch nach wie vor ans Herz, über die Aufführung zu wachen und die Wirkungen herauszuholen, die es da geben kann und die ich Euch angedeutet habe.

Im *Te Deum:*

1. Im ganzen Anfang bis zum Einsatz der Flageolettnoten der Geigen.

2. Im Liturgischen Gesang usw.

3. Bei der ff Stelle der Solostimmen in *Es*.

3. Im Unisono *Dignare Domine*.

4. Und in den Trompeten beim *E* und der *Solo*-Stimme

Im *Stabat*

1. Der Anfang bis zum ganzen Solo der Baritone —

2. Das Quartett der Chorstimmen allein

3. Das Cantabile der Altistinnen

4. Vor allem der ff Einsatz der 4 Hörner *(Fis)* bis zum Schluß. —

Wenig bescheiden der Herr Komponist! Das ist wahr . . . . aber diese Wirkungen sollten herauskommen.

Ich verlasse Euch; und gebt mir immer gute Nachrichten. Mir geht es weder besser noch schlechter, folglich nicht allzu gut —

Bestellt dem Hochwohlgeborenen Direktor des Konservatoriums tausend Grüße und dankt ihm für die höflichen Worte.

Dankt Taffanel und allen.

Empfehlt mich herzlich der sehr reizenden und lieben Signora Gabriella und ihrem Mann.

Addio, mein lieber Boito, und habt mehr als alle anderen Dank.

Herzlich

G. Verdi

[Telegramm]                                                 Genua, 5. April 1898

Briefe und Telegramm erhalten — für alles allen Dank — schicke Bilder etwas spät weil ich keine bei mir habe — Grüße an alle      Verdi

Genua, 6. April 1898

Lieber Boito,

Wir sind am Ende!

Morgen abend, der fatale Abend! Euren eigenen Briefen entnehme ich (der ich argwöhnisch bin), daß viele Wirkungen fehlen werden! Und ich spreche nicht nur vom Beginn des *Te Deum*.

Taffanel schreibt, daß die Chöre schwer sind!! Bis auf ein paar Stellen sind sie gar nicht schwer, aber sie sind sehr beschäftigt. Natürlich ist es höchst notwendig, daß irgendeiner die Worte spreche, da es keine *Solo*-Hauptpartien gibt. Man konnte bei dem schlechten Chor der Opéra im Otello ein Auge schließen, weil es da drei Kolosse gab, die die Worte des Dramas fabelhaft darstellten und deklamierten. Aber bei einem Psalm für Chor hat der Chor die Hauptpartie.

Komme es, wie es wolle . . . wiederhole ich, aber es schmerzt, zu begreifen und zu wissen, daß es da Stellen gibt, die eine Wirkung hervorrufen sollten . . . und es nicht tun werden. Ich zitiere eine und nicht einmal eine der besten (Bescheidenheit beiseite): Das *Salvum fac* in *Es* sollte im so gut vorbereiteten Te Deum, zentral und klangvoll in allen Stimmen, in jenen 16 Takten bis zum Applaus eine sichere Wirkung hervorrufen. So auch bei anderen Stellen. Aber sei dem, wie ihm sei, ich werde für den ungeheueren Beweis der Freundschaft, den Ihr mir damit gegeben habt, daß Ihr nach Paris gingt, immer dankbar sein. Und dankbar auch all denen, die sich mit Liebe zur Aufführung dieser Stücke bereitgefunden haben. Keiner hat Schuld, wenn die Hauptpartie, der Chor, unzulänglich ist.

Ich werde keine Briefe mehr schreiben, nur ein paar Telegramme. Ihr aber werdet hoffentlich schreiben und telegrafieren und mitteilen, wann Ihr hier sein werdet.

Grüßt alle herzlich. Tito kommt nach Paris!!! Wozu?

Gesundheitlich geht es mir nicht schlecht, aber es könnte besser gehen.

Maria, Peppina, Signora Stolz grüßen Euch herzlich.

Addio, addio.

G. Verdi

Genua, 7. April 1898

Lieber Boito,

Euer Telegramm straft meine Voraussehungen und alle meine Befürchtungen Lügen; und Ihr könnt Euch gut vorstellen, wie glücklich ich bin, falsch gedacht zu haben. Hoffen wir also! .

Morgen werde ich mittels des Hauses Ricordi die vier Bilder für die ergebenen Interpretinnen der Laudi senden. — Grüßt alle und freut Euch mit ihnen. Ich freue mich hauptsächlich mit Euch und danke Euch viel, vielmals!

Ich erwarte Euch also Sonntag. Addio, addio.       Herzlich
                                                    G. Verdi


Genua, 8. April 1898

Lieber Boito,

Ihr habt mir dadurch, daß Ihr statt meiner nach Paris gegangen seid, einen Dienst erwiesen, für den ich Euch immer dankbar sein werde. Aber wenn Ihr durch Eure Zurückweisung jeglichen Zeichens meiner Dankbarkeit vornehm handelt, bedrückt mich eine Last, die ich weder tragen kann noch will.

Jetzt also, mein lieber Boito, sprechen wir ganz freimütig miteinander, ohne Zurückhaltung, ohne Verschleierungen, als wahre Freunde, wie ich es für Euch bin und Ihr für mich:

Um Euch meine Dankbarkeit zu erweisen, könnte ich Euch einen Gegenstand anbieten .. aber wozu würde das taugen? Es wäre peinlich für mich und nutzlos für Euch.

Erlaubt mir also, daß ich Euch hier jetzt, wenn Ihr von Paris zurück seid, die Hand drücke . . . und zu diesem Händedruck werdet Ihr kein Wort sprechen und mir auch nicht *danke* sagen. Außerdem absolutes Schweigen über diesen Brief —

Amen . . . So sei es       Herzlich
                           G. Verdi

Genua, 14. April 1898

Lieber Arrigo,

Leider wußte ich Bescheid über den Zustand der armen Madonina!

Ich wollte Euch hier nicht davon sprechen, um Euch den unvermeidlichen Schmerz nicht ein paar Stunden früher anzutun!

Ich stelle mir die Qual des armen Camillo vor! . . . Und wie ich sie mir vorstellen kann!!

Und Ihr! . . . armer Arrigo!!! Ich kann Euch nichts anderes als ein unnützes Wort sagen . . . *Mut!*

Wenn ich bei irgend etwas [helfen] kann, verfügt über mich . . . Addio . .

Herzlich
G. Verdi


St. Agata, 10. Juni 1898

Lieber Boito,

Ich hätte gewünscht, bessere Nachrichten über die arme Kranke zu hören, als daß diese ständige Abneigung gegen die Nahrung Euch allen Sorge und Kummer macht . . Inmitten so vieler Traurigkeit ist es noch ein Trost, wenn sie nicht *leidet* und wenn sie *hofft.* —

Ich habe die *Revue* erhalten und den guten Artikel gelesen. Ich hebe das Heft auf, das ich Euch in S. Agata wiedergeben werde.

Ich habe Maria, Peppina und Barberina von Euch gegrüßt, die hier sind, danken und erwidern.

Addio, mein lieber Boito.

Herzlich
G. Verdi


St. Agata, 24. Juni 1898

Lieber Boito,

Ich habe schon lange nichts mehr von Euch gehört! — Ein Wort, selbst kein freudiges . . . aber ein Wort!

Mir geht es, wie es mir in Mailand vor *15* oder *20* Tagen ging. Hier langweile ich mich sehr und lebe!

Grüße an alle und herzliche Wünsche für die arme Kranke! Addio, addio.

Herzlich
G. Verdi


St. Agata, 24. Juni 1898

Lieber Boito,

In diesem Augenblick lese ich die furchtbare Nachricht! Mit Camillo und Euch beweine ich den verhängnisvollen Verlust! — Wenn mein armes Haus in St. Agata Euch beiden etwas Tröstung bieten könnte, kommt. Ich erwarte Euch mit offenen Armen. Addio

G. Verdi

P. S. Die Stolz ist in diesem Moment von Salso angekommen.


St. Agata, 2. August 1898

Lieber Boito,

Ich bin heute früh um sechs von Montecatini zurückgekehrt. Signora Stolz ist mit mir nach St. Agata gekommen und wird übermorgen, Donnerstag, nach Mailand zurückkehren.

Wenn Ihr und Euer Bruder noch bereit seid, die Langweile St. Agatas auf Euch zu nehmen, könntet Ihr von dem Wagen Gebrauch machen, der Signora Stolz nach Fiorenzuola bringen wird. In diesem Fall müßtet Ihr Euch in Fiorenzuola am Donnerstag um *3:37 nachmittags* einfinden —

Wenn nicht, auf später, wie Ihr wollt —

Meine Gesundheit wie üblich. Ich hoffe Euch bald wiederzusehen. Addio, Addio.

Herzlich
G. Verdi

St. Agata, 4. August 1898

Lieber Boito,

Ihr werdet immer willkommen in St. Agata sein, zu jeder Zeit! Ich bin recht froh, daß Euer Bruder sich beschäftigen kann! Die Beschäftigung, das Studieren, die Mühe der Reisen werden für ihn bestimmt eine Erleichterung sein.

Von mir könnte ich Euch nichts anderes sagen, als daß ich mehr oder weniger ebenso daran bin wie vor Montecatini. Aber jetzt spüre ich seit etwa einem Jahr die Last des Alters!

Das Leben schwindet!

Gute Nacht.

Addio, addio
Herzlich
G. Verdi

St. Agata, 10. August 1898

Lieber Boito,

Alles, was Ihr für jetzt und später sagt, ist mir recht.

Ich sehe, daß Camillo den Mut nicht hat, die Langweile St. Agatas und die schlechten Mahlzeiten meines mörderischen Kochs zu ertragen. Der ist wirklich ein Mörder trotz Eurer, der Stolz, Giudittas und anderer Menschen Nachsicht usw...

Jetzt bin ich hier allein mit meiner Schwägerin, und oft kommen meine Nichte und Peppina zu Tisch.

Also auf Sonntag.

Ihr werdet meinen Wagen in Fiorenzuola zur gewohnten Stunde finden.

Addio, Addio.

Herzlich
G. Verdi

St. Agata, 29., ich glaube, Donnerstag,
September 1898

Liebster Boito,

Trotz dem *Falschen* geht alles gut, ausgezeichnet. O die großen
Quälgeister! Sie kommen immer mit etwas Neuem! Niemals ein bißchen Frieden!

Auch Euer Kommen (mit Eurem Bruder) nach St. Agata ist mir
recht... aber warum gegen Mitte Oktober? Warum nicht gleich
nach dem 9.? —

Dann werden wir wenige sein.. Vielleicht wird Giuditta ein
bißchen herkommen und Giulio sie ein paar Tage später wieder
abholen.

Auf Wiedersehen. Bringt Arbeit mit. — Grüßt Euren Bruder
und eine Umarmung für Euch.

Herzlich
G. Verdi


9. Oktober [1898]
Mailand

Lieber Maestro,

Gesundheit, Gesundheit, Gesundheit! Ich komme Samstag in
Sant'Agata an, nicht eher, weil ich Donnerstag — das ist unerläß-
lich — an einer Sitzung für die Scala teilnehmen muß, und Freitag
(Sie wissen das sehr gut) reist man nicht ab; also Samstag steige ich
zur gewohnten Stunde in Fiorenzuola aus. Eine Depesche wird die
Ankunft bestätigen.

Bitte grüßen Sie die ganze Familie Carrara für mich, ich weiß
von dem tödlichen Unglück! Ich war bestürzt und betrübt im Gedanken an die Verzweiflung des guten Angiolino und an das allgemeine Entsetzen. Das Schicksal wirft uns alle hin und her!

Bald auf Wiedersehen und für Sie heute wie immer Gesundheit,
Gesundheit, Gesundheit!

Herzlichst Ihr
Arrigo Boito

Camillo geht es gut, und er läßt sich Ihnen empfehlen; er wird bald nach Rom fahren, bei seiner Rückkehr werden wir ihn in Sant'Agata sehen.

S. Agata, 12. Oktober 1898

Lieber Boito,

*Gesundheit, Gesundheit!* Und so sei es auch, vom ersten Augenblick an, in dem man leben muß —

Grüßt Euren Bruder, der in St. Agata immer willkommen sein wird, wenn er Lust hat zu kommen! —

Für Euch, auch wenn Ihr mir nicht telegrafiert, werde ich den Wagen *Samstag* zu *3:37* nachmittags nach Fiorenzuola schicken. Ihr werdet hier noch für zwei Tage die Stolz, meine Nichte und ihre Tochter finden. Sonst nichts! —

Mut!

Auf Wiedersehen. Addio.

Herzlich
G. Verdi

Mailand, 15. Dezember 1898

Lieber Boito,

In der heutigen Sitzung, die Ihr in der Scala habt, wird es einen Antrag von Giulio geben, die Aufführung meiner Pezzi Sacri zu verhindern.

Vertretet auch Ihr meine Sache und laßt diese armen Stücke in Frieden.

Warum? werdet Ihr sagen. 1. Weil ich nicht an die Wirkung dieser Stücke in der Scala glaube, so wie die *Aufmachung* und die gegenwärtigen Umstände sind. 2. Weil meine Name zu alt und langweilig ist! Es langweilt auch mich, meinen Namen zu nennen.

Fügt dem die Bemerkungen der Kritiker hinzu! Ich brauche sie ja auch wirklich nicht zu lesen — — —

Ich bitte darum und addio.

Herzlich
G. Verdi

Genua, 14. Februar 1899

Lieber Boito,

Ich schreibe Euch nicht, um Euch zu belästigen, sondern von Eurer Gesundheit zu hören und Euch zu sagen

1. daß wir eine gute Reise gehabt haben.
2. Daß es uns gut geht . . .
3. Daß die Jahreszeit lauwarm ist!
4. Daß ich mich über den Erfolg der Hugenotten freue und Euch bitte, Eurem Bruder sehr nahezulegen, darauf zu bestehen, diesen vermaledeiten Umzug des Prof. Pietro Dotti durchzusetzen. Wir werden ein gutes Werk für den Prof. tun und ein mildtätiges Werk für seinen Schwiegervater, der über 80 Jahre alt und blind ist und den er in seiner Nähe zu haben wünscht. —

Um Euch nicht noch länger zu belästigen, addio und gebt mir Nachrichten von Euch

Herzlich
G. Verdi


Genua, 12. März 1899

Lieber Boito,

Ich danke für das Telegramm und freue mich mit den hervorragenden Interpreten. —

Wenn Ihr übermorgen, Dienstag, kommt, erwarte ich Euch ohne weiteren Bescheid um 6:45 im Doria. Falls Ihr Fahrplan oder Tag ändert, benachrichtigt mich. — Grüße

Herzlich
G. Verdi


[Telegramm]                                    Genua, 19. März 1899

Bedauere Euch nicht hier zu sehen — aber ich bedauere noch mehr Euch krank zu wissen — erhoffe baldige Besserung — heute kann ich nicht — morgen bin ich bei Euch                              Verdi

494

[Telegramm]                                          Genua, 23. März 1899

Hatte Giuseppe in diesem Moment aufgetragen nach Nervi zu kommen und erhalte willkommenes Telegramm das Ich bin gesund
sagt — bin darüber höchst erfreut — bald auf Wiedersehen und
schützt Euch vor dem scheußlichen Wetter — Herzliche Grüße
                                                              Verdi


                              [Genua,] Donnerstag [13. April] 1899
Lieber Boito,
                           Evviva also!
Durch Euch, durch andere und sogar durch die Zeitungen habe ich
von Tamagnos großem Erfolg im *Guil. Tell* erfahren —
    Das freut mich für die Würde des Theaters.
    Und nun? — Das einzig Vernünftige, was zu tun bleibt, ist:
                    *Sofort das Theater schließen!*
Das wäre noch ein Erfolg.                              Addio
                                                    G. Verdi


                                  [Mailand,] 19. April [1899]
Lieber Maestro,
    In diesen Tagen am *Ende der Spielzeit,* in denen alles zusam-
menkommt, habe ich allerhand Sorgen gehabt, so daß es mir nicht
möglich war, eine Viertelstunde zu erwischen, mich mit Ihnen zu
unterhalten.
    Ich bestätige die Nachricht meiner Depesche und vergleiche die
Erfolge, welche die *Pezzi Sacri* in Paris, Turin und Mailand hatten.
Der lauteste war zweifellos der in Turin; ich schreibe diesen Unterschied dem Milieu eines Konzertsaales zu, der sehr viel günstiger
für großen Gruppen anvertraute Musikstücke heiligen Inhaltes, *bei
denen es keine glänzenden Solisten gibt,* und sehr viel günstiger als
das Milieu eines Theaters im Laufe von Vorstellungen ist. Die Abon-

nenten der Konservatoriumskonzerte in Paris sind alle dieser Meinung und bedauern die erzwungene Verlegung dieser Konzerte in die *Opéra*. Der riesige Erfolg Ihrer *Pezzi Sacri* durch die Gesangsvereinigungen in den großen Konzertsälen Deutschlands ist ein leuchtender Beweis, der diese Tatsache bestätigt. Schlußfolgerung: wir haben unrecht gehabt, sie in das Programm einer Theatersaison aufzunehmen, und Sie hatten recht, als Sie vorschlugen, sie nicht aufzuführen. Aber, um die ganze Wahrheit zu sagen, was war schließlich das Resultat dieser Aufführung? Ein warm und beharrlich gefordertes *Da Capo* der *Laudi*, die wesentlich besser gesungen wurden als in Turin.

Zwischen dem *Stabat* und dem *Te Deum* erhielt das *Te Deum* die Palme (während es in Paris umgekehrt war, so sehr, daß Stanford, der anwesend war, das Konzert bei seiner Wiederaufführung der Stücke in London mit dem *Stabat* schließen wollte). Hier [in der Scala] hörte das Publikum nicht zu klatschen auf, bis es erreichte, daß Maestro Venturi erschien, um sich mit Toscanini zu verbeugen, und daß der Chor sich erhob, um auf den vollen und feierlichen Applaus zu reagieren. Das *Stabat* wurde auch applaudiert, aber weniger feurig. Es war das erste der drei Stücke und das *Te Deum* das letzte.

Die Presse bewies, die ungeheure Größe und höchste Vollkommenheit dieser drei Stücke begriffen zu haben, die für mich drei Kuppeln des Coreggio sind und als solche in die Geschichte eingehen werden. Aber hatte das Publikum der Scala das Verständnis für diese allerhöchste Vollkommenheit oder nicht? Für die *Laudi* ja, für die anderen zwei Stücke trotz dem Applause nicht. Und ich, der sich beim *Stabat* und *Te Deum zwei unbändige Ausbrüche von Enthusiasmus* erwartet hatte, war bekümmert. Vielleicht war das Scala-Publikum außer aus den bereits erwähnten Gründen in einem zu großen Delirium über Tamagnos *H's* gewesen und danach müde.

Die Aufführung unter Toscanini und Venturi, die die Interpretation von Ihnen lernten und in Turin so einen imponierenden Eindruck hinterließen, konnte nur hervorragend sein, *und hervorragend war sie und bewundernswert lebhaft gefärbt;* nur unsere Choristen (besonders die Soprane und Altistinnen), müde nach den großen Anstrengungen der Spielzeit, schienen an gewissen Stellen schwach, trotz der Verstärkung durch weitere fünfzig Choristen, die wenig halfen.

Hier sind die Tatsachen und die Dinge, die ich Ihnen sagen wollte, damit Sie sie wissen.

Herzliche Grüße an alle. Auf Wiedersehen hoffentlich bald in Mailand.

Ihr
Arrigo Boito

Pläne für das nächste Jahr:

——— *Aida* mit Darclée und De Marchi, Lieblingen des Publikums.

——— *Otello* mit Tamagno, Menotti

——— *Tristan und Isolde*

——— *Mefistofele*

——— und eine neue Oper

Genua, 20. April 1899

Lieber Boito,

Ich danke Euch, liebster Boito, für Euren guten und freundschaftlichen Brief, dessen Gründe und Urteile ich zum großen Teil anerkennen kann. Was mich angeht, glaube ich und habe immer geglaubt, »daß, wenn das Publikum zu einer neuen Produktion nicht strömt, sie schon ein Mißerfolg ist!« Etwas barmherziger Applaus, ein paar nachsichtige Kritiken wie zum Trost des *Großen Greises* können mich nicht erweichen.

Nein, nein: weder Nachsicht noch Barmherzigkeit.

Besser die Pfiffe!

In *10, 12* Tagen werde ich auf der Durchreise in Mailand sein, und dann können wir etwas plaudern, auch ohne von Musik zu reden.

Gesundheit und Grüße

Euer
G. Verdi

Grüßt Euren Bruder.

St. Agata, 7. August 1899

Lieber Boito,

Ich habe gleichzeitig Eure beiden Briefe erhalten und wiederhole Eure Phrase

al Diavo - lo i secca - to _ ri

[Zum Teufel mit den Störenfrieden.] usw.

Ich bin hierher vor drei oder vier Tagen zurückgekommen; ich würde mich gesundheitlich auch relativ wohl fühlen, wenn ich nicht von der Hitze und allerhand Beschwerden erdrückt und erstickt wäre; und auch von der Trauer, hier das Dienstmädchen, die arme, so gute, so weise, so schweigsame Peppina nicht mehr zu sehen! Sie starb im Krankenhaus in Cremona nach einer Operation des Uterus usw. usw.

Gestern wurde die Hochzeit der Peppinetta, Eurer Schülerin im Boccia-Spiel, gehalten. Sie sind gleich nach Genua abgereist.

Da Ihr Euch in solcher Höhe befindet, mögt Ihr nichts dagegen haben, noch etwas höher zu steigen und mir den Direktor der Welt auf dem Monde herzlich zu grüßen, mit der Bitte, mir die Kantilene eines Volksliedes zu schicken . . . . sie werden auch dort singen, versteht sich —

Auf Wiedersehen also hier im September, Oktober, November, wann Ihr wollt; und wenn Ihr kommt, werdet Ihr mir und allen, die hier sein werden, immer willkommen sein.

Addio, addio. Einen Händedruck

Eures
G. Verdi

8. Oktober [1899] Mailand

*Es ist verboten zu antworten.*

Glückwünsche zum neunten oder zehnten Oktober: Gesundheit, gute Laune, guten Appetit, gute Verdauung, gute Lektüren, gute Unterhaltungen, gutes Gläschen, gute Massage und gutes Bein. Zu diesem letzten Glückwunsch hätte ich Ihnen ein Geschäft vorzuschlagen, das ich in diesem Moment außerordentlich nötig habe. Das Geschäft ist dies: Sie leihen mir Ihren Kopf, ich schenke Ihnen meine Beine. Aber ich denke, daß die Beine Ihrer Pferde Ihnen bei Ihren morgendlichen Ausfahrten schon recht gute Dienste leisten.

Ich komme in Sant'Agata um den Zwanzigsten dieses Monats herum an.

Ich werde Sie von meiner Ankunft ein paar Tage vorher benachrichtigen, und wir werden vergnügt sein.

Viele Grüße an Signora Stolz, Signora Maria und die ganze Familie Carrara. Camillo schließt sich meinen herzlichen Wünschen an.

Ihr<br>
Arrigo Boito

[St. Agata,] 11. Oktober 1899

Lieber Arrigo,
    Euren Brief erhalten.
    Gut so
    Auf Wiedersehen hier!                     G. Verdi

Dankt Eurem Bruder für die Glückwünsche und fragt ihn, ob ich in diesem Jahr hoffen kann, ihn hier zu sehen.         GV.

[Mailand, Januar 1900?]

Lieber Maestro. Heute werde ich das Vergnügen haben, mit Ihnen zu essen, und ich werde Ihnen das wundertätige *Elixir* mitbringen, von dem ich Ihnen vor ein paar Abenden erzählte. Auf Wiedersehen.

Ihr<br>
Arrigo Boito

[Mailand, 1. Februar 1900?]

Lieber Boito,

Ich bin seit drei Tagen zu Hause mumifiziert. Ich ersehne Eure Nachrichten und hoffe, der Überbringer wird mir nur dies eine Wort sagen können:

*Gut.*


[Mailand,] 2. Februar 1900

Ich freue mich mit Euch und mit Eurem Bruder über Eure Besserung; das hat mir in diesem Moment (11 Uhr) Dr. Caporola gesagt. Furchtbarer Doktor, der uns alle zu Gefangenen macht, Euch mit der Grippe, mich wegen der scheußlichen Jahreszeit! Und bis wann?

Auch mir hat Giacosas Erfolg großes Vergnügen bereitet, und ich stelle mir Eure Freude vor!

Vollständige und baldige Gesundung für Euch und Euren Bruder und Grüße

Herzlich
G. Verdi


[Mailand, 3. Februar 1900?]

Ich wollte heute zu Euch kommen, aber es ist ein schlechter Tag für mich. Gebt mir Nachrichten von Euch und Eurem Bruder.     GV.


Genua, 30. März 1900

Lieber Boito,

Ich bin froh, daß Ihr den Brief an Baccelli einfach und ohne *zu viel* gefunden habt!. Und das ist nicht wenig in einer Zeit wie dieser, in der alles im Übermaß und ohne Verstand ist!. Kann man sich vorstellen und glauben, was jetzt in der Kammer passiert?! . . . Und D'Annunzio?. [*Unleserlich*]

Ich bin sicher, daß Ihr gearbeitet habt, sicher, ganz sicher; und so werde ich Euch hier zu Ostern sehen.

Es bedarf keines S. Giuseppe, um zu wissen, daß Ihr mein Freund seid.

Ihr werdet mir jetzt oder später sagen, ob er im April wieder in Mailand sein wird, wo ich ihn auf dem Rückweg nach S. Agata sehen würde. —

Und nun *arbeitet, bleibt gesund,* und addio   Herzlichst
                  G. Verdi


             [Mailand, 10.—19. Oktober 1900]

Lieber Maestro,

Ich arbeite verzweifelt, weil ich von der Angst vor der drängenden Zeit gepackt bin; die Tage gehen vorbei, und ich habe den Tag noch immer nicht gefunden, an dem ich Ihnen meine Ankunft in S. Agata ankündigen kann; ich weiß die Daten des Monats und der Wochen nicht mehr, aber ich weiß, daß ich zu dieser Stunde bei Ihnen sein sollte — ich sage *sollte,* aber ich meine *möchte,* weil ich das immer möchte und zwischen diesem meinem großen Verlangen und der Arbeit kämpfen muß, die mich hier gefesselt hält, weil ich Angst habe, den Faden der Gewohnheit zu zerreißen, den ich mir schließlich gemacht habe, um ohne Unterbrechung zu arbeiten.

Aber ich höre von Giulio, daß Sie bald einen Sprung nach Mailand tun werden, und dann machen wir's also so: ich fahre fort, genügend voranzukommen, um Sie bei Ihrem Rückweg nach S. Agata begleiten zu können, nehme mir dorthin etwas zu arbeiten mit und werde etwas weniger lang als in den anderen Jahren bleiben. Lieber Maestro, es war besser, als man gemeinsam arbeitete, Sie mit dem alten Shakespeare und mir; wir waren uns alle beide so einig, sogar alle drei! Viel, aber sehr viel mehr als mit dem, was ich jetzt allein mache, zwischen mir und mir!

Also ich erwarte Sie in Mailand, in der Hoffnung, Sie zurück begleiten und ein bißchen mit Ihnen zusammen sein zu können.
Allerherzlichste Grüße

Ihres
Arrigo Boito

Viele gute Grüße an Signora Stolz, Signora Maria und Familie.

St. Agata, 20. Oktober 1900

Lieber Boito,

Ich werde mich kurz fassen, weil das Schreiben mich anstrengt; und es sei ein für allemal gesagt, wann immer Ihr Lust habt und Eure Verpflichtungen es erlauben, nach St. Agata zu kommen, wird es ein Geschenk für mich und alle sein.

Mir geht es, wie Gott will! Ich bin nicht richtig krank, aber die Beine tragen mich fast nicht mehr, und die Kräfte lassen von Tag zu Tag nach! Der Arzt kommt zweimal am Tag zur *Massage,* aber ich spüre keinerlei Erleichterung.

Ich weiß nicht, wann ich nach Mailand kommen kann. Ich brauche *Winderlingh,* aber bis jetzt weiß ich nicht, ob er jetzt ständig in Mailand ist.

Wir sind uns also einig; und mit einem guten Händedruck sage ich Euch

Addio, addio
Herzlich
G. Verdi

# Anhang

# Verdi über Boito

Turin, 31. Juli 1863

In Paris habe ich voriges Jahr oft Boito und Faccio gesehen. Gewiß sind das zwei sehr begabte junge Menschen, aber ich kann mich über ihr musikalisches Talent nicht äußern, weil ich von Boito nie etwas gehört habe und von Faccio nur wenige Sachen, die er mich eines Tages hören ließ. Da Faccio im übrigen eine eigene Oper aufführen läßt, wird das Publikum sein Urteil fällen. Diese beiden jungen Leute werden beschuldigt, glühende Verehrer Vagners zu sein. Daran ist nichts Schlimmes, solange die Verehrung nicht in Nachahmung ausartet. (Carteggi IV, 83—84)

An Tito Ricordi

St. Agata, November 1863

Wenn unter den anderen auch ich den Altar besudelt habe, wie Boito sagt, soll er ihn reinigen, und ich werde der erste sein, ein Kerzchen zu zünden.

An Giulio Ricordi

Paris, 1. Juni 1876

Lieber Giulio,

Ihr, die Ihr mir den Mefistofele gesandt habt: Dankt meinem »Dichter von einstmals«, sich meiner noch für einen Augenblick erinnert zu haben.

Addio und bleibt mir gut. Euer G. Verdi

AN OPPRANDINO ARRIVABENE

Genua, 21. März 1877

Du wirst mir ganz bestimmt ganz von selber ehrlich über *Mefistofele* berichten! Zur Zeit ist schwer zu sagen, ob Boito Italien Meisterwerke geben kann. Er hat viel Talent, er strebt nach Originalität, aber das Ergebnis ist ziemlich seltsam. Es fehlt ihm an Spontaneität, und es fehlt ihm das Motiv: große musikalische Vorzüge. Mit diesen Tendenzen kann einem ein so seltsames und theatralisches Sujet wie der Mefistofele mehr oder weniger gelingen, schwerlicher der Nerone! (Alberti, 201)

Genua, 30. März 1879

Du sprichst mir von Musik, aber auf Ehrenwort scheint's mir, ich habe sie fast vergessen; ein Beweis dafür ist, daß ich vor ein paar Abenden den *Mefistofele* hörte und alles verkehrt kapiert habe.

Z.B.: ich hatte immer sagen hören und gelesen, daß der Prolog *im Himmel* aus einem Guß, etwas Geniales sei ... aber als ich die Harmonien dieses Stücks fast immer auf Dissonanzen beruhen hörte, kam es mir vor ..., daß ich bestimmt nicht im *Himmel sei.* (Alberti, 226)

AN GIULIO RICORDI

St. Agata, 25. Mai 1891

Boito hielt sich hier auf dem Rückweg von Parma ungefähr 48 Stunden lang auf und hat mir das Libretto von Nerone vorgelesen!! Ich weiß nicht, ob ich gut daran tue, es Euch zu sagen, aber er hat mir keine Schweigepflicht auferlegt; und so sage ich Euch, daß das Libretto glänzend ist — gewiß, daß es ihm Freude machen wird, dies zu hören. Die Epoche ist meisterhaft und gründlich geprägt; fünf Fi-

guren, eine schöner als die andere, Nero ist trotz seiner Grausamkei-
ten nicht hassenswert; ein vierter tief ergreifender Akt; und das
Ganze klar, sauber, bühnenwirksam trotz der größten szenischen
Verwicklung und Bewegung. Ich spreche nicht von den Versen,
denn Ihr wißt, wie Boito sie zu machen versteht; aber diese scheinen
mir die schönsten von allen zu sein, die er bis heute gemacht hat.
Also hoch soll er leben und addio. Herzlich G. Verdi

# Boito über Verdi

Mailand, 7. Januar 1864

*Lombardi* ist eine Oper, die sich nicht mehr allzu wacker und sicher hält. Die Zeit hat ihre erste Handvoll Staub auf sie gelegt; die späteren Entdeckungen Verdis und auch anderer haben dem Publikum die Existenz einer ernsteren, erfüllteren, wahreren Kunst offenbart.

Gewiß gibt es hier und da wunderbare Spuren ewiger Schönheit, aber im ganzen sind die *Lombardi* gealtert und etwas grau geworden. [. . .]

»Man muß schielen«, sagte Verdi, als er die *Lombardi* schrieb. »Man muß schielen und mit einem Auge aufs Publikum, mit dem anderen auf die Kunst sehen.« Zu jener Zeit war das ein mutiger Ausspruch, denn da gab es viele, die mit beiden Augen aufs Publikum sahen, was schädlich für die Sehkraft und ein klein wenig auch für die Kunst ist. [. . .] Daher sind die *Lombardi* gealtert, daher ist der *Rigoletto* noch jung. (Scritti, 1094—1095)

Mailand, 11. Februar 1864

Obwohl im ganzen etwas farblos, ist diese Oper [›I Vespri Siciliani‹] bewundernswert im Detail; sie ist von erlesenster harmonischer und rhythmischer, in den anderen Opern des großen Komponisten nicht sehr häufiger Eleganz. [. . .]

Es würde sehr weit führen, alle zarten und kraftvollen Stücke aufzuzählen, denn da müßte man bei einem jeden verweilen und staunen. (Scritti, 1119)

An Eugenio Checchi

[Dezember 1886]

Das Leben unseres Maestros ist seit vielen Jahren so still und so ganz auf Studien und Häuslichkeit eingestellt, daß es zu keinen nennenswerten Begebenheiten und kuriosen Anekdoten kommt. Das höchst *Pikante* dabei ist (verglichen mit dem Leben anderer hervorragender Zeitgenossen), daß es da keinerlei *Pikantes* zu berichten gibt. Diese Einzigartigkeit nutzt dem Biographen nicht, verdient jedoch Beachtung, weil sie die große Einfachheit des Künstlers und des Menschen offenbart. (Checchi, 106—107)

Nach der Uraufführung des ›Otello‹

Mailand, Februar 1887

Ich war mit Signora Verdi oben in einer Loge, als der Maestro nach uns schickte. Wir kamen zur Bühne, und als nach uns gerufen wurde, ging er los; dann wandte er sich, halb verwirrt, nach mir um. Er ergriff meine Hand. Nein, das werde ich nie vergessen. [. . .] Ich kann Ihnen nie und nimmer beschreiben, wie er meine Hand ergriff. Seine Berührung — es lag etwas so Gütiges, so Väterliches, so Beschützendes darin, und der Druck seiner Finger wühlte mich so auf, daß ich die Erregung bis tief in mein Herz hinein spürte. Es war wie ein elektrischer Schlag, und dennoch so zart, daß ich kaum gewahr wurde, daß unsere Hände miteinander in Kontakt gekommen waren. Ach, Verdi sagte mir mit diesem einzigen Händedruck mehr, als er während unseres ganzen vorausgegangenen Gedankenaustauschs gesagt hatte. Mehr als irgend jemand je sagen wird. Ich werde es nie vergessen! (Roosevelt, 231)

AN CAMILLE BELLAIGUE

Mailand, Donnerstag [16. Februar 1893]

Seit *Falstaff* auf der Bühne steht, bin ich das Opfer all der lästigen
Leute, die es nicht wagen, mit dem Maestro selbst zusammenzusto-
ßen; und geplagt von diesem Ungeziefer des Erfolges, vergeude ich
jämmerlich meine Tage. Eben habe ich jedoch eine Viertelstunde
lang Ruhe.

Mein lieber Bellaigue, Sie wollen meine Eindrücke wissen . . . . .
was soll ich Ihnen sagen? Wo anfangen? In Ihrem Brief deuten Sie
mit bewundernswerter Hellsichtigkeit und nur mit Ihrer Finger-
spitze auf das eigentliche Wesen dieses Werkes. Sie sagen: »Hier
haben wir das wahre lyrische, moderne, südliche Drama (oder Lustspiel).« Aber was Sie sich nicht vorstellen können, das ist die übergroße geistige Freude, die dieses lyrische, südliche Lustspiel auf der
Bühne hervorruft. Das ist ein wahres Überströmen von Anmut,
Kraft und Heiterkeit. Shakespeares sprudelnde Farce wird hier
durch das Wunder der Töne auf ihren frischen toskanischen Ursprung des *Ser Giovanni Fiorentino* zurückgeführt.

Kommen Sie, kommen Sie, lieber Freund, kommen Sie, dies
Meisterwerk zu hören; kommen Sie, und leben Sie zwei Stunden
lang in den Gärten Decamerons, und atmen Sie Blumen ein, die
Töne, Klangfarben und leichte Winde sind. Kommen Sie, wir bitten
Sie darum; in Ihrer Abwesenheit wird bei Ihnen zu Hause kein Unglück passieren. Wenn Sie bald ankommen, wird Verdi vielleicht
noch hier sein; er reist erst gegen Mitte nächster Woche ab. Sie werden eine Wiedergabe hören, die noch ganz die Frische und den Reiz
des Neugeborenen behalten hat.

Mailand, 26. Dezember 1893

Während ich in Genua war, habe ich mit Verdi über Ihre Arbeit gesprochen. Verdi ist ein Palestrina-Verehrer, und unter den Meisterwerken des »Principe della Musica« bewundert er besonders die

*Madrigali*, die *Improperia*, eines der *Stabat* — das, welches mit den Quinten beginnt — und natürlich die *Messa del Papa Marcello*.

Verdi liebt Pergolesi besonders in seinem *Stabat Mater*, seinem *Salve Regina*, der *Serva Padrona* und der *Olimpiade*. Bei Benedetto Marcello bewundert er nur die Psalmen, und damit hat er sehr recht. Nur in den Psalmen zeigt sich Marcellos ausgesprochene Originalität; die Sonaten für Viola da Gamba und die Kantaten enthalten nichts, was ihnen nahekommt.

Mailand, [22. Januar] 1894 (Montag)

Dank, lieber Freund, Dank für die liebevolle Pflege, die Sie der Überprüfung des französischen *Falstaff* angedeihen ließen. Fast alle Ihre Ratschläge werden befolgt werden; ich werde sie Verdi und Solanges unterbreiten. Aber da Sie die übersetzte Partitur nicht vor Augen haben, wissen Sie noch nicht, mit welch bewundernswertem Geschick Verdi es verstanden hat, italienisches Wesen ins französische Wort zu verpflanzen. Ah, dieser *Falstaff*! Wie recht haben Sie, dieses Meisterwerk zu lieben. Und welche Wohltat für die Kunst, wenn es aller Welt gelingen wird, ihn zu verstehen. Wir werden unser Möglichstes tun, dies Ziel zu erreichen. Die Menschenseele muß »mediterranisiert« werden; darin allein liegt wahrer Fortschritt.

Montag, Mailand [Januar—Februar 1898]

Verdi geht es ausgezeichnet; er spielt Klavier, er singt, er ißt nach Herzenslust, er geht spazieren, er plaudert mit jugendlicher Lebhaftigkeit, er ist kreuzfidel; ich werde ihn heute abend sehen und ihm erzählen, daß ich Ihnen geschrieben habe; er wird sagen: »Sie hätten ihn von mir grüßen sollen«; ich werde ihm antworten: »Ist schon geschehen.«

Mailand, Donnerstag [Anfang März 1898]

Lieber Freund,
Verdi sollte gestern nach Genua abreisen, aber etwas Halsweh verhindert ihn, sich auf den Weg zu machen; er bittet mich, Ihnen wie im *Falstaff* zu sagen »ch'ebbe la vostra lettera, che vi ringrazia«, daß er Sie noch immer gern hat und daß der Arzt ihm jegliche Unterhaltung und jegliche geistige Beschäftigung verbietet. Natürlich wird dies nichts Ernstes sein, und er wird in ein paar Tagen den Zug zum Mittelmeer nehmen und ungehindert in der Sonne auf der Terrasse des Palazzo Doria atmen können.

Mailand, 19. Mai [1898]

»Vergessen Sie nicht, daß Sie glücklich sind!« Das ist eine Maxime, die mir jedesmal, wenn ich an Sie denke, in den Sinn kommt, und die nicht weiser ist als irgendeine andere. Ebensogut kann man zum Fisch sagen »vergessen Sie nicht, daß Sie im Wasser sind«. Es ist aber schrecklich, es verlassen zu müssen. Verdi, der ist wieder dahinein zurückgekehrt. Er fühlt sich geistig und körperlich wunderbar. Den Tumult dieser letzten Tage hat er wie ein alter Bullenbeißer, der ruhig den wütenden Pudeln zuschaut, verfolgt, er, der sich an die großartigen Kämpfe von '48 erinnert!

Mailand, 21. Juli [1898]

Ich habe den Maestro gesehen; es genügt, ihn zu sehen, um den wahren Sinn des Lebens wieder zu erfassen.
Sie haben die Stirn des Großen Greises mit einem jüngsten Strahl erhellt. (Er wollte Ihnen dies schon lange sagen.) Ihre letzten Seiten über ihn haben mich gerührt und entzückt. Er schrieb mir von Sant'Agata (vor unserem Trauerfall): »ich habe den guten Artikel gelesen«, um nicht »den schönen Artikel« zu sagen, weil er befürchtet hätte, indirekt sein eigenes Werk zu loben. In seinem hohen

Alter ist er so milde geworden, daß er vorzieht, Ihrer Zuneigung zu schulden, was er nur seinem Genie und dem Scharfsinn Ihres Urteils verdankt.

Lavarone, Tirol, 8. August 1899

Ich höre nichts von Verdi, aber es geht ihm sicherlich ausgezeichnet. Ich habe Lust, diesen Bronzekoloß noch einmal zum Klingen zu bringen. Wird er darauf eingehen wollen . . . .?

27. Januar 1901<br>Mailand

Mein lieber Freund,
    Was Sie in den Zeitungen lesen, ist nur zu wahr. Der Maestro ist gestorben. Herzlichst Ihr Arrigo Boito

Mailand, Ostern [7. April] 1901

Mein lieber Freund,
    Heute ist der Tag der Vergebung; Sie müssen mir also vergeben. Jedes Jahr brachte ich diesen Tag mit ihm in Genua zu; ich kam am Karfreitag an (er bewahrte in seinem Herzen den Kultus der großen christlichen Feiertage: Weihnachten und Ostern); ich blieb bis zum Montag. Der stille Reiz dieses jährlichen Besuches kommt mir wieder in den Sinn, die Gespräche mit dem Maestro, das patriarchalische, streng rituelle Mahl mit den üblichen Speisen, die alles durchdringende milde Luft und der sanfte Frieden in jenem großen Palazzo Doria, dessen Doge er war.
    Dies ist das erste Mal, daß ich in einem Brief von ihm zu sprechen wage. Sie sehen ja, daß Sie mir vergeben müssen. Ich war das Opfer eines gewissen teilweisen Verlustes aller Willenskraft; meine Gedanken gingen täglich mit ehrlichen Gewissensbissen zu Ihnen; Sie haben mir so gute Briefe geschrieben, ich hatte Ihre schönen Worte im *Temps* gelesen, sie waren so bewegt und so nobel bewegend; mein Wille war machtlos, Ihnen zu antworten, denn ich hätte

Ihnen etwas über diesen großen Tod sagen müssen und konnte es nicht. Ich litt darunter, ich war krank.

Ich habe mich wie ein Schwimmer in meine Arbeit geworfen, um mich zu retten, um in ein anderes Element zu gelangen, um ich weiß nicht welchen Strand zu erreichen oder mit meiner Last in einer meinen geringen Mut übertreffenden Anstrengung (bedauern Sie mich, mein lieber Freund) unterzugehen.

Verdi ist tot; er hat eine ungeheure Fülle von Licht und warmer Lebenskraft hinweggenommen; dank diesem olympischen Greisentum waren wir alle in Sonne gebadet.

Er ist wie ein furchtbarer, stummer Kämpfer im Glanz gestorben. Das Schweigen des Todes war über ihn gekommen eine Woche, bevor er starb.

Kennen Sie die wunderbare Büste des Maestro von Gemito? Monsieur Cain (der Komponist, den Sie kennen) besitzt sie in seiner Villa. Diese vor vierzig Jahren gestaltete Büste gibt das genaue Bild des Maestro wieder, so wie er am vierten Tag vor dem Ende war. Den Kopf auf die Brust gesenkt und mit ernsten Augen, schaute er nach unten, schien den unbekannten, furchtbaren Gegner mit seinem Blick zu messen und in Gedanken die Kräfte zu berechnen, die er ihm entgegensetzen mußte.

So hat er ihm auch heldenhaften Widerstand geleistet. Der Atem seiner breiten Brust hat ihn vier Tage und drei Nächte lang am Leben erhalten. Noch in der vierten Nacht füllte sein Atem das Zimmer, aber die Erschöpfung .... Armer Maestro, wie tapfer und wie schön war er bis zum letzten Augenblick. Gleichviel, der alte Schnitter muß seine Sense ganz schön verbogen weggeschleppt haben.

Mein lieber Freund, ich habe im Leben sehr verehrte Menschen verloren; der Schmerz überdauerte den Verlust, aber niemals hat mich ein Gefühl des Hasses gegen den Tod und der Verachtung gegenüber seiner mysteriösen, blinden, dummen, siegreichen und feigen Macht überkommen. Erst der Tod dieses Neunzigjährigen konnte diesen Eindruck in mir erwecken.

Er haßte ihn auch, denn er war der mächtigste Ausdruck des Lebens, den man sich vorstellen kann; er haßte ihn wie Faulheit, Geheimnistuerei und Zweifel. Jetzt ist alles zu Ende. Er schläft wie der

König von Spanien in seinem »Escorial« unter einer bronzenen Tafel, die ihn ganz bedeckt.

Mein lieber Bellaigue, denken Sie sich, was für ein Trost es für mich wäre, mit Ihnen und bei Ihnen an einer Arbeit über Verdi mitzuwirken. Es ist unmöglich.

Wenn meine schmerzende Arbeit beendigt sein wird, werde ich diese große Freude fordern, seien Sie dessen gewiß. Inzwischen tun Sie etwas allein.

Monsieur Ganderax hatte mich vor zwei Monaten gebeten, etwas über den Maestro für die Revue de Paris zu schreiben. Natürlich habe ich ihm nicht geantwortet.

Es war eine Krankheit, von der ich heute anfange mich zu erholen. Viele freundliche Grüße an Madame Bellaigue; und Sie, mein lieber Freund, umarme ich von ganzem Herzen, denn Sie haben mir vergeben. Ihr Arrigo Boito

Sermione (Lago di Garda), 5. Januar 1902

Um den Zerstreuungen der Stadt zu entgehen und mich ganz meiner Arbeit zu widmen, habe ich mich auf die Insel von Sermione zurückgezogen, den schönsten Platz der Welt. Sie finden ihn in Ihrem Catullus:

> *Paeninsularum Sirmio insularumque*
> *Ocelle* . . . . .

und ich lebe in vollkommener Einsamkeit, ohne einen Freund und beinahe ohne Bücher. Ich sehe die *Revue des Deux Mondes* nicht mehr und weiß also nicht, ob Ihr *Grillparzer* veröffentlicht worden ist; wenn ja, schicken Sie ihn mir bitte, und den Vortrag über unseren armen großen Freund, sobald er erscheint.

Welch schöne Dinge werden Sie ihm sagen, und er wird sie nicht hören. Jetzt ist es bald ein Jahr her, daß seine ernste, schöne, heitere und edle Figur sich nicht mehr bewegt.

Eines Tages werden wir sein Buch schreiben, wenn meine schreckliche Arbeit beendet sein wird. Denken Sie nicht, daß ich Sie vergesse; nein, Sie sind mir gegenwärtiger denn je; denn, nachdem ich nur noch in Gedanken an die Kunst lebe, komme ich oft auf die Ihren und auch auf die des alten Maestro.

Mailand, 22. Juli [1902]

Mein lieber Freund,

Die Bewegung, die Ihr Publikum ergriffen hat, hat mir eben bei der Lektüre Ihres wunderbaren Vortrags die Kehle zugeschnürt. Vorhin hatte ich den Besuch eines meiner teuersten Freunde, eines der teuersten Freunde Verdis, Herrn Mancini. Ich wollte ihm Ihren Vortrag vorlesen, und je mehr ich den Eindruck, den Ihre Worte auf ihn machten, bemerkte, desto schwerer zu ertragen war meine wachsende Ergriffenheit; und an dieser herrlichen Wendung »... nachdem er sein Schicksal erfüllt hatte, mußte der Maestro sich ganz im Einklang mit seiner Herkunft fühlen. Aufrecht, siegreich auf dem Gipfel stehend, konnte der Greis hinabschauen. Er hatte nun heimatliche Erde betreten ...« angekommen, konnte ich nicht weiter. Mein Freund, ebenso ergriffen wie ich selbst, hat den Rest schweigend gelesen.

Sie haben den Kranz Ihrer schönsten Gedanken auf das Grab des Maestro gelegt. Ich habe frühere wiedererkannt, die auf die Zeit des Triumphes zurückgehen. Sie haben gut daran getan, sie zusammenzufassen und sie mit den Blumen des Todes, den Blumen der Unsterblichkeit zu mischen. Für uns, lieber Bellaigue, eine traurige, leere, kalte Unsterblichkeit.

Ich fühle mich bewogen, Ihnen Dank zu sagen, daß Sie in einem sehr stillen Winkel Ihres Gedenkens freundlicherweise einen Platz für meinen Namen neben dem seinen gefunden haben. Nichts rührt mich so tief, als meinen Namen zu hören, wenn von ihm die Rede ist.

[Mailand] 3. Juli [1908]

Die *servitude volontaire* an diesem wahren, edelsten und wirklich großen Mann freut mich mehr als jede andere Tätigkeit in meinem Leben.

[Mailand?] 25. Oktober [1910]

Wie gut hast Du daran getan, an das *Ave Maria* Verdis zu erinnern!
Ein Wunder der Poesie, der Religiosität und der Technik.

[Mailand?] 20. Dezember [1910]

Ich begrüße das auf das Vorspiel zum letzten Akt der *Traviata* bezo-
gene Wort *sottile*. *Sottile* im lateinischen Sinn von *gracilis, exilis* ist
wirklich der passende Ausdruck, jene tief ergreifende Seite der Partitur zu charakterisieren. Vielleicht hast Du, ohne es zu wissen, eine
Redewendung der italienischen Sprache gespürt. Von einem, der an
Schwindsucht stirbt, sagen wir: Er stirbt am *mal sottile*.

Jenes Vorspiel scheint es mit Tönen zu sagen, jenen so durch-
dringenden und traurigen Tönen, die fast körperlos, ätherisch, unmittelbar todeskrank sind. Wer hätte, bevor dieses Vorspiel geschrieben wurde, denken können, daß Musik imstande wäre, die
Stimmung eines ganz geschlossenen Zimmers im winterlichen Mor-
gengrauen wiederzugeben, in dem ein Kranker erwacht! Diese
Stille! Diese ruhige und leidvolle aus Tönen erschaffene Stille! Die
Seele der Sterbenden durch einen ganz zarten Atemhauch noch ge-
bunden an ihren Leib! Und bevor er sich löst, wiederholt dieser
Hauch noch einmal die letzte Erinnerung an die Liebe! Lateinische
Kunst! Göttlich! Göttlich! Göttlich! Lieber, lieber Freund! Dieser
Mann war ein außerordentlicher Künstler. Ein Genie! Ein Genie
der Musik und des Theaters! In anderthalb Monaten werden zehn
Jahre vergangen sein, daß ich ihn sterben sah!

[Mailand?] 24. Dezember [1910]

Mein lieber Freund,

Heute ist der Tag unter den Tagen des Jahres, den er am meisten liebte. Der Weihnachtsabend erinnerte ihn an die frommen
Wunder der Kindheit, den Zauber des Glaubens, der wirklich nur
himmlisch ist, wenn er an den blinden Glauben, an das Wunder

reicht. Diesen blinden Glauben hatte er leider früh verloren wie wir alle, aber er vermißte ihn während seines ganzen Lebens vielleicht schmerzlicher als wir. Er hat ein Beispiel christlichen Glaubens durch die ergreifende Schönheit seiner religiösen Werke gegeben, durch die Befolgung der Riten (Du mußt Dich an seinen schön ge- senkten Kopf in der Kapelle von Sant'Agata erinnern), durch seine glanzvolle Huldigung an Manzoni, durch die in seinem Testament gefundene Bestimmung für sein Begräbnis: *ein Priester, eine Kerze, ein Kreuz.* Er wußte, daß der Glaube die Stütze des Herzens ist. Dem Arbeiter auf dem Felde, den Bedürftigen, die ihn umgaben, stellte er sich selber zum Beispiel, ohne Prahlerei, demütig, streng, um ihrem Gewissen nützlich zu sein.

Und hier muß die Untersuchung innehalten; darüber hinauszu- gehen würde mich weit in die Windungen psychologischer For- schung führen, bei der seine große Persönlichkeit nichts zu ver- lieren hätte, bei der ich aber trotzdem fürchten müßte, vom Wege abzukommen. Im idealen, moralischen und sozialen Sinn war er ein großer Christ, aber man muß sich sehr wohl hüten, ihn in politi- scher und im strengen Sinn des Wortes theologischer Hinsicht als Katholik hinzustellen; nichts stünde in größerem Widerspruch zur Wahrheit.

Ich habe den letzten Akt der Traviata wieder gelesen ... Wie- viel Schönheit! Die Euphorie des Todes! Seltsame Ähnlichkeit der Ankunft Alfredos mit der Ankunft Tristans im zweiten Akt Wag- ners, der so viel später geschrieben wurde.


[Mailand?] Sonntag [7. Mai 1911]


Gestern nacht habe ich in der *Revue Hebdomadaire* Deinen ersten Vortrag des Verdi-Zyklus gelesen, und wie eine schöne Musik beim ersten Klang erobert, so war ich von Dir von allem Anfang an er- obert.

[Mailand?] Mittwoch [17. Mai 1911]

Auch der zweite Vortrag hat mir sehr gut gefallen. Da habe ich allerdings ein Mißverständnis bemerkt, das Dir unterlaufen ist. Nach
dem Duett oder vielmehr nach der Szene zwischen Rigoletto und
Sparafucile und nach dem Monolog, wenn der arme Narr als Vater
im Begriff ist, seine Tochter zu umarmen, bricht im Orchester eine
Bewegung unsagbarer Freude aus. Diese Bewegung will keineswegs
den Auftritt Gildas ausdrücken, sondern die freudig erregte Begegnung von Vater und Tochter, die sich so sehr lieben, wie die Musik
mit ihrem Ausbruch auf der höchsten Saite der Geigen sagt.

[Mailand?] 23. Mai [1911]

Mein liebster Freund, Dein dritter [Vortrag] ist der schönste, und ich
weiß bereits, daß der vierte noch schöner sein wird.

Ich bin hocherfreut über Deinen Triumph, der die Triumphe
meines großen Herrn von neuem erweckt. Ihm und jenem anderen,
der am Avon geboren wurde, ein treuer Diener zu sein — mehr be-
gehre ich nicht. Der große Alte segnet Deine Worte, weil sie wahr
sind wie seine Noten, die Du gesegnet hast.

Ich stimme Dir zu und umarme Dich. Arrigo

Mailand, 29. September [1911]

Teuerster,
Wenn das Bild [Verdis], von dem Du sprichst, das bereits in der
*Revue Hebdomadaire* Nr. 21 veröffentlichte ist, dann ist der Name
des Malers Arnaldo Ferraguti; aber um dieses kann es sich nicht
handeln, denn jetzt sehe ich's wieder an und bemerke, daß die Revue diesen Namen in großen und klaren Buchstaben druckt. Folglich handelt es sich um das Bild, das Dir die Gräfin Morosini geschickt hat, und in diesem Fall bitte ich Dich dringend, es nicht in
Dein Buch aufzunehmen. Es ist ein furchtbares Bild, eine scheußli-
che, manierierte Lüge. Unser angebeteter Maestro hatte nie und nie-

mals (auch während seiner kurzen Krankheit nicht, die ihn nicht leiden ließ) jenen tragisch-krampfhaften Ausdruck, der an Laokoon erinnert. Dein Buch, das aus Wahrheit besteht, darf nicht von dieser
Lüge befleckt sein. Ich bitte Dich also, und bitte Dich nochmals, ihre
Publikation zu verhindern, und Du bittest Deinen Verleger darum.

Ich schicke Dir statt dessen eine der Wahrheit entsprechende
Zeichnung eines großen und sehr noblen Künstlers: *Lodovico Po-
gliaghi.* Die wurde unter meinen Augen ausgeführt, die ist die
Wahrheit. Benutze diese, ich wiederhole meine Bitte; wenn's keine
Zeit gibt, scheide die andere auf jeden Fall aus.

Diese andere ist eine Beleidigung des Maestro und des Todes.


Mailand, Samstag [vermutlich November 1912]

Mein Teuerster, Ich habe [. . .] Deinen *Verdi* erhalten.

Du hast auf das Grab unseres angebeteten Maestro Dein Tribut
der Verehrung und Liebe gelegt; könnte ich's ebenfalls sagen! Ich
danke Dir aus vollem Herzen, daß Du meinen Namen auf Deine
Gabe geschrieben hast. Ich danke Dir auch, daß Du im Neudruck jenen den Rigoletto angehenden Teil ausgelassen hast, der mir nicht
zutreffend schien.

[. . .] Wie Du siehst, habe ich Deine Arbeit mit Sorgfalt wiedergelesen und die gleiche Bewegung empfunden wie bei der ersten
Lektüre; dank der Kontinuität der Lektüre habe ich diesmal die
Schönheit, die Kraft des Ganzen sogar noch mehr bewundert. Du
hast etwas seiner und Deiner Würdiges getan, was dauern wird.


Mailand, . . . . . . .

Keiner hat den Sinn des Lebens besser verstanden, besser ausgesprochen als Verdi. Er war Mensch unter den Menschen, und er
wagte es zu sein. Hätte man ihm angeboten, ein Gott zu sein, würde
er es abgelehnt haben, denn er wollte sich als Mensch und Sieger im
feurigen Kreise der irdischen Prüfung fühlen.

# Giuseppe Verdi
## Daten seines Lebens · Werke

1813 Am 9. oder 10. Oktober wird Giuseppe Fortunato Francesco Verdi als einziger Sohn des Kleinkrämers und Schankwirts Carlo Verdi (1785—1867) und seiner Frau Luigia, geb. Uttini (1787—1851), in Le Roncole bei Busseto im Herzogtum Parma geboren. Parma steht unter der Herrschaft Napoleons I., der Geburtsschein wird auf französisch auf Joseph Fortunin François ausgestellt; das Kind wird am 11. Oktober getauft.

1816 20. März: Geburt der einzigen Schwester Giuseppa Francesca. Sie ist geistig behindert und stirbt am 10. August 1833.

1817 Pietro Baistrocchi, vermutlich auch Verdis erster Musiklehrer, unterrichtet ihn in Italienisch und Latein.

1820 Verdi vertritt Baistrocchi als Organist der Dorfkirche von Le Roncole.

1822 Wird Nachfolger Baistrocchis als Organist und »Maestrino« von Le Roncole.

1823 Wohnt über sieben Jahre in Untermiete bei dem armen, analphabetischen Schuster Pugnatta in Busseto; tritt im November in das dortige Gymnasium unter dem Priester Pietro Seletti ein.

1825 Im Herbst Beginn von Musikstudien bei Ferdinando Provesi, dem Musikdirektor von Busseto.

1828 Verdi komponiert eine Ouvertüre zu Rossinis ›Barbiere di Siviglia‹ und eine Kantate für Bariton und Orchester, ›I Deliri di Saul‹.

1829 Wird im Herbst Provesis Assistent in Busseto und schreibt kirchliche Kompositionen. — 24. Oktober: Bewirbt sich vergeblich um die Stelle des Organisten im nahegelegenen Soragna.

1830 18. Februar: Anläßlich der Aufführung erster Kompositionen erklärt Provesi, sein Schüler werde »bald der schönste Schmuck des Vaterlandes« sein.

1831 14. Mai: Verdi zieht in das Haus seines väterlichen Freundes Antonio Barezzi, eines wohlhabenden Kaufmanns und Musikenthusiasten in Busseto, ein; unterrichtet dessen Tochter Margherita in Gesang und Klavier.

1832 Auf Antrag seines Vaters wird Verdi in Busseto ein bescheidenes Stipendium bewilligt. — Ende Mai begleiten ihn der Vater und Provesi nach Mailand. Am 22. Juni bewirbt er sich vergeblich um Aufnahme in das dortige Konservatorium. — Im Herbst gibt er die Assistentenstelle in Busseto auf, um Privatunterricht bei dem Komponisten und Dirigenten Vincenzo Lavigna in Mailand zu nehmen.

1834 April: »Maestro al cembalo« bei einer Aufführung von Haydns ›Schöpfung‹ in Mailand. — Bewirbt sich um die Nachfolge Provesis und dirigiert Konzerte in Busseto.

1835 Juli: Beendet Studien bei Lavigna in Mailand und kehrt nach Busseto zurück. — 11. Oktober: Bewirbt sich vergeblich um die Stelle des Kapellmeisters und Organisten in Monza.

1836 Januar: Beginn der Komposition des ›Rocester‹, seiner ersten Oper. — 20. April: Verpflichtung zum Musikdirektor von Busseto als Nachfolger Provesis. — 4. Mai: Heirat mit Margherita Barezzi (geb. 4. Mai 1814). Kurze Hochzeitsreise nach Mailand. — Dirigiert und komponiert in Busseto, wo er ›Rocester‹ am 16. September beendet.

1837 26. [29. ?] März: Geburt der Tochter Virginia. — Oktober: ›Rocester‹ in Parma abgelehnt. — 3. November: Umsonst bietet Verdi die Oper der Mailänder Scala an.

1838 11. Juli: Geburt des Sohnes Icilio. — 12. August: Tod der Tochter Virginia. — 8. September—10. Oktober: Verdi bemüht sich nochmals vergeblich um eine Aufführung des ›Rocester‹ an der Scala. — 28. Oktober: Erklärt seinen Rücktritt von der Musikdirektion in Busseto.

1839 6. Februar: Umzug mit Frau und Sohn nach Mailand. — 22. Oktober: Tod des Sohnes Icilio. — 17. November: Premiere der Oper ›Oberto, Conte di San Bonifacio‹ an der

Scala. — Der Impresario der Scala, Bartolomeo Merelli, bietet
Verdi einen Vertrag für drei weitere Opern an.

1840 Anfang März: Beginn der Komposition von ›Un Giorno di
Regno‹. — Margherita erkrankt an Gehirnentzündung und
stirbt am 18. Juni in Mailand. — Am 22. Juni kehrt Verdi nach
Busseto zurück, ist im Juli zur Beendigung von ›Un Giorno di
Regno‹ wieder in Mailand. — 5. September: Mißerfolg dieser
Oper in seiner Regie an der Scala. — Am 17. Oktober insze-
niert er ›Oberto‹ an der Scala; im Dezember leitet er Proben
für dieses Werk am Teatro Carlo Felice in Genua.

1841 9. Januar: Erstaufführung des ›Oberto‹ in Genua. — Mitte Januar: Verdi kehrt nach Mailand zurück. — Merelli überredet
ihn zur Komposition des ›Nabucco‹, die er im Oktober beendet. — Am 22. und 23. Dezember ersucht er die Primadonna
Giuseppina Strepponi um ihre Fürsprache bei Merelli für die
Premiere des Werkes in der nächsten Spielzeit.

1842 9. März: Premiere des ›Nabucco‹ an der Scala, erster großer
Erfolg. Die Abigaille singt Giuseppina Strepponi: sie wird
später Verdis Geliebte. — Im Frühjahr erste Besuche in den
Salons der Mailänder Aristokratie. — Im Juni sucht Verdi in
Bologna Rossini auf. — Bis zum Jahresende ist er in Busseto
und Mailand.

1843 11. Februar: Premiere von ›I Lombardi alla Prima Crociata‹
an der Scala. — 20. März: Abreise nach Wien. — 4. April:
Verdi dirigiert die dortige Erstaufführung von ›Nabucco‹ am
Kärntnertor-Theater. — 17. April: Er wohnt dem ersten ›Nabucco‹ in Parma bei, in dem wiederum die Strepponi erscheint. — Bis auf den Besuch von zwei Donizetti-Opern in
Bologna zu Ende April und ein Wiedersehen mit seiner Mutter in Busseto bleibt er in Parma bis Ende Mai. — 31. Mai bis
10. Juli: In Mailand. Er erwägt einen ›Re Lear‹ für Venedig. — 10. Juli—1. August: In Senigallia (Ancona) zur Einstudierung von ›I Lombardi‹. Dort dirigiert er das Werk am
29. Juli, reist am 1. August nach Mailand zurück. — 8. Oktober: Zur Erstaufführung des ›Nabucco‹ im Teatro Comunale
in Bologna. — Herbst in Mailand. — Dezember: Proben für

erfolglose Premiere ›Lombardi‹ am Teatro Fenice in Venedig (26.Dezember).

1844 Anfang Januar: Mit Giuseppina Strepponi zu ›Nabucco‹-Proben in Verona. — 9.März: Premiere von ›Ernani‹ am Teatro Fenice in Venedig. — Mitte März—April: In Busseto und Mailand. — 11.August: Dirigiert ›Ernani‹ in Bergamo mit Giuseppina Strepponi als Elvira. — Mitte August: Arbeit an ›I Due Foscari‹ in Busseto. — Im September in Mailand. — 3.Oktober: Zur Einstudierung der ›Due Foscari‹ am Teatro Argentina in Rom. — 3.November: Premiere. — Mitte November: Rückkehr nach Mailand. — Dezember: Proben für ›I Lombardi‹ an der Scala (26.Dezember).

1845 15. Februar: Premiere von ›Giovanna d'Arco‹ an der Scala. — Mitte—Ende März: Proben für ›I Due Foscari‹ am Teatro Fenice. — 2.April: Zurück in Mailand. Bruch mit Merelli und der Scala wegen schwerwiegender künstlerischer und geschäftlicher Differenzen. — Vermutlich Ende Mai in Venedig. — 20.Juni: Abreise von Mailand nach Neapel. — 12.August: Erfolglose Premiere von ›Alzira‹ am dortigen Teatro San Carlo. — Ende August: Rückkehr nach Mailand. — 6.Oktober: Kauf eines Hauses, des Palazzo Dordoni-Cavalli in Busseto. — Dezember: Krank in Venedig.

1846 17.März: Premiere des ›Attila‹ in Verdis Regie am Teatro Fenice in Venedig. — Erschöpft und krank verbringt er den größten Teil des Jahres in Mailand. — Im Juli ist er mit Andrea Maffei zur Kur in Recoaro.

1847 19.Februar: Ankunft mit Emanuele Muzio zu ungewöhnlich vielen ›Macbeth‹-Proben in Florenz. 14.März: Premiere des ›Macbeth‹ in Verdis Regie am dortigen Teatro della Pergola. — Frühjahr in Mailand. — Ende Mai: Abreise mit Muzio über den Gotthard, Straßburg—Köln—Brüssel—Paris nach London. Muzio fährt von Paris dorthin voraus; Verdi trifft am 5. [7. ?] Juni in London ein. — Unter anderen Landsleuten im Exil begegnet er Giuseppe Mazzini. — 22.Juli: In Gegenwart der Königin Victoria dirigiert er die Premiere der ›Masnadieri‹ an Her Majesty's Theatre. — Bruch mit dem Verleger

Francesco Lucca. — Ab Ende Juli ist Verdi bei Giuseppina Strepponi in Paris. — 26. November: Premiere von ›Jérusalem‹ an der dortigen Opéra.

1848 Verdi erlebt Februar-Revolution, Abdankung Louis Philippes und Proklamation der Zweiten französischen Republik in Paris. — Nach den »Cinque Giornate«, dem fünftägigen Aufstand gegen die österreichische Herrschaft in Mailand vom 18. bis 22. März, kehrt er Anfang April dorthin zurück. — 25. Mai: In St. Agata bei Busseto kauft er ein Landgut. — 31. Mai: Rückreise über die Schweiz nach Paris. — 25. Oktober: Erfolglose Premiere des ›Corsaro‹ in Verdis Abwesenheit am Teatro Grande in Triest. — 20. Dezember: Abreise von Paris nach Rom.

1849 27. Januar: Premiere von ›La Battaglia di Legnano‹ in Verdis Regie am Teatro Argentina in Rom. — Verdi wird zunehmend zum Symbol der patriotischen Bewegung Italiens, zieht sich aber Anfang Februar mit Giuseppina Strepponi nach Paris zurück. — Anfang August: Gemeinsame Übersiedlung in Verdis Palazzo Dordoni-Cavalli in Busseto. — 2.–27. Oktober: Mit Antonio Barezzi fährt Verdi über Genua und Rom nach Neapel. Heftige Auseinandersetzungen mit dem dortigen Teatro San Carlo über ›Luisa Miller‹. 8. Dezember: Premiere der Oper in Verdis Regie. — 13. Dezember: Abreise über Genua nach Busseto.

1850 Anfang Januar: Ankunft in Busseto und Plan eines ›Re Lear‹. — 28. September–8. Oktober: Verdi inszeniert ›Macbeth‹ am Teatro Comunale in Bologna — Mitte Oktober: Ankunft in Triest. — 16. November: Premiere des ›Stiffelio‹ in seiner Regie am dortigen Teatro Grande. — Schwere Kämpfe mit der österreichischen Zensur in Venedig um einen Operntext, aus dem ›Rigoletto‹ wird. — 26. Dezember: Premiere von ›Gerusalemme‹, der italienischen Fassung von ›Jérusalem‹, an der Scala.

1851 Anfang Januar: Rückkehr nach Busseto. — 25. Januar: Die Zensur gibt revidierten Text des ›Rigoletto‹ frei. — 19. Februar: Ankunft in Venedig. 11. März: Premiere des Werkes in

Verdis Regie am dortigen Teatro Fenice. — Im Frühjahr Einzug mit Giuseppina Strepponi in das von Busseto etwa drei Kilometer entfernte Haus in St. Agata. — 28. Juni: Tod der Mutter. — 28. September—8. Oktober: Verdi inszeniert ›Macbeth‹ und ›Luisa Miller‹ am Teatro Comunale in Bologna. — 10. Dezember: Abreise mit Giuseppina Strepponi von St. Agata nach Paris.

1852  18. März: Gemeinsame Rückkehr nach St. Agata. — Arbeit am ›Trovatore‹, unterbrochen durch den Tod des Librettisten Salvatore Cammarano am 17. Juli in Neapel. — 20. [25.?] Dezember: Abreise nach Rom.

1853  19. Januar: Premiere des ›Trovatore‹ in Verdis Regie am Teatro Apollo in Rom. — 22. Januar: Abreise von Rom. — Ende Januar—Mitte Februar: Arbeit an ›La Traviata‹ in Busseto oder St. Agata. — 21. Februar—Anfang März: Instrumentation der ›Traviata‹ in Venedig. — 6. März: Fiasko der Premiere des Werkes in Verdis Regie am Teatro Fenice. — Verdi schlägt Antonio Somma ›Re Lear‹ vor. — 12. März: Rückkehr nach St. Agata. — 15. Oktober: Abreise mit Giuseppina Strepponi nach Paris. — Beginn der Komposition von ›Les Vêpres Siciliennes‹ am Ende des Jahres.

1854  März: In London, um Aufführungen des ›Trovatore‹ ohne Tantiemen zu verhindern. — Sommer: In einem gemieteten Landhaus in der Nähe von Paris. — 1.—9. Oktober: Proben für ›Les Vêpres Siciliennes‹ an der Opéra, unterbrochen durch zeitweiliges Verschwinden der Primadonna. — 26. Dezember: Verdi dirigiert ›Il Trovatore‹ am Pariser Théâtre des Italiens.

1855  13. Juni: Premiere von ›Les Vêpres Siciliennes‹ in Verdis Regie an der Opéra. — Verdi und Giuseppina Strepponi verbringen August und September in Enghien bei Paris. — 23. Dezember: Gemeinsame Rückkehr nach St. Agata.

1856  15. März: Ankunft in Venedig. Verdi inszeniert und dirigiert ›La Traviata‹ am dortigen Teatro San Benedetto mit großem Erfolg. — Im Frühjahr arbeitet er mit Piave in St. Agata an einer Revision des ›Stiffelio‹. — Anschließend ist er in Paris

zur Wahrung seiner Tantiemen. Er prozzessiert und verliert. — 26. Juni—19. Juli: Mit Giuseppina Strepponi zu See-
bädern nach Venedig. — 31. Juli: Gemeinsame Abreise von
St. Agata nach Paris. — In Enghien Arbeit an ›Simon Boccanegra‹ und Ärgernisse mit der venezianischen Zensur.

1857 12. Januar: Premiere von ›Le Trouvère‹ [›Il Trovatore‹] an
der Opéra. — 13. Januar: Abreise mit Giuseppina Strepponi
nach St. Agata. — 12. März: Erfolglose Premiere des ›Simon
Boccanegra‹ in Verdis Regie am Teatro Fenice in Venedig. —
Mitte Mai: Verdi leitet Proben für ›Simon Boccanegra‹ in
Reggio Emilia. — 16. August: Erfolglose Premiere des
›Aroldo‹, der Neufassung des ›Stiffelio‹, in seiner Regie in Ri-
mini. — Das Teatro San Carlo in Neapel verlangt eine ›Re
Lear‹-Oper, die Verdi jahrelang beschäftigt und nie zur Aus-
führung kommt. Statt ihrer arbeitet er im September in
St. Agata am Libretto von ›Gustavo III di Svezia‹. Anfang No-
vember lehnt die bourbonische Zensur in Neapel dieses Li-
bretto ab. Im Dezember revidiert er es mit dem Textdichter
Antonio Somma als ›Una Vendetta in Domino‹.

1858 Anfang Januar: Auf beschwerlicher Winterreise mit Giuseppina Strepponi von St. Agata nach Neapel instrumentiert
Verdi diese Oper in Genua und schifft sich nach Neapel
ein. — 14. Januar: Ankunft in Neapel. — Die Zensur verball-
hornt den Text; Verdi will prozessieren, wird mit Gefängnis
bedroht, verläßt Neapel am 23. April und kehrt mit Giuseppina Strepponi am 29. nach St. Agata heim. — Ende Juni—
Mitte Juli Thermalbäder in Tabiano bei Parma. — 23. Oktober: Gemeinsame Rückkehr nach Neapel zu Proben für ›Simon Boccanegra‹, der in Verdis Regie am 30. November im
Teatro San Carlo erfolgreich aufgeführt wird.

1859 Im Januar wird VIVA V.E.R.D.I. für Vittorio Emanuele Re
d'Italia zum Kriegsruf Italiens gegen Österreich. — Nach langwierigen Verhandlungen ist ›Una Vendetta in Domino‹ von
der päpstlichen Zensur in Rom als ›Un Ballo in Maschera‹ gebilligt worden. — 12.—13. Januar: Nach stürmischer Seereise
von Neapel Ankunft in Civitavecchia und in Rom. — 17. Fe-

bruar: Erfolgreiche ›Ballo‹-Premiere in Verdis Regie am römischen Teatro Apollo. — 20. März: Auf dem Seeweg über Genua Rückkehr nach St. Agata. — 4. Juni: Schlacht bei Magenta. — 8. Juni: Vittorio Emanuele II. und Napoleon III. ziehen in Mailand ein. — 20. Juni: Verdi veranlaßt in Busseto Spenden für »die Verwundeten und die armen Familien der Gefallenen für das Vaterland«. — 24. Juni: Schlacht bei Solferino. — 11. Juli: Pakt von Villafranca und Rücktritt Cavours. — Verdi und Giuseppina Strepponi sind im Juli in Tabiano, werden am 29. August in Collonges-sous-Salève bei Genf kirchlich getraut und kehren Anfang September nach St. Agata heim. — 4. September: Verdi wird zum Abgeordneten von Busseto gewählt. — 15. September: Vittorio Emanuele empfängt ihn mit einer Delegation aus Parma in Turin. — 17. September: Besuch bei Cavour in Laeri (Piemont). — 20. September: Rückkehr nach St. Agata.

1860   3. Januar—11. März: Mit Giuseppina in Genua. — Vergrößerung des Hauses und des Gutes in St. Agata. — Befreiung Siziliens und Neapels durch Garibaldi, Vereinigung Italiens mit Ausnahme von Venedig und Rom. — Verdis sind im Juli wieder in Tabiano, sonst fast immer in St. Agata und ab Anfang Dezember in Genua.

1861   18. Januar: Cavour überredet Verdi in Turin, dem ersten italienischen Parlament beizutreten. — Zur Eröffnung des Parlaments am 18. Februar und zu Anfang April, im Mai und im Juni ist Verdi als Abgeordneter in Turin; sonst in St. Agata. — 6. Juni: Tod Cavours. — Mitte bis Ende Juli: Arbeit mit Piave in St. Agata am Libretto von ›La Forza del Destino‹ für St. Petersburg; 22. November: Beendigung der Komposition. — 24. November: Verdis reisen von St. Agata über Paris nach St. Petersburg. — Im Dezember wird die Premiere der Oper wegen Erkrankung der Primadonna um ein Jahr verschoben.

1862   Vermutlich Ende Januar in Moskau mit Ovationen begrüßt. — Ende Februar—31. März: Auf dem Rückweg von Rußland erste Begegnung Verdis und Boitos in Paris. — 1.—17. April: In Turin und St. Agata. — 20. April: Verdi trifft

in London ein, wohin seine Frau ihm vorausgefahren ist. —
24. Mai: Premiere der Kantate auf Text von Boito ›Inno delle
Nazioni‹ an Her Majesty's Theatre anläßlich der Weltausstel-
lung in London. — 31. Mai—13. Juni: Das Ehepaar kehrt über
Paris und Turin nach St. Agata zurück. — Ende Juni: Parla-
mentssitzungen in Turin. — Juli: Mit Giuseppina besucht
Verdi seine erkrankte Schwägerin Barberina in Cremona. —
Anfang September—24. September: Verdis reisen von
St. Agata über Paris nach St. Petersburg. — 10. November:
Dort Premiere von ›La Forza del Destino‹ an der Kaiserli-
chen Oper. — 9. Dezember: Abreise nach Paris.

1863 5.—11. Januar: Verdis reisen von Paris nach Madrid zu Proben der ›Forza‹. — 21. Februar: Aufführung am dortigen
Teatro Real in Verdis Regie. — 23. Februar—14. März: Reise
nach Andalusien. — 17. März: Ankunft in Paris zur Neuein-
studierung von ›Les Vêpres Siciliennes‹ an der Opéra. Aufführung am 20. Juli. 21.—25. Juli: Verärgert über unver-
schämte Schlampereien an der Opéra kehrt Verdi mit Giuseppina über Turin nach St. Agata zur Arbeit auf seinen
Feldern zurück. — 30.—31. Juli: Nochmals in Turin. —
1. August: Wieder in St. Agata.

1864 Ende Januar sind Verdis zu Sitzungen des Parlaments in Turin, im Februar in Genua und Turin, im März in Turin und
St. Agata, im Juni in Genua, im Juli wieder in St. Agata. — Anfang November: In Turin. — Beginn der Arbeit an der Neufassung des ›Macbeth‹ in St. Agata.

1865 3. Februar: Revision des ›Macbeth‹ beendet. — 5. Februar bis
Mitte März: Verdis in Genua. — Mitte und Ende Fe-
bruar besucht er den erkrankten Vater in Vidalenzo bei
St. Agata. — Anfang März: In Turin. — Ab Mitte März: In
St. Agata und bis Mitte April häufig im Parlament in Turin. —
21. April: In Verdis Abwesenheit erfolglose Premiere der
französischen Revision des ›Macbeth‹ am Théâtre-Lyrique in
Paris. — Ende April: Drei Tage in Turin. — Juni: Ablehnung
der Kandidatur zur Neuwahl in das Parlament. — September:
Rücktritt vom Parlament. — 20. November—1. Dezember:

Verdis reisen von St. Agata nach Paris. — Arbeit an ›Don Carlos‹.

1866 17.—24. März: Das Ehepaar fährt über Genua nach St. Agata heim. — 19. Juni: Kriegserklärung Italiens an Österreich. — 24. Juni: Italienische Niederlage bei Custozza. — St. Agata vom Kriege bedroht. — 5. Juli Verdis sind in Genua zur Miete einer Wohnung im Palazzo Sauli. — Ca. 20. Juli: Er beendet die Instrumentation der ersten vier Akte des ›Don Carlos‹. — 22,—24. Juli: Reise von Genua nach Paris. — 19. August bis 12. September: Komposition des V. Aktes von ›Don Carlos‹ im Kurort Cauterets in den französischen Pyrenäen. — Ende September: Probenbeginn unter Verdis Leitung an der Opéra. — Anfang Dezember: Vollständige Beendigung der Instrumentation.

1867 14. Januar: Tod des Vaters in Vidalenzo. — 11. März: Erfolglose Galapremiere des ›Don Carlos‹ in Gegenwart des französischen Kaiserpaares. — 12. März: Abreise von Paris zur Einrichtung der Wohnung in Genua. — Mitte März—Anfang April: Mehrere Fahrten nach St. Agata; Pflege des Gartens, Anpflanzung von Bäumen im Park. — Ende Mai nimmt das Ehepaar die siebenjährige Filomena Verdi an Kindesstatt auf; sie ist die Tochter eines Vetters von Verdis Vater und wird Maria genannt. — Juni: In Genua und St. Agata. — Am 21. Juli stirbt Antonio Barezzi in Verdis und Giuseppinas Armen in Busseto. — Anfang—Mitte August: In Genua und Turin. — 18. August—1. Oktober: Besuch der Pariser Weltausstellung und Kur in Cauterets, dann abwechselnd in Genua und St. Agata. — Ende Oktober: Teilnahme an letzten Proben zur italienischen Erstaufführung von ›Don Carlo‹ in Bologna. 27. Oktober: Triumphaler Erfolg. — 19. November: Verdis fahren von St. Agata nach Genua, wo sie von jetzt an fast jeden Winter verbringen.

1868 Anfang März—Mitte April: Verdi ist öfters in St. Agata. — Anfang Mai: Rückkehr des Ehepaares dorthin. — 30. Juni: Einzige Begegnung mit Alessandro Manzoni in Mailand. — Juli: In St. Agata und Genua. — Ende August—15. September: Kur in Tabiano. — Herbst in St. Agata. — 13. November: Tod Rossinis in Paris. — 13. Dezember: Abreise nach Genua. — Arbeit mit Antonio Ghislanzoni an Neufassung von ›La Forza del Destino‹.

1869 Ende Januar: Verdis bringen Maria auf eine Schule in Turin. — 1.—28. Februar: In Mailand. — 27. Februar: Erfolgreiche Aufführung der revidierten ›Forza‹ in Verdis Regie an der Scala. — 28. Februar: Rückkehr nach Genua. — Anfang April und ab Mitte April: In St. Agata. — Ende Juli—Ende August: In Genua. Mitte August: Beendigung eines ›Libera me‹ zu einem von Verdi geplanten Requiem verschiedener Komponisten für Rossini, das nicht zur Ausführung kommt. Verdi beschuldigt den Dirigenten Angelo Mariani der Interesselosigkeit an diesem Vorhaben und bricht längjährige Freundschaft mit ihm. — Ende August—Anfang September: In Tabiano. — Herbst in St. Agata. — Ab Ende November: In Genua.

1870 26. März: Abreise nach Paris. — 22. April: Rückkehr nach Genua. — Monatelange Verhandlungen mit Kairo führen zur Komposition der ›Aida‹. — 26. April: Rückkehr nach St. Agata. — Dort besuchen ihn im Juni Camille Du Locle und von Ende August bis Anfang September Antonio Ghislanzoni zur Arbeit am Text der ›Aida‹. — 19. Juli: Kriegserklärung Frankreichs an Preußen. — Vom 9. oder 10. bis 13. August ist Verdi in Genua. — 1. September: Schlacht von Sedan. — 2. September: Gefangennahme Napoleons III. — Die Dekorationen und Kostüme für ›Aida‹ in Kairo sind in dem von den Deutschen belagerten Paris eingeschlossen; die für Januar 1871 geplante Uraufführung in Kairo und die europäische Premiere an der Scala verzögern sich. — 13. Dezember: Verdis fahren von St. Agata nach Genua. — Ende Dezember ist ›Aida‹ fertig komponiert.

1871 4. Januar: Verdi lehnt die Direktion des Konservatoriums als Nachfolger von Saverio Mercadante ab. — 18. Januar: Proklamation des Deutschen Kaiserreichs in Versailles. — 3. Februar: Rom wird Hauptstadt des vereinigten Italien. — Im

März ist Verdi als Vorsitzender einer Kommission zur Reform der italienischen Konservatorien in Florenz. — 24. März: Rückkehr nach Genua. — 23. April: Abreise nach St. Agata. — Mitte Juli—11. August: In Genua. — 12. August: In Turin. — 18. oder 19.—23. September: In Mailand zur Übergabe der verbesserten und erweiterten ›Aida‹-Partitur an Draneht Bey, den Intendanten in Kairo. — 15. November: Abreise von St. Agata nach Genua zwischen mehreren Fahrten nach Mailand zu Vorbereitungen der dortigen ›Aida‹-Premiere. — 20. November: Zufällige — zwischen 1862 und 1879 einzig nachweisliche — Begegnung mit Boito nach einer Aufführung des ›Lohengrin‹, der ersten Wagner-Oper in Italien, in Bologna. — Ende November—Anfang Dezember: ›Aida‹-Klavierproben mit Solisten der Scala in Genua. — 24. Dezember: In Verdis Abwesenheit Uraufführung der ›Aida‹ in Kairo.

1872 Anfang Januar: Verdi trifft zu ›Aida‹-Proben in Mailand ein. — 8. Februar: Europäische Premiere in seiner Regie an der Scala. — 20. Februar—31. März: In Genua. — 1.—2. April: In St. Agata. — 3. April: In Parma. — 20. April: Erstaufführung der ›Aida‹ in Verdis Regie am dortigen Teatro Regio. — 23. April: Rückfahrt nach St. Agata. — Mitte Juli: Kurz in Genua. — Ende Oktober: In Turin und Genua. — Anfang November: Verdis treffen zu ›Don Carlo‹-Proben in Neapel ein, wo sie den ganzen Winter verbringen.

1873 30. März: Erstaufführung der ›Aida‹ in Verdis Regie am Teatro San Carlo. — 1. April: Zum ersten Mal erklingt, in seinem Hotel, das Streichquartett. — 10. April: Heimkehr von Neapel nach St. Agata. — Anfang Mai: In Parma, Turin und Genua. — 16. Mai: Wieder in St. Agata. — 22. Mai: Tod Alessandro Manzonis. — 2. Juni: Verdi allein am Grab des Dichters in Mailand. — 25. Juni: Abreise von St. Agata nach Paris. — Beginn der Komposition einer ›Messa da Requiem‹ für Manzoni. — 13. September: Rückkehr über Turin nach St. Agata. — Ab 30. Dezember in Genua.

1874 10. April: Beendigung der Komposition des ›Requiem‹. —

Ende des Monats ist Verdi in St. Agata, Anfang Mai zu Proben des ›Requiem‹ in Mailand. — Am 22. Mai dirigiert er das Werk in der Kirche von San Marco in Mailand, am 25. Mai an der Scala, und ab 9. Juni sieben Aufführungen an der Opéra-Comique in Paris. — Ende Juni: In London zu Verhandlungen über Aufführung des ›Requiem‹. — 1. Juli: Wieder in Paris. — 5. Juli: Rückkehr nach St. Agata. — Anfang September: Umzug vom Palazzo Sauli zum Palazzo Doria im Hafen von Genua. — Herbst in St. Agata. — 13. November: Abreise nach Genua. — 8. Dezember: Ernennung zum Senator. — Anfang und Mitte Dezember: Kurz in St. Agata.

1875 22.—25. Februar: In Mailand. — Anfang April: In St. Agata und zu Ensembleproben mit den Solisten des ›Requiem‹ in Mailand. — 14. April: Ankunft in Paris. — Ab 19. April dirigiert Verdi sieben weitere Aufführungen des »Requiem« an der Opéra-Comique, ab 15. Mai vier Aufführungen in der Londoner Albert Hall, ab 11. Juni vier an der Hofoper in Wien, an der er am 19. und 21. Juni (mit den Sängern des ›Requiem‹) auch ›Aida‹ dirigiert. — 25.—28. Juni: Heimkehr über Venedig nach St. Agata. — Wegen unkorrekter Abrechnungen der Firma Ricordi ist Verdi vermutlich Anfang Juli in Mailand. — 15. November: Er wird in Rom als Senator vereidigt.

1876 Ende Januar—4. März: In Genua. — 4.—20. März: In St. Agata. — 22. März: Ankunft in Paris zu ›Aida‹-Proben am Théâtre des Italiens. — 22. April: Verdi dirigiert dort die erste italienische ›Aida‹ in Frankreich. — 30. Mai—3. Juni: Er dirigiert im selben Theater drei Aufführungen des ›Requiem‹. — Mitte Juni: Rückkehr über Turin nach St. Agata. — Mitte August: Verdis holen ihre Adoptivtochter Maria nach deren Graduierung von der Turiner Schule ab. — 20. August bis 1. September: Verdi allein in St. Agata. — 2.—3. [4.?] September: Er holt Giuseppina und die Adoptivtochter Maria von Tabiano ab. — Ende Oktober—9. November: In Genua. — 3. Dezember: Abreise mit Giuseppina von St. Agata nach Genua.

1877 3. April—10. Mai: In St. Agata. — 10. Mai: Abreise nach Köln. — 21. Mai: Beim dortigen Niederrheinischen Musikfest dirigiert Verdi das ›Requiem‹. — Ende Mai—19. Juni: Rückreise mit Giuseppina über Holland, Belgien und Paris nach St. Agata. — Ab Anfang Dezember: In Genua.

1878 9. Januar: Tod Vittorio Emanueles II.; Umberto I. König von Italien. — 7. Februar: Tod Pius' IX. — Anfang April: In St. Agata. — 6. April—Mitte April: Vermutlich reisen Verdis über Mailand nach Paris. — Ende April: Vermutlich in Genua. — Anfang Mai: Verdi ist kurz in St. Agata. — 8. Mai: Gemeinsame Rückkehr dorthin von Genua. — 17. Oktober: Verdis Adoptivtochter Maria heiratet in St. Agata Alberto Carrara, den Sohn von Verdis Notar in Busseto. — Im November besuchen Verdis das Kasino in Monte Carlo und verlieren im Spiel. — Ca. Ende November—Anfang Dezember: In Paris. — Anfang Dezember: In St. Agata. — Ab Mitte Dezember: In Genua.

1879 Im März hört Verdi Boitos ›Mefistofele‹ in Genua. — Boito besucht ihn. — 20. März: Verdi fährt allein für ein paar Tage nach St. Agata. — Mitte April: Gemeinsame Rückkehr nach St. Agata. — 23. Juni: Verdis treffen zu ›Requiem‹-Proben in Mailand ein. — 29. Juni: Er dirigiert das Werk in einem Wohltätigkeitskonzert im Teatro Dal Verme. — Giulio Ricordi gelingt die endgültige Verbindung mit Boito. — Ca. 4. Juli: Zurück in St. Agata. — 14. Juli: In Genua. — Ende Juli: Wieder in St. Agata. — 18. November: Verdi erhält Boitos Libretto für ›Otello‹. — 20. November: Er fährt mit Giuseppina für etwa zehn Tage nach Mailand, trifft Boito ein paar Tage später und erwirbt sein ›Otello‹-Libretto. — Anfang Dezember: In St. Agata. — 7. Dezember: Ankunft in Genua.

1880 9. Februar: Abreise nach Paris. — 22. März—2. April: Verdi dirigiert fünf Aufführungen der ›Aida‹ auf französisch mit triumphalem Erfolg an der Opéra. — 6. April: Rückkehr nach Genua über Turin. — 9. April: Abreise zu den ersten Aufführungen des ›Pater noster‹ und ›Ave Maria‹ unter Faccio am 18. April an der Scala. — 19. April—3. Mai: In St. Agata und

Genua. — 4.—ca. 10. Mai: Besuch einer Ausstellung mit Bildern Domenico Morellis in Turin. — 11. Mai: Zurück in St. Agata. — 18. November: In Genua. — 12.—19. Dezember: Verdi allein in St. Agata.

1881 9.—10. Februar und 24. Februar—30. März: Zu Vorbereitungen und Proben für ›Simon Boccanegra‹ in Mailand. — 24. März: Premiere der Neufassung in Verdis Regie an der Scala. — 30. März: Zurück in Genua. — 3. bis ca. 14. April: In St. Agata. — 2. Mai: Rückkehr des Ehepaares von Genua nach St. Agata. — Ende August—1. September: Besuch einer Ausstellung in Mailand. — 11.—14. November: In Genua. — 22. November: Verdi begleitet seine Frau von St. Agata nach Genua und fährt für etwa eine Woche nach St. Agata zurück. — Mitte Dezember: Besprechungen mit Boito, Faccio und Ricordi in Mailand zur Verbesserung des Scala-Orchesters. — 22. Dezember: Nach zwei Tagen in St. Agata wieder in Genua.

1882 Ende April: In St. Agata. — 2.—18. Mai: Arbeit mit Camille Du Locle an vieraktiger Fassung des ›Don Carlos‹ in Paris. — Ende Mai: Rückkehr über Turin und Genua nach St. Agata. — 18. Juni—Anfang Juli: Erste Kur in Montecatini. — 10. Juli: Zur Arbeit an der Revision des ›Don Carlos‹ wieder in St. Agata. — Ab Ende November: In Genua. — Mitte—21. Dezember: In St. Agata.

1883 13. Februar: Tod Richard Wagners. — Ende Februar—Anfang März: Verdi in St. Agata. — Mitte März: Beendigung der Revision des ›Don Carlos‹ in Genua. — Ab Anfang April: In St. Agata. — Ende Juni in Mailand und bis Mitte Juli in Montecatini. — 16. Juli: Rückkehr über Florenz nach St. Agata. — Anfang Dezember: In Genua. — Ende Dezember: Zu ›Don Carlo‹-Proben in Mailand.

1884 10. Januar: Premiere von ›Don Carlo‹ in vier Akten an der Scala. — Mitte Januar: Wieder in Genua. — 17.—19. Februar: In St. Agata. — Ende April (—1. oder 2. Mai?): In St. Agata. — 6. Mai: Rückfahrt mit Giuseppina von Genua nach St. Agata. — Ca. 21.—22. Mai: In Mailand. — 22.—28. Juni:

Besuch einer Ausstellung und eines Faccio-Konzertes am
22. Juni in Turin. − 29. Juni−Mitte Juli: In Montecatini. −
Ende Juli: In Tabiano. − 23. November: Verdi begleitet Giuseppina von St. Agata nach Genua. − 24.−29. November:
Nochmals allein in St. Agata. − 30. November: Wieder in Genua. − 23. Dezember: Nach kurzem Aufenthalt in St. Agata
Rückkehr nach Genua.

1885 Mitte Februar und Mitte April: In St. Agata. − Ende
April−4. Mai: Auf der Rückreise von Genua nach St. Agata
mit Giuseppina beim Zahnarzt in Mailand. − Anfang−Mitte
Juli: In Montecatini. − 21. November−5. Dezember: Auf der
Reise von St. Agata nach Genua beim Zahnarzt in Mailand.
Am 27. November stirbt Andrea Maffei dort unerwartet in
einem Hotel. Verdi steht Clara Maffei bei und trifft vermut-
lich auch Boito. − 21.−22. Dezember: In St. Agata.

1886 Ende Februar: Zwei Tage in Mailand. − 18. März: Abreise
mit Giuseppina und Muzio nach Paris. − 11.−12. April: Zu
dritt von Paris durch den Gotthard-Tunnel nach Mailand. −
16.−29. April: Rückfahrt über Genua nach St. Agata. −
24. Juni: Ankunft in Montecatini. − 13. Juli: Verdis eilen von
dort an das Sterbebett Clara Maffeis in Mailand. − Vermutlich 22. Juli: Zurück in St. Agata. − 14.−ca. 16. Oktober: In
Mailand. − 1. November: ›Otello‹ beendet. − Ab 24. November: Ein paar Tage in Mailand. − 9. Dezember: Ankunft mit
Giuseppina in Genua. − 27.−30. Dezember: In St. Agata.

1887 1. Januar: Opprandino Arrivabene stirbt in Rom. − 4. Januar:
Verdis treffen zu den Proben für ›Otello‹ an der Scala in Mailand ein. − 5. Februar: Premiere. − 2. März: Rückkehr nach
Genua. − 11. März: Nach kurzem Aufenthalt in St. Agata wieder in Genua. − 30. März−1. April: In St. Agata. − 3.−5. Mai:
Nochmals in St. Agata. − 16. Mai: Rückkehr mit Giuseppina
von Genua nach St. Agata. − 23.−29. Juni: Reise über Mailand nach Montecatini. − Ca. 20. Juli: Über Florenz zurück
nach St. Agata. − 9.−12. August: In Genua. − 12.−14. September: In Mailand. − Mitte November: Verdi begleitet Giuseppina nach Genua und kehrt nach St. Agata zurück. −

21.—23. November: Fahrt über Mailand nach Genua. — 29. oder 30. November—vermutlich 3. Dezember: In St. Agata. — 17. Dezember: In Mailand. — 27.—28. Dezember: Hin- und Rückfahrt von Genua nach Mailand zwecks eines Darlehens von 200 000 Lire an Ricordi.

1888 Anfang April: In Mailand. — Ca. 5. Mai: Rückkehr mit Giuseppina von Genua nach St. Agata. — 27. Juni: Das Ehepaar trifft über Mailand in Montecatini ein. — 11. Juli: Wieder in St. Agata. — Gemeinsam mit Giuseppina richtet Verdi ein von ihm anonym gestiftetes und dotiertes Krankenhaus im nahen Villanova ein. — 7. September: Tod Tito Ricordis. — 9. November: Das Krankenhaus in Villanova wird ohne Zeremoniell eröffnet. — Anfang Dezember sind Verdis wegen seiner Stiftung der ›Casa di Riposo‹, eines Altersheims für Musiker, in Mailand. — 4. Dezember: Ankunft in Genua. — 17. Dezember: Verdi wiederum bei Giulio Ricordi in Mailand.

1889 Ende Februar: Vermutlich hält sich Verdi kurz in Mailand auf. — 30. März—ca. 2. April: Hin- und Rückfahrt von Genua nach St. Agata. — Ca. 15. April: Wiedersehen mit Boito in Mailand auf dem Rückweg des Ehepaares nach St. Agata. — Ende Juni: ›Falstaff‹-Gespräch mit Boito in Mailand auf der Durchreise nach Montecatini. Boito gibt Verdi eine Skizze des Librettos mit. — 4.—21. Juli: Montecatini. — 21. Juli: Verdi begleitet Giuseppina nach Tabiano und ist am 23. in St. Agata. — 18. Oktober: Kauf des Grundstücks für die ›Casa di Riposo‹ in Mailand. — 23. November—6. Dezember: In Mailand mit Boito zusammen. — Ab 6. Dezember in Genua.

1890 Vom 3. bis 8. März und vom 12. bis 16. April ist Verdi in St. Agata. — Ca. 28. April—3. Mai: Begegnung mit Boito in Mailand auf dem Wege von Genua nach St. Agata. — Ende Juni—Mitte Juli: Auf der Hin- und Rückreise von St. Agata nach Montecatini vermutliches Zusammensein mit Boito in Mailand. — 14. November: Giuseppe Piroli stirbt in Rom. — 27. November: Emanuele Muzio stirbt in Paris. — 23. November—6. Dezember: Wiedersehen mit Boito in Mailand auf der Reise von St. Agata nach Genua.

1891  Ca. 9. Februar—7. März: Verdis treffen sich in Mailand wahrscheinlich öfters mit Boito. — Mitte April: Verdi in St. Agata. — 28. April: Rückkehr von Genua nach St. Agata. — Mitte Juni—2. Juli: Vermutliche Begegnungen mit Boito in Mailand auf der Reise nach Montecatini. — 21. Juli: Tod Franco Faccios. — 22. Juli: Verdis kehren von Montecatini nach St. Agata heim. — Mitte November—8. Dezember: Auf dem Wege von St. Agata nach Genua sind Verdis wiederum in Mailand mit Boito zusammen. Am 5. Dezember gibt der Pianist und Komponist Anton Rubinstein mit dem Cellisten Alfredo Piatti in Verdis Salon im Grand Hôtel et de Milan ein improvisiertes Konzert, bei dem auch Boito und Giulio Ricordi anwesend sind.

1892  Ende Februar—21. März: Wiedersehen mit Boito in Mailand. — 7. April: In Mailand. — 8. April: Im Zentenar Rossinis dirigiert Verdi an der Scala des Gebet aus dessen Oper ›Mosè‹. — 11. April: Rückkehr nach Genua. — Anfang Mai: Schlechte Reise von Genua nach St. Agata. — Zwischen Ende Juni und 5. Juli treffen Verdis auf ihrem Wege nach Montecatini Boito in Mailand. — 20. Juli: Heimkehr nach St. Agata. — 28.—31. Juli: Verdi entschließt sich mit Boito und Giulio Ricordi zur Premiere des ›Falstaff‹ an der Scala. — 13.—16. Oktober: Zu Vorbereitungen der Premiere in Mailand. — 24. Oktober: Verdis fahren von St. Agata direkt nach Genua, wo Boito sie regelmäßig besucht.

1893  Am 2. Januar reisen Verdis gemeinsam mit Boito von Genua nach Mailand, wo am 4. an der Scala unter Verdis Leitung die ›Falstaff‹-Proben beginnen. — Premiere am 9. Februar. — Verdis kehren am 2. März nach Genua zurück. — Am 21. März wohnt Verdi auf der Fahrt nach St. Agata in Mailand der 18. Aufführung des Werkes bei. — Nach vier ›Falstaff‹-Vorstellungen des Scala-Ensembles im Teatro Carlo Felice in Genua zwischen dem 6. und 11. April reisen Verdis von dort mit Boito am 13. zur Erstaufführung der Oper am 15. April mit denselben Mailänder Sängern und Dekorationen am Teatro Costanzi in Rom. — Das Königspaar empfängt

Verdi im Palazzo Quirinale und lädt ihn in die Königsloge des Theaters ein. — Nach diesem letzten Besuch der Hauptstadt kehrt das Ehepaar mit Boito am 20. April nach Genua zurück und ist Anfang Mai wieder in St. Agata. — Auf ihrer Fahrt nach Montecatini, wo sie am 3. Juli eintreffen, halten Verdis sich ein paar Tage in Mailand auf und sehen Boito als Dr. h. c. von Cambridge wieder. — Am 20. Juli reisen sie nach St. Agata. — Von Anfang bis Mitte August ist Verdi ein paar Tage in Genua. — Ca. Mitte November: Verdis fahren nach Mailand und sind ab 4. Dezember in Genua.

1894 Von Mitte Februar bis 6. März sind Verdis in Mailand, wo es vermutlich mit Boito zu Gesprächen über textliche und musikalische Varianten in der französischen Fassung des ›Falstaff‹ kommt. — 4. April: Verdis treffen über Turin in Paris zu den Proben für die französische Erstaufführung des ›Falstaff‹ am 18. April an der Opéra-Comique ein. — Nach der dritten Vorstellung reisen sie über Turin nach Genua zurück. — 5. Mai: Wieder in St. Agata. — Ende Mai—Anfang Juni: Zu Pariser ›Othello‹-Besprechungen in Mailand. — 24. Juni—1. Juli: Wiederum in Mailand. — 2.—17. Juli in Montecatini. — 19. Juli: Heimkehr nach St. Agata und Komposition des Balletts für den französischen ›Othello‹ an der Opéra. — 18. September: Abreise nach Genua. — 26. September: Ankunft in Paris. — 12. Oktober: Erstaufführung des ›Othello‹ an der Opéra. — 22. Oktober: Letzte Abreise des Ehepaares Verdi von Paris. — 23. Oktober: Über Turin zurück in Genua. — Ab 12. November: Verdi ein paar Tage in St. Agata.

1895 28. Januar—ca. 7. März: Verdis halten sich zu Besprechungen über den unerwartet kostspieligen Bau der ›Casa di Riposo‹ in Mailand auf, treffen dort neben dem Architekten Camillo Boito vermutlich auch seinen Bruder an. — In Genua schreibt Verdi ein ›Te Deum‹. — Anfang Mai kehrt das Ehepaar nach St. Agata heim. — Ende Juni: Reise über Mailand nach Montecatini. — 22. Juli: Rückkehr nach St. Agata. — Ca. Ende Oktober: Verdis sind ein paar Tage in Mailand, im Dezember wieder in Genua.

1896    16.Januar—13.Februar: Verdis sind zu weiteren Besprechungen über die ›Casa di Riposo‹ in Mailand. — 26.—28. März:
Verdi allein in Mailand. — Im Frühjahr erkrankt Giuseppina
in Genua. — Ende Mai ist Verdi betreffs der ›Casa di Riposo‹
wieder in Mailand, am 2. Juni zurück in St. Agata. — 11. Juli:
Besuch der Baustelle der ›Casa di Riposo‹ mit beiden Boitos
und Giulio Ricordi. — 15. Juli: Weiterreise nach Montecatini. — Anfang August kehrt das Ehepaar nach St. Agata
heim. — Ende August—3. September: Verdi ist wegen der
›Casa di Riposo‹ erneut in Mailand. — 14.Oktober: Er begleitet Giuseppina zum Besuch ihrer Schwester nach Cremona. — Ab Ende November ist er mit Giuseppina wieder in
Genua.

1897    Anfang Januar: In Genua. Leichter Schlaganfall, der geheimgehalten wird. Verdi erholt sich bald. — 22. Februar bis
16.März: Das Ehepaar ist zum Bau der ›Casa di Riposo‹ wieder in Mailand. — Anfang April hält sich Verdi dort allein
auf. — Anfang Mai—17.Mai: Auf der Reise von Genua nach
St. Agata sind Verdis nochmals auf der Baustelle in Mailand. — In der ersten Juli-Woche verbleiben sie auf ihrer letzten gemeinsamen Reise nach Montecatini in Mailand und
kehren Ende Juli nach St. Agata heim. — Verdi arbeitet an
den ›Pezzi Sacri‹, fährt Anfang September allein kurz nach
Mailand und Genua. — Der Zustand seiner Peppina verschlechtert sich. Sie stirbt am 14.November in St. Agata und
wird am 16. im Cimitero Monumentale in Mailand begraben. — Ricordis und Teresa Stolz kommen zu Verdi nach
St.Agata. Boito ist zu Weihnachten dort.

1898    6. Januar: Verdi fährt mit seiner Adoptivtochter Maria Carrara und Teresa Stolz zum Bau der ›Casa di Riposo‹ und zum
Druck der ›Pezzi Sacri‹ nach Mailand. — 15.März—26.April:
In Genua. — 26.April—Ende Mai: In Mailand. — Ende Mai
bis Anfang Juli: In St. Agata. — Anfang Juli: In Mailand. —
11. Juli: Weiterreise nach Montecatini. — 2. August: Rückkehr nach St. Agata. — Ca. 7. September: Verdi fährt über
Mailand nach Genua, ist am 12. wieder in Mailand und am

15. September zurück in St. Agata. — Ende November oder Anfang Dezember fährt er nach Mailand.

1899 Mitte Februar: Verdi reist von Mailand nach Genua. — Mitte Mai: In Mailand. — Anfang Juni: In St. Agata. — Anfang Juli begleitet ihn Teresa Stolz nach Montecatini. — Ca. 3. August: Rückkehr nach St. Agata. — Mitte September—24. September: Kurze Reise von St. Agata über Mailand nach Genua und zurück. — 3. Dezember: Abreise nach Mailand. — 16. Dezember: Unterzeichnung der Urkunden zur Stiftung der ›Casa di Riposo‹. — Verdi ist zu Weihnachten in Genua und verbringt den Jahreswechsel mit Boito in Mailand.

1900 1. März—5. Mai: Letzter nachweislicher Aufenthalt Verdis in Genua. — 5.—22. Mai: In Mailand. — Dort diktiert er am 14. Mai sein Testament. — 22. Mai—Anfang Juli: In St. Agata. — Anfang Juli: In Mailand. — 11. oder 12. Juli: Ankunft in Montecatini. — Anfang August: Heimkehr nach St. Agata. — Nach der Ermordung des Königs Umberto am 29. Juli bemüht sich Verdi vergebens, ein paar letzte Noten zum Gebet der Königin zu schreiben. — Mitte Dezember reist er zum letzten Mal von St. Agata ab. — Das Jahresende verbringt er mit Boito, Teresa Stolz, Ricordis und anderen Freunden in Mailand.

1901 21. Januar: Verdi erleidet in seinem Zimmer im Grand Hôtel et de Milan einen Schlaganfall. Er erlangt das Bewußtsein nicht wieder. — 27. Januar: Tod um 2:50 nachts. — 30. Januar: Begräbnis auf dem Cimitero Monumentale neben Giuseppina. — Am 26. Februar werden beide Särge in einer Krypta der ›Casa di Riposo‹ beigesetzt. Während der Überführung singen neunhundert Sänger unter Arturo Toscanini den Chor »Va pensiero, sull'ali dorate« aus ›Nabucco‹ — »Flieg, Gedanke, auf goldenen Schwingen«.

WERKE

## Opern

(In Klammern die Daten der Uraufführungen.)

›Rocester‹. Libretto von Antonio Piazza. (Verschollen)

›Oberto, Conte di San Bonifacio‹. Libretto von Temistocle Solera nach ›Rocester‹ und ›Lord Hamilton‹ von Antonio Piazza (Mailand, 17.11.1839)

›Un Giorno di Regno o Il Finto Stanislao‹ [›König für einen Tag oder Der Falsche Stanislaus‹]. Libretto von Felice Romani und Temistocle Solera nach ›Le Faux Stanislas‹ von Alexandre Pineux-Duval (Mailand, 5.9.1840)

›Nabucodonosor‹ (›Nabucco‹) [Nebukadnezar]. Libretto von Temistocle Solera nach Auguste Anicet-Bourgeois und F. Cornue (Mailand, 9.3.1842)

›I Lombardi alla Prima Crociata‹ [›Die Lombarden beim Ersten Kreuzzug‹]. Libretto von Temistocle Solera nach Tommaso Grossi (Mailand, 11.2.1843)

›Ernani‹. Libretto von Francesco Maria Piave nach ›Hernani‹ von Victor Hugo (Venedig, 9.3.1844)

›I Due Foscari‹ [›Die Beiden Foscari‹]. Libretto von Francesco Maria Piave nach ›The Two Foscari‹ von Lord Byron (Rom, 3.11.1844)

›Giovanna d'Arco‹. Libretto von Temistocle Solera nach ›Die Jungfrau von Orleans‹ von Friedrich Schiller (Mailand, 15.2.1845)

›Alzira‹. Libretto von Salvatore Cammarano nach ›Alzire, ou les Américains‹ von Voltaire (Neapel, 12.8.1845)

›Attila‹. Libretto von Temistocle Solera und Francesco Maria Piave nach Zacharias Werner (Venedig, 17.3.1846)

›Macbeth‹. Libretto von Francesco Maria Piave und Andrea Maffei nach William Shakespeare und Friedrich Schillers Bearbeitung (Florenz, 14.3.1847)

›I Masnadieri‹. Libretto von Andrea Maffei nach ›Die Räuber‹ von Friedrich Schiller (London, 22.7.1847)

›Jérusalem‹. Französische Bearbeitung der ›Lombardi‹ von Alphonse Royer und Gustave Vaez (Paris, 26.11.1847)

›Il Corsaro‹. Libretto von Francesco Maria Piave nach ›The Cor-
   sair‹ von Lord Byron (Triest, 25. 10. 1848)

›La Battaglia di Legnano‹. [›Die Schlacht bei Legnano‹]. Libretto
   von Salvatore Cammarano nach ›La Bataille de Toulouse‹ von
   Joseph Méry (Rom, 27. 1. 1849)

›Luisa Miller‹. Libretto von Salvatore Cammarano nach ›Kabale
   und Liebe‹ von Friedrich Schiller (Neapel, 8. 12. 1849)

›Stiffelio‹. Libretto von Francesco Maria Piave nach ›Le Pasteur, ou
   l'Evangile et le Foyer‹ von Emile Souvestre und Eugène Bour-
   geois (Triest, 16. 11. 1850)

›Rigoletto‹. Libretto von Francesco Maria Piave nach ›Le Roi
   s'amuse‹ von Victor Hugo (Venedig, 11. 3. 1851)

›Il Trovatore‹ [›Der Troubadour‹]. Libretto von Salvatore Cammarano und Leone Emanuele Bardare nach ›El Trovador‹ von Antonio García Gutiérrez (Rom, 19. 1.1853)

›La Traviata‹. Libretto von Francesco Maria Piave nach ›La Dame
   aux Camélias‹ von Alexandre Dumas d.J. (Venedig, 6.3.1853)

›Les Vêpres Siciliennes‹ [›Die Sizilianische Vesper‹]. Libretto von
   Augustin Eugène Scribe und Charles Duveyrier nach ›Le Duc
   d'Albe‹ von Scribe (Paris, 13. 6. 1855)

›Simon Boccanegra‹. Libretto von Francesco Maria Piave und Giuseppe Montanelli nach Antonio García Gutiérrez (Venedig,
   12. 3. 1857)

›Aroldo‹. Neufassung von ›Stiffelio‹ (Rimini, 16. 8. 1857)

›Un Ballo in Maschera‹ [›Ein Maskenball‹]. Libretto von Antonio
   Somma nach ›Gustave III, Roi de Suède‹ von Augustin Eugène
   Scribe (Rom, 17. 2. 1859)

›La Forza del Destino‹ [›Die Macht des Schicksals‹]. Libretto von
   Francesco Maria Piave nach ›Don Alvaro, o La Fuerza del Sino‹
   von Angel Pérez de Saavedra (St. Petersburg, 10. 11. 1862)

›Macbeth‹. Französische Neufassung von Charles-L.-E. Nuitter und
   Alfred Beaumont (Paris, 21. 4. 1865)

›Don Carlos‹. Libretto von Joseph Méry und Camille Du Locle
   nach ›Don Carlos, Infant von Spanien‹ von Friedrich Schiller
   (Paris, 11. 3. 1867)

›La Forza del Destino‹. Neufassung mit Hilfe von Antonio Ghislanzoni und Opprandino Arrivabene (Mailand, 27. 2. 1869)

›Aida‹. Verse von Antonio Ghislanzoni auf Grund eines französischen Szenarios von Camille Du Locle nach ›La Fiancée du Nil‹
von Auguste Mariette Bey (Kairo, 24. 12. 1871)

›Simon Boccanegra‹. Neufassung mit Hilfe von Arrigo Boito (Mailand, 24. 3. 1881)

›Don Carlo‹. Neufassung in vier Akten mit Hilfe von Charles-L.-E.
Nuitter in italienischer Übersetzung von Achille de Lauzières
und Angelo Zanardini (Mailand, 10. 1. 1884)

›Otello‹. Libretto von Arrigo Boito nach ›Othello‹ von William
Shakespeare (Mailand, 5. 2. 1887)

›Falstaff‹. Libretto von Arrigo Boito nach ›The Merry Wives of
Windsor‹, ›King Henry IV‹ und ›King Henry V‹ von William
Shakespeare (Mailand, 9. 2. 1893)

### Geistliche Werke
(In Klammern die Daten der Uraufführungen.)

›Tantum Ergo‹. Für Singstimme mit Orchester oder Orgel (1836)

›Messa da Requiem‹. Für vier Soli, Chor und Orchester (Mailand,
22. 5. 1874)

›Pater Noster‹. Für fünfstimmigen Chor, nach Dante (Mailand,
18. 4. 1880)

›Ave Maria‹. Für Sopran und Streicher, nach Dante (Mailand,
18. 4. 1880)

›Pietà, Signor‹. Für eine Singstimme mit Klavier (1894)

›Quattro Pezzi Sacri‹ [Vier Geistliche Stücke]:

›Ave Maria‹. Für vierstimmigen Chor (Wien, 13. 11. 1898), ›Laudi
alla Vergine Maria‹. Für vier Frauenstimmen (Paris, 7. 4. 1898),
›Stabat Mater‹. Für Chor und Orchester (Paris, 7. 4. 1898), ›Te
Deum‹. Für Doppelchor und Orchester (Paris, 7. 4. 1898)

### Werke für eine Singstimme mit Klavier
(In Klammern die Namen der Textdichter und die Jahre der Kompositionen.)

Sechs Romanzen (1838)

›Non t'accostar all'urna‹ (Jacopo Vittorelli), ›More, Elisa, lo stanco

poeta‹ (Tommaso Bianchi), ›In solitaria stanza‹ (Jacopo Vittorelli), ›Nell'orror di notte oscura‹ (Carlo Angiolini), ›Perduta ho
la pace‹ (›Meine Ruh' ist hin‹ von Johann Wolfgang Goethe,
übers. von Luigi Balestra), ›Deh, pietoso, o addolorata‹ (›Ach
neige, du Schmerzensreiche‹ von Johann Wolfgang Goethe,
übers. von Luigi Balestra)

›L'Esule‹, Arie (Temistocle Solera, 1839)

›La Seduzione‹, Romanze (Luigi Balestra, 1839)

›Chi i bei di m'adduce ancora‹ (Nach Johann Wolfgang Goethes
    ›Erstem Verlust‹, 1842)

Sechs Romanzen (1845)

›Il Tramonto‹ (Andrea Maffei), ›La Zingara‹ (Manfredo Maggioni),
    ›Ad una Stella‹ (Andrea Maffei), ›Lo Spazzocamino‹ (Felice
    Romani), ›Il Mistero‹ (Felice Romani), ›Brindisi‹ (Andrea Maf-
    fei)

›Il Poveretto‹ (Manfredo Maggioni, 1847)

›L'Abandonnée‹ (Marie oder Léon Escudier, 1849)

›Barcarola‹ (Francesco Maria Piave, 1850)

›Fiorara‹ (Buvoli, 1853)

›La Preghiera del Poeta‹ (Nicola Solo, [1857?])

›Il Brigidino‹ (Francesco Dall'Ongaro, 1863)

›Stornello‹ (Anonym, 1869)

### Ballettmusiken für Paris

zu ›Jérusalem‹, ›Le Trouvère‹ [›Der Troubadour‹], ›Les Vêpres Siciliennes‹, ›Macbeth‹, ›Don Carlos‹ und ›Othello‹

### Sonstige Kompositionen
(In Klammern die Namen der Textdichter und die Jahre der Kompositionen.)

Ouvertüre zu Rossinis ›Il Barbiere di Siviglia‹

Kantate ›I Deliri di Saul‹ für Bariton und Orchester (Vittorio Alfieri,
    1828)

›Io la vidi e a quel aspetto‹. Für eine Singstimme und Orchester
    (Callisto Bassi, 1833—1835)

›Guarda che bianca Luna‹. Notturno für Sopran, Tenor und Baß mit
    Flöte und Klavier (Jacopo Vittorelli, 1839)

›Il Cinque Maggio‹. Ode auf den Tod Napoleon Bonapartes von
  Alessandro Manzoni (1836)
Drei Chöre aus den Tragödien von Alessandro Manzoni (um 1840)
›Suona la Tromba.‹ Hymne für dreistimmigen Männerchor mit Kla-
  vier (Goffredo Mameli, 1848)
›Inno delle Nazioni‹. Kantate für Sopran, fünfstimmigen Chor und
  Orchester (Arrigo Boito, 1862)
Unveröffentlichte Ouvertüre zu ›Aida‹ (1871)
Streichquartett in e-Moll (1873)

*Ungesichtete Jugendwerke (1825—1840)*

Eine große Messe, ein ›Stabat Mater‹, Ouvertüren und Märsche für
  das Stadtorchester von Busseto, kurze symphonische Stücke,
  Konzertstücke für Klavier, Vokalstücke für Konzert und Kirche
  und andere Gelegenheitswerke, die Verdi angeblich im
  Jahre 1900 in St. Agata verbrennen ließ.

# Arrigo Boito
## Daten seines Lebens · Werke

### DATEN SEINES LEBENS

(Alle hier nicht anders bezeichneten Briefzitate sind der Biographie
von Piero Nardi entnommen.)

1842  Arrigo Boito kommt als zweiter Sohn des Miniaturporträtma-
lers Silvestro Boito (1802—1856) am 24. Februar in Padua
zur Welt. Er wird auf den Namen Enrico Giuseppe Giovanni
getauft. Der Vater stammt aus Belluno in Venezien, die Mutter Giuseppina geb. Józefa Radolinska ist eine verwitwete polnische Gräfin. Enricos (Arrigos) Bruder Camillo wurde in
Rom am 30. Oktober 1836, fünf Monate nach der Hochzeit
der Eltern, geboren.

1844  Umzug der Familie von Padua nach Venedig.

1851  Am 5. September benachrichtigt der venezianische Musiker
und Literat Luigi Plet die sich in Polen aufhaltende Mutter
Camillos und Enricos (Arrigos), daß ihr Mann seine Söhne
verlassen habe. Am 24. Oktober schreibt ihr Plet, der neun-
jährige Enrichetto gebe »immer mehr Beweise seiner Berufung zur Musik und Komposition, weil er dauernd Motive
und Sonatinen erfindet«. Sein Lehrer Giovanni Buzzolla
»trägt mir auf, Sie zu versichern, daß Enrichetto ohne jeden
Zweifel die Begabung hat, ein tüchtiger Komponist zu werden«. Der Knabe macht eine Polka aus ›La donna è mobile‹,
der Melodie, die nach der venezianischen Uraufführung des
›Rigoletto‹ am 11. März in aller Munde ist. Luigi Plet, Giovanni Buzzolla und sein Bruder Antonio, der in Neapel Schüler Donizettis gewesen war, üben entscheidenden Einfluß auf
Enricos und Camillos Entwicklung aus.

1853  Von ihrem Mann schon Jahre vor seinem 1856 angeblich
durch eine Rauferei erfolgten Tode verlassen, zieht Giuseppina Boito fast mittellos nach Mailand, um Enrico auf das dortige Konservatorium zu bringen, während Camillo in Venedig

studiert. Am 31. Oktober schreibt sie ihn als Klavier-, Geigen- und Harmonieschüler ein.

1854 Am 20. Juli ersucht Enricos verarmte Mutter um eine Frei- stelle am Mailänder Konservatorium. Sie wird dem Zwölfjäh- rigen gewährt, und er studiert jetzt bei einem Verehrer Ver- dis, Alberto Mazzucato, als Hauptfach Komposition.

1855 Am Ende des Schuljahres 1854/55 bemerkt Lauro Rossi un- ter Enricos mittelmäßigem Zeugnis: »Er hat ohne jede Ener- gie studiert, und darauf sind trotz guter Absichten seine gerin- gen Fortschritte zurückzuführen.« Gelobt werden lediglich seine Leistungen im Französischen, in Italienischer Literatur, Geographie und Mathematik; getadelt wird sein Mangel an Rhythmus. — Am 31. Oktober tritt Franco Faccio ins Konser- vatorium ein, wird ein hervorragender Schüler und Arrigo Boitos unzertrennlicher Freund.

1858 Boito findet im Konservatorium mit einer Sinfonie großen Beifall. — Den Sommer verbringt er zu ärztlich verschriebe- nen Bädern am Meer. — Fast alljährlich zieht die Mutter mit ihm in eine andere Mailänder Wohnung um. Gelegentliche Reisen mit ihr nach Venedig gewähren Abwechslung in den Jahren des Studiums. — Mehrmals besucht Camillo Mutter und Bruder in Mailand. Auch er schließt Freundschaft mit Faccio und dessen jüngerer Schwester Chiarina, die Gesang am Mailänder Konservatorium studiert.

1859 Die Befreiung der Lombardei von österreichischer Herr- schaft unterbricht die Postverbindung zwischen Mailand und Venedig und Camillos Geldsendungen an Mutter und Bru- der. Die Mutter erkrankt und stirbt am 11. Juni. Auf ihr Grab- kreuz schreiben die Brüder »Im Gedenken an Giuseppina Boito, die Heitere und Tapfere im Unglück. Die beiden Söhne — 1859«. Camillo unterstützt den Bruder und legt ihm die Verbindung mit Cesare Cantú, Carlo Tanca und Filippo Filippi nahe.

1860 Am 8. September wird im Mailänder Konservatorium eine patriotische Kantate ›Il Quattro Giugno‹ zur Erinnerung an die Schlacht von Magenta aufgeführt. Zum ersten Mal unter dem romantischeren Namen Arrigo hat Boito den Text verfaßt und den zweiten Teil komponiert, Faccio den ersten. Publikum und Presse nehmen das Stück trotz seiner Anklänge an Wagners »Zukunftsmusik« mit Begeisterung auf.

1861 Zur gemeinsamen Abschlußprüfung am 4. September führen Boito und Faccio ihre Kantate ›Le Sorelle d'Italia‹ [›Die Schwestern Italiens‹] auf. Sie widmen sie »Alberto Mazzucato und Stefano Ronchetti-Monteviti, die uns mit vorsorglicher Liebe und weisem Rat zur Kunst gewiesen haben«. Boito schrieb die Verse und komponierte den zweiten Teil; die Musik zum Prolog und zum ersten Teil schrieb sein Freund. Faccio steht unter dem Einfluß Verdis, Boitos »germanismo« wirkt irritierend. Ausführliche Rezensionen nehmen das Jugendwerk ernst und sprechen vom dramatisch-musikalischen Genie beider Freunde. — Ein einjähriges staatliches Stipendium, das sie mit Camillos Hilfe erhalten, ermöglicht ihnen einen etwa fünfmonatigen Aufenthalt in Paris. Tito Ricordi gibt ihnen einen Empfehlungsbrief an Rossini auf den Weg. Ende November oder Anfang Dezember treffen sie in der damaligen Hauptstadt der Künste ein und sind schon ein, zwei Wochen später bei Rossini zu Tisch, der ihr Talent bald erkennt und sie, wie Camillo schon am 19. Dezember an Arrigo schreibt, »unter seine Fittiche genommen hat«. (Weinstock, 315)

1862 Von Camillo stets überwacht und angeregt, werden beide in Paris mit zahlreichen berühmten Musikern, Literaten und Malern bekannt — Ende Februar mit Giuseppe Verdi. Auf Veranlassung Camillos hatte Clara Maffei ihm die jungen Leute brieflich empfohlen, und Boito schreibt für Verdi den Text des ›Inno delle Nazioni‹ zur Weltausstellung in London. — Gleichzeitig befaßt sich Boito auch schon mit ›Nerone‹ und ›Faust‹, aus dem ›Mefistofele‹ wird, und schickt der Mailänder Zeitung ›La Perseveranza‹ durch Camillos Vermittlung Pariser Musikberichte. — Gegen den Rat des sorgenden Bruders, der ihn zur Rückkehr nach Mailand und zur Vollendung des ›Faust‹, sogar des ›Nerone‹ drängt, fährt Arrigo am 3. oder 4. April von Paris über Berlin zum Besuch der Verwandtschaft nach Polen. In Mystki bei Raduczyce im Gebiet der kleinen zur Präfektur von Kalisz gehörenden Stadt Wielun bleibt er bis zum September bei seiner Stiefschwester Tecla, der Tochter seiner Mutter aus ihrer ersten Ehe in Polen. Auch im Herzogtum Posen sucht er Verwandte auf. Am 19. April schreibt er aus Mystki an Paolo Reale: »Augenblicklich bin ich unter dem magnetischen Einfluß von Tacitus und sinne über eine große Oper nach, die mit einem schrecklichen Namen getauft sein wird: *Nero.*« (De Rensis, 250) — Im Juli schickt er Faccio ein bereits in Paris begonnenes Libretto zu ›Amleto‹ [›Hamlet‹], sein erstes nach Shakespeare. — Camillo reist im Sommer ebenfalls nach Polen und heiratet seine Kusine Cecilia. — Am 20. Oktober ist Arrigo in Wien und fährt über Süddeutschland nach Mailand zurück.

1863 Im März fällt in Turin die Kömödie ›Le Madri galanti‹ [›Die Galanten Mütter‹] durch, die Boito zusammen mit Emilio Praga schrieb. — In Mailand zählt er jetzt fünf Jahre lang mit Camillo zur ›Scapigliatura‹, einer verspäteten italienischen Sturm-und-Drang-Bewegung, die gegen stereotyp Bestehendes intellektuell revoltiert. Nach der Premiere von Faccios ›I Profughi fiamminghi‹ [›Die Flämischen Flüchtlinge‹] an der Scala am 11. November gibt er seine »Sapphische Ode mit dem Glas in der Hand« ›All'Arte italiana‹, zum Besten, die Skandal macht und Verdi verstimmt. — Im selben Jahr ist er unter Filippi Musik- und Theaterkritiker der ›Perseveranza‹.

1864 Von Januar bis März gibt Boito mit Emilio Praga die Wochenzeitschrift ›Figaro‹ heraus, die u. a. seine Übersetzungen von Gedichten Heinrich Heines bringt. Seine scharfen, pessimistischen und häufig provozierenden Kritiken unterschreibt er als Almaviva. — Er veröffentlicht auch eine ganze Reihe von Gedichten, und in seinem ›Dualismo‹ erkennt Antonio Ghislanzoni den wahren Poeten. — Am 29. Juni nimmt Boito an der Gründung der heute noch bestehenden ›Società del Quartetto‹ teil; in ihrem ersten Konzert werden Quartette von Mozart, Beethoven und Mendelssohn gespielt. — Für den von Tito Ricordi publizierten, von seinem Lehrer Alberto Mazzucato redigierten ›Giornale della Società del Quartetto‹ verfaßt Boito seinen bekannten Artikel über ›Mendelssohn in Italia‹ und andere enthusiastische Essays über deutsche Meister. — Am 29. Juli gratuliert Victor Hugo ihm, »dem Philosophen der Künste und einem der Talente des neuen Italien«, zu zwei Artikeln in der französischen Zeitschrift ›Discussion‹. — Am 20. Dezember sendet er seine bizarre Dichtung ›Re Orso‹ [›König Bär‹] »An Giuseppe Verdi, damit er sich meines Namens erinnere«.

1865 Boitos Text zu ›Amleto‹ ist bei der Uraufführung des Werkes am 30. Mai in Genua erfolgreicher als Faccios umstrittene Musik.

1866 Am 16. Mai schreibt Victor Hugo an Boito: »Bravo, Dichter, in Ihnen steckt ein Held! Sie sind tapfer. Sie verdienen Venedig. Sie werden es haben. Und auch Rom.« Italien kämpft an der Seite Preußens gegen Österreich. Als Freiwillige nehmen Boito, Faccio und Praga bis zum Waffenstillstand im August am Feldzug Garibaldis zur Befreiung Venediens teil. Ihren Angebeteten Vittoria Cima, Eugenia Litta und Teresa Bellotti berichten sie von ihren militärischen Abenteuern. Venedig wird frei, aber Trient und Venezia Giulia bleiben bei Österreich. Das Ideal ist den ›scapigliati‹ verschlossen, die Realität enttäuscht, und einmal ergibt sich Boito sogar der Droge. — Zu Weihnachten schreibt Clara Maffei an Faccio: »Ich sehe Arrigo nicht, aber ich weiß, daß er der kleinen neuen Herzogin zu Füßen liegt.«

1867 »Boito ist in Polen«, berichtet Clara Maffei am 6. Mai an Faccio nach Kopenhagen. »Er schreibt Novellen und Musik und mehr als alles, glaube ich, Briefe an schöne und elegante Damen. [...] Er hat eine seltsame Art, Freund zu sein! *Il pousse l'amitié ultra.*« Camillo aber schreibt ihm am 23. April nach Mystki: »Dein *Mefistofele* wird also bald fertig sein.« Indessen hat Arrigo schon im März eine erste Novelle ›L'Alfier nero‹ [›Der schwarze Läufer‹ (im Schachspiel)], eine zweite namens ›Iberia‹ und auch die anscheinend nie publizierte

Novelle ›Il Pugno chiuso‹ [›Die geballte Faust‹] geschrieben. Gleichzeitig beschäftigt ihn ›Il Trapezio‹, eine in China spielende Novelle. Sie wird erst 1873–1874 unter Boitos anagrammatischem Pseudonym Tobia Gorrio unvollendet in Ghislanzonis ›Rivista Minima‹ erscheinen. – Im Juni ist Boito wieder in Mailand. Dort stirbt am 20. Juni der kleine Casimiro, der einzige Sohn seines Bruders. In Abwesenheit der Eltern muß Arrigo das Kind begraben. Im Sommer trennen sich Camillo und seine polnische Frau. Im September ziehen die Brüder in eine andere Mailänder Wohnung ein, und Arrigo arbeitet intensiv an der Instrumentation des ›Mefistofele‹.

1868 »Der Einsturz eines Flügels der Scala hätte keine größere Sensation hervorgerufen«, schreibt ein Kritiker über die ausgepfiffene Premiere des ›Mefistofele‹ am 5. März. Mazzucato, Chefdirigent der Scala, hatte nach den ersten Proben, einem Einfall Filippo Filippis folgend, dem im Dirigieren gänzlich unerfahrenen Komponisten den Taktstock überlassen. Er selber siegt mit der folgenden Oper, Verdis ›Don Carlo‹. Faccio schreibt besorgt aus Skandinavien, aber das Unglück ist unabwendbar. Abgesehen von den Schwächen der Aufführung erklärt die Presse das Werk für zu intellektuell, zu lang und zu wagnerisch. Trotz seiner Niedergeschlagenheit nimmt der junge Autor noch einmal als Arrigo Boito in einem freimütigen ›Brief in vier Absätzen‹ aggressiv-satirisch Stellung zu törichten Reformwünschen des neuen Erziehungsministers Emilio Broglio. Dann schreibt er sieben Jahre lang nur noch unter dem Pseudonym Tobia Gorrio.

1869 Über Boitos Leben und Schaffen in diesem Jahr ist bis heute nichts anderes zu ermitteln, als daß er anscheinend dem Mailänder Verleger Francesco Lucca im November eine Übersetzung von Wagners ›Rienzi‹ schickt.

1870 In neun verschiedenen Nummern der ›Gazzetta Musicale‹, deren Mitarbeiter er bis 1872 ist, publiziert Boito (Gorrio) eine Serie von Artikeln, ›La Musica in Piazza‹ betitelt. – Ende September ist er zu Verhandlungen wegen einer ›Mefistofele‹-Aufführung in Bologna, 30. September in Venedig. Von dort schickt er die ersten zwei Akte eines Librettos [›La Gioconda‹?] an Ponchielli.

1871 Giulio Ricordi schreibt am 26. Januar an Verdi, wie glücklich Boito wäre, den Text zu ›Nerone‹ für ihn, statt für seine eigene Oper zu schreiben. Verdi ist nicht abgeneigt, verschiebt aber seine endgültige und dann ablehnende Antwort. — 12. Februar: Mißerfolg von Faccios ›Amleto‹ an der Scala. — Im Sommer arbeitet Boito bei Freunden in Adro, Provinz Brescia, an der Komposition von ›Ero e Leandro‹, die er nicht vollendet. Später überläßt er Giovanni Bottesini seinen Text dieser Oper, der auch von Luigi Mancinelli komponiert wird. — 19. November: Boito und Faccio wohnen in Bologna einer Aufführung des ›Lohengrin‹, der ersten Wagner-Oper in Italien, bei. Nach der Vorstellung begegnen Verdi und Boito einander um drei Uhr nachts im Wartesaal des Bahnhofs und sprechen von der Unbequemlichkeit des Schlafens in der Eisenbahn. — Boito schreibt enthusiastisch an Wagner, übersetzt und veröffentlicht die Antwort des Meisters — ›Lettera a un Giovane Amico Italiano‹ — in der ›Perseveranza‹. Wie Faccio, will Boito Italien mit einem Europa verbunden sehen, in dem Kultur ohne nationalistische und stilistische Vorurteile geschätzt wird. Ihre Liebe zu Verdi schließt die Verehrung Wagners nicht aus.

1872 Am 12. März veröffentlicht Lucca Wagners Kantate ›Das Liebesmahl der Apostel‹ in Boitos Übersetzung. Am selben Tag bringt Ricordi ›Zwölf Gesänge für zwei Stimmen‹ von Joachim Raff — ebenfalls von Boito übersetzt —, und am 19. März dirigiert Faccio an der Scala in Boitos Übertragung den ›Freischütz‹. Im August macht Boito eine Badekur am Lido von Venedig. Sein Bruder, der ihn auch finanziell noch immer unterstützt, mahnt ihn zur Sparsamkeit, weil das Einkommen aus Übersetzungen zum Lebensunterhalt nicht genüge.

1873 Im Mailänder Konservatorium wird am 8. August Boitos und Pragas von Faccios Schüler Gaetano Coronaro komponierter

Text zu ›Un Tramonto‹ [›Ein Sonnenuntergang‹] aufgeführt. — Am 6. Oktober schreibt Camillo: »Ich schicke Dir
einen Brief von Tante Eugenia. Sie lädt Dich ein, nach Wien
zu fahren ... Und Du könntest dorthin fahren, wenn sie das
Geld schickt.« Ob sie es tat, und ob er es annahm, ist uns
nicht bekannt.

1874 Am 24. Februar spricht Boito sich im Rat der Stadt Mailand
überzeugend für die Aufführung von Verdis ›Requiem‹
aus. — Im Frühjahr kommt sein polnischer Vetter Peter Wa-
lewski nach Mailand und nimmt ihn zu einer anregenden
Reise nach Neapel und Sizilien mit. In dieser Zeit schreibt
Boito für Cesare Dominiceti das Libretto zu ›Iràm‹, eine
Oper, die anscheinend nie komponiert und jedenfalls nie aufgeführt wird. Sprachlich läßt es bereits ›Falstaff‹ vorausahnen. Am 29. September berichtet Boito Eugenio Tornaghi,
dem Prokuristen des Hauses Ricordi, daß die Verhandlungen
für eine Aufführung des ›Mefistofele‹ in Bologna zu reifen
scheinen. Boito arbeitet gleichzeitig an einer Neufassung des
›Mefistofele‹, an ›La Gioconda‹ für Ponchielli und an 'dem
Libretto für die Oper ›Pier Luigi Farnese‹ von Costantino
Palumbo. In Rom kommt es auf der Generalprobe zu einem
Streit zwischen Palumbo und seinem Verleger Edoardo Sonzogno; die Oper wird abgesetzt und niemals aufgeführt.

1875 Als Schüler des Mailänder Konservatoriums führt Alfredo
Catalani dort am 19. Juli ›La Falce‹ [›Die Sense‹] zu einem
Libretto Boitos auf. — Am 4. Oktober hat der neue ›Mefistofele‹ mit Emilio Usiglio am Pult in Bologna, wie Filippi der
›Perseveranza‹ bereits telefonisch (!) mitteilt, einen »trium-
phalen Erfolg«. Faccio, der am nächsten Abend in Triest
›Aida‹ dirigiert, schreibt am 6. Oktober an Tornaghi: »Ich
hatte recht, den höchst wirkungsvollen Änderungen zu vertrauen, die mein Freund Boito in seinem außerordentlich noblen Werk vorgenommen hatte.« (Ricordi)

1876 Am 15. Februar schreibt Boito an den Grafen Agostino Sa-
lina: »Ich lebe im Blut und Parfüm der römischen Dekadenz
an Neros schwindelerregendem Hof.« — Am 8. April dirigiert

Faccio an der Scala die Uraufführung der ›Gioconda‹ und
bringt am 13. Mai im Teatro Rossini in Venedig ›Mefistofele‹
zum bis dahin größten Erfolg. Am 24. Mai schenkt Boito »seinem Gefährten in Studien, Reisen, Waffen, Hoffnungen,
Kämpfen, Niederlagen und Siegen« die Partitur. — Im Juni
beendet er für Luigi San Germano ein Libretto »Semira«,
dessen ursprünglicher Titel ›La Regina di Bàbilu‹ war. Er
schreibt dem Komponisten: »Dieses Manuskript hat mich
Blut schwitzen lassen. Ich habe diese Szene fünfmal mitten in
Geschäften und Sorgen gemacht . . . Ich merkte, daß es eine
Schweinerei wurde. Jetzt scheint es mir recht gut zu gehen.
Ich bin Herr meiner Zeit, die die Deine ist.« Die Vertonung
kommt nicht zustande. — Im Sommer wandert er in den Alpen. — Am 28. August veröffentlicht Lucca Boitos Übersetzung von ›Tristan und Isolde‹. Außer Liedern anderer Komponisten überträgt Boito zu uns unbekannter Zeit auch Wagners ›Wesendonck-Lieder‹. Am 4. November begegnet er
Wagner bei einer Aufführung des ›Rienzi‹ in Bologna. — Unter Carlo Pedrottis Leitung setzt sich ›Mefistofele‹ am 26. Dezember auch in Turin durch, und Boito schwärmt von Romilda Pantaleonis Darstellung der Margherita und Elena. Sie
wird seine Freundin und Faccios Geliebte.

1877 »Ich arbeite wie ein Schwarzer und nicht wie ein Blonder«,
schreibt Boito an Giulio Ricordi aus Rom vor der dortigen
Erstaufführung des ›Mefistofele‹ unter Luigi Mancinelli am
4. April. — Im August ist er zum ›Mefistofele‹ in Ancona. —
Im September fährt er zu einer weiteren, trotz schlechter
Besetzung erfolgreichen Aufführung unter Faccio nach
Triest. — In dieser Zeit ist ihm eine sehr schöne Frau namens
Fanny, Freundin Vittoria Cimas, nahegekommen; sie wird,
jahrelang krank, bis zu ihrem Tode im August 1895 mit ihm
verbunden sein.

1878 Im Februar ist Boito zum ersten Mal Gast in Giuseppe Giacosas Landhaus bei Parella in der Provinz Aosta.

1879 Im Januar ist Boito zur Generalprobe und den ersten Aufführungen der Oper ›Ero e Leandro‹ von Bottesini als ihr Libret-

tist in Turin. — Im März besucht er Verdi im Palazzo Doria anläßlich der Erstaufführung des ›Mefistofele‹ in Genua. — Am 29.Juni wohnt er mit Giacosa dem ›Requiem‹ unter Verdis Leitung im Mailänder Teatro Dal Verme und anschließend einer von Faccio dirigierten Serenade vor Verdis Hotel bei. (Abbiati IV, 84) Ein paar Tage später bringt er Verdi die Skizze seines ›Otello‹-Librettos. Im August und September führt er sie im Hôtel da l'Univers in Venedig, im Oktober und November in Mailand aus. Am 18. November erhält Verdi von Giulio Ricordi den Entwurf des vollständigen Textes.

1880  Für eine Ausstellung in Turin, die im April eröffnet wird, hat Boito eine ›Ode all'Arte‹ von Giacosa so unglücklich vertont, daß er den Freund bitten muß, auf ihre Veröffentlichung zu verzichten. — Im Juli schreibt er ihm aus Mailand, er arbeite verzweifelt an der französischen Übertragung seines ›Mefistofele‹ für das Théâtre de la Monnaie in Brüssel. — Am 6.Juli erlebt er die englische Erstaufführung des ›Mefistofele‹ im italienischen Originaltext unter Luigi Arditi in London. Dann geht er zur Erholung nach Monaco, aber Giulio Ricordi drängt ihn, mit Verdi weiter an ›Otello‹ zu arbeiten. — Nach dem 1.September ist Boito im Castello San Giuseppe in Chiaverano bei Ivrea in Piemont, Mitte September wieder in Mailand.

1881  Die Erstaufführung des ›Mefistofele‹ in Boitos Geburtsstadt Padua am 25.Januar unterbricht die inzwischen begonnene Arbeit an der Neufassung des ›Simon Boccanegra‹, die Faccio dann am 24.März an der Scala dirigiert. Unter ihm siegt dort in Boitos Regie auch die Neufassung des ›Mefistofele‹ am 25.Mai. — Im Juni nimmt Boito die briefliche Zusammenarbeit mit Verdi an ›Otello‹ wieder auf. In den ersten Julitagen ist er mit Faccio und Giulio Ricordi zu Besuch in St. Agata, im August dort bei Verdis allein. — Im Juli und August hält er sich auch in Monticello bei Monza auf. — Vermutlich schreibt er in diesem Jahr im venezianischen Dialekt auch die Marionetten-Komödie ›Basi e Bote‹ [›Küsse und Prügel‹].

1882 Am 18. März wird ›Mephistopheles‹ an der Wiener Hofoper aufgeführt und von Hanslick verrissen. — Im August ist Boito Gast Vittoria Cimas in der Villa d'Este in Cernobbio am Comer See, vom 26. bis 28. August zu Hause in Mailand. Anschließend nimmt er an einer Feier für Guido d'Arezzo in dessen Heimatstadt teil. Luigi Mancinelli dirigiert dort ›Mefistofele‹, und Boito begegnet dem sechzehnjährigen Ferruccio Busoni. — Im September kehrt Boito in die Villa d'Este zurück und ist ab 26. Oktober wieder in Mailand.

1883 Im Januar reist er zu den Proben der Erstaufführung des französischen ›Méphistophélès‹ am 19. Januar unter Joseph Dupont nach Brüssel. Am 27. ist er bereits in Madrid bei der dortigen Erstaufführung seiner Oper im Originaltext zugegen. — Er ist begeistert von Spanien und den Gemälden des Velázquez im Prado, macht Ferien in La Spezia und Nervi, besucht Verdis am 4. März in Genua und kehrt nach Mailand zurück.

1884 Im Januar hält Boito sich im Hotel Victoria in Nervi auf und besucht am 24. das Ehepaar Verdi in Genua. — Am 16. Februar reist er zur Einstudierung des ›Mefistofele‹ nach Neapel, ist aber wegen ungenügend fortgeschrittener Proben am 23. schon wieder in Nervi und am 28. bei Verdis in Genua. — Am 3. März fährt er zu den Proben für die Aufführung am 19. unter Raffaele Kuon am Teatro San Carlo nochmals nach Neapel. Bei einem dortigen Bankett fragt man ihn nach ›Otello‹; seine Antwort wird in der Presse falsch wiedergegeben, und Verdis Reaktion droht ›Otello‹ zum Scheitern zu bringen. — Boito besucht im April Faccio und Giacosa anläßlich einer Ausstellung in Turin. — Im Mai erlebt er Eleonora Duse auf der Bühne des Teatro Carcano in Mailand. Nach der ›Signora delle Camelie‹ begegnet er ihr am 15. Mai zum ersten Mal bei einem Diner, das für sie im Restaurant Cova gegeben wird. — Seine Anregung zu einer Geldsammlung ermöglicht die Premiere von Puccinis erster Oper ›Le Villi‹ unter Faccio im Mailänder Teatro Dal Verme am 31. Mai. — Im Sommer unternimmt Boito eine Bergtour mit Giacosa. Gemeinsam mit ihm und Giovanni Verga sucht er Eleonora Duse im kleinen piemontesischen Brosso auf, wo sie zur Rekonvaleszenz von einer Lungenkrankheit weilt. – Im Herbst ist er bei Vittoria Cima am Comer See. – Am 29. September sieht er Verdi nach Monaten in St. Agata wieder und verweilt dort mit Giacosa bis zum 1. Oktober.

1885 Im Januar, Februar und März hält sich Boito wieder im Hotel Victoria in Nervi auf und besucht Verdis in Genua. – Am 13. September und am 16. Oktober kommt er nach St. Agata, weilt im Oktober auch bei Vittoria Cima in Cernobbio. – Am 16. und 17. November ist er einer der Vertreter Italiens beim Wiener Internationalen Kongreß zur Annahme einer universalen Konzertstimmung.

1886 Anfang März besucht Boito Verdis in Genua. – Ab Mitte April und im Mai hält er sich in Quinto al Mare, einem Vorort Genuas, auf. – Im Juli kehrt Boito in die Villa d'Este zurück. Beim Begräbnis Clara Maffeis, am 14. Juli, sieht er das Ehepaar Verdi in Mailand. – Im September arbeitet er mit Giulio Ricordi und Alfredo Edel in Cernobbio an der Inszenierung des ›Otello‹. – Am 14. Oktober nimmt er in Mailand teil an einer ihr geltenden Konferenz. Dann unternimmt er die französische Übersetzung des Werkes mit Camille Du Locle.

1887 Zur Zeit der Uraufführung des ›Otello‹ am 5. Februar an der Scala schließt Boito Freundschaft mit Camille Bellaigue und beginnt das »anno vissuto nel sogno« [»Jahr gelebt im Traum«] mit Eleonora Duse. – Zu Anfang März und April setzt er gemeinsam mit Du Locle im Hotel Eden in Nervi die Arbeit an der französischen Übersetzung fort. – Am 23. April wohnt er in Nantes der Erstaufführung des ›Méphistophélès‹ in Frankreich bei. – Am 2. Mai trifft der Sarg Rossinis vom Pariser Friedhof Père-Lachaise in Florenz ein. Boito nimmt an dieser Überführung und am 3. Mai an der Beisetzung in der Kirche von Santa Croce teil. – Nach einem Besuch in St. Agata zu Mitte Juni begleitet er Eleonora Duse auf einer Tournee durch Sizilien und Kalabrien. Später trifft er sie in Genua, Mailand und Bergamo. Mitte August verbringen beide eine Woche in einem bergamaskischen Bauernhaus, in dem er ›Antonius und Cleopatra‹ für sie zu übersetzen beginnt. — Ende September ist er nochmals zusammen mit Giacosa in St. Agata, Anfang und Ende Oktober Gast Vittoria Cimas in Cernobbio. — Inzwischen ruft ihn der Erziehungsminister zu einer Beratung über Reformen der italienischen Konservatorien nach Rom. — Als Präsident des Komitees der Internationalen Musikausstellung von 1888 fährt er Anfang November zu einer Sitzung nach Bologna. — Im November und Dezember tritt »Lenor« in Turin auf. Boito fährt ein paar Mal zu ihr dorthin, erwägt die Ehe mit ihr und die Adoption ihres Kindes. — Im Dezember Rückkehr nach Nervi.

1888 Bis zum 24. März arbeitet er in Nervi an seinem ›Nerone‹, wie meist, besucht Verdis in Genua und Ende Januar auch Eleonora Duse in Rom. — Anfang April ist er bei ihr in Turin und trifft das Ehepaar Verdi in Mailand. — Anfang Mai fährt er zur Eröffnung der Internationalen Musikausstellung nach Bologna. Vermutlich erlebt er dort am 2. Juni die italienische Erstaufführung von ›Tristan und Isolde‹ in seiner Übersetzung. — Gegen Mitte Juni mietet er das frühere kleine Kloster von San Giuseppe in Chiaverano bei Ivrea in Piemont, in dem er fast den ganzen Juli und August mit Eleonora Duse verbringt. Am 17. September ist er bei ihr in Pisa, Ende September in Cernobbio. Am 3. Oktober trifft er sie kurz in Mailand und ist ein paar Tage später in San Giuseppe wieder allein. — Giovanni Mariottis dorthin persönlich überbrachtes Angebot, die Direktion des Konservatoriums in Parma zu übernehmen, lehnt er ab. — In langen Briefen berät und ermutigt er Eleonora Duse während ihrer Proben von ›Antonius und Cleopatra‹. Am 22. November erlebt Mailand die Premiere. Boito bleibt der Aufführung fern und als Übersetzer anonym. Die Duse teilt ihm den Erfolg telegrafisch mit, und er plant eine Übertragung von ›Romeo und Julia‹ für sie, die nicht zustande kommt. — Im Dezember ist er in Mailand.

1889 Am 19. Januar fährt Boito von San Giuseppe zu Eleonora Duse nach Neapel. Unterwegs besucht er vermutlich das Ehepaar Verdi in Genua. — Im Februar ist er in San Remo und Genua, dann wieder in Mailand. — Mit Unterbrechungen und Rückschlägen liegt Eleonora Duse fünf Monate lang krank in Neapel. — Am 18. und 28. April schreibt er ihr bewegt über sein Zusammensein mit Verdi in Mailand. — Ende Juni gibt er Verdi dort den Entwurf seines Librettos für ›Falstaff‹. — Am 13. Juli reist er zur noch immer kranken Duse nach Neapel, schreibt ihr am 17. schon wieder aus Mailand. — Vor anstrengenden Tourneen erholt sie sich von Ende Juli bis Anfang August wieder in San Giuseppe bei ihm. — Von Ende September bis Anfang Oktober ist er in der Villa d'Este. Am 4. November kommt er für ein paar Tage nach St. Agata; er sieht Verdis auch Ende des Monats und Anfang Dezember in Mailand. — Das Ende des Jahres verbringt er im Hotel Eden in Nervi und bei Verdis im Palazzo Doria in Genua.

1890 Bis Anfang März arbeitet Boito in Nervi an ›Falstaff‹. — Am 31. März trifft er zu kurzem Wiedersehen mit Eleonora Duse in Barcelona ein. — Zunehmend lastet Franco Faccios Krankheit auf ihm und erfordert auch verschiedene Reisen zum Konservatorium in Parma. — Ende April trifft er das Ehepaar Verdi in Mailand, Ende Mai ist er zwei Tage lang in St. Agata. — Eleonora Duse verbringt ein paar Tage in der ersten Hälfte des Juli und, zum letzten Mal, in der zweiten des August in San Giuseppe mit ihm. Von dort reist sie nach Barcelona, er nach Cernobbio ab. — Im Oktober ist er in Mailand, allein in San Giuseppe, in Parma an Faccios Stelle als Direktor des Konservatoriums und zu Besuch in St. Agata.

1891 Boito bleibt fast dieses ganze Jahr lang zu Hause in Mailand. Im Frühjahr ist er Mitglied der Kommission zur Ernennung von Faccios Nachfolger als Chefdirigent der Scala. — Mitte Mai ist er am Konservatorium in Parma tätig, am 21. besucht er St. Agata. — Im Juni befaßt er sich ernsthaft mit Besetzungsfragen für ›Falstaff‹. — Franco Faccio stirbt am 21. Juli. — Am 3. Oktober teilt Boito Verdi aus Rom die erwünschte Ernennung Giuseppe Gallignanis zum Direktor des Konservatoriums in Parma mit.

1892 Zwischen Ende Februar und 21. März sowohl wie zwischen
Ende Juni und 5. Juli sprechen sich Verdi und Boito in Mailand. — Zwischen dem 28. und 31. Juli beschließen sie mit
Giulio Ricordi die ›Falstaff‹-Premiere an der Scala. — Vom
13. bis 16. Oktober bespricht das Triumvirat die Inszenierung
mit dem Bühnen- und Kostümbildner Adolf Hohenstein in
Mailand. — In den letzten Oktobertagen ist Boito in Nervi
und oft in Genua bei Verdis zu Tisch. — Anfang November
zieht er zur Arbeit an ›Nerone‹ und auch an der französischen ›Falstaff‹-Übersetzung in die Villa Rosten im nahegelegenen Pegli ein.

1893 Am 4. Januar beginnen die ›Falstaff‹-Proben zur Uraufführung am 9. Februar. — Nach vier ›Falstaff‹-Vorstellungen des
Scala-Ensembles im Teatro Carlo Felice in Genua zwischen
dem 6. und 11. April reist Boito am 13. mit Verdis nach
Rom. — Nach dortiger Erstaufführung des Werkes am Teatro
Costanzi am 15. April begleitet Boito sie auf ihrer Rückreise
nach Genua und kehrt am 26. nach Mailand zurück. — Gemeinsam mit Max Bruch, Tschaikowski und Saint-Saëns erhält er am 13. Juni in Cambridge das Ehrendoktorat der dortigen Universität. — Im Sommer arbeitet er mit Paul Solanges
an der französischen Übersetzung des ›Falstaff‹. — Vom 9.
bis 14. September ist er deshalb ein paar Tage in St. Agata. —
Im Teatro Dal Verme wohnt er am 12. November der erfolglosen Mailänder Premiere der Oper ›Signa‹ von Sir Frederick
H. Cowen bei. Der Verleger Edoardo Sonzogno bricht seinen
Vertrag mit Cowen. Boito schreibt abfällig über Sonzogno an
Cowen nach London. Cowen veröffentlicht diesen Brief, Sonzogno erfährt davon und bezeichnet Boito in der Presse als
»niederträchtigen Kerl«. Boito fordert ihn zum Duell und
trifft am 13. Dezember in Neapel ein, wo Sonzogno sich zur
Zeit aufhält. Die Sekundanten verhindern das Duell, Boito
fährt zornig nach Mailand zurück und beruhigt sich zu Weihnachten bei Verdis in Genua. Das Jahresende verbringt er in
Mailand.

1894 Ende März fährt Boito zur französischen Erstaufführung des

›Falstaff‹ an der Opéra-Comique am 18. April nach Paris.
Giulio Ricordi und seine Frau Giuditta folgen ihm, und am
4. April trifft auch das Ehepaar Verdi in Paris ein. — Zu Vorbereitungen für die französische Erstaufführung des ›Othello‹
an der Opéra bleiben Boito und Giulio Ricordi bis Anfang
Mai in Paris. Am 17. Mai erstattet Boito darüber Bericht in
St. Agata. — Am 14. Juni fährt er zur Arbeit an ›Othello‹ mit
Pierre Gailhard zurück nach Paris und trifft dort Eleonora
Duse. — Anfang Juli ist er in Mailand. Ende Juli wohnt er zusammen mit seinem alten Freund, dem Romanschriftsteller
Graf Luigi Gualdo, der Erstaufführung des ›Falstaff‹ in Aix-
les-Bains bei. — Nach verschiedenen Ausflügen in den Alpen
kommt er Ende August nach Mailand zurück. — Im September nimmt er in der Pariser Opéra an den Proben für ›Othello‹
teil; am 26. treffen Verdis dort ein. Die Erstaufführung findet
am 12. Oktober statt. — Zwischen dem 20. und 22. November
ist Boito bei einem Palestrina-Fest und dem II. Internationalen Kongreß für Geistliche Musik in Parma. — Am 4. Dezember erhält er den Orden der französischen Ehrenlegion. —
Am 6. schickt er Verdi die Worte zu dem kurzen Gebet ›Pietà
Signor‹, das Verdi zugunsten der Opfer eines Erdbebens vertont.

1895 Gemeinsam mit Giacosa, Giulio Ricordi und dem Verleger
Ulrico Hoepli ist Boito im Frühjahr um Verbesserung der
Autorenrechte bemüht. — Anfang Juni ist er mit dem Ehepaar Bellaigue zu Besuch in St. Agata, Ende des Monats trifft
er Verdis in Mailand. — Nach jahrelanger Krankheit stirbt im
August seine Freundin Fanny. — Mitte Oktober erlebt er in
Vezia im Kanton Tessin die feierliche Übergabe einer polnischen Reliquie an eine Delegation aus Polen. — Am Ende des
Monats trifft er Verdis in Mailand, ist anschließend ihr Gast
»im großen und lieben Frieden von St. Agata« und zu Weihnachten in Genua.

1896 Mitte Februar und Mitte April besucht Boito das Ehepaar
Verdi aufs neue in Genua. Am 11. Juli begleitet er es zusammen mit seinem Bruder Camillo, dem Architekten des von

Verdi gestifteten Altersheims, zur Baustelle am Mailänder Piazzale Michelangelo. — Von Ende August bis Mitte September ist er in Cuasso al Monte auf der italienischen Seite des Luganer Sees, wo ihn Eleonora Duse besucht. — Die zweite Hälfte des Oktober bis zum 5. November verbringt er in St. Agata, den Jahreswechsel in Mailand.

1897 Von Ende Mai bis Anfang Juni und Mitte Oktober ist Boito in St. Agata, im August in Aix-les-Bains. — Mit Paul Taffanel vereinbart er am 10. November in Paris die Uraufführung der ›Pezzi Sacri‹ in der Opéra im April 1898. — Am 14. November stirbt Giuseppina Verdi in St. Agata. Boito eilt zu ihrem Begräbnis nach Mailand. — Am Heiligabend fährt er zu Verdi nach St. Agata und bleibt bis zum Neujahrstag bei ihm.

1898 Zu Anfang dieses Jahres beginnt eine fünfunddreißigjährige, von ihrem Mann getrennte Frau, Velleda Ferretti, eine Rolle im Leben Boitos zu spielen. Im Salon der Gräfin Maffei hat er sie schon als Kind gekannt, später öfters in St. Agata und im Palazzo Doria gesehen. — Am 27. Januar wird er gegen seinen Willen zum Mitglied der Kommission für Musik und Drama ernannt. — Während Verdis Aufenthalt in Mailand vom 6. Januar bis 15. März ist Boito ihm ständig nahe; am 27. und 28. März sucht er ihn in Genua auf und fährt am 29. von dort zu den Proben der ›Pezzi Sacri‹ nach Paris. Paul Taffanel dirigiert am 7. April die Uraufführung an der Opéra. — Am 28. Mai hört Boito diese Werke unter Arturo Toscanini in Turin. — Am 24. Juni stirbt Camillo Boitos Frau Madonnina. — Arrigo ist mit seinem Bruder von Mitte August bis Anfang September und allein von Mitte bis Ende Oktober bei Verdi in St. Agata. — Am 24. November sieht er Eleonora Duse »zum letzten Mal« im Hotel Haßler in Rom. Dieser Abschied, zu dem die durch die Tourneen der Duse und ihre Bindung an D'Annunzio verursachten Trennungen führen, bedeutet beiden »mehr als der Tod«.

1899 Boito ist mit Verdi bis zu dessen Abreise nach Genua gegen Mitte Februar regelmäßig in Mailand zusammen. — Im März logiert er in der Pension Anglais in Nervi, bleibt dort bis Anfang April und verbringt Ostern mit Verdi in Genua. — Im August ist er in Lavarone bei Trient, von Ende Oktober bis Anfang November wieder in St. Agata.

1900  Am 1. März holt er Verdi am Bahnhof in Genua ab, ist Mitte April zu Ostern bei ihm. — Aus Castione della Presolana, Provinz Bergamo, schreibt Boito im August an Bellaigue, er habe Verdi in Mailand im Juli bei sehr guter Gesundheit verlassen. — Unter Freunden des Maestro feiert Boito Weihnachten und Neujahr mit Verdi im Grand Hôtel et de Milan.

1901  In der Nacht vom 26. zum 27. Januar ist er mit Giacosa am Sterbebett Verdis. — Im Mai veröffentlicht der Verleger Emilio Treves Boitos Text zu ›Nerone‹, und bald danach kündigt Giulio Ricordi die Premiere des Werks mit Tamagno in der Titelrolle für 1902 an der Scala an. »Was für eine Musik erfordert nicht diese Dichtung!«, schreibt Bellaigue seinem Freund am 7. Juli. Aber die Kritik wirft Boito Unwissenheit und Geschichtsfälschung vor.

1902  Am 5. Januar schreibt Boito in Sirmione am Gardasee an Bellaigue: »Ja, ich habe das Instrument meiner Marter mit eigenen Händen geschmiedet. Mein lieber Freund, was für eine Arbeit! Und wie wenig Noten gibt's da bis heute, die wirklich würdig sind, in die Partitur zu kommen! Ob ich sie finde?« (Scala) Er läßt die von Ricordi geplante Premiere nicht zu.

1903  Ende Mai erleidet Boito in Mailand den ersten Anfall der Angina pectoris, an der er sterben wird. — Velleda Ferretti erkrankt, und Boito konsultiert Dr. Paul Dubois, einen berühmten Arzt und Psychiater in Bern. Zusammen mit Velledas Bruder Adolfo bringt er sie im Juli nach Bern und holt sie dort zwei Monate später vollkommen geheilt wieder ab. Aus seiner Bekanntschaft mit Paul Dubois erwächst eine nahe geistige Beziehung und herzliche Freundschaft. Mit seiner ganzen Familie verbringt Dubois von jetzt an fast alle jährlichen Ferien im selben Hotel wie Boito am Gardasee. Boito versenkt sich in Dubois' Vorlesungen an der Universität Bern. — Ende September sieht er Camille und Gabrielle Bellaigue in Italien.

1904 Im Frühling trifft Boito die Familie Bellaigue in Rom. — Von
dann ab scheint er, wie er der Frau seines Freundes Luigi
Mancinelli am 10. Mai 1915 berichtet, Mailand immer seltener und nur noch kurzfristig zu verlassen: »Ich beharre darauf, in diesem Mailänder Pfuhl zu leben, ohne einen Hauch
von Luft und Kühle, weil ich mir in den Kopf gesetzt habe,
nur in diesen vier Wänden arbeiten zu können. Das ist eine
törichte Einbildung, ich weiß es und leide darunter; aber Ver-
bohrtheiten sind nicht zu bezwingen, besonders wenn sie in
alten, eigensinnigen Köpfen verklemmt sind wie in dem meinen.« (De Rensis, 238) — Am 4. Oktober erwartet er Bellaigue in Mailand.

1905 Neben unzähligen musikalische, literarische und allgemeine
intellektuelle Interessen angehenden Briefen schreibt Boito
am 10. Dezember für den jungen Komponisten Zandonai
eine warme Empfehlung an Tito II. Ricordi. (De Rensis, 100)

1906 Am 3. September stirbt Giuseppe Giacosa. Ohne es zu wissen, schreibt Boito am selben Tag an Bellaigue aus Le Man-
driole im Apennin. Er fährt zum Begräbnis nach Colleretto
Parella in Piemont. Giacosas Tochter teilt ihm einen letzten
Gedanken ihres Vaters mit: »Sag Boito, daß seine Freundschaft eine der reinsten Freuden meines Lebens war, und
auch mein Stolz.«

1907 Offenbar ist Boito meistens in Mailand. Wesentliche Ereignisse waren bis heute nicht zu ermitteln.

1908 Am 17. Mai stirbt in Paris der Dichter François Coppée, mit
dem Boito verbunden ist, wie auch mit Paul Bourget. — Am
9. Juni sieht Boito vermutlich in Mailand Bellaigue. — Ende
Juni ist er in Sirmione am Gardasee, Anfang Juli in Mailand. — Im November trifft er das Ehepaar Bellaigue in Rom.

1909 Am 1. Januar schreibt Boito an Bellaigue aus Messina; zu
Ostern ist er in Sirmione am Gardasee. — Sein Freund, der
Komponist Giuseppe Martucci, stirbt am 1. Juni in Neapel. —
Im selben Monat erwartet Boito einen Besuch Bellaigues.

1910 Der Landschaftsmaler Carlo Mancini, einer der ältesten
Freunde und Nachbarn Boitos aus den Zeiten der ›scapiglia-

tura‹, stirbt am 12. März; Boito widmet ihm einen schönen
Nachruf (Scritti, 1385). – »Mein Tyrann [›Nerone‹] will
mich zu meiner Qual bei sich halten«, klagt er am 15. Juni in
einem Brief an Bellaigue aus Mailand. – Am 23. November
schreibt er von dort an Giuseppe Depanis: »Gestern flammte
in einer Vorstandssitzung der ›Società del Quartetto‹ der
schöne Traum der *Matthäus-Passion* wieder auf. Bei diesem
heißen Wunsche wurde an die Ausstellung in Turin gedacht
und an die Möglichkeit gemeinsamer brüderlicher Bemühung zwischen Turin und Mailand [. . .], um diesen Traum zu
verwirklichen. [. . .] Die *Matthäus-Passion* ist die *Göttliche
Komödie* der Musik. Sie erfordert vor allem den führenden
Geist eines großen, tiefgründigen Künstlers, der sie von jeder
Seite her kennt, der sie versteht, sie anbetet, der ihr die rechte
Bedeutung und Auslegung zu geben vermag. Dafür braucht
man Toscanini. Er ist in New York und wird dann in Rom
sein, wird die Zeit nicht haben, jenes riesige Gedicht zu studieren. Selbst Toscanini braucht viele Monate, es sich an-
zueignen. Und dann, angefangen von der Ausführung des be-
zifferten Basses der Orgel, erscheinen materielle und technische Schwierigkeiten von allen Seiten. Wo die hundertachtzig
wunderbar einstudierten Stimmen finden, die man braucht,
um die drei Chöre zu bilden? Wo dieser Tragödie würdige
Solisten finden? Das Risiko, an diesem Wunderwerk mit
einer mittelmäßigen Aufführung Verrat zu üben, macht mich
schaudern. Nein, liebster Freund, es war eine Illusion! [. . .]«
(De Rensis, 130–131) Trotzdem beschäftigte sich Boito,
einem Brief vom 30. März 1911 an Bellaigue zufolge, noch
monatelang mit diesem Plan.

1911  Am 7. März stirbt der Dichter Antonio Fogazzaro. Nach dem
Begräbnis in Vicenza geht Boito mit Renato Simoni durch die
Straßen Palladios und teilt Bellaigues Begeisterung. »Ich
schreibe die letzten Noten der langen Arbeit [›Nerone‹] nicht
ganz ohne Traurigkeit«, vertraut er Bellaigue am 25. Juli an.
(Scala) – Ende April ist er einer der einflußreichsten Befür-
worter der Gründung des Museums der Scala.

1912 Boito wird Vorsitzender eines Komitees für die Einrichtung
des Scala-Museums. Im selben Jahr ist er Präsident der ›Società del Quartetto‹, die er 1864 zu gründen half, deren Vor-
standsmitglied er von 1865 bis 1868 und ab 1873 gewesen
ist. — Anfang März nimmt sich Velleda Ferrettis Bruder
Adolfo das Leben; ihre achtzehnjährige Tochter wird unheilbar krank, und Boito steht der Freundin bei. — Am 17. März
wird er zum Senator des Königreichs ernannt. — Am 6. Juni
stirbt Giulio Ricordi, ohne seinen Wunsch nach der Vollendung des ›Nerone‹ erfüllt gesehen zu haben. Im Glauben an
dieses Werk stehen Arturo Toscanini und Antonio Smareglia
Boito von nun an besonders nah.

1913 Mitte April fährt Boito im Auto über den Apennin nach
Siena. — Zur Feier von Verdis hundertstem Geburtstag ist er
am 10. Oktober in Busseto und diktiert dort den Text für eine
Gedenktafel am Hause Antonio Barezzis. — Ende November
ist er beeindruckt von großen Verdi-Feiern in Rom.

1914 Gemeinsam mit Luigi Mancinelli hört er am 9. Januar in der
Scala unter Tullio Serafin den ersten ›Parsifal‹ in Italien. —
Am 26. Juni stirbt Camillo Boito, und Arrigo schreibt am
7. Juli an Bellaigue: »Ich glaube von jetzt an nicht mehr der
Mensch zu sein, der ich war; das Alter lastet schwerer durch
die Schicksalsschläge als durch die Jahre.« (Scala)

1915 Am 20. Mai gibt Boito im Senat seine Stimme für den Kriegs-
eintritt Italiens an der Seite der Alliierten ab. — In Venedig,
der Stadt seiner Kindheit, sieht er noch einmal das große
Fresko Tiepolos in der Kuppel der Scalzi-Kirche. Vier Monate später erfährt er, daß dieses Kunstwerk einer Flieger-
bombe zum Opfer gefallen ist. — Am 30. August fährt er nach
Rom.

1916 Für dieses Jahr waren bis heute im Leben Boitos keine wesentlichen Ereignisse zu ermitteln. Boitos Konzentration und
Schaffenskraft lassen nach.

1917 Im Mai besucht Boito die Front. Seine Erschütterung über
die italienische Niederlage von Caporetto trägt im Herbst zur
Verschlimmerung seiner Angina pectoris bei. In Florenz errät

Eleonora Duse die Gefahr und trifft am 24. Dezember in Mailand ein. Sie wohnt bei Antonietta Pisa Rizzi, aber Boito darf von ihrer Gegenwart nichts erfahren.

1918 Eleonora Duse bleibt bis zum 17. Januar in Mailand. Boito ahnt ihre Nähe und schickt ihr durch Velleda Ferretti zum Andenken an Venedig ein goldenes Teilstück aus einem Mosaik von San Marco. — Im Frühjahr wird er in die Klinik von Dr. Bertazzoli in der Via Filangeri gebracht. — Am 23. April schreibt er an Eleonora Duse: »Die Genesung wird noch einen Monat dauern. Dafür geht es aber weiterhin besser. Ich bin noch immer im Hause in der Via Filangeri.« (Setti) Am 19. Mai schreibt er ihr den letzten Brief: »Wahrscheinlich werde ich den Juli in der Villa d'Este in einem Häuschen verbringen, das mir Donna Vittoria liebenswürdig überlassen hat.« (Setti) Dort will er laut Carlo Gatti »in zwei täglichen Arbeitsstunden binnen zwei Monaten« ›Nerone‹ beenden. — Er stirbt in der Klinik am Morgen des 10. Juni. Arturo Toscanini und Luigi Orsini halten die Totenwache. Zwei Tage später findet im Krematorium des Cimitero Monumentale die Einäscherung statt.

## Werke

(Im Fall zur Aufführung gelangter Libretti, Opern und Übersetzungen ist das Jahr der Premiere angegeben.)

### Lyrik

Il Libro dei Versi (1862—1867)

Dualismo (1863), Castello antico (Luzzano, September 1863), Case nuove (Mailand 1866), A una mummia (Turin, Ägyptisches Museum, 1862), Un torso (Paris, Louvre Museum, 1862), Madrigale (1866), Poesia e prosa (Dezember 1865), Ballatella, Le foglie (1864), Georg Pfecher (Regensburg, Dom zu St. Peter, 1862), A Giuseppe Ignazio Kraszewski (Mystki, September 1867), Lezione d'anatomia (Juni 1865), A Emilio Praga (März

1866), A Giovanni Camerana (31. Oktober 1865), *** (1863),
Scritto sull'ultima pagina (3. Juli 1867)
Re Orso (Fabel, 1864)
Contemplazione (Polen, Herbst 1862)
All'Arte Italiana (1863)
Ballatella
La ballata dei tre tuoni
Il mio tempio e il mio culto
Dietro un quadro di Emilio Praga
Pizzicato di mandolino

## Novellen

L'Alfier nero (1867), Iberia (1867), Il Trapezio (1873—1874)

## Schauspiel

Le Madri galanti (Komödie, mit Emilio Praga, 1863)

## Libretti

Amleto (1865)
Decamerone (Französischer Entwurf des I. Aktes mit Emilio Praga,
1872 oder 1873)
Un Tramonto (mit Emilio Praga, 1873)
Pier Luigi Farnese (1874)
Iràm (1874)
La Falce (1875)
La Gioconda (nach ›Angelo tyran de Padoue‹ von Victor Hugo,
1876)
Semira (1876)
Ero e Leandro (1879 und 1897)
Maria Tudor (mit Emilio Praga, 1879)
Simon Boccanegra (Neufassung, 1881)
Otello (1887)
Falstaff (1893)
Basi e Bote (1927)

## Opern

Mefistofele (nach ›Faust I und II‹ von Goethe, 1868 und 1874)
Nerone (unvollendet, 1924)

### Andere Texte für Musik

Il Quattro Giugno (1860), Le Sorelle d'Italia (1861), Inno delle Nazioni (1862), Do mi sol . . . la do mi . . ., Inno-Marcia (1877), Lamentazione, Par la Celebrazione di Frate Guido (1882), La Vergine di Sunam, Ritornello mesto, Pietà, Signor (1894)

### Konzert- und Theaterkritiken

Cronaca musicale parigina (›La Perseveranza‹ 2. 3. 1862), Cronaca musicale (›La Perseveranza‹ 13. 9. 1863), Cronaca drammatica (›La Perseveranza‹ 13. 10. 1863), Cronache dei Teatri (in der Zeitschrift ›Figaro‹ im Jahr 1864 am 7. 1., 14. 1., 21. 1., 4. 2., 11. 2., 18. 2., 25. 2., 3. 3., 10. 3., 17. 3., 24. 3. und 31. 3.), Trattenimento musicale da Giovanni Nosèda (›Figaro‹ 28. 1. 1864), Esperimenti della Società del Quartetto (›Giornale della Società del Quartetto‹, 1864—1865), Riviste drammatiche (›Politecnico‹, 1866—1867), Il »Freischütz« davanti al pubblico della Scala (›Gazzetta Musicale‹, 17. 3. 1872), »Nella Selva«. Sinfonia di Gioacchino Raff (›Gazzetta Musicale‹, 28. 4. 1872)

### Artikel und Essays

Mendelssohn in Italia (›Giornale della Società del Quartetto‹, 1864), Bibliografia italiana: Canti di Aleardo Aleardi (›Figaro‹, 3. und 7. 3. 1864), Belle Arti: Faust e Margherita (›Museo di Famiglia‹, 25. 12. 1864), Belle Arti: I sette Peccati mortali (›Museo di Famiglia‹, 2. 4. 1865), Belle Arti: Dante giovane (›Museo di Famiglia‹, 14. 5. 1865), Lettera in quattro Paragrafi (›Il Pungolo‹, 21. 5. 1868), La Musica in Piazza (›Gazzetta Musicale‹, 1870—1871), Dante e la Musica (Französischer Brief an Camille Bellaigue), Commemorazione di Carlo Mancini (1910)

### Übersetzungen

*Ins Italienische:* Der Freischütz (C. M. v. Weber, Libretto von Friedrich Kind, 1872), Das Liebesmahl der Apostel (R. Wagner, 1872),

Zwölf Gesänge für zwei Stimmen (J.Raff, 1872), Ruslan und Lyud-
mila (M.Glinka, Libretto nach Puschkin, 1875), Rienzi (R.Wagner,
1876), Tristan und Isolde (R. Wagner, 1888), Fünf Wesendonck-
Lieder (R. Wagner), Anthony and Cleopatra (W. Shakespeare,
1888), Armide (C.W. Gluck, Libretto von Philippe Quinault, 1889),
Les cent Vierges (A. C. Lecocq)
*Ins Französische:* Mefistofele (mit P.Milliet, 1883), Otello (mit C.Du
Locle, 1887), Falstaff (mit P.Solanges, 1894)

Mit Ausnahme der Übersetzungen sind alle in diesem Verzeichnis
erwähnten Texte in ›Tutti gli Scritti di Arrigo Boito‹ enthalten.

In ›Musik in Geschichte und Gegenwart‹, Bd.2, 76. Bärenreiter-
Verlag, Kassel und Basel, 1952, schreibt Andrea della Corte auch
die folgenden Titel Arrigo Boito zu: La Polacca e la Greca, Luna fe-
del (Musik von Denza), La Cipria (Barcarole im venezianischen
Dialekt; Musik von Gaetano Coronaro[?]), Meyerbeer a Berlino
(Aufsatz, 1865).

Das Autograph des ›Libro dei Versi‹ war Eigentum Arturo
Toscaninis und ist im Besitz seiner Erben.

# Biographische Skizzen

Abkömmling des byzantinischen Kaiserhauses und der Herzöge Gonzaga von Mantua, wurde Graf Opprandino Arrivabene 1807 in Mantua geboren. Als Gesinnungsgenosse von Mazzini und Cavour nahm er 1831 und 1848 an den Kämpfen gegen die österreichische Herrschaft in Italien teil. In Mailand war er einer der hervorragendsten Angehörigen des Intellektuellen- und Künstlerkreises um die Gräfin Maffei und Redakteur an der ersten italienischen Wochenzeitschrift, ›L'Indicatore Lombardo‹, die zur ›Rivista Europea‹ wurde; sie enthielt Beiträge von Cesare Cantù, Giulio Carcano, Andrea Maffei, Carlo Tenca und anderen geistigen Persönlichkeiten des 19. Jahrhunderts in Italien. In Turin, Florenz und Rom schrieb Arrivabene für die Zeitung ›Opinione‹ über Kunst, Literatur und Musik. Hochgeschätzt von Cavour, war er gemeinsam mit Verdi Mitglied des Turiner Parlaments.

Sein sich über vierzig Jahre erstreckender Briefwechsel mit Giuseppe Verdi zählt in Annibale Albertis vorbildlicher, zur Zeit vergriffener Ausgabe, unter dem treffenden Titel ›Verdi intimo‹, zu den wertvollsten Dokumenten der Verdi-Literatur. In einhundertfünfundsechzig Briefen an Arrivabene spricht sich Verdi im Zeichen wahrer Männerfreundschaft über persönliche, oft ganz alltägliche Angelegenheiten, Kunst und Politik so unverhohlen wie nicht einmal zu Clara Maffei aus. Die Autographen dieser Briefe sollen sich im Archiv der Grafen Arrivabene Valenti Gonzaga befinden. In St. Agata liegen aber nur an die neunzig Briefe Arrivabenes vor.

An Humor und Kraftausdrücken lassen es die Freunde im Austausch ihrer Gefühle und Gedanken nicht fehlen. Beide besaßen Hunde, Ron-ron und Blach, die einander mit Hilfe ihrer Sekretäre Arrivabene und Verdi bei Gelegenheit schrieben. In der Korrespondenz ihrer Herren geht es auch um kulinarische Rezepte und Weine, um Literatur und die Schönen Künste, um Bachs ›h-Moll-

Messe‹ und Beethovens ›IX. Sinfonie‹. In den vierziger Jahren
setzte sich Arrivabene mit großer Überzeugung und Energie für das
damals noch manchen Angriffen ausgesetzte Werk des jungen Komponisten ein. 1861 half er beim Libretto der ›Forza del Destino‹
und sah Verdi bis 1865 oft im Parlament in Turin. Am 31. Oktober
1886 schrieb er ihm in seinem letzten Brief: »Es wäre mir schmerzlich, aus der Welt zu verschwinden, bevor ich das Echo des gewiß
unermeßlichen Beifalls vernehme, mit dem das große Finale Deiner
künstlerischen Laufbahn aufgenommen werden wird, das Du mit
Deinem *Otello* vorbereitest.« (Alberti, 333)

Sein Wunsch ging nicht in Erfüllung – und vom ›Falstaff‹
ahnte Arrivabene nichts. Er starb am Neujahrstag des Jahres 1887
in Rom, kaum fünf Wochen vor der Uraufführung des ›Otello‹ in
Mailand. In seinem Testament vermachte er »dem liebsten unter
meinen liebsten Freunden« seine silberne Uhr, die in St. Agata noch
heute verwahrt wird.


## CAMILLE BELLAIGUE

»Nervi[?], März–April 1887
Lieber Bellaigue,
Nachdem ich Ihren Artikel über *Otello* gelesen habe, muß ich
Ihnen wiederholen, daß nie ein großes musikalisches Werk besser
verstanden oder gepriesen worden ist. Alles, was gesagt werden
mußte, haben Sie auf die edelste und wirksamste Weise gesagt. Die
Kunst, die wir anbeten, hat in Ihnen einen ihrer königlichen Herr-
lichkeit würdigen Herold gefunden.

Dank im Namen des großen Menschen, dessen Fahne Sie mit
Ihrer jugendlichen Leidenschaft und Ihrem Siegesjubel geschwun-
gen haben. Leben Sie gesund und froh, arbeiten, lieben, entbrennen, singen Sie, haben Sie Spaß und vergessen Sie nicht Ihren Arrigo Boito« (De Rensis, 311)

Boitos Wünsche für den damals neunundzwanzigjährigen Pariser Kritiker und Schriftsteller, der 1887 die Uraufführung des
›Otello‹ in Mailand erlebte, gingen so gänzlich in Erfüllung, daß er

ihm später einmal schreiben konnte: »Sie sind der glücklichste Mensch, den ich kenne.« Das äußerlich ziemlich ereignislose Leben des feinsinnigen Literaten wurde gekrönt durch die Freundschaft mit Arrigo Boito und auch mit dem alten Giuseppe Verdi, der Bellaigues Eltern am 15. März 1887 französisch aus Genua schrieb: »Ich bin's, der froh sein muß, Ihren Sohn kennengelernt zu haben, so offen, so liebenswürdig, so geistvoll und so voll von Talent. Enthusiastisch, wie es alle jungen Leute sein sollten, hat er diesen Otello, von dem er so erhaben spricht, vielleicht in zu goldener Farbe gesehen. Aber ich darf mich über seinen Enthusiasmus gewiß nicht beschweren; im Gegenteil muß ich ihm meine herzlichsten und aufrichtigsten Komplimente machen und ihm für seinen hervorragenden Artikel in der *Revue des Deux Mondes* danken.« (Carteggi II, 299–300)

Am 24. Mai 1858 in Paris geboren, studierte Camille Bellaigue gleichzeitig Jurisprudenz und Musik. 1878 erhielt er einen ersten Preis im Klavierspiel am Pariser Konservatorium, 1884 veröffentlichte er seine ersten Musikkritiken im ›Correspondent‹. Von 1885 bis zu seinem Tode am 4. Oktober 1930 schrieb er vor allem für die ›Revue des Deux Mondes‹. Bellaigues zahlreiche Artikel finden sich u. a. in den Bänden ›L'Année musicale‹ (1886–1891), ›Un siècle de musique française‹ (1887), ›Psychologie musicale‹ (1894), ›Portraits et silhouettes de musiciens‹ (1896), ›Etudes musicales et nouvelles silhouettes de musiciens‹ (1898), ›Impressions musicales et litteraires‹ (1900); Monographien: ›Mozart‹ (1906), ›Mendelssohn‹ (1907), und ›Verdi‹ (1912); weiterhin: ›Les époques de la musique‹ (1909), ›Notes brèves‹ (1911, 1914), ›Propos de musique et de guerre‹ (1917), ›Souvenirs de musique et de musiciens‹ (1921), und ›Paroles et musique‹ (1925).

In der Harmonie seines humanistischen Wesens war Camille Bellaigue Boitos anderem nahen Freund Giuseppe Giacosa und auch Paul Dubois verwandt. Eine ungewöhnlich glückliche Ehe trug zu seiner *joie de vivre* wesentlich bei; ganze Abende lang las und musizierte er mit seiner »Madonna« Gabrielle in ihrer kultiviert gemütlichen Wohnung in Paris; die Ferien verbrachten sie inmitten ihrer Kinder und vieler Bücher in den Pyrenäen, in Italien, in der Schweiz.

Wie Boito interessierte sich Bellaigue für alle Gebiete der Kunst, bat seinen Freund bei den verschiedensten Publikationen oft um Rat und erfreute sich seines Lobes, wie Boito es zum Beispiel am 1. März 1899 formulierte: »Ich habe Ihren Artikel *Mazzini—Wagner* gelesen und stimme Ihnen wie immer und von ganzem Herzen zu. Diesmal betrachten Sie Ihren Stoff von einem noch höher als üblich liegenden Gesichtspunkt aus; das hat Ihnen ermöglicht, auf den ersten Blick diesen merkwürdigen, oder zumindest unerwarteten und doch so gültigen Vergleich zu machen, der Ihrer schönen Arbeit so viel Reiz verleiht.« (Scala) Vor allem aber war Boito Bellaigues Cicerone in den Reichen Dantes, Shakespeares und Bachs. Die folgenden Zeilen vom 27. September 1904 besiegelten diese Wahlverwandtschaft:

»Mein lieber Camille, ›Du — ich‹ *all right*. Das erfrischt die Freundschaft. Das Duzen hat noch andere Vorteile: scheinbar verjüngt es die Partner (was sehr gut für mich ist). Es liebt die Wahrheit, es erleichtert die Diskussion, indem es den aufreizendsten Widersprüchen jedwede ärgerliche Folge nimmt. Eines schönen Tages wirst Du zu mir sagen: ›Du bist ein Esel‹, und das wird gar keine Folgen haben, während ein ›Sie sind ein Esel!‹ . . . . . danach muß man sich schlagen. Duzen wir uns also, lieber Camille, das wird unser Dasein verlängern.« (Scala)

Damals spielte Boito diesem Freund auch die letzte Szene des ›Nerone‹ vor. Sechs Jahre nach Boitos Tode fuhr Bellaigue zur Uraufführung des Werks nach Mailand und schrieb — nicht ohne verständliches Vorurteil — positiver als alle seine Kollegen: »Besser als Boito, der Dichter und Musiker, verstand keiner die Beziehung von Wort und Note, von Sprache und Klang.«


## Camillo Boito

kam in Rom am 30. Oktober 1836, sechs Jahre vor der Geburt seines Bruders Arrigo, zur Welt. Sein Vater Silvestro malte damals mehrere Porträts des Papstes Gregor XVI., der wie er aus Belluno stammte. Seinen Briefen zufolge hielt Silvestro Boito sich anschließend mit Frau und Sohn in Neapel, Florenz und bei Verwandten seiner Frau in Polen auf, bevor die Familie um 1840 herum ihren Wohnsitz in Padua nahm. 1848 beteiligte sich der noch nicht zwölfjährige Camillo mit seinem Vater am Aufstand Venedigs gegen die österreichische Besatzung. Als seine Mutter, offenbar infolge ehelicher Zwistigkeiten die Kinder der Obhut des Vaters überlassend, in ihre polnische Heimat reiste und der Vater spurlos verschwand, nahmen sich Freunde der in Venedig hinterbliebenen Jungen bis zu ihrer Rückkehr an. Seitdem wachte Camillo sein Leben lang über den jüngeren Bruder.

Als Vierzehnjähriger trat er in die Accademia di Belle Arti in Venedig ein und studierte auch Gesang. 1856 erhielt er dort kurz nach Abschluß seiner Studien den Lehrstuhl für Architektur, der es ihm ermöglichte, Mutter und Bruder zu unterstützen. Dank einem Stipendium sah er Florenz und Rom. 1859 floh er vor den Österreichern, die ihm mit Verhaftung drohten, nach Mailand und wurde schon kurz nach seiner Ankunft Professor für Architektur an der dortigen Accademia di Belle Arti di Brera. Diese Professur hatte er achtundvierzig Jahre lang inne.

Auf mehreren Reisen zum Besuch seiner Verwandten lernte er polnische und deutsche Städte kennen — und auch eine polnische Kusine, die er heiratete. Nach dem Tode ihres noch nicht vierjährigen Söhnchens Casimiro, den Arrigo in Abwesenheit der Eltern in Mailand begraben mußte, wurde Camillos unglückliche Ehe 1867 gelöst. Erst zwanzig Jahre später, am 12. Oktober 1887, heiratete er noch einmal — die junge Marchesa Madonnina Malaspina, die Piero Nardi als »ein des Hauses, in das sie eintrat, würdiges Geschöpf« beschreibt. (Nardi, 618) »Sie hatte selber eine poetische Ader und hinterließ Verse und Prosa, die denen ihres Mannes vergleichbar sind. [. . .] Als sie erkannte, daß sie sterben müsse, gab sie vor, sich dessen nicht bewußt zu sein, und sprach heiter von der Zukunft, um ihren Mann und ihren Schwager nicht zu betrüben.« Madonnina starb am 24. Juni 1898.

Camillo Boito war eine der bedeutendsten Figuren der italienischen Architektur und Kunstgeschichte in der zweiten Hälfte des neunzehnten Jahrhunderts. Von wahrhaft aristokratischer Kultur und humanistischer Bildung wie sein Bruder, ein tiefer, klarer, kritischer Denker und Pädagoge, befaßte er sich in Artikeln, Novellen und großen Büchern mit den verschiedensten Themen. ›Gite di un Artista‹ [›Ausflüge eines Künstlers‹] (Milano, Hoepli 1884) erzählen u. a. von Bayern und Krakau. Seine kunstgeschichtlichen Hauptwerke sind ›Il Duomo di Milano‹ (Milano 1889); ›Ornamenti di tutti gli Stili‹, eine reiche, als Lehrbuch dienende Sammlung; die von ihm selbst gegründete und herausgegebene Zeitschrift ›Arte italiana decorativa ed industriala‹, zwei Bände ›Architettura del Medio Evo in Italia‹ (Milano, Hoepli 1880) und ›Questioni pratiche di Belle Arti‹ (Milano, Hoepli 1893), in denen er mehrere bereits veröffentlichte Essays zusammenstellte. Der erste dieser Bände handelt von den Cosmaten, der römischen Steinmetzenfamilie aus dem 13. Jahrhundert, von mittelalterlicher Architektur in Sizilien, von Santa Maria del Fiore in Florenz und den Plänen für ihre Fassade. Im zweiten Band geht es um künstlerische Wettbewerbe, Unterrichtsmethoden in der Architektur und vor allem um die Restaurierung von Denkmälern, ein Gebiet, auf dem seine Anweisungen heute noch maßgebend sind.

»Die Architektur muß sich eng an die Vergangenheit halten, um Monument einer Zeit und eines Volkes zu sein«, schreibt er in der Einleitung zur ›Architettura del Medio Evo in Italia‹. Damit wandte er Verdis Ausspruch »Torniamo all'antico: sarà un progresso« auf die Baukunst an. In Theorie und Praxis schuf er die Grundlagen für die heutigen Kriterien der Restauration und Neubewertung von Baudenkmälern, weit entfernt vom historischen Rationalismus des Eugène Viollet-le-Duc. Camillo Boito wußte, daß Kunstwerke nicht starr einen Stil bewahren, sondern sich wandeln und wachsen. Zeitgenössische »italienische Kunstschriftsteller«, so fährt er fort, aber »raten an, in unseren Theatern dem maurischen Stil zu folgen, in den Kirchen dem gotischen, bei unseren Türen in der Stadt dem griechischen, in unseren Börsen dem römischen, in unseren öffentlichen Gebäuden dem kommunalen Stil des Mittelalters, in unseren Häusern dem englischen Tudor-Stil oder dem italienischen oder französischen der Renaissance und immer so weiter; für jede Art von Gebäuden raten sie zu einem anderen Stil. Es gibt Leute, die

unsere Friedhöfe im ägyptischen Stil haben wollen, und andere finden Gefallen daran, Formen und Konzepte von Chinesen und Türken zu verlangen. Ein Dichter sagte mit Recht: ›Toujours l'honnête
homme ouvrit — La fenêtre des vieux âges — Pour aérer son esprit.‹
Wir lüften uns so sehr, daß eine Kurtisane, um es mit Shakespeare
zu sagen, Rheuma bekommen würde.«

Camillo Boitos schriftstellerische Leistung steht hinter der des
Architekten kaum zurück, obwohl Arrigo sie für ephemer hielt und
die Verfilmung einer Novelle seines Bruders untersagte. Trotzdem
hat Luchino Visconti 1954 aus Camillo Boitos bekanntester Novelle
einen Film gemacht: aus ›Senso‹, der Geschichte einer adligen Venezianerin und ihres in ihrer Gegenwart hingerichteten Geliebten,
eines österreichischen Leutnants. — Camillo Boitos erzählerische
Lieblingsthemen sind Frauenleidenschaften und von der Scapigliatura aufgebrachte Konflikte. ›Storielle vane‹ [›Hinfällige Geschichtchen‹], der erste Band seiner Erzählungen, erschien 1876, ›Senso —
Nuove Storielle vane‹ 1882, beide bei Fratelli Treves in Mailand.
Eine vollständige Ausgabe beider Bände erschien 1970 im Verlag
Valecchi in Florenz.

»Körperlich müde, aber geistig gesund, vermache ich meinem
geliebten Bruder all das sehr Wenige, was ich besitze«, heißt es in
Camillo Boitos Testament. »Dann werde ich in einer Nische des
Krematoriums warten, bis Arrigo nach Entrichtung seiner Schuld an
die Kunst so spät wie möglich wieder mit mir vereint sein wird.« Am
28. Juni 1914 starb er im selben, heute noch erhaltenen Haus in
Mailand, Via Principe Amedeo 1, in dem auch sein Bruder wohnte.

Seine wichtigsten Bauten sind die Grabkapelle der Familie Ponti
in Gallarate (41 Eisenbahn-Kilometer von Mailand auf der Strecke
Mailand—Domodossola gelegen), 1867 erbaut; Krankenhaus und
Friedhof in Gallarate, 1872; Palazzo delle Debite in Padua, 1877;
Museum von Padua, 1878; die nicht datierte große Treppe des Palazzo Franchetti in Venedig und die ›Casa di Riposo per Musicisti‹
[Altersheim für Musiker] in Mailand, die im Gedenken an Verdis
Geburtstag am 10. Oktober 1902 eröffnet wurde. Mit diesem, seinem letzten Bau, den er im Auftrag Verdis errichtete, hat Camillo
Boito auch sich und seinem Bruder das sinnvollste Denkmal gesetzt.

### Eleonora Duse

Ihr Name wird in diesem Briefwechsel nicht genannt, doch ist sie gegenwärtig in ihm. Über die große, mit Arrigo Boitos Schicksal eng verbundene italienische· Schauspielerin schrieb Hugo von Hofmannsthal anläßlich ihres Gastspiels vom 20. bis 27. Februar 1892 in Wien, und er plante eine Novelle, zu der er notierte: »Ihre Legende machen (sie mit dem Ahasveros-Mythos verweben); sie kann einem fremd, und doch Sinn und Seele eines ganzen Lebens sein.«

Als Kind fahrender Komödianten kam sie am 3. Oktober 1858 im lombardischen Vigevano zur Welt. Vier Jahre alt, wurde sie mit Prügeln gezwungen, das Publikum zu amüsieren. Als Fünfzehnjährige spielte sie in der Arena von Verona die vierzehnjährige Julia Shakespeares. Ihr Aufstieg war voller Rückschläge, langsam und mühsam. Ihren ersten Triumph erlebte sie 1879 in Emile Zolas ›Thérèse Raquin‹ in Neapel. Nach einer unglücklichen Liebe zu dem dortigen brillanten Journalisten Martino Cafiero — er war der Vater ihres kurz nach der Geburt gestorbenen Kindes — spielte sie in Turin vor halbleeren Häusern und stand im Begriff, die Bühne zu verlassen, als Sarah Bernhardts Auftreten ihr neue Zuversicht gab: »Hier ist eine, die das Handwerk hebt, die Menge zur Achtung führt und sich vor der Kunst beugen läßt.«

1881 heiratete sie einen durchschnittlich begabten Kollegen, Tebaldo Checchi, und gebar 1882 eine Tochter Enrichetta. Ihre kurze Verbindung mit dem Schauspieler Flavio Andò, der im Januar 1884 ihr Turiddu in der Turiner Uraufführung von Giovanni Vergas ›Cavalleria rusticana‹ war, veranlaßte 1885 während einer südamerikanischen Tournee die Trennung von Tebaldo Checchi.

Eleonora Duses Begegnung mit Arrigo Boito im Mai 1884, das Wiedersehen mit ihm im Februar 1887 und ihre leidenschaftliche Liebe blieben von tiefer Bedeutung für ihr ganzes späteres Leben. »Er erweckte ein bewußtes Empfinden transzendentaler Werte in ihr«, schreibt die amerikanische Schauspielerin Eva Le Gallienne in ihrem Buch über Eleonora Duse. »Arrigo Boito war nicht nur ein Künstler, sondern auch ein Gelehrter; und nicht nur ein Gelehrter, sondern ein Mann von hohen Idealen und vertieftem geistigem Streben. Er war siebzehn Jahre älter als die Duse und wurde ihr Führer, ihr Mentor, ihr ›Heiliger‹. Sie liebte ihn nicht nur, sie betete ihn an. [. . .] Er war sanft und selbstlos, bescheiden und diskret. Anders als D'Annunzio, liebte er sie mehr um dessentwillen, was er ihr geben konnte, als um dessen, was sie ihm geben konnte. Durch ihn erwarb sie ihre Kenntnisse von Poesie und Musik, von großer Literatur und Philosophie. [. . .] Sie sprach selten von Boito — ihr Gefühl für ihn war zu tief. Aber Jahre später gestand sie [. . .], daß sie ihn mehr geliebt habe als irgendein anderes menschliches Wesen; sie fühlte, daß er die ihr angeborene Integrität von Charakter und Geist erhalten und gefördert hatte, die sie ohne das sie stützende Gute in ihm so leicht hätte verlieren können. Obwohl das Leben sie trennte und Eleonora Duse andere, geringere Liebhaber fand, hielt ihre Freundschaft bis zu seinem Tode im Jahre 1918 an.«

Sie vertiefte sich mit ihm in Shakespeare, und er übersetzte ›Antonius und Cleopatra‹ für sie, blieb der Premiere am 22. November 1888 in Mailand aber diskret und bescheiden fern. Als sie im März 1891 in St. Petersburg die Cleopatra spielte, meinte Anton Tschechow, jedes ihrer Worte in der ihm unbekannten italienischen Sprache zu verstehen. Und G. B. Shaw: »Die Duse dringt in die tiefste Tiefe des Herzens.« (›The World‹, 15. Juni 1895) In Lissabon legten ihr Damen ihre Capes unter die Füße; in Turin spannten Studenten die Pferde ihrer Kutsche aus, um die Bewunderte auf den Schultern in ihr Hotel zu tragen; in St. Petersburg streuten ihre Verehrer Rosen auf ihren Weg. Gerhart Hauptmann sagte: »Die Duse ist die Kunst selbst.« Luigi Pirandello aber spürte, daß sie in den neunziger Jahren fast alle ihre bisherigen Rollen plötzlich nicht mehr mit Leben erfüllte »und in gewissen Fällen eine ausgesprochene Verachtung für sie an den Tag legte, fast physischen Widerwillen empfand. [. . .] Diese neue Situation entsprach einer Veränderung ihrer Persönlichkeit, und die Duse fühlte, daß ihre ernsten künstlerischen Absichten ihr nicht erlaubten, ihre neue Persönlichkeit in die alten Rollen zu legen. [. . .] Ihr Geist war zu etwas anderem bestimmt, zu etwas weniger Banalem, weniger ›matter of fact‹, zu etwas Heroischerem, einem vornehmeren Ausdruck des Lebens.«

Pirandellos Beobachtung deckt sich mit einer Rezension Hermann Bahrs vom 6. April 1902 nach einer Aufführung von D'Annunzios ›La Città morta‹ in Wien. Bahr erlebte sie darin in einer ganz » ›undankbaren‹, auf einen einzigen Ton der Milde und Entsagung gestimmten Rolle, die uns desto stärker die ganz einzige Entwicklung empfinden läßt, durch welche die Duse zum höchsten Beispiel für alle nach dem Schönen verlangenden Seelen unserer Generation geworden ist. An ihrem Falle wird man einst unsere Geschichte zeigen. Sie begann mit einer ungeheuren Leidenschaft für die *émotion forte*, die *sensation rare*, [. . .] und sie hat eine Wut des Ausdrucks und einen Zwang über unsere Nerven erreicht, die das Theater vor ihr nicht gekannt hat. Aber nach wenigen Jahren sahen wir sie [. . .] auf einmal seltsam beklommen, wie geheimnisvoll verwirrt, enttäuscht, ermüdet, bange, fast an sich irre werdend: sie hatte angefangen, ein Höheres zu ahnen, eine Kunst, die den Taumel verschmäht, die nicht mehr verwirren und betäuben will, die das Maß und die Form, die Freude an einer schönen Gleichheit des Gemütes und die Gnade der inneren Sammlung gefunden hat. [. . .]«

Sie hatte 1894 Gabriele D'Annunzio getroffen und ihn zu jener ›Città morta‹, seinem ersten Schauspiel, inspiriert. Bei der Rückkehr von einer ruhmreichen Amerika-Tournee erfuhr sie, daß er das Stück Sarah Bernhardt überlassen hatte; aber im Frühjahr 1897 schrieb er ›Il Sogno d'un Mattino di Primavera‹ [›Der Traum eines Frühlingsmorgens‹] für sie, und sie glänzte in diesem Stück in Paris. D'Annunzio wurde ihr Liebhaber, jahrelang trat sie für ihn ein; aber »die Zurücksetzungen und Erniedrigungen, die sie durch seinen alles verzehrenden Egoismus und seine Herzlosigkeit erlitt, verwundeten und erschreckten sie«. Erschöpft von einer anstrengenden Tournee durch Deutschland, England und Frankreich, bat sie ihn 1904 vergeblich um Verschiebung der Premiere seiner ›Figlia di Iorio‹, deren kostspielige Inszenierung sie finanzierte. Er betraute Irma Gramatica mit der Hauptrolle der Tragödie. Eleonora Duse brach mit ihm; verraten und bankrott, war sie dem Selbstmord nah, als der Berliner Bankier Robert von Mendelssohn im März 1904 ihre Schulden übernahm. Wiederum trat sie in Europa und Amerika, vor allem in Dramen von Ibsen, aber auch Sudermann,

Gorki und Maeterlinck, auf. Am Ende eines Gastspiels in Berlin im Januar 1909 zog sie sich unvermutet für zwölf Jahre von der Bühne zurück.

Im Krieg ging sie an die Front, den Verwundeten beizustehen; in der Nähe des Todes Theater spielen wollte sie nicht. »Ihr Wunsch, zu dienen, quälte sie; der Gedanke, so wenig tun, so wenig geben zu können, bedrückte sie. Sie fühlte den Zwang, ihre Einsamkeit aufzugeben, in Krankenhäusern, beim Roten Kreuz und an der Front Hilfe zu leisten. Sie verabscheute Ostentation und setzte alles daran, anonym zu bleiben; sie nahm die niedrigsten und härtesten Arbeiten auf sich.«

Der Krieg verschlang ihre Ersparnisse; im Frühjahr 1921 kam sie wieder zur Bühne, nachdem sie 1916 ein einziges Mal im Film (›Cenere‹) [›Asche‹] erschienen war. Aber sie fürchtete die Indiskretion der Großaufnahme und bat, sie nicht im Vordergrund, sondern im Stil von D. W. Griffith agieren zu lassen, dessen Angebote von Rollen in seinen Filmen sie jedoch ablehnte. 1916 sah sie Boito noch einmal in seiner Mailänder Wohnung und berichtete ihrer Tochter: »Im Abendlicht des Septembers [. . .] schwiegen wir beide. [. . .] Das Bild einer jungen Frau von vor dreißig Jahren (das meine von einst) zu seiner Rechten und Verdis Bild auf seinem Schreibtisch: darin ist Alles — und Bücher, überall Bücher.«

Am 5. April 1924 stand sie in Pittsburgh in Marco Pragas ›La Porta chiusa‹ [›Die verschlossene Tür‹] zum letzten Mal mit den letzten Worten »Sola, Sola« auf der Bühne. In eiskaltem Regen wartete sie dort vor einer verschlossenen Tür des Theaters, zog sich eine Lungenentzündung zu und starb am 21. April im Hotel. Sie ruht auf dem kleinen Friedhof von Asolo in der Provinz Treviso unweit des Monte Grappa, in einem zur Zeit verwahrlosten Grab.

FRANCO FACCIO

wurde am 8. März 1840 als Sohn eines bescheidenen Hoteliers in Verona geboren, streng katholisch erzogen und, obwohl zum Priesterstand bestimmt, Komponist und bedeutender Dirigent. Seit seinem Eintritt in das Mailänder Konservatorium im Jahr 1855 war er Mitschüler Arrigo Boitos. Verbunden durch gemeinsame Ideale und künstlerische Bestrebungen, wurden und blieben sie bis zu Faccios grausamem Tode an einer Gehirnparalyse engste Freunde, Orestes und Pylades.

Nach Abschluß ihres Studiums besuchten sie 1861—1862 in Paris unter anderen Rossini, Verdi, Berlioz und Gounod. Wieder in Mailand, trat Faccio mit seiner Oper ›I Profughi fiamminghi‹ [›Die Flämischen Flüchtlinge‹] hervor, die am 11. November 1863 an der Scala uraufgeführt wurde. Sein ›Amleto‹ [›Hamlet‹] zu einem Libretto Boitos enttäuschte am 30. Mai 1865 in Genua; aber im Jahr 1870 setzte sich Verdi für Faccio als einen »unserer besten« jungen Musiker ein.

Eine kurze militärische Episode unterbrach im Sommer 1866, als Italien mit Preußen Krieg gegen Österreich führte, Faccios und Boitos künstlerische Tätigkeit. Ein paar Wochen lang nahmen sie an Garibaldis Feldzug teil, über den Faccio ein lebendiges und teilweise amüsantes Tagebuch führte.

1867 dirigierte er ›Il Trovatore‹, ›Ernani‹, ›Rigoletto‹, ›Un Ballo in Maschera‹ und andere italienische Opern in Berlin, wo er ›Lohengrin‹ und ›Tannhäuser‹ kennenlernte. Anschließend wirkte er in Skandinavien. 1868 wurde er Professor am Konservatorium in Mailand, 1869 Dirigent an der Scala und bald darauf ihr künstlerischer Direktor. Nach einem dortigen Mißerfolg des ›Amleto‹ am 9. Februar 1871 zog er die Oper aus dem Repertoire zurück und gab das Komponieren auf.

1872 dirigierte er die europäische Premiere der ›Aida‹, 1881 die Neufassungen von ›Simon Boccanegra‹ und ›Mefistofele‹, 1884 die Neufassung des ›Don Carlo‹ an der Scala. Neben Puccinis ersten Opern und dem französischen Repertoire führte Faccio mit von ihm selbst komponierten Rezitativen Webers ›Freischütz‹ in Boitos Übersetzung und auch Sinfoniekonzerte an der Scala ein; sie umschlossen die Werke der deutschen Klassiker und Romantiker und Zeitgenossen aus anderen Ländern. Besonders verehrte er, wie sein wahrer Nachfolger Arturo Toscanini, das Schaffen Richard Wagners. Er war erschüttert von ›Parsifal‹ und schrieb einem Freund zwischen der Premiere des ›Otello‹ und einer Wiederaufnahme des ›Lohengrin‹ an der Scala: »Vor einem Jahr hast Du den ruhmreichen Triumph italienischer Kunst an dieser größten Bühne erlebt. Hoffen wir, daß Du diesmal dem Triumph deutscher Kunst beiwohnen kannst. Die eine darf die andere nicht ausschließen.« (Depanis II, 275)

Nach erfolgreichen Aufführungen der Neufassung von Boitos ›Mefistofele‹ 1876 in Venedig, 1877 in Triest, 1878 in Verona und Brescia und 1880 in Barcelona verhalf er dem Werk am 5. Mai 1881 zum Durchbruch an der Scala. Im März 1886 feierte er bei der italienischen Erstaufführung von Bizets ›Les Pêcheurs de Perles‹ an der Scala sein tausendstes Auftreten als Opern- und Konzertdirigent.

Im Anschluß an die ersten fünfundzwanzig Vorstellungen des ›Otello‹ an der Scala im Jahr 1887 dirigierte er das Werk in Rom und anderen Städten Italiens. Nach den ersten Londoner Aufführungen des ›Otello‹ im Juli 1889 fuhr er mit Giulio Ricordi, Puccini und dem Bühnenbildner Alfred Hohenstein zur Vorbereitung der ›Meistersinger‹ an der Scala nach Bayreuth. Diese Erstaufführung am 26. Dezember 1889 bedeutete Wagners endgültigen Sieg in Italien und den letzten Höhepunkt im Leben Faccios. Unheilbar erkrankt, konnte er nur noch zwei weitere Vorstellungen der ›Meistersinger‹ dirigieren. Bei einer Wiederaufnahme des ›Simon Boccanegra‹ stand er am 15. Januar 1890 zum letzten Mal am Pult.

Mattia Battistini, Faccios Telramund im ›Lohengrin‹ von 1888, nannte ihn »energisch und streng, aber nicht Schrecken einflößend. Außerordentlich präzis, aber nicht bis zur Pedanterie. Er war absoluter Herrscher über das Orchester, die Sänger und das Publikum.« (De Rensis, 209) Giuseppe Depanis sagte, daß »das Orchester, der Chor und die Sänger unter dem Zauber des kleinen Mannes standen, der mit einem Zeichen des Taktstocks [. . .] den Sturm der Polyphonie entfesselte und beruhigte, während das Publikum sich hemmungslos hingab. Diese geheimnisvolle Übereinstimmung zwischen Bühne, Orchester und Publikum, ein wahrhaft magnetisches Fluidum, war Faccios hervorragendes Verdienst.« (De Rensis, 209)

Von seinem Ende berichten Verdis und Boitos Briefe. Als Nachfolger Angelo Marianis und Vorgänger Arturo Toscaninis besaß »der kleine italienische Teufel«, wie die Wiener ihn nannten, so großen internationalen Ruf, daß G. B. Shaw ihn an die Seite Hans Richters, Felix Mottls und Hermann Levis stellte. Am 21. Juli 1891 wurde Franco Faccio in Monza von seinem Leiden erlöst.

### Giuseppe Giacosa

war ein ungewöhnlich produktiver Bühnenautor und Librettist. Er wurde am 21. Oktober 1847 in Colleretto Parella, Piemont, als Sohn eines Advokaten geboren und sollte, neben Franco Faccio, Arrigo Boitos nächster Freund werden.

Im Jahr 1868 promovierte er und praktizierte eine Zeitlang im Turiner Büro seines Vaters; aber nach seinen ersten theatralischen Erfolgen verschrieb er sich ganz der Bühne.

1877 heiratete er. 1885 unterrichtete er Geschichte und Literatur an der Accademia di Belle Arti in Turin, zog sich aber oft in seinen nahegelegenen Geburtsort bei Ivrea zu konzentrierter Arbeit zurück. Kurze Reisen nach Süditalien, Sizilien, Frankreich und Deutschland öffneten ihm die Welt, aber er zog ein bürgerliches Familienleben auf heimatlichem Boden vor.

1888 zog er als Direktor und Dozent der Accademia dei Filodrammatici und gleichzeitig als Professor für Theaterliteratur und Rezitation am Konservatorium nach Mailand. Schon nach einem Jahr verließ er die Akademie und 1892 das Konservatorium.

Im Spätjahr 1891 begleitete er Sarah Bernhardt auf eine Amerika-Tournee mit einem fünfaktigen historischen Drama, ›La Dame de Challant‹, das er für sie auf französisch geschrieben hatte. Von dieser Reise, die ihn bis in den Mittelwesten und Toronto führte, erzählt er lebendig in einem Buch ›Impressioni d'America‹ (Milano 1899). Er hat auch über Menschen und Geschichte der piemontesischen Heimat und als passionierter Alpinist über seine Wanderungen in den Bergen des Val d'Aosta geschrieben. Sein überaus umfangreiches Werk schließt Legenden und eine ansehnliche Reihe von Dramen in Versen ein. Mit Giovanni Verga und Emile Zola befreundet, wandte er sich zu Beginn der achtziger Jahre dem Naturalismus zu und wurde neben Verga der bedeutendste Repräsentant des Verismo auf der italienischen Bühne.

1883, im Jahr vor ihrer ersten Begegnung mit Arrigo Boito, trat Eleonora Duse in Florenz und Rom in zwei Premieren Giacosas auf. Im Herbst 1891 erschien sie in Turin in der Premiere von ›La Signora di Challant‹, seiner italienischen Fassung der ›Dame de Challant‹.

Giacosas melancholisches, von Boito angeregtes Drama ›Tristi Amori‹, das neben ›Come le Foglie‹ [›Wie die Blätter‹] als sein schönstes gilt, fiel 1887 bei der römischen Uraufführung wegen seines starken Realismus durch. Ein paar Monate später brachte Eleonora Duse das Werk in Turin zu triumphalem Erfolg.

›Come le Foglie‹ ist mit Tschechows ›Kirschgarten‹ verglichen worden; ›Il più Forte‹, Giacosas letztes Werk (1904), gemahnt an G. B. Shaws ›Frau Warren's Gewerbe‹. Außerhalb Italiens dürfte Giacosa heute am bekanntesten durch die Libretti für Puccinis ›La Bohème‹ (1896), ›Tosca‹ (1899) und ›Madama Butterfly‹ (1903) sein, die er zusammen mit Luigi Illica verfaßte. Zu seinen Lebzeiten war er jedoch als Bühnenautor in Deutschland und Österreich nicht unbekannt: Im Januar 1892 wohnte er in Frankfurt der deutschen Erstaufführung von ›Tristi Amori‹ bei, im Herbst 1895 hielt er in Dresden einen Vortrag über ›Il Cosmopolitismo e il Teatro‹. Am 9. Oktober desselben Jahres führte das Burgtheater in Wien zum ersten Mal Arthur Schnitzlers ›Liebelei‹, zusammen mit Giacosas ›Rechte der Seele‹ [›Diritti dell'Anima‹], auf. Ende November 1900 fuhr Giacosa zu ›Come le Foglie‹ nach Berlin.

Giacosas Enkelin, die Gräfin Elena Carandini Albertini, bewahrt noch heute die Kindheitserinnerung an eine Droschkenfahrt in Mailand und die Einkehr in eine Konditorei mit ihrem beleibten Großpapa »Pin«. So nannten ihn alle, die den heiteren und gütigen Mann kannten und liebten.

In den letzten Jahren seines Lebens weilte er mehrmals in Karlsbad zur Kur. Als er im April 1906 herzkrank in Mailand lag, soll D'Annunzio zu Marco Praga gesagt haben: »Eine Stimme fehlt in der Stadt — jene, welche die Trauer aller Menschen aussprechen konnte, als der alte König der Melodie sich wieder mit den Mysterien seines Ursprungs verband.« Er bezog sich auf eine Rede, die Giacosa bei der Trauerfeier für Verdi am 1. Februar 1901 in der Scala gehalten hatte.

Am 3. September 1906 starb Giacosa in dem kleinen Bergdorf seiner Geburt. Mehr als dreißig Jahre zuvor war er dem Freund Arrigo Boito zum ersten Male begegnet, in dessen Beisein er an einem strahlenden Herbsttag auf dem winzigen Friedhof von Colleretto Parella begraben wurde.

## CLARA MAFFEI

Clarina, wie ihre Freunde sie zärtlich nannten, wurde als Tochter des Grafen G. B. Carrara Spinelli am 14. März 1814 in Bergamo geboren und heiratete achtzehnjährig den sechzehn Jahre älteren Dichter Andrea Maffei. Honoré de Balzac beschreibt die Dreiundzwanzigjährige:

»Die Gräfin Clara war klein, aber man würde umsonst eine elegantere, schlankere und behendere Erscheinung suchen; ich für meinen Teil habe sie nie gefunden. Sie ging, saß und sprach mit vollkommener Grazie. [. . .] Ihr Haar, schwarz wie Ebenholz, glänzend wie Jett, sank in dichten Locken auf ihre rosigen Wangen. Bei der geringsten Unterhaltung, die sie interessierte, leuchteten ihre großen schwarzen Augen mit einem solchen Feuer auf, daß ich ihren zarten Glanz kaum zu ertragen vermochte. [. . .] Sie kam mir wie ein vollendeter, vollkommener Typ italienischer Schönheit vor. Hätte ich Canovas Meißel oder Tizians und Paolo Veroneses Pinsel, hätte ich kein anderes Modell gesucht. [. . .] Die Gräfin Maffei war nicht weniger reich mit Intelligenz und Geist begnadet. Sie sprach Französisch mit der Grazie und Eleganz einer Pariserin, mit dem Feuer und der Lebhaftigkeit einer Italienerin. Sie war bewandert in unserer Literatur; es gab kaum ein neues Buch, das sie nicht mit Finesse und Genauigkeit beurteilen konnte. [. . .] Als ich sie zum ersten Mal sah, fühlte ich mich durch ihre unwiderstehliche Anmut zu ihr hingezogen. Mit höchster Ungeduld erwartete ich den Augenblick, in dem ich ihr offiziell vorgestellt werden sollte. [. . .] Ich hätte Jahre meines

Lebens gegeben, drei Monate von ihr geliebt zu sein. [. . .] Und dabei war ich zu dieser Zeit in meinem Leben schon viel gereist, hatte mit Frauen fast jedes Landes in Europa gelebt. Aber keine einzige hatte einen so lebhaften, so tiefen, so unmittelbaren Eindruck auf mich gemacht. [. . .]«

Ihre Liebe zur Kunst und ihr Patriotismus zogen ein halbes Jahrhundert lang die bedeutendsten Menschen an. Unter ihnen waren Giuseppe Verdi, Opprandino Arrivabene, Giulio Carcano, Antonio Ghislanzoni und Carlo Tenca. Nach ihrer offiziellen Trennung von Andrea Maffei am 16. Juni 1846, bei der Verdi als beider Freund Zeuge des legalen Aktes war, wurde Carlo Tenca ihr Lebensgefährte. In späterer Zeit zählten auch Arrigo und Camillo Boito, Franco Faccio und Giacomo Puccini zu den vielen Verehrern der Gräfin, durch deren Empfehlung Arrigo Boitos und Franco Faccios erste Begegnung mit Verdi zustande kam.

Clara Maffeis Salon war das Herz des intellektuellen und politischen Risorgimento in Mailand. Ihr enthusiastischer und tätiger Anteil an der Erhebung Italiens trug sehr wesentlich zu ihrer Verbindung mit Verdi, mit dem Republikaner Giuseppe Mazzini und auch mit dem Grafen Camillo Benso di Cavour, dem »Vater der Einigung Italiens«, bei. 1868 brachte sie Verdis Begegnung mit ihrem Freund und Nachbarn Alessandro Manzoni zustande, dessen Andenken er fünf Jahre später das ›Requiem‹ widmete.

Als sie am 13. Juli 1886 im Sterben lag, eilte Verdi mit seiner Frau zu ihr. Neun Tage später schrieb er an Antonio Ghislanzoni: »Ich kam in Mailand gerade noch an, sie sterben zu sehen! Arme Clarina! So gut, so rücksichtsvoll und so empfindsam. Oh, ich werde sie gewiß nie vergessen! Wir sind über vierundvierzig Jahre lang Freunde gewesen!!« (Forlì)


## VICTOR MAUREL

Verdi und Boito fanden in ihrem ersten Simon Boccanegra, Jago und Falstaff einen Sänger, der eine vorzüglich ausgebildete Stimme mit außerordentlicher schauspielerischer Fähigkeit verband. Am

17. Juni 1848 in Marseille geboren, studierte Maurel Gesang in seiner Geburtsstadt, in der er 1867 auch debütierte. Im Schatten des berühmten Bassbaritons Jean-Baptiste Faure an der Pariser Opéra entschloß er sich schon 1869, in Italien Karriere zu machen. Bei der Premiere der Oper ›Il Guarany‹ des Brasilianers António Carlos Gomes stand er am 19. März 1870 zum ersten Mal auf der Bühne der Scala. 1873—1879 erschien er alljährlich im Frühjahr und Sommer an Covent Garden in London, 1873—1874 auch zum ersten Mal in den Vereinigten Staaten und Rußland. Er glänzte als Mozarts Don Giovanni und Figaro, Wagners Wolfram und Telramund; in Gounods ›Faust‹ sang er abwechselnd den Méphistophélès und den Valentin. Seine denkwürdigsten Darstellungen Verdischer Rollen waren Amonasro in der Erstaufführung der französischen Fassung von ›Aida‹ 1880 an der Pariser Opéra, Simon Boccanegra in der zweiten Fassung von 1881, Jago 1887 und Falstaff 1893 in den Uraufführungen der Scala.

1892 war Maurel im Mailänder Teatro Dal Verme der erste Tonio in Leoncavallos ›Pagliacci‹, 1894 der erste Jago an der Metropolitan Opera in New York. Dorthin kehrte er auch für die Spielzeiten von 1895—1896 und 1898—1899 zurück, während er an der Opéra und der Opéra-Comique in Paris in den Jahren 1894, 1896, 1897, 1900—1903, in Monte Carlo 1897, an Covent Garden 1904—1905 und 1905 auch am Teatro San Carlo in Neapel erschien. Dank frühen Studien in der Malerei trat der vielseitig Begabte 1919 sogar als Bühnenbildner für Gounods ›Mireille‹ an der Metropolitan Opera hervor. Er endete seine Laufbahn als Gesangspädagoge in Paris und, von ernsten finanziellen Schwierigkeiten bedrückt, ab 1909 bis zu seinem Tode am 22. Oktober 1923 in New York.

Unter verschiedenen Publikationen schrieb er ein aufschlußreiches Buch: ›Dix Ans de Carrière — 1887—1897‹ (Paris 1897). Neben seinen eigenen Gedanken über die Inszenierung des ›Otello‹ in naturalistischem Stil und einer Erörterung der Rollen des Werkes enthalten die 423 Seiten dieses Bandes auch verschiedene Photographien des Autors, einen Vortrag über Gesangsunterricht, Erinnerungen an Verdi in einem Essay über ›Falstaff‹ sowie Briefe aus Amerika, in denen Maurel von Industrie und Wirtschaft, dem ame-

rikanischen Charakter und den Künsten berichtet. Die darauffolgen-
den Kapitel handeln von Gymnastik und dem Beruf des Sängers,
von der Emotion im Theater, dem Unterricht am Pariser Conservatoire, der Inszenierung des ›Don Giovanni‹ — wiederum mit klugen
Analysen der Rollen des Werkes — und von der Kunst der Oper im
allgemeinen.

Der seltene Glücksfall eines Sängers und Schauspielers von so
offenkundiger Intelligenz und Kultur schloß die Allüren eines kapri-
ziösen Stars, die Verdis Geduld auf harte Proben stellten, nicht aus.
Verdis Briefwechsel mit Giulio Ricordi schildert Maurel als einen
grenzenlos ehrgeizigen, eitlen, arroganten, eigenwilligen und bis zur
Taktlosigkeit aufdringlichen Künstler, der in seiner flagranten Miß-
achtung der Intentionen des Autors seiner Zeit um hundert Jahre
voraus war. Camille Bellaigue bestätigt dies in einem Brief an Verdi
vom 27. Mai 1894 über Maurels erstaunliche Eingriffe in die Partitur des ›Falstaff‹ an der Opéra-Comique. (Siehe S. 350—351)

Trotz dieser irritierenden Widersprüche sollten wir auf das Urteil von Maurels großer Kollegin Lilli Lehmann hören, die auch
›Dix Ans de Carrière‹ ins Deutsche übersetzte. Am 3. April 1899
schrieb sie ihm aus Boston in einem französischen Brief, der wie ein
Abschied klingt:

»Sie haben mir so viel gegeben, daß die Dankbarkeit meines
ganzen Lebens nicht genügen wird, Ihnen zu danken; das Gefühl,
eine Frau zu einem bestimmten Zeitpunkt, dem wesentlichsten
ihres geistigen Lebens, glücklich gemacht zu haben, wird Ihnen ein
bißchen Genugtuung geben und Sie überzeugen, daß Ihre Freund-
lichkeit mir gegenüber nicht vergeudet war, daß sie in mein Herz für
immer eingegraben bleiben wird. [. . .] Meine Liebe und Freundschaft für Sie waren von keiner irdischen Flamme, ich versichere es
Ihnen. [. . .] Das Ideal, ein schöner Mann von enormer Kraft, mit
klarem und großem Verstand, von seltener Güte, Künstler von
höchstem Rang, der vieles weiß, alles versteht, jeden Fehler vergibt
und nach einer so langen und großen Karriere ein harter Arbeiter
ist — nimmt es wunder, daß ich ihn hochschätze, daß ich ihn liebe
aus vollem Herzen?«

## Emanuele Muzio

Am 24. August 1821 als Sohn eines Schuhmachers geboren und wie Verdi aus einem Dorf — Zibello — in der Nähe von Busseto stammend, war Muzio, von Antonio Barezzi empfohlen, ab April 1844 Verdis einziger Schüler und wurde sein ergebenster Freund. 1847 begleitete er Verdi zu den Premieren von ›Macbeth‹ und ›I Masnadieri‹ nach Florenz und London. Aus seinen naiven Reiseberichten an Barezzi, die ein gutes Bild von Verdis Leben und Schaffen in jenen arbeitsreichen »Galeerenjahren« geben, spricht die ganze Liebe und Verehrung des Lehrlings für seinen Meister.

Nach dem unterdrückten Aufstand von 1848 in Mailand unterrichtete und komponierte Muzio dortselbst. 1850 dirigierte er die erste Vorstellung des Italienischen Theaters in Brüssel, wo auch seine Oper ›Giovanna la Pazza‹ 1854 erfolgreich aufgeführt wurde. 1853 und 1855 war seine zweite und letzte Oper, ›Claudia‹, in Mailand zu hören. 1858 wurde er Dirigent des Royal Opera Orchestra in London. Es folgten weite Konzert- und Operntourneen durch Nordamerika in den Jahren des Bürgerkrieges. Eine unglückliche Ehe mit einer jungen amerikanischen Sängerin wurde später geschieden, der einzige Sohn starb kurz nach der Geburt.

1869 dirigierte er in Kairo den ›Rigoletto‹ zur Einweihung des dortigen Opernhauses und ein Konzert in Ismailia zur Eröffnung des Suez-Kanals. 1873—1874 leitete er die ersten Aufführungen der ›Aida‹ in New York und in mehreren anderen amerikanischen Städten. 1876 gab er die künstlerische Direktion des Pariser Italienischen Theaters auf, die er 1870 übernommen hatte, blieb aber als Gesangslehrer in Paris. 1875 bat Verdi ihn um seine Mitarbeit bei den Vorbereitungen für das ›Requiem‹ in Paris, London und Wien; 1877 half er seinem Maestro bei der Einstudierung dieses Werkes beim Niederrheinischen Musikfest in Köln.

Bei aller Begabung mangelte es Muzio an Selbstvertrauen; aber Verdi sorgte für ihn wie ein großer Bruder und bat auch Clara Maffei, ihm behilflich zu sein. »Er hat Illusionen, die sich niemals verwirklichen werden. Er hat ein sehr gutes Herz, aber nicht genug Kopf, die Welt und sich selbst zu verstehen«, schrieb er ihr am

3. Oktober 1848 aus Paris, und am 21. Juni 1851 aus Busseto, daß Emanuele ein bißchen ungehobelt und fast so ein Bär ist wie ich selbst«. (Chiari)

Vor seinem Tode am 27. November 1890 schrieb Muzio aus einem Pariser Krankenhaus noch einmal an seinen Maestro und bestimmte testamentarisch, daß alle Briefe Verdis an ihn zu vernichten seien, um ihre kommerzielle Ausbeutung zu verhüten.


### Giulio Ricordi

Tito Ricordis ältester Sohn Giulio, am 19. Dezember 1840 in Mailand geboren und dort am 6. Juni 1912 gestorben, übernahm erst kurz vor dem Tode seines Vaters im Jahr 1888 offiziell die Leitung des von seinem Großvater Giovanni Ricordi 1808 gegründeten Musikverlags. De facto aber führte er ihn schon seit 1868. Als begabter Schriftsteller, Musiker, Maler und Geschäftsmann begann er, zweiundzwanzigjährig, in der väterlichen Firma vornehmlich für ›La Gazzetta Musicale‹ zu arbeiten, die er von 1866 bis 1902 selber herausgab. Unter dem Pseudonym J. Burgmein komponierte er Klavier- und Kammermusik, sinfonische Musik, Lieder, Ballette und Operetten, die zu seinen Lebzeiten aufgeführt wurden.

Die annähernd zweitausendfünfhundert — zum größten Teil unveröffentlichten — Briefe, die Giulio Ricordi, Verdi und seine Frau in drei Jahrzehnten gewechselt haben, tragen wesentlich zum Bilde Verdis und seiner Zeit bei. Giulios überschwengliche Verehrung für den Maestro, der für ihn ein zweiter Vater war, scheint nicht nur von geschäftlichen Interessen diktiert, sondern ehrlich empfunden gewesen zu sein, so schwer der prominenteste und anspruchsvollste seiner Autoren ihm das Leben oft machte. Verdis Vertrauen in ihn erlitt jedoch im Jahre 1875 wegen unkorrekter Abrechnungen einen schweren Schlag. Nach Erhalt einer hohen Summe, die Ricordi ihm schuldig war, gab er der Firma nichtsdestoweniger 1887 ein Darlehen, das laut seiner testamentarischen Verfügung nach seinem Tode zugunsten der ›Casa di Riposo‹ zu begleichen war.

»Signor Giulio« wirkte nicht nur als Verdis Verleger, sondern auch als sein mächtiger Vertreter an der Scala und den Opernhäusern der ganzen Welt. Seine ›Disposizioni sceniche‹ für ›Aida‹, ›Simon Boccanegra‹ und ›Otello‹ spiegeln Verdis eigene Wünsche für die Inszenierungen dieser Werke und zeugen von Giulios aktiver Teilnahme an der Regie. Seine Leistungen auf so vielen Gebieten der Oper sind um so erstaunlicher, als er sehr häufig krank und bettlägerig war.

»Sein Biograph«, schreibt Giuseppe Adami, »sieht ihn in der Scala während der Proben einer Oper seines Verlags [. . .]. An solchen Tagen hat Ricordi keine Zeit für Essen und Schlaf. Sein Leben ist auf der Bühne. Als Verleger wahrt er die eigenen Rechte, schimpft und regt sich über alles auf; als Künstler nimmt er sich der Inszenierung an; als Kritiker belehrt, berät und führt er die Sänger; als Maler entwirft er ein Kostüm oder ein Bühnenbild. [. . .] Wer immer Giulio Ricordi am Abend einer solchen künstlerischen Festlichkeit auf der Straße begegnet, erkennt ihn nicht mehr. Er schreitet schneller, sieht keinen Menschen, ist größer und schlanker geworden. [. . .] Seine übliche Ironie ist fast krankhafter Nervosität gewichen. [. . .] Aber nach einem vollkommenen Riesenerfolg sollte man unseren Giulio wieder als den begeistert applaudierenden Künstler sehen, der den Komponisten und Dirigenten und auch — Signora Ricordi möge mich nicht hören — die Sängerinnen, vor allem die hübschen, umarmt. [. . .]«

»Ars et Labor« ist das bedeutsame Motto des Hauses Ricordi. Sein bekanntes Wahrzeichen, drei ineinander verbundene Ringe, stellt drei Ricordi-Generationen dar — Giovanni, Tito und Giulio —, die Verbreiter des weltweiten Ruhms ihres Verlages. Diese drei Ringe könnten aber auch als Symbol der Zusammenarbeit des Verlegers mit seinen Komponisten und Librettisten, des Triumvirates Giuseppe Verdi — Giulio Ricordi — Arrigo Boito im besonderen, zu deuten sein.

Neben seiner besonderen Verbindung mit Verdi förderte dieser Kunst und Geschäft mit sicherem Instinkt vereinende große Verleger fast alle bedeutenden italienischen Komponisten, Librettisten und Dirigenten seiner Epoche. Vor allem setzte er sich für Puccini ein. Boito und Faccio zählten zu seinen besten Freunden. Durch ihn

wurden sie Verdis Mitarbeiter und Freunde; und mit Signora Giuseppina Verdis Beistand ermöglichten seine Initiative, sein Takt und
seine Diplomatie Sternstunden in der Geschichte der Oper.

## Tito Ricordi

am 29. Oktober 1811 in Mailand gebürtig, erweiterte das berühmte
Verlagsgeschäft seines Vaters Giovanni (1785—1853). Er erbte eine
fest etablierte, florierende Firma und seines Vaters freundschaftliche
Beziehung zu Verdi. Ein ausgezeichneter Pianist, war er persönlich
mit Schumann, Liszt, Meyerbeer und anderen berühmten Musikern
bekannt. 1842 gründete er ›La Gazzetta Musicale di Milano‹, eine
prominente Zeitschrift, die in den sechzig Jahren ihrer Existenz die
wertvollsten Auskünfte über das Musikleben in der ganzen damaligen Welt gab. Er kämpfte erfolgreich für Autorenrechte, war 1863
einer der Gründer der ›Società del Quartetto‹ in Mailand, erweiterte
die Gebäude des Verlags und führte als hervorragender Lithograph
wichtige technische Neuerungen in seiner Notendruckerei ein. Unter seiner Leitung kaufte das Haus Ricordi mehrere andere italienische Musikverlage auf und eröffnete Filialen in verschiedenen Städten Italiens, in Paris und London. Drei Monate vor seinem Tod gelang ihm nach Jahren bitterer Konkurrenz der Anschluß des Verlags
Francesco Lucca an sein eigenes Haus.

Im ständigen Kontakt mit den Direktionen der Scala und anderer italienischer Opernhäuser war er an allen Produktionsphasen
der von ihm verlegten Opern interessiert. Trotz gelegentlicher geschäftlicher Differenzen stand er dem Duzfreund Giuseppe Verdi,
der sich bei der Nachricht von Titos Tode am 7. September 1888
der Tränen nicht erwehren konnte, sein Leben lang nah.

## GIUSEPPINA VERDI STREPPONI

wurde nach dem frühen Tode Margherita Barezzis die Gefährtin Verdis und später seine Frau. Am 6. September 1815 kam sie im lombardischen Lodi zur Welt. Ihr Vater Feliciano Strepponi (1767–1832), ein namhafter Komponist, unterwies sie in Gesang und Klavierspiel. Von 1830 bis 1834 studierte sie am Mailänder Konservatorium und gewann sehr bald den Ruf einer der hervorragendsten Sopranistinnen ihrer Zeit. Donizetti schrieb die Titelrolle seiner Oper ›Adelia‹ für sie. Ihre größten Erfolge erzielte sie in Opern wie ›L'Elisir d'Amore‹, ›Lucia di Lammermoor‹ und ›La Sonnambula‹, aber dramatische Partien wie die der Norma schadeten ihr.

Als Verdi Frau und Kinder verlor, war auch das Leben der Strepponi von Tragödien bedroht. Nach dem Tode ihres Vaters mußte sie – selbst Mutter unehelicher Kinder – ihre Familie unterstützen. Ihr Stern sank zur gleichen Zeit, in der Verdis Ruhm durch ›Nabucco‹ stieg; die Partie der Abigaille, die sie in der Premiere gesungen hatte, überforderte ihre Stimme, wie auch spätere Aufführungen von ›I Lombardi‹ und ›Ernani‹. 1846 zog sie sich, nun Gesangslehrerin in Paris, von der Bühne zurück, und damals schrieb Verdi ihr einen Brief, den sie laut testamentarischer Bestimmung versiegelt auf ihrem Herzen ins Grab nehmen wollte.

In Busseto wurde Verdis Beziehung zu seiner »Dirne« Gegenstand kleinstädtischen Klatsches, dem selbst sein Schwiegervater Antonio Barezzi verfiel. Damals, am 21. Januar 1852, antwortete Verdi seinem Wohltäter und väterlichen Freund: »In meinem Hause lebt eine Dame – frei, unabhängig, die Einsamkeit liebend wie ich, mit einem Vermögen, das sie vor jeder Notlage schützt. Weder ich noch sie sind über unser Tun irgend jemand Rechenschaft schuldig; aber andererseits, wer weiß, was für Beziehungen es zwischen uns gibt? Was sind unsere Geschäfte, was unsere Bindungen, was die Rechte, die ich über sie habe und die sie über mich hat? Wer weiß, ob sie meine Frau ist oder nicht? Und in diesem Fall, wer weiß, was die besonderen Gründe, was die Absichten sind, die Öffentlichkeit zu meiden? Wer weiß, ob das gut oder schlecht ist?

Warum könnte es nicht auch etwas Gutes sein? Und wäre es auch etwas Schlechtes, wer hat das Recht, den Bannfluch gegen uns zu schleudern?« (Copialettere, 128)

Sieben Jahre später, am 29. August 1859, wurde das Paar in Collonges-sous-Salève, einem savoyischen, damals italienischen Dorf in der Nähe von Genf, kirchlich getraut, und zehn Jahre darauf schrieb Giuseppina Verdi einmal, am 8. März 1869, an Giulio Ricordi: »Es stimmt doch, Giulio, daß *bei Verdi der Mensch den Künstler übertrifft?* Seit vielen Jahren habe ich die Gnade, in seiner Nähe zu leben, und es gibt Momente, in denen ich nicht weiß, ob meine Liebe oder meine Verehrung für ihn, für sein Herz und seinen Charakter größer ist.« (Carteggi II, 14)

Mit ihren literarischen Interessen und Sprachkenntnissen war Giuseppina Verdi ihrem Mann zumal in seiner französischen Korrespondenz oft behilflich. Sie teilte und förderte seine Freundschaften, begleitete ihn auf fast allen Reisen und führte durch einen heimlichen Besuch bei Clara Maffei sogar seine Begegnung mit Alessandro Manzoni herbei. Trotz mancher, auch durch ihres Mannes Liebe zu Teresa Stolz verursachten, Depressionen, die sich in ihren Tagebüchern widerspiegeln, war Giuseppina Verdi eine Partnerin von seltenem Format. Bescheiden sagte sie einmal über sich selbst: »Ich habe nicht studiert, habe keinen Funken für irgendeine Kunst, Wissenschaft oder Literatur; aber ich liebe die Künste, die Literatur, und erfühle viele Dinge durch Intuition ... Wenn ich weiß, daß das Haus sauber ist, daß Verdi kein einziger Knopf fehlt und das Essen nicht zu schlecht gerät, nehme ich ein gutes Buch zur Hand, das ich nach den tausend Dingen frage, die ich nicht weiß.« (Abbiati IV, 431)

Edmondo De Amicis, ein Freund des Ehepaares, gibt eine lebendige Schilderung der noblen Frau, die in der Uraufführung von ›Nabucco‹ sang und noch ›Falstaff‹ erlebte, bevor Verdi sie am 14. November 1897 verlor:

»Die Stellung der Gattin Verdis, in mancher Hinsicht ähnlich der eines Prinzgemahls, war nicht leicht. Aber Signora Giuseppina war dazu wohl von Natur aus wie durch erworbene Eigenschaften so sehr befähigt, daß sie in dieser schwierigen Lebensgemeinschaft, glaube ich, niemals auch nur den leisesten Mißklang aufkommen ließ. Ihr berechtigter Stolz sank nie zur Eitelkeit herab, erhob sich nie bis zum Hochmut; und nur wer sie ohne Scharfblick beobachtete, hätte die Ehrfurcht, in der sich ihre große Liebe für ihren Mann offenbarte, Vergötterung nennen können. Sie schien fortwährend bestrebt zu sein, Heiterkeit und Lächeln in jenes Antlitz zu bringen, das souveräne künstlerische Leidenschaft in einen ernsten und fast traurigen Schleier hüllte, der sich bei keinem Hauch von Menschenlob hob. Dabei half ihr die Natur, die ihr einen bei Frauen seltenen, sehr feinen Sinn für Komik und die Fähigkeit, ihn mit bewundernswerter Wirkung anzubringen, geschenkt hatte, wobei sie nie in üble Nachrede oder Spott verfiel. Sie konnte wohl witzig sagen: ›Wer weiß, was Victor Hugo darum geben würde, seinem eigenen Begräbnis beiwohnen zu können!‹ Aber sie sagte das nicht, ohne vorher erklärt zu haben, sie bewundere diesen Dichter so sehr, daß sie Angst vor ihm habe.

In ihrem Antlitz waren die Züge früherer Schönheit noch um ihr siebzigstes Jahr fast unverändert sichtbar geblieben; das in ihrem schönen graumelierten noch immer erhaltene blonde Haar und die rosige Farbe ihrer Haut verliehen ihr auf den ersten Blick eine jugendliche Erscheinung; die klaren Augen jedoch hatten einen von Natur ernsten Ausdruck, der im Gegensatz zur Heiterkeit ihres Geistes stand. [. . .] Sie sprach mit großer Schlichtheit, etwas langsam, nicht aus Hemmung, sondern mit Bedacht, indem sie ihre wenigen, immer treffenden Worte und Sätze fast zu sieben schien; sie gab keinerlei Meinung zum besten, nicht einmal bei der Erörterung ihrer eigenen Kunst; jedes Urteil sprach sie in Form eines Zweifels aus; die Anmut ihrer Unterhaltung war stets ein Teil des feinen Verstandes, der sie zu einer so nützlichen Ratgeberin des Maestro gemacht hatte, als es zwischen ihnen noch keine anderen Bande als die der Kunst gab. [. . .]

Wer ihre Briefe nicht gelesen hat, hat sie nicht gut gekannt; in diesen kamen alle ihre seelischen und geistigen Vorzüge noch besser zum Vorschein als im Gespräch. Ihre Beherrschung der brieflichen Form schien eine natürliche Gabe zu sein, wie es die Schönheit ihrer Stimme gewesen war; und diese Fähigkeit zu üben war eine ihrer liebsten Beschäftigungen. Ihre Briefe verraten vollkommene Übereinstimmung zwischen Handschrift, Stil, Scharfsinn und Empfindung — in allen dieselbe Grazie. Über eine Nichtigkeit konnte sie eine schöne Seite schreiben, auf der sie sich sozusagen um den eigenen Gedanken drehte und scherzend, wie ein in allen Finessen der Kunst bewanderter humoristischer Schriftsteller, mit den Worten spielte. Auch Zuneigung drückte sie häufig in Form eines, wenn auch sehr feinen Scherzes aus, wie ein Lächeln in einem vor Ergriffenheit feucht gewordenen Auge. Es waren harmonische und brillante Briefe, in denen man viele zarte Düfte wahrnahm wie in einem Blumenstrauß und nie auch nur die Spur von Geziertheit oder Pedanterie, nie einen Satz, der die Absicht oder das Bewußtsein, gut zu schreiben, verriete. Eine solche Meisterin im Briefeschreiben zur Frau zu haben, die ihm oft die Mühe ersparte, die Feder selbst zur Hand zu nehmen, ohne die Korrespondenten vor den Kopf zu stoßen, (die in literarischer Hinsicht dabei gewannen) — auch darin hatte Verdi Glück. [...] Die Briefe der Signora waren doppelt wertvoll, wenn der Maestro am Ende der letzten Seite ein paar eigene Zeilen hinzufügte, mit jenen starken und unregelmäßigen Schriftzügen, die von der Hand eines Riesen zu stammen schienen, für den die Feder ein zu kleines Werkzeug ist. Der Gegensatz beider Schriften gab ein getreues Bild ihrer verschiedenen Naturen und ließ beinahe den Zauber verstehen, mit dem die Schreiberin des Briefes das Leben des Schreibers des Postskriptums erfüllte. In der Tat erfüllte sie so viel in seinem Leben, daß ich glaube, Verdis Schaffen hätte mit *Aida* aufgehört, wenn sie fünfzehn Jahre eher gestorben wäre.«

# Anmerkungen

## Zu: Vorwort

7 *Giulio Ricordi:* Siehe Biographische Skizzen, S. 592—594.

*Mozart und Da Ponte:* Wolfgang Amadeus Mozart (1756—1791) und der italienische Librettist Lorenzo Da Ponte (1749—1838) schufen ›Le Nozze di Figaro‹, ›Don Giovanni‹ und ›Così fan tutte‹.

*Richard Strauss und Hugo von Hofmannsthal:* Nachdem Richard Strauss (1864—1949) das Drama ›Elektra‹ von Hugo von Hofmannsthal (1847—1929) vertont hatte, schrieb der österreichische Dichter für ihn ›Der Rosenkavalier‹, ›Ariadne auf Naxos‹, ›Die Frau ohne Schatten‹, ›Die ägyptische Helena‹ und ›Arabella‹.

*Shakespeare:* William Shakespeare (1564—1616).

8 *»männlichste Erscheinung«:* Paul Bekker in ›Wandlungen der Oper‹, 110.

*mit diesen Worten rezensierte:* In ›La Gazzetta Musicale di Milano‹ vom 9.3.1868.

*Cesare De Sanctis:* »Cesarino« war ein erfolgloser Kaufmann, leidenschaftlicher Musikliebhaber und einer der ergebensten Verehrer Verdis in Neapel. Obwohl er zu den nächsten Freunden der Verdis zählte, ist nicht einmal sein Geburtsdatum zu ermitteln. Er starb 1881 verarmt und erblindet.

*»Nichts lieber wäre . . .«:* Carteggi I, 16.

*Kaiser Nero:* Lucius Domitius Nero (54—68 n. Chr.), letzter Claudier, Sohn des jüngeren Agrippina, von Kaiser Claudius adoptiert; ausschweifend und grausam, verfolgte er nach dem Brande Roms (64 n. Chr.) die Christen als »Brandstifter«, ließ Mutter, Gattin und viele Senatoren ermorden, endete durch Selbstmord.

9 *Ricordi schrieb ein Jahr später:* Am 26.1.1871.

*Verdi antwortete:* Am 30. 1. 1871. (Abbiati III, 359. Dieser Brief fehlt im Ricordi-Archiv.)

*Amleto:* ›Hamlet‹. Oper von Franco Faccio zu einem Libretto nach Shakespeare von Arrigo Boito, das Giulio Ricordi an Verdi gesandt hatte. (Biographische Skizzen, S.583)

*Arturo Toscanini:* Der weltberühmte Dirigent (1867—1957) absolvierte das Konservatorium seiner Geburtsstadt Parma als Cellist, sprang 1886 bei einer ›Aida‹-Vorstellung in Rio de Janeiro am Pult ein. 1898—1903, 1906—1908 und 1921—1929 war er künstlerischer Leiter der Mailänder Scala, 1908—1915 Dirigent an der Metropolitan Opera, 1928—1936 Dirigent der New-Yorker Philharmonie, 1937—1954 des für ihn gegründeten National Broadcasting Orchesters in New York. 1930 und 1931 dirigierte er bei den Bayreuther Festspielen,

1935 und 1937 in Salzburg, 1938 und 1939 in Luzern. Zum Gegner des Faschismus geworden, zog er sich 1931 von Italien und 1933 von Deutschland zurück. 1946 eröffnete er die im Kriege nach ihrer Zerstörung wiedererbaute Scala, an der er am 10. Juni 1948, Boitos dreißigstem Todestag, Teile von ›Mefistofele‹ und ›Nerone‹ konzertant zur Aufführung brachte.

*»Der arme Boito . . .«:* Interview im ›Giornale d'Italia‹, 18.12.1929.

*Von mir und Maestro Tommasini:* Die Ricordi-Partituren und Klavierauszüge des ›Nerone‹ erwähnen lediglich den Komponisten Vincenzo Tommasini (1878—1950) und Antonio Smareglia (siehe Anmerkung zu Boito-Daten 1912) als die Vollender des Werks.

*Ferruccio Busoni:* 1866—1924. Einer der größten Pianisten seiner Zeit, bedeutender Komponist und Musikschriftsteller. Sein Vater war ein italienischer Klarinettist, die Mutter Pianistin deutscher Abstammung. Wunderkind; mit fünfzehn Jahren Mitglied der Accademia Filarmonica in Bologna. Nach Studien in Wien und Leipzig 1888 Klavierlehrer am Konservatorium in Helsingfors. Dort heiratete er die Tochter eines schwedischen Bildhauers. 1890 Professor in Moskau; von 1891 bis 1894 wirkte er in Amerika als gefeierter Pianist, zeitweilig auch am New England Conservatory in Boston. Von 1894 bis 1914 war sein Wohnsitz zwischen weltweiten Konzertreisen in Berlin. 1913 Direktor des Liceo musicale in Bologna. Während des ersten Weltkrieges lebte Busoni in Zürich, ab 1919 wieder in Berlin, wo er 1920 eine Meisterklasse für Komposition an der Akademie der Künste übernahm. Neben zahllosen anderen Kompositionen, neben Bearbeitungen, theoretischen Veröffentlichungen und Artikeln schrieb er vier Opern: ›Die Brautwahl‹, ›Arlecchino‹, ›Turandot‹ und ›Dr. Faust‹, der postum 1925 in Dresden unter Fritz Busch zur Aufführung kam.

12  *Charles Gounod:* 1818—1893. Der ›Faust‹, die bei weitem erfolgreichste Oper (1859) dieses französischen Komponisten, ist in Deutschland als ›Margarethe‹ bekannt. Unter seinen anderen Werken stehen nur noch ›Mireille‹ (1864) und ›Roméo et Juliette‹ (1867) im französischen Repertoire.

*»O rare mélange . . .«:* In einem Brief vom 15.11.1904. (Nardi, 661)

*Camille Bellaigue:* Siehe Biographische Skizzen, S.573—575.

13  *Dante:* Dante Alighieri (1265—1321). Hauptwerk: ›La Divina Commedia‹. Boitos Briefe an Bellaigue bezeugen seine profunde Kenntnis des Dichters.

*Bach:* Johann Sebastian Bach (1685—1750). Boitos Verhältnis zu ihm geht u.a. aus seinen Worten an Bellaigue zu Ostern 1909 hervor:»Deine Bekehrung zum Kult des sublimen, tragischen, göttlichen und menschlichen J.S.Bach hat mich tief bewegt und ist ein weiteres Band unserer Freundschaft.« (Scala) Zu Boitos Gedanken über die ›h-Moll-Messe‹ siehe seinen Brief an Verdi vom 9.11.1896, zur ›Matthäus-Passion‹ Boito-Daten 1910. Die wachsende italienische Bach-Pflege seit der zweiten Hälfte des 19. Jahrhunderts ist in hohem Maße Boitos persönlichem Einsatz zu danken. (Siehe auch Alberto Basso: ›Frau Musika. La Vita e le Opere di J. S. Bach‹.)

*E. T. A. Hoffmann:* Ernst Theodor Amadeus (Wilhelm) Hoffmann (1776 bis 1822).

*Webers ›Freischütz‹:* Carl Maria von Weber (1786—1826) schrieb diese Oper von 1817 bis 1820.

*Richard Wagner:* 1813—1833. Wagners Reaktion auf Boitos Verehrung spiegelt sich in seinem ›Brief an einen italienischen Freund über die Aufführung des *Lohengrin* in Bologna‹. (Richard Wagner: ›Sämtliche Schriften und Dichtungen‹, 9. Bd., 287—291.) Diese Veröffentlichung entspricht nicht ganz der in der Bibliothek der Scala verwahrten Handschrift des Briefes. Wagner schrieb ihn »al Signor Boito, suo vero amico!«, redet ihn als »Theurer Freund« an und endet sein vierseitiges Schreiben aus Luzern vom 7. November 1871 »Mit herzlichen Grüßen der Ihrige Richard Wagner«. (Siehe auch Boito-Daten 1871.)

*Baudelaire:* Charles Baudelaire (1821—1867). Französischer Dichter. ›Les Fleurs du mal‹ (1857).

*Scapigliatura:* Vom italienischen *scapigliato* = ungekämmt, liederlich, zügellos. Name einer Mailänder Gruppe von Literaten, Malern und Musikern in den sechziger Jahren, Gegenstück der französischen *Bohème*. Die Hauptfiguren der Bewegung waren Emilio Praga (1839—1875), Giovanni Camerana (1845—1905), Igino Ugo Tarchetti (1830—1869), Carlo Righetti (1830—1874), Carlo Dossi (1849—1910), Giuseppe Rovani (1818—1874), Antonio Ghislanzoni (1824—1893) und Arrigo Boito selbst. Unter dem Pseudonym Cletto Arrighi beschrieb Carlo Righetti die Scapigliatura als eine Art mystischen Konsortiums rastloser exzentrischer Genies. Enttäuscht vom Versickern des Risorgimento, attackierten sie die Bourgeoisie, verachteten Kirche und Religion, ergaben sich sexueller Freiheit, Alkohol und Drogen. Arm und heruntergekommen, nahm sich Camerana das Leben; Praga wurde ein Opfer des Alkohols; Tarchetti starb an der Schwindsucht. Unfähig, die sozialen und kulturellen Institutionen ihrer Zeit durch ein konkretes Programm zu ersetzen, ersehnten die Scapigliati ihre Aufnahme in eine zukünftige, dem Genius des Künstlers geneigte Gesellschaft.

*›La Gioconda‹:* Bekannteste unter dreizehn Opern von Amilcare Ponchielli (1834—1886). Boito schrieb das Libretto unter dem Pseudonym Tobia Gorrio. (Siehe Anmerkung 4 zum 14. 1. 1886.)

*Benedetto Croce:* Philosoph und Historiker (1866—1952). Essay in ›La Letteratura della Nuova Italia, Saggi Critici‹, vol. I, 257—274.

*Manzoni:* Alessandro Manzoni (1785—1873), der große italienische Dichter des 19. Jahrhunderts. Manzonis ›Inni sacri‹ preisen die christlichen Feste; seine lyrisch-romantischen Trauerspiele ›Il Conte di Carmagnola‹ und ›Adelgis‹ brechen mit den Formen der französischen Schule. Sein Hauptwerk, der in der Lombardei des 17. Jahrhunderts spielende historische Roman ›I Promessi Sposi‹ [›Die Verlobten‹], begeisterte Goethe und beeinflußte die europäische Literatur. Verdi verehrte Manzoni wie einen Heiligen und widmete seinem Gedächtnis das ›Requiem‹.

14 *Leopardi:* Graf Giacomo Leopardi (1798—1837) entzog sich dem Einfluß seiner streng katholischen Familie durch das Studium der Antike. Romantische Schwermut und seelische Zerrissenheit prägen das Schaffen des lebenslang kränklichen Dichters, der als der größte italienische Lyriker nach Petrarca gilt.

15 *dieser Charaktere in ›Re Orso‹ wurde richtig erkannt:* Mantovani ›Letteratura contemporanea‹, pp. 131—132.

16 *Verdis Worte an Domenico Morelli:* Am 28.3.1884. (S.138)

*Domenico Morelli:* 1826—1901. Naturalistischer Maler, der seit 1858 in Verdis neapolitanischem Freundeskreis eine besondere Rolle spielte, weil er den Wunsch des Musikers erfüllte, ihm Bilder der Figuren und Schauplätze seiner Opern zu geben. Ein Porträt Verdis, das Morelli 1858 in Neapel schuf, wurde von Filippo Palizzi (1818—1899) mit goldenen Lorbeeren ummalt und befindet sich heute in der ›Casa di Riposo per Musicisti‹, dem von Verdi gestifteten Altersheim für Musiker in Mailand. Als Verdi dieses Bild Jahrzehnte später von Morelli erhielt, dankte er ihm am 18.2.1896: »Das Bildnis, das Ihr mir freundlicherweise gesandt habt, [...] ist gut, glänzend, ansprechend, mit lebendiger Farbe wie gestern gemacht. Aber leider bin ich's, der nicht mehr der Mann von vor vierzig Jahren ist! Dieser schwarze Bart, dies schwarze Haar, diese noch jugendliche Erscheinung ist nicht mehr die meine! So ist es, und so muß es sein! Wie immer es sei, ist es eine Arbeit Morellis und würdig Morellis, die mir doppelt lieb ist, weil sie mich an die Freundschaft eines wahren und großen Künstlers und eine bewegte, gleichzeitig frohe Epoche meines Lebens erinnert.« (Levi, 95—96)

*Signora Peppina an Giulio Ricordi:* Am 7.11.1879. (S.39)

*Eugenio Tornaghi:* Gestorben 1915 in Mailand. Von 1858 bis 1911 Prokurist der Firma Ricordi. Obwohl er ein Duzfreund Boitos war und auch vielen anderen Komponisten und Librettisten nahestand, sind weitere Lebensdaten weder bei Ricordi noch im Mailänder Standesamt zu ermitteln.

*Absage eines Duells:* Siehe Boito-Daten 1893 und Anmerkungen zu seinem Brief an Verdi vom 21.12.1893.

17 *Eleonora Duse:* Siehe Biographische Skizzen, S.579—582.

*»beendet oder fast beendet«:* In einem Brief vom 4.7.1867 an den Dirigenten Sir Michael Costa (1808—1884) in London. (Carteggi II, 26)

*Bände von François-Victor Hugo:* Fünf dieser Bände (III, V, XI, XIII, XIV) befinden sich in der Bibliothek des Museo Teatrale alla Scala. Der Übersetzer war der Sohn (1828—1873) von Victor Hugo (1802—1885). (Siehe Anmerkung zu Boito-Daten 1911 und Bibliographie.)

18 *Lessing:* Gotthold Ephraim Lessing (1729—1781) schrieb über Shakespeare in der ›Hamburgischen Dramaturgie‹ und in ›Aus den Briefen, die neueste Literatur betreffend‹, Siebzehnter Brief.

*Wieland:* Christoph Martin Wieland (1733—1813) schuf mit seinen Prosaübersetzungen von 22 Shakespeare-Dramen den ersten großen Shakespeare-Corpus in Deutschland.

*Herder:* Johann Gottfried v. Herder (1744–1803) veröffentlichte in der Essay-Sammlung ›Von deutscher Art und Kunst‹ seinen für die Sturm-und-Drang-Generation wegweisenden Shakespeare-Aufsatz.

*Goethe:* Johann Wolfgang Goethe (1749–1832) schrieb über Shakespeare in Wilhelm Meisters ›Hamlet‹-Gesprächen, in Aufsätzen ›Zum Shakespeare Tag‹ und ›Shakespeare und kein Ende‹.

*Schiller:* Friedrich Schiller (1759–1805) bearbeitete und übersetzte Shakespeares ›Macbeth‹ während Goethes Direktionszeit für das Hoftheater in Weimar.

*Schlegel:* August Wilhelm v. Schlegel (1767–1845) übersetzte mit Wolf Heinrich Graf Baudissin und Dorothea Tieck Shakespeares gesamtes dramatisches Werk. Mit Ludwig Tieck war er der Herausgeber der großen romantischen deutschen Shakespeare-Ausgabe. Seine Wiener ›Vorlesungen über dramatische Kunst und Literatur‹ waren von entscheidendem Einfluß auf die Verbreitung Shakespeares in ganz Europa.

*Giulio Carcano:* 1812–1884. Dichter und Romanschriftsteller; entstammte einer adligen Familie in Mailand und promovierte als Jurist. Etwa vierzig Jahre lang arbeitete er an seiner Shakespeare-Übersetzung. In einem der Bände seiner ›Opere di Shakespeare‹, die Verdi besaß, findet sich die persönliche Widmung »seines Freundes am 19. März 1875« (St. Agata).

*Andrea Maffei:* 1798–1885. Schriftsteller und Dichter; übersetzte Shakespeare, Milton, Byron, Goethe, Schiller, Heine und Grillparzer. Er war mit Clara Maffei verheiratet, später von ihr getrennt. (Siehe Biographische Skizze Clara Maffei, S. 587 und 588.)

*Carlo Rusconi:* 1819–1889. Politiker, Schriftsteller und Übersetzer Shakespeares und Byrons.

*Protest gegen Pariser Kritik:* In einem Brief an den dortigen Verleger und Theaterdirektor Léon Escudier (1828–1881). (Carteggi IV, 159)

19 *»Savoir comprendre . . .«:* In einem Brief vom April 1894 an Camille Bellaigue. (Scala)

Zu: Anfänge des ›Otello‹ —<br>Revision des ›Simon Boccanegra‹<br>Einführung

31 *Faccio:* Siehe Biographische Skizzen, S. 582–585.

*am 4. September 1879 an Giulio Ricordi:* Verdi datierte versehentlich am 4. August.

*Giuditta:* Giulio Ricordis Frau (1838–1916).

33 *etwas Unrechtes antat:* Siehe Boito-Daten 1863.

*schrieb er mir damals:* Brief nicht ermittelt. (Siehe Verdi- und Boito-Daten 1879 und Walker, 472–473.)

*Rossini:* Gioacchino Rossini (1792–1868), nach seinem Geburtsort »der

Schwan von Pesaro« genannt; Komponist von etwa 40 Opern. ›Tancredi‹ und ›L'Italiana in Algeri‹ begründeten schon 1813 seinen Ruhm, ›Il Barbiere di Siviglia‹ wurde 1816 sein Welterfolg. Im selben Jahr schrieb er seinen weniger geglückten ›Otello‹, 1817 ›La Cenerentola‹ und ›La Gazza ladra‹, 1823 ›La Semiramide‹. 1822 heiratete er die spanische Sopranistin Isabella Colbran (1785—1845), brillierte mit seinen Opern in Wien und besuchte Beethoven. 1823 reiste er nach Paris und London, übersiedelte 1824 nach Paris und übernahm die Leitung des Théâtre des Italiens. 1826 entstand ›Le Siège de Corinth‹ (die französische Fassung seines ›Manometto Secondo‹, 1820), 1827 ›Mosé‹ (die französische Fassung seines ›Mosè in Egitto‹, 1818), 1828 ›Le Comte Ory‹ und 1829 ›Guillaume Tell‹, Rossinis letztes Bühnenwerk. In der zweiten Hälfte seines Lebens schrieb er bis auf ein ›Stabat Mater‹ (1841) und ›La petite Messe solennelle‹ (1863) Musik nur noch zum Zeitvertreib. Schwere psychische und physische Krankheiten, weite Reisen, jahrelange Aufenthalte in Italien, Trennung von Isabella Colbran, Heirat mit Olympe Pélissier (1846), einer Dame der Pariser Demimonde, Beziehungen zu vielen bedeutenden Persönlichkeiten seiner Epoche kennzeichnen ein Leben, das in seinen letzten Jahrzehnten keineswegs, wie Richard Wagner hämisch behauptete, »fast allein den Genüssen des Gaumens gewidmet« war.

*Meyerbeer:* Giacomo Meyerbeer (1791—1864). In Berlin als Jakob Liebmann Beer gebürtig, wie Mendelssohn der Sohn eines reichen Bankiers und Schüler Karl Friedrich Zelters. Von Antonio Salieri beraten, schrieb Meyerbeer von 1817 bis 1824 erfolgreiche Opern in Oberitalien. 1826 ging er nach Paris. Im Stil der französischen Großen Oper hatte er dort mit ›Robert le Diable‹ (1831), ›Les Huguenots‹ (1836) und ›Le Prophète‹ (1849) sensationelle Erfolge. ›L'Africaine‹, 1838 begonnen, wurde erst nach seinem Tode 1865 in Paris und Berlin aufgeführt. 1842 kehrte er als Preußischer Generalmusikdirektor nach Berlin zurück und schrieb für dort ›Das Feldlager in Schlesien‹; Musik aus dieser Oper benutzte er für seine französische Oper ›L'Etoile du Nord‹, die 1854 an der Pariser Opéra-Comique zur Aufführung kam, wie auch ›Dinorah‹ (1859). Hugo Riemann rühmte Meyerbeers Bühnenmusik zu ›Struensee‹, einem Schauspiel seines Bruders Michael Beer, als sein bestes Werk. Außerdem schrieb Meyerbeer die Chöre zu Äschylus' ›Eumeniden‹, Festkantaten, vier Fackeltänze, drei Märsche, Kirchenmusik und Lieder. Weber, der sein Jugendfreund war, Wagner und Schumann wurden Meyerbeers erbitterte Gegner, aber sein Einfluß auf Wagner und auch auf Verdi ist unverkennbar. Hermann Abert gehörte zu den ersten, die diesem Meister Gerechtigkeit widerfahren ließen. (Hermann Abert: ›Illustriertes Musik-Lexikon‹; 300)

34  *schrieb er mir dies:* Nicht ermittelt.
   *Brief Boitos von gestern früh:* Ib.
35  *Boito schreibt mir heute aus Venedig:* Ib.
36  *Ich telegrafierte Ihnen:* Ib.
   *ich schrieb ihm heute früh:* Ib.

37 *Ricordi mit einem Photographen:* Photographien nicht ermittelt.

40 *Giuseppina Negroni Prati Morosini:* 1824—1909. Mailänder Gräfin, in die
Verdi Anfang der vierziger Jahre verliebt war. Sie blieb ihm und seiner Frau in
herzlicher Freundschaft verbunden. (Siehe auch Anmerkungen 2 und 3 zum
9.10.1895.)

*der Stümper:* Marquis Francesco Berio di Salsa (1767—1820), Librettist von
Rossinis am 4. 12. 1816 in Neapel uraufgeführter Oper ›Otello ossia Il Moro
di Venezia‹. Stendhal, der französische Schriftsteller Marie Henri Beyle
(1783—1842), bezeichnete ihn als einen »sehr reizenden Herrn der Gesellschaft, der als Dichter völlig talentlos war«. Als Lord Byron (1788—1824) im
Februar 1818 Rossinis ›Otello‹ in Venedig hörte, war er entsetzt, Shakespeares
Werk — u. a. unter Auslassung der wichtigsten Szenen — »gekreuzigt« zu finden. (Marchand, 13 und 18) Stendhal übt in seinen 1817 und 1826 herausgegebenen Schriften ›Rome, Naples et Florence‹ (401—403) und in ›Vie de Rossini‹
(275—304) auch scharfe Kritik an der Komposition. Meyerbeer bezichtigt Rossini des Selbst-Abschreibens im ›Otello‹, hält den letzten Akt jedoch für »göttlich schön«. (Becker, Bd. I, 359—360) Trotz allem hielt sich diese Oper jahrzehntelang im weltweiten Repertoire.

*Somma:* Antonio Somma (1809—1865). Schriftsteller, Journalist, Anwalt, Librettist und von 1840 bis 1847 Direktor des Teatro Grande in Triest.

41 *Pater noster und Ave Maria:* Siehe S. 46 und S. 445—448.

*Skizze von Re Lear:* In Levi, 227.

*»Sei wirksam, meine Arznei«:* Shakespeare IV, 1: »Work on, my medicine,
work . . .« Morelli machte nicht ausgeführte Skizzen dazu. (Reproduziert in
Levi, 226.)

42 *La Vergine degli Angeli:* Das Bild Morellis ›Il Venerdì Santo‹ [›Der Karfreitag‹]
erinnerte Verdi an das Finale des II. Aktes von ›La Forza del Destino‹. (Reproduziert in Levi, 233—234.)

*Hast Du diesen Schurken gefunden?:* Am 10. 8. 1881 gestand Morelli in einem
Brief an Verdi: »Täglich ging ich ins Studio mit der Absicht, *Jago und Otello* zu
machen — wie Ihr mir schriebt —, und dann malten die Pinsel die Mönche.«
(Copialettere, 694)

*und einen Römer:* Boitos Oper ›Nerone‹.

*schrieb in Deinem Auftrag:* Brief nicht ermittelt.

43 *mit dem bewußten Finale:* Finale III. Akt.

44 *Ferdinand Hiller:* 1811—1885. Aus reichem jüdischem Hause in Frankfurt am
Main stammender Komponist, Pianist, Dirigent und Musikschriftsteller. Als
Jüngling spielte er für Goethe in Weimar und durfte Beethoven und Schubert in
Wien besuchen. Zwischen 1828 und 1835 gab er Konzerte und Klavierunter-
richt in Paris; dort erfreute er sich der Freundschaft Cherubinis, Berlioz' und
Chopins. wurde mit Bellini, Rossini, Meyerbeer, Liszt und Heinrich Heine be-
kannt. Von 1843 bis 1844 vertrat er seinen Freund Felix Mendelssohn als Diri-
gent am Gewandhaus in Leipzig und stand Robert Schumann nah, der ihm sein

Klavierkonzert widmete. Anschließend war Hiller Kapellmeister in Dresden, Düsseldorf und Köln, wo er Gürzenich-Konzerte dirigierte und 1850 das Konservatorium gründete. Der »Rheinische Musikpapst«, wie Wagner Hiller nannte, lud Verdi ein, am 21.5.1877 beim Niederrheinischen Musikfest in Köln das ›Requiem‹ zu dirigieren. Er blieb mit ihm verbunden.

*in diesem Frühjahr von Boito:* Schon im November 1879.

45 *Maestro Muzio:* Siehe Biographische Skizzen, S.591–592.

46 *Fiasko der Traviata:* Im Teatro Fenice am 6.3.1853. (Verdi an Clara Maffei, 25.3.1857. Autograph: Braidense.)

*›Pater noster‹ und ein ›Ave Maria‹:* In Verdis Anwesenheit zum ersten Mal, mit Franco Faccio am Pult und Teresina Singer (1850–1928) als Sopranistin.

*›Otello‹ liegengelassen:* Muzio schrieb am 25.2. und 4.3.1880 aus Paris an Giulio Ricordi, Verdi habe die Komposition des ›Jago‹ bereits begonnen.

47 *Francesco Maria Piave:* 1810–1876. Er war auch der Librettist von Verdis ›Ernani‹, ›I Due Foscari‹, ›Attila‹ (mit Temistocle Solera), ›Macbeth‹ (mit Andrea Maffei), ›Il Corsaro‹ (einem absurden Text, der nichts mit dem Korsaren Simon Boccanegra zu tun hat), ›Stiffelio‹, ›Rigoletto‹, ›La Traviata‹, ›Aroldo‹ und ›La Forza del Destino‹ (erste Fassung). Nach einem Schlaganfall, der Piave vollständig lähmte, unterstützte Verdi seine Familie; neun Jahre später übernahm er die Kosten seines Begräbnisses.

*Polizei und Präsidium:* Österreichische Zensur und Präsidium des Teatro Fenice in Venedig.

*Torniello:* Tornielli, Präsident des Teatro Fenice.

*Giuseppe Montanelli:* 1813–1862. Wegen Beteiligung an der republikanischen Regierung seiner Heimat Toskana von 1849 in absentia zu lebenslänglichem Zuchthaus verurteilt. (Siehe Frank Walkers in der Bibliographie erwähnten Artikel.)

49 *Filippo Filippi:* 1830–1887. In ganz Europa als der einflußreichste italienische Musikkritiker des 19. Jahrhunderts geachtet und gefürchtet. Er war von 1858 bis 1862 Chefredakteur der ›Gazzetta Musicale‹, ab 1859 Redakteur der Mailänder Zeitung ›La Perseveranza‹ und berichtete u. a. über seine Reisen nach Bayreuth, Moskau und Kairo. (Siehe Anmerkung 1 zum 15.4.1892 und Boito-Daten 1859.)

*»wie ich an Ricordi schrieb«:* Siehe Verdi an Tito Ricordi vom 4.2.1859 (S. 323).

*Motiv der Ehre:* Siehe Guglielmo Barblans in der Bibliographie erwähnten Artikel ›Il Sentimento dell'Onore nella Drammaturgia Verdiana‹.

50 *Antonio García Gutiérrez:* 1813–1884. Der erfolgreichste spanische Dramatiker des 19.Jahrhunderts; verfaßte über siebzig Tragödien und Komödien.

*›Die Verschwörung des Fiesko‹:* Zu diesem Thema hielt Karl Dietrich Gräwe beim Internationalen Verdi-Kongreß in Chicago 1974 einen wichtigen Vortrag: ›Verdi's Opera *Simon Boccanegra* and Schiller's Play *Die Verschwörung des Fiesko zu Genua*. Parallels and Differences in Historical Background and Dramaturgical Structure‹.

*Folchetto:* Pseudonym von Jacopo Caponi, einem Kritiker der römischen Zeitung ›Fanfulla‹. Er übersetzte und ergänzte Arthur Pougins französische Verdi-Biographie, die ursprünglich in der Pariser Zeitschrift ›Le Ménestrel‹ erschienen war. Im Anschluß an das VI. Kapitel seines Buches gibt Folchetto Verdis eigenen Bericht (1879) über den Beginn seiner Laufbahn. (Siehe Bibliographie und Hans Busch, Hrsg.: ›Giuseppe Verdi, Briefe‹, 11—14.)

51 *Fiesko in Köln:* Vermutlich besuchte Verdi diese Aufführung zur Zeit des Niederrheinischen Musikfestes 1877, bei dem er am 21. 5. das ›Requiem‹ dirigierte.
*am 1. August 1881:* An Giuseppina Negroni Prati Morosini. (Scala)

55 *Euer Bariton muß jung sein:* Der damals zweiunddreißigjährige Victor Maurel. Er hatte acht Monate vorher in der Erstaufführung der französischen ›Aida‹ am 22.3.1880 an der Pariser Opéra unter Verdis eigener Leitung den Amonasro gesungen. (Siehe Biographische Skizzen, S.589.)

*De Restke:* Edouard de Reszke (1853—1917), polnischer Baß, Bruder des Tenors Jean (1850—1925) und der Sopranistin Josephine de Reszke (1855 bis 1891). Edouard de Reszke studierte bei seinem Bruder in Warschau und dann in Italien, debütierte unter Verdis Leitung in der Rolle des Königs in der Erstaufführung der ›Aida‹ im Pariser Italienischen Theater (Salle Ventadour) am 22.4.1876 und erwarb sich den Ruf eines der größten Bassisten der Operngeschichte. Bewundert vor allem in Paris, Mailand, London und Nordamerika, trat er in seiner späteren Karriere auch in Wagner-Rollen (u. a. Hans Sachs, König Marke und Hagen) auf, für die ihn seine hohe Gestalt und dramatische Ausstrahlung prädestinierten. Als Fünfzigjähriger verließ er die Bühne. Während des Krieges starb er verarmt und vereinsamt in einer Höhle in Polen.

*D'Angeri:* Anna D'Angeri (1853—1907), österreichische Sopranistin, in Wien als Anna Angermayer von Redenburg geboren. Sie trat zum ersten Mal 1872 in Mantua auf und erschien u.a. zwischen 1874 und 1877 als die erste Ortrud und Venus an der Covent Garden Opera in London. Als Mitglied der Wiener Hofoper von 1878 bis 1879 sang sie am 2.11.1879 in ›Ein Deutsches Requiem‹ unter Brahms' eigener Leitung. Im Winter desselben Jahres kam sie als Elisabetta in ›Don Carlo‹ an die Mailänder Scala, wo dann die Amelia in ›Simon Boccanegra‹ ihre letzte Rolle war, bevor sie schon 1881 in den Ruhestand trat.

*Im ersten wie im letzten:* Mit dem ersten Akt meint Verdi den Prolog, mit dem zweiten den ersten Akt, mit dem dritten den zweiten. (Vgl. Anmerkungen 2 und 3 zum 28.12.1880.)

*Öffne dich, o Erde!:* Zynische Reaktion auf Kritiken seiner Cabaletten wie im Fall »jener scheußlichen« im III. Akt der ›Aida‹, »die mir so viel Ratschläge, Weisheit und Wohlwollen eintrugen«. (Verdi an Giulio Ricordi am 6.4.1872.)

*Shakespeare war ein Realist:* Darüber schrieb Verdi am 20.3.1876 an Clara Maffei: »Das Wahre zu kopieren kann gut sein, aber *das Wahre zu erfinden* ist besser. In diesen beiden Worten mag ein Widerspruch liegen, aber fragt den Papa [Shakespeare]. Es kann sein, daß er, der Papa, irgendeinem Falstaff begegnet ist, aber er wird schwerlich einem solchen Bösewicht wie Jago begegnet sein und nie und nimmer solchen Engeln wie *Cordelia, Imogene, Desdemona* usw. usw., die doch alle so wahr sind! . . . Das Wahre zu kopieren ist schön, aber Photographie, nicht Malerei.« (Braidense)

56 *zum 2. Akt:* Verdi meint den Ersten.

*herrliche Briefe Petrarcas:* Siehe Anmerkung 3 zum 8.12.1880.

57 *Salvati:* Der Bariton Federico Salvati wurde als Paolo für die Premiere der Neufassung von ›Simon Boccanegra‹ am 24.2.1881 an der Scala engagiert.

*Borghi-Mamo:* Erminia Borghi-Mamo (1854—1941) wurde von Boito als Margherita und Elena im ›Mefistofele‹ am 4.10.1875 in Bologna so hoch geschätzt, daß er für die Erstaufführung in Venedig 1876 die Arie »Spunta è l'aurora pallida« [Die blasse Morgenröte ist angebrochen] für sie schrieb.

*Patti:* Die italienische Sopranistin Adelina Patti (1843 bis 1919) war in Madrid geboren und in New York aufgewachsen, wo sie mit sechzehn Jahren als Lucia di Lammermoor debütierte. Zwischen 1861 und 1886 erschien sie an der Covent Garden Opera. »Als ich sie zum ersten Mal [1862] in London hörte«, schrieb Verdi am 5.10.1877 an Giulio Ricordi, »war sie achtzehn Jahre alt. Ich staunte nicht nur über ihre gesangliche Leistung, sondern auch über mehrere dramatische Momente, in denen sie sich als große Schauspielerin erwies.« Die damals höchstbezahlte Diva trat in ganz Europa, Rußland, Nord- und Südamerika auf, zum letzten Mal als Einundsiebzigjährige in der Londoner Albert Hall.

*Nicolini:* Ernesto Nicolini (1834—1898), der französische Tenor Ernest Nicolas, begann seine Laufbahn 1857 an der Pariser Opéra-Comique, war in den sechziger Jahren u. a. an führenden italienischen Bühnen engagiert und heiratete Adelina Patti nach jahrelanger Liaison.

58 *»che far di tal testa . . .«:* Von Rigoletto an den Herzog gerichtete Worte in der ersten Szene der gleichnamigen Oper.

*nach meinem letzten Brief:* Vom 18.10.1880.

59 *nur ein Entwurf:* Siehe auch Julian Budden: ›The Operas of Verdi‹, II, 256[n].

*Brüder Corti:* Cesare und Enrico Corti leiteten als tüchtige Theaterunternehmer 1876—1882, 1885—1887 und 1888—1891 die Mailänder Scala.

60 *diese Monale:* Die anders nicht ermittelte Sopranistin Di Monale sang im September 1881 an der Scala die Cecilia in ›Il Guarany‹ von Gomes, 1887 die Lidia in ›Flora Mirabilis‹ von Samara. Laut Giulio Ricordis Brief an Verdi vom 30. 11. 1880 war sie »eine diskrete Mittelmäßigkeit« und, wie er ihm am 2.12.1880 schrieb, »eine gute kleine Sängerin für zweitklassige Bühnen«.

*De Reztke:* De Reszke, wie auch in anderen Briefen Verdis falsch buchstabiert.

*Simone nicht gut machen kann:* Victor Maurels Erfolg belehrte selbst Verdi bald eines anderen.

*Berardi:* Nicht ermittelt.

*Giulio Ricordis Brief vom 30. November 1880:* Siehe Anmerkungen 1 und 2 zum 2.12.1880.

61 *Ihren kurzen Brief sogleich an Boito geschickt:* Verdis Zeilen an Boito vom 2.12.1880.

*wird Ihnen Boito selber berichten:* In seinem langen Brief vom 8.12.1880.

62 *midi à 14 heures:* Französisch »die Dinge nicht komplizieren, nicht difteln«.

*bei der Aida in Paris:* Offenbar hielt Verdi eine Halsentzündung Maurels für eine Laune, welche die erste ›Aida‹ an der Pariser Opéra um eine Woche auf den 22.3.1880 verschob. Maria Waldmann (siehe Anm. S. 619) gegenüber erwähnte er am 20.3.1880 lediglich diese Krankheit und am 23.3., daß Maurel hervorragend war. (Bologna) Auch in anderen Briefen über die erste ›Aida‹ an der Opéra hatte er für Maurel nur höchstes Lob.

63 *Giuseppe Piroli:* 1815–1890. In Busseto arm geboren, wurde dieser Jugendfreund Verdis ein prominenter Jurist und Politiker. Verfolgt von Carlo III., dem vom Wiener Kongreß eingesetzten bourbonischen Herrscher Parmas, war er 1859 aktiv an der Vereinigung der Provinz Parma mit dem Königreich Italien beteiligt. Wie Verdi war er mit Cavour in der Opposition zu klerikalen und radikal-sozialistischen Parteien verbunden. 1866 wurde er Mitglied des Staatsrates von Rom und Vizepräsident der Kammer, 1884 Senator. In seiner Trauer um ihn nannte Verdi den lebenslangen Freund und Rechtsberater in einem Brief vom 6.12.1890 an Maria Waldmann einen »gelehrten, offenen, ehrlichen Mann von unvergleichlicher Redlichkeit, einen in sechzig Jahren stetigen und unwandelbaren Freund«. (Bologna)

*Graf Opprandino Arrivabene:* Siehe Biographische Skizzen, S.572–573.

64 *die Vorstellung zu hören:* Siehe Anmerkung zum 8.2.1881. Am 9.2. hörte Verdi in ›Ernani‹ an der Scala die D'Angeri (Elvira), Edouard de Reszke (Silva), Maurel (Don Carlo) und Tamagno (Ernani). Alle vier wurden für ›Simon Boccanegra‹ engagiert.

65 *die hohen und tiefen Töne:* Verdi schrieb tiefere für Maurel in der Titelrolle (und höhere für Tamagno) als in der ursprünglichen Partitur des ›Simon Boccanegra‹.

*Tamagno:* Der Tenor Francesco Tamagno (1850–1905) begann als Chorsänger am Teatro Regio in seiner Heimatstadt Turin und debütierte 1874 als Riccardo in ›Un Ballo in Maschera‹ am Teatro Bellini in Palermo. Seine legendäre Karriere führte über ›Il Guarany‹ von Gomes und Donizettis ›Poliuto‹ am Teatro Fenice in Venedig 1875 bis 1877 zu ›Ernani‹ und ›Don Carlo‹ am Teatro Liceo in Barcelona. Am 26.12.1877 erschien er in ›L'Africana‹ [›L'Africaine‹] zum ersten Mal an der Scala und im folgenden Sommer in Buenos Aires. Sein wachsendes Repertoire umschloß ›Il Re di Lahore‹ [›Le Roi de Lahore‹] von Massenet, ›Maria Tudor‹ von Gomes, ›Aida‹, ›Gli Ugonotti‹ [›Les Huguenots‹], ›Il Trovatore‹, ›L'Ebrea‹ [›La Juive‹], ›La Gioconda‹, ›Lucrezia Borgia‹ und ›Simon Boccanegra‹. Der musikalisch und schauspielerisch Unbegabte soll die stärkste hohe Tenorstimme der Geschichte besessen haben. In der Partie des Otello, die Verdi persönlich mit ihm studierte, wurde er weltberühmt. Verdis Einfluß war nach Jahren noch in ›Il Profeta‹ [›Le Prophète‹] und ›Guglielmo Tell‹ [›Guillaume Tell‹] zu spüren, in denen der Tenor ›une force de la nature‹ und ein »tragédien grandiose« zu sein schien. (Celletti, 835) Tamagno war auch in den Verismo-Opern seiner Zeit zu hören, in Franchettis ›Asrael‹ (1889), Puccinis ›Edgar‹ (1891—1892), Mascagnis ›Cavalleria rusticana‹ an der Metropolitan Opera in New York (1894—1895) und Giordanos ›Andrea Chénier‹ in St. Petersburg und Buenos Aires (1898). Erst ein paar Monate vor seinem Tode zog er sich von der Bühne zurück.

*Frage des Lichtermeeres:* In der Todesszene Boccanegras am Ende der Oper. (Siehe auch Verdis Brief an Piave, S. 48.)

66 *Von den beiden Versionen:* Vermutlich schlug Verdi diese im Finale der Oper während seinem Mailänder Aufenthalt vom 9. bis 10.2.1881 mündlich vor.

*Freitschüz:* ›Der Freischütz‹.

67 *ficelles:* Französisch »Tricks«.

68 *»Dieses Sujet ist traurig...«:* Aus einem Brief an Arrivabene vom 2.4.1881. (Copialettere, 560—561; Alberti, 285—286)

*Girolamo Magnani:* Maler und Bühnenbildner (1815—1889) von internationalem Ruf, den Verdi 1872 zur ›Aida‹ an die Scala brachte; Meister der Perspektive und des *chiaroscuro* in der großen Tradition italienischer Theatermalerei. Verdi schrieb am 6.12.1871 über ihn an Giulio Ricordi: »Ich kenne ihn schon lange und weiß wohl, was er wert ist: Er ist ein wahrer Künstler, dessen heilige Flamme der *Rationalismus* unserer Zeit nicht gelöscht hat. Er fühlt, und er fühlt das Rechte, er redet wenig und tut viel.«

*Alfredo Edel:* 1856 oder 1859—1912. Italienischer Maler und Kostümbildner elsässischer Herkunft; begann als Illustrator im Ricordi Verlag, entwarf seit 1875 an der Scala u. a. Kostüme für ›Simon Boccanegra‹, ›Mefistofele‹, ›Don Carlo‹ und ›Otello‹. Durch extravagante »shows« wurde er auch in Paris, London und New York berühmt.

*Franz Werfel:* 1890—1945. Der aus Prag gebürtige Dichter, Dramatiker und Romancier gab 1926 die erste deutsche Übersetzung von Verdi-Briefen heraus, übertrug auch ›La Forza del Destino‹ und schrieb ›Verdi. Roman der Oper‹.

*›Simone Boccanegra‹:* ›Simone‹ statt ›Simon‹ ist der im Deutschen übliche, auch im Italienischen häufige Name des Titelhelden.

*Johannes Brahms:* 1833—1897. Siehe Richard Heuberger: ›Erinnerungen an Johannes Brahms‹, 20. Brahms schätzte auch Verdis ›Requiem‹ (Anmerkung 1 zum 15.4.1892) und »pries den prächtigen Vollblutmusiker mit warmen Worten; unter anderem freute er sich, daß Verdi in seinen Lebensgewohnheiten, z. B. im Frühaufstehen, in der Schlichtheit der Kleidung und in einem von aller Prätension sich fern haltenden natürlichen Gehaben ihm selbst ähnlich sei«. (Josef Viktor Widmann: ›Erinnerungen an Johannes Brahms‹, 132—133.) Obwohl Brahms sich auf seinen italienischen Reisen mehrfach in unmittelbarer Nähe Verdis befand, ist er ihm nie begegnet.

69 *Budden resümiert:* ›The Operas of Verdi‹, II, 334.

*der einzige frühere Brief:* Ein kürzlich in St. Agata entdeckter Brief Boitos, in dem er Verdi Ende November oder Anfang Dezember 1879 für den Kauf seines Librettos für ›Otello‹ dankt, steht uns leider noch nicht zur Verfügung.

## Zu: Anfänge des ›Otello‹ —
## Revision des ›Simon Boccanegra‹
### Briefe

29. 3. 1862    Verdi

70    1] *die schöne Arbeit:* ›L'Inno delle Nazioni‹ [›Die Hymne der Nationen‹], die
Boito für Verdis Vertonung anläßlich der Londoner Weltausstellung von 1862
geschrieben hatte. (Scritti, 1363—1364) Mit solchen Hymnen vertraten Verdi
Italien, Meyerbeer Deutschland, Auber Frankreich und Sterndale Bennett England. Diese Kompositionen sollten von ausschließlich instrumentalem Charakter sein, aber Verdi schrieb die seine für Sopran, Chor und Orchester. Statt im
Palast der Ausstellung, wurde sie am 24. 5. 1862 in Her Majesty's Theatre aufgeführt. Verdi äußerte sich darüber am 2. 5. in einem Brief aus London an Arrivabene: »Ich habe immer gemeint und meine noch immer, daß diese Gelegen-
heitsstücke künstlerisch gesprochen abscheulich sind; und, glaube mir nur, in
diesen Riesenlokalen ist die Aufmerksamkeit zu zerstreut und nichts kommt zur
Wirkung, nichts kann zur Wirkung kommen, und, sagen wir's ruhig, nichts ist je
zur Wirkung gekommen. Und darum habe ich solche Stücke nie schreiben wollen und diesmal — nachdem auch ich in die Falle geraten war und, in London
eingetroffen, erfuhr, daß das Comité die Kantate abgelehnt hatte — rief ich aus:
Ich bin gerettet!« (Alberti, 15—17) Gegen Ende dieser Kantate ertönen die Na-
tionalhymnen Englands, Frankreichs und Italiens. Im Dezember 1943 fügte Arturo Toscanini auf einer Schallplatte der National Broadcasting Corporation in
New York die amerikanische und sowjetische hinzu. Anstelle eines Soprans ließ
er den Tenor Jan Peerce in die Worte des Chores einstimmen, daß »den Menschen der Tag der Liebe naht«.

2] *diese bescheidene Uhr:* Ob sie noch vorhanden ist und in wessen Besitz, war
bisher nicht zu ermitteln. Ein schriftlicher Dank Boitos ist nicht zu finden.

15. 8. 1880    Verdi

1] *Giulio wird Ihnen gesagt haben:* Giulio Ricordi hatte am 24. 7. 1880 Boito
nach seiner Rückkehr von der englischen Erstaufführung seiner Oper ›Mefistofele‹ zur Wiederaufnahme der Arbeit an ›Otello‹ und auch an seinem eigenen
›Nerone‹ gedrängt. (Siehe S. 42.) Dieser Brief Verdis an Boito enthält die Antwort auf Boitos Mitteilungen an Tornaghi von Anfang August (S. 43). In Un-
kenntnis der Adresse Boitos sandte Verdi ihn zusammen mit einem am
17. 8. 1880 datierten Brief (Palatina) an Giulio Ricordi.

72    2] *Mefistofele in London:* An Her Majesty's Theatre am 6. 7. 1880.

[4. 9. 1880]    Boito an Giuseppina Verdi

Giulio Ricordi beförderte den vorhergehenden Brief Verdis an Boito nach Monaco und bat ihn wahrscheinlich, an Giuseppina Verdi zu schreiben.

1] *Ihre liebenswürdigen Worte:* Sie können sich wohl nur auf den Brief Giuseppina Verdis an Giulio Ricordi vom 7. 11. 1879 (S. 38) beziehen.

2] *Brief vom Maestro:* Verdis Brief vom 15.8.1880. Boito erwähnte seinen Erhalt mit keinem Wort zu Giulio Ricordi, aber nach manchen Anzeichen zu schließen, schrieb er an Frau Verdi und Giulio Ricordi gleichzeitig am 4.9.1880 (S.72). Da Boito Verdis Brief »schon zehnmal gelesen und wiedergelesen und überdacht« hatte, könnte er ihn eher erhalten haben, als er zugeben wollte.

### 14.10.1880    Verdi

Der Umschlag dieses Schreibens trägt in Verdis Hand nur die Aufschrift: Arrigo Boito *Milano.* Verdi legte ihn einem Brief gleichen Datums an Giulio Ricordi (Palatina) bei. Am 17.10.1880 unterrichtete Giulio Ricordi Verdi von der Übersendung dieser Zeilen an Boito und von dessen Adresse in Mailand: Via Principe Amedeo No.1.

73  1] *Heute habe ich das Dritte Finale erhalten:* Wie im vorhergehenden Brief an Giuseppina Verdi beabsichtigt, hatte Boito offenbar eine zweite Fassung des Dritten Finales an Verdi geschickt, die nicht auffindbar ist. Sein folgender Brief erklärt, daß er auf Verdis Vorschlag vom 15.8.1880 nicht einging.

2] *Meine Frau dankt:* Vermutlich für Boitos Brief an sie vom 4.9.1880.

### [18.10.1880]    Boito

Poststempel: Milano 18.10.80. Dieses von Boito korrekt nach »Busseto per Sant'Agata« adressierte Schreiben befand sich unter Verdis Briefen an Boito im Besitz der Familie Albertini.

### 2.12.1880    Verdi

76  1] *Gut erfunden das Dritte Finale:* Boito hat es nochmals überarbeitet, wie ein Brief Giulio Ricordis vom 30.11.1880 an Verdi in Genua bestätigt: »[. . .] Ich lege Ihnen bei, was Boito mir in diesem Augenblick bringt; er hat Ihnen auf der Rückseite der Blättchen ein paar Zeilen geschrieben und trug mir auf, Sie um Verzeihung zu bitten, daß er das von ihm Gemachte nicht ausführlich erörtert hat: er hält es für unnötig, weil Sie besser als jeder andere beurteilen werden, ob die neue Idee passen kann. Er hält den Kontrast für ausgezeichnet, mit dem auf diese Weise furchtbar dramatischen und schnellen Schluß des Aktes. [. . .]«
Die Blättchen, auf deren Rückseite Boito ein paar Zeilen an Verdi schrieb, sind unauffindbar.

2] *an anderes denken:* An die Neufassung des ›Simon Boccanegra‹ unter vorübergehendem Verzicht auf die Zusammenarbeit an ›Otello‹. Auch darüber äußerte sich Giulio Ricordi in seinem Bericht an Verdi vom 30.11.1880: »[. . .] Nachdem er heute mit diesem Teil fertig ist, der ihm sehr am Herzen lag, rüstet sich Boito sofort für alles, was den *Boccanegra* betrifft; ich habe ihm die Ideen vermittelt, die Sie mir freundlichst geschrieben haben, und es kommt ihm nicht schwer vor, *ad hoc* etwas zu erfinden. Außerdem gebiert eine Idee die andere, und das meiste ist jetzt getan. [. . .]«

[8.12.1880]   Boito

Das Datum dieses Briefes, den Boito in enger Verbindung mit Giulio Ricordi in Mailand geschrieben zu haben scheint, ergibt sich aus Verdis vorhergehendem und seinem folgenden Brief.

1] *der Weg in den Briefen:* Besonders in Verdis Brief an Giulio Ricordi vom 20.11.1880 (S.55) war dieser Weg »sehr deutlich angezeigt«.

77   2] *Annalen der Republik Genua von Giustiniani:* Agostino Giustiniani (1479 bis 1536) war ein Genueser Historiker.

3] *schönsten Stellen:* Siehe Verdis Brief an Giulio Ricordi vom 20. 11. 1880 (S. 55), in dem er zwei Briefe aus ›Delle Cose familiari (Familiarium rerum)‹ von Francesco Petrarca (1304—1374) erwähnt.

82   4] *Baron Blaze de Bury:* Der ungewöhnlich aktive französische Literat und prominente Musikkritiker Baron Henri Blaze de Bury (1813—1888) schrieb u. a. ›La Vie de Rossini‹ (1854) und ›Goethe et Beethoven‹ (postum 1892). Seine französische Übersetzung von Goethes ›Faust‹ dürfte bedeutungsvoll in seiner Beziehung zu Boito gewesen sein.

5] *eine Bemerkung, die mich sehr hoch ehrt:* »›Achtet auf Boito‹, sagt uns der Maestro. ›Der ist nicht nur ein Musiker, sondern auch ein dramatischer Dichter, und zwar einer der bemerkenswertesten.‹« (›Revue des Deux Mondes‹, 15.10.1880. Blaze de Bury zeichnete sein Verdi-Interview mit dem Pseudonym F.de Lagenevais.)


11.12.1880   Verdi

83   1] *Der diesjährige Spielplan [1880—1881]:* Ponchielli: ›Il Figliuol Prodigo‹ [›Der Verlorene Sohn‹], Marchetti: ›Ruy Blas‹, Verdi: ›Ernani‹, Weber: ›Der Freischütz‹, Verdi: ›Simon Boccanegra‹, Mozart: ›Don Giovanni‹, Bellini: ›La Sonnambula‹, Boito: ›Mefistofele‹, Rossini: ›Semiramide‹, und Gomes: ›Il Guarany‹.

2] *Ich spreche vom Mefistofele:* Zehn Aufführungen der Neufassung dieses Werkes fanden an der Scala ab 25.5.1881 zum Ende der Spielzeit statt.


28.12.1880   Verdi

84   1] *Wunderschön ist diese Senatsszene:* Am 22.12.1880 hatte Giulio Ricordi an Verdi geschrieben: »Boito muß Ihnen heute seine Arbeit geschickt haben. Wenn es ihm nur gelänge, Sie zufriedenzustellen! . . . Was wäre das für ein Fest!« Diese leider unauffindbare Sendung Boitos kam, wie ein Brief Giulio Ricordis an Verdi vom 25. 12. 1880 bezeugt, im Palazzo Doria nicht vor dem 24. 12. 1880 an: »Ich antworte sofort auf Ihr geehrtes Schreiben von gestern: höchst überrascht und bedauernd, daß Sie Boitos Verse noch nicht erhalten haben. Er sagte mir, er habe sie Montag oder Dienstag abgeschickt. Wenn sie nicht verloren oder fehlgeleitet sind, heißt dies, daß er irgend etwas bereute und sich folglich verspätete. Ich habe Boito seit 5 oder 6 Tagen nicht mehr gesehen, informiere mich aber noch heute.«

2] *im Anfang des Dritten Aktes:* Gemeint ist der Anfang des Zweiten. Verdi scheint als Ersten Akt den Prolog gerechnet zu haben.

3] *Die Szene des Dritten Aktes:* die Szene des Zweiten.

### 8.1.1881  Verdi

85  1] *Machen Sie sich keinen Vorwurf:* Betrifft Boitos heute unauffindbare Antwort auf Verdis Bitte im vorhergehenden Brief.

2] *Im ersten Akt:* Hier meint Verdi tatsächlich den I. Akt.

86  3] *In der Szene V zwischen Fieschi und Gabriele:* I, 1.

### 9.1.1881  Verdi

87  1] *Brief von vor ein paar Tagen:* Verdi meint wohl seinen gestrigen Brief.

2] *Duett zwischen Vater und Tochter:* I, 1.

3] *Vivrò nel mistero:* Der endgültige Text steht in Boitos Brief an Verdi vom 14.1.1881.

88  4] *aureola:* Verdi schreibt das richtige weibliche Wort.

### [8.–9.1.1881]  Boito

Nach Verdis Brief vom 10.1.1881 zu schließen, sandte ihm Boito diese Arbeit ein oder zwei Tage vorher. Alle in den folgenden Anmerkungen nicht erwähnten Varianten entsprechen dem endgültigen Text.

1] *Gabriello:* Gabriele.

91  2] *O Doge! (o padre!) / Salva l'Adorno tu:* Im endgültigen Text: O Doge! Ah! Salva. / Salva l'Adorno tu. »Tu« [du] fällt dort in der vierten folgenden Zeile des Dogen aus.

95  3] *Akt I Schluß der Szene V:* Andreas und Gabrieles Verse im endgültigen Text finden sich in Boitos Brief an Verdi vom 14.1.1881.

96  4] *Dieselbe Stimme:* Die Stimme ist die Petrarcas, der in Cola di Rienzi den Condottiere und Einiger Italiens zu finden geglaubt hatte.

5] *Donnert jetzt über Genua:* Boito nahm Verdis Vorschlag auf, den Brief Petrarcas an den Dogen und den Rat von Genua mit der Ermahnung zum Frieden mit Venedig zu benutzen.

6] *Einsiedler von der Sorgue:* Petrarca, der über ein Jahrzehnt in der Einsamkeit des südostfranzösischen Vaucluse an der Quelle der Sorgue lebte.

7] *Der Sänger der Blonden von Avignon:* Petrarca und seine geliebte Laura, die ihm in Avignon am 6. April 1327 begegnete. Sie starb dort 1348 am selben Tag und zur selben Stunde an der Pest. Er verherrlichte sie im ›Canzoniere‹.

100  8] *Variante zur VIII. Szene des II. Aktes:* Ein paar geringfügige Änderungen finden sich im endgültigen Text, d. h. »Doge! Ancor proveran la tua clemenza / I traditori« [Die Verräter]? usw. »Perfin l'acqua [das Wasser] del fonte è amara al labbro / Dell'uom che regna! O duol! La mente è oppressa ...« [O Schmerz! Mein Kopf ist bedrückt] / »Stanche le membra ... ohimè!« [Müde die Glieder ... wehe mir!] ...

[8.—9.1.1881]   Boito
*dieses Blatt:* Eines von mehreren Blättern der vorhergehenden Sendung, die im
Autograph des Librettos von ›Simon Boccanegra‹ in St. Ag ita liegen. (Carteggio
Verdi—Boito II, 296)

10.1.1881   Verdi
101  1] *Ma non rallenti amore usw.:* Nicht im endgültigen Text.
     2] *Fiesco in Andrea:* Ib.

11.[1.1881]   Verdi
Poststempel: Genova 12.1.81.

14.1.[1881]   Boito
104  1] *Ah! mi ridai la vita!:* »Ah! tu mi dai la vita!« [Ah! Du gibst mir das Leben!]
     im endgültigen Text.
107  2] *Nell'ore melanconiche:* »Nell'ora melanconica« im endgültigen Text.
     3] *Note soltanto al ciel:* »Soltanto note al ciel« im endgültigen Text.
     4] *beim Kochen des Mefistofele zu helfen:* Auf den letzten Proben in Boitos
     Heimatstadt Padua. Die erfolgreiche Erstaufführung fand am 25.1.1881 unter
     der Leitung von Alessandro Pomè (1853—1934) statt. Einer Mitteilung an Tor-
     naghi zufolge kehrte Boito bereits am 26.1. nach Mailand zurück.

15.[1.]1881   Verdi
108  1] *die erste Szene des Zweiten Aktes:* des Ersten Aktes.
109  2] *das Talent, »s'effacer« zu können:* »s'effacer« (Französisch: in den Hinter-
     grund treten). Im gleichen Sinn hatte Verdi schon am 17.8.1870 an Antonio
     Ghislanzoni, den Librettisten der ›Aida‹, geschrieben: »Leider ist es im Theater
     manchmal nötig, daß Dichter und Komponist das Talent haben, *keine* Poesie
     oder Musik zu machen.« (Autograph in Privatbesitz.)

[16.1.1881]   Boito
Poststempel: Milano 16.1.81.
112  1] *an den Fürsten von Rom:* Cola di Rienzi, auch Rienzo (1313—1354), nied-
     rig-geborener republikanischer Tribun Roms. 1348 verbannt, wurde er 1354 rö-
     mischer Senator und kam bei einem Volksaufstand um. Petrarca hatte die Verei-
     nigung Italiens von ihm erwartet.
     2] *auf das Lied anzuspielen:* Wahrscheinlich ›Spirto gentil‹ [›Freundlicher
     Geist‹] aus Donizettis ›La Favorita‹.

[17.1.1881]   Verdi
Poststempel: Genova 17.1.81.

[24.1.1881]   Verdi
Poststempel: Genova 24. 1. 81. Verdi adressierte diesen Brief: Arrigo Boito
*Padova.*


31.1.[1881]   Boito
115 *Amelia zu Fiesco:* Diese acht Zeilen ersetzte Boito in seinem Brief an Verdi vom
7.2.1881 mit vier.


[5.2.1881]   Boito
Das Datum dieses Briefes erschließt sich aus Verdis folgender Antwort.
117 1] *denke immer wieder an den vierten Akt:* Den dritten.
   2] *Ende des dritten Aktes mit Anfang des vierten:* Des zweiten mit dem Anfang
des dritten.
118 3] *Worten des Dogen im vierten Akt:* Im dritten.


[6.2.1881]   Verdi
Poststempel: Genova 6.2.81.


[7.2.1881]   Boito
Poststempel: Milano 7.2.81.
120 1] *Tu ricusi?:* Im endgültigen Text fragt Paolo »Tu rifiuti?« [Du weigerst dich?]
und Fiesco antwortet »Sì« [Ja].
122 2] *Raffrena per pietà!:* »Nascondi per pietà!« [Verberge um des Himmels
willen!]
123 3] *weitere Unterhaltung:* Sie fand mündlich während Verdis Aufénthalt in
Mailand am 9. und 10.2. statt, von dem Boito durch Tornaghi benachrichtigt
wurde.


8.2.1881   Verdi [Telegramm]
*Tornaghi wird mit Ihnen sprechen:* Um Boito und Faccio am nächsten Tag um
2 Uhr nachmittags zu einer Unterredung in Mailand zu bitten. Am selben
Abend wollte Verdi in der Scala die für ›Simon Boccanegra‹ angesetzten Sänger
in einer Aufführung von ›Ernani‹ hören. (Siehe S.64.)


15.2.1881   Verdi
1] *Das schöne, wunderschöne Finale:* Die betreffenden Verse sind in Boitos
Briefen unauffindbar. Offenbar erhielt Verdi erst am 9. oder 10.2. in Mailand
den in Boitos Schreiben vom 5.2. in Aussicht gestellten »Versuch zur Restaurierung« des Finales der Oper.
2] *in der Verkleidung Andreas verborgen:* Am Ende der Oper.
3] *Libero il Doge ti proclama:* Siehe 2.Absatz in Boitos folgendem Brief.

[15.2.1881] Boito

Zweifellos erfüllte Boito Verdis am Schluß des vorhergehenden Briefes geäußerten Wunsch, ihm sofort zu schreiben. Die Umschläge beider Briefe vom 15.2. sind nicht vorhanden. Vermutlich hat Verdi seinen deutlich datierten Brief durch Eilboten gesandt oder ihn am 14.2. geschrieben.

124 1] *Accanto ad esso . . .:* Verdis Vorschlag im vorhergehenden Brief gemäß findet sich keiner dieser drei Sätze im endgültigen Text.

2] *Ei la Grimaldi avea rapita:* Gabriele Adornos Worte in der Szene des Senats.

3] *I traditori . . .:* Siehe Anmerkung 8 zu Boitos Brief vom 8.—9.Januar.

4] *Libero sei; ecco la spada:* Worte des Hauptmanns zu Beginn des III. Aktes im endgültigen Text.

5] *in einem meiner letzten Briefe:* Vom 7.2.

125 6] *der Satz vom Gespenst:* Im endgültigen Text sagt Fiesco »Come fantasima Fiesco t'appar« [Wie ein Gespenst erscheint Fiesco vor dir].

7] *auf Wiedersehen in Mailand:* Am 24.2.1881 fuhr das Ehepaar Verdi von Genua zu den ›Boccanegra‹-Proben nach Mailand. Nach der Premiere am 24.3. hielt es sich dort noch bis zur dritten Vorstellung auf und kehrte am 30.3. nach Genua zurück.

ZU: VOLLENDUNG DES ›OTELLO‹

EINFÜHRUNG

129 *Gräfin Maffei:* Siehe Biographische Skizzen (S.587—588).

130 *ziemlich langwierige Arbeit:* Brief aus St.Agata vom 31.10.1882 an den Generalintendanten der Wiener Hofoper, Leopold Friedrich Freiherr von Hofmann. (Copialettere, 319)

*diese Szene:* IV, 1 in Shakespeares ›Othello‹, Ende des III.Aktes in Verdis und Boitos Oper.

*Übersetzung von Michel:* Der französische Anglist Françisque Xavier Michel (1809—1887) revidierte die vollständige Shakespeare-Übersetzung (1776 bis 1783) von Pierre Prime Félicien Letourneur (1737—1788) unter dem Titel ›Œuvres complètes de Shakespeare, traduction entièrement revue sur le texte anglais‹, 3 vol., Paris, H. Delloye (Panthéon littéraire) 1839; 2e édition 1855; ›Œuvres choisies‹ 1868.

*Hugos Übersetzung:* In der Übersetzung von François-Victor Hugo. (Siehe Anmerkung S. 602, zu Vorwort)

131 *im Dienst der Serenissima:* Der Venezianischen Republik.

*Giacomo Moro:* Offenbar verwechselt Verdi den venezianischen Prokurator dieses Namens, der 1377 starb, mit Cristoforo Moro (um 1500), der als das Vorbild für die Novelle von Cinthio Giraldi (1504—1573) gilt, nach der Shakespeare ›Othello‹ schuf. Cinthio Giraldi scheint Cristoforo Moro, dessen Frau auf der

Seereise von Zypern nach Venedig rätselhaft starb, mit Francesco da Sessa verbunden zu haben, der 1544 in Ketten von Zypern nach Venedig zurückgebracht wurde. Dieser war als »il capitano moro« [»der maurische Hauptmann«] bekannt, obwohl er ein Süditaliener war. Shakespeare hielt den ﾟMoro von Venedig« irrtümlich für einen Mohren. (Siehe Boitos Briefe an Verdi am 6. und 16.5.1886.)

132 *Angst vor der Antwort:* Siehe Morelli an Verdi am 23.3.1884 und Verdi an Morelli am 28.3.1884 (S.137 u. 138).

133 *Dupont:* Joseph Dupont (1838—1899), belgischer Operndirigent; erfolgreich in Warschau, Moskau, an Covent Garden in London und in Brüssel; dort auch Professor am Konservatorium.

*Vittoria Cima:* 1834—?. In Frankreich aufgewachsene italienische Aristokratin, begabte Pianistin, mit Boito bis zu seinem Tode befreundet. Außer in ihren bekannten Salon in Mailand lud die unverheiratete Donna Vittoria ihre Freunde bis 1893 in die Villa d'Este bei Cernobbio am Comer See, später in eine kleinere nahegelegene Villa ein.

*Ball von Fernan-Nuñes:* Nicht ermittelt.

*esse bei Greppi:* Nicht ermittelt.

*Velázquez:* Der spanische Maler Diego Rodríguez de Silva y Velázquez (1599—1660).

135 *ein Artikelchen:* »[...] wir wissen nicht das Geringste von *Jago* oder *Otello* [...]«, schreibt die Direktion der ›Gazzetta Musicale‹ am 8.4.1883 unter dem Bericht ihres Pariser Korrespondenten A. A. vom 2.4.1883. Diesem zufolge kehrte der sich um die Premiere bemühende Intendant der Opéra, Auguste Emanuel Vaucorbeil (1821—1884), der eilends zu Verdi gereist war, unverrichteterdinge aus Genua zurück.

*vierzig in der Biblioteca Palatina noch verschlossene:* Sie sind ein Teil von 247 Briefen Verdis an Ricordi, welche die italienische Regierung 1980 vom Musikantiquariat Hans Schneider in Tutzing erwarb. Seit dem 4.4.1981 werden sie in der Biblioteca Palatina in Parma verwahrt.

*Camillo Boito:* Siehe Biographische Skizzen (S.575—578).

136 *neue Instrumentation für die Cabaletta:* Die holländische Primadonna Fidès Devriès (1851—1941?) bestand darauf, in Paris Amelias Cabaletta aus der Originalfassung des ›Simon Boccanegra‹ (I. Akt, 1. Szene) zu singen. Anscheinend ließ Verdi diese Cabaletta von Muzio instrumentieren. Im Pariser Théâtre des Italiens war ›Simon Boccanegra‹ mit Fidès Devriès, Edouard de Reszke und Victor Maurel unter Faccio am 27.11.1883 ein großer Erfolg.

*»Errare umanum est«:* »Errare humanum est«.

137 *Proben in Florenz:* Nicht ermittelt.

*Fiasko in Genua:* Nicht ermittelt.

*Photographie eines Bildes:* Nicht ermittelt. Siehe Boito an Verdi am 26.4.1884.

139 *Brief an Faccio:* Vor der Veröffentlichung dieses Briefes in ›I Copialettere di Giuseppe Verdi‹ (Mailand 1913, 324—325) baten die Herausgeber Boito um

Aufklärung über seinen Inhalt. Er antwortete: »Nach der Erstaufführung des *Mefistofele* an der San Carlo Opera im Jahre 1884 gaben die Professoren des Konservatoriums ein Bankett für mich, bei dem ich, nach dem Libretto des *Otello* gefragt, ganz andere Gedanken als die vom *Piccolo* grob wiedergegebenen aussprach.« (Copialettere, 324[n])

141 *Giacosa:* Siehe Biographische Skizze (S. 585—587).

*Antonio Fogazzaro:* 1842—1911. Trotz großer Freundschaft, die ihn mit Boito und Giacosa verband, ging dieser Dichter als gläubiger Katholik ganz eigene Wege. In Darwins Theorien und der Entwicklung der Wissenschaft sah er Fortschritt statt Konflikt mit der Kirche; aber der Vatikan setzte zwei seiner Romane auf den Index. ›Piccolo Mondo antico‹ [›Kleine alte Welt‹] machte ihn 1896 zum anerkannt ersten Romanschriftsteller Italiens nach Alessandro Manzoni. Einen Monat nach seinem Tode erschien in der Pariser Zeitung ›Le Gaulois‹ vom 5. 4. 1911 ein Artikel von Camille Bellaigue über Fogazzaros Beziehungen zur Musik; und Boito schrieb an Bellaigue: »Ich habe *Fogazzaro musicien* mit Rührung gelesen und mir traurig die Freude vorgestellt, die er im Leben über Worte empfunden hätte, die seine *anima di musica* so tief durchdringen wie die Deinen.« (Scala)

143 *Michetti:* Francesco Paolo Michetti (1851—1929), bedeutender Maler, Schüler Domenico Morellis.

146 *Andorno:* Andorno Cacciorna, Thermalbad in der piemontesischen Provinz Vercelli.

147 *der furchtbare Tag:* Verdis Geburtstag soll der 10. 10. 1813 gewesen sein, aber seine Mutter hatte ihm vom 9. 10. 1814 gesprochen. Erst 1876 stellte er im Kirchenbuch von Le Roncole fest, daß er ein Jahr älter war, als er gedacht hatte; auf den einen Tag kam es ihm, wie er sagte, nicht an. (Anmerkung 1 zum 8. 10. 1899.) Mary Jane Matz ist der Ansicht, Verdi sei am 9. 10. 1813 geboren. (Siehe ihren in der Bibliographie erwähnten Aufsatz ›Le radici dell'albero genealogico verdiano‹ und auch Alberti, 286—287.)

*22. Dezember 1885:* In ›Copialettere‹ irrtümlich 1856 datiert.

148 *Maria Waldmann:* Die Wienerin Maria Waldmann (1844—1920) wurde nach langwierigen Verhandlungen und Verdis anfänglichen Bedenken als Amneris in der Premiere der ›Aida‹ an der Scala 1872 sein bevorzugter Mezzosopran und die liebste junge Freundin des Ehepaares Verdi. Wie Teresa Stolz, seine Aida, sang sie auch das erste ›Requiem‹; beide nahmen an der europäischen Tournee dieses Werkes unter seiner Leitung teil. Verdi verstand und bedauerte ihren Entschluß, sich schon mit vierunddreißig Jahren in das Schloß ihres Mannes, des Grafen und späteren Herzogs Galeazzo Massari, in Ferrara zurückzuziehen.

149 *Masini:* Der Tenor Angelo Masini (1844—1926) debütierte 1867 in der italienischen Provinz und gewann bald internationalen Ruf. Sein besonderer Erfolg als Radames in Florenz (1874) erweckte Verdis Aufmerksamkeit, führte zu seinem Engagement für eine europäische Tournee des ›Requiem‹ und zu einem Gastspiel der ›Aida‹ unter Leitung des Komponisten im Juni 1875 in Wien.

150 *Profeta:* ›Le Prophète‹, Große Oper in 5 Akten von Giacomo Meyerbeer.

*Figliuol prodigo:* ›Il Figliuol prodigo‹, Oper in 4 Akten von Amilcare Ponchielli.

*Gemma Bellincioni:* Sopranistin (1864−1950). Sie glänzte neunzehnjährig als Violetta im römischen Teatro Argentina und trat mit ihrem Mann, dem Tenor Roberto Stagno (1840?−1897), in der Uraufführung der ›Cavalleria rusticana‹ (1890) auf; 1898 war sie Umberto Giordanos erste Fedora. Als begabte Schauspielerin machte sie sich auch im italienischen Film einen Namen. Nach ihrem Abschied von der Bühne (1911) unterrichtete sie in Berlin, Rom, Siena und Neapel.

*Teodorini:* Elena Teodorini alias Theodorides (1858−1928) stammte aus Rumänien, wechselte vom Mezzosopran zum Sopran, machte internationale Karriere und war in Boitos ›Mefistofele‹ 1883 in Madrid eine erfolgreiche Margherita.

152 *Gailhard:* Der französische Bass Pierre Gailhard (1848−1918) studierte in seiner Heimatstadt Toulouse und am Pariser Konservatorium. 1867 debütierte er als Falstaff in ›Le Songe d'une nuit d'été‹ von Ambroise Thomas an der Opéra-Comique, auf deren Bühne er u. a. auch in Werken von Adam, Auber und Offenbach erschien. An der Opéra wurde er von 1871 bis 1884 vor allem als Méphistophélès in Gounods ›Faust‹, als Leporello in ›Don Giovanni‹ und als Saint-Bris in ›Les Huguenots‹ hoch geschätzt. 1879 trat er an der Covent Garden Opera in London in ›Faust‹ und bis 1884 in verschiedenen Rollen, auch 1882 als Boitos Mefistofele auf. Gemeinsam mit Eugène Ritt übernahm er die Direktion der Opéra von 1884 bis 1891 und mit Eugène Bertrand von 1893 bis 1899. Nach Bertrands Tod war er bis 1908 alleiniger Direktor der Opéra. Als intelligenter und kultivierter Künstler brachte er dort außer dem ersten französischen ›Othello‹ auch Erstaufführungen Wagnerscher Werke in Frankreich heraus.

153 *Salce! Salce! Salce!:* Das Lied von der Weide. (Salice oder Salce = Weide.)

*(kein Mezzo, wie Du schriebst):* Trotzdem wird die Partie der Emilia dem Rollenverzeichnis der Partitur zufolge mit einer Mezzosopranistin besetzt. Ginevra Petrovich war die erste Emilia an der Scala, Italia Costa sang die Rolle unter Faccio am 13.9.1887 in Parma. Andere Rollen dieser beiden unbekannten Sängerinnen sind nicht zu ermitteln. Während die Tessitura der Emilia im Quartett des II. Aktes eindeutig die eines Mezzosoprans ist, dürften ihre hohen Noten im Ensemble des III. und gegen Ende des IV. Aktes Verdis Absicht erklären, diese Partie einer Sopranistin anzuvertrauen.

154 *Roberto il Diavolo:* ›Robert le Diable‹, Große Oper in 5 Akten von Giacomo Meyerbeer.

*heute abend nach Mailand:* um Gemma Bellincioni in einer Vorstellung von »Roberto il Diavolo« zu hören.

155 *Devoyod:* Jules-Célestin Devoyod (1841−1901), französischer Bariton.

*Romilda Pantaleoni:* Sopranistin (1847−1917), Schwester des Baritons Adriano (1837−1908) und des Dirigenten Alceo Pantaleoni (1839−1923). Sie debütierte 1868 im Mailänder Teatro Carcano, sang in Rom, Genua, Modena und Neapel. Am 26. 12. 1876 war Boito entzückt von ihrer Margherita und Elena in ›Mefistofele‹ am Teatro Regio in Turin. Besonders beliebt war sie von 1883 bis 1886 an der Scala — als Gioconda, in ›Mefistofele‹, in Puccinis ›Le Villi‹ und der Premiere von ›Marion Delorme‹, die Ponchielli ihr widmete. In dieser Rolle triumphierte sie auch in Brescia und 1886 am Teatro Costanzi in Rom, wo sie mit Eleonora Duse verglichen und ihre Freundin wurde. Als sie in der Partie der Desdemona 1887 an der Scala enttäuschte, wurde sie von allen weiteren ›Otello‹-Aufführungen ausgeschlossen, die ihr Geliebter Franco Faccio dirigierte. Von Verdi ermutigt, nahm sie 1888 ihre Karriere als Gioconda in Genua und in Südamerika erfolgreich wieder auf. 1889 kehrte sie zur Scala als Tigrana in Puccinis ›Edgar‹ und 1891 als Santuzza zurück, trat nach dem Tode Faccios aber nie mehr auf. (Siehe auch Anmerkung 2 zum 29. 10. 1886 und Anmerkung 4 zum 3. 10. 1890.)

*Stolz:* Die Sopranistin Teresa Stolz (1834—1902) entstammte einer Musikerfamilie in Elbekosteletz (Böhmen). Nach Studien am Prager Konservatorium und bei bedeutenden italienischen Gesangslehrern wurde sie auf böhmischen und vermutlich auch deutschen Bühnen, in Tiflis, Odessa und Konstantinopel bekannt. 1864 sang sie in Spoleto die Leonora in ›Il Trovatore‹, Gilda, Lady Macbeth, und Amelia in ›Un Ballo in Maschera‹. Verschiedene Engagements in Palermo, Florenz und Cesena führten 1865 zu großen Erfolgen in Verdis ›Giovanna d'Arco‹ und Donizettis ›Lucrezia Borgia‹ an der Mailänder Scala. Als Elisabetta in der italienischen Premiere des ›Don Carlo‹ erwarb sie 1867 in Bologna den Ruf der prominentesten Verdi-Interpretin ihrer Zeit. Verdi lernte sie 1869 während der Proben für ›La Forza del Destino‹ an der Scala kennen. Dort sang sie die Leonora und drei Jahre später die Titelrolle in der europäischen Premiere der ›Aida‹. Unter Verdis eigener Leitung erschien sie als Aida auch 1872 in Parma, 1873 in Neapel, 1875 in Wien und 1876 in Paris wie 1874 in der Uraufführung des ›Requiem‹ und vielen späteren Aufführungen des Werkes. Im Dezember 1897 schenkte Verdi ihr das jetzt im Museo Teatrale della Scala verwahrte Manuskript dieser Partitur. Teresa Stolz war mit dem Dirigenten Angelo Mariani verlobt. (Siehe Anmerkung zu Verdi-Daten 1869.) Sie löste diese Verlobung im Frühjahr 1871, kam Verdi aber erst im Herbst des Jahres persönlich nah und blieb ihm wie seiner Frau, die anfänglich Grund zur Eifersucht hatte, bis zum Tode verbunden.

*D'Ormeville:* Carlo D'Ormeville (1840—1924), italienischer Dramatiker, Librettist, Impresario, Theateragent, Kritiker und Regisseur.

157 *Le Villi:* Puccinis erste Oper, am 31. 5. 1884 im Mailänder Teatro Dal Verme uraufgeführt; am 24. 1. 1885 mit Romilda Pantaleoni als Anna und Faccio am Pult zum ersten Mal an der Scala.

159 *Zum Notenbeispiel:* Man vergleiche dazu die entsprechende Stelle in der Orchesterpartitur (P. R. 155, Seite 472) und bemerke auch die Unterschiede in der dynamischen Bezeichnung.

622

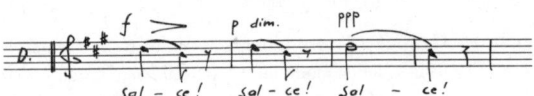

160 *Zum Notenbeispiel:* Verdis Notenzitat bezieht sich auf einen zu korrigierenden Ton im ursprünglichen Solo der Kontrabässe und der Klarinette auf Desdemonas Worte »Cielo! Morto!« [Himmel! Tot!]. Aus dem Zitat, das den Ton g der Subkontraoktave vorstellt (Verdi unterläßt auch die Notierung des Baß-Schlüssels), geht aber nicht hervor, mit welchem Ton Verdi dieses g ersetzt haben will. In der Orchesterpartitur (P. R. 155, Seite 504) erscheint dieser gehaltene Ton nur noch in der Soloklarinette — Note g in A-Stimmung —; Verdi korrigierte somit den Ton g in ein e. Der Grund für diese Veränderung liegt vielleicht im Bestreben des Komponisten, diese Stelle unheimlicher zu gestalten, wie aus der Klangbeziehung der entsprechenden Stimmen mit der Soloklarinette hervorgeht.

161 *Pro Memoria:* Verdi scheint diese undatierten, im vorhergehenden Brief erwähnten Bedingungen Giulio Ricordi persönlich am 1. 10. 1886 in St. Agata übergeben zu haben.

162 *Ich verlange Normalstimmung . . .:* Diese beiden letzten Sätze sind nicht von Verdis Hand, sondern vermutlich von Giulio Ricordi geschrieben.

*Ferrario:* Carlo Ferrario (1833—1907), Maler und Bühnenbildner des ersten ›Otello‹. Verdi beanstandete seine Lösung des II. Aktes.

*warme Gastfreundschaft:* Am 1.10.1886 teilte Verdi Giuseppe Piroli mit: »Giulio Ricordi war mit seiner Frau vier Tage hier und ist vor zwei Stunden abgereist. Natürlich haben wir dauernd gesprochen und den usw. [›Otello‹] vereinbart. Ich bin fast fertig und ruhe mich vier bis fünf Tage aus.« (Carteggi III, 179)

*mein Telegramm:* Nicht vorhanden.

*Spatz:* G. Spatz, Besitzer des Grand Hôtel de Milan, vermutlich schweizerischer Herkunft; Schwiegervater von Umberto Giordano (1867—1948). (Siehe Abbiati IV, 596—598.)

163 *Zum Notenbeispiel:* In diesem Briefzitat geht es um die letzte Äußerung des sterbenden Otello. Giulio Ricordi bittet Verdi um genauen Bescheid, ob Otellos letztes Wort »bacio« wie in Zitat a) oder wie in Zitat b) ausgeführt werden soll.

Aus dem Vergleich mit der Orchesterpartitur (P.R. 155, Seite 530) geht hervor, daß Verdi sich für die zweite Fassung entschieden hat, wo die letzte Silbe nur noch gehaucht wird. Im Briefzitat unterläßt es Ricordi, Schlüssel und Vorzeichen anzugeben. Bei den geschriebenen Noten handelt es sich also nicht um g und f, sondern um gis und fis.

*Übersetzung von Hugo:* Boito arbeitete bereits an der französischen Übersetzung der Oper ›Otello‹.

*Brief Mahillons:* Von Charles Mahillon (1813—1887) oder seinem Sohn Victor (1841—1924) in Brüssel. Einem ausführlichen Bericht an Verdi vom 23.10.1886 zufolge hielt Giulio Ricordi Mahillon für den größten Instrumentenbauer in Europa. Ricordi hatte bei ihm über 12 spezielle, im III.Akt des ›Otello‹ erforderliche Trompeten »von gleichem Timbre und Klang« bestellen lassen. Sie wurden gebaut und im ›Otello‹ an der Scala verwendet. (Vgl. Anmerkung zum 27.8.1881.)

*Zum Notenbeispiel:* Verdi sagt nicht, um welches d, e und g es sich in bezug auf das Instrument handelt, gibt aber in seinem brieflichen Notenzitat die absolute Tonhöhe an. Bei den »trombe diritte« handelt es sich vermutlich um eine Imitation antiker Instrumente von kurzem und geradem (d. h. ohne Windungen) Bau, auf denen nur einige Töne der harmonischen Reihe gespielt werden konnten.

164  *Brief von Muzio:* Vermutlich in St. Agata verwahrter Brief aus Paris über die französische Premiere von ›Othello‹ an der Opéra.
*dieses Ballett:* Siehe Anmerkung 3 zum 16.8.1882.
*Brief für Ferrario:* Ein Empfehlungsschreiben für den Bühnenbildner Carlo Ferrario, um das Giulio Ricordi Verdi am 23.10.1886 gebeten hatte.

167  *Garignani:* Garegnani, Chefkopist der Firma Ricordi.
*mit all den Papierchen:* »con tutti i papireu« schreibt Verdi vermutlich in Mailänder Dialekt.

169  *Zum Notenbeispiel:* Das briefliche Notenzitat zeigt eine Korrektur Verdis in der Partie des Jago. Die Stelle »ardua impresa sa(rebbe)« [es würde ein schwieriges Unterfangen sein] befindet sich sieben Verse vor der Traumerzählung »Era la notte« (P.R. 155, Seite 269, 2.Akt). Die Worte vor dem Zitat, »Ah morte e dannazione« [Ah, Tod und Verdammnis], betreffen die Gesangspartie des Otello.

170  *Bemerkungen zu letzten Edel-Entwürfen:* Verdi machte sie in einem zweiseitigen Brief an Giulio Ricordi vom 3.11.1886. (Palatina)
*Clemenceau:* Georges Clemenceau (1841—1929), 1906—1909 französischer Ministerpräsident, 1917—1920 Ministerpräsident und Kriegsminister, Vorsitzender der Friedenskonferenz in Versailles. Ursprünglich Arzt, auch Schriftsteller und Dramatiker, »der Tiger« genannt.
*betreffs der Übersetzung:* Boito und Camille Du Locle (1832—1903) übersetzten ›Otello‹ ins Französische. Ihre Zusammenarbeit wurde während eines kurzen Aufenthaltes Verdis in Mailand zu Ende November 1886 mit Boito und Ricordi offiziell beschlossen. Verdi, der kein Schmeichler war, nannte diesen Pari-

ser Librettisten und Operndirektor einmal (am 1.3.1869) »die Liebenswürdigkeit und Vornehmheit in Person«. (Opéra). Du Locles Mitarbeit am französischen Libretto des ›Don Carlos‹ hatte 1866/67 zu einer herzlichen Freundschaft mit Verdi geführt, die schwere Prüfungen überstand. Im Jahre 1868 begleitete Du Locle den großen französischen Altertumsforscher Auguste Mariette Bey (1821—1881) nach Ägypten. Diesem Erlebnis und Du Locles Initiative ist die Entstehung der ›Aida‹ zu verdanken. Der Deutsch-Französische Krieg von 1870/71 und der ursprüngliche Mißerfolg von Bizets ›Carmen‹, die Du Locle als Intendant der Opéra-Comique in Auftrag gegeben hatte, verhinderten die pünktliche Rückzahlung eines bedeutenden Darlehens an Verdi. Ein drohender Prozeß konnte vermieden werden, und Du Locle beglich seine Schuld, aber eine Versöhnung kam erst Jahre später zustande.

171 *Die Geschichte in Rom:* Die am Teatro Costanzi geplante römische Erstaufführung des ›Otello‹ am 16.4.1887.

*Kaschmann:* Giuseppe Kaschmann (1850—1925), italienischer (nicht, wie Verdi meinte, französischer) Bariton. Er sang 1883 in der ersten Spielzeit der Metropolitan Opera in New York, 1892 und 1894 Amfortas und Telramund in Bayreuth. Als fast Siebzigjähriger trat er noch als Don Pasquale und Don Bartolo auf.

*Battistini:* Der Bariton Mattia Battistini (1856—1928) debütierte 1878 im Teatro Argentina in Rom und wurde weltberühmt. Angesichts seines außerordentlich hohen Registers schrieb Massenet die Partie des Albert in ›Werther‹ für ihn um. Battistinis Repertoire bestand aus über 80 Rollen — Jago inbegriffen —, in denen er auf fast allen großen Bühnen bis kurz vor seinem Tod gefeiert wurde.

172 *(wie das letzte Mal):* Siehe Verdi an Giulio Ricordi am 13.10.1886 (S.162).

173 *Affäre Maurels in Paris:* Erwähnt in einem Brief Verdis an Giulio Ricordi vom 1.12.1886. (Palatina)

174 *Fragt Boito:* Siehe Anmerkung 1 zum 29.8.1886.

*Proben für Aida:* Am 26.Dezember, dem St.Stephanstag, wurde traditionell die Spielzeit der Scala 1886 mit dieser Oper eröffnet. Maurel sang Amonasro, Romilda Pantaleoni Aida, Tamagno Radames.

175 *Ceprara:* Vermutlich der •°primo macchinista [Bühnenmeister] der Scala, die keine Daten von ihm besitzt.

*Ich erhalte Ihren geschätzten Brief:* Vom 13.12.1886 aus Genua. (Palatina)

176 *Zum Notenbeispiel:* Wiederum unterläßt es Verdi, in seinem Zitat Vorzeichen anzugeben. (Vgl. Partitura Ricordi 155, Seite 224.)

*Soave accordo:* Siehe Anmerkung 6 zum 17.6.1881.

177 *bei Cova:* Boitos Stammlokal in Mailand.

*Am 18.Dezember 1886 sandte Verdi durch Garegnani:* Im Ricordi-Archiv und von Abbiati (IV, 293) irrtümlich am 20.10.1886 datiert.

*Brief des Bürgermeisters:* Am 17.12.1886 berichtete Giulio Ricordi Verdi ausführlich von seinem ›Otello‹-Vertrag mit der Scala, dessen Entwurf er Verdi am 14.12. gesandt und ihm korrigiert am 17.12. zurückgesandt hatte. Darüber hinaus hatte Ricordi den Bürgermeister Gaetano Negri (siehe Anmerkung 4 zum 5. 4. 1883) als den Präsidenten der Kommission der Scala um ein Schreiben zur Premiere des ›Otello‹ gebeten und es seinem Brief an Verdi vom 17. 12. 1886 mit der Bitte um Rücksendung beigelegt.

*der Schauspieler Emanuel:* Giovanni Emanuel (1848–1902), italienischer Schauspieler in der Rolle des Otello im Teatro Manzoni in Mailand.

178 *2 Akte in Venedig:* Nur der erste Akt von Shakespeares fünfaktigem ›Othello‹ spielt in Venedig.

*Salvini:* Tommaso Salvini (1829–1915) war das berühmteste Mitglied einer großen Theaterfamilie. Er trat in ganz Europa, Ägypten, Nord- und Südamerika auf. Seine italienischen Shakespeare-Interpretationen — Otello im besonderen — zählten zu den bedeutendsten ihrer Zeit.

179 *Carraras:* Familie von Angiolo Carrara (1825–1904), Verdis Notar in Busseto.

181 *freundlicher Brief von vorgestern:* Nicht ermittelt.

182 *mich nach Rom einzuladen:* Zur dortigen Erstaufführung des ›Otello‹ am 16. 4. 1887 im Teatro Costanzi.

*›Otello‹-Vorstellungen an der Scala:* 24 bis zum April 1887.

183 *Für Otello also:* II. Akt.

184 *Zuccarellis Bühnenbild:* Giovanni Zuccarelli (1846–1897) entwarf die Bühnenbilder für ›Otello‹ in anderen Theatern und zur Wiederaufnahme des Werkes am 19. 2. 1889 an der Scala. Dort führte er 1893 Alfred Hohensteins Entwürfe für die Premiere des ›Falstaff‹ aus. (Siehe Anmerkung S. 659.) Zuccarellis Entwurf zum II. Akt des ›Otello‹ befindet sich im Ricordi-Archiv. Auch die Bühnenbilder für ›Don Carlo‹ (Scala 1884) stammen von ihm.

185 *Adalgisa Gabbi:* 1857–1933. Sie erfreute sich ausgezeichneten Rufes an den größten Opernhäusern Europas, Nord- und Südamerikas. Neben Desdemona enthielt ihr Repertoire die meisten Verdi-Sopranpartien und viele andere der zu ihrer Zeit geläufigen Opern, auch Elsa in ›Lohengrin‹ und Eva in den ›Meistersingern‹, als die sie in der italienischen Erstaufführung des Werkes unter Faccio 1889 an der Scala erschien. Als Isolde verabschiedete sie sich 1900 in Triest von der Bühne, zog sich in eine Villa am Lago Maggiore zurück und vermachte Verdis ›Casa di Riposo‹ in Mailand eine hohe Summe. (Siehe Anmerkung zu Verdi-Daten 1888.)

187 *Das erforderliche Ballett:* Siehe Anmerkung 3 zum 16. 8. 1882.

*Alles endet in Banketten!:* Vermutlich unterbrach Boito die Arbeit mit Du Locle in Nervi, um zu Eleonora Duse nach Mailand zu fahren.

*Otello auf russisch:* Der erste italienische ›Otello‹ wurde an der Kaiserlichen Oper in St. Petersburg ohne das Ballett, das Verdi erst 1894 für Paris schrieb, am 8. 12. 1887 gegeben. Auf russisch sang man ›Othello‹ zum ersten Mal am 8. 4. 1889 in Moskau.

188 *telegrafierte Ihnen:* Beide Telegramme sind unauffindbar.

*Mad. Caron:* Die französische Sopranistin Rose-Lucille Caron (1857–1930) war von 1885 bis 1888 und von 1890 bis 1905 ständiges Mitglied der Opéra in

Paris, an der sie u. a. die erste französische Sieglinde und Desdemona sang. Von 1902 bis 1928 lehrte sie am Pariser Konservatorium.

189 *Terre à terre beurteilt:* Französisch »im Grunde genommen«.

*Ferni:* Virginia Ferni (1849—1934) trat siebenjährig als Sängerin und Geigerin auf. Unter anderem feierte sie als Violetta und Aida internationale Erfolge. Der Komponist Alfredo Catalani (1854—1893) hielt sie für das größte Glück seines künstlerischen Lebens und widmete ihr seine romantische Oper ›Edmea‹.

*Tetrazzini:* Eva Tetrazzini-Campanini (1862—1938), Schwester der berühmten Sopranistin Luisa. Sang u. a. Desdemona im ersten nordamerikanischen ›Otello‹ an der Academy of Music in New York am 16.4.1888.

*Cattaneo:* Aurelia Cataneo Caruson (1864—1891) erschien anfänglich als lyrische Koloratursängerin in Rollen wie Gilda, 1888 jedoch als erste italienische Isolde in Bologna und 1889 an der Scala in der Premiere von Puccinis ›Edgar‹. Sie starb am Kindbettfieber. (Siehe auch Anmerkung 4 zum 13.3.1889.)

*Damerini:* Nicht ermittelt.

*Otello in Brescia:* Unter Faccio am 11.8.1887.

*Oxilia:* Der italienische Tenor Giuseppe Oxilia (ca. 1865—nach 1926) trat nur von 1888 bis 1905 auf.

*Leehrie:* Paul Lhérie (1844—1937). Französischer Tenor, 1875 der erste Don José in Bizets ›Carmen‹; seit 1882 Bariton, als der er am 10.1.1884 den Posa in ›Don Carlo‹ an der Scala sang.

190 *Otello in Neapel:* Am 4.2.1888.

*Weitere Bemerkungen:* Zu einem nicht auffindbaren Brief Giulio Ricordis.

*Muzio schreibt mir:* Das vermutlich in St. Agata befindliche Autograph konnte noch nicht eingesehen werden.

191 *Julian Budden beschreibt:* ›The Operas of Verdi‹, III, 370.

192 *Boito schrieb ein Vorwort:* Siehe S.205.

*Maurel hat Bemerkungen gemacht:* Victor Maurel hatte eigene Gedanken über die Inszenierung des ›Otello‹. Siehe Biographische Skizzen (S.589).

*ohne die Schöpfer:* Tamagno und Maurel hatten alle bisherigen Aufführungen des ›Otello‹ in Mailand, Rom und Venedig gesungen.

193 *Walter Felsenstein:* 1901—1975. Schauspieler und Regisseur; prägte an der von ihm geleiteten Komischen Oper Berlin einen vielbeachteten und befolgten Stil realistischer Operninszenierung.

*Max Kalbeck:* 1850—1921. Die erste, etwa siebzig Jahre lang auf deutschen Opernbühnen gebräuchliche ›Otello‹-Übersetzung stammt von diesem in Wien tätigen Musikschriftsteller und Kritiker, der zahlreiche Libretti aus verschiedenen Sprachen übertrug und eine grundlegende Brahms-Biographie schrieb.

194 *Hans Richter:* 1843—1916. Der aus Ungarn gebürtige Dirigent war Mitarbeiter Richard Wagners, 1871 bis 1875 Kapellmeister in Budapest, seitdem bis 1900 an der Wiener Hofoper, häufig in Bayreuth und auch hochgeachtet in England.

*›Othello‹ an der Wiener Hofoper:* Siehe Marcel Prawy, ›Die Wiener Oper‹, 55.

*Bürgermeister und Faccio schrieben mir:* Nicht ermittelt.

195 *Fingersätze Bottesinis:* Verdi hatte Giovanni Bottesini (1821—1889), den weit-
gereisten »Paganini der Kontrabassisten«, Komponisten und Dirigenten u. a.
der Uraufführung der ›Aida‹ in Kairo, laut einem Brief an Giulio Ricordi vom
2. 5. 1887 (Palatina) schriftlich darum gebeten. — Boito schenkte dem Verarm-
ten Geld und sein Libretto zu ›Ero e Leandro‹. Bottesinis gleichnamige Oper
wurde zum ersten Mal am 11. 1. 1879 in Turin gegeben. 1889 wurde er sechs
Monate vor seinem Tode dank Verdis Empfehlung Direktor des Konservatoriums in Parma.

197 *Zu den Notenbeispielen:* Die beiden Notenzitate betreffen das Finale des dritten
Aktes. Verdi notiert sie im Baß-Schlüssel. Sie zeigen den jeweiligen Beginn
einer Phrase von 11 Takten — bezogen auf die Stimme der Violoncelli —, für die
Verdi vorschlägt, das Orchester zu verkleinern (»diminuire l'orchestra nel concertato del Finale Terzo«). Zitat a) zeigt den Beginn der elf Takte ab Buchstabe M (es-Moll-Partie, P. R. 155, Seite 424), Zitat b) den Beginn der elf Takte
ab Buchstabe O (c-Moll-Partie, P. R. 155, Seite 435). Der Begriff »Concertato«
ist in der italienischen Oper des 19. Jahrhunderts weit gefaßt. Gewöhnlich wird
damit das Ensemble-Stück am Schlusse eines Aktes bezeichnet, wo solistische
Stimmen, Chor und Orchester miteinander wetteifern. Im speziellen meint der
Ausdruck aber auch die Konzeption einer progressiven Steigerung, in der suk-
zessive die Protagonisten, die sekundären Rollen, der Chor und das Orchester
eine besondere Funktion übernehmen. In der ersten Hälfte des 19. Jahrhunderts gebrauchte man oft die kanonische Imitation. Nachdem sich diese gegen
die Mitte des Jahrhunderts fast verloren hatte, wurde sie am Ende des Jahrhunderts im Finale des ›Falstaff‹ (»Tutto nel mondo è burla«) von Verdi wieder eingeführt.

199 *Eugène Bertrand:* Gestorben 1900. Von 1892 bis 1900 Direktor der Pariser
Opéra, ab 1893 gemeinsam mit Pierre Gailhard.
*M.lle Melba:* Die australische Sopranistin Nellie Melba, ursprünglich Helen
Porter Mitchell, begann im hohen Koloraturfach; berühmt für ihre Rosina, Lu-
cia und Gilda. Später sang sie u. a. Violetta, Marguerite, Mimi, Elsa, Nedda,
Aida und — Desdemona, eine ihrer erfolgreichsten Rollen. Ihr einziger Mißer-
folg war die Brünnhilde in ›Siegfried‹. An der Covent Garden Opera in London
bestimmte sie, die wahre *prima donna assoluta*, jahrelang die Engagements anderer Sänger. Ihre brillante Gesangstechnik wurde weltweit bewundert, aber als
Darstellerin wirkte sie kalt.

200 *Euer Impresario:* Luigi Piontelli (?—1908), Kontrabassist und Impresario,
Freund und Förderer Arturo Toscaninis. Als Impresario der Scala (1892
bis 1893) organisierte er mit deren Ensemble 1893 eine ›Falstaff‹-Tournee unter der Leitung Edoardo Mascheronis.

202 *ausschließlich italienisches Theater:* Die Pariser Salle Ventadour, das Théâtre
des Italiens. Dort inszenierte und dirigierte Verdi die französische Erstaufführung der ›Aida‹ am 22. 4. 1876.
*Ballett nicht erspart:* Siehe Anmerkung 3 zum 16. 8. 1882.

*Tebaldini:* Der Komponist, Kapellmeister und Musikwissenschaftler Giovanni Tebaldini (1864–1952) war zuerst Chordirigent in seiner Heimatstadt Brescia, in Macerata und Mailand. Am dortigen Konservatorium studierte er von 1883 bis 1885 Komposition, war vorübergehend Organist in Piazza Armerina (Sizilien), besuchte 1888 Bayreuth, München und Regensburg. 1889 wurde er Leiter der Schola Cantorum an S. Marco in Venedig, 1894 Kapellmeister an der Basilika von S. Antonio in Padua, von 1897 bis 1902 Direktor des Konservatoriums in Parma. Anschließend war Tebaldini bis 1924 Kapellmeister der Santa Casa von Loreto. 1925 wurde er als Professor für Gregorianische und Palestrina-Studien an das Konservatorium in Neapel berufen, 1931 als Direktor des ›Ateneo Musicale‹ nach Genua. Er gab die Zeitschrift ›La Scuola Veneta di Musica Sacra‹ heraus, verfaßte musikgeschichtliche Studien sowie auch mehrere Artikel über Giuseppe Verdi; komponierte Messen, Motetten, Offertorien und Hymnen und galt als einer der gebildetsten Förderer der Kirchenmusik in Italien.

*Furlana:* Auch *Forlana*, ein norditalienischer Tanz u. a. bei venezianischen Festen. Bachs Orchestersuite in C-Dur enthält eine *Forlane*.

*Farandole:* Provenzalischer Tanz antiker Herkunft, verwandt mit dem Cotillon; erscheint in Bizets erster ›Arlésienne‹-Suite und in Gounods ›Mireille‹.

*Bizet:* Georges Bizet (1838–1875), mit dem Verdi offenbar in keiner Verbindung stand und dessen ›Carmen‹ er aus moralischen Gründen ablehnte, studierte mit Gounod und Halévy am Pariser Konservatorium. Mit siebzehn Jahren schrieb er eine Sinfonie in C-Dur. 1857 gewann Bizet mit der Operette ›Le Docteur Miracle‹ einen von Offenbach angeregten Wettbewerb. Im selben Jahr erhielt er den Prix de Rome. In Italien komponierte er die Komische Oper ›Don Procopio‹. Anderen Jugendwerken folgten ›Les Pêcheurs de Perles‹ [›Die Perlenfischer‹] (1863), ›Ivan le Terrible‹ (1865), ›La Jolie Fille de Perth‹ [›Das hübsche Mädchen von Perth‹] (1866) und ›Djamileh‹ (1871) sowie ›Carmen‹ (1875), die nach ihrem ursprünglichen Mißerfolg eine der populärsten Opern aller Zeiten geworden ist. Bizets Musik zu Alphonse Daudets Schauspiel ›L'Arlésienne‹ [›Das Mädchen von Arles‹] (1872), an die vierzig Lieder, Kirchenmusik und eine unvollendete Oper ›Don Rodrigue‹ (1875) zählen zu seinen weniger bekannten Kompositionen.

203 *diese Anweisungen: »(5 Minuten und 59 Sekunden)* Mit dem prächtigen Säulenbild des Dritten Aktes vor Augen glaubte ich, die Musik auf folgende Weise zu machen: Gleich am Anfang beim Einsatz der Trompeten sollte eine Gruppe *Türkischer Sklavinnen* erscheinen, die unlustig und, weil sie Sklavinnen sind, schlechtgelaunt tanzen. Am Ende dieses I. Tempos jedoch beleben sie sich allmählich beim Hören des *Arabischen Liedes* und tanzen zu guter Letzt wie Besessene. Beim *Anruf Allahs* werfen sie sich alle zu Boden ... In diesem Augenblick erscheint zwischen den Säulen eine Gruppe schöner junger Griechinnen und nach 4 Takten noch eine weitere Gruppe; sie kommen nach vorn und verflechten sich beim 13. Takt in einem ruhigen, aristokratischen, klassischen

Tanz . . . Darauf folgt sogleich *La Muranese* Allegro Vivace 6/8, und zwischen den Säulen tritt eine Gruppe von Venezianern und Venezianerinnen hervor . . . nach 8 Takten eine zweite. Beim Fortissimo *(18. Takt)* treffen sie sich und tanzen im Vordergrund der Bühne. Nach diesem Fortissimo gibt es ein Stück von sehr zarter Musik in *Fis*, das nur von *zweien* getanzt werden sollte. Das Motiv wird in lauterer Instrumentation wiederholt, und dann vereinen sich alle Venezianer zum Tanz. Das erste 6/8-Motiv kehrt wieder, und da würde ich aus dem Hintergrund gern noch eine andere Gruppe von Venezianern erscheinen sehen. Der Tanz zum *Kriegslied* sollte nur von Männern ausgeführt werden. Bei der Wiederkehr des 1. Motivs können alle Venezianer tanzen; beim Più mosso können Venezianer, Türken, Griechen und alle zusammen tanzen . . . *Amen.*«

204 *Verbesserungen im Finale des III. Aktes:* Siehe Verdi an Giulio Ricordi am 3. 2. 1889 (S. 196).

*Mancherlei Schwierigkeiten:* Siehe z. B. Anmerkung 1 zum 19. 9. 1894.

*Francesco Crispi:* 1819—1901.

*Präsident der Republik:* Jean Casimir-Périer (1847—1907), 5. Präsident (1894—1895).

*mit dem Dirigenten:* Paul Taffanel (1844—1908). (Siehe Anmerkung 2 zu Ende Januar 1898.)

206 *Diese Worte sind von Shakespeare:* In der Übersetzung von August Wilhelm von Schlegel. Boito gibt ›Hamlet‹, 9. Szene an: Es ist die 3. Szene des Zweiten Aufzuges.

*zum ersten Mal im Jahre 1588 gesprochen:* ›Hamlet‹ wurde zum ersten Mal um 1601 aufgeführt und 1603 gedruckt.

## Zu: Vollendung des ›Otello‹
### Briefe

[31. 3. 1881]   Boito

Umschlag fehlt; das Datum ergibt sich aus Verdis folgender Antwort und einer Notiz in der ›Gazzetta Musicale‹ vom 3. 4. 1881.

211 *Stifter der Statue Bellinis:* Diese Statue des Bildhauers Ambrogio Borghi (1849—1887) wurde in der Vorhalle der Scala errichtet. Verdi schrieb über Vincenzo Bellini (1801—1835) am 2. 5. 1898 an Camille Bellaigue: »Bellini ist arm, das ist wahr, in der Instrumentation und Harmonie! . . . aber er ist reich an Empfindung und hat eine gänzlich nur ihm eigene Melancholie! Auch in seinen weniger bekannten Opern, in der *Straniera*, im *Pirata* gibt es große, ganz, ganz große Melodien, wie sie vor ihm niemand gemacht hat. Und welche Wahrheit und Macht der Deklamation, wie z. B. im Duett zwischen *Pollione* und *Norma*! Und welcher Gedankenflug in dem ersten Thema der *Introduzione* zur *Norma*, dem nach wenigen Takten ein zweites Thema folgt:

Schlecht instrumentiert, aber niemand hat je etwas Schöneres und Himmlische-res gemacht.« (Scala)

2.4.1881   Verdi
212  1] *Letztes Jahr zu dieser Zeit:* Am 20.4.1880 nach der Uraufführung seines ›Pater noster‹ und ›Ave Maria‹ unter Faccio am 18.4.1880 an der Scala.

2] *um die andere zu errichten:* Verdis eigene Statue von Francesco Barzaghi (1839—1892) in der Vorhalle der Scala. Sie wurde gegen Verdis Willen errich-tet und zusammen mit Bellinis Statue am 25.10.1881 enthüllt. Beide Statuen überstanden die Zerstörung der Scala im zweiten Weltkrieg.

3] *Seit Mai oder Juni letzten Jahres habe ich Ricordi geschrieben:* Vermutlich den nicht verfügbaren Brief vom 30.4.1880. (Palatina)

[4.4.1881]   Boito
Das Datum ergibt sich aus Verdis Bitte am Schluß seines Briefes vom 2.4.1881, ihm so schnell wie möglich zu antworten.

[25.5.1881]   Boito
Das Datum ergibt sich aus dem der Premiere des ›Mefistofele‹ (25.5.1881) un-ter Faccios Leitung an dem für Boito sehr wichtigen Abend, an dem seine Oper — nach ihrem ursprünglichen Durchfall auf derselben Bühne (1868) um-gearbeitet — einen großen Erfolg hatte. Boitos Handschrift und Rechtschrei-bungsfehler verraten seine Nervosität.
214  1] *Musikerkongreß:* Vom 16. bis 22.6.1881 in Mailand.

2] *Auf jeden Fall überreiche ich es Ihnen:* Unauffindbar.

3] *Diplom der Konzertgesellschaft von Barcelona:* Unauffindbar.

17.6.[1881]   Boito
1] *zu dieser Zeit der Ausstellung:* Die ›Esposizione Nazionale di Milano‹ war am 5.5.1881 eröffnet worden.
215  2] *Gegen Ende des ersten verhängnisvollen Gespräches:* II, 3.

3] *Amore e gelosia vadan dispersi insieme:* (Shakespeare III, 3: »Away at once with love and jealousy!«)
216  4] *Mandolen:* Mittelalterliche Saiteninstrumente, verkleinerte Lauten, auch Mandoren, Quinternen oder Pandurinen genannt.

5] *die Strophen abzuschreiben:* Bis auf geringe Korrekturen entspricht diese Abschrift dem endgültigen Text; Desdemona singt jedoch erst am Ende des Chores: »Splende il cielo, danza / L'aura, olezza il fior. / Gioia, amor, speranza / Cantan nel mio cor.« [Der Himmel strahlt, es tanzt / Der Hauch des Windes, die Blume duftet. / Freude, Liebe, Hoffnung / Singen in meinem Herzen.]

222 6] *Otello flüstert von Anfang an:* Boito meint Jago. Im endgültigen Text sagt dieser »Eccola« [Da ist sie] und »vigilate« [gebt acht]. Während Otellos Worten
»Quel canto mi conquide . . .« [Dieser Gesang überwältigt mich . . .] sagt Jago
beiseite: »Beltà ed amor in dolce inno concordi! / I vostri infrangerò soavi accordi.« [Schönheit und Liebe einträchtig in süßer Hymne! / Eure lieblichen Akkorde werde ich zerbrechen.] (Shakespeare II, 1: »*Iago.* (Aside) O, you are well
tuned now! / But I'll set down the pegs that make this music, / As honest as I
am.«) Siehe Verdi an Giulio Ricordi, 15. 12. 1886, S. 176, und Boito an Verdi,
16.–17.12.1886.

7] *D'un uom che geme sotto il tuo disdegno:* Shakespeare III, 3: »A man that
languishes in your displeasure.«

223 8] *Ensemble-Stück:* Im Finale des III. Aktes, das hier nach der Unterbrechung
durch ›Simon Boccanegra‹ brieflich zum ersten Mal erörtert wird.

9] *Zirkus Renz:* Begründet von Ernst Jakob Renz (1815–1892), später Zirkus
Schumann.

[24.8.1881]   Boito
Ort und Datum ergeben sich aus Boitos im letzten Absatz erwähnter Reise nach
Monticello, seiner Rückkehr und Verdis im folgenden Brief vom 27.8.1881 er-
wähntem Besuch in Mailand.

224 1] *daß ich samt Hut, Schwamm und Bürste auch das große Finale des Otello
vergessen hätte:* Boito war vermutlich nicht lange zuvor auf einen Tag in
St. Agata gewesen, für den er am Ende des Briefes dankt. Gemeinsam mit Faccio
und Giulio Ricordi hatte er Verdi aber schon zu Anfang Juli in St. Agata wegen
eines in Barcelona geplanten ›Simon Boccanegra‹ und zu fortgesetzten
›Otello‹-Gesprächen besucht. »Giulio wird Dir gesagt haben«, schrieb er aus
Monticello am 10. 7. 1881 an Tornaghi, »daß, wenn unser Besuch in St. Agata
nutzlos für Katalonien war, er äußerst nützlich für die Schokolade gewesen ist.
Wir haben den letzten zweifelhaften Punkt der Arbeit [das Dritte Finale] mit
dem Maestro bestens geklärt, und jetzt bin ich dabei, das Ergebnis dieses Ge-
dankenaustausches zusammenzufassen; und damit wird alles, was an mir liegt,
glaube ich, erledigt sein.«

225 2] *Jago reicht Rodrigo:* »Roderigo« in der endgültigen Fassung, wie in Shakespeares ›Othello‹.

3] *A notte folta io la sua traccia vigilo:* Siehe Verdi an Boito, 17. 7. 1886. (Vgl.
Shakespeare IV, 2.)

226 4] *L'angelo casto e biondo fugge:* Siehe endgültigen Text (III, 8) in Verdi an
Boito, 17.7.1886.

227 5] *Sole sereno e vivido:* Ib.

228 6] *die Frau Schwägerin:* Giuseppina Verdis jüngere Schwester Barberina Strepponi. Trotz lebenslanger Krankheit, vermutlich Tuberkulose, starb sie erst in hohem Alter während des ersten Weltkrieges. Von Verdis unterstützt, lebte sie in
Cremona und war oft in St. Agata zu Besuch.

[27.8.1881]   Verdi

Boitos Biograph Piero Nardi versichert, auf dem uns fehlenden Umschlag dieses nach Monticello gesandten Briefes den Poststempel »Milano 27.8.81« gesehen zu haben (Carteggio Verdi–Boito II, 309). Verdi und seine Frau hielten sich zum Besuch der von Boito am 17.6. erwähnten Ausstellung laut ›Gazzetta Musicale‹ vom 4.9.1881 von Ende August bis zum 2.9. in Mailand auf. Am 30.8. beschäftigte sich Verdi eingehend mit der Konstruktion der verschiedenen Blechinstrumente der Firma Pelitti, die er zusammen mit Boito und Giulio Ricordi besuchte. Giuseppe Pelitti hatte nach Verdis genauen Angaben 1870 die bekannten ›Aida‹-Trompeten gebaut und versprach nun, sogleich wunschgemäß eine neue Baßposaune zu liefern. Dieses Instrument sollte in ›Otello‹ und ›Falstaff‹ wirksame Verwendung finden. (Siehe Fritz Busch: ›Der Dirigent‹, 120–122.)

228  1] *Ihre beiden Briefe hierher nachgesandt:* Nur der Brief Boitos vom 24.8.1881 ist vorhanden.

2] *Jag. T'affretta! Il tempo vola!:* Siehe Verdi an Boito, 17.7.1886. (Vgl. Shakespeare IV, 1.)

229  3] *Fuggite. Io detesto voi, me, il mondo intero:* Im endgültigen Text (III, 8): Chi non si scosta è contro me rubello. [Wer sich nicht entfernt, ist gegen mich rebellisch.]

4] *Fuggirmi io sol non so:* Im endgültigen Text (III, 9):

| | |
|---|---|
| OTELLO | *(sempre più affannoso)* |
| | Fuggirmi io sol non so!... Sangue! Ah! l'abbietto |
| | Pensiero!... ciò m'accora! |
| | *(convulsivamente, delirando)* |
| | Vederli insieme avvinti ... il fazzoletto!... |
| | Ah! |
| | *(Sviene.)* |
| JAGO | (Il mio velen lavora.) |
| FANFARE | |
| E VOCI | *(dal di fuori)* |
| | Viva Otello! |
| JAGO | *(ascoltando le grida, poi osservando Otello disteso a terra tramortito)* |
| | L'eco della vittoria |
| | Porge sua laude estrema. |
| | *(dopo una pausa)* |
| | Chi può vietar che questa fronte io prema |
| | Col mio tallone? |
| FANFARE | |
| E VOCI | *(esterne più vicine)* |
| | Evviva Otello! Gloria |
| | Al Leon di Venezia! |

| Jago | (*ritto e con gesto d'orrendo trionfo, indicando il corpo inerte d'Otello*) |
|---|---|

Ecco il Leone! . . .

| [Otello | (*immer schwerer atmend*) |
|---|---|

Nur mir kann ich nicht entfliehen! . . . Blut! Ah! der verruchte Gedanke! . . . Das betrübt mich!

(*krampfhaft, fiebernd*)

Sie zusammen umschlungen zu sehen . . . das Taschentuch! . . . Ah!

(*Er fällt in Ohnmacht.*)

| Jago | (Mein Gift wirkt.) |
|---|---|
| Fanfaren und | |
| Stimmen | (*von außen*) |

Es lebe Otello!

| Jago | (*auf die Rufe hörend, dann den auf dem Boden hingestreckten ohnmächtigen Otello betrachtend*) |
|---|---|

Das Echo des Sieges
Bringt sein letztes Lob.

(*nach einer Pause*)

Wer kann verbieten, daß ich diese Stirn
Mit meiner Ferse drücke?

| Fanfaren und | |
|---|---|
| Stimmen | (*näher von außen*) |

Es lebe Otello! Ruhm
Dem Löwen von Venedig!

| Jago | (*hochgereckt, mit der Gebärde schrecklichen Triumphes, auf den reglosen Körper Otellos zeigend*) |
|---|---|

Da ist der Löwe! . . .]

(Vgl. Shakespeare IV, 1.)

4a] *ciò m'accora!* [das betrübt mich!]: Otello erinnert sich der ersten Worte Jagos in II, 3 der Oper. (Shakespeare III, 3: »Ha, I like not that.«)

230  5] *No, no . . noi vogliam Otello:* Nicht im endgültigen Text, wie auch kein anderer Protest des Chores.

6] *Messer Grande:* Großer Herr, vermutlich der Doge. (Messer, wörtlich »mein Herr«, ist ein altitalienischer Titel, den hohe geistliche und weltliche Persönlichkeiten bis zum 17.Jahrhundert erhielten.)

7] *die Serenissimi:* die Herrscher der Venezianischen Republik.


10.8.[1882]   Boito

Poststempel: Cernobbio 11.8.82.

232  1] *E l'aspra ascesa e la breccia fatal:* Statt dessen steht im endgültigen Text (I, 3) E il vol gagliardo alla breccia mortal [Und der verwegene Flug in die tödliche Bresche]. (Vgl. Shakespeare I, 3.)

2] *Trescorre:* Vermutlich Trescore Balneario, ein Thermalbad bei Bergamo.

3] *Benediktinermönch namens Guido d'Arezzo:* Der Musiktheoretiker und Erfinder der Notenlinien Guido von Arezzo (um 990—1050) wurde 1882 in Arezzo u. a. mit einer Hymne gefeiert, die Luigi Mancinelli zu einem Text Boitos komponiert hatte. (Siehe Anmerkung 1 zum 26.4.1891.)

### 16.8.1882   Verdi

1] *Un jour ou l'autre Jago (nicht Jago) existera:* Verdi wollte die Oper ›Otello‹, nicht ›Jago‹ nennen.

233  2] *le vers blanc:* Auch im Deutschen der Blankvers, d. h. der ungereimte Vers.

3] *Und kein Ballett!:* Die unbeugsame Tradition der Pariser Opéra erforderte in jeder Oper ein Ballett. Siehe Verdi an Giulio Ricordi, 24. 10. 1886 (S. 163), Anmerkung 1 zum 29. 10. 1886, Verdi an Giulio Ricordi, 25. 3. 1887, und Giulio Ricordi an Verdi, 26. 3. 1887 (S. 187), Anmerkung 3 zum 23. 6. 1894, Verdi an Giulio Ricordi, 10. und 11.7.1894, Verdi an Tornaghi, 5.8.1894, und an Giulio Ricordi, 21.8.1894 (S.203).

### [17.—18.8.1882]   Boito

In Ermangelung eines Umschlags ist anzunehmen, daß Boito Verdis vorhergehenden Brief sogleich beantwortet hat.

1] *schrieb ich meinem französischen Übersetzer:* dem Librettisten Paul Milliet (1858—?), der ›Mefistofele‹ übersetzte.

234  2] *Palazzo d'Oria:* Palazzo Doria, von 1874 bis 1896 die im ersten Stock gelegene Winterwohnung der Verdis in Genua.

### 5.4.[1883]   Boito

235  1] *Am 22. März:* Am 22. Mai. In tiefer Verehrung hatte Verdi dem Andenken an den Dichter Alessandro Manzoni (1785—1873) das ›Requiem‹ gewidmet.

2] *das Denkmal auf der Piazza Manzoni:* Ein Denkmal Manzonis von Francesco Barzaghi, der auch die Statue Verdis in der Scala schuf. Es steht auf der Piazza S.Fedele, nicht, wie Boito meinte, auf der Piazza Manzoni.

3] *Nannetti:* Romano Nannetti (1845—1910) war einer der angesehensten Bassisten Italiens, u. a. als Protagonist des ›Mefistofele‹ in Bologna (1875) und London (1880).

4] *Unser ausgezeichneter Negri:* Gaetano Negri (1838—1902), Schriftsteller, Politiker und Offizier, Schulfreund Giulio Ricordis und von 1884 bis 1889 Bürgermeister von Mailand. 1890 Senator des Königreichs.

5] *Wenn sich tadellose Sänger finden:* Sie fanden sich nicht, aber das ›Requiem‹ wurde am 22.5.1883 in der Scala unter der Leitung Faccios wieder aufgeführt.

6] *San Giuseppe in Ihrem Hause:* Der 19. März, Namenstag des Ehepaares Verdi.

7] *Edmondo De Amicis:* 1846—1908. Ein Vetter von Giuseppe De Amicis, dem Freund der Verdis in Genua, bekannter Schriftsteller, 1866 Offizier im Krieg

Italiens mit Österreich und aktiver Sozialist. 1868 veröffentlichte er seine ›Skizzen aus dem Soldatenleben‹, die neben seinen Romanen zu den meistgelesenen Erzählungen Italiens gehörten. Er schilderte auch zahlreiche Reisen, die er nach Spanien, Holland, London, Moskau, Paris und Konstantinopel unternahm. (Siehe Anmerkung 7 zum 2. 12. 1894 und Biographische Skizze Giuseppina Verdi Strepponi.)

7.4.1883   Verdi
236   *Ihr seid ein Künstler:* Die Anrede wechselt in wachsender Freundschaft von »Sie« zu »Ihr«. Nach Empfang dieses Briefes schrieb Boito am 9. 4. 1883 aus Mailand an Gaetano Negri: »Wir haben ein Fiasko gehabt. — Verdi antwortet mir höflich, daß er nicht kann, und führt dafür ernste Gründe an.« (De Rensis, 164)

[21.1.1884]   Boito
Poststempel: Nervi 21.1.84.

7.2.1884   Verdi
237   *Wie schnell Ihr das gemacht habt:* Bezieht sich vermutlich auf eine Sendung, die Boitos Zeilen an Tornaghi vom 13. 2. aus Nervi erklären dürften: »Mir scheint, daß Verdi diesmal ernstlich daran gedacht hat, sich an die Arbeit zu machen. Ich habe ein paar Verbesserungen im 1. Akt des Mohren gemacht.«

[26.4.1884]   Boito
Vermutlich schrieb Boito diesen Brief — vielleicht durch Eilboten — am selben Samstag, an dem Verdi ihm antwortete. Der Umschlag fehlt. Verdi dürfte dieses wichtige Schreiben unverzüglich beantwortet, sich höchstens im Datum geirrt und Boito am 27. statt am 26. 4. geschrieben haben. Im übrigen schrieb Faccio am 27.4.1884 aus Turin an Giulio Ricordi: »Du wirst wissen, daß Boito in Turin war und daß ich ihm den heiklen Auftrag übermittelte . . . . Es handelt sich lediglich um ein Mißverständnis, das Boito in einem Brief an unseren Maestro mit einfachen und sehr noblen Worten erklären wird, die er schon zu mir aussprach, wobei er sich sehr verstört über den unglücklichen Zwischenfall zeigte.«
1] *mittelalterliche Burg:* Anläßlich einer Ausstellung, der Esposizione Nazionale in Turin, hatte man dort die vollkommene Nachbildung einer piemontesischen Burg aus dem 15. Jahrhundert gebaut.
2] *in Turin sah ich meinen Bruder:* Camillo Boito, der über die Burg schrieb.
3] *Faccio, der gerade seine Kantate probte:* Eine ›Cantata inaugurale‹ zur Eröffnung der Ausstellung am 25.4.1884. (Depanis II, 218—223)
4] *vertrauliche Mitteilung:* Siehe Verdi an Faccio, 27.3.1884 (S.139).
238   5] *alberne Notiz in der Roma:* Die neapolitanische Zeitung ›Roma‹ berichtete am 24. 3. 1884 unter dem Titel ›Das Bankett für Boito‹ u. a.: »Das Bankett für den berühmten Arrigo Boito, das gestern abend von den Professoren unseres Konservatoriums in einem Saal des *Caffè di Napoli* gegeben wurde, war ein

sehr herzliches Fest von Brüdern in der Kunst ... Nach *Jago* gefragt, den er für Verdi geschrieben hat, bemerkte er [Boito], wie er einen solchen Stoff zuerst wider Willen behandelt, aber dann nach Abschluß des Librettos bedauert habe, daß nicht er der Komponist sein könne, der bestimmt sei, ihn in Musik zu setzen ...«

6] *Photographie Morellis:* Siehe Morelli an Verdi am 23. 3. und Verdi an Morelli am 28.3.1884, S.137 und S.138.

7] *weil Fortis mich zu gut kennt:* Leone Fortis (1824—1898), Literat, Journalist und Bühnenautor. Studierte ursprünglich Medizin, wurde Dramaturg, Librettist und Regisseur an der Mailänder Scala, gründete 1859 die Zeitung ›Il Pungolo‹ [›Der Stachel‹] und war etwa dreißig Jahre lang ihr Chefredakteur.

239 8] *Mefistofele in Neapel:* Die dortige Erstaufführung des Werkes am Teatro San Carlo am 19.3.1884, von Raffaele Kuon (1831—1885) dirigiert. »Dieser höchst geglückte neapolitanische Feldzug«, wie Boito am 2.4.1884 aus Nervi an Tornaghi berichtete, war ein Höhepunkt in seinem Leben.

9] *Martino Caffiero:* Cafiero (1841—1884), Schriftsteller, Dichter und Gründer zweier Zeitungen in Neapel. 1879—1880 mit Eleonora Duse liiert. (Siehe Biographische Skizze Eleonora Duse, S.579.) Er starb im November desselben Jahres an der Cholera.

[Ende April—2.5.1884]   Boito
Umschlag fehlt; die ungefähre Datierung läßt sich aus Verdis vorhergehendem Brief vom 26.4. und seinem folgenden vom 3.5.1884 erschließen.

243 *die Verbindung zwischen diesem Stück und dem vorhergehenden Rezitativ:* Sie findet sich in Boitos Handschrift auf einem Blättchen in das Autograph des Librettos eingefügt:

Jago solo

(seguendo coll'occhio Cassio ~~che~~)

Vanne; la tua mèta già vedo.

Ti spinge il tuo dimone

E il tuo dimon son io,

E me trascina il mio, nel qual io credo.

Inesorato

~~Onnipossente~~ Iddio:

[Jago allein

(mit dem Auge Cassio folgend, ~~der~~)

Geh hin; dein Ziel sehe ich schon.

Dich treibt dein Dämon

Und dein Dämon bin ich,

Und mich reißt der meine fort, an den ich glaube.

unerbittliche

Der ~~allmächtige~~ Gott:]

3.5.1884   Verdi

245 *im Geiste Shakespeares:* Vgl. *Macbeths* Worte nach dem Tod der Lady (V, 5):

> Life's but a walking shadow, a poor player
> That struts and frets his hour upon the stage
> And then is heard no more. It is a tale
> Told by an idiot, full of sound and fury,
> Signifying nothing.

> Übersetzt von Dorothea Tieck:

> (Leben ist nur ein wandelnd Schattenbild;
> Ein armer Komödiant, der spreizt und knirscht
> Sein Stündchen auf der Bühn', und dann nicht mehr
> Vernommen wird; ein Märchen ist's, erzählt
> Von einem Dummkopf, voller Klang und Wuth,
> Das nichts bedeutet.)

In seinem Band der französischen Übersetzung des ›Macbeth‹ von François-Victor Hugo strich Boito diese Stelle an. In Verdis Oper ›Macbeth‹ zu Piaves und Maffeis Libretto sind die entsprechenden Worte des Protagonisten (IV, 3):

> La vita! che importa? è il racconto d'un povero idiota!
> Vento e suono che nulla dinota!
> [Das Leben! Was macht es aus? Es ist die Erzählung eines
> armen Idioten! Wind und Klang, der nichts bedeutet!]

25.[9.1884]   Boito
Poststempel: Milano 25.9.84.

26.9.1884   Verdi [Telegramm]

246 *Fiorenzuola:* Bahnstation zwischen Piacenza und Borgo S. Donnino (Fidenza).

26.9.1884   Verdi
*Und ob ich Euch hier mit Giacosa haben will!:* Boito und Giacosa waren vom 29.9. bis 1.10.1884 in St. Agata, wovon Giacosa ausführlich erzählt (S. 142).

9.12.1884   Verdi

247 *Dialog zwischen Jago und Emilia:* II, 4. (Vgl. Shakespeare III, 3.)

[Nach 9.12.1884]   Boito
Umschlag fehlt. Datum und Boitos Abwesenheit von zu Hause aus dem Inhalt geschlossen.

249 *A me quel vel!:* Nach diesen Worten Jagos steht im endgültigen Text (II, 4) die Spielanweisung »Con un colpo di mano Jago ha carpito il fazzoletto ad Emilia« [Mit einem Kunstgriff hat Jago Emilia das Taschentuch entrissen] statt »dopo d'aver carpito il fazzoletto« [nachdem er das Taschentuch an sich gerissen hat] neben Jagos Text. (Vgl. Shakespeare III, 3.)

7.2.[1885]   Boito

Umschlag fehlt. Ort und Jahr u. a. aus dem vorletzten Absatz des vorhergehenden Briefes ermittelt. Vermutlich hat Boito vom nur zwölf Kilometer weit entfernten Nervi aus im Januar und Februar 1886 Verdi in Genua mehrfach besucht.

252  *Der Reim ist certa:* Indem sich im neuen Vers (III, 5) das letzte Wort Cassios
»profferta« mit Jagos letztem Wort »certa« in seinem vorhergehenden Satz
reimt. (Fa cor, la tua causa è in tal mano / Che la vittoria è certa. [Faß' Mut, deine
Sache ist in solcher Hand, / Daß der Sieg sicher ist.])


[18.2.1885]   Verdi
Poststempel: Genova 18.2.85.


[5.4.1885]   Boito
Poststempel: Milano 5.4.85.

1] *Thomas Holden:* Berühmter englischer Puppenspieler und Erfinder technischer Tricks im Marionettentheater. »Diese hölzernen Kreaturen sind geradezu
beunruhigend«, schrieb Edmond de Goncourt; »da gab es eine Ballerina mit Pi-
rouetten im Mondschein, wie aus *Hoffmanns Erzählungen,* und einen Clown,
der mit allen Bewegungen eines menschlichen Wesens von Fleisch und Blut zu
Bett geht, sich zudeckt und schlafen legt.«
2] *der Listz:* Franz Liszt (1811—1886).

253  3] *ich glaube mich nicht zu täuschen:* »Auch Giulios Krankheit ist sehr ernst«,
schreibt Verdi am 17.4.1885 aus Genua an Clara Maffei. »Boito schrieb mir
darüber, als ob die Sache nun vorbei sei, aber ich fürchte, daß dem nicht so ist!
Der arme Giulio! Das ist ein weit größeres Unglück als die Krankheit Filippis —
für seine Familie, wie für die Firma, wie für viele, viele junge Künstler. Hoffen
wir trotzdem!« (Chiari)


[9.9.1885]   Boito
Poststempel: Milano 9.9.85.


10.9.1885   Verdi
254  *Bukephalos:* Schlachtroß Alexanders des Großen.


[September—Oktober 1885?]   Verdi
Der folgende Brief läßt die Entstehungszeit dieser gänzlich undatierten Zeilen
vermuten.


5.10.1885   Verdi
255  1] *E gli occhi suoi piangevano tanto tanto:* Aus Desdemonas Lied von der
Weide (IV, 1). (Vgl. Shakespeare IV, 3: »Her salt tears fell from her, which soft-
en'd the stones.«)
2] *die ganze Szene, wie sie jetzt komponiert ist:* Vgl. Shakespeare V, 2. Das im

Carteggio Verdi–Boito I, 88–89 enthaltene Faksimile dieser Abschrift zeigt Boitos Korrekturen u. a. in Blaustift. Allem Anschein nach hat er etwa zehn Tage später gemeinsam mit Verdi in St. Agata an dieser letzten Szene der Oper gearbeitet. Darauf läßt auch der Verbleib dieses Autographen in St. Agata schließen.

### 9. 10. [1885]   Boito
Poststempel: Cernobbio 8. 10. 85.
Dem Poststempel dieses Briefes zufolge datierte Boito ihn einen Tag später. Nach seiner sehr deutlichen Handschrift zu schließen, schrieb er diesmal ohne Eile und nicht so geistesabwesend wie in anderen Fällen. Vielleicht versäumte der Beamte des kleinen Postamts von Cernobbio, das Datum seines Stempels umzustellen?

265 1] *ein Evviva:* Zu Verdis Geburtstag am 10. 10. (Siehe Anmerkung zu Verdi an Clara Maffei, 9. 10. 1885 [S. 619], und Anmerkung 1 zum 8. 10. 1899.)

266 2] *im Datum geirrt:* Verdis Datierung entspricht dem Poststempel auf seinem Brief vom 5. 10. 1885. Die Post scheint ausnahmsweise verspätet gewesen zu sein.

### 23. [10. 1885]   Boito
Poststempel: Milano 23. 10. 85.
1] *j'ai perdu ma fiole:* Im französischen Jargon: »ich habe mein Fläschchen, d. h. meinen Kopf, verloren.« Vielleicht anzügliches Zitat aus den ›Fröschen‹ des Aristophanes, in denen sich Äschylus über Euripides lustig macht.
2] *jene Kopie:* die Kopie der letzten Szene, die Verdi Boito am 5. 10. 1885 geschickt hatte.

267 3] *den Brief und das Manuskript:* Vermutlich gab Verdi weder das Manuskript, d. h. die Kopie der letzten Szene, noch seinen Brief vom 5. 10. 1885 an Boito zurück, den dieser ihm hinterlassen hatte. Beide befinden sich in St. Agata. (Siehe Verdis folgenden Brief.)

### 27. 10. 1885   Verdi
1] *wenn ich in 15 oder 20 Tagen nach Mailand komme:* Der ›Gazzetta Musicale‹ vom 29. 11. 1885 zufolge kamen Verdis erst Ende November nach Mailand, von wo sie am 5. 12. 1885 nach Genua fuhren.
2] *um mir die Zähne richten zu lassen:* Von einem »amerikanischen Zahnarzt von großem Ruf«, wie Verdi am 2. 5. 1885 an Opprandino Arrivabene geschrieben hatte. (Siehe S. 146.)
3] *ob Euer Dichter den Nerone beendigt hat:* Da Boito sein eigener Dichter war, ist dies wohl ironisch gemeint.

### 8. 11. 1885   Verdi
268 1] *Die Schlußfolgerung Eures Briefes:* Der entsprechende Brief Boitos ist nicht auffindbar.

2] *die Einheit des Diapason:* Griechisch διαπασῶυ, d. h. durch alle Saiten. Gemeint ist hier der »diapason normal«, die Konzertstimmung. Am 16. 11. 1885 begann in Wien ein Internationaler Kongreß zur Festsetzung eines universalen Diapason. Boito nahm an ihm als einer von drei italienischen Delegierten teil.

3] *der wissenschaftliche Irrtum der 870 Schwingungen:* 1859 hatte eine französische Kommission, der Auber, Berlioz, Halévy, Meyerbeer, Rossini und Thomas angehörten, eine Normalstimmung von 870 Schwingungen bzw. 435 Zyklen pro Sekunde vorgeschlagen. Auf Veranlassung des italienischen Kriegsministeriums entschloß man sich in Italien 1883 zur Normalstimmung von 864 Schwingungen für die Militärkapellen des Königreichs, woraufhin Verdi am 10. 2. 1884 an den Präsidenten der dafür verantwortlichen Kommission schrieb: »Seitdem in Frankreich die Normalstimmung angenommen wurde, riet ich, diesem Beispiel auch bei uns zu folgen; und ich bat die Orchester verschiedener Städte Italiens, u. a. das der Scala, offiziell, die Stimmung zwecks Einheitlichkeit mit der normalen französischen herunterzusetzen. Wenn die von unserer Regierung eingesetzte musikalische Kommission wegen mathematischer Erfordernisse meint, die 870 Schwingungen der französischen Stimmung auf 864 zu reduzieren, ist der Unterschied so gering, dem Ohr fast nicht vernehmlich, daß ich mich gern damit einverstanden erkläre. Es wäre ein schwerer, sehr schwerer Irrtum, eine Stimmung von 900 anzunehmen, wie von Rom vorgeschlagen wird!!! Ich bin wie Sie auch der Ansicht, daß die tiefere Stimmung den Klang und den Glanz einer Aufführung nicht beeinträchtigt; aber sie gibt ganz im Gegensatz etwas Edleres, Volleres und Majestätischeres, was das Gekreisch einer zu hohen Stimmung nicht geben könnten. Für mein Teil möchte ich, daß in der ganzen Welt nur eine Stimmung angenommen werde. Die Sprache der Musik ist universal; warum sollte dann die Note, die *A* in Paris oder Mailand heißt, in Rom ein *B* werden?« (›Gazzetta Musicale‹, 2. 11. 1884.) Am 17. 11. 1885 entschieden sich die Teilnehmer am Internationalen Kongreß in Wien (u. a. Joseph Joachim und Ernst von Schuch) für das Diapason von 870 Schwingungen. Ein Jahr später, am 14. 11. 1886, erschien ein Artikel in der ›Gazzetta Musicale‹, in dem es u. a. heißt: »Verdi hat sich für diese Frage besonders interessiert und unterstützt die universale Annahme der *einzig normalen Stimmung*, wie sie letzthin vom Kongreß in Wien sanktioniert worden ist. [...] Jetzt erfahren wir, daß Maestro Verdi, der allen endlosen Diskussionen Taten vorzieht, bestimmt hat, daß ›Otello‹ nur in Theatern aufgeführt werden kann, wo die *Normalstimmung* angewandt wird; und das hat er dem Verleger ausdrücklich zur Bedingung gemacht, der die Erlaubnis zur Aufführung anderenfalls nicht erteilen kann.«

3a] *Auber:* Der französische Komponist Daniel Auber (1782—1871), ermutigt von Cherubini, bewundert von Wagner, am bekanntesten durch seine Opern ›La Muette de Portici‹ [›Die Stumme von Portici‹] und ›Fra Diavolo‹, war Direktor des Pariser Konservatoriums von 1842 bis 1870.

3b] *Halévy:* Jacques Fromental Halévy (1799—1862), Schüler und Freund Cherubinis, erhielt 1819 den ›Prix de Rome‹ und schrieb 1835 ›La Juive‹ [›Die

Jüdin‹], seine berühmteste Oper, an der Wagner »das Pathos hoher lyrischer Tragödie« pries. 1827 wurde er Professor am Pariser Konservatorium, wo Charles Gounod und Georges Bizet unter seinen Studenten waren.

3c] *Thomas:* Verdis Freund Ambroise Thomas (1811—1896) erzielte 1866 Welterfolg mit seiner populären Oper ›Mignon‹. In Frankreich sind neben seinem ›Hamlet‹ (1868) auch ein paar seiner komischen Opern noch heute beliebt. Thomas folgte Auber 1871 als Direktor des Conservatoire.

3d] *Internationaler Kongreß in Wien:* Siehe Eduard Hanslick ›Aus meinem Leben‹, 5.Buch, 283—285.

3e] *Joseph Joachim:* 1831—1907. Aus Preßburg gebürtig, konzertierte er bereits 1843 im Leipziger Gewandhaus, war Schüler Mendelssohns, eng verbunden mit Brahms, anerkannt als größter Geiger des späten 19.Jahrhunderts und von 1866 bis 1907 Direktor der Hochschule für Musik in Berlin.

3f] *Ernst von Schuch:* 1847—1914. Der hervorragende Dirigent und Orchestererzieher stammte aus Graz, kam 1872 an die Oper in Dresden und führte sie, von 1882 bis zu seinem Tode ihr musikalischer Leiter, zu Weltruhm.

4] *Schreibt mir aus Wien:* Vermutlich plante Boito, Verdi aus Mailand zu schreiben; aber von Wien zurückgekehrt, scheint er ihn dort unvorhergesehen angetroffen zu haben. Die Zahnbehandlung, die Verdi am 27.10.1885 erwähnt hatte, war offensichtlich verschoben worden.


11.1.1886   Verdi
Der unvermittelte Beginn dieses Briefes läßt auf den Verlust anderer Briefe schließen, nicht auf kurz vorher geführte Gespräche. Ein paar ungewöhnlich deutlich datierte Zeilen Boitos an Tornaghi — »Milano, 3.1.86« — verraten seinen Aufenthalt. Vermutlich blieb er den ganzen Januar und den größten Teil des Februar in Mailand.

269   1] *Onestamente nol potrei usw.:* Dieser ganze Satz Jagos fiel weg. Otellos »Eccolo è desso« wurde zu »Eccolo! È lui!« [Da ist er! Er ist's!]. (III, 8)

2] *Wenn Ihr Roberto hört:* Meyerbeers ›Robert le Diable‹ auf italienisch am 14.1.1886 unter Faccio an der Scala.

3] *aus den beiden jungen (Sopranen):* Gemma Bellincioni und Ernestina Bendazzi-Secchi (1864—1931), Tochter und Schülerin der bedeutenden Verdi-Sängerin Luigia Bendazzi (1833—1901).

4] *Dann werden sie eher auf meine Art singen:* Unter mehreren Bemerkungen in diesem Sinne hatte Verdi am 22.5.1871 an Tito Ricordi über zwei junge Sänger geschrieben: »Sie mögen unerfahren sein, aber sie sind jung; und wenn sie Stimme und Gefühl haben, bin ich stets für die Jungen; man kann mit ihnen immer machen, was man will.«


14.1.1886   Verdi
270   1] *Dank für die beiden Verse:* Boitos Brief mit den beiden von Verdi am 11.1.1886 erbetenen Versen ist nicht auffindbar.

2] *Meglio è serbar su ciò la lingua muta:* Wurde zu »Meglio è tener su ciò la lingua muta« [Besser ist es, den Mund darüber zu halten]. (III, 7. Vgl. Shakespeare IV, 1.)

3] *von der Bendazzi:* Offenbar hatte Boito sich in seiner uns fehlenden Antwort auf Verdis Frage vom 11.1.1886 abfällig über Ernestina Bendazzi geäußert.

4] *Es tut mir außerordentlich leid um Ponchielli:* Boito scheint Verdi in seinem nicht auffindbaren Brief berichtet zu haben, daß der Komponist Amilcare Ponchielli (geb. 1834) im Sterben lag. — Ponchielli hatte als neunjähriger Knabe ein Stipendium am Konservatorium in Mailand erhalten. Nach Abschluß des dortigen Studiums bei Alberto Mazzucato war er Organist und Musiklehrer in seinem heimatlichen Cremona, wo seine erste Oper ›I promessi Sposi‹ [›Die Verlobten‹] nach Manzonis gleichnamigem Roman 1856 lokales Interesse erregte; die Neufassung zu einem Libretto Emilio Pragas hatte 1872 am Mailänder Teatro Dal Verme und auch außerhalb Italiens Erfolg. Zu Ponchiellis nächster Oper ›Bertrando dal Bormio‹ hob sich kein Vorhang, weil der Impresario mit der Kasse verschwand. ›La Savoiarda‹ wurde 1861 in Cremona halbherzig aufgenommen, neugefaßt als ›Lina‹ zu einem Libretto von Carlo D'Ormeville 1877 begrüßt. ›Roderico Re dei Goti‹ [›Roderich König der Goten‹], ein mittelmäßiges Werk, kam 1863 in Piacenza auf die Bühne, wo Ponchielli Dirigent der Stadtkapelle war. Auf einen bescheidenen Posten kehrte er 1864 nach Cremona zurück, enttäuscht über Franco Faccios Berufung ans Mailänder Konservatorium; er selber hatte die Professur erstrebt. Im März 1874 dirigierte Faccio jedoch an der Scala die Premiere von Ponchiellis ›I Lituani‹ [›Die Litauer‹] zu einem Libretto von Antonio Ghislanzoni. Unter dem Pseudonym Tobia Gorrio schrieb Boito den Text für ›La Gioconda‹, die seit ihrer Uraufführung unter Faccios Leitung am 8.4.1876 an der Scala Ponchiellis einzig bleibender Erfolg geworden ist. Faccio brachte an der Scala 1880 und 1885 auch ›Il Figliuol prodigo‹ [›Der verlorene Sohn‹] und mit Romilda Pantaleoni in der Titelrolle die ihr gewidmete ›Marion Delorme‹ heraus; beide Opern sind nach anfänglicher Beliebtheit in Vergessenheit geraten. ›I Mori di Valenza‹ [›Die Mohren von Valenza‹], eine unvollendete Oper Ponchiellis zu einem Libretto von Ghislanzoni, wurde 1902 entdeckt, von seinem Landsmann Arturo Cadore (1877—1929) instrumentiert und 1914 in Monte Carlo aufgeführt. — 1881 erhielt Ponchielli die Stelle des »Maestro di Capella« in Bergamo und endlich auch die Professur am Mailänder Konservatorium, an dem Puccini und Mascagni seine besten Schüler waren. Ehrlich, bescheiden und seiner Sache nicht sicher genug, war Ponchielli manchmal auch so geistesabwesend, daß er beispielsweise in Mailand einmal in einen Kanal fiel und ein andermal, am Comer See, im triefenden Regen mit gefaltetem Schirm nach Hause kam. (Adami, 91—95) — »Von denen, die ich kenne«, hatte Verdi am 5.2.1876 an Arrivabene geschrieben, »ist Ponchielli derjenige, der es am besten kann. Aber leider ist er nicht mehr der jüngste — ich glaube, in seinen Vierzigern — und hat zu viel gesehen und *gehört*.« (Alberti, 185)

[16.1.1886]   Boito
Poststempel: Milano 16.1.86.

[18.1.1886]   Boito
Poststempel: Milano 18.1.86.

271  1] *Ponchielli gestorben:* Am 20.1.1886 schrieb Verdi an Giulio Ricordi: »Wenn
ich keine Kondolenzbriefe oder Telegramme geschickt habe, war das wegen
meiner Art zu fühlen; die Wunde eines Herzens, das schon zu viel leidet, noch
zu vergrößern, indem man (zu trösten) den qualvollen Grund des Schmerzes
tausendmal wiederholt, scheint mir ein grausamer Brauch! — Vielleicht ist
meine Art zu fühlen etwas seltsam; aber ich glaube, daß das Schweigen bei großem Schmerz der einzige Trost ist.« Einem Zeitungsausschnitt zufolge, den
Verdi einem Brief an Giulio Ricordi vom 4.7.1886 aus Montecatini (Palatina)
beilegte, hatte er die Patenschaft für das Kind übernommen, das die Witwe Ponchiellis im Juli 1886 erwartete.
2] *Familie seiner Frau:* Ponchiellis Frau war die Sopranistin Teresa Brambilla
(1845—1921), zum Unterschied von ihrer berühmten Tante Teresa Brambilla
(1813—1895), der ersten Gilda in ›Rigoletto‹, Teresina genannt.
3] *Giulio mit Corti in Genua:* Der Besuch mit Cesare oder Enrico Corti fand am
17.1.1886 statt.

[20.1.1886]   Boito
Poststempel: Milano 20.1.86.
272  1] *Gestern habe ich sie gesehen und gehört:* Gemma Bellincioni.
273  2] *Partie der Alice:* In ›Roberto il Diavolo‹.
3] *irgendein Lamperti:* Francesco Lamperti (1813—1892), berühmter Gesangspädagoge, von 1850 bis 1876 Lehrer am Mailänder Konservatorium, Autor verschiedener von Ricordi publizierter Artikel. Unter anderem studierten Teresa
Stolz und Maria Waldmann bei ihm.
4] *Der Bericht ist beendet:* Giulio Ricordi urteilte anders. Am 11.1.1886
schrieb er Verdi aus Mailand: »Betreffs der Bellincioni, die ich nicht kannte und
zum ersten Mal in der Hauptprobe und Generalprobe hörte, muß ich wirklich
sagen, daß sie mir einen außerordentlichen Eindruck gemacht hat, den ich mit
dem der Patti in ihren guten Zeiten vergleichen möchte.«

21.1.1886   Verdi
275  1] *mit dem Riesen kämpfen:* Herbert Weinstock bezieht diese Bemerkung statt
auf Shakespeare auf Rossinis ›Otello‹. (›Rossini Biography‹, 418[n])
2] *Und die Petition?:* Eine in St.Agata unauffindbare, in Boitos folgendem Brief
erklärte Bitte um die Uraufführung des ›Otello‹ an der Scala.

[23.1.1886]   Boito

Poststempel: Milano 23.1.86.

1] *der Impresario Ferrari:* Angelo Ferrari (1830—1897) galt als der König der Impresari in Südamerika. Seiner Initiative ist der prächtige Bau des neuen Teatro Colón in Buenos Aires zu danken, das am 25.Mai 1908 eingeweiht wurde.

2] *als ich sie in Madrid hörte:* Am 27.1.1883 als Margherita in ›Mefistofele‹.

276 3] *Galliard:* Gailhard.


6.5.[1886]   Boito

Die Jahreszahl dieses unfertigen und nicht abgesandten Briefes ergibt sich aus Boitos Brief ähnlichen Inhalts vom 16.5.1886.

1] *Brief von Giulio:* Nicht ermittelt.

277 2] *Novelle von Cinzio Giraldi:* ›Il Moro di Venezia‹ von Giovanni Battista Cinthio, auch Cintio oder Cinzio Giraldi (1504—1573) aus Ferrara. Siebente der 113 Novellen ›De gli Hecatommithi‹. Die Sammlung erschien 1565. ›Il Moro di Venezia‹ gilt als Quelle von Shakespeares ›Othello‹ (1604).

3] *Caterina Cornaro:* 1454—1510. Von 1472 bis 1489 Königin von Zypern.

4] *Besitz der Venezianischen Republik:* 1489—1571.

5] *Boccaccio:* Giovanni Boccaccio (1313—1375). Das reiche Werk des toskanischen Dichters, der in seinen späten Lebensjahren mit Petrarca befreundet war, gipfelt in seiner Novellensammlung »Decamerone‹. Sie entstand zwischen 1348 und 1353, wurde 1470 gedruckt und gilt als eine der bedeutendsten italienischen Prosadichtungen; von entscheidendem Einfluß auf die Weltliteratur.

6] *Sacchetti:* Franco Sacchetti (ca. 1333—1400) verfaßte u. a. »Trecento Novelle‹ im Stil von Boccaccios ›Decamerone‹, Balladen, Madrigale und religiöse Gedichte.

278 7] *die gommeux:* Französisch »Stutzer«.


8.5.1886   Verdi

*drei letzthin gemachte Zeilen:* Worte Jagos zu Roderigo in I, 1. (Shakespeare I, 1.)


10.5.[1886]   Boito

Poststempel: Quinto 10.5.86.


14.5.1886   Verdi

280 1] *Im Solo Otellos sind zu viele Verse:* Boito hatte ursprünglich geschrieben:

| | |
|---|---|
| TUTTI | Evviva Otello. |
| JAGO | |
| *(a Rodrigo)* | Sia dannato Otello. |
| OTELLO | |
| *(a Jago)* | E Desdemona? |
| JAGO | Attende nel castello. |

OTELLO

*(a Jago*      Onesto Jago, Cassio, buon Montano
*famigliar-*      E voi tutti esultate, e suoni *a festa*
*mente)*      *Tutta Cipro.* L'orgoglio musulmano . . .

[ALLE      Es lebe Otello.
JAGO
*(zu Rodrigo)*              Verdammt sei Otello.
OTELLO
*(zu Jago)*      Und Desdemona?
JAGO                  Wartet in der Burg.
OTELLO
*(zu Jago*      Ehrlicher Jago, Cassio, guter Montano
*ohne Förm-*      Und ihr alle, jubelt, und *ganz Zypern*
*lichkeit)*      *Erklinge zum Fest.* Der muselmanische Stolz . . .]
(Carteggi II, 104)      (Vgl. Shakespeare II, 2 und 3.)

2] *Esultate. L'orgoglio Musulmano/Sepolto è in mar:* I, 1. (Shakespeare II, 1: »OTHELLO: . . . News, friends, our wars are done, the Turks are drown'd . . .«.)

**16.[5.1886]**    Boito
Poststempel: Quinto 16.5.86.

281   1] *eine Seite des Vorwortes:* Ich sage also, daß, da die *fünfzehnhundertsieben-undzwanzig* Jahre schon vergangen waren, nachdem der wahrhaftige Sohn Gottes zum Heil der Menschheit unter den Menschen geboren wurde, ein deutscher Herr, von Haß gegen die Heiligkeit des Papstes und des gesamten geweihtesten Ordens der heiligen Prälaten erfüllt, wie viele seiner Nation (angestachelt von bösen Geistern, die Zunge und Feder gegen die heilige und katholische römische Kirche wappneten) ein sehr großes und starkes Heer von Deutschen aufbrachte. Beschmutzt von der pestilenzialischen Ketzerei Luthers und seiner Anhänger, fiel er in Italien mit dem schändlichen Gedanken ein, nicht nur Rom, die gemeinsame Vaterstadt aller Nationen, zu zerstören, sondern den Papst mit eigener Hand auf unerhörte Art mit einem goldenen Strick, den er bei sich trug, durch Aufhängen zu töten. Als er, in Italien eingetroffen, nahe daran war, seine verruchte und schändliche Absicht auszuführen, traf ihn wie durch göttliche Gerechtigkeit ein Schlag, so daß er außerstande war zu kämpfen. Aber an anderen barbarischen Feldherren fehlte es unter jenen Leuten nicht, die, vom gleichen Haß und gierigem Verlangen nach Gewinn geschürt, das deutsche Heer zusammenhielten, um jene verhängnisvolle und verbrecherische Unternehmung durchzuführen. Ihren Kämpfern schloß sich ein im Kriegshandwerk sehr erfahrener Feldherr an, machte sich zum Führer des ganzen Heeres und zog nach vielen von ihm ersonnenen Umwegen unglaublich schnell nach Rom, das er von sehr wenig Bewaffneten besetzt fand; denn obwohl der Papst von diesem Heer erfahren hatte, glaubte er den Worten einiger machtvoller Herren, von deren

Wünschen es ihm abzuhängen schien, und beurlaubte alle Bewaffneten, die er in Rom zu seiner Verteidigung fand. Dies steigerte das Gelüst des feindlichen Feldherrn und des ganzen Lagers zum Angriff in der festen Hoffnung auf den Sieg. Nachdem der höchste Feldherr dann am sechsten Mai das Heer um den Stadtteil von St. Peter versammelt hatte und die Mauer erklimmen wollte, um dann die alten Mauern Roms anzugreifen und auf diese Weise in die Stadt einzuziehen, wurde er, wie ich glaube, durch göttlichen Willen tödlich von einer Armbrustkugel getroffen, die ihn auf der linken Seite der Leiste durchschoß; sein Tod trat aber nicht sogleich ein [. . .].

1a] *ein deutscher Herr:* Georg von Frundsberg (1473—1528) war kaiserlicher Hauptmann im Dienst Karls V.

1b] *sehr erfahrener Feldherr:* Karl, Herzog von Bourbon (1490—1527), führte 12 000 Landsknechte Frundsbergs 1527 gegen Rom.

282  2] *Carpaccio:* Vittore Carpaccio (um 1455—1525).

3] *Gentile Bellini:* 1429—1507.


4.6.[1886?]   Boito
Die Jahreszahl ist nur zu erraten; 1886 dürfte die wahrscheinlichste sein. (Siehe Verdi- und Boito-Daten 1886.)


17.7.1886   Verdi
283  1] *Auch ich bin etwas besorgt:* Das Ehepaar Verdi brach seine übliche Kur in Montecatini ab, um an das Sterbebett Clara Maffeis in Mailand zu eilen. Dort war am 13.7. auch Boito. Vermutlich hatte er die hier erwähnte Sorge mündlich geäußert.

2] *Otello — Noi salperem domani:* Im endgültigen Text steht (III, 8):

OTELLO        (*a Lodovico e Desdemona*)
              Noi salperem domani.
              (*Afferra Desdemona furiosamente.*)
                        A terra! . . . E piangi! . . .
              (*Desdemona cade. Emilia e Lodovico la raccolgono e la solle-
              vano pietosamente.*)
              (*Otello avrà nel suo gesto terribile, gettata la pergamena al
              suolo. Jago la raccoglie e legge di nascosto.* [Jago hebt es auf
              und liest insgeheim.]) (Vgl. Shakespeare IV, 1.)

3] Um die Gleichzeitigkeit der verschiedenen Reden augenfällig zu machen, notierte Verdi diese Verse dreispaltig: Roderigos, Cassios und Lodovicos in der linken, den Text des Chors in der mittleren und den Dialog Jagos mit Otello und Roderigo in der rechten Spalte.

285  4] *Vista crudel! Strazia coll'ugna l'orrido/Petto!:* Im endgültigen Text (III, 8) singen die Damen, die Verdi bis dahin als Frauen bezeichnet, nur »Vista crudel!«. Der Rest des Verses wird von den Kavalieren gesungen.

286  5] *gli umani/Arditi orsù riafferra e m'odi:* Im endgültigen Text (III, 8) »gli

umani / Orsù! cimenti afferra, e m'odi.« [Auf denn, nimm menschliche Wagnisse auf dich und höre mich an.] (Vgl. Shakespeare IV, 2.)

6] *Ascolto:* Im endgültigen Text (III, 8) »T'ascolto« [Ich höre dich an].

7] *Luce d'altro balen:* Im endgültigen Text (III, 8) »Luce d'atro balen« [Licht eines dunklen Blitzes]. Verdi scheint Boitos Handschrift mißverstanden zu haben.

8] *la sua traccia seguito:* Im endgültigen Text (III, 8) »la sua traccia vigilo« [überwache ich seine Spur], wie Boito an Verdi am 24.8.1881 schrieb.

9] *t'ho venduto onore e fè:* Siehe Boito an Verdi am 24. 8. 1881 und Shakespeare IV, 2.

### 21.7.[1886]   Boito

291 1] *Bemerkungen:* Vermutlich mündliche Bemerkungen Verdis zur Zeit von Clara Maffeis Begräbnis in Mailand. (Siehe Anmerkung 1 zum 17.7.1886.)

292 2] *Grazie vi rendo:* Im endgültigen Text (III, 6) folgt:

> *(Il tumulto è sempre più vicino. Fanfare e grida.)*
> Ecco gli ambasciatori.
> Li accogliete. Ma ad evitar sospetti,
> Desdemona si mostri a quei Messeri.

OTELLO Sì. Qui l'adduci.

> *(Jago esce dalla porta di sinistra; Otello s'avvia verso il fondo per ricevere gli ambasciatori.)*
> [*(Der Tumult kommt immer näher. Fanfaren und Geschrei.)*
> Hier sind die Gesandten.
> Empfangt sie. Aber um Verdächtigungen zu vermeiden,
> Zeige Desdemona sich jenen Herren.

OTELLO Ja. Bringe sie her.

> *(Jago geht durch die linke Tür ab. Otello geht auf den Hintergrund zu, um die Gesandten zu empfangen.)*] (Vgl. Shakespeare IV, 1.)

3] *V'abbia il cielo in sua grazia:* Im endgültigen Text (III, 7) »V'abbia il cielo in sua guardia.« [Möge der Himmel Euch schützen.]

294 4] *von anderen Personen gelesen:* Am 28. 7. 1886 schrieb Boito aus der Villa d'Este an Tornaghi: »Sei vorsichtig, keinen anderen als Edel das Libretto des Otello lesen zu lassen, und stopf Dir die Ohren zu, wenn Du es liest. Ich sage das, weil ich leider weiß, daß ein leichthin gesagtes Wort zu hundert anderen führt, die nie gesagt wurden und die Du am nächsten Tag gedruckt sehen wirst.«

### [22.7.1886]   Verdi

Poststempel: Busseto 23.7.86.

*das kleine Trompetenkonzert:* Drei Gruppen von Trompeten hinter der Bühne verkünden die Ankunft der venezianischen Gesandten im III. Akt.

25.7.[1886]   Boito
Vermutlich schrieb Boito diese Zeilen aus der Villa d'Este, bestimmt im Jahr 1886.

1] *Ecco gli Ambasciatori:* Siehe Anmerkung 2 zum 21.7.1886.

2] *A. Boito:* Diesen einzigen seiner vorhandenen Briefe an Verdi unterschrieb Boito mit der Abkürzung des Vornamens.

[29.8.?1886]   Verdi
Giulio Ricordi war mit Romilda Pantaleoni an diesem Sonntag in St. Agata. Vielleicht gab Verdi ihm dieses Promemoria für Boito zur Villa d'Este in Cernobbio mit, wo auch die Ricordis ihre Ferien verbrachten.

295   1] *Pur già qui annida:* Im endgültigen Text (III, 2) sagt Otello: »Eppur qui annida il demone gentil...« [Und doch nistet hier der zierliche Dämon...] Desdemona antwortet: »Eppur con questa mano« usw. Am 2.12.1886 bat Verdi Giulio Ricordi in einem uns von Hans Schneider zur Verfügung gestellten Brief, Boito zu fragen, ob er das Wort »Eppur« [Und doch] drei Verse später absichtlich oder versehentlich wiederholt habe, und wies auf die ursprünglichen Worte »Pur già qui annida« hin. Am 4.12.1886 antwortete Giulio Ricordi: »Boito sagt, daß er mit den zwei ›Eppur‹ tatsächlich eine Änderung gemacht hat. Das ›Pur già‹ war ein zu offenkundiger Kniff, dasselbe Wort nicht zu wiederholen; aber die Wiederholung von ›Eppure‹ ist natürlich und kommt im Dialog häufig vor.« (Vgl. Shakespeare III, 4: »For 'twas that hand that gave away my heart.«)

2] *Signor mi raccomanda:* Boitos Antwort vom 6.9.1886 zufolge schien Verdi Zweifel betreffs dieser letzten Worte der Desdemona zu hegen. Vermutlich fehlt der Schluß des Promemoria. Im endgültigen Text (IV, 3) sagt Desdemona: »Nessuno... io stessa... al mio Signor mi raccomanda... Emilia... Addio...« [Niemand... ich selbst... meinem Herrn empfehle mich... Emilia... Addio...] (Vgl. Shakespeare V, 2.)

[6.9.1886]   Boito
Poststempel: Cernobbio 6.9.86.

29.10.1886   Verdi
298   1] *Ballett im zweiten Akt:* Vermutlich beantwortet Verdi einen später verlorengegangenen Brief Boitos, in dem er ihm einen Entwurf zu diesem Ballett sandte. Ein anderes wurde später in den III. Akt eingelegt. (Siehe Anmerkung 3 zum 16.8.1882.)

2] *Signora Pantaleoni:* Am 28.6.1886 hatte Verdi aus Montecatini an Giulio Ricordi geschrieben: »Alle, die aus Rom kommen, erzählen mir *Wunderdinge* von der Pantaleoni in der *Delorme* [›Marion Delorme‹ von Ponchielli]. Alle, alle! Ein wahrer, ungewöhnlicher Fanatismus! — O weh! Je größer der Fanatismus ist, um so mehr fürchte ich für Desdemona!! Wie kann eine so leidenschaftliche, feurige, temperamentvolle Künstlerin sich in der ruhigen und aristokratischen Leidenschaft der Desdemona mäßigen und zurückhalten?« Giulio Ricordi antwortete am 30. 6. aus Mailand: »Was die Pantaleoni betrifft, habe ich volles Vertrauen, daß sie Ihren Forderungen gerecht werden kann.«

3] *im Corriere:* In der Mailänder Zeitung ›Il Corriere della Sera‹ vom 27.–28.10.1886.

4] *Zulukaffer:* Verdi schreibt »Cetivajo«, der ein dickbäuchiger König der Zulus war, 1879 in englische Gefangenschaft geriet und 1884 in England starb. (Carteggio Verdi–Boito II, 354–355)


[1.11.1886]  Verdi

Vermutlich schrieb Verdi diese gänzlich undatierten Zeilen am selben Tag, an dem er Giulio Ricordi berichtete: »Otello ist vollständig fertig!! Wirklich fertig!!!! . . . . Endlich!!!!!!!!« (S.167)


[16.–17.12.1886]   Boito

299 1] *Bleistift-Seite:* Nicht ermittelt. Sie bezog sich auf die in Verdis zweitem Brief an Giulio Ricordi vom 15. 12. 1886 (»Mittwoch« datiert) erwähnten Verse (S.175). Der endgültige Text (II, 3) entspricht Verdis in jenem Brief geäußerten Wünschen. (Siehe Boito an Verdi, 17.6.1881.)

2] *Beltà ed Amor:* Siehe Anmerkung 6 zum 17.6.1881.

3] *Mitteilung des Figaro:* Der Pariser Zeitung dieses Namens.

4] *die Berichtigung:* In der ›Gazzetta Musicale‹ vom 19. 12. 1886 stand: »Einige Zeitungen haben berichtet, daß die französische Übersetzung von Verdis *Otello* von Arrigo Boito gemacht werden wird; diese Meldung ist völlig ungenau: Maestro Verdi hat die Herren Arrigo Boito und Camille Du Locle mit dieser Übersetzung beauftragt, die diese Arbeit schon vor geraumer Zeit begonnen haben.«


18.12.1886   Verdi

300 *Emanuel:* Giovanni Emanuel (1848–1902), italienischer Schauspieler in der Rolle des Otello im Teatro Manzoni in Mailand. Verdi scheint mit Boito über ihn gesprochen zu haben.


[21.12.1886]   Boito

Poststempel: Milano 21.12.86.

1] *Wahrscheinlich fahre ich dann nach Nervi:* Vermutlich fuhr Boito erst im März 1887 nach den ersten Mailänder Vorstellungen des ›Otello‹ zur Arbeit mit Du Locle nach Nervi.

2] *ein höchst mittelmäßiger Schauspieler:* Giulio Ricordi war anderer Meinung. Siehe seinen Brief an Verdi vom 19.12. und Verdis vom 24.12.1886, S. 177 u. 179.

3] *Rossi und Salvini:* Ernesto Rossi (1827–1896) und Tommaso Salvini (1829–1915) zählten zu den größten italienischen Schauspielern des 19.Jahrhunderts. (Siehe Giulio Ricordi an Verdi am 19.12.1886, S.177.)

4] *nicht gern beiwohnen lassen:* Siehe Verdi an Giulio Ricordi am 24.12.1886, S.179.

17.4.1887   Verdi [Telegramm]
*für euch zwei:* Das Telegramm könnte als eine Einladung an Boito und Du Locle zu deuten sein. Die Adresse dieses wie des folgenden, von Nardi abgeschriebenen Telegramms (Eden Hotel—Nervi) widerspricht jedoch seiner Mitteilung, daß Boito zur französischen Erstaufführung des ›Méphistophélès‹ nach Nantes fuhr. (Nardi, 453) Diese Aufführung war am 23. April. Wahrscheinlich wohnte Boito zumindest den letzten Proben bei. Offenbar irrt Nardi mit seiner Behauptung, Boito sei am 4. April noch nicht von Nantes zurückgekehrt.

22.4.1887   Verdi [Telegramm]
Vermutlich nach Nantes gesandt.
301 *Peppina immer besser:* Nach einem chirurgischen Eingriff in Genua Mitte April. Verdi dankt Boito vermutlich für eine nicht auffindbare Erkundigung.

[26.4.1887]   Verdi
302 *Mefistofele in Nantes:* Das Datum der Erstaufführung in Frankreich am 23.4.1887 ergibt das offensichtliche dieser Zeilen. Verdi dürfte sie nach Paris geschickt haben, von wo Boito Rossinis Sarg nach Florenz begleitete, der dort am 2. Mai eintraf. (Siehe Weinstock, 373—374, und Boito-Daten in 1887.)

26.5.[1887]   Boito
Poststempel: Milano 26.5.87.
303 1] *auf der Seite festgelegt:* Nicht auffindbar.
2] *in seiner Wahlheimat:* Am 17.5.1887 hatte die venezianische Erstaufführung des ›Otello‹ im Teatro Fenice stattgefunden.

30.5.[1887]   Boito
304 1] *leidend wie sein S. Antonio:* Bild Domenico Morellis.
2] *Kopie des Briefes [aus dem Französischen]:* 30. Mai 1887, Mailand — Sehr geehrter Herr . . . . ., Nachdem ich von Maestro G. Verdi eine Vorauszahlung von 5,000 Francs für den Teil, der mir für die französische Übersetzung des *Othello* zusteht, erhalten habe, bitte ich Sie, mein Herr, meine Tantiemen von *Othello* bis zu der obenerwähnten Summe von 5,000 Francs an Maestro Verdi zu überweisen, wenn diese Oper in Frankreich gespielt werden wird. Bitte wollen Sie von dieser Erklärung höflichst Kenntnis nehmen und die Mühe entschuldigen, die ich Ihnen bereite. Hochachtungsvoll usw. usw.

9.6.[1887]   Boito
Die Jahreszahl im Datum dieses Briefes entspricht der ersten Ausgabe des ›Othello‹ in englischer Übersetzung (Juli 1887).

305  1] *Hier haben Sie einen Brief:* Nicht aufgefunden.

2] *Signor Hueffer:* Francis Hueffer (1843–1889), englischer Musikwissenschaftler, Musikkritiker der ›Times‹ und Librettist deutscher Herkunft. Sein im englischen Ricordi-Klavierauszug von ›Othello‹ enthaltener ›Brief des Übersetzers an den Dichter‹ (Boito) befaßt sich mit wesentlichen Problemen musikdramatischer Übersetzung.

3] *lateinischen Text:* Verdi scheint diesen Vorschlag ein paar Tage später im Gespräch mit Boito abgelehnt zu haben. Francis Hueffers Übersetzung enthält keinen lateinischen Text.

4] *Abend der Opéra:* Ein Wohltätigkeitskonzert für die Opfer des Brandes, der am 25. 5. 1887 die Pariser Opéra-Comique in der Salle Favart zerstört hatte. Maurel wollte bei dieser Gelegenheit das ›Credo‹ des Jago zum besten geben, aber Giulio Ricordi verweigerte die Erlaubnis. Er war sich Verdis prinzipieller Abneigung gegen solche Exzerpte bewußt und mag sich auch an einen Brief erinnert haben, den der Maestro am 10.3.1877 an Tito Ricordi geschrieben hatte: »Es ist eine alte Gewohnheit des Hauses Ricordi, mich in Dinge zu verwickeln, die mich nichts angehen. Es gibt die Verträge. Jeder von uns tut das Seine. Ich schreibe die Opern. Deine Firma verwaltet sie.«

[12.6.1887]  Verdi
Poststempel: Busseto 12.6.1887

16.9.1887  Verdi

306  1] *Bei der Rückkehr von Mailand:* Vom 12. bis 14. 9. 1887 war das Ehepaar Verdi in Mailand gewesen.

2] *fand ich hier Euren Brief:* Nicht vorhanden.

3] *nach dem französischen Manuskript:* Das Manuskript der vermutlich Mitte April abgeschlossenen französischen Übersetzung.

4] *Nicolai-Wasserbehälter:* Name der größten Wasserleitung Genuas. Am 30. 11. 1887 schrieb Giuseppina Verdi darüber an Giuseppe De Sanctis: »Wir sind in Genua, d. h., ich bin in Genua, um tausend Schäden in der Wohnung zu beheben, die der Bruch einer Wasserleitung verursacht hat.« (Carteggi I, 206)

5] *als ich nach Genua kam:* Von St. Agata zwischen dem 9. und 12.8.1887.

6] *Caccini:* Giulio Caccini (1550–1618), Komponist und Sänger, mit Peri und der Camerata in Florenz verbunden. Sein Hauptwerk: ›Le nuove Musiche‹.

7] *Peri:* Jacopo Peri (1561–1633), Komponist am Hofe der Medici in Florenz; schrieb dort u. a. mit Caccini ›Dafne‹, die erste Oper, uraufgeführt 1597 oder 1598.

4.10.[1887]  Boito
Die Jahreszahl ergibt sich aus der folgenden Antwort.

307  1] *Tage in St. Agata verbracht:* Boito war mit Giacosa drei Tage lang in St. Agata gewesen. (Nardi, 533)

2] *Der Erziehungsminister:* Michele Coppino (1822—1901), Professor für Italienische Literatur und Rektor der Universität Turin.

3] *Tornate all'antico:* »Kehrt zum Alten zurück«. Boito zitiert den berühmten Satz, den Verdi am 5.1.1871 an Francesco Florimo, den Bibliothekar des Konservatoriums in Neapel, geschrieben hatte: »Torniamo all'antico: sarà un progresso.« [Kehren wir zum Alten zurück: es wird ein Fortschritt sein.]

4] *Vergil:* Publius Vergilius Maro (70—19 v.Chr.).

5] *Horaz:* Quintus Horatius Flaccus (65—8 v.Chr.).

6] *Lukrez:* Titus Lucretius Carus (99/96—55 v.Chr.).

7] *Cicero:* Marcus Tullius Cicero (106—43 v.Chr.).

308 8] *Palestrina:* Giovanni Pierluigi, genannt Palestrina (vermutlich 1525—1594). Größter Komponist seiner Epoche; berühmtestes Werk: ›Missa Papae Marcelli‹.

9] *als Studienplan dienen wird:* Hiermit endet der Brief ohne Gruß und Unterschrift. Seine Fortsetzung dürfte verlorengegangen sein.


5.10.1887    Verdi

309 1] *Victoria:* Tomás Luis de Victoria (um 1548—1611). Spanischer Komponist, vermutlich Schüler Palestrinas; Freund und zeitweilig Nachfolger Palestrinas in Rom.

2] *Luca Marenzio:* 1553—1599. Er gilt als der hervorragendste Vertreter der Madrigalkomposition; seine Werke zeichnen sich durch kontrapunktischen Reichtum aus.

3] *Allegri:* Der römische Komponist und päpstliche Kapellsänger Gregorio Allegri (1582—1652); am bekanntesten durch sein ›Miserere‹, das ursprünglich nur in der Sixtinischen Kapelle des Vatikans aufgeführt und erst 1771 herausgegeben wurde.

4] *Monteverde:* Claudio Monteverdi (1567—1643). Überragender Kirchen- und Opernkomponist, Erschaffer des Musikdramas und eines neuen Musikstils.

5] *Carissimi:* Giacomo Carissimi (1605—1674). Erster großer Meister des Oratoriums und der Kantate; leitete die Entwicklung nicht liturgisch gebundener Kirchenmusik ein.

6] *Cavalli:* Francesco Cavalli (1602—1676). In Venedig tätiger geschätzter Organist und Kirchenkomponist; bedeutender Schüler Monteverdis, schrieb u. a. 42 in seiner Zeit höchst erfolgreiche Opern.

7] *Lotti:* Antonio Lotti (um 1667—1740) wirkte in Venedig und Dresden als hervorragender Kirchenmusik- und Opernkomponist.

8] *Scarlatti Alessandro:* Pietro Alessandro Gaspare Scarlatti (1660—1725), Vater Domenico Scarlattis; entstammte einer italienischen Musikerfamilie, war in jungen Jahren Kapellmeister der Königin Christine von Schweden. Hauptvertreter der »Neapolitanischen Oper«.

9] *Marcello:* Benedetto Marcello (1686—1739), Komponist und Dichter. Schrieb eine Satire auf den Opernbetrieb seiner Zeit, zahlreiche Konzerte, Messen, Oratorien und ein oder zwei Opern. Verdi schätzte im besonderen seine Rezitative.

10] *Leo:* Leonardo Leo (1694–1744). Bedeutender Vertreter der Neapolitanischen Schule, Komponist komischer Opern und zahlreicher Oratorien, Messen und anderer Werke.

11] *Pergolesi:* Giovanni Battista Pergolesi (1710–1736). Berühmt durch die Buffa-Oper ›La Serva Padrona‹, ein ›Stabat Mater‹ für Streichorchester und den Reichtum seiner vokalen und instrumentalen Kompositionen.

12] *Jomelli:* Niccolò Jommelli (1714–1774). Neapolitanischer Komponist von 82 Seria- und Buffa-Opern, zahlreicher Messen, Oratorien und anderer kirchlicher Werke. 1753–1768 Hofkapellmeister in Stuttgart.

13] *Piccinni:* Niccolò Piccinni, auch Piccini (1728–1800), Lieblingsschüler Leonardo Leos. Er schrieb kirchliche Kompositionen und trug Bedeutendes zur Opera seria und Opera buffa des 18. Jahrhunderts bei; seine Buffa-Oper ›La Cecchina‹ war einer der größten internationalen Erfolge. Vor und nach der Französischen Revolution wirkte er in Paris, wo sich ein künstlerischer Parteienstreit um seinen Operntyp und den gegensätzlichen der Reformoper des von ihm gleichwohl verehrten Gluck (1714–1787) begab.

14] *Paisiello:* Giovanni Paisiello, auch Paeseiello (1740–1816). Komponist von Seria- und Buffa-Opern; Rivale Piccinnis und Cimarosas in Neapel. Als Hofkapellmeister in St. Petersburg schrieb er u. a. einen höchst erfolgreichen ›Barbiere di Siviglia‹ (1782). Neben etwa 100 Opern schuf er Klavierkonzerte, Quartette, weltliche Oratorien, Kantaten und Kirchenmusik.

15] *Cimarosa:* Domenico Cimarosa (1749–1801), wichtigster Opernkomponist der Neapolitanischen Schule; Nachfolger Paisiellos in St. Petersburg und Antonio Salieris als Hofkapellmeister in Wien. Dort entstand ›Il Matrimonio segreto‹, Cimarosas bekanntestes Opernwerk.

16] *Guglielmi Pietro:* Pietro Alessandro Guglielmi (1728–1804). Aus der Toskana gebürtiger Komponist u. a. von 103 seinerzeit viel gespielten Opern und als Kapellmeister der Peterskirche in Rom auch geistlicher Werke.

17] *Cherubini:* Luigi Cherubini (1760–1842). Aus Florenz stammender, von Beethoven und Goethe hochgeschätzter Komponist. Außer 15 italienischen und 14 französischen Opern schrieb er, meist in Paris, zahllose geistliche und andere Werke von meisterhafter Technik und Reinheit des Stils. Am bekanntesten sind seine Opern ›Médée‹ und ›Les deux Journées‹ [›Der Wasserträger‹]. Von 1821 bis 1842 war er Direktor des Pariser Konservatoriums.


31.10.[1887]   Boito
Poststempel: Cernobbio 31.10.87.


5.1.1888]   Verdi [Telegramm]
311  1] *die höchst willkommene Nachricht:* Vom glänzenden Erfolg der Mailänder Erstaufführung von Giacosas Schauspiel ›Tristi Amori‹. Vermutlich hatte

Boito diese Nachricht aus Nervi telegrafiert, wohin Verdis Telegramm adressiert ist.

2] *Telegramm an Giacosa:* Nicht ermittelt.

3.3.1888 Verdi [Telegramm]
*morgen um sechs:* Vermutlich dringliche Einladung zum Abendessen.

[8.4.1888] Verdi
*Konzert der Schweizer:* Am 8. und 9.4.1888 gab der Zürcher Männerchor zwei Konzerte in der Scala, woraus sich das Datum dieser Zeilen ergibt.

9.10.[1888] Boito
Poststempel: Ivrea 9.10.88.
1] *zu Berge gegangen:* Italienische Redensart, wörtlich übersetzt. Auf deutsch: »ins Wasser gefallen«.
2] *Ihre Schrift auf der kleinen Karte:* Nicht vorhanden.
3] *Sig. Mariotti:* Giovanni Mariotti (1850—1935), Historiker und Politiker, Abgeordneter, Senator und von 1889 bis 1914 Bürgermeister von Parma.
312 4] *höchst ehrenvolles Angebot:* Die Direktion des Konservatoriums in Parma. Auf der Suche nach einem Direktor von Rang hatte Mariotti sich um Rat an Verdi gewandt, der Boito oder Bottesini in Vorschlag brachte.

14.10.1888 Verdi
1] *Die Ricordis sind gekommen:* Am 7.9.1888 war Tito Ricordi gestorben, und am 18.10. dankte Giulio Ricordi Verdi für die »liebe und wunderbare Gastfreundschaft, die einem in St. Agata zuteil wird«.
2] *Berge des Canavese:* im westlichen Piemont.
3] *mit gutem Resultat:* Bottesini akzeptierte Mariottis Angebot, starb aber schon am 7.7.1889.
4] *die Mariani:* Die Sopranistin Maddalena Mariani-Masi (1850—1916) sang u. a. die Titelrolle der ›Gioconda‹ in der Premiere beider Fassungen dieser Oper (1876 und 1880), mehrfach die Margherita in Boitos ›Mefistofele‹, ›Aida‹ und andere Verdi-Opern. Sie trat aber dem Lehrkörper des Konservatoriums nicht bei.
313 5] *spreche ich Euch von allen Sünden frei:* Vielleicht eine Anspielung auf Boitos Verhältnis mit Eleonora Duse, die von Anfang Juli bis Ende August bei ihm in San Giuseppe gewesen war.

3.11.1888 Verdi [Telegramm]
Text unerklärlich.

6.12.[1888]   Boito
Poststempel: Milano 5.12.88.
1] *seit Montag abgereist:* Das Ehepaar Verdi war Anfang Dezember zu Verhandlungen für den Erwerb eines Grundstücks zum Bau der ›Casa di Riposo‹, eines Altersheims für Musiker, in Mailand gewesen und am Dienstag, dem 4.12., nach Genua gefahren.
2] *Ihre freundliche Karte:* Nicht vorhanden.

17.2.1889   Verdi
1] *Ich schreibe auf gut Glück:* Dieser nach Mailand adressierte Brief wurde Boito zum Hôtel des Anglais in San Remo nachgeschickt.
2] *Jubiläum:* Der fünfzigste Jahrestag der ersten Opernpremiere Verdis, des ›Oberto, Conte di San Bonifacio‹, am 17.11.1839 an der Mailänder Scala.
315   3] *pis aller:* Französisch »letzter Ausweg«.
4] *seit Anfang des letzten Nov.:* Am 9.11.1888 hatte Verdi an Giulio Ricordi geschrieben: »Ich sehe, daß die Zeitungen von einem Jubiläum reden!! . . . Barmherziger Himmel!. Unter den vielen nutzlosen Dingen, die in der Welt geschehen, ist dies das nutzloseste von allen; und ich, der selber so viele begangen hat, verabscheue in Bausch und Bogen alle Nutzlosigkeiten. Außerdem ist es unpraktisch und eine Nachahmung fremder Sitten, die etwas vermuten läßt, was es nicht gibt, was nicht sein kann und nicht sein darf!«

6.3.1889   Verdi
317   1] *Bei der Abreise von Mailand:* Nach vermutlich kurzem, nicht dokumentiertem Aufenthalt.
2] *unschöne Tonleiter:* Eine ›scala enigmatica‹, auf die ein Professor Adolfo Crescentini (1854—1921) in Bologna gekommen war. Diese Tonleiter besteht im Aufstieg aus *c, des, e, fis, gis, ais, h* und *c.* Im Abstieg wird das *fis* zum *f.*
3] *mein Lehrer:* Vermutlich Vincenzo Lavigna. (Siehe Verdi-Daten 1832 bis 1835.)
4] *Es wäre das vierte!:* Das erste (›Salve Maria‹) kommt im I.Akt der ›Lombardi alla Prima Crociata‹ (1843) vor, das zweite ist ein ›Ave Maria‹ nach Dante für Sopran und Streicher (1880), das dritte das ›Ave Maria‹ der Desdemona im ›Otello‹.

[7.3.1889]   Boito
Poststempel: Milano 7.3.89.
318   1] *Am Cembalo gespielt:* Gemeint ist zweifellos ein Klavier.
2] *Der Bürgermeister:* Gaetano Negri.
3] *meinen Brief an Cambiasi:* Ein nicht aufgefundener, offenbar das u. a. am 17.2.1889 erwähnte Jubiläum betreffender Brief. — Pompeo Cambiasi (1849—1908) schrieb Theaterchroniken und gab u. a. ›La Scala: Note storiche e statistiche, 1778—1906‹ heraus.

4] *Aldo Noseda:* 1852—1916, Präsident der ›Società Orchestrale‹ der Scala, unter dem Pseudonym ›Il Misovulgo‹ [›Der Feind des Vulgären‹] jahrelang Musikkritiker des ›Corriere della Sera‹.


11.3.1889   Verdi

1] *Im Gegenteil danke ich Euch:* Offenbar für eine nicht mehr auffindbare Mitteilung.

2] *bei Herrn Edwards den Boden vorbereitet:* Der englische Musikschriftsteller Henry Sutherland Edwards (1829—1906) schien auf Verdis und Boitos Anwesenheit bei der englischen Erstaufführung des ›Otello‹ im italienischen Originaltext am 5.7.1889 im Londoner Lyceum Theatre zu dringen.

3] *den ich nicht zu nennen wage:* ›Nerone‹.

319   4] *Paolo Ferrari:* 1822—1889. Der Komödienautor war auch politisch im Risorgimento aktiv und Direktionsmitglied der Scala; er lehrte in Modena und Mailand.


[13.3.1889]   Boito

Poststempel: Milano 13.3.1889.

1] *Ich gehe nicht mehr dorthin:* Zu einer Aufführung des ›Otello‹ an der Scala.

2] *von Kretins:* Verdi hatte den »Skandal« und die »Katastrophe« dieser Wiederaufnahme in vorwurfsvollen Briefen an Giulio Ricordi und Faccio vorausgesagt. (Siehe S.199.)

3] *Dieser Tenor:* Francesco Giannini.

4] *Die Primadonna:* Aurelia Cataneo Caruson, die Verdi in einem Brief an Giulio Ricordi vom 3.3.1889 als »ein bißchen blöd, sogar sehr blöd« bezeichnet hatte. (Siehe auch seinen Brief an Giulio Ricordi vom 29.4.1887, S.189.)

320   5] *nichts mehr von meinen Engländern:* Bis auf Henry Sutherland Edwards nicht ermittelt. (Siehe Anmerkung 2 zum 11.3.1889.)

6] *Das Ende des 2.Aktes:* Siehe Verdis Brief an Giulio Ricordi vom 2.5.1887, (S.191).


## Zu: ›Falstaff‹

### Einführung

323   *bemerkte Richard Strauss:* Siehe Edgar Istel ›Verdi und Shakespeare‹, 119.

*»Indianermusik«:* Siehe Willi Schuh: ›Richard Strauss. Jugend und frühe Meisterjahre. Lebenschronik 1864—1898‹, 128.

*Temistocle Solera:* 1815—1878. Bohemien und Abenteurer, Librettist und Komponist, Impresario in Spanien und angeblicher Liebhaber der Königin Isabella; Kurier zwischen Cavour und Napoleon III., Polizeichef in Italien und Ägypten; zuletzt Antiquar in Paris; starb arm und vereinsamt in Mailand.

*Otto Nicolai:* 1810—1849. Schrieb 1838—1841 in Rom italienische Opern;

wurde 1841 Hofkapellmeister in Wien, wo er die Philharmonischen Konzerte begründete und eine denkwürdige Aufführung von Beethovens IX. Sinfonie dirigierte. Von 1847 bis 1849 war er Leiter des Domchors und Hofkapellmeister in Berlin. Dort fand kurz vor seinem Tode die Uraufführung der ›Lustigen Weiber von Windsor‹, einer der geglücktesten deutschen komischen Opern des 19. Jahrhunderts, statt.

*Antonio Ghislanzoni:* 1824–1893. Bariton, Impresario, Schriftsteller und bedeutender Librettist; Redakteur der ›Gazzetta Musicale‹ und der ›Rivista Minima‹ in Mailand. 1867 arbeitete er an der italienischen Übersetzung des französischen Textes von ›Don Carlos‹ mit; 1869 half er Verdi bei der Revision der ›Forza del Destino‹; 1870 schrieb er das italienische Libretto nach Camille Du Locles französischem Szenarium der ›Aida‹.

*volle Wahrheit erfahren:* Arrivabenes entsprechender Brief ist nicht ermittelt.

324 *Giovanni Duprè:* 1817–1882. Sienesischer Bildhauer, der Verdi 1847 zur Zeit des ›Macbeth‹ in Florenz nahestand. ›La Gazzetta Musicale‹ vom 24. 8. 1879 brachte unter dem Titel ›Giovanni Duprè e Giuseppe Verdi‹ eine Rezension seines Buches ›Pensieri sull'Arte e Ricordi autobiografici‹, in dem das von Verdi beanstandete Urteil steht.

*ein Urteil Rossinis:* Ähnlich auch das von Eduard Hanslick (1825–1904) in seiner Kritik von Verdis ›Otello‹ (Mailand, 3. 4. 1887): »Verdi hat stets und ausschließlich zum Pathetischen und Tragischen geneigt; er besitzt — wie unter seinen Landsleuten nur noch Bellini, dieser italienische Spohr — gar keinen Humor, ja kaum eine Ader natürlicher Heiterkeit.« (›Musikalisches Skizzenbuch‹, 325.) Als Hanslick sechs Jahre danach in Rom den ›Falstaff‹ erlebte, schrieb er: »Diese neueste Oper des Achtzigjährigen ist ein Stück Musikgeschichte und ihre Premiere in Rom ein denkwürdiges Ereignis. [...] Welch ein Theaterabend! Ein Fest der Nation, eine Herzensangelegenheit des ganzen Volkes! [...] Ich nannte früher Verdi und Bellini als die einzigen italienischen Opernkomponisten, welche unzugänglich und unbegabt erscheinen für Komisches. [...] Welch unerwartet schöne, bedeutsame Wendung, daß der Greis an der Neige seines Lebens sich der Tragik entwindet und mit der Weisheit eines glücklichen Alters noch den Blick auf der sonnigen, heiteren Seite des Daseins ausruhen läßt! [...] Die schlichte Herzlichkeit, mit welcher Verdi — hier so gut wie unnahbar für jeden Fremden — mich empfing und begrüßte, hat mich, der ich manche Jugendsünde gegen ihn auf dem Gewissen habe, tief bewegt. Es leuchtet etwas unendlich Mildes, Bescheidenes und in der Bescheidenheit Vornehmes aus dem Wesen dieses Mannes, den der Ruhm nicht eitel, die Würde nicht hochfahrend, das Alter nicht launisch gemacht hat. Tief gefurcht ist sein Gesicht, das schwarze Auge tiefliegend, der Bart weiß — dennoch läßt die aufrechte Haltung und die wohltönende Stimme ihn nicht so alt erscheinen.« (Eduard Hanslick: ›Aus meinem Leben‹, 10. Buch, 282–284.)

325 *wo ich's sozusagen gefunden habe:* Selbst Giulio Ricordi wußte nichts von diesem Fund, wie aus seinen folgenden Worten hervorgeht. Ob es sich dabei um

›Falstaff‹ handelte und ob Verdi seinen Gedanken daran schon im Juli 1879 Boito gegenüber erwähnte, ist uns nicht bekannt.

*komische Oper für Du Locle:* In einem Brief an Camille Du Locle aus Genua vom 25.4.1870 erwähnt Verdi eine Komödie des spanischen Bühnenautors López de Ayala (1828—1879), die ihm »ausgezeichnet für die Opéra-Comique« scheint, und bittet um eine Übersetzung. (Opéra)

326 *Marchese Gino Monaldi:* 1847—1932. Musikschriftsteller, Kritiker, Impresario und Komponist aus altem, schon von Dante erwähntem Adel; verkehrte im Salon der Gräfin Maffei, war ein Freund Boitos und traf Verdi, der ihn schätzte, häufig in Montecatini. Von 1890 bis 1893 war er Pächter der Opernhäuser Argentina und Costanzi in Rom.

*Königin Elisabeth:* 1533—1603. Tochter Heinrichs VIII. und der Anna Boleyn, Königin von 1558 bis 1603; führte die Reformation ein. Ihre Gegnerschaft zu Maria Stuart veranlaßte den siegreichen Krieg Englands gegen Spanien.

327 *Dittersdorf:* Karl Ditters von Dittersdorf (1739—1799). Stilistisch Mozart nahestehender Wiener Komponist von u. a. 28 Opern; durch ›Doktor und Apotheker‹ am meisten bekannt.

*Antonio Salieri:* 1750—1825. Seit 1774 Kammerkompositeur und Kapellmeister der italienischen Oper in Wien.

*Michael William Balfe:* 1808—1870. Aus Dublin gebürtiger, in Italien als Sänger ausgebildeter Opernkomponist.

*Adolphe Adam:* 1803—1856. Französischer Komponist von über 50 Opern, von denen ›Le Postillon de Longjumeau‹ am bekanntesten ist.

329 *(mit Downings Hilfe):* Nicht ermittelt.

330 *Mascheroni:* Edoardo Mascheroni (1859—1941) debütierte mit einundzwanzig Jahren in Brescia als Dirigent von ›Macbeth‹ und ›Un Ballo in Maschera‹. Fünf Jahre danach leitete er die italienische Erstaufführung des ›Fidelio‹ in Rom. Nach Faccios frühem Tod wurde er auf Verdis und Boitos Empfehlung hin an die Scala verpflichtet, an der er die Uraufführung des ›Falstaff‹ dirigierte. Verdi bezeichnete seinen jungen Freund, dem er noch 1888 ablehnend gegenüberstand und später den Spitznamen »Farfarello« [Kobold] verlieh, scherzhaft als den »dritten Autor des ›Falstaff‹ « und freute sich über die Erfolge seines Werkes mit Mascheroni am Pult.

*Fabbri:* Guerrina Fabbri (1868—1946), Altistin von internationalem Ruf. Erfolgreiche Quickly in späteren ›Falstaff‹-Aufführungen unter Leopoldo Mugnone (1858—1941) und Arturo Toscanini.

*Guerrini:* Virginia Guerrini (1872—?), Mezzosopran; erste Meg in ›Falstaff‹.

331 *Calennese:* Nicht ermittelt.

*Brambilla:* Teresa Brambilla (1845—1921), Sopranistin und Frau Amilcare Ponchiellis. (Siehe Anmerkungen 1 und 2 zum 18.1.1886.)

*die männliche Partie:* Fenton.

*Valero:* Fernando Valero (1854—1914), spanischer Tenor.

*Moretti:* Nicht ermittelt.

*Pessina:* Arturo Pessina (1858—1926), als Falstaff, Hans Sachs, Wotan und in anderen Partien sehr geschätzter Baß-Bariton.

*Pini Corsi:* Antonio Pini Corsi (1858—1918), Buffo-Bariton; der erste Ford in ›Falstaff‹.

*Paroli:* Giovanni Paroli, Tenor; der erste Cassio in ›Otello‹ und der erste Cajus in ›Falstaff‹.

*Cesari:* Pietro Cesari (1847—1922), Buffo-Bariton und Impresario.

*Crispino:* ›Crispino e la Comare‹, »melodramma fantastico giocoso« in 3 Akten von F.M.Piave, Musik von L. und F.Ricci.

334 *Hohensteins Ideen:* Des Malers, Plakatzeichners und Bühnenbildners Adolf Hohenstein (1854—1928). Gebürtig aus St.Petersburg, war er Direktor der Lithographischen Druckerei Ricordis in Mailand, wirkte später in Düsseldorf und Bonn. Seine Entwürfe zum Bühnenbild und zu den Kostümen der ›Falstaff‹-Premiere wurden von Giovanni Zuccarelli und dem Direktor der Kostümabteilung der Scala, Luigi Zamperoni, ausgeführt. (Siehe auch Anmerkungen 2 und 3 zum 19.3.1891.)

*Tito:* Tito II. Ricordi.

336 *das Unglück in Eurem Haus:* Tod des kleinen Giulio, des Enkelsohns von Giulio und Giuditta Ricordi.

337 *Pasqua:* Giuseppina Pasqua (1855—1930) begann als Sopranistin in der Partie des Oscar in ›Un Ballo in Maschera‹, wurde — u. a. von Maria Waldmann beraten — eine Mezzosopranistin von internationalem Ruf und die erste Quickly im ›Falstaff‹.

*Colombo:* Die Oper ›Cristoforo Colombo‹ von Alberto Franchetti (1860 bis 1942), der u. a. in Deutschland studierte und im Stil der großen Meyerbeerschen Oper mit italienischem Verismus vermischt komponierte. Mit ›Cristoforo Colombo‹ wurde die Spielzeit der Scala von 1892/93 am 26.12.1892 eröffnet.

*Borgia:* Donizettis Oper ›Lucrezia Borgia‹; wurde wegen ihres Mißerfolges an der Scala am 4.3.1893 nur einmal gegeben.

*Garbin:* Edoardo Garbin (1865—1943), italienischer Tenor; der erste Fenton in ›Falstaff‹, verheiratet mit der aus Graz gebürtigen Adelina Stehle (1863—1945), der ersten Nannetta.

338 *Incomincio ad accorgermi . . .:* »I do begin to perceive that I am made an ass.« (Shakespeare, ›The Merry Wives of Windsor‹, V, 5.)

*Guglielmo Barblan:* 1906—1978. Italienischer Cellist und Musikwissenschaftler; studierte in Rom und München, war 1949—1978 Bibliothekar des Mailänder Konservatoriums.

*erster Klavierauszug des ›Falstaff‹:* Siehe Guglielmo Barblan: ›Un prezioso spartito del »Falstaff« ‹. Die Ricordi-Verlagsnummer dieses (inzwischen vergriffenen) Auszugs: 96 000.

339 *Beispiele solcher Änderungen:* Siehe Guglielmo Barblan: ›Spunti rivelatori nella genesi del »Falstaff« ‹ und Verdi an Boito, 6.10.1890.

340 *Studie von Hans Gál:* ›A Deleted Episode in Verdi's Falstaff‹; auch ›Giuseppe Verdi und die Operndramatik‹ in ›Drei Meister — Drei Welten: Brahms — Wagner — Verdi‹, 529—535.

341 *sechzehn Takte:* Hans Gál hat diese sechzehn Takte im Stil Verdis instrumentiert. Seine Wiederherstellung der bezaubernden Episode harrt bis heute der Aufführung.

342 *Zum Notenbeispiel:* Verdi verzichtet in seinem brieflichen Notenzitat sowohl auf die Bezeichnung »dolcissimo«, als auch auf die Angaben der Triolen und das Ende der Phrase Nannettas.
Man vergleiche auch Partitura Ricordi 154, Seite 293: »dolci richiami d'amore« [holde Liebeszeichen].
*Zum Notenbeispiel:* Verdi schreibt dieses Notenzitat im Sopranschlüssel und ohne Angabe der Triolen und des Textes »Parliam sotto-voce guardando il Messer« [Sprechen wir leise im Anblick des Herrn]. Es handelt sich dabei um eine leicht veränderte Wiederholung der »Phrase der Weiber« in der Partie der Meg. Man vergleiche auch Partitura Ricordi 154, Seite 290.

343 *so schnell wie ein Blitz:* Verdi schreibt: »arriverò d'urgenza a cavallo del telegrafo.« Wörtlich: »Ich werde schleunigst zu Pferde des Telegrafen eintreffen.«

344 *Zum Notenbeispiel:* Das nur schwer leserliche Notenzitat in Verdis Brief zeigt drei Zweitakteinheiten. In der Orchesterpartitur betrifft dies die sechs Takte ab Ziffer 63, Seite 290/91. In der ersten Zweitakteinheit seines Briefzitates wechselt Verdi vom Part der Baßinstrumente (V-le, V-celli, Fagott) zur Singstimme der Meg (2. Takt des Beispiels), ohne eine Schlüsseländerung (Violinschlüssel) vorzunehmen. Die Phrase der Meg — »Parliam sotto-voce . . .« — wird nach Partitura Ricordi 154 von hohen Holzblasinstrumenten (Fl., Ott., und Ob.) colla parte begleitet. Die Einheit der dreimal zwei Takte wird in diesem Brief von Verdi selbst sowohl mit »due battute« als auch mit einem Gliederungsbogen bezeichnet.
*Zum Notenbeispiel:* Verdi notiert auch dieses Beispiel — wie schon jenes von »dolci richiami« — im Sopranschlüssel. Vermutlich hält er sich an die alte Tradition, alle Stimmen in ihrem eigenen Schlüssel zu notieren. In der handschriftlichen Briefaufzeichnung fehlen die zwei, über einen ganzen Takt sich hinziehenden Gliederungsbögen und die tenuto-Striche am Anfang der Phrase »Sorride il viso e il cor sospira« [Es lächelt das Antlitz, und das Herz seufzt].

345 *Wie ich Euch telegrafiert habe:* Telegramm nicht ermittelt.

347 *(avrò con me dei putti):* Worte der Alice in III, 1.
*che fingeràn folletti . . . :* Ib.
*Eure beiden Telegramme:* Nicht ermittelt.
*Torno all'assalto:* Worte des Fenton in I, 2.
*in der Königsloge geehrt:* Siehe Anmerkung 2 zum 19.3.1893.
*hier mit den Sängern probieren:* Ib.

348 *Zum Notenbeispiel:* Im handschriftlichen Dokument Verdis fehlt sowohl die dynamische Bezeichnung »pp« als auch die den Charakter bestimmende »leg-

giero«. Die staccato-Zeichen (man vergleiche Partitura Ricordi 154, Seite 340) sind mit tenuto-Zeichen zum Verwechseln ähnlich. In Anbetracht des metronomischen Tempos — Viertel = 138 — kann es sich aber um keine solche handeln. Verdi unterläßt es auch, Schlüssel und Vorzeichen anzugeben. Die Episode steht in D-Dur und wird von den 1. Violinen gespielt, die den Gesang der Alice Ford colla parte verdoppeln.

*Ich gratuliere Euch noch einmal:* Zu ›Falstaff‹ am Teatro Fenice in Venedig.

349 *Zilli:* Emma Zilli (1864—1901), Sopranistin, die erste Alice in ›Falstaff‹; glänzte in dieser Rolle an vielen Bühnen Italiens und ganz Europas.

*»Auch das wäre geschafft«:* ›Falstaff‹ unter Mascheronis Leitung in Brescia.

352 *erste Berliner Aufführungen:* Die dortige Erstaufführung in der Übersetzung von Max Kalbeck fand am 6. 3. 1894 statt. (Siehe Anmerkung 4 zum 14. 3. 1894.)

*Busoni-Brief an Verdi:* Hans Heinz Stuckenschmidt: ›Ferruccio Busoni‹, 77.


## Zu: ›Falstaff‹
### Briefe

**6. 7. 1889    Verdi**
Boito hatte einem Artikel Giulio Ricordis in ›La Gazzetta Musicale‹ vom 30. 11. 1890 zufolge Verdi Ende Juni 1889 in Mailand die Skizze eines ›Falstaff‹-Librettos gegeben. Verdi las sie in Montecatini.


**7. 7. [1889]    Boito**
Offenbar schrieb Boito aus Mailand, wohin Verdi seine Briefe vom 6. und 7. 7. adressiert hatte.

356 1] *Goldoni:* Carlo Goldoni (1707—1793), venezianischer Lustspieldichter.

2] *Molière:* Jean Baptiste Poquelin (1622—1673), französischer Lustspieldichter.

3] *Beaumarchais:* Pierre-Augustin Caron de Beaumarchais (1732—1799), Autor von ›Le Barbier de Séville‹ und ›Le Marriage de Figaro‹ u. a., Uhrmacher und Drucker, Abenteurer und Diplomat.

357 4] *Fentone:* Fenton.


**9. 7. [1889]    Boito**
358 1] *von den Landsleuten Shakespeares begriffen:* Am 5. 7. hatte die englische Erstaufführung des ›Otello‹ mit Tamagno, Maurel und Amelia Cataneo unter Faccios Leitung im Londoner Lyceum Theatre stattgefunden.

2] *meine Arbeit zum versprochenen Termin:* ›Nerone‹, den Boito niemals beendet hat.

3] *der genaue Satz Foscolos:* Der Dichter und Literaturhistoriker Ugo Foscolo (1778 bis 1827) schrieb als Übersetzer von Laurence Sternes ›A Sentimental Journey‹ (London 1768, im selben Jahr deutsch von J. J. Bode ›Empfindsame

Reise‹): »Lettori miei: Era opinione del reverendo Lorenzo Sterne parroco in Inghilterra: Che un sorriso possa aggiungere un filo alla trama brevissima della vita.« [Meine Leser: Der hochwürdige Pfarrer Laurence Sterne in England war der Ansicht: Daß ein Lächeln einen Faden zum sehr kurzen Gespinst des Lebens beitragen kann.] Der italienische Titel von Laurence Sternes Buch, das Foscolo unter dem Pseudonym Didimo Chierico übersetzte, ist ›Viaggio sentimentale di Yorik lungo la Francia e l'Italia‹ (Pisa 1813).

**11.7.1889   Verdi**
361 *fertiges Musikstück bei Shakespeare:* Von Verdi beträchtlich gekürzt. (Vgl. Shakespeare ›The Merry Wives of Windsor‹ V, 5.)

**1.8.[1889]   Boito**
364 *Entwurf des Falstaff:* »lo schema del Falstaff«, von Verdi im nächsten Brief »lo schizzo« genannt. Bis heute unauffindbar, vielleicht in Boitos Nachlaß im Konservatorium in Parma enthalten.

**18.8.1889   Verdi**
1] *Stellung des Direktors vakant:* Nach Bottesinis Tod am 7.7.1889. (Siehe Anmerkung 3 zum 14.10.1888.)
365 2] *Cimino:* Gaetano Cimini (1852–1907), Komponist und erfolgreicher Dirigent.
3] *auch die Meistersinger:* Die italienische Erstaufführung dieses Werkes wurde zu einem Triumph für Richard Wagner und Faccio.
4] *in einem anderen Brief:* Nicht vorhanden. Vermutlich sprach Verdi mündlich über die Fuge, als Boito Anfang November in St. Agata war. (Siehe Boitos Brief vom 30.10.1889.)

**[11.11.1889]   Verdi**
Poststempel: Busseto 11.11.89.
369 *ein Brief für Euch:* Von Eleonora Duse aus Sizilien, wo sie sich auf Tournee befand und Boito fast täglich schrieb. Aus Mailand bestätigte dieser ihr am 12.11. nach Messina den Empfang dieses »von starker Hand, die sich die Feder gehorchen läßt«, umadressierten Briefes. Am 13.11. erwähnt er einen zweiten, der ihm »vom Lande« nachgeschickt wurde. Am 14.11. schreibt er ihr nach Syrakus vom Erhalt zweier weiterer Briefe und fügt — auf eine lateinische Inschrift am Palazzo Doria, Verdis Genueser Wohnung, bezugnehmend — hinzu: »Der mit der lateinischen Schrift hat drei Tage hintereinander gearbeitet, Adressen zu ändern. Eine Löwentatze auf einem Schwalbenflügel. Diese beiden schnellen und starken Schriftzüge [...] im Verein nehmen sich schön aus.« (Radice, 594–595)

[12.11.1889]  Boito

Poststempel: Milano 12.11.89.

1] *Die Abstimmung für die Wahlen:* Zum Mailänder Stadtrat.

2] *Das gemütliche Leben von St. Agata:* »Nun spüre ich, daß Ihr wissen wollt, warum ich eher als geplant vom Lande weggegangen bin«, schrieb Boito am 14.11. an Eleonora Duse, die ihm von einer politisch motivierten Schlägerei inmitten einer Vorstellung in Messina berichtet hatte. »Der Grund dafür ist derselbe, der zu den schönen Faustschlägen und wundervollen Fußtritten im Theater von Messina führte. Gut! Immer feste drauf! Laßt sie sich totschlagen! — Bravo! —« (Radice, 595—596)

3] *Notiz im Figaro:* Nicht ermittelt. Vermutlich in St. Agata mündlich erwähnt.


6.1.1890  Verdi

370  *D. Marco Sala:* 1842—1901. Populärer Komponist, Freund Boitos.


[15.2.1890]  Verdi

Poststempel: Genova 16.2.90.

1] *Kleiner Artikel:* Verdi legte ihn dem Briefe bei: »Maestro Faccio hat vom Magistrat und der Direktion einen vierzehntägigen Urlaub erbeten, um sich vollständig von einer kurzen, aber nicht leichten Indisposition zu erholen, die ihn im letzten Monat befallen hat, und um damit den dringenden Rat seines vortrefflichen Arztes und Freundes Professor Levis zu befolgen. Während der kurzen Abwesenheit Faccios, der sich für die 14 Tage an die Ligurische Riviera begibt, wird die Leitung der musikalischen Vorstellungen in der Scala natürlich seinem ausgezeichneten Stellvertreter Maestro Coronaro anvertraut. Wir halten deshalb die Nachricht, der *Edgar* könne von seinem Autor, Maestro Puccini, dirigiert und geleitet werden, nicht für zutreffend. Bis zur Rückkehr Faccios werden auch die Proben und die Leitung dieser Oper Maestro Coronaro anvertraut. Darum halten wir die dem *Resto del Carlino* in Bologna telegrafierte Nachricht nicht für wahr, daß Maestro Puccini unter den Bewerbern um die nächstjährige Nachfolge Faccios sei, der sich bekanntlich zur Direktion des Konservatoriums und des Teatro Regio nach Parma begibt.«

1a] *Maestro Coronaro:* Gaetano Coronaro (1852—1908), Schüler Faccios am Mailänder Konservatorium und Freund Boitos, war seit 1879 der Erste Stellvertretende Dirigent der Scala. Nachdem Faccio am 26.12.1889 mit einer denkwürdigen Aufführung der ›Meistersinger‹ Richard Wagner an der Scala durchgesetzt hatte, konnte er nur noch zwei Aufführungen des Werkes dirigieren. Coronaro übernahm alle übrigen Dirigierverpflichtungen Faccios in dieser Spielzeit.

1b] *Edgar:* Giacomo Puccinis zweite Oper, die Faccio am 21.4.1889 an der Scala uraufgeführt hatte.

1c] *Puccini:* Giacomo Puccini (1858—1924), in Lucca geboren, Schüler Ponchiellis am Mailänder Konservatorium, war mit seiner ersten Oper ›Le Villi‹

(1884) erfolgreich, während ›Edgar‹ (1889) mißlang. ›Manon Lescaut‹ machte ihn trotz Massenets ›Manon‹ 1893 weltberühmt. ›La Bohème‹, deren Uraufführung Arturo Toscanini 1896 in Turin dirigierte, ließ Leoncavallos gleichnamige Oper verschwinden. Auf die ›Tosca‹ (1900) folgte 1904 ein Mißerfolg an der Scala: ›Madama Butterfly‹, die nach ihrer Umarbeitung eine der populärsten Opern Puccinis wurde. 1902 erlebte er in New York eine Aufführung von David Belascos Drama ›The Girl from the Golden West‹, 1910 die Uraufführung seiner Oper ›La Fanciulla del West‹ an der Metropolitan Opera. Nach dem Mißerfolg von ›La Rondine‹ brachten drei Einakter — ›Il Tabarro‹, ›Suor Angelica‹ und ›Gianni Schicchi‹ Puccini 1919 neuen Ruhm. Kurz vor seinem Tode im Herbst 1924 besprach er in seinem Landhaus Torre del Lago bei Viareggio mit Arturo Toscanini die Uraufführung der ›Turandot‹, konnte das Werk aber nicht mehr vollenden. Er starb nach einer Kehlkopfoperation in Brüssel.

1d] *Resto del Carlino:* ›Il Resto del Carlino‹, Zeitung in Bologna.


1.3.[1890]   Boito
Offenbar schrieb Boito aus Nervi, wohin ihm Verdi am nächsten Tag geantwortet hat.
1] *Brief des guten Fortis:* Nicht vorhanden.
2] *Arrigo:* Boito unterschreibt zum ersten Mal, eine seltene Ausnahme, nur mit seinem Vornamen.


8.3.1890   Verdi [Brief]
371 *Nehmt an:* Verdis Gabe ist nicht ermittelt.


9.3.[18]90   Boito
In einem nur »Giuseppe Verdi« adressierten Umschlag sandte Boito diese Zeilen vermutlich durch einen Boten. Am Morgen des nächsten Tages schrieb er an Eleonora Duse aus Nervi: »Ich habe die Arbeit, die ich machen mußte, gestern beendet. Heute reise ich ab. Ich bleibe tagsüber in der Stadt [Genua] und werde morgen daheim sein.« (Radice, 649) Vermutlich besuchte er Verdi am 10.3.1890 noch einmal auf dem Heimweg nach Mailand.


[13.3.1890]   Boito
Poststempel: Milano 13.3.90.


[16.3.1890]   Boito
Poststempel: Milano 17.3.1890.
374 *den Advokaten Dina:* Alessandro Dina (1837—1892) war sowohl der Rechtsanwalt Verdis wie auch der der Firma Ricordi. Am 12.2.1892 trauerte Verdi in einem Brief an Giulio Ricordi um ihn als einen »Freund und Ehrenmann«. Siehe auch Verdis Brief an Boito vom selben Datum. Nach Dinas Tode war Umberto Campanari (1865—1931) der Anwalt Verdis. Er machte auf das Vorhan-

densein von Briefkopien Verdis aufmerksam, die 1913 als ›I Copialettere‹ veröffentlicht wurden.

17.3.1890   Verdi
1] *Als ich in Mailand war:* 23.11.–6.12.1889.
2] *Striche im Concertato:* Siehe Boitos folgende Antwort und Einführung zu
›Falstaff‹ (S. 342).

[20.3.1890]   Boito
Poststempel: Milano 20.3.90.
376   1] *Ich arbeite:* An ›Nerone‹.
2] *Versprechen erneut:* Vermutlich, ›Nerone‹ zu beenden.
3] *Arbeit im Palazzo Doria:* An ›Falstaff‹.

25.3.[1890]   Boito
Poststempel: Milano 25.3.90.
1] *Gratz:* Graz in Österreich.
377   2] *Unser Todeschini:* Nicht ermittelter Arzt.
3] *Levis:* Ib.
4] *De-Vicentini:* Ib.
5] *Dr. Kraft-Ebing:* Richard Freiherr von Krafft-Ebing (1840–1902), bedeutender Psychiater und Sexualwissenschaftler, Professor in Straßburg, Graz und
Wien. Lehrer Sigmund Freuds, schrieb ›Lehrbuch der Psychiatrie‹ und ›Psy-
chopathia sexualis‹.
6] *Charcot:* Der französische Neurologe Jean Martin Charcot (1825–1893), in
dessen Klinik an der Pariser Salpêtrière Sigmund Freud (1856–1939) Studien
betrieb.
7] *Der Bruder der Pantaleoni:* Der Dirigent Alceo Pantaleoni (1839–1923).
378   8] *Orsi:* Offenbar Romeo Orsi (1843–1918), Klarinettist und Instrumentenbauer, Erster Klarinettist der Scala und Erfinder der Baßklarinette in *A* für
›Otello‹. (Carteggio Verdi–Boito II, 394)
9] *die Gräfin Dandolo:* Ermellina Dandolo entstammte einer Familie patrioti-
scher Märtyrer. Boito und Emilio Praga verkehrten in ihrem Mailänder Salon.

31.3.1890   Verdi
379   1] *dem Grafen Sanvitale:* Stefano Sanvitale (1838–1914), Präsident der Kommission des Teatro Regio in Parma. (Carteggio Verdi–Boito II, 394)
2] *dem Bürgermeister:* Giovanni Mariotti, der auch Präsident des Konservatoriums in Parma war.

[7.4.1890]   Boito
Poststempel: Milano 7.4.90.

380  *ein gewisser Signor Rouillé-Déstranges:* Etienne Destranges (1863—1915),
Musikkritiker. Verfaßte u. a. ›L'Evolution musicale chez Verdi: Aida, Otello,
Falstaff‹.

[8.4.1890]   Verdi
Verdi irrte sich im Datum dieser Antwort auf den vorhergehenden Brief.
*Schickt den Franzosen ruhig:* Verdi gewährte Etienne Destranges ein Interview,
das in dessen Buch ›Consonnances et Dissonnances. Etudes musicales‹ erhalten
ist und ein ungewöhnlich lebendiges Bild des Menschen und Meisters gibt.

15.4.[1890]   Boito
Poststempel: Milano 15.4.90.

381  *in ein Landhaus:* Das Krankenhaus Villa dei Boschetti.

[17.4.1890]   Verdi
Poststempel: Genova 17.4.90.

[18.4.1890]   Boito
Poststempel: Milano 18.4.90.

383  1] *Lombardia:* ›La Lombardia‹, Mailänder Zeitung.
2] *einer Zeitung in Parma:* Der ›Gazzetta di Parma‹ vom 19.4.1890. (Carteggio
Verdi—Boito II, 399)

20.4.1890   Verdi

384  1] *im Orpheus gewesen:* Glucks ›Orfeo ed Euridice‹ im Genueser Teatro Carlo
Felice.
2] *Die Har. . . (Orpheus) hat Talent:* Die aus Louisville, Kentucky, gebürtige
amerikanische Mezzosopranistin Helene (Elena) Hastreiter (1858—1922).
3] *an Coquelin gewandt:* Entweder an den berühmten Schauspieler Constant-
Benoît Coquelin (1841—1909) oder an dessen Bruder, den Schauspieler Er-
nest-Alexandre-Honoré (1848—1909).

21.5.[1890]   Boito

385  1] *neapoletanischer Maestro:* Paolo Serrao (1830—1907), italienischer Komponist und Dirigent, seit 1863 Professor am Konservatorium in Neapel. Am
30.3.1873 dirigierte er am Teatro San Carlo in Neapel in Verdis Inszenierung
die dortige Erstaufführung der ›Aida‹.
2] *Nel suo cervello ciurla / Sempre la sua ragione:* Im endgültigen Libretto: »La
fede in cor gli ciurla, / Gli ciurla la ragione«. [Die Treu im Herzen wackelt ihm, /
Es wackelt ihm der Verstand.]

386  3] *die Perseveranza:* Die Mailänder Zeitung ›La Perseveranza‹.

23.5.1890   Verdi

387  1] *wir sprechen von allem persönlich:* Wie Boito am 3. 6. 1890 an Eleonora
Duse nach Madrid schrieb, hatte er nach einem Besuch des Konservatoriums in
Parma »zwei Tage in jenem Hause auf dem Lande [. . .] in so vollem Frieden
verbracht, daß mir die Abreise schwerfiel.« (Radice, 705)
2] *um 1.56 am Bahnhof:* Verdi meinte sicherlich »um 12.56«.

3.10.[1890]   Boito
Poststempel: Milano 3.10.90.
1] *muß ich nach Parma:* Zu Beginn des Schuljahrs im Konservatorium.
2] *Ivrea:* Nordöstlich auf etwa halbem Wege von Turin nach Aosta in der Provinz Aosta gelegene Industriestadt, Kulturzentrum und Verkehrsknotenpunkt
in den westlichen Voralpen Italiens.
3] *(San Giuseppe):* Ehemaliges kleines Kloster in der Nähe von Ivrea, in dem
Boito sich öfters aufhielt. (Siehe seine Lebensdaten 1888 und 1890.)
388  4] *der Vater liegt im Sterben:* Faccios Vater war im selben Krankenhaus untergebracht, aber er und sein Sohn erkannten sich nicht mehr. Romilda Pantaleoni
besuchte ihren Freund hinter dem Rücken der Ärzte und war verzweifelt, ihm
nicht beistehen zu dürfen.

6.10.1890   Verdi
*das Sonett im Dritten Akt:* Fentons Gesang zu Beginn des Aktes. Siehe S.340.

[9.12.1890]   Boito
Poststempel: Milano 9.12.90.
389  *Ich erkenne diesen Namen wieder:* Verdis vermutlich den folgenden Brief Lily
Wolffsohns und auch ihre Visitenkarte begleitende Zeilen an Boito sind nicht
vorhanden. [Aus dem Englischen] »Neapel, 5. November 1890, La Favorita,
Parco Grifeo — Hochwohlgeborene Herren, Es wäre eine große Ehre und unermeßliche Genugtuung für mich, wenn ich die erste sein könnte, ein Resümee
des Librettos der komischen Oper ›Falstaff‹ zu veröffentlichen, bevor es auf die
Bühne gebracht wird. Ich meine damit, die erste zu sein, die es in einer *Londo-*
*ner* Zeitung veröffentlicht, in der es auf Grund des großen Genies der beiden
*collaborateurs* und der Quelle, der das Libretto entnommen ist, das größte Interesse zu erwecken gewiß ist. Daß unser großer Dichter von zwei hervorragenden
Italienern so sehr geschätzt wird, sie zu dem Meisterwerk ›Otello‹ zu inspirieren
und jetzt wieder zu einem gänzlich verschiedenen Werk, wird von uns Engländern natürlich sehr dankbar empfunden. Meine Bitte wird hoffentlich nicht auf-
dringlich sein; denn Inhaltsangaben vieler großer Werke werden oft veröffentlicht, bevor die Werke selber erscheinen. Der Zeitpunkt steht natürlich ganz bei
Ihnen. Meine Zeitung ist in London von höchstem Rang; die ›Daily News‹ und
ich sind stets bestrebt, Italien auf allen Gebieten gut und wahrheitsgemäß zu dienen. Ich lege meine Karte bei und bitte Sie, der größten Hochachtung und Be-

wunderung seitens Ihrer gehorsamen Dienerin versichert zu sein. Lily Wolff-
sohn«

31.12.18[90]   Boito
390  1] *einen Brief:* Nicht aufgefunden.
2] *Zorzi aus Vicenza:* Graf Andrea Zorzi, der die Titel aller Werke Verdis, beginnend mit ›Ernani‹, in den silbernen Griff seines Spazierstocks gravieren ließ.
Der Griff mußte öfters verlängert werden. (Carteggio Verdi–Boito II, 403–404)

1.1.1891   Verdi
1] *Fertigmachen:* ›Nerone‹.
2] *die sehr traurigen vergangenen Monate:* Die Krankheit Faccios, der Tod Giuseppe Pirolis am 14.11. und Emanuele Muzios am 27.11.1890.

19.3.[1891]   Boito an Giuseppina Verdi Strepponi
1] *Wünsche zu diesem Tage:* Dem Namenstag des Ehepaares Verdi.
391  2] *das Aquarell gesehen:* Ein Aquarell der Figur des Falstaff von Adolf Hohenstein, das Giulio Ricordi an Verdi schickte.
3] *weniger weißbärtig und weißhaarig:* Offenbar hatte Hohenstein sich an
Shakespeares Text in ›King Henry IV, First Part‹ II, 4 gehalten. Prince Henry
nennt ihn dort »that old white-bearded Satan« [den alten weißbärtigen Satan];
und Falstaff sagt von sich selbst »That he is old, the more the pity, his white
hairs do witness it.« [Daß er leider Gottes alt ist, das bezeugen seine weißen
Haare.] Zweifellos hatten Verdi und Boito einen jüngeren Falstaff im Sinn.

21.3.1891   Verdi
392  *C'è a Vindsor una donna:* Im endgültigen Text II, 1 »una dama«. (Vgl. Shakespeare: ›The Merry Wives of Windsor‹ II, 2: »There is a gentlewoman in this
town.«)

[22.3.1891]   Boito
Es ist anzunehmen, daß Boito, wie üblich, postwendend geantwortet hat.
393  1] *quand'ero paggio:* Shakespeare: ›King Henry IV, First Part‹ II, 4: »Falstaff:
... When I was about thy years, Hal, I was not an eagle's talon in the waist; I
could have crept into any alderman's thumb-ring ...«
2] *die vier verlorenen Monate:* Vermutlich hatte Giulio Ricordi Boito von einem
Brief Verdis vom 19.3.1891 berichtet, den er aus Genua erhielt: »Der Schmerbauch? – Seit über vier Monaten habe ich nichts mehr von ihm gehört! – Lassen wir ihn schlafen! – Warum ihn wecken? – Er könnte irgendeine große
Gaunerei begehen und in der Welt Anstoß erregen! Und was dann?..
Aber! – – Wer weiß – –«
3] *Chiarina Faccio:* 1846–1923. Franco Faccios Schwester, Sopranistin. Ihre
Karriere war kurz.

[25.4.1891]   Boito
Poststempel: Milano 25.4.91.

394 1] *Freund Bazzini:* Antonio Bazzini (1818–1897), Geiger und Komponist, von
Paganini gefördert. Seit 1873 Professor für Komposition; seit 1882 Direktor des
Mailänder Konservatoriums; dort Lehrer Puccinis.
2] *die Frage gelöst:* Die Nachfolge Faccios.

26.4.1891   Verdi

395 *die beiden Mancinellis:* Luigi Mancinelli (1848–1921), einer der international
anerkanntesten italienischen Dirigenten. Von Hause aus Cellist, wie Toscanini,
hatte er, wie dieser in Rio de Janeiro, sein unerwartetes Debut als Dirigent der
›Aida‹ in Perugia (1874). Nachdem er als erster das Vorspiel zu ›Tristan und
Isolde‹ verbunden mit dem ›Liebestod‹ dirigiert hatte (in Venedig), nannte
Wagner ihn den »Garibaldi der Dirigenten«. An der New-Yorker Metropolitan
Opera erschien er fast ununterbrochen von 1893 bis 1902. In Buenos Aires
weihte er das neue Teatro Colón 1908 mit ›Aida‹ und dem dortigen ersten
›Siegfried‹ ein. Erfolgreich wirkte er in ganz Italien, London und Madrid. In
Arezzo stellte er 1882 Boito seinen Schützling, den sechzehnjährigen Ferruccio
Busoni, vor. (Siehe Anmerkung 3 zum 10.8.1882.) Seine Vertonung von Boitos
›Ero e Leandro‹ wurde erstmalig beim Festival von Norwich 1896 als Kantate,
1897 in Madrid als Oper gegeben. Luigi Mancinellis Bruder Marino
(1842–1894), Komponist und Dirigent u. a. der italienischen Erstaufführung
des ›Fliegenden Holländers‹ in Bologna (1877).

27.4.1891   Verdi
*auf Luigi verzichten:* Luigi Mancinelli machte damals an Covent Garden in
London und an anderen großen Bühnen außerhalb Italiens Karriere.

29.4.[1891]   Boito
Poststempel: Milano 29.4.91.

396 1] *Martucci:* Giuseppe Martucci (1856–1909) studierte am Konservatorium in
Neapel, wurde Pianist, Dirigent, Komponist und 1886 Direktor des ›Liceo Musicale‹ in Bologna. Am dortigen Teatro Comunale dirigierte er während einer Internationalen Musikausstellung am 2.6. 1888 die erste italienische Aufführung
von ›Tristan und Isolde‹ und besuchte den von ihm hochverehrten Brahms (Josef Viktor Widmann: ›Erinnerungen an Johannes Brahms‹, 148–150). 1902
wurde er als Direktor an das Konservatorium in Neapel berufen. Er hinterließ
eine Bearbeitung von Bachs Orchestersuiten für Klavier und zahlreiche kam-
mermusikalische und sinfonische Werke.
2] *Catalani:* Alfredo Catalani (1854–1893) studierte an den Konservatorien
von Mailand und Paris, wurde Nachfolger Ponchiellis als Professor für Komposition in Mailand und schrieb fünf Opern, darunter 1890 ›Loreley‹ und 1892
›La Wally‹, nach der sein Freund Arturo Toscanini eine Tochter nannte.

3] *Gomez:* Antonio Carlos Gomes (1836—1896), brasilianischer Komponist, in dem Verdi »wahres musikalisches Genie« erkannte. Er wurde von Kaiser Pedro II. zum Studium nach Mailand gesandt, war Direktor des Konservatoriums in Pará (heute Belém) in Brasilien, und Autor zahlreicher Opern, häufig mit südamerikanischen Sujets. Am bekanntesten ist seine Oper ›Il Guarany‹, die dank Clara Maffeis Vermittlung 1870 mit großem Erfolg an der Scala uraufgeführt wurde. Boito und Emilio Praga schrieben das Libretto zu Gomes' ›Maria Tudor‹, deren Premiere unter Faccios Leitung an der Scala am 27.3.1879 ein eklatanter Mißerfolg war.

2.5.[1891]   Boito
Poststempel: Milano 2.5.91.

399   *altes Kloster:* Zweifellos die unweit von St. Agata, im 14. Jahrhundert erbaute Abbazia di Chiaravalle della Colomba.

5.5.1891   Verdi
1] *auf Wiedersehen am 21.:* Darüber schrieb Verdi am 25.5.1891 aus St. Agata an Giulio Ricordi: »Boito hielt sich hier auf dem Rückweg von Parma ungefähr 48 Stunden lang auf und hat mir das Libretto von Nerone vorgelesen!!« (Siehe Verdi über Boito, 25.5.1891, S.506.)
2] *Borgo:* Borgo S.Donnino, heute Fidenza. Aus dieser Zeit persönlicher Begegnungen mit Boito könnte auch das folgende undatierte Promemoria Verdis stammen, das sich unter seinen Papieren in St.Agata befindet:

Pregare BOITO
1°. Dopo i versi di *Fals.*

> T'amo e non è mia colpa
> S'io tanta porto vulnerabil polpa

Aggiungere   Ah!
due versi   Ma i sospiri d'amor
ad Alice   *Gonfiano   e il cor*
═══════════

FAL.   Quand'ero paggio
Del Duca di Norfolth ero sottile! / *punto.*

     ᵕ _ _ ᵕ _
     _ ᵕ _ _ _ ᵕ _ _ _ ᵕ _

Cialtron!
Poltron!
*Gorgion*
Beon
Briccon!
In ginocchion

| *Piú avanti* | Ghiotton! | |
|---|---|---|
| | Gorgion | } Cambiare |
| | Beon | } per non ripeter |
| | Perdon | |

Possibilmente dopo il verso *E spiritelli*
*aggiungere altri due* . . . . . *elli*
. . . . . *elli*

[BOITO bitten
1. Nach den Zeilen des *Fals.*

|  | Ich liebe dich und es ist nicht meine Schuld, |
|---|---|
| | Wenn ich so verwundbares Fleisch trage |
| Zwei Verse | Ah! |
| für Alice | Aber die Seufzer der Liebe |
| hinzufügen | *Blähen auf* *und das Herz* |

| FAL. | Als ich Page |
|---|---|
| | des Herzogs von Norfolth war, war ich dünn! / *Punkt.* |

$\cup$ _ _ $\cup$ _
_ $\cup$ _ _ _ $\cup$ _ _ _ $\cup$ _

| | Liederjan! |
|---|---|
| | Faulpelz! |
| | Dicker[?] |
| | Säufer |
| | Schuft! |
| | Auf die Knie |
| *Weiter vorn* | Vielfraß! |
| | Dicker[?] | } Ändern, um nicht |
| | Säufer | } zu wiederholen |
| | Verzeihung |

Möglichst nach dem Vers *Und kleine Geister*
zwei weitere hinzufügen . . . *ster*
. . . *ster*]

Der erste Teil dieses Merkblatts bezieht sich auf die 2. Szene des II. Aktes im
›Falstaff‹. Im endgültigen Libretto steht:

| FALSTAFF | Chi segue vocazion non pecca. |
|---|---|
| | T'amo! e non è mia colpa . . . |
| ALICE | *(interrompendolo)* |
| | Se tanta avete vulnerabil polpa . . . |
| [FALSTAFF | Wer seiner Neigung folgt, sündigt nicht. |
| | Ich liebe dich, und es ist nicht meine Schuld. |

ALICE      *(ihn unterbrechend)*
          Wenn Ihr so viel verwundbares Fleisch habt . . .]

Die »Zwei Verse für Alice« wurden nicht hinzugefügt. Mit »Duca di Norfolth«
meinte Verdi den »Duca di Norfolk«. Das ungewöhnliche Wort »Gorgion« im
zweiten Teil des Blattes findet sich in keinem italienischen Wörterbuch und
wurde im endgültigen Libretto der letzten Szene der Oper, in der Falstaff verprügelt wird, durch »Ghiotton« [Vielfraß] ersetzt. Wie der »Page des Herzogs
von Norfolk« sind alle Texte dieses Merkblatts durchaus Boitos von Shakespeare inspirierte Erfindung.

28.5.[1891]   Boito
Poststempel: Milano 28.5.91.

1] *Mr. Terry:* Siehe Anmerkung 2 zum 27.10.1885.

2] *ein Rubinstein-Konzert:* Ein Konzert des russischen Pianisten und Komponisten Anton Rubinstein (1829–1894) war eine Sensation im Musikleben der
damaligen Welt.

400   3] *der Teufel auf einem Geigenbogen:* Boito zitiert aus Falstaffs Text in II, 2 der
Oper: »Il diavolo cavalca / Sull'arco di un violino!!« [Der Teufel reitet / Auf
einem Geigenbogen!!] (Shakespeare ›King Henry IV, First Part‹ II, 4: *»Prince:*
Heigh, heigh! the devil rides upon a fiddlestick . . .«)

4] *um den Wäschekorb herum:* In derselben Szene, die Verdi zur Zeit komponierte.

29.5.[1891]   Boito
Poststempel: Milano 29.5.91.

1] *von dem guten Vellani:* Federico Vellani war Sekretär des ›Liceo Musicale‹
in Bologna und Sammler von Musikerbildern. (Carteggio Verdi–Boito II,
410–411)

2] *sich um die Wäsche kümmern:* In II, 2 der Oper.

9.6.[1891]   Boito
Poststempel: Milano 9.6.91.

401   1] *Galletti:* Isabella Galletti Gianoli (1835–1901), bekannte Sopranistin, be-
warb sich 1871 vergeblich um die Rolle der Aida in Kairo.

2] *die Alboni:* Marietta Alboni (1823–1894), berühmte Altistin, übernahm bei
der Londoner Erstaufführung von ›Ernani‹ 1847 die Rolle des Carlo V., die
dem dafür engagierten Bariton zu hoch lag. Da ihr körperlicher Umfang dem
ihrer Stimme entsprach, nannte Rossini sie »die Elefantin, die eine Nachtigall
verschlungen hat«.

3] *ein Stück von einem Ihrer Briefe:* Siehe Anmerkung 1 zum 5.5.1891.

4] *Strich im 2. Akt:* Siehe Anmerkung 2 zum 17.3.1890.

12.6.1891   Verdi
*Quichly:* Quickly.

14.6.[1891]   Boito
Poststempel: Milano 14.6.91.

5.7.1891   Verdi
403   *le Rêve:* ›Le Rêve‹ [›Der Traum‹], Oper des Pariser Komponisten, Musikwis-
senschaftlers, Kritikers und Verdi-Verehrers Alfred Bruneau (1875—1934).
Sein Freund Emile Zola (1840—1902) schrieb das Libretto für ›Messidor‹, Bru-
neaus bekanntestes Werk.

23.7.1891   Verdi
404   *Armer Faccio!:* Franco Faccio war am 21.Juli gestorben.

24.7.[1891]   Boito
Poststempel: Milano 24.7.91.

3.9.[1891]   Boito
Die Jahreszahl ergibt sich aus dem Inhalt des Briefes.
405   1] *Gallignani:* Giuseppe Gallignani (1851—1923), Komponist vor allem
kirchlicher Werke, wurde mit Verdis und Boitos Hilfe Direktor des Konservatoriums in Parma. Als späterer Direktor des Mailänder Konservatoriums förderte
er die Berufung Arturo Toscaninis an die Scala. Es gelang ihm aber nicht, den
Sohn von Verdis Kutscher als Schüler des Konservatoriums in Parma aufzunehmen, worum Verdi ihn 1894 in mehreren Briefen bat. Wegen angeblicher Miß-
stände in der Verwaltung des Mailänder Konservatoriums beging Gallignani
Selbstmord.
2] *das wäre ein Unheil:* Vermutlich die Ernennung Paolo Serraos. (Siehe Anmerkung 1 zum 21.5.1890.)

5.9.1891   Verdi
406   1] *meinen Brief hinterlassen:* Am 4.9.1891 schrieb Verdi an Giovanni Mariotti,
den Bürgermeister und früheren Präsidenten des Konservatoriums von Parma:
»Boito schreibt mir soeben, daß er den Direktionsposten des Konservatoriums
in Parma auf keinen Fall annehmen kann. Wie die Dinge liegen, kann ich Ihnen
nur wiederholen, was ich Ihnen (hier in S. Agata) vor etwa zwanzig Tagen mündlich über Maestro Gallignani gesagt habe. Er scheint mir der am besten geeignete und in jeder Hinsicht gegebene Mann für dieses Amt zu sein. [. . .]« (Marchesi, 170.) Unter demselben Datum schrieb Boito an Mariotti aus Mailand:
»[. . .] Ich kann die Direktion des Konservatoriums in Parma wirklich nicht
übernehmen und wünsche, daß das Ministerium sie mir nicht anbieten möge,
um nicht zu einer ablehnenden Antwort gezwungen zu sein. Als Sinekure kann

ich diese Direktion nicht annehmen, das verbietet mir mein Gewissen. Als wahre und ernste zu erfüllende Aufgabe kann ich sie nicht annehmen, das verbieten mir meine Studien. [. . .] Die Gewißheit ermutigt mich, daß das Konservatorium in Parma unter der Direktion des hochverdienten Maestro Gallignani auf dem großen Wege der Kunst immer mehr fortschreiten wird. [. . .]«

2] *Aus dem Brief von Gallignani:* Nicht auffindbar.

### 8.9.[1891]   Boito
Poststempel: Milano 8.9.91.

407   1] *Gallignani in der Wohnung des Kanonikus:* Gallignani war zu dieser Zeit Kapellmeister des Mailänder Domes.

2] *daß der Falstaff fertig ist:* Ein von mehreren Zeitungen verbreitetes Gerücht, das Giulio Ricordi in der ›Gazzetta Musicale‹ vom 20. 9. 1891 scharf dementierte.

### 10.9.1891   Verdi
Grußformel und Unterschrift des Briefes fehlen.

### [15.9.1891]   Verdi
Poststempel: Busseto 15.9.91.

408   1] *Brief Mariottis:* In diesem Brief vom 9.9.1891 aus Rom dankte er Verdi für den seinen vom 4.9. (Anmerkung 1 zum 5.9.1891) und versprach, Gallignani so schnell wie möglich zum Direktor des Konservatoriums in Parma ernennen zu lassen.

2] *Tito:* Tito II. Ricordi (1865–1933), der Sohn Giulio und Giuditta Ricordis; leitete den Verlag von 1912 bis 1919; starb kinderlos.

### 16.9.[1891]   Boito
Poststempel: Milano 16.9.91.

*Brief Mariottis:* Boito sandte diesen Brief beiliegend an Verdi zurück: »Rom, 9. September 1891 – Hochverehrter Maestro, Ich danke Ihnen wärmstens für Ihren sehr freundlichen Brief; ich habe ihn, aufrichtig gesagt, noch nicht erhalten (da er in Parma ist, wo ich morgen eintreffen werde), aber ich kenne den Inhalt schon durch das, was mir Gallignani darüber schrieb. – Ich verfehlte nicht, sogleich mit dem Ministerium darüber zu sprechen, wo sie alle Ihre Empfehlung mit der größten Ergebenheit aufnahmen. – Hier ist heute wie immer Ihr Rat und Wunsch für alle Gesetz! Die Nachricht der entschiedenen Absage Maestro Boitos (eine Nachricht, die mir von Ihnen in Ihrem Brief gegeben und von mir, wie es meine Pflicht war, dem Minister mitgeteilt wurde) hat die Beschlüsse, die bereits getroffen waren, verändert; der Minister hätte jedoch gleichfalls an Maestro Boito geschrieben, wenn auch auf andere Weise als vorher geplant; aber jetzt mußte auch die Absendung dieses zweiten Briefes verschoben werden, weil der Untersekretär des Staates dem Minister mit der Bitte geschrieben hat, jedwede Entscheidung zu suspendieren, bis er ihm über die Sache geschrieben oder gesprochen habe. Der Unterstaatssekretär (ein Freund Negris) ist Gallignani gewogen; ich verstehe aber nicht, was das nützt und warum diese Suspendierung verlangt wurde. — In jedem Falle hoffe ich, daß sie von kurzer Dauer sei; und Sie können gewiß sein, daß ich mein Bestes tun werde, Maestro Gallignani so schnell wie möglich ernennen zu lassen. Ich bitte Sie, mich Ihrer hochverehrten Gemahlin höflichst zu empfehlen und mich zu Ihren Diensten stehen zu lassen, hochverehrter Maestro. Ihr ergebenster Giovanni Mariotti.«

3.10.[1891]   Boito
Poststempel: Roma 3.10.91.

409 1] *Musikrat einberufen:* Der Erziehungsminister Pasquale Villari (1826—1917) rief Boito, Antonio Bazzini und den Komponisten Filippo Marchetti (1831 bis 1902) zur Wahl des Direktors in Parma nach Rom. — Bazzini schreibt auf der ersten Seite des Briefes: »Wieder auf den Beinen, nutze ich die mir von Freund Boito gewährte Gastfreundschaft, dem hochverehrten Verdi den wärmsten und herzlichsten Gruß zu senden. Der ergebenste Verehrer A. Bazzini.«
2] *Jagd auf die Pilger:* Am 2.10.1891 hatte eine Gruppe von französischen Pilgern das Grabmal Vittorio Emanueles II. im Pantheon entweiht.

[23.1.1892]   Verdi
Poststempel: Genua 23.1.92.

411   *Giulio sagt mir aber:* In einem Brief vom 19.1.1892.

[23.1.1892]   Boito
Poststempel: Milano 23.1.92.
*die Walküre zu hören:* Die italienische Erstaufführung des Werks hatte am 22.12.1891 im Turiner Teatro Regio stattgefunden.

[10.2.1892]   Boito
Poststempel: Milano 10.2.92.

412 1] *Die letzte Karte:* Am 8.2.1892.
2] *in Mailand sehen:* Verdi hatte am 31.1.1892 Giulio Ricordi seine Absicht mitgeteilt, nach Mailand zu kommen.
3] *Mégère apprivoisée:* ›Mégère apprivoisée‹ ist der korrekte französische Titel von ›The Taming of the Shrew‹ [Der Widerspenstigen Zähmung].
4] *Morel:* Victor Maurel.

12.2.1892   Verdi

413 1] *brouillon:* Französisch »Entwurf«.

15.4.1892   Verdi

414  1] *Ich habe Bulow geantwortet:* Im Beethoven-Jahr 1870 hatte der deutsche Dirigent und Pianist Hans von Bülow (1830–1894) in Mailand einen so tiefen Eindruck hinterlassen, daß die Scala ihn als Chefdirigenten gewinnen wollte. Der Kritiker Filippo Filippi warnte ihn jedoch vor Giulio Ricordis Drohung, er werde im Falle von Bülows Ernennung das ganze Material seines Verlags, Verdis Werke inbegriffen, von der Scala zurückziehen. Natürlich fürchtete Ricordi die Beziehungen des berühmten Wagner-Dirigenten zu seinem Konkurrenten, dem Wagner-Verleger Francesco Lucca. In Bülows Unterbewußtsein dürfte diese Situation auch in seiner scharfen Ablehnung von Verdis ›Requiem‹ mitgespielt haben, das er in einem Artikel in der ›Allgemeinen Zeitung‹ (Nr. 148 Beilage und Nr. 152) 1874 boshaft kritisierte. (Siehe auch Hans v. Bülow ›Musikalisches aus Italien‹ in ›Ausgewählte Schriften‹, Bd. III, 340–341.) Johannes Brahms soll in der Musikalienhandlung von Hug in Zürich den Klavierauszug von Verdis ›Requiem‹ durchgelesen und gesagt haben: »Bülow hat sich unsterblich blamiert, so etwas kann nur ein Genie schreiben.« (Josef Viktor Widmann: ›Erinnerungen an Johannes Brahms‹, 164, Anmerkung 14.) Dieses Urteil mag zu Bülows Sinnesänderung und dem folgenden, italienisch geschriebenen Brief an Verdi beigetragen haben: »Hamburg, 7. April 1892 – Sehr verehrter Maestro, Geruht, die Beichte eines reumütigen Sünders anzuhören! Es sind schon achtzehn Jahre her, daß der Unterzeichnete sich einer großen, sehr großen journalistischen *Bestialität* schuldig machte – gegen den letzten der fünf Könige der modernen italienischen Musik. Wie oft hat er das bereut, sich bitterlich geschämt! Als er die erwähnte Sünde beging (vielleicht wird Euere Großmut sie gänzlich vergessen haben) war er tatsächlich im Zustand des Schwachsinns. Entschuldigt, daß ich Euch diesen sozusagen mildernden Umstand erwähne. Mein Verstand war von Fanatismus verblendet, von ultrawagnerischer ›Seide‹. Sieben Jahre später kam allmählich die Erleuchtung. Der Fanatismus hat sich geläutert, ist Enthusiasmus geworden. Fanatismus – Petroleum; Enthusiasmus – elektrisches Licht. In der geistigen und moralischen Welt heißt das Licht: Gerechtigkeit. Es gibt nichts Vernichtenderes als die Ungerechtigkeit, nichts Intoleranteres als die Intoleranz, wie schon der sehr noble Giacomo Leopardi gesagt hat. Wie sehr durfte ich mir gratulieren, als ich endlich zum ›Augenblick der Erkenntnis‹ gelangt war; wieviel reicher ist mein Leben geworden, wie haben sich die kostbarsten Freuden, die künstlerischen, vermehrt! Ich habe mit dem Studium Eurer letzten Werke begonnen: mit der *Aida*, dem *Otello* und dem *Requiem*, das mich neulich selbst in einer ziemlich dürftigen Wiedergabe bis zu Tränen bewegt hat. Ich habe diese Werke nicht nur nach dem Buchstaben, der tötet, studiert, sondern im Geiste, der wiederbelebt! Nun wohl, sehr verehrter Maestro, jetzt bewundere ich Euch, ich liebe Euch! Wollt Ihr mir vergeben, wollt Ihr das Vorrecht der Herrscher in Anspruch nehmen, zu begnadigen? Wie immer es sei, muß ich vergangene Schuld bekennen, wenn es auch nur dazu dienen möge, den jüngeren verirrten Brüdern ein Beispiel zu ge-

ben. Und treu dem preußischen Motto *Suum cuique* rufe ich tapfer aus: Es lebe *Verdi*, der Wagner unserer lieben Verbündeten! Hans von Bülow« Nach Empfang dieses Briefes schrieb Verdi am 11. 4. 1892 an Giulio Ricordi: »[. . .] Jetzt werdet Ihr staunen! Hans de Bulow schickt mir den Brief, den ich hier beilege und den Ihr mir zurückschicken werdet, sobald Ihr ihn gelesen habt . . . Der ist bestimmt verrückt! Wie kann er glauben, daß ich, ausgerechnet *Ich*, einen solchen Brief drucken lassen könnte!? Wenn er zerknirscht bereut, bekennt und kommuniziert, mußte er ihn selber drucken lassen oder besser noch Euch darüber mit der Bitte schreiben, alles zu veröffentlichen, was er wollte. Aber wenn er doch verrückt ist!! Unterdessen werde ich ihm antworten, daß ich vergebe, vergeben hatte und immer vergeben werde, um so mehr als er damals vielleicht recht haben konnte . . . Addio. Grüßt alle und schickt den Brief zurück. Zeigt ihn Boito, der darüber lachen wird.« Dann schrieb Verdi an Bülow: »Genua, 14. April 1892 — Sehr verehrter Maestro Bülow, Es gibt keinen Schatten von Sünde in Euch! — und es geht nicht an, von Reue und Vergebung zu sprechen! Wenn Eure Ansichten früher andere waren als heute, habt Ihr sehr wohl daran getan, sie zu bekennen; und ich hätte nie gewagt, mich darüber zu beklagen. Im übrigen, wer weiß . . . vielleicht habt Ihr damals recht gehabt. Wie dem auch sei, Euer unerwarteter Brief, geschrieben von einem Musiker Eures Ranges und Eurer Bedeutung in der Welt der Kunst, hat mir große Freude gemacht! Und das nicht wegen meiner persönlichen Eitelkeit, sondern weil ich sehe, daß die wahrhaft erlesenen Künstler nicht nach den Vorurteilen der Schulen, der Nationen und der Zeit urteilen. Wenn die Künstler im Norden und im Süden verschiedene Neigungen haben, mögen sie eben *verschieden* sein! Alle sollten den ›eigenen Charakter ihrer Nation‹ bewahren, wie Wagner sehr gut gesagt hat. Glücklich Ihr, die Ihr noch immer die Söhne Bachs seid! Und wir? Auch wir, die Söhne Palestrinas, hatten einmal eine große Schule . . . und die unsere! Jetzt ist sie verfälscht und vom Untergang bedroht! Ob wir zum Anfang zurückkehren könnten?! Ich bedaure, der Musikausstellung in Wien nicht beiwohnen zu können, wo ich nicht nur das Glück gehabt hätte, so viele berühmte Musiker anzutreffen, sondern zu meiner Freude ganz besonders Euch hätte die Hand drükken können. Ich hoffe, daß mein hohes Alter Gnade bei den Herren finden wird, die mich so freundlich eingeladen haben, und daß sie mein Ausbleiben entschuldigen werden. Euer aufrichtiger Bewunderer G. Verdi« (Copialettere, 375—376[n])

2] *falls Bulow diese Briefe auf deutsch veröffentlichen sollte:* Geschah nicht.

3] *wenn Giulio die beiden Briefe veröffentlichte:* ›Gazzetta Musicale‹ vom 7.8.1892. (Carteggio Verdi—Boito II, 420—422)

4] *an Roger geschrieben:* An den Agenten der Droits d'Auteur in Paris wegen Tantiemen betreffender Fragen in Frankreich.

5] *Für Nannetti nur die Partie des Bardolfo:* Verdi verwechselt die Tenorpartie des Bardolfo in ›Falstaff‹ mit der Baßpartie des Pistola, für die Nannetti vermutlich zu prominent war.

[17.4.1892] Boito
Ostern fiel im Jahr 1892 auf den 17. April. Boito war anscheinend in Mailand.

415 *L'onore:* Shakespeare: ›King Henry IV, First Part‹ V, 1: »FALSTAFF: [. . .]What is that honour? air. A trim reckoning! — Who hath it? he that dies o' Wednesday. Doth he feel it? no. Doth he hear it? no. Is it insensible, then? yea, to the dead. But will it not live with the living? no. Why? detraction will not suffer it: — therefore I'll none of it [. . .]«

9.5.[1892] Boito
Die Jahreszahl ergibt sich aus dem Inhalt des Briefes. Boito schrieb vermutlich aus Mailand.

416 1] *als er nach Genua kam:* Giulio Ricordi dankte Verdi am 26.4.1892 für die dort erwiesene Gastfreundschaft.
   2] *Murillo:* Bartolomé Esteban Murillo (1618—1682), »der spanische Raffael«.

6.8.1892 Verdi

417 *Artikel im Secolo XIX:* Verdi legte diesen ausgesprochen läppischen Artikel bei, demzufolge der Komponist Pietro Mascagni (1863—1945) einer Studentengesellschaft in einem Genueser Lokal von seinen Opernplänen, einschließlich eines ›Nerone‹, erzählte, »für den der verehrte Maestro Boito mir noch so viel Zeit gewährt«. Alessandro Luzio meinte, Mascagni habe Boito taktvoll den Vorrang gelassen und ein Versprechen gehalten, auf seine persönliche Vertonung dieses Sujets zu verzichten. (Carteggi II, 143[n. 2.]) 1935, als Luzios erste zwei Bände der ›Carteggi Verdiani‹ erschienen, dirigierte Mascagni indessen an der Scala einen eigenen ›Nerone‹ (16.1.), der schnell in Vergessenheit geriet.

[9.8.1892] Boito
Poststempel: Milano 10.8.92.

418 *sehr schmerzlicher Augenblick meiner Existenz:* Vermutlich verursacht durch Eleonora Duse.

22.8.1892 Verdi

419 *sagtet Ihr mir in Mailand:* Verdi war vom 28. bis 31.7. in Mailand gewesen.

23.8.[1892] Boito
Poststempel: Milano 23.8.92.
*Das Regime der Arbeit:* An ›Nerone‹.

11.9.[1892] Boito
Poststempel: Milano 11.9.92.

420 1] *einen Brief für Sie:* Nicht auffindbar.
   2] *Columbus-Ausstellung:* Zur Vierhundert-Jahr-Feier der Entdeckung Amerikas.

3] *Maurel ist noch in Mailand:* Trotz kapriziöser Ansprüche wurde er schließlich für die Titelrolle in der Mailänder Uraufführung des ›Falstaff‹ engagiert.

20.9.1892   Verdi

421  1] *Tito Ricordi:* Tito II.

2] *Bemerkungen zur Inszenierung und zum Klavierauszug:* In dem langen Brief an Giulio Ricordi vom 18.9.1892, mit Skizzen der Garten- und Korbszenen (I, 2 und II, 2). (Siehe S.334.)

3] *Der Arrangeur:* Carlo Carignani (1857–1919), Dirigent, Gesangslehrer Enrico Carusos, machte den Klavierauszug. Nicht zu verwechseln mit Caregnani, dem Chefkopisten des Hauses Ricordi. (Carteggio Verdi–Boito II, 427)

[25.9.1892]   Boito

Poststempel: Milano 25.9.92.

*Wir werden in Sant'Agata hereinplatzen:* Am 30.9.1892 erwähnte auch Giulio Ricordi die Absicht eines solchen Besuchs, aber zu dritt mit Hohenstein. Vermutlich kam es zu diesem Gespräch am Modell aber erst zwischen dem 13. und 16.10., als Verdi wegen der Vorbereitungen zur Premiere des ›Falstaff‹ in Mailand war. Aus dieser Zeit könnte auch ein Zettel in Verdis Handschrift stammen, der im III. Akt von Boitos Manuskript des ›Falstaff‹-Librettos in St. Agata liegt: »*Zur Szene* Falstaff bleibt in dieser Szene über fünf Minuten lang in einer unbequemen Lage ausgestreckt auf dem Boden!. Das kann schwierig sein . . . Trotzdem lassen wir die Dinge vorderhand, wie sie sind, aber man muß Vorsorge treffen – Die *maquettes* sind so zu machen, daß man gegebenenfalls eine Lösung finden kann, wenn wir auf den Bühnenproben sein werden –« (Carteggio Verdi–Boito II, 428)

27.9.[1892]   Boito

Poststempel: Milano 27.9.92.

422  1] *lungo il fosso:* Im endgültigen Libretto (III, 2).

2] *Sono le Fate. Chi le guarda è morto:* Boito schrieb diese Worte versehentlich zweimal im gleichen Wortlaut; sie stehen unverändert im endgültigen Libretto (III, 2). (Shakespeare: ›The Merry Wives of Windsor‹ V, 5: »They are fairies; he that speaks to them shall die.«)

3] *Ben detto!:* »Ma bravo!« [Gut so!] im endgültigen Libretto.

4] *La fè nel cor gli ciurla / Ciurla la sua ragione:* Siehe Anmerkung 2 zum 21.5.1890.

[Januar–Februar 1893?]   Verdi

Diese gänzlich undatierte Einladung dürfte Verdi während der Proben für die Uraufführung des ›Falstaff‹ an Boito gesandt haben. Das Grand Hôtel et de Milan, in dem Verdi lebte und starb, ist von Boitos Wohnung Via Principe Amedeo 1 zu Fuß nur etwa zwölf Minuten entfernt.

[Januar—Februar 1893?]   Verdi
Auch diese Zeilen scheinen aus der Mailänder Probenzeit für ›Falstaff‹ zu stammen.

423   *den Schmerbauch-Korb:* Diese Episode im Finale des II. Aktes sollte Verdi noch lange beschäftigen. (Siehe Anmerkung 4 zum 19.3.1893.)

[Januar—Februar 1893?]   Verdi
Vermutlich bezieht sich auch diese Aufforderung auf ›Falstaff‹ und die Proben zur Premiere an der Scala.

Mailand — Mittwoch   Verdi
Zeitpunkt und Inhalt dieser an Boitos Wohnung Via Principe Amedeo 1 adressierten Karte sind nicht zu erklären.

19.3.[1893]   Boito
Poststempel: Milano 19.3.93.

424   1] *alle Bürger von Windsor:* Nach der Uraufführung des ›Falstaff‹ am 9.2.1893 an der Scala.

425   2] *unter den höchst degenerierten Römern:* Am 15.4.1893 dirigierte Edoardo Mascheroni ›Falstaff‹ mit dem Ensemble und — bis auf das Orchester — in der Inszenierung der Mailänder Premiere im Teatro Costanzi in Rom. Zwischen dem 6. und 11.4. fanden im Genueser Teatro Carlo Felice bereits vier Aufführungen der gesamten Mailänder Truppe statt.
3] *Ihre Gegenwart in der Hauptstadt:* Widerstrebend ließ Verdi sich von Boito und Giulio Ricordi schließlich dazu bewegen, den Erstaufführungen in Rom und auch in Genua beizuwohnen.
4] *mit zwei Varianten:* Im Finale des II.Aktes und am Ende der 1.Szene des III. (Siehe S.348.)
5] *Die Übersetzung kommt gut voran:* Boitos eigene französische Übersetzung des ›Falstaff‹ mit Hilfe von Paul Solanges (1846—1914). Solanges, ehemaliger französischer Kavallerieoffizier, lebte in Mailand und übersetzte außer ›Mefistofele‹ und ›Falstaff‹ auch ›La Gioconda‹ und ›Cavalleria rusticana‹.

4.9.[1893]   Boito
Poststempel: Milano 4.9.93.

426   1] *eine andere Arbeit zusammen machen:* Im Nachlaß Boitos befindet sich die vollständige Skizze eines Librettos für ›Re Lear‹ in drei Akten. Angeblich hat Boito es Verdi gegenüber einmal erwähnt; aber Frau Giuseppina beschwor ihn, den Plan mit Rücksicht auf Verdis hohes Alter fallenzulassen. (Nardi, 593—594)
2] *die französische Übersetzung:* Des ›Falstaff‹.

15.9.1893   Verdi

427  *meine Uhr zum Uhrmacher:* Vermutlich die goldene Repetieruhr, die beim Stundenschlag eine kurze musikalische Phrase hören ließ und die Verdi mit Kette in seinem Testament vom 14.5.1900 Dr. Angiolo Carrara in Busseto vermachte.

[17.9.1893]   Boito
Poststempel der Ankunft: Borgo S. Donnino 18.9.93.

1] *Brera:* Der Mailänder Palazzo di Brera, 1651 als Jesuiten-Konvikt eingeweiht, seit 1776 Sitz der Kunstakademie. Außer einer Gemäldesammlung und Universitätshörsälen enthält das Gebäude eine große, 1770 gestiftete Bibliothek und eine Sternwarte.

2] *(nicht die Sternwarte, sondern der Uhrmacher):* Der Scherz dieses Relativsatzes ist im Deutschen nicht wiederzugeben, da im Italienischen sein Pronomen sich ebenso auf »Sternwarte« wie auf »Uhrmacher« beziehen kann (»non l'osservatorio bensì l'orologiajo«).

3] *daß mir der Gürtel platze:* Boito zitiert Falstaff in der letzten Szene der Oper: »E se mentisco / Voglio che mi si spacchi il cinturone!!!«

4] *Auf Wiedersehen im Oktober:* Vermutlich zu Verdis 80. Geburtstag in St. Agata.

1.11.[1893]   Boito
Die Jahreszahl geht aus Verdis folgender Antwort hervor.

428  1] *die Luoghi Pii:* Die Frommen Stätten, d. h. Altersheime, für die Verdi sich bei der Planung seiner Stiftung der ›Casa di Riposo‹ in Mailand interessierte.
2] *eine dünne Pappe:* Nicht auffindbar.
3] *Luogo Pio Trivulzio:* Heute noch bestehendes Altersheim für die Armen in Mailand.
4] *Signora Maria:* Filomena Verdi (1859–1936), Tochter eines Vetters von Verdis Vater. Das Ehepaar Verdi adoptierte sie 1867 und gab ihr den Namen Maria.
5] *Giulio ist nach Paris abgereist:* Vermutlich zu Verhandlungen über die französische Erstaufführung des ›Falstaff‹.

3.11.1893   Verdi
*Wir werden St. Agata bald verlassen:* Das Ehepaar Verdi war Mitte November in Mailand und am 4.12.1893 wieder in Genua.

[21.12.1893]   Boito
Poststempel der Absendung unleserlich. Poststempel der Ankunft: Genova 22.12.93.

429  1] *Ich habe das Telegramm erhalten:* Ein solches ist nicht vorhanden, aber sein Inhalt offensichtlich: Boito war außer sich über die Affäre Sonzogno. (Siehe

Boito-Daten 1893.) Auf Boitos Durchreise von Neapel nach Mailand traf Verdi ihn kurz am Bahnhof in Genua; anschließend versuchte Verdi, ihn telegrafisch zu beruhigen.

2] *Ja, nur die Ruhe; ich habe sie wiedergefunden:* Boitos ungewöhnlich hastige Schrift widerspricht dieser Behauptung.

3] *auf Wiedersehen am 31. Dezember:* Wie Boito am 26.12.1893 aus Mailand an Bellaigue schrieb, war er jedoch schon zu Weihnachten bei Verdis in Genua.

4] *erfuhr von Origoni:* Vermutlich erfuhr Boito dies bei seiner Ankunft in Mailand am 20.12.1893 abends von Giulio Ricordis Schwiegersohn Luigi Origoni. Verdi scheint Giulio Ricordi telegrafiert zu haben, daß er Boito am 19.12. nicht antraf.

5] *Maestro Cowen:* Sir Frederick Hymen Cowen (1852—1935), prominenter englischer Dirigent, Komponist und Pianist, gab 1893 den Anlaß des in den Boito-Daten berichteten Konflikts.

31.12.[1893]    Boito
Poststempel: Milano 31.12.93.

1] *Vanzo:* Vittorio Maria Vanzo (1862—1945), vielseitiger Musiker, Wagnerianer. (Siehe Anmerkung zum 23.1.1892.)

2] *Mailänder Presse:* Edoardo Mascheroni dirigierte die erste ›Walküre‹ der Scala am 26.12.1893.

430  3] *Brief an S. Campes:* Nicht auffindbar, Empfänger nicht ermittelt.

[18.1.1894]    Boito
Das Datum dieses Briefes geht aus Verdis folgender Antwort hervor.

1] *Brief an Gailhard:* Auf französisch an den Direktor der Pariser Opéra.

2] *Kopie, die ich Ihnen abschreibe:* »Sehr geehrter Herr, Ich habe von Ihrem [Brief] an Verdi erst vorgestern durch Herrn Ricordi Kenntnis erhalten; das erklärt Ihnen die Verspätung meiner Antwort. Die Verhandlungen zur Übersetzung des Otello dürfen sich meiner Ansicht nach nicht länger hinziehen. Wenn alle an dieser Angelegenheit interessierten Personen sich über jede Kleinigkeit beraten sollten, müßte man ein telefonisches Netz zwischen Paris, Genua, der Insel Capri und Mailand etablieren. Für mein Teil nutze ich eine Situation, die mir die Frage zu vereinfachen erlaubt. Die umstrittene Stelle (Rezitativ und Lied von der Weide) befindet sich in meinem Bereich, da der 3. und 4. Akt von mir übersetzt worden sind; ich kann also über dieses Fragment disponieren, ohne mich in das Werk meines Mitarbeiters Herrn Du Locle zu mischen und ohne die Schicklichkeit zu verletzen. Ich habe es gerade wieder gelesen, es ist scheußlich. Ich würde es gerne neu machen, aber nachdem Sie mit dem, womit Sie es ersetzt haben, zufrieden zu sein scheinen, bevollmächtige ich Sie, es dem Maestro zu unterbreiten; seine Zustimmung wird die meine sein. Gestatten Sie mir auch, Ihnen mein Bedauern über den Brand der Lagerräume der Opéra auszusprechen. Hochachtungsvoll usw. usw. usw. usw.«

2a] *von Ihrem Brief an Verdi:* Nicht auffindbar. Als Verdi ihn am 12.1.1894 in Genua erhielt, schrieb er sogleich an Giulio Ricordi: »Die Otello-Geschichte ist delikat und peinlich. Wie man sieht, hat Gailhard eine Übersetzung machen lassen, und das sagt er auch ... *ceci fait je le soumettrais à Vous, Boito, Du Locle* etc. [wenn das gemacht ist, werde ich es Ihnen, Boito, Du Locle vorlegen] ... — Nun, wenn diese Übersetzung auch tausendmal besser als die Boitos und Du Locles wäre, kann und darf ich sie nicht akzeptieren.«

2b] *Capri:* Camille Du Locle hielt sich zur Zeit dort auf.

431   3] *Zusammenarbeit mit Solanges:* Siehe Anmerkung 5 zum 19.3.1893.

4] *Nuitter:* Charles-Louis-Etienne Nuitter (1828—1899) ist das Anagramm des Namens C.-L.-E. Truinet. Der hervorragende Archivar der Pariser Opéra schrieb Libretti aller Arten und übersetzte u. a. vier Werke Wagners, Verdis ›Macbeth‹ zusammen mit Alfred Beaumont, ›Aida‹ und ›La Forza del Destino‹ mit Du Locle, und ›Simon Boccanegra‹. Er hinterließ der Bibliothèque de l'Opéra eine halbe Million Francs und Pariser Künstlern eine Million.

5] *Ich lege ein Blättchen bei:* Nicht aufgefunden.

6] *der neue Auftritt der Feen im III. Akt des Falstaff:* In III, 2. Ursprünglich standen in der Partitur zwischen Falstaffs Worten »Sono le Fate. Chi le guarda è morto« [Es sind die Feen. Wer sie ansieht, ist tot.] und denen der Regina delle Fate, Nannettas als Feenkönigin, »Sul fil d'un soffio etesio« [Auf dem Faden eines Windhauchs] zwölf Takte für Orchester allein. In der französischen Fassung schrieben Verdi und Boito zu diesen den folgenden Text, der leicht verändert auf italienisch in die endgültige Partitur übernommen wurde:

| | |
|---|---|
| ALICE | *(elle débouche avec précaution à gauche avec quelques Fées)* |
| | Par ici. |
| NANNETTA | *(elle débouche à gauche avec d'autres Fées)* |
| |    Doucement. |
| ALICE | *(elle aperçoit Falstaff et le désigne aux autres)* |
| | Il est là. |
| NANNETTA |    Le bravache |
| | A grand peur. |
| LES FÉES |      Il se cache. |
| ALICE | *(le group entier se porte en avant avec précaution, puis Alice disparaît rapidement à gauche)* |
| | Avancez. |
| LES FÉES |    Pas de bruit. |
| NANNETTA | *(elle dispose les Fées à leur places)* |
| | Glissez-vous pas à pas. |
| | Commençons. |
| LES FÉES |    Ne ris pas. |
| | *(Les petites Fées se disposent en cercle autour de leur Reine. D'autres Fées plus grandes font groupe à gauche)* |

[ALICE     *(sie erscheint vorsichtig mit einigen Feen von links)*
                Hierher.

NANNETTA     *(sie erscheint mit anderen Feen von links)*
                   Sachte.

ALICE     *(sie entdeckt Falstaff und zeigt ihn den anderen)*
                Da ist er.

NANNETTA          Der Prahlhans
                Hat große Angst.

DIE FEEN                Er verbirgt sich.

ALICE     *(die ganze Gruppe bewegt sich vorsichtig nach vorn,*
                *dann verschwindet Alice schnell nach links)*
                Kommt vor.

DIE FEEN              Keinen Lärm.

NANNETTA     *(stellt die Feen an ihre Plätze)*
                Verschiebt euch Schritt für Schritt.

                Fangen wir an.

DIE FEEN              Lach nicht.
               *(Die kleinen Feen ordnen sich im Kreise um ihre Königin.)*
               *Andere größere Feen gruppieren sich links.)*]

**19.1.1894     Verdi**

1] *zu entgegenkommend und zu optimistisch:* Am 25.3.1894 schickte Verdi
Giulio Ricordi einen undatierten Ausschnitt aus der ›Tribuna‹, einer italienischen Zeitung in Paris. Bertrand hatte darin u. a. erklärt »Wir werden ihn
[›Otello‹] in einer neuen Übersetzung geben, der Boito keineswegs abgeneigt
ist.« Am Rande dieses Zeitungsausschnitts notierte Verdi »Das sind die Folgen
von Boitos Brief.«

432   2] *diese wenigen Verse:* Siehe Anmerkung 6 zum 18.1.1894.

**14.3.1894     Verdi**

1] *Lest, wenn Ihr Zeit habt:* Nicht ermittelt.

2] *Franchettis Oper:* ›Fior d'Alpe‹ von Alberto Franchetti.

433   3] *wie mit Eurem Engländer:* Wie 1893 mit Cowens Oper ›Signa‹, die ein Mißerfolg war. (Siehe Anmerkung 5 zum 21.12.1893.)

4] *die drei Schmerbäuche in Lissabon, Berlin und Neapel:* Die Erstaufführung
des ›Falstaff‹ in Lissabon war am 27.2.1894, in Berlin auf italienisch unter
Edoardo Mascheroni am 1.6.1893 und am 6.3.1894 auf deutsch. Die Erstaufführung in Neapel fand am 19.2.1894 statt.

5] *ein Telegramm vom Intendanten:* Nicht auffindbar.

6] *ohne die Wiederholung des quand'ero paggio:* Die Wiederholung dieses Kabinettstückchens in II, 2 war mit Maurel schon gebräuchlich geworden.

7] *Missovulgo:* Misovulgo, d. h. Aldo Noseda. (Siehe Anmerkung 4 zum
7.3.1889.)

16.3.[1894]   Boito
Poststempel: Milano 16.3.94.

434 1] *Diese Alpenblume:* Alberto Franchettis Oper ›Fior d'Alpe‹.

2] *Cristoforo Colombo:* Arturo Toscanini dirigierte diese Oper zur Vierhundert-Jahr-Feier der Entdeckung Amerikas in Genua.

3] *in zehn Tagen aufsuchen werden:* Dazu äußerte sich Verdi am 17.3.1894 zu Giulio Ricordi: »Boito schreibt mir heute in einem glänzenden Brief, daß wir alle zusammen am 26. nach Paris gehen sollen. Nein: das ist nicht möglich.«

4] *Einstudierung des Falstaff:* An der Pariser Opéra-Comique.

435 5] *kein Wort mehr, denn wir vergeuden hier das Sonnenlicht:* »Non più parole, / Che qui sciupiamo la luce del sole.« Worte der Meg in ›Falstaff‹ I, 2.

6] *alle zusammen am 28. abreisen:* Das Ehepaar Verdi folgte Boito und Ricordis aber erst am 4.4.1894 nach Paris. Die dortige Erstaufführung des ›Falstaff‹ in Boitos und Solanges Übersetzung fand an der Opéra-Comique am 18.4.1894 mit Maurel in der Titelrolle statt.


8.5.1894   Verdi [Telegramm]
Am 10.5.1894 teilte Verdi Giulio Ricordi mit: »Boito hat mir geschrieben, daß er mich — o weh! — wegen dieses Otello an der Opéra sprechen will.« Der hier erwähnte Brief Boitos ist nicht vorhanden, erklärt jedoch dieses Telegramm.


11.5.[1894]   Boito
Poststempel: Milano 11.5.94.

1] *tausendste Vorstellung von Mignon:* Diese bekannteste Oper von Ambroise Thomas (1811—1896) war am 17.11.1866 an der Pariser Opéra-Comique uraufgeführt worden.

436 2] *an das Konservatorium in Paris:* Verdis guter Freund Ambroise Thomas war seit 1871 Direktor des Konservatoriums.

3] *Salammbó:* ›Salammbô‹, große Oper des französischen Komponisten und Musikkritikers Ernest Reyer (1823—1909) zu einem Libretto von Camille Du Locle nach dem gleichnamigen Roman von Gustave Flaubert (1821—1880).


14.5.[1894]   Boito
Poststempel: Milano 14.5.94.


16.5.1894   Verdi
437 *das Telegramm:* Nicht auffindbar. Boito kam jedoch wie geplant am 17.5. nach St. Agata und erhielt dort vermutlich folgende Bemerkungen zu seinen ›Othello‹-Verhandlungen mit der Opéra in Paris: »1. Ich halte es nicht für ganz angebracht, daß man *Tristan und Isolde* — vertraglich für den Herbst angesetzt — jetzt aufgibt, um die Oper eines anderen Autors zu geben! Wieviel Klatsch und Feindseligkeit könnte das erwecken! 2. Innerhalb von etwa sechs Monaten zwei Opern desselben Autors aufzuführen, wenn auch in verschiede-

nen Theatern, kann weder für die Direktoren noch für den Autor nützlich sein. 3. Ich wünsche *Caron* zu hören, wie Ihr selber beschlossen habt. 4. Was [Jean-François] Delmas [1861—1933] betrifft, der in jeder Hinsicht ein höchst vortrefflicher Künstler ist . . . seine Stimme ist wirklich die eines mittleren Basses. Mit einem kräftigen, jugendlich frischen stimmlichen Organ versteht es sich, daß er leicht bis zum F, sogar zum G klimmen kann; aber seine Stimme hat einen baritonalen Charakter. Schwerlich kann er die schönen *mittleren* Noten mit den hohen verbinden. Er wird z. B. im Credo ausgezeichnet sein, nicht so in den *heuchlerischen* Phrasen der übrigen Partie. 5. Mein *rêve* wären zwei Künstler, die sich durchsetzen und *Autorität* vor dem Publikum haben. *Autorität* ist ein Wort, das in den Theatern Italiens keinen Sinn hat, aber sehr viel in Paris. Caron und Maurel = das ist mein *rêve*. Was Maurel angeht, sagte er mir, als ich ihn das letzte Mal 5 Minuten lang in der Opéra-Comique sah = ›Maître, si vous avez besoin de moi je suis à vos . . .‹ Ich antwortete ihm: ›Gut so, aber im Augenblick muß man nicht davon reden und ich bitte Euch sogar, diese unsere Unterhaltung nicht durchsickern zu lassen . . .‹ Damit versteht Ihr, daß Maurel gern nach Paris käme, aber ich glaube, erst im nächsten März . . . Aber warum könnte Gaillard jetzt nicht direkt mit ihm darüber sprechen und hören, was entweder im *Oktober* oder im *April* zu machen ist? Was mich betrifft, würde ich am weitaus liebsten März oder April erwünschen, um lange Zeit zu haben, alles bequem machen zu können, für das Ballett sowohl wie für den Rest usw. usw. . . . Ich sage schließlich auch, daß wenn es der Direktion der Opéra nicht passen sollte, zu warten, warum könntet Ihr *Otello* nicht ohne mich geben? — Seht zu . . .«

25.5.[1894]   Verdi
Die Jahreszahl des Datums geht aus dem Inhalt des Briefes hervor.

[26.5.1894]   Verdi
Poststempel: Busseto 26.5.94.
438  1] *Euer Telegramm:* Nicht auffindbar.
2] *an die Direktoren telegrafiert:* Telegramm nicht ermittelt.
3] *in ein paar Tagen in Mailand:* Von Ende Mai bis Anfang Juni war Verdi dort zu Besprechungen über den Pariser ›Othello‹ mit Gailhard, Boito und Giulio Ricordi. (Carteggio Verdi—Boito II, 452)

12.6.1894   Verdi
439  1] *Mayerber:* Meyerbeer.
2] *wie es jetzt beim Falstaff mit Maurel passiert:* Darüber schrieb Verdi am 1.6.1894 an Giulio Ricordi (S.351).

[13.6.1894]  Boito

Poststempel der Ankunft: Borgo S.Donnino 13.6.94.

440  1 *die Arbeit, die ich mit Gailhard machen muß:* die Vorbereitungen zur französischen Erstaufführung des ›Othello‹ in der Opéra.

2] *wegen des grand prix:* Beim Pferderennen.

23.[22.]6.1894  Verdi

Verdi datiert diese Mitteilung deutlich am 23.Juni und bittet Giulio Ricordi in einem nur »Freitag« datierten Brief, sie an Boito zu senden. Dieser Freitag war der 22.Juni. Ricordis am 23.Juni datierte Antwort, in der er Verdi von der erfolgten Nachsendung an Boito, Hôtel Continental in Paris, unterrichtet, beweist, daß Verdi sowohl an Boito als auch an Ricordi am 22.Juni schreibt.

1] *Ich gehe morgen dorthin:* »Ich hoffe, Sie beide bald in Mailand zu sehen«, schreibt Ricordi an Verdi in seiner Antwort vom 23.Juni. Folglich können Verdis nicht vor dem 24. nach Mailand gefahren sein; es ist kaum anzunehmen, daß sie dort ohne Ricordis Wissen bereits am 23. eingetroffen wären.

2] *gegen den 27. Juni in Mailand:* Anscheinend kam Boito erst Anfang Juli nach Mailand zurück.

3] *zyprisch-griechischer Tanz:* Für die Komposition der traditionell erforderlichen Balletteinlage im Pariser ›Othello‹. (Siehe Anmerkung 3 zum 16.8.1882.)

19.9.1894  Verdi [Telegramm]

441  1] *verstehe nicht gut:* Ein Telegramm oder Schreiben Boitos, auf das sich dieses Telegramm Verdis bezieht, ist nicht auffindbar. Am selben Tag, an dem Verdi es an Boito nach Mailand sandte, schrieb er aus Genua an Giulio Ricordi: »Ich habe Boito mit einem langen Telegramm geantwortet und, um mich besser zu erklären, schreibe ich Euch, daß ich nach Paris weder gehen werde, um *meine Fratze* zu zeigen, noch in den Zeitungen *meinen Namen* zu lesen.«

2] *telegrafiert mir darüber:* Ein solches Telegramm ist nicht zu finden, aber am 26.9. traf das Ehepaar Verdi zu den Proben in Paris ein und wohnte der Erstaufführung des ›Othello‹ in Boitos und Du Locles Übersetzung am 12.10.1894 in der Opéra bei.

[2.12.1894]  Boito

Verdis folgende Antwort vom 3.12.1894 ergibt das richtige Datum.

1] *Durchreise durch Mailand:* Am 11.11.1894 hatte Verdi Giulio Ricordi aus Genua mitgeteilt: »Morgen, Montag, werde ich um 12:50 in Mailand sein und gleich um 1:30 nach St.Agata weiterfahren. Wenn Ihr mir etwas zu sagen habt, kommt oder schickt zum Bahnhof; wenn Ihr nichts habt, bemüht Euch nicht.«

2] *Coreggio:* Antonio Allegri da Correggio (1494–1534).

442  3] *Corrado Ricci:* Kunsthistoriker und Schriftsteller (1858–1934); war u. a. Direktor der Gemäldegalerie in Parma, der Brera-Galerie in Mailand und »Generaldirektor der Kunstwerke des Altertums und der Schönen Künste Italiens«.

Seit 1911 plante er die großzügigen Ausgrabungen des römischen Forums. Ricci schrieb u. a. über Correggio (Rom 1930), ›Giuseppe Verdi e l'Italia musicale all'estero‹ [Giuseppe Verdi und das Musikalische Italien im Ausland] (Bologna 1889) und ›Arrigo Boito‹.

4] *Massenet:* Jules Massenet (1842−1912), der letzte Komponist der romantischen französischen Oper, studierte mit Ambroise Thomas und wurde vor allem durch seine vielen Opern berühmt. ›Manon‹ und ›Werther‹ stehen noch heute im internationalen Repertoire. In Mailand nahm er an den Proben zur italienischen Erstaufführung seines ›Werther‹ am 1.12.1894 im Teatro Liceo teil.

5] *von seinem Besuch im Palazzo Doria:* Davon erzählt Massenet auch in ›Mes souvenirs‹ (Paris 1912). (In seiner Erinnerung war dieser Besuch mit den Proben zu seiner Oper ›La Navarraise‹ in der folgenden Spielzeit der Scala verbunden, aber vermutlich ließ ihn sein Gedächtnis im Stich.): »Ich wußte, daß Verdi in Genua war, und nutzte meine Reise durch diese Stadt auf dem Wege nach Mailand aus, um ihm einen Besuch abzustatten. Auf der ersten Etage des antiken Palastes der Doria angekommen, wo er wohnte, konnte ich in einem dunklen Korridor auf einer an eine Tür genagelten Karte den Namen entziffern, der so viele enthusiastische und glorreiche Erinnerungen ausstrahlt: VERDI. Er selbst öffnete mir. Ich war ganz sprachlos. Seine Offenheit, seine Grazie, der gewinnende Adel, den seine hohe Gestalt seiner ganzen Person verlieh, trugen zu unserer baldigen Annäherung bei. Ich verbrachte einige Zeit im unbeschreiblichen Zauber seiner Gesellschaft; er sprach mit köstlichster Natürlichkeit in seinem Schlafzimmer, dann auf der Terrasse seines Salons, von der man den Hafen Genuas und das große Meer bis zum fernsten Horizont übersah. Ich hatte den Eindruck, daß er selbst ein Doria war, der mir stolz seine siegreichen Flotten zeigte. Beim Verlassen der Wohnung Verdis fühlte ich mich veranlaßt, ihm zu sagen, daß ich jetzt, als ich ihn besuchte, in Italien gewesen war! ... Als ich meinen Koffer aufgriff, den ich in einer dunklen Ecke des großen Vorraums mit hohen vergoldeten Sesseln im italienischen Geschmack des achtzehnten Jahrhunderts abgestellt hatte, erwähnte ich, daß er Manuskripte enthalte, die mich auf der Reise niemals verließen. Da packte Verdi plötzlich mein Gepäckstück und erklärte, daß er es genauso mache wie ich, um sich unterwegs nie von seiner Arbeit zu trennen. Was hätte ich darum gegeben, wenn mein Koffer seine Musik statt der meinen enthalten hätte! Und so begleitete mich der Meister, nachdem er die Gärten seines herrschaftlichen Wohnsitzes durchquert hatte, bis zu meinem Wagen.« (Carteggio Verdi−Boito II, 459)

5a] *seine hohe Gestalt:* Massanet schreibt von Verdis »haute stature«, aber Verdi war nur von mittelgroßer Statur.

6] *Werter:* ›Werther‹.

7] *Signor De Amicis:* Der Genueser Ingenieur Giuseppe De Amicis war einer der ergebensten und treuesten Freunde in den späteren Lebensjahren des Ehepaares Verdi, dem er auch oft in praktischen Angelegenheiten zur Hand ging. (Siehe Anmerkung 7 zum 5.4.1883.)

## ›Quattro Pezzi Sacri‹ — Ausklang
### Einführung

445 *Felix Mendelssohn:* Felix Mendelssohn Bartholdy (1809—1847). »Er interessierte sich [in seinem Todesjahr] lebhaft für die Musik des jungen Verdi, von der ihm Chorley nicht genug erzählen konnte.« (Eric Werner, ›Mendelssohn. Leben und Werk in neuer Sicht‹, Zürich, Atlantis Musikbuch-Verlag, 1980.)
*Robert Schumann:* 1810—1856.
*Clara Schumann:* 1819—1896. Pianistin, Tochter des Klavierlehrers Friedrich Wieck (1783—1873), der ihre Eheschließung mit seinem Schüler Robert Schumann jahrelang verhinderte. Heirat 1840.

446 *Hans Gál:* ›Drei Meister — drei Welten: Brahms — Wagner — Verdi‹, 399.
*»Epilog zu seinem Lebenswerk«:* Ib. 398.
*»in diesem Alterswerk«:* Ib. 399.

447 *in der Gazzetta Musicale:* Am 5. 8. 1888 veröffentlichte Adolfo Crescentini (1854—1921), Professor am Liceo musicale in Bologna, die ungewöhnliche Tonleiter seiner Erfindung und forderte seine Leser auf, sie mit Harmonien zu versehen. Verschiedene Lösungen dieser Aufgabe wurden in der ›Gazzetta Musicale‹ bis zum Oktober 1888 publiziert. (Siehe Carteggio Verdi—Boito II, 378, und Anmerkung 2 zum 6.3.1889.)

448 *Tonleiter [unentzifferbar]:* Das eine unentzifferbare Wort ist nicht »enigmatica« wie in der Transkription Abbiatis, IV, 611.
*13. November 1898 in Wien:* Siehe Anmerkung 4 zum 19.4.1899.
*»Innigkeit und Entrücktheit«:* Hans Gál, op. cit. 393.

449 *›Te Deum‹ des Padre Vallotti:* Padre Francesco Antonio Vallotti (1697—1780), Franziskanermönch, Organist und Komponist. Durch Tebaldinis Buch ›L'Archivio musicale della Capella Antoniana in Padova‹ (Padua 1895) fand Verdi das langgesuchte ›Te Deum‹. Es ist in einer darin veröffentlichten Liste der 119 Kompositionen Padre Vallottis erwähnt. (Siehe Verdi an Boito, 18.2.1896.)

450 *Camille Bellaigue über dieses ›Stabat‹:* In der ›Revue des Deux Mondes‹ vom 1. 6. 1898, 698—699. (Siehe Boito über Verdi an Camille Bellaigue am 21.7.1898.)

454 *irgendein Telegramm:* Nicht auffindbar.
*Giuseppe Depanis:* Schriftsteller, Kritiker und Impresario (1853—1942); leidenschaftlicher Wagnerianer. Im Dezember 1876 schrieb Boito an Giulio Ricordi aus Turin: »Depanis ist ein seltenes und intelligentes Vorbild des Impresarios, der ein Herr und Künstler ist.«
*Aristide Venturi:* 1859—?. Von 1894 [?] bis 1906 Chordirektor der Scala.

455 *Depanis berichtete:* In ›I concerti popolari‹.
*unsere alten Leute in Piemont:* Diese Aussprache ist heute noch in Busseto geläufig.

456 *zuvorkommende Depesche:* Nicht ermittelt.

## ZU: ›QUATTRO PEZZI SACRI‹ — AUSKLANG
### BRIEFE

3. 12. 1894   Verdi

457   1] *Und Coreggio?!?:* Correggio.

2] *(Siehe Erdbeben Calabria einzige Nummer):* Zugunsten der Opfer des Erdbebens in Calabrien und Sizilien vom 16. 11. 1894 hatte der Schriftsteller und
Abgeordnete im Parlament Giuseppe Mantica einen ›Numero unico‹ der Zeit-
schrift ›Fata Morgana‹ angeregt. Als ersten Mitarbeiter lud er Verdi ein, der ihm
schon am 30. 11. 1894 eine kleine Komposition schickte: ›Pietà, Signor‹ für eine
Singstimme mit Klavier. Am 3. 12., dem Tag dieses Briefes an Boito, wandte
Verdi sich jedoch an Mantica mit der Bitte, ihm die paar Takte zur Korrektur
und Erweiterung zurückzuschicken. Zur Verbesserung nahm er Boitos Hilfe in
Anspruch. Giuseppe Manticas Bruder Francesco, Komponist und Direktor der
Bibliothek des Konservatoriums in Rom, veröffentlichte einen Artikel ›Pietà, Signor! Una delle ultime pagine di Giuseppe Verdi‹ [›Erbarmen, Herr! Eine der
letzten Seiten von Giuseppe Verdi‹] in der römischen Musikzeitschrift ›Harmonia‹ vom 15. 10. 1913. In etwas anderer Version publizierte die römische Zeitschrift ›Rassegna Dorica‹ diesen Artikel am 25. 3. 1941. Beide Publikationen
enthalten ein Faksimile der von Ricordi nicht verlegten kurzen Komposition,
die Verdi am 6. 12. 1894 datierte und mit einer Visitenkarte an Giuseppe Mantica sandte. Offenbar empfing Verdi Boitos Korrektur vom 6. 12. 1894 bereits
am selben Tag.

In St. Agata befindet sich auch Verdis anscheinend erste Skizze von ›Pietà, Signor‹. Sie weicht im 11. und 12. Takt leicht von der hier transkribierten Handschrift in Verdis Brief an Boito vom 5. 12. 1894, und auch vom Faksimile in der
Zeitschrift ›Harmonia‹ ab.

3] *Bringe mir:* Versehentlich spricht Verdi Boito hier ein einziges Mal mit »du«
an. (»Aggiustami« statt »Aggiustatemi«.)

[4. 12. 1894]   Boito
Poststempel: Milano 4. 12. 94.

458   1] *der zweite von Dante Alighieri:* Aus der ›Divina Commedia‹, Purgatorio,
Canto XVI, verso 18: »l'Agnel di Dio che le peccata leva« [das Lamm Gottes,
das die Sünden abnimmt].

2] *Purg, Canto XVI.:* im Original senkrecht am Rand.

3] *Agnus Dei qui tollis peccata mundi:* Lamm Gottes, das du trägst die Sünden
der Welt.

4] *ein Stück roten Bandes:* Der Ehrenlegion.

5. 12. 1894   Verdi

459   1] *daß Ihr sie besser einrichten werdet:* Über die letzten acht Takte der Notenabschrift Verdis schrieb Boito »Tu solo puoi« [Du allein kannst] usw.

2] *Der Schuldige ist Ressman:* Der italienische Botschafter in Paris, Baron

Costantino Ressman aus Triest (1832–1899), hatte Boito und auch Giulio Ricordi als Ritter der Ehrenlegion empfohlen. (Carteggio Verdi–Boito II, 461)

6.12.[1894] Boito
Poststempel: Milano 6.12.94.
Mit diesen Zeilen sandte Boito die Notenabschrift vom vorhergehenden Tage mit seinem Vorschlag für den Text der letzten acht Takte an Verdi zurück.

9.6.1895 Verdi
Poststempel: Busseto 11.6.95.
460 *Ihr habt hinterlassen:* Offenbar nach einem Besuch in St. Agata, wo Boito die Ankunft des Ehepaars Bellaigue abgewartet zu haben scheint. Denn am 31.5.1895 hatte Camille Bellaigue aus Paris auf französisch an Verdi geschrieben: »Lieber Meister und Freund, *Ecce appropinquamus:* Ja, wir nähern uns, und wenn Gott uns am Leben läßt, wenn in den paar Tagen nicht noch etwas dazwischenkommt, treffen wir ein. Wir planen Mittwoch abend von Paris abzureisen und Donnerstag in Mailand anzukommen. Am Samstag, dem 8. werden wir an Ihre gastliche Türe klopfen. Von Mailand werden wir Ihnen die Ankunft des Zuges telegrafieren, da Sie uns in Fiorenzuola so freundlich abholen lassen wollen. [. . .] Dürfen wir Mme. Verdi bitten, ein Band mit der Trikolore an den Schwanz des fagiano dorato [Goldfasans] zu hängen. Camille Bellaigue [. . .]«

12.6.[1895] Boito
Die Jahreszahl ergibt sich aus dem vorhergehenden Brief.
1] *Vorbereitungen zur Abreise:* Boito meinte vermutlich vorvorgestern oder schrieb diese Zeilen am 11.6.
462 2] *Auf Wiedersehen in wenigen Tagen:* Am 21. oder 22.6. kam das Ehepaar Verdi auf dem Weg nach Montecatini ein paar Tage nach Mailand.

9.10.[1895] Boito
Die Jahreszahl ergibt sich aus dem Inhalt.
1] *Ein heißester Wunsch:* Zu Verdis Geburtstag am 10.10.
2] *Ich reise am 14. nach Vezia ab:* Ort im schweizerischen Kanton Tessin. Dort hatte Verdis lebenslange Freundin Gräfin Giuseppina Negroni Prati Morosini einen von ihrer deutsch-schweizerischen Mutter Gräfin Emilia Morosini ererbten Besitz.
3] *mit dem Herzen Kosciuszkos:* Das Herz des in der Schweiz verstorbenen polnischen Nationalhelden Tadeusz Kosciuszko (1746–1817) war eine Reliquie in der Kapelle der Familie Morosini in Vezia. Boito wohnte als Sohn einer Polin der Übergabe dieser Reliquie an eine Delegation aus Polen bei. Verdi äußerte sich dazu in einem Brief an Giuseppina Negroni Prati Morosini vom 12.10.1895: »Auch Boito hat mir über die bewußte Reliquie in Ihrem Besitz und von der Zeremonie geschrieben, die es geben wird. Ich hätte vielleicht den

heldenhaften Mut nicht gehabt, mich dieses Besitzes zu berauben, aber ich lobe und bewundere Sie.«

4] *Camillo und Madonnina:* Camillo Boito und Madonnina Malaspina, seine zweite Frau, waren Ende September zu Besuch in St. Agata gewesen.

5] *Nachricht von der neuen Yvette:* Name einer Wolfshündin Verdis. (Carteggio Verdi—Boito II, 466)

6] *der anderen von den Folies Bergères:* Der französischen Kabarettistin und Diseuse, Schauspielerin und Schriftstellerin Yvette Guilbert (1867—1944).

[8.11.1895]   Boito
Poststempel: Milano 8.11.95.

463   1] *Kaum nach Mailand zurückgekehrt:* Statt Verdis, wie im vorhergehenden Brief beabsichtigt, in St. Agata zu besuchen, traf Boito sie Ende Oktober in Mailand und war erst anschließend ihr Gast.

2] *fester denn je in seinem Entschluß:* Ein plötzlicher Streik in der Druckerei des Ricordi-Verlags veranlaßte Giulio Ricordi zu drastischen Maßnahmen, die Verdi — nicht ohne Skepsis — befürwortete.

20.12.[1895]   Boito

1] *Generalprobe einer wirklich neuen Oper:* ›Falstaff‹ im Mailänder Teatro Dal Verme. Solange Ricordis großer Konkurrent, der Verleger Edoardo Sonzogno (siehe Boito-Daten 1893), Impresario der Scala war (von 1894 bis 1897), führte er dort vorwiegend die Werke seiner eigenen Firma auf. — Ermanno Wolf-Ferrari (1876—1948) schrieb Verdi bei Übersendung seiner ›Variazioni in stile severo sul Menuetto del »Falstaff«‹ vom Besuch einer Aufführung dieser Oper im Teatro Dal Verme zusammen mit »dem Engel von einem Menschen, der Boito ist«: »[...] er, der die Geburt [des ›Falstaff‹] erlebte, war nicht weniger begeistert als ich in der Bewunderung jedes kleinsten Details; wir schienen zwei Verrückte zu sein. [...]« (Abbiati IV, 584)

464   2] *Maestro Mugnone:* Leopoldo Mugnone (1858—1941), der u. a. die Uraufführungen von ›Cavalleria rusticana‹ und ›Tosca‹ leitete, war einer der prominentesten italienischen Dirigenten seiner Zeit.

21.12.1895   Verdi

1] *Wie viele Opern an der Scala!:* Unter Sonzognos Direktion bestand die Spielzeit 1895/96 aus ›Henri VIII‹ und ›Samson et Dalila‹ (Saint-Saëns), ›La Damnation de Faust‹ (Berlioz), ›La Navarraise‹ (Massenet), ›Guglielmo Ratcliff‹ (Mascagni), ›Carmen‹ (Bizet), ›Hamlet‹ (Thomas), ›Les Pêcheurs de Perles‹ (Bizet), ›Zanetto‹ (Mascagni) und der Uraufführung des ›Andrea Chénier‹ (Giordano). (Die französischen Opern wurden auf italienisch gegeben, ›La Damnation de Faust‹ als Oratorium im Original.)

465   2] *Radcliff:* ›Guglielmo Ratcliff‹ von Pietro Mascagni, nach Heinrich Heines ›William Ratcliff, Tragödie in einem Akte‹ (1822).

18.2.1896   Verdi

1] *Ich habe ein Te Deum gefunden!:* Auf dieser Suche hatte Verdi am
31. 1. 1895 aus Mailand auch an Giuseppe Gallignani geschrieben: »Neulich
konnte ich vor der Abreise von Genua das Büchlein des Cantus Firmus nicht
finden, in dem die Gesänge über das *Te Deum* und andere Hymnen waren, die
der verehrte Priester, Euer Freund [Giovanni Tebaldini], mir geschickt hat. Ich
werde das Büchlein finden, wenn ich weniger Eile habe...« (Copialettere 411$^n$.)

2] *L'Eclair:* Eine Pariser Zeitung.

3] *Urteil über Thomas:* Ambroise Thomas war am 12. 2. 1896 in Paris gestorben. Verdi kondolierte seiner Witwe und trauerte um den Verlust des »alten
und beständigen Freundes, den ich als Künstler bewunderte und als Menschen
liebte«. (Abbiati IV, 591.) Aus Rücksicht auf Thomas' und auch Faccios ›Hamlet‹-Opern sah Verdi von einer eigenen Vertonung der Tragödie ab, äußerte sich
über Thomas' ›Hamlet‹ jedoch am 14. 3. 1868 zu Camille Du Locle: »Armer
Shakespeare! Wie übel haben sie mir den zugerichtet! Was haben sie aus dem
so großen, so originellen Charakter Hamlets gemacht! [...] Thomas hat großes
Verdienst, wenn er mit einem im Ganzen wie in seinen Teilen mißlungenen Libretto [von Michel Carré und Jules Barbier] [...] Erfolg gehabt hat.« (Carteggi
IV, 159)


19.2.[1896]   Boito
Poststempel: Milano 19.2.96.

466  1] *Einweihung des Galliera-Denkmals:* Für den Großindustriellen Raffaele
De Ferrari, Herzog von Galliera (1803–1876), der den Bau italienischer Eisen-
bahnen förderte und Millionen für den Ausbau des Hafens von Genua gab.

2] *Gedenken an Monteverde:* Giulio Monteverde (1837–1917), der Bildhauer
des Galliera-Denkmals, ein guter Bekannter Verdis und Boitos.


6.4.1896   Verdi
*Einweihung:* Des am 19.2.1896 erwähnten Galliera-Denkmals in Genua.


9.6.[1896]   Boito

467  1] *Te Deum von Vittoria:* Tomás Luis de Victoria (um 1548–1611).

2] *Te Deum von Purcell:* Henry Purcell (1658–1695). Der englische Meister
schrieb außer seiner einzigen vollständigen Oper ›Dido and Äneas‹ und einer
großen Anzahl anderer Kompositionen etwa 100 Kirchenwerke im Stil der römischen und venezianischen Schulen.


9.10.[1896]   Verdi
Poststempel: Busseto 9.10.96.

468  *ein Brief für Euch:* Von Eleonora Duse aus Rom. (Radice, 864–867)

11.10.1896    Verdi
469  1] *Euren Brief vom 9. erhalten:* Nicht auffindbar.
2] *den ich Euch am 8. schrieb:* Verdi meint seinen Brief vom 9.
3] *mit Peppina:* Die Wiederholung dieser Worte ist Verdis Versehen.


9.11.[1896]    Boito
Poststempel: Milano 9.11.96.
1] *Kaum in Mailand angekommen:* Nach längerem Aufenthalt in St. Agata, bei dem wohl auch über Bachs ›h-Moll-Messe‹ gesprochen wurde.
2] *Partitur der h-Moll-Messe:* Als Mitglied der deutschen Bach-Gesellschaft besaß Boito den Band der ›h-Moll-Messe‹ in der Ausgabe von Philipp Spitta.
3] *ein weicher Nagel:* Bei dieser dem *Crucifixus* der ›h-Moll-Messe‹ entnommenen Stelle (vgl. Partitur Edition Peters 4536, Seite 133) meint Boito eine — aufgrund ihres mehr melodischen als harmonischen Charakters — milde Dissonanz.
470  4] *Der wahre Nagel:* Die scharfe Dissonanz der verminderten Terz, einem Nagel vergleichbar, der Christus auf der dritten Silbe des Wortes »crucifixus« ans Kreuz schlägt.
5] *Stabat Mater di letizia:* Die Mischung des Lateinischen und Italienischen in diesem Titel ›Es stand die Mutter aus Freude‹ könnte als ein Versehen Boitos zu deuten sein, ist im Latein des Mittelalters jedoch anstelle von ›Stabat Mater de laetitia‹ denkbar, aber nur als ›Stabat Mater speciosa‹ ermittelt.
6] *das andere von Jacopone da Todi:* Offensichtlich hatte Boito in St. Agata auch das bekanntere ›Stabat Mater dolorosa‹ erwähnt, zu dessen Vertonung Verdi sich später entschloß. Es wurde eines der ›Quattro Pezzi Sacri‹. Als sein Verfasser gilt Jacopone da Todi (1230—1306), der 1278 dem Franziskaner-Orden beigetreten war und am bekanntesten durch seine ›Laude‹ ist.
471  7] *S. Francesco von Sabatier:* Der französische calvinistische Pastor Paul Sabatier (1858—1928) gründete 1902 in Assisi eine internationale Gesellschaft für franziskanische Studien. Neben anderen Publikationen schrieb er eine Biographie des heiligen Franziskus, die auf den Index der Katholischen Kirche kam.
8] *Werke Ozanams:* Der französische Historiker und Philologe Antoine-Frédéric Ozanam (1813—1853), Professor an der Sorbonne und Autor vieler Schriften über die Geschichte des italienischen Mittelalters.
9] *Camillo muß geschrieben haben:* Camillo Boito und seine Frau Madonnina waren wiederum Ende September Gäste in St. Agata gewesen.


6.1.1897    Verdi
Der Anlaß dieser Zeilen ist nicht ermittelt.


15.4.1897    Verdi
472  1] *Freuen wir uns und Amen:* Vermutlich über eine Wohltätigkeitsvorstellung des ›Otello‹ in italienischer Sprache am 13.4.1897 an der Pariser Opéra.

2] *Ich erhalte diesen Brief:* Wohl im Zusammenhang mit dieser Vorstellung des
›Otello‹. Am 19.6.1897 erinnerte Verdi M.Roger mit ein paar Zeilen an seinen
schon vor dieser Vorstellung erklärten Verzicht auf seine Tantiemen. (Copialettere, 410)

6.12.1897   Verdi

474   1] *für Euren Brief zu danken:* Nicht auffindbar.
2] *noch nichts wegen Mailand entschieden:* Boito und Giulio Ricordi versuch-
ten nach dem Tode Giuseppinas am 14.11.1897 Verdi zu überreden, nach Mailand zu ziehen.
3] *Signora Madonina:* Madonnina.
4] *Maria und Peppina:* Maria (Filomena) Carrara Verdi, seit 1878 die Frau von
Alberto Carrara, und ihre Tochter Peppina (1879–1927).

[18.12.1897]   Verdi
Poststempel: Busseto 18.12.97.

24.12.1897   Verdi [Telegramm]

475   *Um 2:37:* statt um 3:37 wie im vorhergehenden Brief, ist ein Versehen Verdis
oder Piero Nardis, der das nicht verfügbare Manuskript dieses Telegrammes ab-
schrieb.

[Ende Januar 1898]   Verdi
Verdi schrieb diesen Brief in Mailand auf dem Papier des Grand Hôtel et de Milan und schickte ihn Boito durch einen Boten.
1] *Ich erwarte Antwort von Taffanel:* Auf einen nicht ermittelten Brief Verdis.
Taffanel antwortete am 21.1.1898. (Copialettere, 411–412) (Siehe 453.)
2] *Taffanel:* Der Flötist und Dirigent Paul (Claude) Taffanel (1844–1908) gilt
als der Begründer der heutigen französischen Methoden im Unterricht seines
Instruments. Er stand am Pult der französischen Erstaufführung des ›Othello‹
am 12.10.1893 an der Opéra und war von 1892 bis 1901 Chef der ›Société des
Concerts du Conservatoire‹. In dieser Eigenschaft dirigierte er am 7. und
8.4.1898 die Uraufführung von drei der vier ›Pezzi Sacri‹ (›Stabat Mater‹,
›Laudi alla Vergine‹ und das ›Te Deum‹) in der Opéra.

476   3] *Eglon:* Héglon.

[Vermutlich 24.Januar 1898]   Verdi
*Brief von Taffanel:* Dieser dürfte die erwartete Antwort enthalten haben, die
Verdi in seinem vorhergehenden Brief erwähnte und wahrscheinlich sogleich
beantwortet hat. (Copialettere, 413) (Siehe 453.)

29.3.1898    Verdi

478    1] *wo die 4 Hörner in D:* Siehe *Verdi 4 Pezzi Sacri* per canto e pianoforte, ed. Ricordi, cop. 1898, n. edit. 101792, ripristino [Neuausgabe] 1948, von hier ab »Klavierauszug« bezeichnet, Seite 27.

2] *Dieses Notenzitat:* Es nimmt Bezug auf eine Passage im ›Te Deum‹ (Klavierauszug Ricordi, 27); Sopran- und Altstimmen der Chöre werden von verschiedenen Holzblasinstrumenten ›colla parte‹ begleitet. Verdi erklärt, weshalb er anstelle der Note ›c‹ die Note ›ces‹ vorzieht. Es sind drei Gründe: 1. größerer Ausdruck (NB Würde Verdi die Note ›c‹ schreiben, so entstünden zwei in ihren Tonschrittverhältnissen gleiche Tetrachorde: $1/2 - 1 - 1/2$. Durch die Note ›ces‹ aber ergeben sich zwei ungleiche Tetrachorde); 2. leichter zu singen; 3. die Auflösung nach Ges-Dur ist besser vorbereitet. Im handschriftlichen Zitat setzt Verdi wohl den Schlüssel, läßt aber die Vorzeichen weg.

3] *im 31. Takt bei dem Wort pace:* Ib., 33.

479    4] *Phrase der Trompeten:* Ib., 49.

5] *Das Notenzitat* betrifft den dreistimmigen Trompetensatz am Anfang des »Tu Rex gloriae« im ›Te Deum‹. Das Zitat ist in absoluter Tonhöhe notiert. Verdi vermerkt aber diesbezüglich nichts und unterläßt es auch, den Schlüssel anzugeben.

6] *das Unisono des Dignare Domine:* Klavierauszug Ricordi, 61.

7] *das pianissimo der Soprane:* Ib., 62—63.

8] *Das Notenzitat* bezieht sich ebenfalls auf das ›Te Deum‹. Es zeigt den Beginn der »Miserere«-Passage der Soprani im Abschnitt des »Dignare Domine«. Auch hier unterläßt es Verdi, Schlüssel und Vorzeichen anzugeben.

9] *Paßt auf die Trompeten auf:* Verdi meint das erste Solo-*E* der Trompete »p. morendo« vor dem Einsatz der »unter den Sopranen verborgenen« Solo-Stimme bei den Worten »In te, Domine«. Klavierauszug Ricordi, 66.


[1.4.1898]    Verdi
Poststempel: Torino 2. 4. 98. (vermutlich auf dem Wege des Briefes von Genua nach Paris.)

480    1] *In der Tonleiter:* Siehe Klavierauszug Ricordi, 45 (1. Takt).

2] *hocherfreut über die Nachrichten:* Vermutlich beantwortet Verdi einen nicht auffindbaren Brief Boitos.

3] *die vier Solistinnen:* Die Sopranistinnen waren die Finnin Aino Ackté (1876—1944), die Richard Strauss als Salome 1910 an der Londoner Covent Garden Opera begeisterte, und Louise Grandjean (1870—1934), die Mezzosopranistinnen Héglon und Marie Delna (1875—1932). Louise Grandjean war im ersten Pariser ›Falstaff‹ die Alice gewesen, Marie Delna die Quickly. (Copialettere, 391, 396[n.])

4] *Laudi Laudi:* Versehentlich wiederholt.

5] *La bugia pietosa ai medici è concessa:* Worte Violettas zu Dr. Grenvil im letzten Akt von ›La Traviata‹.

2.4.1898    Verdi [Telegramm]

*meiner Meinung nach Baßpedal:* In Beantwortung eines Briefes von Boito, den Verdi am selben Tag an Giulio Ricordi erwähnt. Boitos Brief ist nicht auffindbar.


2.4.1898    Verdi

481    1] *Jetzt habe ich wenig Hoffnung:* Am selben Tag teilte Verdi Giulio Ricordi mit: »Boito schreibt mir, daß er mit dem Chor nicht zufrieden ist. [. . .] Wenn ich das vorausgesehen hätte, würde ich diese Stücke nicht haben aufführen lassen.«

2] *Das Notenzitat* bezieht sich auf den Anfang des ›Te Deum‹. Hier haben die Chorsänger, zuerst die Bässe, dann die Tenöre, den ›Liturgischen Gesang‹ zu intonieren. Damit der Anfangston E gut ins Ohr dringe, soll er von der Orgel sowie von den Streicherbässen in der vorgeschriebenen Lage — wie das 1. Notenzitat es darstellt — lange gehalten werden. Über die Intonationshilfe in bezug auf diesen Anfang berichtet auch Verdis folgender Brief.

3] *Flageolettnoten der Geigen:* Klavierauszug Ricordi, 42 (3. Takt).

4] *liturgischer Gesang im Forte:* Ib., 50.

5] *Das Notenzitat* ist ebenfalls dem ›Te Deum‹ zugeordnet. Es betrifft die Episode des »Tu Rex gloriae«. Zwar unterläßt es Verdi, den Text beizufügen; doch ein Blick in die Partitur zeigt, daß es sich um die Stelle der Chorbässe »Tu Patris sempiternus es filius« handelt. Dabei spricht Verdi vom »liturgischen Gesang im forte«, was bedeutet, daß der Anfang dieses Themas vom Initialgesang »Te Deum laudamus« abgeleitet ist.

6] *Voce sola:* Klavierauszug Ricordi, 66—67.

482    7] *Im Cantabile der Baritone:* Ib., 8.

8] *In bezug auf das Notenzitat* spricht Verdi vom ›Stabat Mater‹, unterläßt es aber, den Text zu unterlegen. Ein Vergleich mit der Partitur zeigt uns die Passage »Quae moerebat«, von den Chorbässen bzw. von den Baritonen gesungen und von den Fagotten und dem Solocello ›colla parte‹ begleitet.

9] *Quartett der Solostimmen:* Klavierauszug Ricordi, 14—15.

483    10] *Das Notenzitat* betrifft den Schlußabschnitt des ›Stabat Mater‹: »Quando corpus morietur«. Bei diesem Zitat fehlt sowohl die Angabe des Schlüssels als auch die Stimmung der Hörner. Verdi notiert in absoluter Tonhöhe.


[3.4.1898]    Verdi

Poststempel der Ankunft: Paris 4.4.98.


[3.4.1898]    Verdi

484    1] *wenn die Choristen Unterstützung brauchen:* Am selben Tag schrieb Verdi an Giulio Ricordi: »Meine Gesundheit: nicht gut, nicht schlecht . . . etwa so wie die Choristen vom Konservatorium in Paris.«

2] *Zum Notenzitat:* Hier setzen zuerst die Chorbässe, dann die Chortenöre ›a capella‹ ein, mit dem sogenannten ›Liturgischen Gesang‹ in der hypoaeolischen Tonart e — e, finalis a. Weil solche Einsätze relativ heikel sind und die Pariser

Chöre mit der Intonation offenbar Mühe haben, schlägt Verdi — im Gegensatz zu seinem Brief vom 2. April — jetzt vor, die Chöre nicht mehr nur mit einem ausgehaltenen Orgelton E zu unterstützen, sondern ein mit voller Orgel gespieltes Präludium vorangehen zu lassen; unmittelbar vor Schluß solle auch noch die IV. Stufe erklingen. Die beiden Notenzitate zeigen den Anfang und den Schluß des Präludiums.

### 4.4.1898   Verdi

1 *Um so besser:* Offenbar hatte Boito Verdi geschrieben oder telegrafiert.

485 2] *Der ›Liturgische Gesang‹:* Die ›A-cappella-Einleitung‹ des ›Te Deum‹ wird, in Anlehnung an den Gregorianischen Gesang, nur von Männerstimmen vorgetragen. Das Notenbeispiel entspricht genau der Passage der Chorbässe: »Tu Patris sempiternus es Filius« (vgl. EE 6489, Seite 54). Wie häufig, unterläßt es Verdi, Vorzeichen und Schlüssel anzugeben.

3] *Bei der ff Stelle der Solostimmen in Es:* Klavierauszug Ricordi, 57.

4] *3. Im Unisono:* 4. Im Unisono.

5] *4. Und in den Trompeten:* 5. Und in den Trompeten.

6] *Das Cantabile der Altistinnen:* Klavierauszug Ricordi, 17—18.

7] *Vor allem der ff Einsatz der 4 Hörner:* Ib., 27, wo dieser Einsatz nur mit einem »f« bezeichnet ist.

8] *Direktor des Konservatoriums:* Théodore Dubois (1837—1924), Komponist und Organist.

9] *Signora Gabriella:* Gabrielle Bellaigue, die Frau Camille Bellaigues.

### 5.4.1898   Verdi [Telegramm]

*Briefe und Telegramm erhalten:* Nicht auffindbar.

### 6.4.1898   Verdi

486 1] *Morgen abend, der fatale Abend!:* Die Uraufführung der drei ›Pezzi Sacri‹ an der Opéra in Paris.

2] *Taffanel schreibt:* Taffanels Brief, den Tito II. Ricordi an Verdi am 5.4.1898 aus Mailand schickte, ist nicht auffindbar.

3] *drei Kolosse:* In der Erstaufführung des ›Othello‹ an der Opéra (12.10.1894) erschien der französische Tenor Albert Saléza (1867—1916), ein hervorragender Roméo, Faust, Don José und Othello, neben Caron und Maurel.

4] *Salvum fac:* Klavierauszug Ricordi, 57—58.

5] *Tito kommt nach Paris!!! Wozu?:* Tito II. Ricordi schrieb Verdi am 5.4.1898, er wolle Boito in Paris zur Verfügung stehen und die ihm bekannten englischen Kritiker empfangen, die zur Premiere der ›Pezzi Sacri‹ erwartet wurden.

### 7.4.1898   Verdi

487 *Euer Telegramm:* Offenbar ein nicht auffindbares nach der Premiere der ›trois pièces religieuses‹, das Verdi noch in derselben Nacht beantwortete.

8.4.1898 Verdi

*Um Euch meine Dankbarkeit zu erweisen:* Schon am 3.4.1898 hatte Verdi an
Giulio Ricordi geschrieben: »Ich bitte um Euren Rat, was zu machen ist, um
Boito Dankbarkeit zu erweisen. Ihm einen Gegenstand anzubieten wäre peinlich für mich und unnütz für ihn. — Ich weiß und wir wissen, was er in diesen 12
oder 13 Tagen in Paris ungefähr ausgegeben haben kann. Er muß großzügig
entschädigt werden, aber ohne ihm den Eindruck einer Bezahlung zu geben!
*Wieviel?* und Eurer Meinung nach *Wo?* und *Wie?* Vielleicht am Sonntag, wenn
er hierher zurückkommt? — Schreibt mir so schnell wie möglich ein Wort.«
Eine schriftliche oder telegrafische Antwort Giulio Ricordis ist unauffindbar.

10.6.1898 Verdi

488 *Ich habe die Revue erhalten:* Die ›Revue des Deux Mondes‹ vom 1.6.1898, in
der (S. 697–702) Camille Bellaigue die drei ›Pezzi Sacri‹ besprach. (Siehe
Boito an Bellaigue, 21.7.1898, S.512.)

24.6.1898 Verdi

*lange nichts mehr von Euch gehört:* Offenbar wegen Madonnina Boitos Krankheit.

24.6.1898 Verdi
Poststempel: Busseto 25.6.98.

489 1] *die furchtbare Nachricht:* vom Tod Madonnina Boitos, die Verdis vermutlich
telegrafisch mitgeteilt wurde.
2] *von Salso:* Von dem italienischen Kurort Salsomaggiore.

4.8.1898 Verdi

490 *immer willkommen in St. Agata:* Vermutliche Antwort auf eine Anfrage Boitos.

10.8.1898 Verdi

*Alles ist mir recht:* Brief oder Telegramm Boitos nicht auffindbar.

29.9.1898 Verdi
Poststempel: Busseto 29.9.98.

491 1] *St. Agata, 29., ich glaube, Donnerstag:* Der 29.9.1898 war ein Donnerstag.
2] *Trotz dem Falschen:* Nicht ermittelt. Offenbar beantwortet Verdi wiederum
einen nicht mehr auffindbaren Brief.

9.10.[1898] Boito
Poststempel: Milano 9.10.98.

1] *Gesundheit, Gesundheit, Gesundheit!:* Glückwünsche zum 85. Geburtstag.
2] *Sitzung für die Scala:* Zum ersten Mal in ihrer Geschichte war die Scala —
mit Ausnahme einer von Pietro Mascagni dirigierten Konzertserie — während

einer ganzen Spielzeit (1897—1898) aus Mangel an Subventionen geschlossen. Boito war Berater und Verdi Aktionär einer Gesellschaft, die die Verwaltung der Scala übernahm.

3] *von dem tödlichen Unglück:* Angiolino, der siebzehnjährige Sohn (1881 bis 1954) Maria (Filomena) Verdis und ihres Mannes Alberto Carrara (1853 bis 1925), hatte Ende September beim Reinigen eines Jagdgewehrs ein vor seiner Mutter stehendes Dienstmädchen erschossen.

12.10.1898    Verdi

492  *auch wenn Ihr mir nicht telegrafiert:* Ein Telegramm ist unauffindbar, aber am Sonntag, dem 16.10.1898, schrieb Verdi an Giulio Ricordi »Boito ist hier«.

14.2.1899    Verdi

493  1] *Erfolg der Hugenotten:* Arturo Toscanini hatte Meyerbeers auf italienisch ›Gli Ugonotti‹ betitelte Oper am 9.2.1899 an der Scala dirigiert.

2] *Prof. Pietro Dotti:* Aus Busseto gebürtiger Schriftsteller und Kritiker (1833—1911), der u. a. über ein Bild Domenico Morellis in St. Agata (Parma, 1881) und ›Verdi e l'»Otello« ‹ schrieb. (Carteggio Verdi—Boito II, 497)

12.3.1899    Verdi

1] *Ich danke für das Telegramm:* Nicht auffindbar. Am 11.3.1899 hatte Toscanini an der Scala ›Falstaff‹ dirigiert.

2] *freue mich mit den hervorragenden Interpreten:* Am 27.2.1899 hatte Verdi an Giulio Ricordi geschrieben: »Wenn Toscanini sich nicht auskennt, tun die anderen es noch weniger. Binnen kurzem die Wiederaufnahme des ›Falstaff‹. Alles spricht dagegen. Der Falstaff mag gut sein (vielleicht!), aber die Alice nicht ... Und merkt Euch, daß Protagonist des ›Falstaff‹ nicht Falstaff ist, sondern Alice.« Falstaff war der berühmte Antonio Scotti (1866—1936), Alice die erfolgreiche Verdi- und Puccini-Sängerin Angelica Pandolfini (1871—1959).

19.3.1899    Verdi [Telegramm]

*Euch krank zu wissen:* Verdi adressierte dieses Telegramm an die Pension Anglais in Nervi. Am nächsten Tag schrieb er an Giulio Ricordi: »Boito ist in Nervi an Grippe erkrankt. Ich wollte ihn heute aufsuchen, aber er hat mir in diesem Augenblick telegrafiert, ich solle in Genua bleiben.«

23.3.1899    Verdi [Telegramm]

494  1] *Giuseppe:* Vermutlich ein Diener Verdis.

2] *erhalte willkommenes Telegramm:* Nicht auffindbar.

[13.4.]1899    Boito

*von Tamagnos großem Erfolg im Guil. Tell:* Rossinis ›Guglielmo Tell‹ war unter Toscaninis Leitung am 10.4.1899 an der Scala aufgeführt worden.

19.4.[1899]   Boito

Poststempel: Milano 19.4.99.

1] *allerhand Sorgen:* Als Berater der Gesellschaft der Scala. (Siehe Anmerkung 2 zum 9.10.1898.)

2] *die Nachricht meiner Depesche:* Nicht auffindbar. Vermutlich ein Bericht über die Aufführung der drei ›Pezzi Sacri‹ am 16.4.1899 an der Scala.

3] *Pezzi Sacri in Paris, Turin und Mailand:* Nach der Pariser Uraufführung unter Paul Taffanel am 7.4.1898 dirigierte Arturo Toscanini die drei ›Pezzi Sacri‹ am 26., 28. und 30.5.1898 im Konzertsaal einer großen Ausstellung in Turin und am 16.4.1899 zum ersten Mal an der Scala in Mailand.

495   4] *in den großen Konzertsälen Deutschlands:* Franz Wüllner (1832–1902), der Nachfolger von Ferdinand Hiller in der Leitung des Konservatoriums und der Gürzenich-Konzerte in Köln, dirigierte dort die deutsche Erstaufführung der drei ›Pezzi Sacri‹ im September 1898. Wien erlebte die nächste Aufführung der ›Pezzi Sacri‹ und die erste offizielle des ›Ave Maria‹, das am 28.6.1895 in kleinem Kreis im Konservatorium in Parma gegeben worden war. Der Leiter der Gesellschaft der Musikfreunde Richard von Perger (1854–1911) dirigierte am 13.11.1898 die vollständigen ›Quattro Pezzi Sacri‹ (das ›Ave Maria‹ und die ›Laudi‹ mit Chor) in Wien. Die Berliner Erstaufführung folgte unter Siegfried Ochs (1858–1929), dem Leiter des dortigen Philharmonischen Chors, am 19.1.1899.

5] *Stanford:* Der in Dublin gebürtige Sir Charles Villiers Stanford (1852–1924) war Komponist, Dirigent und Schriftsteller von großem Einfluß auf das englische Musikleben seiner Zeit.

6] *Coreggio:* Correggio.

7] *Toscanini und Venturi, die die Interpretation von Ihnen lernten:* Verdi hatte beide im April 1898 in Genua empfangen und ihnen seine Wünsche zur Aufführung der drei ›Pezzi Sacri‹ erklärt. (Siehe 455.)

496   8] *Darclée:* Hariclea Darclée (1868–1939), rumänische Sopranistin, die in den Titelpartien der Uraufführungen von Catalanis ›Wally‹, Mascagnis ›Iris‹ und Puccinis ›Tosca‹ erschien. Nach großer Karriere lebte sie in Verdis Mailänder Altersheim und starb verarmt in Bukarest.

9] *De Marchi:* Der Tenor Emilio De Marchi (1861–1917) sang den ersten Cavaradossi.

10] *Menotti:* Domenico Menotti (1859–1937) war ein gesuchter Bariton und der erste De Siriex in Umberto Giordanos ›Fedora‹.

11] *und eine neue Oper:* ›Anton‹ von Cesare Galeotti (1872–1929). Außer ›Otello‹ kam in der Spielzeit der Scala von 1899–1900 keine andere der geplanten Opern zur Aufführung.


7.8.1899   Verdi

497   1] *Eure beiden Briefe:* Nicht auffindbar.

2] *wiederhole Eure Phrase:* Vermutlich ein Scherz im ›Falstaff‹-Stil.

3] *die Hochzeit der Peppinetta:* Peppina, die Tochter von Maria (Filomena) Verdi und Alberto Carrara, heiratete den Kaufmann Italo Ricci.

4] *Da Ihr Euch in solcher Höhe befindet:* Verdi adressierte diesen Brief nach Lavarone in den Bergen von Trient, wo Boito in den Ferien war.

8.10.[1899]   Boito
Poststempel: Milano 8.10.99.

1] *Glückwünsche zum neunten oder zehnten Oktober:* Verdi pflegte seinen Geburtstag am 9.10. zu begehen, obwohl auf seiner Geburtsurkunde das Datum des 10.10.1813 steht. (Siehe Anmerkung 1 zum 9.10.1885.)

498  2] *um den Zwanzigsten dieses Monats herum:* Boito kam und blieb in St. Agata bis mindestens zum 11.11., an dem er einer Mitteilung Verdis an Giulio Ricordi vom 9.11.1899 zufolge wahrscheinlich nach Mailand zurückfuhr.

11.10.1899   Verdi
*Lieber Arrigo:* Dies ist der einzige von allen vorhandenen Briefen Verdis an Boito, in dem er ihn mit seinem Vornamen anspricht.

[Januar 1900?]   Boito
Verdi und Boito waren zu der Zeit, in die diese Zeilen fallen dürften, beide in Mailand.

[1.2.1900?]   Verdi
Ort und Datum dieser auf seine Visitenkarte gekritzelten Botschaft könnten aus Verdis nächsten Zeilen vom 2.2.1900 hervorgehen.

499  *Ich bin seit drei Tagen zu Hause mumifiziert:* Dieser Satz dürfte sich auf den im folgenden Brief erwähnten Besuch des Arztes beziehen.

2.2.1900   Verdi
Auf den Umschlag dieser Zeilen schrieb Verdi nur: Arrigo Boito — *Città* [Stadt].

1] *Dr. Caporola:* Dr. Caporali, zu dieser Zeit Verdis und Boitos Arzt in Mailand.

2] *Giacosas Erfolg:* Am 31.1.1900 war im Mailänder Teatro Manzoni das Schauspiel ›Come le foglie‹ [›Wie die Blätter‹] des gemeinsamen Freundes Giuseppe Giacosa unerwartet erfolgreich gegeben worden. (Carteggio Verdi—Boito II, 503)

[3.2.1900?]   Verdi
Ort und Datum auch dieser Zeilen, die sich auf die vorhergehenden beziehen dürften, sind nur zu erraten.

30.3.1900   Verdi
1] *Brief an Baccelli:* Vermutlich handelt es sich um einen Brief, dessen Entwurf Verdi schon am 29.9.1899 an Giulio Ricordi mit der Bitte um seine und Boitos

Billigung geschickt hatte. Verdi sandte diesen Brief anscheinend im gleichen Wortlaut an den damaligen Erziehungsminister Guido Baccelli (1830 bis 1916). − Am 30. 3. 1900 antwortet Verdi Boito ganz offenbar auf ein (nicht mehr auffindbares) Schreiben, das die späte Erwähnung des Briefes an Baccelli erklärt haben dürfte. (Von Briefen Verdis an Baccelli nach dem 1. 10. 1899 ist nichts bekannt.) Verdi hatte den folgenden Brief an den Minister geschrieben: »Exzellenz, Die Zeitungen sprechen neuerdings von einer hohen Auszeichnung, die mir zur nächsten Wiederkehr meines Jahrestages zuteil werden solle. Ich bin kein Mann der Politik, sondern ein einfacher Künstler, der so erhabene Aspirationen nicht hat, und nicht haben kann. Wenn es jedoch etwas gibt, was ich mir wünschte, so wäre es, nach meinem Tode zusammen mit meiner armen Frau in der Kapelle des Altersheimes für Musiker begraben zu sein, das ich jetzt in Mailand erbaue. Meine Frau liegt seit etwa zwei Jahren vorläufig in einem abgelegenen Teil des Großen Friedhofes von Mailand. Kann ich das erhoffen? Ich wende mich an Eure Exzellenz und rufe Ihre ständige Güte mir gegenüber an, damit der einzige Wunsch erfüllt werde, der mir in meinem hohen Alter noch bleibt ... Mein Dank wird nicht lange währen, aber unermeßlich, unaussprechlich sein. Ich habe die Ehre und verbleibe Eurer Exzellenz Ergebenster Diener G. Verdi − Busseto, 1. Oktober 1899«. (Baccelli)

500 2] *Und D'Annunzio?:* Der Dichter Gabriele D'Annunzio (1863−1938), seit 1924 Fürst von Montenevoso, hatte im März 1900 den sogenannten »Zaunsprung« von der Partei der äußersten Rechten zur äußersten Linken vollzogen, wurde aber später zum Herold des Faschismus.

[10.−19.10.1900]  Boito

Alle Anzeichen deuten auf diesen nicht mit Sicherheit festzustellenden Zeitpunkt des letzten vorhandenen Briefes, den Boito an Verdi schrieb. U. a. dürften Boitos folgende an Giulio Ricordi gerichtete Worte von einem 10. Oktober diese Annahme bestätigen. Am Rande des entsprechenden Autographen steht in einer anderen Handschrift das Datum des 10. 10. 1900. De Rensis datiert den Brief am 19. 10. 1900: »Ich arbeite zwölf Stunden am Tag, und so werde ich fortfahren bis zur letzten Note [des ›Nerone‹]. Das ist die schönste Unterschrift unseres Vertrages, aber mit gutem Gewissen kann ich heute keine weiteren Termine vereinbaren. Ich sehe leider, und mit unendlichem Kummer, daß ich dies Jahr auf meinen üblichen Aufenthalt in S. Agata verzichten muß; ich hoffte, das unserem lieben, angebeteten Maestro gegebene Versprechen einhalten zu können, aber es ist nicht möglich. Ich kann bei niemand zu Gast sein, mein Mittagessen schiebt sich manchmal bis neun Uhr abends hinaus, und ich mißtraue Umzügen und Veränderungen des Lebens und der Gewohnheiten. Mir bricht das Herz, ihm diese Mitteilung machen zu müssen.«

20.10.1900  Verdi

501 *Ich brauche Winderlingh:* Zahnarzt in Mailand.

## Zu: Verdi über Boito

505 *oft Boito und Faccio gesehen:* Verdi beantwortet einen Brief Clara Maffeis vom
18.7.1863, in dem sie Boitos und Faccios allabendliche Besuche in ihrem Salon
erwähnt. Darin heißt es: »Diese beiden jungen Menschen, die Ihr so freundlich
aufnahmt, erinnern sich höchst liebevoll und dankbar an Euch und bitten mich,
Euch zu grüßen [. . .]. An diesen letzten Abenden haben sie mich die ganze
*Forza del Destino* und den ganzen *Ballo in Maschera* hören lassen [. . .].« (Carteggi II, 293)

*eine eigene Oper:* ›I Profughi fiamminghi‹ am 11.11.1863 an der Scala.

*den Altar besudelt:* Verdi bezieht sich auf Boitos ›Sapphische Ode‹ vom
11.11.1863. (Siehe Boito-Daten 1863.)

*Mefistofele gesandt:* Giulio Ricordi hatte Verdi einen Klavierauszug der zweiten
Fassung von Boitos ›Mefistofele‹ gesandt. Der in St.Agata befindliche Band ent-
hält die folgende Widmung: »An Giuseppe Verdi, unser aller Meister; sein
Dichter von einstmals zum Zeichen tiefer Verehrung. Arrigo Boito«.

506 *über Mefistofele berichten:* Über die Erstaufführung am 4.4.1877 in Rom.

*Mefistofele hörte:* Siehe Verdi- und Boito-Daten 1879.

*Libretto von Nerone:* Siehe Anmerkung 1 zum 5.5.1891.

## Zu: Boito über Verdi

Mit Ausnahme der hier zitierten italienischen Briefe an Camille Bellaigue vom
3. 7. 1908, 25. 10. 1910, 20. 12. 1910, 24. 12. 1910 (zum Teil französisch),
7.5.1911, 17.5.1911, 23.5.1911 und 29.9.1911 schrieb Boito dem Freund auf
französisch.

509 *Das Leben unseres Maestros:* In ›Giuseppe Verdi. Il genio e le opere‹, Firenze,
G.Barbera 1887, S.106—107.

*mit Signora Verdi in einer Loge:* Aus einem Interview der Amerikanerin
Blanche Roosevelt in ›Verdi: Milan and Othello‹, 231.

510 *Seit Falstaff auf der Bühne steht:* De Rensis datiert diesen Brief 1894, vermutlich aber sandte Boito ihn am 16.2.1893, eine Woche nach der Uraufführung
des ›Falstaff‹, in Beantwortung eines Briefes, den Bellaigue am 13.2. schrieb.
Bellaigue konnte Boitos Aufforderung leider nicht folgen. (Nardi, 623)

*Ser Giovanni Fiorentino:* Giovanni Boccaccio.

*Ihre Arbeit:* Bellaigues Buch ›Psychologie musicale‹, das 1894 erschien.

511 *Überprüfung des französischen Falstaff:* Boito hatte Bellaigue seine und Solanges' Übersetzung mit der Bitte um Korrekturen und Vorschläge geschickt.
(Nardi, 624) Unter nicht zu ermittelndem Datum schreibt Boito an Bellaigue: »Ich erwarte Verdi in Mailand, um ihm Ihre Notizen zur Übersetzung
des Falstaff vorzulegen. Drei Viertel Ihrer Bemerkungen sind von Solanges und
mir *con entusiasmo* angenommen worden. Danke.«

*»mediterranisiert«:* »Der Ausdruck, ›die Musik zu mediterranisieren‹, ist nicht von mir; er ist von Nietzsche«, schreibt Boito Ende April 1894 an Bellaigue. Er zitiert Friedrich Nietzsches französischen Satz aus ›Der Fall Wagner — Abschnitt 3‹: »Il faut méditerraniser la musique.«

512 *»ch'ebbe la vostra lettera...«:* »Daß er Euren Brief erhielt, daß er Euch dankt.« In ›Falstaff‹ II, 1 sagt Quickly: »Daß sie Euren Brief erhielt, daß sie Euch dankt.« Bellaigues entsprechender Brief ist nicht aufzufinden.

*Tumult dieser letzten Tage:* Aufruhr in Mailand vom 7. bis 9. 5. 1898 wegen starker Erhöhung des Brotpreises.

*(vor unserem Trauerfall):* Tod der Schwägerin Madonnina Malaspina am 24.6.1898.

*»ich habe den guten Artikel gelesen«:* Bellaigues Rezension der drei ›Pezzi Sacri‹ in ›La Revue des Deux Mondes‹ vom 1.6.1898. (Siehe Verdi an Boito, 10.6.1898.)

513 *Ihre schönen Worte im Temps:* Bellaigues Nachruf auf Verdi in der Pariser Zeitung ›Le Temps‹ vom 31.1.1901: »[...] Ein großer Mann und ein großer italienischer Mann ist Verdi aus mehreren Gründen in mehr als einer Hinsicht gewesen. Seine ersten Opern machten ihn zu einer historischen Persönlichkeit und fast zu einem historischen Helden. Einen engeren Zusammenklang zwischen Werk, Augenblick und Milieu hat es niemals gegeben. Diese Musik, von der Rossini sagte, sie trage einen Helm, rief Italien zu den Waffen, und selbst im Namen V.E.R.D.I. [Viva Emanuele Re d'Italia] lasen seine Mitbürger ein mysteriöses Zeichen zum Zusammenhalt, zum Widerstand und zur Freiheit, das der Tyrann weder vertilgen noch verbieten konnte. [...] Als er erschien, lag die nationale Melodie erschlaffend im Sterben. Er begann damit, sie zu stärken, nicht ohne Schroffheit, damit sie lebe. Und dreißig Jahre lang hielt diese einzigartige Kraft sie am Leben. In den alten Opern des Meisters stützt sie inmitten der Ruinen noch die Bruchstücke, die nicht fallen werden. Man kann keine Partitur der ersten und noch weniger der zweiten Epoche Verdis aufschlagen, ohne die leidenschaftliche und treffende Melodie darin zu finden — die Melodie, die nichts begleitet oder umgibt, die absolute Melodie, die es zweifellos nicht mehr geben wird, die aber vor nicht langer Zeit eine glorreiche Form der Musik war, tönende Schönheit. [...] Der Verdi des *Otello* und *Falstaff* hat nicht mit der Melodie gebrochen, wie manche behaupten. [...] Die Wahrheit ist, daß er die Melodie anfänglich um ihrer Schönheit, ihrer Kraft willen von einem Einfall zum anderen liebte und anbetete. Später empfand er die Notwendigkeit, sie zu umhüllen und besser zu formen. Um die ebenso feste und immer reinere Linie erschafft die Harmonie andere Dimensionen, neue Werte; das Orchester verteilt Licht und Schatten. So schien die Melodie Verdis — es war stets die seine — von ferner her zu kommen. Sie ging auch mehr in die Ferne, ferner als bis zur Oberfläche, als zur blendenden und summarischen Silhouette; sie drang bis in die Tiefe der Seele, bis zum geheimnisvollen Kern des Lebens und der Wahrheit. [...] Was an dem großen Mann, der von uns geht, jedoch am meisten zu bewun-

dern war, das war der Mann selbst. Er schrieb uns, als wir ihn einmal gelobt hatten: ›Schade, daß Ihr kein wichtigeres Sujet in Händen hattet. Wie dem auch sei, ich beklage mich nicht. Ihr Kritiker könnt alle vom Künstler sprechen wie Ihr wollt; aber ich danke Euch von ganzem Herzen, Worte für den Menschen gefunden zu haben! [. . .]‹ «

514 *Büste des Maestro:* Im Frühjahr 1873 ließ Verdi seine Frau und sich selbst in Neapel von dem jungen Bildhauer Vincenzo Gemito (1852—1929) porträtieren, um ihm ein Lösegeld vom Militärdienst zu verschaffen. Beide Büsten befinden sich in St. Agata.

*Monsieur Cain:* Nicht ermittelt.

515 *meine schmerzende Arbeit:* ›Nerone‹.

*tun Sie etwas allein:* Bellaigue gab 1912 eine kleine Verdi-Biographie heraus und widmete sie Boito »en souvenir du maître que nous avons aimé«. (Siehe S. 520.)

*Monsieur Ganderax:* Journalist und Bühnenautor (1855—?).

*Sermione:* Boitos häufige Schreibweise von Sirmione.

*in Ihrem Catullus:* Im 31. seiner ›Carmina‹ beschreibt der römische Dichter Gaius Valerius Catullus (um 84—54 v. Chr.) diese Halbinsel am Südufer des Gardasees.

*Paeninsularum Sirmio insularumque Ocelle:* Der Halbinseln, Sirmio, und der Inseln Äuglein!

*Ihr Grillparzer:* ›Franz Grillparzer: un poète musicien‹ in ›La Revue des Deux Mondes‹, 1. 9. 1901.

*Vortrag über unseren großen Freund:* Nicht ermittelte Veröffentlichung.

516 *Ihr wunderbarer Vortrag:* Ib.

*Herr Mancini:* Carlo Mancini (1829—1910), weitgereister Landschaftsmaler; einer der ältesten Freunde der Boitos.

*Die servitude volontaire:* »Der freiwillige Dienst« schreibt Boito auf französisch in diesem italienischen Brief.

517 *Ave Maria:* Vermutlich das ›Ave Maria‹ der ›Quattro Pezzi Sacri‹. Bellaigues entsprechender Vortrag oder Artikel ist nicht ermittelt.

*sottile:* Dünn, fein, zart. In nicht ermittelter Veröffentlichung.

*Heute ist der Tag:* Boito schreibt den ersten Absatz des Briefes auf französisch, weiter auf italienisch.

518 *Huldigung an Manzoni:* Das ›Requiem‹, das Verdi zum Gedächtnis des Dichters 1873—1874 komponierte.

*erster Vortrag des Verdi-Zyklus:* Am 3., 10., 17. und 24. 5. 1911 hielt Bellaigue in der Pariser ›Société des Conférences‹ vier Vorträge über Verdi, die in der ›Revue hebdomadaire‹ veröffentlicht sind. Der Titel des ersten Vortrags war: ›La Jeunesse — Les premières œuvres: d'*Oberto* à *Luisa Miller*‹. (›La Revue hebdomadaire‹, 6. 5. 1911)

519 *der zweite Vortrag:* ›La trilogie populaire: *Rigoletto*, le *Trovatore* et la *Traviata*‹. (›La Revue hebdomadaire‹, 13. 5. 1911)

*Dein dritter ist der schönste:* ›L'évolution: *Don Carlos, Aida* — Le *Requiem* et la musique religieuse‹. (›La Revue hebdomadaire‹, 20.5.1911)

*der vierte noch schöner:* ›Les deux chefs-d'œuvre: *Otello* et *Falstaff.* — Conclusions‹. (›La Revue hebdomadaire‹, 27.5.1911)

*Arnaldo Ferraguti:* Genre- und Bildnismaler (1862—1925), Schüler Domenico Morellis.

*Gräfin Morosini:* Vermutlich Verdis Freundin Gräfin Giuseppina Negroni Prati Morosini (1824—1909) oder eine ihrer Töchter.

520 *Lodovico Pogliaghi:* 1857—1950. Maler, Bildhauer und Bühnenbildner. Eine Reproduktion der von Boito erwähnten Zeichnung erschien in der ›Illustrazione Italiana‹ vom 3.2.1901. Pogliaghi entwarf u. a. die Bühnenbilder und Kostüme zu ›Nerone‹. (Scala 1924)

*Benutze diese:* Bellaigue erfüllte Boitos Wunsch auf Seite 113 seiner kleinen Verdi-Biographie.

*Sinn des Lebens:* Aus einem nicht aufgefundenen Brief Boitos an Bellaigue. (Camille Bellaigue: ›Verdi‹, 58)

## ZU: VERDI — DATEN

521 1813 *Am 9. oder 10. Oktober:* Siehe Anmerkung 1 zum 9.10.1885 und Anmerkung 1 zum 8.10.1899.

1817 *Pietro Baistrocchi:* Des Notenlesens angeblich unkundiger Organist und Schullehrer in Le Roncole.

1823 *Pietro Seletti:* 1770—1853. Wollte Verdi zum Priester erziehen.

1825 *Ferdinando Provesi:* 1770—1833. Seit 1813 Musikdirektor, Leiter der Musikschule und Organist in Busseto; von entscheidendem Einfluß auf Verdis Erziehung.

522 1831 *Antonio Barezzi:* 1787—1867. Wohlhabender Kaufmann und Musikenthusiast in Busseto, dem Verdi am 25.3.1847 aus Florenz schrieb: »Seit langem hegte ich den Gedanken, Ihnen, der Sie mir Vater, Wohltäter und Freund gewesen sind, eine Oper zu widmen. Es war eine Pflicht, die ich eher hätte erfüllen müssen, und ich hätte es getan, wenn zwingende Umstände es nicht verhindert hätten. — Nun, hier ist dieser *Macbeth*, den ich lieber habe als meine anderen Opern und darum für würdiger erachte, Ihnen überreicht zu werden. Das Herz bietet ihn dar: möge das Herz ihn empfangen, und möge er Ihnen Zeugnis der immerwährenden Erinnerung, Dankbarkeit und Liebe sein, die Ihnen entgegenbringt Ihr herzlichst ergebener G. Verdi« (Copialettere, 451)

1832 *Vincenzo Lavigna:* 1766—1836. Schüler des Konservatoriums in Neapel, ab 1809 Korrepetitor an der Scala, 1823 Professor am Konservatorium in Mailand. Verehrer der deutschen Klassiker, vor allem Mozarts; Lehrer, Freund und Förderer Verdis.

1834    *Haydns ›Schöpfung‹:* Das Oratorium ›Die Schöpfung‹ (1798) von Joseph Haydn (1732—1809).

523   1839    *Bartolomeo Merelli:* 1794—1879. Abenteurer und Librettist; Intendant der Mailänder Scala und der Hofoper in Wien.

      1843    *Donizetti:* Gaetano Donizetti (1797—1848) war mit etwa siebzig Bühnenwerken einer der fruchtbarsten Komponisten der Operngeschichte. Von seinem einflußreichen Vorgänger, Simon Mayr (1763—1845), in Bergamo ursprünglich als Baß-Buffo ausgebildet, vervollkommnete er sich bis 1817 in der Komposition im Liceo Filarmonico in Bologna. Anfänglich schrieb er Sinfonien und Streichquartette, in späteren Jahren auch Kirchenmusik, u. a. ein Requiem für Bellini. Seine ersten ernsten Opern — ab 1818 — mißglückten im Wettkampf mit Bellini und Rossini. 1832 wurde ›Anna Bolena‹ an der Scala Donizettis erster großer Erfolg; im selben Jahre setzte er sich mit ›Elisir d'Amore‹ und 1835 mit ›Lucia di Lammermoor‹ endgültig durch. Nach kurzer Professur in Neapel, wo die bourbonische Zensur seinen ›Poliuto‹ verbot, zog er 1839 nach Paris. Dort entstanden 1840 ›La Fille du Régiment‹ und ›La Favorite‹. 1842 schrieb er ›Linda di Chamounix‹ für Wien, wo er den Titel eines k. k. Hofkapellmeisters erhielt. 1843 brachte er in Paris ›Don Pasquale‹ heraus, eines der bezauberndsten Meisterwerke der Opera buffa. Als er ›Nabucco‹ hörte, für den er sich an der Wiener Hofoper einsetzte, wurde er sich Verdis Genies bewußt. Nach diesem Erlebnis begann Donizettis Schaffenskraft zu versagen; er starb in geistiger Umnachtung.

524   1847    *Giuseppe Mazzini:* 1805—1872. Republikanischer Patriot und Apostel des vereinten Italiens im Exil in England; bat Verdi um Vertonung der Hymne ›Suona la Tromba‹ von Goffredo Mameli (1827—1849), der als junger Adjutant Garibaldis sein Leben verlor. Verdi schickte Mazzini am 18. 10. 1848 die gewünschte Komposition mit den Worten: »Möge diese Hymne zwischen der Musik der Kanonen bald in der lombardischen Ebene erklingen!« (Copialettere, 469—470)

              *Francesco Lucca:* 1802—1872. Mailänder Verleger früher Werke Verdis; Wegbereiter Wagners in Italien und Freund Hans von Bülows.

526   1852    *Salvatore Cammarano:* 1801—1852. Entstammte einer bekannten neapolitanischen Künstlerfamilie; schrieb u. a. für Donizetti den Text zu ›Lucia di Lammermoor‹, für Verdi die Libretti zu ›Alzira‹, ›La Battaglia di Legnano‹ und ›Luisa Miller‹. Sein plötzlicher Tod während der Arbeit an ›Trovatore‹ erforderte deren Beendigung durch Leone Emanuele Bardare (1820—?) und dürfte auch dazu beigetragen haben, daß Verdis Plan einer ›Re Lear‹-Oper nicht zur Ausführung kam.

528   1859    *Cavour:* Graf Camillo Benso di Cavour: (1810—1861), Premierminister Sardiniens von 1852 bis 1859 und von 1860 bis 1861. Im Gegensatz zu den Republikanern Mazzini und Garibaldi erstrebte er ein ge-

eintes königliches Italien. Unter seiner politischen Führung kämpfte Sardinien mit Frankreich 1859 gegen Österreich, und Österreich verlor die Lombardei. Wie Verdi verbittert wegen des Pakts Napoleons III. mit Franz Joseph I., demzufolge das Veneto österreichischer Besitz blieb, dankte Cavour ab und zog sich auf sein Landgut Leri in Piemont zurück. Am 21.9.1859 schrieb Verdi ihm: »Ich hatte seit langem den Wunsch, den Prometheus unserer Nation persönlich kennenzulernen [...]. Was ich aber nicht zu hoffen gewagt hätte, das war der offene, gütige Empfang, mit dem mich Eure Exzellenz zu beehren geruhten. Ich schied tief bewegt! Nie werde ich Ihr Leri vergessen, wo ich die Ehre hatte, dem großen Staatsmann die Hand zu drücken, dem erhabenen Mitbürger, dem Mann, den jeder Italiener Vater des Vaterlandes nennen wird.« — 1860 gelang Cavour, wieder Premierminister, mit Garibaldis und anderer Hilfe die Vereinigung ganz Italiens mit Ausnahme von Venedig und Rom. In seinem Todesjahr erreichte er sein Ziel: Vittorio Emanuele II. wurde zum König von Italien gekrönt.

531   1869   *Angelo Mariani:* 1822—1873. Er debütierte 1844 in Messina, war in ganz Italien und von Kopenhagen bis Konstantinopel einer der angesehensten Dirigenten seiner Zeit. Verdi kündigte ihm die langjährige enge Freundschaft, als er sich 1868 bei seinem Plan einer Messe für Rossini von ihm im Stich gelassen fühlte. Mariani setzte sich seitdem für Wagner ein; statt seiner wurde Faccio Verdis erster Dirigent. (Siehe auch Anmerkung zu *Stolz*, S.621.)

       1870   *verzögerte europäische Premiere:* Die von Kairo in Auftrag gegebene Oper durfte vertraglich erst nach der dortigen Premiere anderswo aufgeführt werden.

       1871   *Saverio Mercadante:* 1795—1870. Komponierte 60 Bühnenwerke, 20 Messen, Psalmen, Motetten, Kammermusik, Stücke für Orchester und Lieder. Pionier des italienischen Musiktheaters im 19. Jahrhundert. 1840 Direktor des Konservatoriums in Neapel; 1862 erblindet.

532        *Draneht Bey:* 1815—1894. Er kam als Pavlos Pavlidis auf Zypern zur Welt, von wo er 1827 mit seiner griechischen Familie vor den Türken nach Ägypten floh. Mohammed Ali, der Herrscher Ägyptens, war so beeindruckt von dem jungen Flüchtling, daß er ihn in seine Dienste nahm und in Paris Medizin und Pharmazie studieren ließ. Dort war Pavlos' Lehrer, Baron Louis-Jacques Thénard, so stolz auf seinen Schüler, daß er ihm anbot, seinen eigenen Namen in umgekehrter Buchstabenfolge zu führen. Pavlos Pavlidis kehrte als Paul Draneht an den Hof des Khediven in Kairo zurück. Unter Mohammed Alis Nachfolgern wurde er bald zum Bey und später zum Pascha erhoben, ist aber allgemein als Draneht Bey bekannt. Mit Ferdinand de Lesseps befreundet, war Draneht Bey an der Finanzierung des Suez-Kanals interessiert, leitete aber auch den Bau und die Direktion der ägyptischen Ei-

senbahn, reformierte die Landwirtschaft und wurde Intendant des 1869 eröffneten Opernhauses in Kairo. Als solcher trat er mit Verdi in Verbindung, den er im Sommer 1871 in St. Agata besuchte und mit dem er wegen der Besetzung der Amneris in Streit geriet.

›Lohengrin‹ in Bologna: Während dieser Vorstellung notierte Verdi in einem in St. Agata erhaltenen Klavierauszug des Werkes ausführlich seine Eindrücke und summierte: »Mittelmäßiger Eindruck. Schöne Musik, gedankenvoll, wenn sie klar ist. Die Handlung läuft langsam wie die Worte. Folglich Langeweile. Schöne instrumentale Wirkungen. Mißbrauch langer Noten bringt Schwerfälligkeit. Mittelmäßige Aufführung. Viel *verve*, aber ohne Poesie und Finesse. An schwierigen Stellen immer schlecht.« (Abbiati III, 508—511)

534  1878  *verlieren im Spiel:* Am 19.11.1878 schreibt Verdi aus Genua an Clara Maffei: »Wißt Ihr, daß ich in Monte Carlo war? Ich habe gespielt und habe verloren! Ich habe verloren, weil ich verlieren wollte, um jener greulichen Sache immer überdrüssiger zu werden, die *Spiel* heißt.« (Braidense)

537  1888  *Krankenhaus in Villanova:* Am 29.12.1882 hatte Emanuele Muzio aus Genua an Giulio Ricordi über ein Gespräch mit Verdi geschrieben: »[...] ich sagte ihm, er müsse *Otello* beenden, und daß dies ein gutes Mittel sei, die Kosten des Krankenhauses zu bestreiten, das er bauen und auch dotieren will. Daraufhin rechnete er etwas [...]« (Abbiati IV, 206)

›*Casa di Riposo‹:* Das von Camillo Boito erbaute, heute noch bestehende Altersheim wurde zum zweiten Jahrestag von Verdis Geburtstag nach seinem Tode am 10.10.1902 eingeweiht. Arrigo Boito hinterließ dieser Stiftung alle künftigen Tantiemen aus seinen Werken.

538  1891  *Anton Rubinstein:* 1829—1894. Lebte in Paris, Berlin und St. Petersburg, dessen Konservatorium er 1862 gründete und bis 1867 sowohl wie von 1887 bis 1890 leitete.

*Alfredo Piatti:* 1822—1901. Studierte am Mailänder Konservatorium, konzertierte 1845 mit Liszt in München und erfreute sich vor allem in London großer Beliebtheit. Schrieb Konzerte, Solo-Stücke und Variationen für Violoncello.


## Zu: Boito — Daten


547  1851  *Luigi Plet:* Siehe Nardi, 35—39, und Carteggi IV, 114—115.
*Giovanni Buzzolla:* Siehe Nardi, 35—39.
*Polka:* Nicht aufgefunden. (Siehe Nardi, 36.)
*Antonio Buzzolla:* 1815—1871. Komponierte Opern für Venedig; ab 1855 Erster Kapellmeister von San Marco. (Siehe Nardi, 36—39.)

548 1854 *Alberto Mazzucato:* 1813—1877. 1839 Professor, 1872—1877 Direktor des Konservatoriums in Mailand; Musikschriftsteller, 1856—1858 Redakteur der vom Ricordi-Verlag publizierten › Gazzetta Musicale di Milano‹; 1858—1868 Erster Dirigent der Scala.

1855 *Lauro Rossi:* 1812—1885. Vielseitiger Komponist; 1835—1843 Impresario in Mexiko, 1850—1871 Direktor des Konservatoriums in Mailand, 1871—1878 des Konservatoriums in Neapel.

1858 *Sinfonie:* Nicht aufgefunden.

1859 *Cesare Cantù:* 1804—1895. Ungemein aktiver Schriftsteller, Historiker und Pädagoge; schrieb neben unzähligen anderen Veröffentlichungen den historischen Roman ›Margherita Pusterla‹ und gab eine ›Storia Universale‹ in 35 Bänden heraus.

*Carlo Tenca:* 1816—1883. Literat, Journalist und Politiker; Herausgeber und Gründer verschiedener Zeitschriften; an Clara Maffeis Seite unbeugsamer Gegner der habsburgischen Fremdherrschaft in Italien.

549 1861 *Stefano Ronchetti-Monteviti:* 1814—1882. Komponist; ab 1850 Professor am Mailänder Konservatorium.

*Empfehlungsbrief an Rossini:* Nicht aufgefunden.

1862 *Clara Maffei hatte empfohlen:* Brief nicht aufgefunden.

550 *Paolo Reale:* Mailänder Bankdirektor und Präsident der ›Società Milanese degli Artisti‹.

*Tacitus:* Publius Cornelius Tacitus (um 55—um120), röm. Historiker.

1863 *Emilio Praga:* 1839—1875. Dichter und Maler, Dramatiker und Librettist; Vater des Erzählers, Dramatikers, Regisseurs und Kritikers Marco Praga (1862—1929). Zwischen 1857 und 1859 durchreiste er Europa und entdeckte in Paris Baudelaires ›Les Fleurs du mal‹. Dieses Buch war von entscheidendem Einfluß auf sein kurzes weiteres Leben. 1862 gab er den ersten Band seiner Gedichte heraus. Im selben Jahr heiratete er. 1864 zwang ihn der Tod des Vaters, den Unterhalt seiner Familie selbst zu bestreiten. 1865 wurde er Lehrer für italienische Literatur am Mailänder Konservatorium, aber er ergab sich dem Trunk. Frau und Sohn verließen ihn; Boito und andere Freunde konnten seinen frühen Tod nicht verhüten.

*Verdi verstimmt:* Siehe Verdi an Tito Ricordi, November 1863. Verdi über Boito, S.505.

551 1864 ›*Discussion*‹: Nicht ermittelt.

1865 *Faccios umstrittene Musik:* Am 31. 7. 1863 schrieb Verdi an Clara Maffei: »Faccio soll die Hand aufs Herz legen und, ohne sich um anderes zu kümmern, schreiben, wie es ihm in den Sinn kommt; er soll die *Kühnheit* haben, neue Wege zu versuchen, und den *Mut*, der Opposition die Stirn zu bieten.« (Carteggi IV, 83)

1866 *Eugenia Litta:* 1837—?. Schon von Honoré de Balzac (1799—1850) in einem Brief an ihre Mutter als bezauberndes Kind erwähnt, glänzend in Musik und Literatur unterwiesen, achtzehnjährig mit Graf Giulio Litta Visconti Arese verheiratet, führte sie in Mailand einen mondänen Salon und galt als eine der größten Schönheiten Europas. Boito und Praga waren gleichzeitig in sie verliebt.

*Teresa Bellotti:* Intime Freundin Vittoria Cimas.

*Droge:* Am 17. 10. 1908 schrieb Boito an Camille Bellaigue: »Als ich jung und ein Verehrer Baudelaires war, überließ ich meinen Nerven die Freuden des Haschisch; die Lehre dauerte eine Woche und der Spaß ein paar Tage. Mein Bruder fand mich einmal ohnmächtig auf meinem Bett, und danach fing ich es damit nicht noch einmal an.« (Scala)

*Herzogin:* Am 13. 11. 1866 war Eugenia Littas Mann durch den Tod seines erstgeborenen Bruders Herzog geworden.

552 1868     *ein Kritiker:* Eugenio Torelli-Viollier in der ›Gazzetta di Milano‹ vom 6. 3. 1868. (Verdi hatte schon am 17. 2. 1868 zu Giulio Ricordi bemerkt, der ›Mefistofele‹ sei »sehr schlecht für die Gesangsstimmen geschrieben«.)

*zu lang und zu wagnerisch:* Ein paar Wochen nach diesem Mißerfolg, am 21. 4. 1868, schrieb Rossini an Tito Ricordi: »Ich will Boito grüßen lassen, dessen schönes Talent ich unendlich schätze. Er sandte mir sein Libretto zu *Mefistofele*, aus dem ich ersehe, daß er ein zu frühzeitiger Neuerer sein will. Glaubt nicht, daß ich gegen die Neuerer kämpfe! Ich wünsche nur, daß nicht in einem Tag getan werde, was man nur in vielen Jahren erreichen kann.« (Lettere di G. Rossini, 322)

*›Brief in vier Absätzen‹* [›Lettera in quattro paragrafi‹]: Veröffentlicht in der Mailänder Zeitung ›Il Pungolo‹, 21. 5. 1868. (Scritti, 1285—1292)

*Emilio Broglio:* Auch Verdi verurteilte die Pläne des Ministers und Rossinis öffentliche Zustimmung. (Carteggi II, 28, 348; III, 48, 53—54, 58—59, 64; IV, 174) Aus Protest sandte er den ihm kurz zuvor verliehenen Orden des Commendatore der Krone Italiens zurück.

553 1871     *bei Freunden in Adro:* Bei der verwitweten Gräfin Ermellina Dandolo und ihrem Sohn Enrico II.

*›Ero e Leandro‹:* Ursprünglich in zwei Akten konzipierte lyrische Tragödie, deren Musik Boito teilweise in seine Neufassung des ›Mefistofele‹ übernahm.

*Schlafen in der Eisenbahn:* Nardi, 335.

*Boito an Wagner:* Ib.

*Antwort des Meisters:* Siehe Richard-Wagner-Anmerkung zum Vorwort, S. 601.

1872     *Joachim Raff:* 1822—1882. In der Schweiz geborener Komponist und Dirigent, Schüler von Franz Liszt, mit Hans von Bülow und Ferdinand Hiller befreundet; von 1877 bis 1882 Direktor von Dr. Hoch's Konservatorium in Frankfurt am Main.

554 1874   *Cesare Dominiceti:* 1821—1888. Erwarb, als Dirigent nach Bolivien verschlagen, durch achtzehn Jahre lange Arbeit in einem dortigen Zinnbergwerk ein Vermögen, schrieb u. a. eine Reihe von Opern und war von 1881 bis 1888 hochgeachteter Professor für Komposition am Mailänder Konservatorium.

           *Costantino Palumbo:* 1843—1928. Angesehener Pianist und Komponist aus Neapel, wo er 1873 Professor am Konservatorium wurde und auch als Pädagoge erfolgreich war.

           *Edoardo Sonzogno:* 1836—1920. Gründete 1874 in Mailand einen Musikverlag, der hauptsächlich französische Werke und billige Ausgaben italienischer Komponisten brachte. 1889 führte er einen Wettbewerb ein, in dem Pietro Mascagni mit ›Cavalleria rusticana‹ gewann. Von 1894 bis 1897 war Sonzogno Impresario der Scala. Eduard Hanslick beschreibt ihn als ein »finsterblickendes, erdfahles Männchen mit einem klugen Bank- und Börsengesicht. Daß er mit Musik zu tun habe, dürfte ihm niemand ansehen.« (Eduard Hanslick: ›Aus meinem Leben‹, 10. Buch, 277)

     1875   *Emilio Usiglio:* 1841—1910. Komponist und sehr begabter Dirigent, den Verdi wegen seines Mangels an Disziplin nicht schätzte.

     1876   *Graf Agostino Salina:* 1830—1906. Leidenschaftlicher Musikfreund und Mäzen, über dreißig Jahre Mitglied der Direktion des Teatro Comunale in Bologna und auch Präsident der dortigen ›Società del Quartetto‹. Seinem Einsatz hatte Boito in erster Linie die Premiere der Neufassung des ›Mefistofele‹ zu danken.

555        *Luigi San Germano:* 1846—1904. Komponierte vier Opern, von denen eine erfolgreich war und zwei — ›Semira‹ zu Boitos Text inbegriffen — nicht zur Aufführung kamen.

           *Carlo Pedrotti:* 1817—1893. Von 1841 bis 1845 Dirigent am Italienischen Theater in Amsterdam, anschließend Lehrer und Komponist im heimatlichen Verona; 1868—1882 Erster Dirigent des Teatro Regio in Turin; 1884—1893 Direktor des Konservatoriums in Pesaro. Ertrank in der Etsch (vermutlich Selbstmord).

     1877   *eine sehr schöne Frau namens Fanny:* »Wir sind nicht ermächtigt«, schreibt Nardi (424), »den Familiennamen dieser Dame zu erwähnen. Wir wissen, daß sie zwei Jahre älter als Boito, bürgerlich verheiratet, Freundin Donna Vittoria Cimas und sehr schön war. Diese Beziehung sollte recht viele Jahre lang dauern, auch über das Jahr '84 hinaus, in dem Eleonora Duse in Boitos Leben trat. Vielleicht war Fanny zuerst eine ihm Ruhe bringende Frau; als ihre Gesundheit dann allmählich zu schwanken begann, blieb Boito ihr wie ein Seelenarzt nah, bis er ihr im August '95 die Augen schloß.«

556 1879   *besucht Verdi im Palazzo Doria:* Siehe Giulio Ricordi an Verdi, 5. 9. 1879 (S. 32).

1880    *Ode all'Arte:* Das Autograph dieser Ode für Großes Orchester und Vo-
        kalquartett befindet sich mit Boitos Widmung an Francesco Florimo
        (1800—1888) in der Bibliothek des Konservatoriums in Neapel.
        *Übertragung seines ›Mefistofele‹:* Gemeinsam mit dem französischen
        Librettisten Paul Milliet.
        *Luigi Arditi:* 1822—1903. Als Dirigent mit seinem Freund Bottesini
        1846 in Havanna, anschließend wiederholt in den Vereinigten Staaten;
        später in Konstantinopel, Dublin und London; dort ab 1858 Dirigent
        von Her Majesty's Theatre unter den Impresari Lumley, Smith und
        Mapleson; auf Tournee mit italienischer Operntruppe in Hamburg,
        Berlin und Dresden; ab 1870 alljährlicher Gastdirigent in Wien,
        1871—1873 in St. Petersburg; 1878 in Madrid, dann mehrmals mit
        Mapleson in Amerika. Mit Rossini, Gounod, Verdi und Wagner per-
        sönlich bekannt, auch Komponist eigener Opern, übte Arditi großen
        Einfluß auf das englische Musikleben aus. Sein ›Parla-Walzer‹ ist ein
        beliebtes Bravourstück für Koloratursopran.

1881    *›Basi e Bote‹:* Am 28.10.1881 schreibt Giacosa an Boito mit der Bitte,
        ihm für einen Vortrag über die Geschichte der Marionetten Auskunft
        über dieses Libretto zu geben. Carlo Gatti (siehe Anmerkung zu 1918)
        berichtet am 30.6.1918 in der ›Illustrazione Italiana‹: »Boito vertraute
        den Freunden, er habe einmal eine Komödie vertont, die er im vene-
        zianischen Dialekt schrieb.« De Rensis erklärt, Boito habe von ›Basi e
        Bote‹ nur eine kleine Serenade komponiert, die nicht im Libretto steht.
        Auf Umwegen gelang es dem von Boito geförderten Komponisten und
        Pianisten Riccardo Pick-Mangiagalli (1882—1949), von 1936 bis 1949
        Direktor des Mailänder Konservatoriums, das Libretto zu komponie-
        ren. Seine Oper wurde 1927 im römischen Teatro Argentina und 1932
        an der Scala aufgeführt.

1882    *›Mephistopheles‹ an der Wiener Hofoper:* Eduard Hanslick lehnte ihn
        ab. (›Aus dem Opernleben der Gegenwart — Der »Modernen Oper«
        III. Theil‹, 3—21) Als Giulio Ricordi den gefürchteten Kritiker 1887
        anläßlich der ›Otello‹-Premiere in Mailand zu einem Mittagessen mit
        Boito einlud, sagte er: »Unmöglich. Ich habe über seinen *Mefistofele,*
        diese Profanation von Goethes Dichtung, nicht bloß streng, sondern
        unbarmherzig geschrieben. — ›Er weiß das genau,‹ bemerkte Ricordi,
        ›trotzdem freut er sich, Sie kennenzulernen; er ist ein geistreicher,
        hochgebildeter Mann.‹ Das mußte er in der Tat sein, um mit mir so un-
        befangen und herzlich zu verkehren, wie er es damals tat. Ich habe sei-
        nem interessanten, lebhaften Gespräch mit wahrem Vergnügen ge-
        lauscht und gedenke gern der feurigen Kohlen, welche seine Genti-
        lezza über mein sündiges Haupt gesammelt hat. Solche Züge sind
        schön, sind selten und bleiben mir unvergeßlich.« (Eduard Hanslick:
        ›Lebenserinnerungen‹, 10. Buch, 300—301)

| | | |
|---|---|---|
| 557 | | *Feier für Guido d'Arezzo:* Siehe Anmerkung 3 zum 10.8.1882. |
| | 1884 | *Raffaele Kuon:* 1831—1885. Trat elfjährig als Geiger auf, dirigierte an den ersten Opernhäusern Europas und komponierte. |

*Bergtour mit Giacosa:* Siehe S. 141.

*Giovanni Verga:* 1840—1922. Der aus Catania stammende Dichter lebte von 1865 bis zu seiner Rückkehr in seine sizilianische Heimat 1894 in Florenz und Mailand. In Florenz zogen ihn andere Literaten und Theoretiker des Verismo an; in Mailand traf er die ›scapigliati‹, deren soziales Gewissen dem des Verismo entsprach. Sein Vorwort zu ›I Malavoglia‹ (1881) handelt von Habgier und Kampf um materielles Gut, von Ehrgeiz und aristokratischer Eitelkeit. Diese und ähnliche Themen erscheinen in fast allen seinen Erzählungen und Romanen, mit denen er sich neben seinem Freund Giuseppe Giacosa als der bedeutendste Exponent des Verismo auszeichnet. Als konservativer Landbesitzer verstand er die Psychologie des seit Jahrhunderten in Armut existierenden sizilianischen Bauern, dessen Milieu er auch einfühlend fotografierte, hielt dessen Schicksal für unabänderlich. Unter ein paar Stücken, die er für die Bühne schrieb oder seinen Kurzgeschichten entnahm, ist ›Cavalleria rusticana‹ (1883) durch Mascagnis Oper am bekanntesten geworden. Vergas wirkliche Bedeutung aber liegt in seiner Fähigkeit, die Hand des Autors bei der Darstellung eines wahren Geschehnisses völlig verschwinden zu lassen. Diese Objektivität und die unmittelbare Wiedergabe der Mundarten seiner Menschen wirken sich noch heute in Literatur, Theater und Film Italiens aus.

558 1885 *universale Konzertstimmung:* Siehe Anmerkungen 2 und 3 zum 8.11.1885.

1887 *»anno vissuto nel sogno«:* Am 20.2.1888 schrieb Boito an Eleonora Duse: »Un anno abbiamo vissuto nel sogno! un anno esatto, né un'ora più, né un'ora meno.« [Ein Jahr lang haben wir im Traum gelebt! Genau ein Jahr, nicht eine Stunde mehr, nicht eine weniger.] (Nardi, 528)

561 1893 *Max Bruch:* Der 1838 in Köln gebürtige, 1920 in Berlin verstorbene Komponist ist am bekanntesten durch sein Violinkonzert in g-Moll, schrieb aber auch für die Bühne, eine große Reihe von Chorwerken, zahlreiche Lieder, drei Sinfonien und Kammermusik. Er studierte u. a. bei Ferdinand Hiller und war 1858—1861 Musiklehrer in Köln. Eine ausgedehnte Studienreise führte ihn nach Berlin, Leipzig, Wien, Dresden, München und Mannheim, wo 1863 seine erfolgreichste Oper ›Loreley‹ zur ersten Aufführung kam. 1865—1867 wirkte er als Musikdirektor in Koblenz, 1867—1870 als Hofkapellmeister in Sondershausen; 1870 wurde er Dirigent der Philharmonic Society in Liverpool, 1878 des Sternschen Gesangvereins in Berlin und 1883 des Orchestervereins in Breslau. 1891 berief ihn die Hochschule in Berlin als Professor für Komposition.

*Tschaikowski:* Die Hauptwerke des russischen Komponisten Pjotr Il-
jitsch Tschaikowski (1840—1893) sind sieben Sinfonien, die Opern
›Eugen Onegin‹ und ›Pique Dame‹, und die Ballette ›Schwanensee‹,
›Dornröschen‹ und ›Der Nußknacker‹. Fünf Monate nach Empfang
des Ehrendoktorates in Cambridge starb er, wenige Tage nach der Uraufführung seiner ›Symphonie pathétique‹, am 6. November in St. Petersburg.

*Saint-Saëns:* Camille Saint-Saëns (1835—1921), Schüler Gounods
und Halévys am Pariser Conservatoire und in fast allen Gattungen ungewöhnlich produktiver Komponist, schrieb 12 Opern, darunter ›Samson et Dalila‹, ein Welterfolg. Franz Liszt dirigierte die Uraufführung
des Werkes 1877 in Weimar.

562    1894    *Graf Luigi Gualdo:* 1847—1898. Führte ein mondänes Leben in Mailand, Paris und London; stand auch Verga, Giacosa und D'Annunzio
nahe; schrieb zwei Romane auf französisch und ist durch sein Hauptwerk ›Decadenza‹ (Milano, Arnaldo Mondadori 1981) neu bekannt.

1895    *Ulrico Hoepli:* 1847—1935. In der Schweiz als Ulrich Höpli geboren,
trat er mit vierzehn Jahren in eine Zürcher Buchhandlung ein. Nach
Lehrjahren in Leipzig, Breslau, Wien und Triest kam er 1870 nach
Mailand und gründete dort einen Verlag, der über sechstausend Bände
damals in Italien unbekannter wissenschaftlicher, technischer und
kunsthistorischer Literatur herausbrachte. 1911 schenkte er Zürich
eine Stiftung für unbemittelte Studenten, 1930 Mailand ein großes Pla-
netarium. An der dortigen Universität führte er einen Lehrstuhl für
Bibliographie ein. Ehrenbürger von Mailand.

564    1901    *mit Giacosa am Sterbebett Verdis:* Giuseppe Giacosa gab einen genauen Bericht über die letzten Stunden Verdis (in der Zeitschrift ›Rassegna Dorica‹, Roma, 25. 2. 1941, 35.)

1898    *Emilio Treves:* 1834—1916. Gründete 1861 in Mailand den Verlag
seines Namens, der zu einem der bekanntesten Italiens wurde. Sein
Bruder Giuseppe (1838—1904) leitete seit 1871 die Verwaltung des
Verlags und stand Emilio im Kampf um Autorenrechte bei.

1903    *Dr. Paul Dubois:* 1848—1918. Schweizer Psychiater, Professor der
Neuropathologie an der Universität Bern; Autor von u. a. ›Die Psycho-
neurosen und ihre psychische Behandlung‹ (Bern, Francke 1905 und
1910), ›Die Einbildung als Krankheitsursache‹ (Wiesbaden, Berg-
mann 1907), ›L'éducation de soi-même‹ [›Die Erziehung des Selbst‹]
(Paris, Masson 1908), ›Über den Einfluß des Geistes auf den Körper‹
(4. Aufl. Bern, Francke 1909).

565    1905    *Riccardo Zandonai:* 1883—1944. Schüler Pietro Mascagnis; von Richard Strauss beeinflußter Komponist zahlreicher bis auf ›Francesca
da Rimini‹ (1914) vergessener Opern; schrieb auch sinfonische Dichtungen, Chorwerke und Filmmusik.

1908   *François Coppée:* 1842—1908. Französischer Literat, Bibliothekar, dann Archivar am Théâtre-Français.

1908   *Paul Bourget:* 1852—1935. Französischer Schriftsteller; Gegner der Milieutheorie des Naturalismus, christlicher Moralist.

1910   *Carlo Mancini:* 1829 geboren, studierte in Mailand an der Brera Akademie, bereiste Schottland und die Normandie, Afrika und den Orient.

566  1911   *Antonio Fogazzaro:* 1842—1911. Ging bei aller Freundschaft, die ihn mit Boito und Giacosa verband, als gläubiger Katholik eigene Wege. In Darwins Theorien und der Entwicklung der Wissenschaft sah er Fortschritt statt Konflikt mit der Kirche; aber der Vatikan setzte zwei seiner Romane auf den Index. ›Piccolo mondo antico‹ [›Kleine alte Welt‹] machte Fogazzaro 1896 zum anerkannt ersten Romanschriftsteller Italiens nach Alessandro Manzoni. Einen Monat nach seinem Tode erschien in der Pariser Zeitung ›Le Gaulois‹ vom 5. 4. 1911 ein Artikel Camillo Bellaigues über Fogazzaros Beziehungen zur Musik, und Boito schrieb an Bellaigue: »Ich habe *Fogazzaro musicien* mit Rührung gelesen und mir traurig die Freude vorgestellt, die er im Leben über Worte empfunden hätte, die seine *anima di musica* so tief durchdringen wie die deinen.«

1911   *Renato Simoni:* 1875—1952. Journalist, Bühnenautor, Librettist und Theaterkritiker — von 1914 bis 1952 auch am Mailänder ›Corriere della Sera‹; regte Puccini zur Komposition der ›Turandot‹ an; schrieb schon 1916 für den Film, führte seit 1936 selber Film- und Schauspielregie (1948 in Verona gemeinsam mit Giorgio Strehler); hinterließ dem Museo Teatrale alla Scala seine reiche Bibliothek von über vierzigtausend Bänden, Sammlungen von Zeitschriften, Bilder und Statuen, Kostüme, Masken, Autographen usw. Boito schenkte Simoni u. a. seine Bände der französischen Shakespeare-Übersetzungen von François-Victor Hugo, die ihm für seine Libretti zu ›Otello‹ und ›Falstaff‹ gedient hatten. (Siehe Vorwort, S. 17.)

*die Straßen Palladios:* Andrea Palladio (1518—1580), der letzte große Architekt der italienischen Hochrenaissance, bereicherte sein heimatliches Vicenza und Venedig mit prachtvollen Bauten.

567  1912   *Antonio Smareglia:* 1854—1929. Wurde als Student des Polytechnikums in Wien zum Musikenthusiasten, studierte Komposition bei Faccio und Coronaro am Mailänder Konservatorium und schrieb unter Wagners Einfluß zehn Opern, die auch in Österreich und Deutschland erfolgreich waren. Brahms und Hans Richter setzten sich für Smareglia in Wien ein, Boito und Toscanini in Mailand. Im Jahr 1900 erblindete er, konnte aber dank einem hervorragenden Gedächtnis die ganze Partitur seiner Oper ›Oceana‹ (am 22. 1. 1903 unter Toscanini an der Scala uraufgeführt) diktieren und von 1921 bis zu seinem Tode als Professor am Konservatorium in Triest tätig sein.

1914  *Tullio Serafin:* 1878–1968. Studierte am Mailänder Konservatorium schon als Elfjähriger u. a. bei Coronaro Komposition; war Geiger und Bratscher im Orchester der Scala und Assistent Toscaninis; debütierte 1903 als Dirigent der ›Aida‹ in Ferrara.

568  1917  *Antonietta Pisa Rizzi:* Stammte aus hochkultivierter Mailänder Familie, war mit dem Bankier und Mäzen Giulio Pisa verheiratet und mit Eleonora Duse innig befreundet.

1918  *Dr. Bertazzoli in der Via Filangeri:* Siehe Dora Setti: ›Eleonora Duse ad Antonietta Pisa‹, 124.

*Carlo Gatti:* 1876–1965. Musikschriftsteller, am bekanntesten durch die erste grundlegende Verdi-Biographie.

*Luigi Orsini:* 1873–1954. Schriftsteller und Librettist; Professor am Mailänder Konservatorium; schrieb ›Giuseppe Verdi‹.

*A Giuseppe Ignazio Kraszewski:* In der gedruckten Ausgabe von Boitos ›Libro dei Versi‹ (Torino: F. Casanova 1902) und in ›Tutti gli Scritti di Arrigo Boito‹ steht unter diesem Gedicht fälschlich »Mystki, Settembre 1865«. Er war in diesem Jahr nicht in Polen und schrieb im Autograph (Toscanini) deutlich »1867«.

## Zu: Biographische Skizzen

573  *silberne Uhr:* Von ovaler Form mit römischem Zifferblatt, hergestellt von Leroy et Fils, Palais Royal 15, Paris.

*Artikel über Otello:* In ›Revue des Deux Mondes‹, 1. 3. 1887, 214–225. De Rensis publiziert diesen in der Bibliothek der Scala nicht ermittelten Brief ohne Datum. Vermutlich schrieb Boito ihn zu Beginn seines »Jahres im Traum« mit Eleonora Duse erst Ende März oder Anfang April, denn in einem Brief vom 29. 3. 1887 an Verdi beklagt Bellaigue sich über Boitos Schweigen. (Carteggi II, 301)

*»der glücklichste Mensch«:* In einem Brief vom Mai 1901. (De Rensis, 332)

574  *hervorragender Artikel:* In ›Revue des Deux Mondes‹, 1. 3. 1887.

575  *Artikel Mazzini — Wagner:* ›Les idées musicales d'un révolutionnaire italien‹ in ›Revue des Deux Mondes‹, 15. 2. 1899. Richard Wagner war laut einem Dresdner Polizeibericht durch seine intime Beziehung zu Malwida von Meysenbug (1816–1903), der »Freundin und Vertrauten des gefürchteten Verschwörers G. M... von Mazzini als Agentin benutzt«, mit dem republikanischen Patrioten Giuseppe Mazzini geistig verbunden. (Carteggi IV, 55)

*»Besser als Boito...«:* In ›Revue des Deux Mondes‹, 1. 7. 1924.

576  *Accademia di Belle Arti di Brera:* Siehe Anmerkung 1 zum 17. 9. 1893.

*Verwandtschaft in Polen:* Siehe Arrigo Boito — Daten 1862.

577  *»Torniamo all'antico...«:* »Kehren wir zum Alten zurück: es wird ein Fortschritt sein.« (Siehe Anmerkung 3 zum 4. 10. 1887.)

*Eugène Viollet-le-Duc:* 1814—1879. Französischer Architekt und Kunsthistoriker; Denkmalpfleger.

*Kunstwerke wandeln sich:* Hinweis des Architekten Prof. Antonio L. Cravotto, Montevideo.

578 ›*Toujours l'honnête homme . . .‹:* ›Immer öffnete der anständige Mensch — Das Fenster auf alte Zeiten, — Um seinen Geist zu lüften‹.

*Verfilmung einer Novelle:* Nardi, 728.

*Luchino Visconti:* 1906—1976. Bedeutender Regisseur und Bühnenbildner, altem Mailänder Adel entstammend; als Gegner des Faschismus in Frankreich, Assistent des Filmregisseurs Jean Renoir (1894—1979); inszenierte, von Maria Callas (1823—1977) motiviert, ab 1954 auch Opern.

»*Körperlich müde . . .«:* Nardi, 699.

579 *Hugo von Hofmannsthal über die Duse:* ›Eleonora Duse. Eine Wiener Theaterwoche‹ und ›Eleonora Duse. Die Legende einer Wiener Woche‹ (beide 1892) und ›Die Duse im Jahre 1903‹ in ›Gesammelte Werke, Prosa I, Prosa II‹ und ›Aufzeichnungen‹, 96. Hofmannsthal schrieb auch eine französische Prosafassung seiner ›Elektra‹ für sie. Edward Gordon Craig (1872—1966) entwarf das Bühnenbild, aber die Aufführung kam nicht zustande.

*Emile Zola:* 1840—1902. Unbestrittenes Haupt des literarischen Naturalismus; dramatisierte 1878 seinen Roman ›Thérèse Raquin‹ (1867). Die Duse spielte die Titelrolle in italienischer Übersetzung.

*Martino Cafiero:* Siehe Anmerkung 9 zu Boito an Verdi am 26.4.1884.

*Sarah Bernhardt:* 1844—1923. Berühmte französische Schauspielerin.

*Buch über Eleonora Duse:* Eva Le Gallienne: ›The Mystic in the Theatre: Eleonora Duse‹, 164—165.

580 *Anton Tschechow:* 1860—1904. Der russische Dichter schrieb am 16.3.1891 über die Duse an seine Schwester. (Vincenzo Gibelli: ›Anton Chechov. Poeta della Vita Russa‹, 158)

*G. B. Shaw:* George Bernard Shaw (1856—1950). Der irische Autor zitiert aus ›Enciclopedia dello Spettacolo‹. Roma, Casa Editrice Le Maschere 1957, vol. IV, 1199.

*Gerhart Hauptmann:* 1862—1946. In ›Die Bühne‹, Band 1, 1939.

*Luigi Pirandello:* 1867—1936. Der italienische Dichter war enttäuscht, daß die Duse in keinem seiner Stücke erschien. (Gaspare Giudici: ›Luigi Pirandello‹, 375—376)

581 ›*La Città morta‹ in Wien:* Hermann Bahr (1863—1934): ›Rezensionen — Wiener Theater 1901 bis 1903‹, 246—247.

»*die Zurücksetzung . . .«:* Eva Le Gallienne, op. cit., 170.

*Irma Gramatica:* 1873—1962. Wie ihre Schwester Emma (1876—1965) stand sie bis in ihr hohes Alter auf der Bühne.

*Robert von Mendelssohn:* Gestorben 1917. Berliner Bankier, verwandt mit dem Komponisten. Er war mit Giulietta Gordigiani verheiratet, die Eleonora Duse ihm 1896 vorgestellt hatte. Seine Tochter Eleonora war Patenkind der Duse und wurde ebenfalls Schauspielerin. Als die Duse im August 1917 erfuhr, daß »Robi« gestorben war, schrieb sie ihrer Tochter Enrichetta von der »Güte, Zartheit und Noblesse« des wahren Freundes.

*Ibsen:* Henrik Ibsen (1828—1906). Die Duse trat in sechs seiner ins Italienische übersetzten Dramen auf: ›Ein Puppenheim‹ (Nora), ›Rosmersholm‹ (Rebecca), ›Hedda Gabler‹ (Hedda), ›Die Frau vom Meere‹ (Elida), ›John Gabriel Borkman‹ (Ella) und ›Gespenster‹ (Frau Alving).

*Sudermann:* Hermann Sudermann (1857—1928). In seinem Drama ›Heimat‹ [›Casa paterna‹] spielte Eleonora Duse die Magda.

*Gorki:* Maxim Gorki (1868—1936). Im ›Nachtasyl‹ [›I Bassifondi‹] des russischen Dichters spielte Eleonora Duse die Wassilissa.

*Maeterlinck:* Maurice Maeterlinck (1862—1949). Als Monna Vanna erschien die Duse im gleichnamigen Schauspiel des belgischen Dramatikers.

582 *»Ihr Wunsch, zu dienen . . .«:* Eva Le Gallienne, op. cit., 177—178.

*wieder zur Bühne:* Edouard Schneider: ›Eleonora Duse. Erinnerungen, Betrachtungen und Briefe‹, 209, und Eva Le Gallienne, op. cit., 179.

*›Cenere‹:* Nach dem gleichnamigen Roman von Grazia Deledda (1875—1936). Die Duse ist in diesem Film als Rosalia zu sehen.

*D. W. Griffith:* David Wark Griffith (1875—1948). Als Regisseur und Produzent ein Pionier des amerikanischen Films.

*»Im Abendlicht . . .«:* Dora Setti: ›Eleonora Duse ad Antonietta Pisa‹, 92—94.

*»Sola, sola‹ auf der Bühne:* Im Syria Mosque Auditorium.

*starb im Hotel:* Im Hotel Schenley, das heute die Student Union der Universität Pittsburgh ist. Eva Le Gallienne gibt im Gegensatz zu anderen offenbar den wahren Bericht.

583 *Berlioz:* Hector Berlioz (1803—1869), der große französische Komponist und Musikschriftsteller, war in Theorie und Praxis höchst einflußreich auf alle seine Zeitgenossen und Nachfolger. Richard Strauss ergänzte und revidierte Berlioz' Lehrbuch ›Traité d'Instrumentation et d'Orchestration modernes‹. (›Instrumentationslehre‹, C.F.Peters, Leipzig 1905)

*amüsantes Tagebuch:* Massimiliano Vajro gibt einen Auszug davon in seiner Boito-Biographie, 103—109.

*erschüttert von ›Parsifal‹:* Depanis II, 274—275.

584 *Bizets ›Les Pêcheurs de Perles‹:* Auf dem Wege zum Welterfolg der ›Carmen‹ (1875) war diese Oper (›Die Perlenfischer‹) 1863 eine der bemerkenswertesten des französischen Komponisten Georges Bizet (1838—1875).

585 *G. B. Shaw stellte ihn an die Seite:* Zitiert aus ›Enciclopedia dello Spettacolo‹. Roma, Casa Editrice Le Maschere 1957, vol.IV, 1774.

*Felix Mottl:* 1856—1911. Österreichischer Assistent Richard Wagners und Dirigent. Hofkapellmeister in Karlsruhe und München.

*Hermann Levi:* 1839—1900. Hofkapellmeister in Karlsruhe und München wie Mottl. 1882 Dirigent der Uraufführung des ›Parsifal‹ in Bayreuth.

586 *Luigi Illica:* 1857—1919. Journalist und Librettist in Mailand; schrieb außer

Operntexten für Puccini (gemeinsam mit Giacosa) und viele andere »Andrea Chénier‹ und ›Siberia‹ für Umberto Giordano.

*Arthur Schnitzlers ›Liebelei‹:* Das Schauspiel des Wiener Dramatikers und Erzählers (1862–1931) in 3 Akten wurde 1896 uraufgeführt und dann erst veröffentlicht.

*Elena Carandini Albertini:* Siehe Vorwort, S.19.

*»Eine Stimme fehlt . . .«:* Piero Nardi: ›Vita di Giuseppe Giacosa‹, 879.

587  *Honoré de Balzac beschreibt:* Der Text des französischen Erzählers (1799 bis 1850) ist in ›Quartetto milanese ottocentesco‹, 20–22, wiedergegeben. Dem Herausgeber zufolge gehört er zu einigen Autographen Balzacs im Besitz der Signora Giannina Olmo Bonicelli Reggio in Brescia.

*Canovas Meissel:* Antonio Canova (1757–1822), klassizistischer Bildhauer.

*Tizian:* Tiziano Vecelli (1477–1576) gilt als der bedeutendste venezianische Maler der Renaissance.

*Paolo Veronese:* Der aus Verona stammende Paolo Cagliari (1528–1588) wurde zum Konkurrenten Tizians in Venedig.

589  *Leoncavallos ›Pagliacci‹:* ›Der Bajazzo‹, die einzige erfolgreiche Oper von Ruggiero Leoncavallo (1858–1919), uraufgeführt 1892 in Mailand.

590  *Lilli Lehmann:* Die große deutsche Sopranistin (1848–1929) spricht in ihrer Autobiographie ›Mein Weg‹, 217–218, mit ähnlicher Begeisterung von Maurel, dessen Erinnerungen sie ins Deutsche übersetzte und mit einer Vorrede versah.

*Am 3. April 1899 aus Boston:* Der Musikantiquar Theodore Front in Beverly Hills, California, hat diesen Brief freundlicherweise zur Verfügung gestellt.

592  *Giovanni Ricordi:* 1785–1853. Sohn eines Glasers in Mailand; zuerst Geiger und Konzertmeister im dortigen Teatro Fiando, dann Souffleur und Notenkopist in den Theatern Carcano und Lentasio. 1807 studierte er bei Breitkopf & Härtel in Leipzig die damals modernsten Methoden des Notenstichs. Mit einer Druckerpresse nach Mailand zurückgekehrt, gründete er am 16. Januar 1808 seine eigene Druckerei. 1814 wurde er Kopist und Souffleur der Scala. 1815 stellte Simon Mayr ihm den jungen Donizetti vor, dessen Werke er übernahm. Francesco Lucca arbeitete als Notenstecher in Ricordis Firma und wurde später sein großer Konkurrent. Im Gegensatz zu ihm und anderen Kollegen genoß Ricordi bald höchste Achtung bei seinen Autoren, erfolgreich im Schutz ihrer Rechte. Produktiv mit dem Impresario der Scala, Bartolomeo Merelli, verbunden, gab er die Werke vieler zeitgenössischer Komponisten heraus. Sein seit 1844 erhaltener Briefwechsel mit Verdi zeugt von freundschaftlicher Zusammenarbeit.

*schwerer Schlag:* Carteggi III, 115–116, und Hans Busch, *Aida*, 383–384.

594  *der Tränen nicht erwehren:* Emanuele Muzio in einem unveröffentlichten Brief vom 8.9.1888 an Carlo D'Ormeville. (Biblioteca, Busseto)

596  *lebendige Schilderung:* In Edmondo De Amicis ›Nuovi ritratti letterari ed artistici‹ (siehe Bibliographie). Zitiert aus einem Nachdruck in Bollettino Quadrimestrale dell'Istituto di studi verdiani, I, no.2, 1960, 779–784.

# Quellennachweis

Die Abkürzungen in Großbuchstaben gelten für ermittelte, meist fragmentarische Veröffentlichungen im Verzeichnis des Briefwechsels, kursive Namen für den Text.

AB    *Abbiati*, Franco: ›Giuseppe Verdi‹. 4 voll., G. Ricordi, Milano 1959

     *Alberti*, Annibale, Hrsg.: ›Verdi intimo. Carteggio di Giuseppe Verdi con il Conte Opprandino Arrivabene (1861–1886)‹, A. Mondadori, Milano 1931

     Archivio G. *Ricordi* & C., Milano

     *Baccelli*, Alfredo: ›Lettere di Verdi a Guido Baccelli‹ in ›Inediti‹, Carabba, Lanciano 1940

     Biblioteca della Cassa di Risparmio e Monte di Credito su Pegno, *Busseto*

     Biblioteca del Museo Teatrale alla *Scala*, Milano

     Biblioteca Nazionale *Braidense*, Milano

     Bibliothèque de l'*Opéra*, Paris

     Biblioteca *Palatina*, Parma

BL    Büthe, Otfried, und Almut Lück-Bochat, Hrsg.: ›Giuseppe Verdi Briefe zu seinem Schaffen‹, G. Ricordi, Frankfurt am Main 1963

HB    Busch, Hans, Hrsg.: ›Giuseppe Verdi Briefe‹, Fischer Taschenbuchverlag Nr. 380, Frankfurt am Main 1979

CO    Cesari, Gaetano, und Alessandro Luzio, Hrsg.: ›I *Copialettere* di Giuseppe Verdi‹, Comune di Milano, Milano 1913

     Collezione Carrara Verdi, *St. Agata*

     Collezione Enrico Olmo, *Chiari*

     Conservatorio di Musica »G. B. Martini«, *Bologna*

     *Depanis*, Giuseppe: ›I Concerti popolari ed il Teatro Regio di Torino. Quindici anni di vita musicale. Appunti-Ricordi‹. 2 voll., S.T.E.N., Torino 1915

DR    *De Rensis*, Raffaello, Hrsg.: ›Lettere di Arrigo Boito‹, Società Editrice di »Novissima«, Roma 1932

GA    Gál, Hans, Hrsg.: ›In Dur und Moll. Briefe großer Komponisten von Orlando di Lasso bis Arnold Schönberg‹, G. B. Fischer, Frankfurt am Main 1966

GA    ›Drei Meister — Drei Welten. Brahms — Wagner — Verdi‹, S. Fischer, Frankfurt am Main 1975

     Houghton Library, *Harvard* University, Cambridge, Mass.

     Istituti Artistici e Culturali, *Forlì*

     *Levi*, Primo L'Italico: ›Domenico Morelli nella vita e nell'arte‹, Casa Editrice Nazionale Roux e Viarengo, Roma e Torino 1906

GT    Gatti, Carlo: ›Verdi‹. 2 voll., Edizioni Alpes, Milano 1931; Neuausgabe in 1 Bd., A. Mondadori, Milano 1951; 1953[2]; 1981[3]

CA  Luzio, Alessandro, Hrsg.: ›*Carteggi* Verdiani‹, 2 voll., Reale Accademia d'Italia, Roma 1935

CA  ›*Carteggi* Verdiani‹, 2 voll., Accademia Nazionale dei Lincei, Roma 1947

Marchesi, Gustavo: ›Giuseppe Verdi e il Conservatorio di Parma (1836 bis 1901), Tipolito La Ducale, Parma 1976

Morazzoni, Giuseppe, Hrsg.: ›Verdi. Lettere inedite‹, La Scala e Il Museo Teatrale e Libreria Editrice Milanese, Milano 1929

NA  Nardi, Piero: ›Vita di Arrigo Boito‹, A. Mondadori, Verona 1942

Hrsg.: ›Arrigo Boito. Tutti gli *Scritti*‹, A. Mondadori, Verona 1942

NO  Noske, Frits: ›The Signifier and the Signified‹, Martinus Nijhoff, The Hague 1977

OB  Oberdorfer, Aldo, Hrsg.: ›Giuseppe Verdi. Autobiografia dalle Lettere‹, Rizzoli, Milano 1951

Radice, Raul, Hrsg.: ›Eleonora Duse — Arrigo Boito. Lettere d'amore‹, Il Saggiatore, Milano 1979

Setti, Dora, Hrsg.: ›Eleonora Duse ad Antonietta Pisa. Carteggio inedito‹, Casa Editrice Ceschina, Milano 1972

Toscanini Collection, New York Public Library

WA  Walker, Frank: ›The Man Verdi‹, J. M. Dent & Sons Ltd., London 1962

WE  Werfel, Franz, Hrsg.: ›Giuseppe Verdi Briefe‹. Übers. Paul Stefan, Paul Zsolnay, Berlin 1926

WW  Weaver, William: ›Verdi‹, Henschelverlag Kunst und Gesellschaft, Berlin 1980; Heinrichshofen Verlag, Wilhelmshaven 1980

# Ausgewählte Bibliographie

mit Ausnahme der im Quellennachweis erwähnten Literatur

ABERT, ANNA AMALIE: ›Verdi‹, in: ›Die Musik in Geschichte und Gegenwart‹, Bd. 13, S. 1426—1457, Bärenreiter Verlag, Kassel 1966

ABERT, HERMANN: ›Illustriertes Musik-Lexikon‹, J. Engelhorns Nachf., Stuttgart 1927

ADAMI, GIUSEPPE: ›Giulio Ricordi e i suoi musicisti‹, Fratelli Treves, Milano 1933

ARBELET, PAUL, und EDOUARD CHAMPION, Hrsg.: Œuvres complètes de Stendhal — ›Rome, Naples et Florence‹, Tome Premier, Librairie Ancienne Honoré Champion, Edouard Champion, Paris 1919

›Vie de Rossini‹, Tome Premier, Librairie Ancienne Honoré Champion, Edouard Champion, Paris 1922

ASCOLI, ARTURO DI: ›Quartetto milanese ottocentesco‹, Archivi Edizioni, Roma 1974

ASHBROOK, WILLIAM: ›Arrigo Boito‹, in: ›The New Grove Dictionary of Music and Musicians‹, edited by Stanley Sadie, vol. II, S. 863—867, Macmillan Publishers, London 1980

AYCOCK, ROY E.: ›Shakespeare, Boito and Verdi‹, in: *The Musical Quarterly*, New York 1972, S. 588—604

BACCHELLI, RICCARDO: ›Verdi e Shakespeare‹, in: *Rassegna Musicale*, Roma 1951, S. 201—203

BÄRWALD, VIKTOR: ›G. Verdi. Sein Leben — Sein Werk‹, Schuler, Stuttgart 1969

BAHR, HERMANN: ›Rezensionen — Wiener Theater 1901 bis 1903‹, S. Fischer, Berlin 1903

BARBLAN, GUGLIELMO: ›L'opera di Giuseppe Verdi e il dramma romantico‹, in: *Rivista Musicale Italiana*, Torino 1941, S. 93—107

›Un prezioso spartito del »Falstaff« ‹, Edizioni della Scala, Milano 1957

›Spunti rivelatori nella genesi del »Falstaff« ‹, Atti del I° Congresso internazionale di studi verdiani, Parma 1969, S. 16—21

›Toscanini e la Scala‹, ed. Eugenio Gara, Edizioni della Scala, Milano 1972

›Il sentimento dell'onore nella drammaturgia verdiana‹, Atti del III° Congresso internazionale di studi verdiani, Parma 1974, S. 2—13

BASSO, ALBERTO: ›Frau Musika. La vita e le opere di J. S. Bach‹, UTET, Torino 1981

BECKER, HEINZ, Hrsg.: ›Giacomo Meyerbeer — Briefwechsel und Tagebücher‹, 3 Bd., Verlag Walter de Gruyter & Co., Berlin 1960

BEKKER, PAUL: ›Wandlungen der Oper‹, Orell Füssli, Zürich und Leipzig 1934

BELFORTI, ADOLFO: ›Emanuele Muzio, l'unico allievo di Giuseppe Verdi‹, Stabilimento Tipografico Gentile, Fabriano 1895

BELLAIGUE, CAMILLE: ›Otello‹, in: *Revue des Deux Mondes*, Paris, 1. 3. 1887, S. 214—225

›Falstaff‹, in: *Revue des Deux Mondes*, Paris, 1.5.1894, S. 220—228

›La musique italienne et l'»Othello« de Verdi‹, in: *Revue des Deux Mondes*, Paris, 1.11.1894, S.211—222

›Trois pièces religieuses de Verdi‹, in: *Revue des Deux Mondes*, Paris, 1.6.1898, S.697—702

›Verdi‹, Henri Laurens, Editeur, Paris 1912; 1927[2]

›Arrigo Boito — Lettres et Souvenirs‹, in: *Revue des Deux Mondes*, Paris, 15.8.1918, S.900—915

›Nerone‹, in: *Revue des Deux Mondes*, Paris, 1.7.1924, S.217—226

›Les leçons de Falstaff‹, in: *Revue des Deux Mondes*, Paris, 15. 8. 1924, S.935—943

Bie, Oskar: ›Verdi und Wagner‹, in: *Die Neue Rundschau*, Bd. 1, Berlin 1913, S.644—655

›Die Oper‹, Erste Ausgabe: S.Fischer, Berlin 1913; 1923[2]

Boito, Arrigo: ›Inno delle Nazioni‹ — Text: *Scritti*, S.1363—1364

*Opern:*

›Mefistofele‹. Opera in un prologo e cinque atti. Libretto, T. di G. Ricordi, Milano 1868

›Mefistofele‹. Opera di Arrigo Boito. Prima rappresentazione: Milano [. . .]
5 maggio 1886, rinnovato, Bologna [. . .] 4 ottobre 1875. Partitura d'orchestra. Nr. 115 310 (ca. 1919). G. Ricordi & C., Milano o. J.

›Mefistofele‹. Opera in un prologo, quattro atti e un epilogo. Riduzione per canto e pianoforte di Michele Saladino. A cura di Mario Parenti (1962). G. Ricordi & C., Milano o. J.

›Mephistopheles‹. Oper in vier Akten mit Prolog und Epilog. Dichtung und Musik von Arrigo Boito. Zu der für Deutschland bestimmten Bearbeitung sind die mit « » bezeichneten Goetheschen Verse vom Verfasser selbst verwendet worden. Das übrige ist übersetzt von C. Niese. Vollständiger Klavier-Auszug mit deutschem Text. Nr. 46 860 (ca. 1887), G. Ricordi & Co., Milano o. J.

›Nerone‹. Tragedia in cinque atti. Libretto, Fratelli Treves, Milano 1901

›Nerone‹. Tragedia in quattro atti. Partitura d'orchestra. (Kleine Partitur.) Nr. 119 751 (ca. 1925). G. Ricordi & Co., Milano o. J.

›Nerone‹. Tragedia in quattro atti. Opera completa per canto e pianoforte. Riduzione di Ferruccio Calusio (ca. 1924). Neuauflage: 1945. G. Ricordi & Co., Milano o. J.

*Libretti für Giuseppe Verdi:*

›Simon Boccanegra‹ (Neufassung), Melodramma in un prologo e tre atti di F. M. Piave, Musica di Giuseppe Verdi, G. Ricordi, Milano 1881

›Simon Boccanegra‹ (Neufassung), Oper in drei Akten mit einem Vorspiel von F. M. Piave [und Arrigo Boito], übersetzt von C. Niese, Musik von Giuseppe Verdi. Für die k. k. Hof-Oper in Wien eingerichtet, Königliche Hof-Musikalien-Handlung Ricordi, Wien 1882

›Simone Boccanegra‹ (Neufassung), Lyrische Tragödie in einem Vorspiel und drei Akten. Dem Italienischen des F. M. Piave [und Arrigo Boito] frei nachgedichtet und für die deutsche Opernbühne bearbeitet von Franz Werfel. Musik von Giuseppe Verdi. G. Ricordi & Co., Leipzig 1929

›Simon Boccanegra‹ (Neufassung), Oper in einem Vorspiel und drei Aufzügen. Text von Francesco Maria Piave [und Arrigo Boito]. Deutsch von Carl Stüber. Musik von Giuseppe Verdi. G. Ricordi & Co., Leipzig/Mailand o. J.

›Otello‹, Dramma lirico in quattro atti. Versi di Arrigo Boito. Musica di Giuseppe Verdi‹. Teatro alla Scala — Carnevale-Quaresima 1886—87. *Impresa Fratelli Corti & C.* Tito di Gio. Ricordi, Milano 1887

›Otello‹, Dramma lirico in quattro atti. Libretto di Arrigo Boito. Musica di Giuseppe Verdi (1813—1901). G. Ricordi & C. S. p. A., Milano 1978

›Othello‹, Oper in vier Akten. Text von Arrigo Boito. Für die deutsche Bühne übertragen von Max Kalbeck. Musik von Giuseppe Verdi. Ausgabe Ricordi, Mailand o. J.

›Othello‹, Oper in vier Akten. Text von Arrigo Boito. Deutsche Übertragung von Hans Swarowsky. Musik von Giuseppe Verdi. G. Ricordi & Co., München 1964

›Falstaff‹, Commedia lirica in tre atti. Musica di Giuseppe Verdi. G. Ricordi, Milano 1893

›Falstaff‹, Commedia lirica in tre atti. Libretto di Arrigo Boito. Musica di Giuseppe Verdi (1813—1901). G. Ricordi & C. S. p. A., Milano 1978

›Falstaff‹, Lyrische Komödie in 3 Akten von Arrigo Boito. Deutsch von Max Kalbeck. Musik von Giuseppe Verdi. Ausgabe Ricordi, Mailand 1893

›Falstaff‹, Heitere Oper in 3 Akten (6 Bilder) (1893). Neue deutsche Übertragung von Hans Swarowsky. Musik von Giuseppe Verdi. G. Ricordi & Co., München 1964

Boito, Camillo: Siehe Bibliographische Skizzen, S. 575—578.

Britten, Benjamin: In ›Verdi — A Symposium‹, in: *Opera*, London, February 1951, S. 113—115

Brusa, Filippo: ›Il »Nerone« di Arrigo Boito. La musica‹, in: *Rivista Musicale Italiana*, Torino 1924, S. 392—443

Budden, Julian: ›The Operas of Verdi‹. 3 voll., Oxford University Press, New York 1978—1981

Bülow, Hans von: ›Ausgewählte Schriften‹, Hrsg. Marie von Bülow, Bd. III, Breitkopf und Härtel, Leipzig 1896

Busch, Hans, Hrsg.: ›Verdi's Aida. The History of an Opera in Letters and Documents‹, University of Minnesota Press, Minneapolis 1978
Hrsg. und Übers. ›A propos of a Revision in Verdi's »Falstaff«‹ in ›Music East and West: Essays in honor of Walter Kaufmann‹, edited by Thomas Noblitt. Pendragon Press, New York 1981, S. 339—350

Busch, Fritz: ›Der Dirigent‹, Hrsg. Grete Busch und Thomas Mayer, Atlantis Verlag, Zürich 1961

Busoni, Ferruccio: ›Verdis »Othello«‹, in: *Neue Zeitschrift für Musik*, Leipzig, 23. 3. 1887, S. 125—127

›Von der Einheit der Musik. Verstreute Aufzeichnungen‹, Max Hesses Verlag, Berlin 1922

CAMBIASI, POMPEO, Hrsg.: ›La Scala. Note storiche e statistiche, 1778—1906‹, G. Ricordi, Milano 1906

CAPONI, JACOPO: Siehe Folchetto (Pseudonym).

CELLA, FRANCA, und PIERLUIGI PETROBELLI, Hrsg.: ›Giuseppe Verdi — Giulio Ricordi: Corrispondenza e immagini 1881—1890‹. Catalogo della mostra, Edizioni del Teatro alla Scala, Milano 1981

CELLETTI, RODOLFO: ›Le grandi voci‹, Istituto per la Collaborazione Culturale, Roma 1964

CENZATO, GIOVANNI: ›Itinerari verdiani‹, Ceschina, Milano 1955

CESARI, GAETANO: › »Nerone« di Boito al Teatro alla Scala‹, in: *Musica d'Oggi*, Milano 1924, S. 111—124

CHECCHI, EUGENIO: ›Giuseppe Verdi: Il genio e le opere‹, G. Barbera, Firenze 1926.

CHOP, MAX: ›Giuseppe Verdi‹, letzte Auflage Reclam, Leipzig 1938

CHUSID, MARTIN, Hrsg.: ›A Catalogue of Verdi's Operas‹, Joseph Boonin, Hackensack, N. J. 1974

CIAMPELLI, GIULIO MARIO: ›Le opere verdiane al Teatro alla Scala (1839—1929)‹, La Scala e il Museo Teatrale e Libreria Editrice Milanese, Milano 1929

COE, DOUG: ›The Original Production Book for »Otello«: An Introduction‹, in: *19th Century Music*, Vol. II, no. 2, Berkeley, November 1978, S. 148—158

CONATI, MARCELLO, Hrsg.: ›Interviste e incontri con Verdi‹, Edizioni Il Formichiere, Milano 1980

CONFALONIERI, GIULIO: ›Cento anni di concerti della Società del Quartetto di Milano‹, La Società del Quartetto, Milano 1964

CREUZBURG, HEINRICH: ›Jagos »Credo« ‹, in: *Zeitschrift für Musik*, Regensburg 1951, S. 20—24

CROCE, BENEDETTO: ›La Letteratura della Nuova Italia, Saggi Critici‹, vol. I, Giuseppe Laterza & Figli, Bari 1921[2], S. 257—274

CSAMPAI, ATTILA, und DIETMAR HOLLAND, Hrsg.: ›Giuseppe Verdi »Othello«. Texte, Materialien, Kommentare. Mit einem Essay von Stefan Kunze‹, Rowohlt Taschenbuch Verlag GmbH, Reinbek bei Hamburg 1981

DE AMICIS, EDMONDO: ›Nuovi ritratti letterari ed artistici‹, Fratelli Treves 1908—1909, Milano 1920

DE ANGELIS, ALBERTO, Hrsg.: ›G. Verdi e il Senatore G. Piroli. Un epistolario inedito‹, in: *Musica d'Oggi*, H. 18, no. 3, Milano 1940, S. 59—63

DE FILIPPIS, FELICE: ›Il Teatro di San Carlo‹, Napoli, Città di Napoli 1951
›Verdi e gli amici di Napoli‹, Bollettino Quadrimestrale dell'Istituto di studi verdiani, I., no. 3, Parma 1960, S. 1365—1372

DEGRADA, FRANCESCO: ›Il palazzo incantato. Studi sulla tradizione del melodramma dal Barocco al Romanticismo‹, vol. II, discanto edizioni, Fiesole 1979

DELLA CORTE, ANDREA: › »Otello«. Guida attraverso il dramma e la musica‹, Bottega di Poesia, Milano 1924

›Verdi e Boito inediti nei ricordi di Edoardo Mascheroni‹, in: *Musica d'Oggi*, Milano 1925, S. 241—243

› »Falstaff« di Giuseppe Verdi‹, Bottega di Poesia, Milano 1925

›Giuseppe Verdi‹, Edizioni Arione, Torino 1939

›Boito‹, in: ›Die Musik in Geschichte und Gegenwart‹, Bd. 2, S. 73—77, Bärenreiter Verlag, Kassel 1952

DE RENSIS, RAFFAELLO: › »L'Amleto« di Arrigo Boito‹, Ancona 1927

Hrsg. ›Critiche e chronache musicali di Arrigo Boito (1862—1870)‹, Milano, Fratelli Treves 1931

Hrsg. ›Franco Faccio e Verdi. Carteggi e documenti inediti‹, Milano, Treves 1934

›Arrigo Boito. Aneddoti e bizzarrie poetiche musicali‹, Fratelli Palombi, Roma 1942

›Arrigo Boito. Capitoli biografici‹, G. C. Sansoni, Firenze 1942

DESTRANGES, ETIENNE: ›L'évolution musicale chez Verdi: Aida, Othéllo, Falstaff‹, Fischbacher, Paris 1895

›Consonances et Dissonances. Etudes musicales‹, Fischbacher, Paris 1906

DOTTI, PIETRO: ›Verdi e l'»Otello« ‹, Stabilimento degli Artigianelli, Reggio Emilia 1887

DÜRR, KARL-FRIEDRICH: ›Opern nach literarischen Vorlagen; Shakespeare: The Merry Wives of Windsor in den Vertonungen von Mosenthal-Nicolai. Die lustigen Weiber von Windsor und Boito—Verdi: Falstaff. — Ein Beitrag zum Thema Gattungstransformation.‹ Stuttgarter Arbeiten zur Germanistik, Nr. 62. Akademischer Verlag Hans-Dieter Heinz, Stuttgart 1979, 282 pp.

DUMONT, ROBERT: ›Verdi, Boito et »Othello« ‹, in: *Publications de l'Université de Rouen. Regards sur l'Opéra*, Presses Universitaires de France, Paris 1976, S. 149—160

DUPRÈ, GIOVANNI: ›Pensieri sull'Arte e Ricordi autobiografici‹, Successori Le Monnier, Firenze 1880

EINSTEIN, ALFRED: ›Größe in der Musik‹, Pan-Verlag, Zürich 1951

›Die Romantik in der Musik‹, Lichtenstein Verlag, München 1950; Bergland Verlag, Wien o. J.

FELSENSTEIN, WALTER: ›Bemerkungen über »Othello« (1964)‹, in ›Felsenstein—Herz: Musiktheater‹. Leipzig, Verlag Philipp Reclam jun. 1976, S. 268 bis 269

FILIPPI, FILIPPO: ›Musica e Musicisti. Critiche, biografie ed escursioni‹, Libreria Editrice G. Brigola, Milano 1876

FOLCHETTO, Hrsg. und Übers.: ›A. Pougin, Giuseppe Verdi — Vita aneddotica con note ed aggiunte di Folchetto‹, Ricordi, Milano 1881

FRACASSETTI, GIUSEPPE, Hrsg.: ›Lettere di Francesco Petrarca. Delle cose familiari: libri ventiquattro. Lettere varie: libro unico‹. 5 voll. Le Monnier, Firenze 1863—1867

FUSERO, CLEMENTE: ›Eleonora Duse‹, dall'Oglio, Milano 1971

GÁL, HANS: ›A Deleted Episode in Verdi's Falstaff‹, in: *The Music Review*, vol. 2, Cambridge 1941, 266—272

GARIBALDI, LUIGI AGOSTINO, Hrsg.: ›Giuseppe Verdi nelle lettere di Emanuele Muzio ad Antonio Barezzi‹, Fratelli Treves, Milano 1931

GERHARTZ, LEO KARL: ›Spiele, die Träumen vom Menschen nachhängen . . . Das dramaturgische Vokabular des Verdischen Operntyps, entschlüsselt am »Prologo« des »Simone Boccanegra« ‹, in: *Musik-Konzepte* 10, S. 27—37

GERIGK, HERBERT: ›Giuseppe Verdi‹, Athenaion, Potsdam 1932

GIANI, R.: ›Il »Nerone« di Arrigo Boito. La concezione e il poema‹, in: *Rivista Musicale Italiana*, XXXI, Torino 1924, S. 235—392

GIBELLI, VINCENZO: ›Anton Chechov. Poeta della Vita Russa‹, Giuffrè Editore, Milano 1970

GIRALDI, CINTHIO: ›Hecatommithi ovvero Cento Novelle‹, Venetia 1608

GIUDICI, GASPARE: ›Luigi Pirandello‹, UTET, Torino 1963

GIUSTINIANI, AGOSTINO: ›Annali della Repubblica di Genova‹, G. B. Spotorno, Genova 1856

GOMES, ANTONIO CARLOS: ›Carteggi italiani raccolti e commentati da Gaspare Nello Vetro‹, Nuove Edizioni, Milano o. J.

GOTTFRIED, MARTIN: ›Shakespeare's Nuisance‹, in: *Saturday Review*, New York, 23.6.1979, S. 30

GRÄWE, KARL DIETRICH: ›Shakespeares dramatische Charaktere und Verdis Operngestalten. Über das Verhältnis von Dramentext und Opernlibretto‹, Atti del I° Congresso internazionale di studi verdiani, Parma 1969, S. 120—125

GRAY, CECIL: ›Verdi and Shakespeare‹, in: *Opera*, London, February 1951, S. 118—123

GUERRIERI, GERARDO: ›Eleonora Duse e il suo tempo 1858—1924‹, Editrice Canova, Treviso 1974

GÜNTHER, URSULA, Hrsg.: ›Der Briefwechsel Verdi — Nuitter — Du Locle zur Revision des Don Carlos‹ Teil I. Analecta Musicologica: Studien zur Italienisch-Deutschen Musikgeschichte IX, 14, hrsg. von Friedrich Lippmann, Arno Volk Verlag Hans Gerig KG, Köln 1974, S. 414—444
›Der Briefwechsel Verdi — Nuitter — Du Locle zur Revision des Don Carlos‹ Teil II, hrsg. von Gabriella Carrara Verdi und Ursula Günther. Analecta Musicologica: Studien zur Italienisch-Deutschen Musikgeschichte X, 15, hrsg. von Friedrich Lippmann, Arno Volk Verlag Hans Gerig KG, Köln 1975, S. 334—401
Hrsg.: ›Documents inconnus concernant les relations de Verdi avec l'Opéra de Paris‹, Atti del III° Congresso internazionale di studi verdiani, Parma 1974, S. 564—583

GUI, VITTORIO: ›Arrigo Boito‹, in: ›Enciclopedia della Musica‹, vol. I, S. 283—284, Ricordi, Milano 1963

GUNDOLF, FRIEDRICH: ›Shakespeare und der deutsche Geist‹, Bouvier 1911, Bonn 1927

HANSLICK, EDUARD: ›Die moderne Oper‹, Berlin, A. Hofmann & Co. 1875
›Musikalisches Skizzenbuch‹, Allgemeiner Verein für Deutsche Litteratur, Berlin 1888
›Aus dem Opernleben der Gegenwart‹, Allgemeiner Verein für Deutsche Litteratur, Berlin 1889
›Aus meinem Leben‹, Allgemeiner Verein für Deutsche Litteratur, Berlin 1894, 1911[4]
›Aus neuer und neuester Zeit‹, Allgemeiner Verein für Deutsche Litteratur, Berlin 1900

HEPOKOSKI, JAMES A.: ›Verdi, Giuseppina Pasqua, and the Composition of »Falstaff« ‹, in: *19th Century Music*, Vol. III, no. 3, Berkeley March 1980, S. 239—250
›Giuseppe Verdi: »Falstaff« ‹, Cambridge University Press, Cambridge 1983

HEUBERGER, RICHARD: ›Erinnerungen an Johannes Brahms‹, Hans Schneider, Tutzing 1971

HOFMANNSTHAL, HUGO VON: ›Gesammelte Werke, Prosa I, Prosa II‹ und ›Aufzeichnungen‹, Hrsg. Herbert Steiner, S. Fischer, Frankfurt am Main 1951, 1956, 1959

HOLL, KARL: ›Verdi‹, Karl Siegismund, Berlin 1939

HUSCHKE, KONRAD: ›Verdi und Manzoni‹, in: *Zeitschrift für Musik*, Regensburg 1951, S. 17—20

ISTEL, EDGAR: ›Verdi und Shakespeare‹, in: Jahrbuch der Deutschen Shakespeare Gesellschaft, Bd. 53, Georg Reimer, Berlin 1917, S. 69—124

KERMAN, JOSEPH: ›Opera as Drama‹, Vintage Books, New York 1959

KIMBELL, DAVID R.: ›Verdi in the Age of Italian Romanticism‹, Cambridge University Press, Cambridge 1981

KLEIN, JOHN W.: ›Verdi's »Otello« and Rossini's‹, in: *Music and Letters*, Oxford 1964, S. 130—140

KOLODIN, IRVING: ›The Metropolitan Opera 1883—1966. A candid History‹, Alfred A. Knopf, New York 1966

KRANZ, DIETER: ›Gespräche mit Felsenstein (Othello: Oktober 1959)‹, Henschelverlag, Berlin 1977

KÜHNER, HANS: ›Giuseppe Verdi in Selbstzeugnissen und Bilddokumenten‹, Rowohlts Monographien Nr. 64, Reinbek bei Hamburg 1961
›Verdi e la Germania‹, Atti del I° Congresso internazionale di studi verdiani, Parma 1969, S. 364—366

LANDON, H. C. ROBBINS: ›Das kleine Verdibuch‹, Residenz Verlag, Salzburg 1976

LE GALLIENNE, EVA: ›The Mystic in the Theatre: Eleonora Duse‹, Farrar, Straus & Giroux, New York 1966

LEHMANN, LILLI: ›Mein Weg‹, S. Hirzel, Leipzig 1913

LESSONA, MICHELE: ›Volere è Potere‹, Firenze, G. Barbera 1882
›Dalla »Traviata« all'»Otello«, Istituto Grafico Tiberino, Roma 1941

LIPPMANN, FRIEDRICH, Hrsg.: ›Colloquium Verdi — Wagner Rom 1969‹, Analecta Musicologica, 11, Böhlau, Köln — Wien 1972

Loewenberg, Alfred, Hrsg.: ›Annals of Opera 1597—1940‹, Rowman and Littlefield, Totowa, N. J. 1978

Lualdi, Adriano: ›Arrigo Boito — Un'Anima‹, in: *Rivista Musicale Italiana*, Torino 1918, S. 524—549

Mancinelli, Luisa: ›Giuseppe Verdi. Ricordi personali‹, Narcisi & Co., Genova 1936

Mantica, Francesco: › »Pietà, Signor!« Una delle ultime pagine di Giuseppe Verdi‹, in: *Harmonia*, Roma, 15. 10. 1933, S. 22—25, und in *Rassegna Dorica*, Roma, 25. 3. 1941, S. 44—47

Marchand, Leslie A., Hrsg.: › »The flesh is frail« — Byron's Letters and Journals‹, vol. 6, John Murray, London 1976

Marchesi, Gustavo: ›Giuseppe Verdi‹, Torino, UTET 1970
›Verdi‹, Fabbri Editori, Milano 1979

Marlowe, Roger: ›Verdi and Shakespeare‹, in: *The Music Review*, vol. 20, Cambridge 1959, S. 228—232

Martin, George: ›The Opera Companion‹, Dodd, Mead & Co., New York 1961
The red shirt and the cross of Savoy; the story of Italy's Risorgimento, 1748—1871, Dodd, Mead & Co., New York 1969
›Verdi. His Music, Life and Times‹, Da Capo Press, New York 1979

Massenet, Jules: ›Mes souvenirs (1848—1912)‹, Pierre Lafitte & Cie, Paris 1912

Matz, Mary Jane: ›The Verdi Family of Sant'Agata and Roncole. Legend and Truth‹, Atti del I° Congresso internazionale di studi verdiani, Parma 1969, S. 216—221
›Verdi: Die Wurzeln des Baumes. Eine Überprüfung unerforschter Verdi-Dokumente aus der »Bassa Parmense« in ›Verdi‹, Bollettino dell'Istituto di studi verdiani, vol. III., no. 7, Parma 1969, S. 790—844

Maurel, Victor: ›Dix Ans de Carrière 1887—1897‹, Paris, Imprimerie Paul Dupont 1897; Arno Press, New York 1977
›Zehn Jahre aus meinem Künstlerleben 1887—1897‹, Übers. Lilli Lehmann-Kalisch, Raabe & Plothow Musikverlag, Berlin 1899

Mazzatinti, G., und F. e G. Manis, Hrsg.: ›Lettere di G. Rossini‹, Arnaldo Forni Editore, Sala Bolognese 1975

Melchinger, Siegfried: ›Othello‹, in ›Felsenstein—Melchinger: Musiktheater‹, Bremen 1961

Mila, Massimo: ›Il melodramma di Verdi‹, G. Laterza e Figli, Bari 1933; 1961
›Verdi e Hanslick‹, in: *Rassegna Musicale*, Roma 1951, S. 212—224
›Giuseppe Verdi‹, G. Laterza e Figli, Bari 1958
›L'arte di Verdi‹, Einaudi, Torino 1980

Monaldi, Gino: ›Verdi e Wagner‹, Civelli, Roma 1887
›Verdi, 1839—1898‹, Fratelli Bocca, Torino 1899; 1926
›Cantanti celebri del secolo XIX‹, in: *Nuova Antologia*, Roma 1907
›Le prime rappresentazioni celebri‹, Fratelli Treves, Milano 1910
›Il Maestro della Rivoluzione italiana‹, Società Editrice Italiana, Milano 1913
›Le opere di Giuseppe Verdi al Teatro alla Scala‹, G. Ricordi, Milano 1914

>I miei ricordi musicali‹, Ausonia, Roma 1921

>Verdi aneddotico‹, Casa Editrice Vecchioni, L'Aquila 1926

Morris, Jan: >The Venetian Empire‹, Harcourt Brace Jovanovich, New York and London 1980

Nardi, Piero: >Vita e tempo di Giuseppe Giacosa‹, A. Mondadori, Milano 1949

Newman, Ernest: >Great Operas‹, vol. 2, Vintage Books, New York 1958

Nicolaisen, Jay: >Italian Opera in Transition, 1871–1893‹, University of Michigan Research Press, Wisconsin 1981

Orsini, Luigi: >Giuseppe Verdi‹, Società Editrice Internazionale, Torino 1949

Osthoff, Wolfgang: >Die beiden »Boccanegra«-Fassungen und der Beginn von Verdis Spätstil‹, Analecta Musicologica, I., Böhlau, Köln – Wien 1963, S. 70–89

>Il Sonetto nel »Falstaff« di Verdi‹, In: >Il melodramma dell'ottocento. Studi e ricerche per Massimo Mila‹, Einaudi, Torino 1977, S. 175–176

Otto, Eberhard: >Weisheit des Alters‹, in: *Zeitschrift für Musik*, Regensburg 1951, S. 15–17

Otto, Werner, Hrsg.: >Verdi, Briefe‹, in neuen Übersetzungen von Egon Wiszniewsky, Henschelverlag, Berlin 1983

Pagano, Luigi: >Arrigo Boito. L'Artista‹, in: *Rivista Musicale Italiana*, Torino 1924, S. 199–234

Pahlen, Kurt, und Rosemarie König, Hrsg.: >Giuseppe Verdi: »Othello« ‹. Goldmann-Schott Opern der Welt, Wilhelm Goldmann Verlag, München 1980

Petzold, Richard: >Giuseppe Verdi. Sein Leben in Bildern‹, Leipzig 1951

Piave, Francesco Maria: >Simon Boccanegra‹. Libretto in un prologo e tre atti di Francesco Maria Piave. Musica del Cav. Giuseppe Verdi, Ufficiale della Legion d'Onore. Da rappresentarsi nell'I. R. Teatro alla Scala il Carnevale-Quaresima, Regio Stabilimento Nazionale Tito di Gio. Ricordi, Milano 1858–59

Pirchan, Emil, Alexander Witeschnik und Otto Fritz: >300 Jahre Operntheater‹, Fortuna-Verlag, Wien 1953

Pizzetti, Ildebrando: >Musicisti contemporanei‹, Milano, Fratelli Treves 1914

>Pizzetti commemora Boito‹, in: *Musica d'Oggi*, Milano 1924, S. 127–128

>Giuseppe Verdi‹, in: Enciclopedia della Musica, vol. IV, S. 482–485, Ricordi, Milano 1964

Pizzi, Italo, Hrsg.: >Ricordi Verdiani inediti, con undici lettere di Giuseppe Verdi‹, Roux e Viarengo, Torino 1901

Pompeati, Arturo: >Arrigo Boito, poeta e musicista‹, Battistelli, Firenze 1919

Porter, Andrew: >Giuseppe Verdi‹, in: >The New Grove Dictionary of Music and Musicians‹, edited by Stanley Sadie, vol. IXX, S. 635–665, Macmillan Publishers, London 1980

Pougin, Arthur: >Verdi. Histoire anecdotique de sa vie et ses œuvres‹, Calman Lévy, Paris 1886

Prawy, Marcel: >Die Wiener Oper‹, Fritz Molden, Wien – München – Zürich 1969

Reifenberg, Benno: >Das Lied von der Weide‹, in: >Lichte Schatten‹, Societäts-Verlag, Frankfurt am Main 1953; 1961[3], S. 351–353

Resnevic-Signorelli, Olga: ›Eleonora Duse. Leben und Leiden der großen Schauspielerin‹, Übers. Hanna Kiel, Deutscher Verlag, Berlin [1939]

Rheinhardt, Emil Alphons: ›Das Leben der Eleonora Duse‹, S.Fischer, Berlin 1928

Ricci, Corrado: ›Giuseppe Verdi e l'Italia musicale all'estero‹, Reale Accademia Filarmonica, Bologna 1889
›Arrigo Boito‹, Fratelli Treves, Milano 1919

Ricordi, Giulio: ›Disposizione scenica per l'opera »Simon Boccanegra« di Giuseppe Verdi‹ (Neufassung 1881), Nr. 48 699, R.Stabilimento Ricordi, Milano (ca. 1885)
›Disposizione scenica per l'opera »Otello« di Giuseppe Verdi‹, Nr. 52 159, R.Stabilimento Ricordi, Milano [1888]

Righetti, Sandra: ›Boito librettista e l»Otello« ‹, A.M.I.S., Bologna 1970

Rinaldi, Mario: ›Verdi e Shakespeare‹, De Sanctis, Roma 1934
›Verdi critico: i suoi giudizi, la sua estetica‹, Ergo, Roma 1951

Risolo, Michele, Hrsg.: ›Il Primo »Mefistofele« di Arrigo Boito 1868‹, F. Perrella, Napoli 1916

Rod, Edouard: ›Le Néron de M. Boito‹, in: *Revue des Deux Mondes*, Paris 1901, S. 219—228

Roncaglia, Gino: ›L'ascensione creatrice di Giuseppe Verdi‹, G. C. Sansoni, Firenze 1940
›Verdi regista‹, Società Tipografica-Editrice Modenense, Modena 1956
›Galleria verdiana. Studi e figure‹, Curci, Milano 1959

Roosevelt, Blanche: ›Verdi, Milan and »Othello« ‹, Ward and Downey, London 1887

Rosen, David: The Staging of Verdi's Operas: An Introduction to the Ricordi *Disposizioni sceniche*, in *International Musicological Society Report of the Twelfth Congress, Berkeley, 1977*. Bärenreiter, Kassel 1981, S. 444—453.

Rosen, David, und Andrew Porter, Hrsg.: ›Verdi's »Macbeth«: A Sourcebook‹, W. W. Norton, New York—London 1984

Rosenthal, Harold: ›Two Centuries of Opera at Covent Garden‹, Putnam, London 1958

Rosenthal, Harold, und John Warrack, Hrsg.: ›The Concise Oxford Dictionary of Opera‹, Oxford University Press, Oxford 1964; 1979[2]

Rossini, Gioacchino: ›Otello ossia Il Moro di Venezia‹. Melodramma in tre atti di Berio, posto in musica da Gioacchino Rossini. Rappresentato per la prima volta al Teatro del Fondo in Napoli l'Autunno 1816. Riduzione per Canto con accomp. di Pianoforte di L.Truzzi. Tito di Gio.Ricordi

Sachs, Harvey: ›Toscanini‹, vom Verfasser durchgesehene Übersetzung von Hans-Horst Henschen, Piper und Co., München 1980

Sartori, Claudio: ›Casa Ricordi, 1808—1958. Profili storici‹, G. Ricordi, Milano 1958
›La Strepponi e Verdi a Parigi nella morsa quarantottesca‹, in: *Nuova Rivista Musicale Italiana*, Torino 1974, S.239—253

Scarsi, Giovanna: ›Rapporto Poesia-Musica in Arrigo Boito‹, Editrice Delia, Roma [1973]

Schlegel, August Wilhelm: ›Vorlesungen über dramatische Kunst und Literatur‹, 3. Bd., Mohr und Zimmer, Heidelberg, 1809—1811; 2. Bd., K. Schröder, Bonn 1923
›Corso di Letteratura drammatica‹, 3 voll., trad. da Giovanni Gherardini, Editore Giusti, Milano 1817; Editore Molina, Milano 1844

Schneider, Edouard: ›Eleonora Duse. Erinnerungen, Betrachtungen und Briefe‹, Übertr. von Theodor Mutzenbecher, Insel Verlag, Leipzig 1926

Schuh, Willi, Hrsg.: ›Richard Strauss Hugo von Hofmannsthal Briefwechsel‹, Vierte, ergänzte Auflage der Gesamtausgabe, Atlantis Verlag, Zürich 1970
›Richard Strauss. Jugend und frühe Meisterjahre. Lebenschronik 1864—1898‹, Atlantis Verlag, Zürich 1976

Shakespeare, William: ›King Henry IV, First and Second Part‹. Great Books of the Western World, Encyclopaedia Britannica-University of Chicago, vol. 26, Chicago—London—Toronto 1952
›The Merry Wives of Windsor‹. Ib., vol. 27
›Othello, the Moor of Venice‹. Ib., vol. 27
›Othello‹ in: ›The Arden Shakespeare‹ edited by M. R. Ridley, Methuen & Co. Ltd., London 1977

## Übersetzungen

Baudissin, Graf Wolf Heinrich von: ›Othello‹, in: ›Shakespeare's dramatische Werke übersetzt von A. W. v. Schlegel und L. Tieck‹, 12. Band. Georg Reimer, Berlin 1873

Carcano, Giulio: ›Re Enrico IV, Parte Prima‹, in: ›Opere di Shakespeare‹. Ulrico Hoepli, Milano—Napoli 1875
›Le Comari allegre di Windsor‹. Ib.
›Otello‹. Ib.

Hugo, François-Victor: ›Macbeth‹, in: ›Œuvres Complètes de William Shakespeare‹, Tome III, Pagnerre, Paris 1859
›Othello‹. Ib., Tome V, Pagnerre, Paris 1860
›Henri IV (Première Partie) — Henri IV (Seconde Partie)‹. Ib., Tome XI, Pagnerre, Paris 1863
›Les Joyeuses Epouses de Windsor‹. Ib., Tome XIV, Pagnerre, Paris 1864

Maffei, Andrea: ›Otello e La tempestà di Guglielmo Shakespeare‹, in: Traduzioni di Andrea Maffei. Successori Le Monnier, Firenze 1869

Rusconi, Carlo: ›Il Teatro completo di Shakespeare, tradotto dall'originale inglese in prosa italiana‹. 2 voll. Padova 1838, 1873—1874

SCHLEGEL, AUGUST WILHELM V.: ›König Heinrich der Vierte. Erster und Zweiter Teil übersetzt von A. W. von Schlegel‹, in: ›Shakespeare's dramatische Werke übersetzt von A. W. v. Schlegel und L. Tieck‹, 2. Band. Georg Reimer, Berlin 1871 ›Die Lustigen Weiber von Windsor‹. Ib., 9. Band. Georg Reimer, Berlin 1872

SHAW, GEORGE BERNARD: ›London Music in 1888—89 as Heard by Corno di Busseto (Later Known as Bernard Shaw)‹, Vienna House, New York 1973

SIETZ, REINHOLD, Hrsg.: ›Aus Ferdinand Hillers Briefwechsel‹, 7. Bd., Arno Volk, Köln 1958—1970

SIGNORELLI, OLGA: ›Vita di Eleonora Duse‹, Cappelli editore, Bologna o. J.

STUCKENSCHMIDT, HANS HEINZ: ›Ferruccio Busoni‹, Atlantis Verlag, Zürich 1967

TEBALDINI, GIOVANNI: ›La musica nella settimana di Pasqua a Parigi. Tre pezzi religiosi di Giuseppe Verdi: Stabat Mater, Laudi alla Vergine Maria, Te Deum‹, in: *Rivista Musicale Italiana*, Torino 1898, S. 321—340
›Giuseppe Verdi nella musica sacra‹, in: *Nuova Antologia*, Roma, 16. 10. 1913, S. 561—573
›Ricordi verdiani‹, in: *Rassegna Dorica*, nn. 1—6, gennaio—giugno, Roma 1940

TINTORI, GIAMPIETRO: ›Giuseppe Verdi‹, in: Enciclopedia della Musica, vol. IV, S. 485—487, Ricordi, Milano 1964

TINTORI, GIAMPIETRO, Hrsg.: ›Duecento anni di Teatro alla Scala. Cronologia opere—balletti—concerti 1778—1977‹, Grafica Gutenberg Editrice, Gorle (Bergamo), 1979

TOYE, FRANCIS: ›Verdi, His Life and Works‹, W. Heinemann Ltd., London 1931; Alfred A. Knopf 1934, New York 1946

TOYE, FRANCIS: ›Verdi Over Fifty Years‹, in: *Opera*, London, February 1951, S. 105—110

TUTENBERG, FRITZ: ›Triumph der Oper. Gedanken zum Verdi-Lortzing-Jahr‹, in: *Zeitschrift für Musik*, Regensburg 1951, S. 2—6

VAJRO, MASSIMILIANO: ›Saggio di bibliografia boitiana‹, Pozzuoli 1950
›Boito‹, La Scuola, Brescia 1955

VAUGHAN WILLIAMS, RALPH: In ›Verdi — A Symposium‹, in: *Opera*, London, February 1951, S. 111—112

VERDI, GIUSEPPE:
*Partituren:*
›Inno delle Nazioni‹: Nicht ermittelt.
›Simon Boccanegra‹ (1857): Siehe Martin Chusid, Hrsg.: ›A Catalog of Verdi's Operas‹, S. 143—144
›Simon Boccanegra‹ (1881). Ricordi (Leihmaterial) Nr. 121 348, Milano o. J.
›Simon Boccanegra‹ (1881). Ricordi (Leihmaterial) Nr. 152, Milano o. J.
›Otello‹. Tito di Gio. Ricordi (Leihmaterial, ca. 1888) Nr. 52 214, Milano o. J.
›Othello‹. Drame lyrique en quatre actes. G. Ricordi & C. (Leihmaterial, ca. 1894) Nr. 52 214. Neue französische Übersetzung von Camille Du Locle und Arrigo Boito. »Nouvelle partition conforme aux representations du Théâtre National de

l'Opéra de Paris avec les changements et les nouveaux morceaux faits expressement par le compositeur.« (Ohne Ballett.) Paris o. J.

›Otello‹. Dramma lirico in quattro Atti. G. Ricordi & C. (Kleine Partitur, ca. 1913) Nr. 113 955, Milano o. J.

›Otello‹. Dramma lirico in quattro Atti. (Mit Ballett.) G. Ricordi & C. (Kleine Partitur, ca. 1913) Nr. 113 955, Milano o. J.

›Otello‹. Dramma lirico in quattro Atti. (Mit Ballett.) G. Ricordi & C. (Kleine Partitur, 1958) Nr. 155. »Nuova edizione riveduta e corretta.« Milano o. J.

›Falstaff‹. Faksimile des Autographen. G. Ricordi & C. (1951), Milano o. J.

›Falstaff‹. G. Ricordi & C. (Leihmaterial, ca. 1893) Nr. 96 180, Milano o. J.

›Falstaff‹. Commedia lirica in tre Atti. G. Ricordi & C. (Kleine Partitur, ca. 1912) Nr. 113 953, Milano o. J.

›Falstaff‹. Commedia lirica in tre Atti. G. Ricordi & C. (Kleine Partitur, ca. 1954) Nr. 154. »Nuova edizione riveduta e corretta.« Milano o. J.

›Quattro Pezzi Sacri‹, C. F. Peters, Leipzig (1935?)

›Quattro Pezzi Sacri‹, (Kleine Partitur) E. Eulenburg Ltd./Nr. EE 6489. (ca. 1973). London, New York o. J.

*Klavierauszüge:*

›Inno delle Nazioni‹: Hymn to the Nations for solo and chorus. English text from the Italian of A. Boito by A. Harper, music by G. Verdi. G. Ricordi & Co. Ltd. (ca. 1945), London, New York o. J.

›Simon Boccanegra‹ (1857). (Opera) in un prologo e tre Atti. I.R. Stabilimento Nazionale ... Tito di Gio. Ricordi, Nr. 29 431—29 455, Milano o. J.

›Simon Boccanegra‹ (1857). Dramma Lirico in Quattro parti. Léon Escurdier (ca. 1858), Nr. L.E. 1720, Paris o. J.

›Simon Boccanegra‹ (1881). Melodramma in un prologo e tre atti. Libretto di F.M. Piave e Arrigo Boito, musica di Giuseppe Verdi. Opera completa per canto e pianoforte. Riduzione di Michele Saladino. A cura di Mario Parenti (1963). Nr. 47 372. G. Ricordi & C. (ca. 1963), Milano o. J.

›Simon Boccanegra‹ (1881). Revidierte Edition, Ricordi (ca. 1882), Nr. 47 563. Deutsche Übersetzung von C. Niese. Milano o. J.

›Otello‹. Dramma lirico in quattro atti. Tito di Gio. Ricordi (ca. 1887), Nr. 51 023, Milano o. J.

›Otello‹. Drame lyrique en quatre actes. Französische Übersetzung von Camille Du Locle und Arrigo Boito. Nr. G51 635G, Ricordi Éditeur, Milano o. J.; V. Durdilly & Cie., Paris o. J. (1887)

›Othello‹. Oper in vier Akten. Text von Arrigo Boito, für die deutsche Bühne übertragen von Max Kalbeck. Clavierauszug mit Text. Arrangement von Michele Saladino. Nr. 51 972 (ca. 1887). Königliche Hof-Musikalien-Handlung Ricordi: E. Bote & G. Bock, Berlin o. J.

›Otello‹. A lyrical drama in four acts. Englische Übersetzung und Einführung von Francis Hueffer. Nr. 52 105, G. Ricordi & C. (1887), London, Milano usw. o. J.

›Othello‹. Drame lyrique en quatre actes. G. Ricordi & C. (1894). Nr. q51 635q. (Mit Ballett.) Französische Übersetzung von Camille Du Locle und Arrigo Boito. Paris o. J.

Giuseppe Verdi: ›Othello‹ (Otello). Oper in vier Akten von Arrigo Boito. Neue deutsche Übertragung von Walter Felsenstein unter Mitarbeit von Carl Stüber. Klavierauszug mit deutschem und italienischem Text. Nach dem Autograph der Partitur revidiert von Mario Parenti (1964). Nr. 130 619. G. Ricordi & Co., Frankfurt am Main, Mailand 1964

›Falstaff‹. Commedia lirica in tre atti di Arrigo Boito. Musica di Giuseppe Verdi. Canto e Pianoforte. Riduzione di Carlo Carignani. »Stampato in luogo di manoscritto«. Nr. 96 000. R. Stabilimento Tito di Gio. Ricordi e Francesco Lucca di G. Ricordi & C. (1893), Milano o. J.

›Falstaff‹. Lyrical Comedy in three acts. Englische Übersetzung von W. Beatty Kingston. G. Ricordi & Co. (ca. 1893), Nr. 96 342. Milano, London usw. o. J.

›Falstaff‹. Lyrische Komödie in drei Akten von Arrigo Boito. Musik von Giuseppe Verdi. Deutsch von Max Kalbeck. Klavierauszug mit Text, Arrangement von Carlo Carignani. G. Ricordi & Co. (ca. 1893). Nr. 96 370. Milano, Leipzig usw. o. J.

›Falstaff‹. Comédie lyrique en trois actes. Französische Übertragung von Paul Solanges und Arrigo Boito. G. Ricordi & Co. (ca. 1894). Nr. 96 413. Milano, Paris usw. o. J.

›Pietà, Signor‹. Siehe Anmerkung 2 zum 3. 12. 1894.

›4 Pezzi Sacri‹ per canto e pianoforte, cop. 1898. Riduzione di G. Luporini. G. Ricordi & Co. Nr. 101 792, Neuausgabe 1948, Milano

›Vier geistliche Stücke‹. Klavierauszug, hrsg. von Kurt Soldan. Nr. 10 975, 10 978, 10 981, 10 984 (Edition Peters Nr. 4256 a—d). C. F. Peters, New York o. J.

WAGNER, RICHARD: ›Sämtliche Schriften und Dichtungen‹, Volksausgabe, Sechste Auflage, Neunter Band, Breitkopf & Härtel, Leipzig, C. F. W. Siegel (R. Linnemann) o. J.

WALLNER-BASTÉ, FRANZ, Hrsg. und Übers.: ›Verdi aus der Nähe. Ein Lebensbild in Dokumenten‹, Manesse Verlag, Conzett & Huber, Zürich 1979

WALKER, FRANK: ›Verdi and Vienna‹, in: Musical Times, London, September—October 1951, S. 403—405, 451—453
›Verdi, Giuseppe Montanelli and the Libretto of Simon Boccanegra‹, Bollettino dell'Istituto di studi verdiani, I., no. 3, Parma 1960, S. 1767—1789

WALTERSHAUSEN, HERMANN W. VON: ›Shakespeares Einfluß auf die Musik‹, in: Jahrbuch der Deutschen Shakespeare Gesellschaft, Bd. 64, 1928, S. 13—42

WEAVER, WILLIAM, und MARTIN CHUSID, Hrsg.: ›The Verdi Companion‹, W. W. Norton, New York 1979

WEAVER, WILLIAM, Hrsg.: ›Verdi — Eine Dokumentation‹, Henschelverlag, Berlin 1980

>The golden century of Italian opera from Rossini to Puccini<, Thames and Hudson, London 1980

>Duse: A Biography<, Harcourt Brace Javanovich, New York 1984

WECHSBERG, JOSEPH: >Verdi<, Wilhelm Heyne Verlag, München 1881

WEINSTOCK, HERBERT: >Rossini — A Biography<, Alfred A. Knopf, New York 1968

WEISSMANN, ADOLF: >Verdi<, Deutsche Verlags-Anstalt, Stuttgart 1922

WEISSTEIN, ULRICH: >The Essence of Opera<, Free Press of Glencoe, New York 1964

WIDMANN, JOSEF VIKTOR: >Johannes Brahms in Erinnerungen<, Verlag von Gebrüder Paetel, Berlin 1898. Neuausgabe >Erinnerungen an Johannes Brahms<, Rotapfel Verlag Zürich und Stuttgart, 1980

WILLIAMS, STEPHEN: >Verdi's Last Operas<, Hinrichsen, London 1950

ZOPPI, UMBERTO: >Angelo Mariani, Giuseppe Verdi e Teresa Stolz in un carteggio inedito<, Garzanti, Milano 1947

ZUCKERKANDL, VICTOR: >Vom musikalischen Denken. Begegnung von Ton und Wort<; darin: >Das Theater des singenden Menschen<, Rhein-Verlag, Zürich 1964

# Verzeichnis des Briefwechsels

| Von | An | Adresse | Datum | Veröffentlichungen |
|-----|-----|---------|-------|--------------------|
| Verdi | Boito | Paris | 29. 3. 1862 | NA-WA-WW |
| Verdi | Boito | bei Ricordi, Mailand | 15. 8. 1880 | NA-AB IV-WA-WW |
| Boito | Giuseppina Verdi | St. Agata | [4. 9.] 1880 | |
| Verdi | Boito | bei Ricordi, Mailand | 14.10.1880 | NA |
| Boito | Verdi | St. Agata | 18. 10. 1880 | NA-AB IV-WW |
| Verdi | Boito | Mailand | 2. 12. 1880 | NA-WA-NO |
| Boito | Verdi | Genua | 8. 12. 1880 | NO |
| Verdi | Boito | Mailand | 11. 12. 1880 | CO-AB IV-WA-NO-HB-WW |
| Verdi | Boito | Mailand | 28. 12. 1880 | WA-NO |
| Verdi | Boito | Mailand | 8. 1. 1881 | WA-NO |
| Verdi | Boito | Mailand | 9. 1. 1881 | NO |
| Boito | Verdi | Genua | 8.—9. 1. 1881 | CA II-NO |
| Boito | Verdi | Genua | 8.—9. 1. 1881 | |
| Verdi | Boito | Mailand | 10. 1. 1881 | WA-NO |
| Verdi | Boito* | Mailand [Telegramm] | 11. 1. 1881 | NO |
| Verdi | Boito | Mailand | 11. 1. 1881 | NO |
| Boito | Verdi | Genua | 14. 1. 1881 | CA II-AB IV-NO |
| Verdi | Boito | Mailand | 15. 1. 1881 | GT II-WA-NO |
| Boito | Verdi | Genua | 16. 1. 1881 | CA II-AB IV-NO |
| Verdi | Boito | Mailand | 17. 1. 1881 | WA-NO |
| Verdi | Boito | Padua | 24. 1. 1881 | WA-NO |
| Boito | Verdi | Genua | 31. 1. 1881 | CA II-AB IV-NO |
| Verdi | Boito | Mailand | 2. 2. 1881 | CA IV-NO |
| Verdi | Boito | Mailand | 5. 2. 1881 | GT II-CA-IV-NO |
| Boito | Verdi | Genua | 5. 2. 1881 | GT II-CA II-NO |
| Verdi | Boito | Mailand | 6. 2. 1881 | NO |
| Boito | Verdi | Genua | 7. 2. 1881 | CA II-AB IV-NO |
| Verdi | Boito* | Mailand [Telegramm] | 8. 2. 1881 | NO |
| Verdi | Boito | Mailand | 15. 2. 1881 | WA-NO |
| Boito | Verdi | Genua | 15. 2. 1881 | CA II-AB IV-NO |

| Von | An | Adresse | Datum | Veröffentlichungen |
|-----|-----|---------|-------|--------------------|
| Boito | Verdi | Genua | 31. 3. 1881 | CA II-AB IV |
| Verdi | Boito | Mailand | 2. 4. 1881 | CO-WE-AB IV |
| Boito | Verdi | Genua | 4. 4. 1881 | CA II |
| Boito | Verdi | St. Agata | 25. 5. 1881 | GT II-CA II-AB IV |
| Verdi | Boito* | Mailand [Telegramm] | 26. 5. 1881 | |
| Boito | Verdi | St. Agata | 17. 6. 1881 | CA II-AB IV |
| Verdi | Boito | Mailand | 23. 6. 1881 | AB IV-WA |
| Boito | Verdi | St. Agata | 24. 8. 1881 | CA II |
| Verdi | Boito | [Monticello] | 27. 8. 1881 | WA |
| Boito | Verdi | St. Agata | 10. 8. 1882 | GT II-CA II |
| Verdi | Boito | Villa d'Este | 16. 8. 1882 | GT II-NA-AB IV |
| Boito | Verdi | St. Agata | 17.—18. 8. 1882 | CA II |
| Boito | Verdi | Genua | 5. 4. 1883 | CA II-AB IV |
| Verdi | Boito | Mailand | 7. 4. 1883 | GT II-NA |
| Boito | Verdi | Genua | 21. 1. 1884 | CA II |
| Verdi | Boito* | [Nervi ?] | 7. 2. 1884 | NA |
| Boito | Verdi | Genua | 26. 4. 1884 | CA II-OB-AB IV-WA-WW |
| Verdi | Boito | Mailand | 26. 4. 1884 | CO-WE-AB IV-GA |
| Boito | Verdi | Genua | [27.4.—2.5.1884] | CA II-AB IV-WA-GA-WW |
| Verdi | Boito | Mailand | 3. 5. 1884 | GT II-NA-WA-WW |
| Boito | Verdi | St. Agata | 25. 9. 1884 | CA II |
| Verdi | Boito* | Mailand [Telegramm] | 26. 9. 1884 | |
| Verdi | Boito | Mailand | 26. 9. 1884 | GT II- |
| Verdi | Boito | [Mailand ?] | 9. 12. 1884 | GT II-NA-WW |
| Boito | Verdi | Genua | [?] 12. 1884 | CA II-AB IV |
| Boito | Verdi | Genua | 7. 2. 1885 | CA II |
| Verdi | Boito | Nervi | 18. 2. 1885 | |
| Boito | Verdi | Genua | 5. 4. 1885 | CA II |
| Boito | Verdi | St. Agata | 9. 9. 1885 | CA II-WA-WW |
| Verdi | Boito | Mailand | 10. 9. 1885 | GT II-NA-WA-WW |
| Verdi | Boito* | [?] | [?]9.—10. 1885 | ? |
| Verdi | Boito | Villa d'Este | 5. 10. 1885 | CA II-AB IV |
| Boito | Verdi | St. Agata | 9. 10. 1885 | CA II-AB IV-WW |
| Verdi | Boito | Villa d'Este | 11. 10. 1885 | |
| Boito | Verdi | St. Agata | 23. 10. 1885 | CA II |
| Verdi | Boito | Mailand | 27. 10. 1885 | |
| Verdi | Boito | Mailand | 8. 11. 1885 | CO |
| Verdi | Boito | Mailand | 11. 1. 1886 | GT II-NA |
| Verdi | Boito | Mailand | 14. 1. 1886 | GT II |

| Von | An | Adresse | Datum | Veröffentlichungen |
|-----|-----|---------|-------|-------------------|
| Boito | Verdi | Genua | 16. 1. 1886 | CA II |
| Boito | Verdi | Genua | 18. 1. 1886 | CA II |
| Boito | Verdi | Genua | 20. 1. 1886 | CA II-AB IV |
| Verdi | Boito | Mailand | 21. 1. 1886 | GT II-NA |
| Boito | Verdi | Genua | 23. 1. 1886 | CA II |
| Boito | Verdi | [Nicht abgesandt] | 6. 5. 1886 | NA |
| Verdi | Boito | Quinto | 8. 5. 1886 | |
| Boito | Verdi | St. Agata | 10. 5. 1886 | CA II-AB IV |
| Verdi | Boito | Quinto | 14. 5. 1886 | CA II |
| Boito | Verdi | St. Agata | 16. 5. 1886 | CA II-AB IV-WW |
| Boito | Verdi | St. Agata | [4. 6. 1886 ?] | |
| Verdi | Boito | [Villa d'Este ?] | 17. 7. 1886 | GT II |
| Boito | Verdi | St. Agata | 21. 7. 1886 | CA II-AB IV |
| Verdi | Boito | Villa d'Este | 22. 7. 1886 | |
| Boito | Verdi | St. Agata | 25. 7. 1886 | CA II |
| Verdi | Boito | [Villa d'Este ?] | [29.? 8. 1886] | |
| Boito | Verdi | St. Agata | 6. 9. 1886 | CA II-AB IV |
| Verdi | Boito | [Villa d'Este ?] | [9. 9. 1886] | WA |
| Verdi | Boito | Mailand | 29. 10. 1886 | GT II-AB IV-NA |
| Verdi | Boito | Mailand | [1. 11. 1886] | GT II-CO-WE-AB IV GA-HB |
| Boito | Verdi | Genua | [16.–17. 12. 1886] | CA II |
| Verdi | Boito | Mailand | 18. 12. 1886 | CO |
| Boito | Verdi | Genua | 21. 12. 1886 | CA II-AB IV |
| Verdi | Boito* | Nervi [Telegramm] | 14. 4. 1887 | |
| Verdi | Boito* | Nervi [Telegramm] | 17. 4. 1887 | |
| Verdi | Boito* | [Nantes ?] [Telegramm] | 22. 4. 1887 | |
| Verdi | Boito* | [Paris ?] | [26. 4. 1887] | |
| Verdi | Boito | Mailand | 24. 5. 1887 | |
| Boito | Verdi | St. Agata | 26. 5. 1887 | CA II-AB IV |
| Verdi | Boito | Mailand | 27. 5. 1887 | NA |
| Boito | Verdi | St. Agata | 30. 5. 1887 | CA IV-AB IV |
| Boito | Verdi | St. Agata | 9. 6. 1887 | CA II |
| Verdi | Boito | Mailand | 12. 6. 1887 | |
| Verdi | Boito | [Villa d'Este ?] | 16. 9. 1887 | |
| Boito | Verdi | St. Agata | 4. 10. 1887 | CA II-AB IV |
| Verdi | Boito | Villa d'Este | 5. 10. 1887 | CO-WE-OB-AB IV |

| Von | An | Adresse | Datum | Veröffentlichungen |
|-----|-----|---------|-------|-------------------|
| Boito | Verdi | St. Agata | 31. 10. 1887 | CA II-AB IV |
| Verdi | Boito* | Nervi [Telegramm] | 5. 1. 1888 | |
| Verdi | Boito | Nervi [Telegramm] | 3. 3. 1888 | |
| Verdi | Boito* | Mailand | 8. 4. 1888 | |
| Boito | Verdi | St. Agata | 9. 10. 1888 | CA II |
| Verdi | Boito | S. Giuseppe | 14. 10. 1888 | GT II |
| Verdi | Boito* | Mailand [Telegramm] | 3. 11. 1888 | |
| Boito | Verdi | Genua | 6. 12. 1888 | CA II |
| Verdi | Boito | Mailand — San Remo | 17. 2. 1889 | CO-WE-AB IV |
| Boito | Verdi | Genua | 20. 2. 1889 | CA II |
| Verdi | Boito | San Remo | 21. 2. 1889 | |
| Verdi | Boito | Mailand | 6. 3. 1889 | CO-AB IV-WW |
| Boito | Verdi | Genua | 7. 3. 1889 | CA II-AB IV-WW |
| Verdi | Boito | Mailand | 11. 3. 1889 | CO-AB IV-NA |
| Boito | Verdi | Genua | 13. 3. 1889 | CA II |
| Verdi | Boito | Mailand | 6. 7. 1889 | GT II-NA-WA-WW |
| Verdi | Boito | Mailand | 7. 7. 1889 | CO-WE-OB-AB IV-WA-BL-GA-HB-WW |
| Boito | Verdi | Montecatini | 7. 7. 1889 | DR-AB IV-BL-WW |
| Boito | Verdi | Montecatini | 9. 7. 1889 | DR-AB IV-BL-GA |
| Verdi | Boito | Mailand | 10. 7. 1889 | GT II-AB IV-WA-BL-GA-NA-HB-WW |
| Boito | Verdi | Montecatini | 11. 7. 1889 | CA II-AB IV-WA |
| Verdi | Boito | Mailand | 11. 7. 1889 | GT II-WA |
| Boito | Verdi | Montecatini | 12. 7. 1889 | CA II-AB IV-WA-BL-GA |
| Boito | Verdi | St. Agata | 1. 8. 1889 | CA II |
| Verdi | Boito | S. Giuseppe | 2. 8. 1889 | NA-WA |
| Verdi | Boito | S. Giuseppe | 18. 8. 1889 | GT II-AB IV-BL-GA-OB-NA |
| Boito | Verdi | St. Agata | 20. 8. 1889 | CA II-AB IV-BL-GA-OB |
| Boito | Verdi | St. Agata | 30. 10. 1889 | CA II-AB IV |
| Verdi | Boito | Mailand | 11. 11. 1889 | |
| Boito | Verdi | St. Agata | 12. 11. 1889 | CA II |
| Verdi | Boito | Nervi | 6. 1. 1890 | |
| Verdi | Boito | Nervi | 15. 2. 1890 | |
| Boito | Verdi | Genua | 1. 3. 1890 | CA II |
| Verdi | Boito | Nervi | 2. 3. 1890 | GT II |

| Von | An | Adresse | Datum | Veröffentlichungen |
|------|------|---------|---------|---------------------|
| Verdi | Boito* | Nervi [Telegramm] | 8. 3. 1890 | |
| Verdi | Boito | Nervi | 8. 3. 1890 | GT II |
| Boito | Verdi | Genua | 9. 3. 1890 | CA II-AB IV |
| Boito | Verdi | Genua | 13. 3. 1890 | CA II-AB IV |
| Boito | Verdi | Genua | 16. 3. 1890 | CA II |
| Verdi | Boito | Mailand | 17. 3. 1890 | GT II-AB IV-BL-GA-OB |
| Boito | Verdi | Genua | 20. 3. 1890 | CA II-AB IV-WW |
| Boito | Verdi | Genua | 25. 3. 1890 | CA II |
| Verdi | Boito | Mailand | 31. 3. 1890 | |
| Boito | Verdi | Genua | 7. 4. 1890 | CA II |
| Verdi | Boito | Mailand | 8. 4. 1890 | |
| Verdi | Boito* | Mailand [Telegramm] | 10. 4. 1890 | |
| Boito | Verdi | Genua | 15. 4. 1890 | CA II |
| Verdi | Boito | Mailand | 17. 4. 1890 | |
| Boito | Verdi | Genua | 18. 4. 1890 | |
| Verdi | Boito | Mailand | 20. 4. 1890 | GT II-NA-AB IV |
| Boito | Verdi | St. Agata | 21. 5. 1890 | CA II-AB IV |
| Verdi | Boito | Mailand | 23. 5. 1890 | NA |
| Boito | Verdi | St. Agata | 3. 10. 1890 | CA II-AB IV |
| Verdi | Boito | S. Giuseppe | 6. 10.1890 | NA-AB IV-WA |
| Verdi | Boito | S. Giuseppe | 9. 12. 1890 | CA II |
| Boito | Verdi | Genua | 31. 12. 1890 | CA II |
| Boito | Verdi | Genua | 1. 1. 1891 | GT II-NA |
| Verdi | Boito | Mailand | 19. 3. 1891 | CA II |
| Boito | Giuseppina Verdi | Genua | 21. 3. 1891 | NA |
| Verdi | Boito | Mailand | 22. 3. 1891 | CA II-AB IV |
| Boito | Verdi | Genua | 25. 4. 1891 | CA II |
| Boito | Verdi | Genua | 26. 4. 1891 | CO-WE-AB IV |
| Verdi | Boito | Mailand | 27. 4. 1891 | GT II-CO-WE |
| Verdi | Boito | Mailand | 29. 4. 1891 | CA II |
| Boito | Verdi | St. Agata | 1. 5. 1891 | GT II-NA |
| Verdi | Boito | Mailand | 2. 5. 1891 | CA II |
| Boito | Verdi | St. Agata | 5. 5. 1891 | |
| Verdi | Boito | Mailand | 28. 5. 1891 | CA II |
| Boito | Verdi | St. Agata | 29. 5. 1891 | CA II |
| Boito | Verdi | St. Agata | 9. 6. 1891 | CA II-AB IV |
| Boito | Verdi | St. Agata | 12. 6. 1891 | GT II-NA-WA-WW |
| Verdi | Boito* | Mailand | 14. 6. 1891 | CA II-AB IV-WA-WW |
| Boito | Verdi | St. Agata | | |

| Von | An | Adresse | Datum | Veröffentlichungen |
|-----|-----|---------|-------|-------------------|
| Verdi | Boito | Mailand | 5. 7. 1891 | |
| Verdi | Boito | Mailand | 23. 7. 1891 | WW |
| Boito | Verdi | St. Agata | 24. 7. 1891 | CA II |
| Boito | Verdi | St. Agata | 3. 9. 1891 | |
| Verdi | Boito | Mailand | 5. 9. 1891 | |
| Boito | Verdi | St. Agata | 8. 9. 1891 | CA II |
| Verdi | Boito | Mailand | 10. 9. 1891 | GT II |
| Verdi | Boito | Mailand | 15. 9. 1891 | |
| Boito | Verdi | St. Agata | 16. 9. 1891 | CA II |
| Boito | Verdi | St. Agata | 3. 10. 1891 | CA II |
| Boito | Verdi | Genua | 1. 1. 1892 | CA II |
| Verdi | Boito | Mailand | 2. 1. 1892 | |
| Verdi | Boito | Mailand | 23. 1. 1892 | |
| Boito | Verdi | Genua | 23. 1. 1892 | CA II-OB |
| Boito | Verdi | Genua | 10. 2. 1892 | CA II-AB IV |
| Verdi | Boito | Mailand | 12. 2. 1892 | GT II |
| Verdi | Boito | Mailand | 15. 4. 1892 | |
| Boito | Verdi | Genua | 17. 4. 1892 | CO-AB IV |
| Boito | Verdi | [St. Agata ?] | 9. 5. 1892 | CA II |
| Verdi | Boito | Mailand | 11. 5. 1892 | WA |
| Verdi | Boito | Mailand | 6. 8. 1892 | GT II-NA-AB IV-WA |
| Boito | Verdi | St. Agata | 9. 8. 1892 | GT II-CA II |
| Verdi | Boito | Mailand | 22. 8. 1892 | |
| Boito | Verdi | St. Agata | 23. 8. 1892 | GT II-CA II-AB IV-GA |
| Boito | Verdi | St. Agata | 11. 9. 1892 | CA II |
| Verdi | Boito | Mailand | 20. 9. 1892 | GT II |
| Boito | Verdi | St. Agata | 25. 9. 1892 | CA II-AB IV |
| Boito | Verdi | St. Agata | 27. 9. 1892 | CA II-AB IV |
| Verdi | Boito* | Mailand | [1.—2. 1893 ?] | |
| Verdi | Boito* | Mailand | [1.—2. 1893 ?] | |
| Verdi | Boito* | Mailand | [1.—2. 1893 ?] | |
| Verdi | Boito* | Mailand | [1.—2. 1893 ?] | |
| Boito | Verdi | Genua | 19. 3. 1893 | CA II |
| Boito | Verdi | St. Agata | 4. 9. 1893 | CA II |
| Verdi | Boito* | Mailand [Telegramm] | 6. 9. 1893 | |
| Verdi | Boito | Mailand | 15. 9. 1893 | |
| Boito | Verdi | St. Agata | 17. 9. 1893 | CA II |
| Boito | Verdi | St. Agata | 1. 11. 1893 | CA II-AB IV |
| Verdi | Boito | Mailand | 3. 11. 1893 | |
| Boito | Verdi | Genua | 21. 12. 1893 | CA II-NA |

| Von | An | Adresse | Datum | Veröffentlichungen |
|-----|-----|---------|-------|--------------------|
| Boito | Verdi | Genua | 31. 12. 1893 | CA II-OB |
| Boito | Verdi | Genua | 18. 1. 1894 | CA II |
| Verdi | Boito | Mailand | 19. 1. 1894 | GT II |
| Verdi | Boito | Mailand | 14. 3. 1894 | GT II-OB |
| Boito | Verdi | Genua | 16. 3. 1894 | CA II-AB IV |
| Verdi | Boito* | Mailand [Telegramm] | 8. 5. 1894 | |
| Boito | Verdi | St. Agata | 11. 5. 1894 | CA II |
| Verdi | Boito | Mailand | 12. 5. 1894 | |
| Boito | Verdi | St. Agata | 14. 5. 1894 | CA II |
| Verdi | Boito | Mailand | 16. 5. 1894 | |
| Verdi | Boito | Mailand | 25. 5. 1894 | |
| Verdi | Boito | Mailand | 26. 5. 1894 | |
| Verdi | Boito | Mailand | 12. 6. 1894 | |
| Boito | Verdi | St. Agata | 13. 6. 1894 | CA II |
| Verdi | Boito | Paris | 23. [22.] 6. 1894 | NA |
| Verdi | Boito* | Mailand [Telegramm] | 19. 9. 1894 | |
| Boito | Verdi | Genua | 2. 11. [12.] 1894 | CA II-AB IV |
| Verdi | Boito | Mailand | 3. 12. 1894 | GT II |
| Boito | Verdi | Genua | 4. 12. 1894 | CA II-AB IV |
| Verdi | Boito | Mailand | 5. 12. 1894 | CA II-AB IV |
| Boito | Verdi | Genua | 6. 12. 1894 | CA II |
| Verdi | Boito | Mailand | 9. 6. 1895 | |
| Boito | Verdi | St. Agata | 12. 6. 1895 | CA II |
| Boito | Verdi | St. Agata | 9. 10. 1895 | CA II |
| Boito | Verdi | St. Agata | 8. 11. 1895 | |
| Boito | Verdi | Genua | 20. 12. 1895 | CA II-AB IV |
| Verdi | Boito | Mailand | 21. 12. 1895 | |
| Verdi | Boito | Mailand | 18. 2. 1896 | GT II-AB IV-WA |
| Boito | Verdi | Genua | 19. 2. 1896 | CA II-AB IV |
| Verdi | Boito | Mailand | 6. 4. 1896 | |
| Boito | Verdi | St. Agata | 9. 6. 1896 | CA II |
| Verdi | Boito | Mailand | 11. 6. 1896 | GT II-WA |
| Verdi | Boito | Mailand | 9. 10. 1896 | |
| Verdi | Boito | Mailand | 11. 10. 1896 | |
| Boito | Verdi | St. Agata | 9. 11. 1896 | CA II-AB IV |
| Verdi | Boito | Mailand | 6. 1. 1897 | GT II |
| Verdi | Boito | Mailand | 15. 4. 1897 | GT II |
| Verdi | Boito | Mailand | 17. 4. 1897 | GT II-WA |
| Verdi | Boito | Mailand | 10. 10. 1897 | GT II-AB IV-WA |

| Von | An | Adresse | Datum | Veröffentlichungen |
|------|------|---------|-------|--------------------|
| Verdi | Boito* | Mailand [Telegramm] | 13. 10. 1897 | |
| Verdi | Boito | Mailand | 6. 12. 1897 | GT II-AB IV |
| Verdi | Boito | Mailand | 18. 12. 1897 | |
| Verdi | Boito* | Mailand [Telegramm] | 24. 12. 1897 | |
| Verdi | Boito | Mailand | [1. 1898] | |
| Verdi | Boito* | Mailand | [24. 1. 1898] | |
| Verdi | Boito | Mailand | [1.—2. 1898] | |
| Verdi | Boito | Paris | 29. 3. 1898 | GT II-NA |
| Verdi | Boito | Paris | 1. 4. 1898 | NA |
| Verdi | Boito* | Paris [Telegramm] | 2. 4. 1898 | |
| Verdi | Boito | Paris | 2. 4. 1898 | |
| Verdi | Boito | Paris | 3. 4. 1898 | |
| Verdi | Boito | Paris | 3. 4. 1898 | |
| Verdi | Boito | Paris | 4. 4. 1898 | |
| Verdi | Boito* | Paris [Telegramm] | 5. 4. 1898 | |
| Verdi | Boito | Paris | 6. 4. 1898 | GT II-NA |
| Verdi | Boito | Paris | 7. 4. 1898 | |
| Verdi | Boito | [Paris ?] | 8. 4. 1898 | AB IV-WA-WW-NA |
| Verdi | Boito | Mailand | 14. 4. 1898 | WA |
| Verdi | Boito | Mailand | 10. 6. 1898 | |
| Verdi | Boito | Mailand | 24. 6. 1898 | GT II |
| Verdi | Boito | Mailand | 24. 6. 1898 | WA |
| Verdi | Boito | Mailand | 2. 8. 1898 | |
| Verdi | Boito | Mailand | 4. 8. 1898 | WA |
| Verdi | Boito | [Mailand ?] | 10. 8. 1898 | |
| Verdi | Boito | Mailand | 29. 9. 1898 | |
| Boito | Verdi | St. Agata | 9. 10. 1898 | |
| Verdi | Boito | Mailand | 12. 10. 1898 | |
| Verdi | Boito | Mailand | 15. 12. 1898 | GT II-CO-WE-GA-HB |
| Verdi | Boito | [Mailand ?] | 14. 2. 1899 | |
| Verdi | Boito | Mailand | 12. 3. 1899 | |
| Verdi | Boito* | Nervi [Telegramm] | 19. 3. 1899 | |
| Verdi | Boito* | Nervi [Telegramm] | 23. 3. 1899 | |
| Verdi | Boito | Mailand | 13. 4. 1899 | GT II |
| Boito | Verdi | Genua | 19. 4. 1899 | CA II |

| Von | An | Adresse | Datum | Veröffentlichungen |
|-----|-----|---------|-------|-------------------|
| Verdi | Boito | Mailand | 20. 4. 1899 | GT II |
| Verdi | Boito | Lavarone | 7. 8. 1899 | GT II |
| Boito | Verdi | St. Agata | 8. 10. 1899 | CA II-AB IV |
| Verdi | Boito | Mailand | 11. 10.1899 | |
| Boito | Verdi | Mailand | [1.1900 ?] | |
| Verdi | Boito* | Mailand | [1. 2. 1900 ?] | |
| Verdi | Boito | Mailand | 2. 2. 1900 | |
| Verdi | Boito* | Mailand | [3. 2. 1900 ?] | |
| Verdi | Boito | Mailand | 30. 3. 1900 | GT II |
| Boito | Verdi | St. Agata | [10.—19. 10. 1900] | CA II-AB IV |
| Verdi | Boito | Mailand | 20. 10. 1900 | GT II-WA |

# Register

Die kursiv gesetzten Ziffern verweisen auf den Anhang

## WERKE VON VERDI UND BOITO

### *Gemeinsame Werke*

---

\* *zur abweichenden Aktzählung vgl. die jeweilige Anmerkung*

## *Einzelwerke*
Gerade gesetzte Titel beziehen sich auf musikalische Werke,
kursiv gesetzte auf literarische

### Giuseppe Verdi

## Allgemeines Verzeichnis